Die freie Anwaltswahl

Haftungs- und Versicherungsrecht

Rechtliche Probleme der vertraglichen
und außervertraglichen Haftung
sowie des Versicherungsrechts

Herausgegeben von Christoph Brömmelmeyer, Erwin Deutsch,
Hans-Peter Schwintowski und Jochen Taupitz

Band 17

PETER LANG

Burkard Lensing

Die freie Anwaltswahl

Grundlagen im Verfahrensrecht und Reichweite im Rechtsschutzversicherungsrecht

PETER LANG

Bibliografische Information der Deutschen Nationalbibliothek
Die Deutsche Nationalbibliothek verzeichnet diese Publikation in der Deutschen Nationalbibliografie; detaillierte bibliografische Daten sind im Internet über http://dnb.d-nb.de abrufbar.

Zugl.: Berlin, Humboldt-Univ., Diss., 2019

11
ISSN 0945-3628
ISBN 978-3-631-78993-3 (Print)
E-ISBN 978-3-631-80166-6 (E-Book)
E-ISBN 978-3-631-80167-3 (EPUB)
E-ISBN 978-3-631-80168-0 (MOBI)
DOI 10.3726/b16112

Peter Lang – Berlin · Bern · Bruxelles · New York · Oxford · Warszawa · Wien

Diese Publikation wurde begutachtet.

www.peterlang.com

Vorwort

„Sie haben das Recht auf einen Anwalt." Dieser Satz ist jedem von uns aus zahlreichen Filmen und Romanen vertraut. Das Recht, sich durch einen Anwalt oder Verteidiger der eigenen Wahl vertreten zu lassen, scheint zu den Grundfesten eines demokratischen Rechtsstaates zu gehören.

Die Geschichte beginnt anders. Griechen, Römer und Germanen waren sich einig, dass der wehrhafte Mann sich und seine Rechte selbst verteidigen muss. Eine Vertretung war unzulässig. Erst die ersten Verfassungsbemühungen beschäftigten sich mit der Frage der anwaltlichen Vertretung – zunächst mit der freien Verteidigerwahl gegenüber dem staatlichen Strafrechtsanspruch. Gegenüber dem übermächtigen Staat mit seinen ausgebildeten und fachkundigen Staatsanwälten muss sich der Bürger ernsthaft zur Wehr setzen können. Dies ist eine Frage der Waffengleichheit.

Im bürgerlich-rechtlichen Rechtsstreit begegnen sich zwei Bürger auf gleicher Augenhöhe. Ein Machtgefälle besteht hier idealiter nicht. Schwierig wird es aber, wenn ein Dritter die Kosten für das Verfahren trägt, das die Parteien führen. Der Dritte, der die Kosten trägt, wird die Verfahrenskosten möglichst gering halten wollen. Den Parteien ist daran gelegen, ihr Recht um jeden Preis durchzusetzen. Das Mittel der Wahl, um das Verfahren und seine Kosten zu lenken, ist die Einflussnahme auf das Verhalten der Parteien und ihrer anwaltlichen Vertreter.

Dies ist genau das, was Rechtsschutzversicherer seit geraumer Zeit über den Aufbau von Netzwerken mit gebundenen Vertragsanwälten einerseits und über ihr Bedingungswerk andererseits versuchen. Teile von Schrifttum und Rechtsprechung werten das verstärkte Bemühen der Rechtsschutzversicherer, die Schadenabwicklung in ihrem eigenen wirtschaftlichen Interesse zu lenken und zu gestalten (gestaltende Schadenabwicklung bzw. aktives Schadenmanagement), als einen Angriff auf die freie Anwaltswahl. Die Versicherer greifen mit der gestaltenden Schadenabwicklung die Nachfrage und das Bedürfnis der Versicherten auf, an die Hand genommen und durch ihren Rechtsschutzfall gelotst zu werden. Ziel der Rechtsschutzversicherer ist es, dass ihre Kunden von der eigenen Wahl eines Anwalts absehen und stattdessen den vom Versicherer empfohlenen Anwalt beauftragen. Bei den empfohlenen Anwälten handelt es sich in der Regel um sog. Vertragsanwälte. Diese sind über Rationalisierungsabkommen, die für die außergerichtliche Beratung und Vertretung Gebührenabschläge vorsehen, an den Versicherer gebunden. Die Vertragsanwälte versprechen sich von der Vermittlung von Aufträgen insgesamt ein höheres Gebührenaufkommen, die Versicherer vom Abschluss der Rationalisierungseinkommen Kostenersparnisse. Teilweise sagen die Versicherer dem Kunden wirtschaftliche Vorteile zu (Beitragsnachlass, Verzicht auf die Selbstbeteiligung, Nachlass wegen Schadenfreiheit[1] etc.), wenn er der Anwaltsempfehlung des Versicherers folgt.

Das zeitgenössische Geschäftsgebaren der Rechtsschutzversicherer lässt hinsichtlich der freien Anwaltswahl die Vorschrift des § 127 VVG in das Blickfeld rücken. Diese ist als halbzwingende Vorschrift ausgestaltet (§ 129 VVG). Wenn das Bedingungswerk der Rechtsschutzversicherer gegen halbzwingendes Recht verstoßen sollte, welche Rechtsfolgen zeitigt dies und sind diese abschließend? Kommt neben dem halbzwingenden Recht noch eine AGB-rechtliche Angemessenheitsprüfung zum Tragen? Welche Bedeutung kommt der öffentlich-rechtlichen Regelung der freien Anwaltswahl in § 3 Abs. 3 BRAO neben der bürgerlich-rechtlichen VVG-Regelung zu? Handelt es sich bei der freien Anwaltswahl um einen Rechtsgrundsatz? Wenn ja, wie weit reicht dieser Rechtsgrundsatz und wo liegen seine Grenzen? Welchen Zweck verfolgt er? Schützt er die Willensfreiheit des Rechtsuchenden? Oder das Vertrauensverhältnis zwischen Anwalt und Auftraggeber? Kann der Rechtsuchende auf die Wahl seines Anwalts verzichten? Kann er sein Wahlrecht an Dritte veräußern? Die Beantwortung der Fragen fällt umso schwerer als dass die Beantwortung europarechtlich durch die Rechtsschutzversicherungs-RL 87/344/EWG v. 22.06.1987[2] (heute: Art. 198 f. Solvabilität II-RL 2009/138/EG v. 25.12.2015[3]) überlagert ist. Dies ist der eine Fragenkreis, der sich um die Grundlagen und Reichweite der freien Anwaltswahl dreht.

Ein zweiter Fragenkreis stellt die Unabhängigkeit des Rechtsanwalts in den Mittelpunkt. Ist der über ein Rationalisierungsabkommen gebundene Vertragsanwalt nicht der Diener zweier Herren? Kann er die Rechte des Versicherten noch mit Nachdruck durchsetzen, wenn er in erster Linie auf das vermehrte Auftragsaufkommen durch den Versicherer schielt? Wes Brot ich eß, des Lied ich sing. Der Volksmund weiß dies; Gerichte auch. Wenn hinter dem Rücken des Anlegers Rückvergütungen vonseiten des Kapitalsuchenden an die beratende Bank fließen, so muss die Bank dies offenbaren, Rechenschaft ablegen und die geflossenen Zahlungen an ihren Kunden herausgeben. Muss hier nicht Gleiches für die Rechtsschutzversicherer gelten? Hat sich der Versicherer nicht die hinter

1 BGH Urt. v. 4.12.2013 – IV ZR 215/12 –, BGHZ 199, 170 = NJW 2014, 630.
2 ABl L 185, 77.
3 ABl L 335, 1 (170).

dem Rücken seines Versicherungsnehmers vereinbarten Gebührenabschläge auf Kosten des Versicherten erschlichen?

Schließlich bleibt in einem dritten Fragenkreis zu ergründen, was der einzelne Versicherungsnehmer unternehmen kann, um die ihm zustehende Anwaltswahl für sich und andere zu schützen (Teil VI).

Diese Fragenkreise gilt es zu erörtern und aufzulösen.

Danksagung

Die vorliegende Untersuchung wurde von der Humboldt Universität zu Berlin im Wintersemester 2018/2019 als Dissertation angenommen. Schrifttum und Rechtsprechung wurden bis Dezember 2017 berücksichtigt.

Mein aufrichtiger Dank gilt dem Betreuer der Arbeit, Herrn Prof. Dr. Hans Peter Schwintowski, für seine geduldige und vielfältige Unterstützung. Das Wagnis, einen Rechtsanwalt im fortgeschrittenen Alter als Promotionsstudenten unter seine Fittiche zu nehmen, geht nicht jeder Universitätslehrer ein. Prof. Dr. Reinhard Singer danke ich für das Zweitgutachten.

Wer neben dem Anwaltsberuf einen Promotionsstudiengang aufnimmt, braucht ein Umfeld, das ihn auffängt. Für ein solches Umfeld habe ich den Herren Privatdozenten Dr. rer. nat. Eberhard Korsching und Dr. phil. Hans-Joachim Jakob sowie Frau Dipl. Ing. Martina Kuske zu danken.

Nicht zuletzt gilt der Dank meinen Eltern und ihrem Bücherschrank. Der elterliche Hinweis, alle Fragen ließen sich durch einen Blick in den Brockhaus klären, wurde zunächst durch den juristischen Blick verengt („Was nicht in der Akte ist, ist nicht in der Welt.") und erst wieder durch die Universität geweitet.

Köln, im Januar 2019

Burkard Lensing

Übersicht

Inhaltsverzeichnis

Teil I: Aufriss und Grundfragen

Wer die Auswahl des Rechtsanwalts übernimmt, nimmt Einfluss auf die Art und Weise der Rechtsdurchsetzung. Das Ziel sowie die Art, und Weise der Rechtsdurchsetzung zu bestimmen, ist zunächst einmal die ureigene Sache des Rechtsuchenden. So sehen dies auch die Verfahrensordnungen. Rechtsschutzversicherer und Rechtsanwälte eint das Ziel, dem Rechtsuchenden den Zugang zu seinem Recht zu erleichtern. Anwälte stehen dem Rechtsuchenden mit Rat und Tat zur Seite (§ 3 BRAO). Rechtsschutzversicherer übernehmen die Kosten der Rechtsverfolgung. Übernimmt der Rechtsschutzversicherer nicht nur die Kosten der Rechtsverfolgung, sondern nimmt seinen Versicherungsnehmer an die Hand und weist ihm verbindlich den kostengünstigsten Weg durch seinen Rechtsschutzfall, fragt sich, ob die feinsinnig ausgedachte Rollenzuweisung der Verfahrensordnungen noch greift und was dem Versicherungsnehmer von seiner freien Anwaltswahl verbleibt.

In diesem ersten Teil soll die wirtschaftliche und rechtliche Ausgangslage der Rechtsschutzversicherer ins Auge genommen werden. Es gilt, Rechtsprechung und Schrifttum zu sichten und die wesentlichen Grundfragen zur freien Anwaltswahl in der Rechtsschutzversicherung zu ermitteln. In einem zweiten Schritt sollen diese Fragen dann – so weit wie möglich – durch Auslegung des § 127 VVG geklärt werden (Teil II). In einem dritten Schritt sollen Einzelfragen des Bedingungswerks der Rechtsschutzversicherer aus dem Rechtsalltag untersucht werden (Teil III u. IV). Teil V widmet sich der Frage, wem die Vorteile aus der wirtschaftlichen Verflechtung zwischen Rechtsschutzversicherern und ihren Vertragsanwälten gebühren. Teil VI erörtert die Rechtsschutzmöglichkeiten des einzelnen Versicherungsnehmers gegen unwirksame Versicherungsbedingungen.

A. Wirtschaftliche Ausgangslage

Die Kosten der Rechtsverfolgung zu senken, ist ein wirtschaftliches Ziel der Versicherer. Wer die Art und Weise der Rechtsdurchsetzung bestimmt, bestimmt die Höhe der Rechtsverfolgungskosten. Auswahl und Lenkung des Rechtsanwalts sind von hohem wirtschaftlichem Interesse für den Rechtsschutzversicherer.

Der Kampf um die freie Anwaltswahl ist ein Kampf um Kosten und Kunden. Kostendruck, Kundenbindung und Erweiterung des Kundenstamms sind die Stichworte der Rechtsschutzversicherer in diesem Kampf. Die Versicherer betonen, dass der Gesetzgeber mit § 125 VVG die Entwicklung neuer Spielarten der Rechtsschutzversicherung ausdrücklich gutheißt und bereits mit dem RDG aus dem Jahre 2007[4] den Rechtsdienstleistungsmarkt gegenüber Mitbewerbern der Rechtsanwaltschaft öffnen wollte.[5]

Nachdem die Versicherer in den letzten dreißig Jahren mit zusätzlichen Dienstleistungsangeboten den Rechtsuchenden an sich binden und durch seinen Rechtsschutzfall lotsen wollen, sieht ein Teil der Anwaltschaft das bislang partnerschaftliche Verhältnis mit den Rechtsschutzversicherern als aufgelöst an.[6] Erbittert ringen Versicherungswirtschaft und Anwaltschaft seit Jahren erbittert um Bedeutung, Reichweite und Verbindlichkeit des Grundsatzes der freien Anwaltswahl.[7] Von einem „zerrütteten Verhältnis“[8], einem „Beziehungsdrama ohne Happy End“[9], einem „zurückschlagenden Imperium“[10] und trojanischen Pferden[11] ist die Rede.[12] Verbraucherschützer fragen sich, welchen Wert die freie Anwaltswahl für den Verbraucher hat.[13] Die Versicherungswirtschaft antwortet, gerade der Rechtsuchende erwarte von dem Rechtsschutzversicherer mehr als eine bloße Kostenerstattung.[14] Erwartet würden Unterstützungs- und Beratungsleistungen. Die Rechtsschutzversicherer haben daher ihr Angebot um

---

4 v. 12.12.2007, BGBl I, 2840, zuletzt geändert durch Gesetz v. 19.07.2016, BGBl I, 1757.

5 Wendt VersR 2014, 420 (422); Eberhardt VersR 2013, 802 [= Wiederabdruck von GS Hübner, 2012, 63]; Heinsen VW 2010, 1530; Germann VW 2009, 510; Müller VW 2008, 1759; Obarowski VersR 2006, 1178; Wendt, in: van Bühren/Plote, ARB, 3. Aufl., 2013, § 215 Rn. 2; s.a. BT-Drs. 16/3945, 91.

6 van Bühren r+s 2016, 53; Schons AnwBl 2010, 861; ders. NJW 2004, 2952.

7 Cornelius-Winkler SVR 2013, 201; Samimi/Liedtke NZV 2013, 20; Cornelius-Winkler SpV 2012, 12; Burmann DV 1/2012, 3; Rechenberg BerlAnwBl 2012, 229; Risch SpV 2011, 41; Samimi VRR 2011, 413; van Bühren NJW 2007, 3606; Samimi BlnAnwBl 2006, 361; Stobbe AnwBl 1991, 500.

8 Schons AnwBl 2012, 221.

9 Schons AnwBl 2008, 523; zurückhaltend ders. SpV 1/2016, 5; s.a. Dommer AnwBl 2011, 924: „Knatsch“

10 Schons NJW 2004, 2952.

11 van Bühren BRAK-Mitt 2013, 255 (258); van Bühren zfs 1992, 362.

12 S.a. Schmeinzl BlnAnwBl 2009, 345: Rechtsschutz ist nicht Anwalts Liebling; Dommer AnwBl 2011, 924: Knatsch mit Anwalts Liebling; Samimi AnwaltFormulare Rechtsschutzversicherung, 3. Aufl. 2013, § 1 Rn. 6.

13 Trittmacher/Köster VuR 2012, 165.

14 Eberhardt VersR 2013, 802 [= Wiederabdruck von GS Hübner, 2012, 63]; Heinsen VW 2010, 1530; Germann VW 2009, 510; Müller VW 2008, 1759; Obarowski VersR 2006, 1178; Heinsen Kundenorientiertes Schadenmanagement am Beispiel der Rechtsschutzversicherung, 1997.

Dienstleistungen mit einem Mehrwert für den Kunden erweitert, die von einer telefonischen Erstorientierung[15] über außergerichtliche Schlichtungsmodelle[16] bis hin zu der Vermittlung eines passenden Anwaltes reichen. In der Erweiterung der Dienstleistungspalette liege gleichzeitig eine Erweiterung der Handlungsmöglichkeiten des Versicherten und damit ein Mehr an Freiheit. Kritiker sehen in der Lenkung und Leitung des Versicherungsnehmers durch seinen Rechtsschutzversicherer die freie Anwaltswahl in Gefahr.[17]

Manch ein Richter sieht in der Auseinandersetzung zwischen Versicherungswirtschaft und Teilen der Anwaltschaft eine ideologisch verbrämte Auseinandersetzung zwischen verbohrten und verbitterten Streithähnen, die einer vernünftigen Auseinandersetzung nicht mehr zugänglich sind.[18] Ideologische Standpunkte werden durch wirtschaftliche Interessen geleitet und verdecken rechtliche Begründungszusammenhänge. Es lohnt ein Blick auf die wirtschaftliche Ausgangslage.

I. Der bundesdeutsche Markt

Die wirtschaftliche Lage der Rechtsschutzversicherer ist durch einen Verdrängungswettbewerb und Kostendruck gekennzeichnet.[19] Mit 20,6 Mio. Rechtsschutzversicherungsverträgen in Deutschland ist eine Marktsättigung erreicht.[20] Durch die Einführung des RVG im Jahre 2004 hat sich das zu erstattende Gebührenaufkommen erhöht.[21] Die Finanzkrise war und ist mit einem erhöhten Schadenaufwand verbunden. Eine Vielzahl der Rechtsschutzversicherer erwirtschaftet keinen Überschuss. Selbst bei einer geringen Marktsättigung von ca. 50 % der Haushalte[22] herrscht ein Verdrängungswettbewerb unter den Rechtsschutzversicherern.[23] Bei einem Beitragsaufkommen von derzeit rund 3,2 Mrd.

---

15 Germann VW 2009, 510 f.

16 Hellberg/Wendt VW 2009, 1336 (1337).

17 Cornelius-Winkler NJW 2014, 588 (590); Cornelius-Winkler SVR 2013, 201; van Bühren BRAK-Mitt 2013, 255 (258).

18 Wendt r + s 2014, 328 (330, 331).

19 Heinsen VW 2008, 457 (458 f.); Schons AnwBl 2010, 861 (862); Obarowski VersR 2006, 1178.

20 Entspricht 41,9 % der Bevölkerung: Hommerich/Kilian Rechtsschutzversicherungen und Anwaltschaft, 2010, 125.

21 Eberhardt ZKM 2014, 83 (84); Eberhardt VersR 2013, 802 (803).

22 Obarowski, in: MünchKommVVG, 2. Aufl., 2017, § 125 Rn. 10.

23 Heinsen VW 2008, 457 (458).

€ lag die Schadenquote[24] im Jahr 1976 bei 59,7 %, im Jahr 1995 bei 81,6 %, im Jahr 2000 bei 71,5 %, im Jahr 2009 bei 75,0 %, in den Jahren 2011 sowie 2012 bei 70,6 % und im Jahr 2013 bei 72,4 %.[25]

Im Jahre 2015 zahlten Rechtsschutzversicherer 2,6 Mrd. € an Rechtsverfolgungskosten. Diese verteilen sich im Wesentlichen auf folgende Rechtsgebiete:[26]

- Arbeits-Rechtsschutz 44 %
- Vertrags-Rechtsschutz 18 %
- Verkehrs-Rechtsschutz 26 %

II. Der europäische Rechtsdienstleistungsmarkt

Gleichzeitig sehen sich die deutschen Versicherer auf dem europäischen Rechtsdienstleistungsmarkt in ihren Handlungsmöglichkeiten benachteiligt und beschränkt.[27]

Ein gerichtlicher Anwaltszwang und ein anwaltliches Vorrecht, außergerichtlich die Rechtsuchenden zu beraten und zu vertreten, sind auf dem europäischen Festland nicht flächendeckend verbreitet und vorgegeben.[28] In Deutschland sind sie Gesetz (§ 3 RDG, §§ 78, 79 ZPO). Teilweise können Rechtsschutzversicherer in europäischen Nachbarländern demgegenüber Rechtsdienstleistungen durch eigene Mitarbeiter anbieten oder sich wirtschaftlich an Anwaltskanzleien beteiligen. Auf diese Weise können europäische Mitbewerber den Kostenaufwand für die versicherten Rechtsverfolgungskosten steuern. Diese Möglichkeiten haben deutsche Rechtsschutzversicherer nicht.

Gerne hätten die Rechtsschutzversicherer die Überarbeitung des Rechtsberatungsgesetzes (RBerG) genutzt, um ihren Versicherten künftig ihr gebündeltes Fachwissen und ihre gesammelte Erfahrung durch eigene Rechtsdienstleistungen

---

24 Die Schadenquote ist die Kennzahl zur Beurteilung der Wirtschaftlichkeit eines Versicherungsvertrages. Die Zahl spiegelt wider, welcher Teil der Beiträge für die Schadenregulierung aufgewandt wird. S. zum Ganzen: Samimi AnwaltFormulare Rechtsschutzversicherung, 3. Aufl. 2013, § 1 Rn. 4.

25 Zahlenmaterial des GDV (Statistisches Taschenbuch der Versicherungswirtschaft), abrufbar unter www.gdv.de. Vgl. a. Veith r + s 2015, 432; Kilian/Terriuolo AnwBl 2012, 226.

26 Obarowski, in: MünchKommVVG, 2. Aufl., 2017, § 125 Rn. 11.

27 Richter, in: MünchKommVVG, Bd. 2, 2. Aufl., 2017, § 127 Rn. 10.

28 Die folgende Darstellung gibt die Rechtslage bis zu der Entscheidung Sneller (EuGH Urt. v. 7.11.2013 – C-442/12 –, NJW 2014, 373 (374) Tz. 20 f.) wieder.

und durch eigene Mitarbeiter anzubieten.[29] Auf dem europäischen Rechtsdienstleistungsmarkt sehen sie sich gegenüber europäischen Mitbewerbern im Nachteil.

In Schweden[30], Finnland[31] und Estland[32] ist der Rechtsdienstleistungsmarkt vollständig freigegeben. Demgegenüber steht in Italien und Griechenland die Missachtung des anwaltlichen Beratungsvorrechts unter Strafe.[33] Die Befugnis zur gerichtlichen Vertretung ist im Übrigen in den europäischen Mitgliedstaaten mit unterschiedlichen Gewichtungen gesetzlich geregelt und beschränkt.[34] Ein fehlendes flächendeckendes Vorrecht der europäischen Rechtsanwälte, auf dem außergerichtlichen Rechtsdienstleistungsmarkt ausschließlich tätig zu sein, zwingt nicht zu dem Schluss, dass es Rechtsschutzversicherern erlaubt sein muss, Rechtsdienstleistungen zu erbringen. Umgekehrt erlaubt das Bestehen eines Rechtsberatungsvorrechts ebenso wenig den Schluss, es sei den Rechtsschutzversicherern grundsätzlich verwehrt, Rechtsdienstleistungen anzubieten.[35]

Übersicht über das Rechtsberatungs- und -vertretungsvorrecht der Rechtsanwälte in Nachbarstaaten

außergerichtliche Rechtsdienstleistungen	gerichtliche Vertretung
	Belgien[36]
Luxemburg[37]	Luxemburg[38]

29 Richter, in: MünchKommVVG, Bd. 2, 2. Aufl., 2017, § 127 Rn. 10; s.a. Fries, in: Behme/Fries/Stark Versicherungsmechanismen im Recht, 2016, 1 f.; krit. Zuck NJW 2001, 2055 (2056).

30 BR-Drs 623/06, 52; Lühn AnwBl 2001, 319 (320).

31 BR-Drs 623/06, 52; Lühn AnwBl 2001, 319 (320). Allerdings shen die finnischen Rechtsschutzversicher in ihren ARB einen Anwaltsvorbehalt vor (Henssler/Kilian AnwBl 2005, 1 (3)).

32 BR-Drs 623/06, 56.

33 BR-Drs 623/06, 54, 55; Kleine-Cosack RDG, 2. Aufl., 2008, Teil II Rn. 29.

34 BR-Drs 623/06, 52 f.; Lühn AnwBl 2001, 319 (320 f.); Kilian ZVersWiss 1999, 23 f.; Paterson/Fink/Ogus Economic impact of regulation in the field of liberal professions in different Member States, 2003, 43 f.;

35 Lühn AnwBl 2001, 319 (321); Dombek BRAK-Mitt 2001, 99 (102); Kilian ZVersWiss 1999, 23 f.

36 Kleine-Cosack RDG, 2. Aufl., 2008, Teil II Rn. 27; Dombek BRAK-Mitt 2001, 99 (102); Kilian ZVersWiss 1999 (88), 23 (28).

37 Kleine-Cosack RDG, 2. Aufl., 2008, Teil II Rn. 27; Kilian ZVersWiss 1999 (88), 23 (43).

38 Kleine-Cosack RDG, 2. Aufl., 2008, Teil II Rn. 27; Dombek BRAK-Mitt 2001, 99 (102); Kilian ZVersWiss 1999 (88), 23 (43).

Übersicht über das Rechtsberatungs- und -vertretungsvorrecht der Rechtsanwälte in Nachbarstaaten

außergerichtliche Rechtsdienstleistungen	**gerichtliche Vertretung**
	Dänemark[39]
	Niederlande[40]
Norwegen[41]	Norwegen[42]
Finnland (-)[43]	Finnland (-)[44]
Schweden (-)[45]	Schweden (-)[46]
Frankreich[47]	Frankreich[48]
Großbritannien[49]	Großbritannien[50]
	Griechenland[51]
	Italien[52]
	Portugal[53]
Spanien[54]	Spanien[55]

39 Kleine-Cosack RDG, 2. Aufl., 2008, Teil II Rn. 24; Dombek BRAK-Mitt 2001, 99 (102); Kilian ZVersWiss 1999 (88), 23 (29).

40 Kleine-Cosack RDG, 2. Aufl., 2008, Teil II Rn. 27; Kilian ZVersWiss 1999 (88), 23 (44).

41 Kleine-Cosack RDG, 2. Aufl., 2008, Teil II Rn. 24; Kilian ZVersWiss 1999 (88), 23 (47) mit Ausnahmen.

42 Kleine-Cosack RDG, 2. Aufl., 2008, Teil II Rn. 24; Kilian ZVersWiss 1999 (88), 23 (47).

43 Lühn AnwBl 2001, 319 (320, 321).

44 Lühn AnwBl 2001, 319 (320, 321).

45 Lühn AnwBl 2001, 319 (320); Kleine-Cosack RDG, 2. Aufl., 2008, Teil II Rn. 24.

46 Kleine-Cosack RDG, 2. Aufl., 2008, Teil II Rn. 24.

47 Bis zum 01.01.1992 keine Beschränkung (Kleine-Cosack RDG, 2. Aufl., 2008, Teil II Rn. 226; Dombek BRAK-Mitt 2001, 99 (102); Kilian ZVersWiss 1999 (88), 23 (32)), nunmehr eine licence en droit erforderlich.

48 Kleine-Cosack RDG, 2. Aufl., 2008, Teil II Rn. 23 f ; Kilian ZVersWiss 1999 (88), 23 (32).

49 Kleine-Cosack RDG, 2. Aufl., 2008, Teil II Rn. 25; Kilian ZVersWiss 1999 (88), 23 (36).

50 Kleine-Cosack RDG, 2. Aufl., 2008, Teil II Rn. 25; Kilian ZVersWiss 1999 (88), 23 (36); Bernstorff Einführung in das englische Recht, 4. Aufl., 2011, 27.

51 Kleine-Cosack RDG, 2. Aufl., 2008, Teil II Rn. 29; Dombek BRAK-Mitt 2001, 99 (102); Kilian ZVersWiss 1999 (88), 23 (34).

52 Kleine-Cosack RDG, 2. Aufl., 2008, Teil II Rn. 26; Kilian ZVersWiss 1999 (88), 23 (40).

53 Kilian ZVersWiss 1999 (88), 23 (50).

54 Kleine-Cosack RDG, 2. Aufl., 2008, Teil II Rn. 26 ; Kilian ZVersWiss 1999 (88), 23 (51).

55 Kleine-Cosack RDG, 2. Aufl., 2008, Teil II Rn. 26; Kilian ZVersWiss 1999 (88), 23 (51).

Übersicht über das Rechtsberatungs- und -vertretungsvorrecht der Rechtsanwälte in Nachbarstaaten

außergerichtliche Rechtsdienstleistungen	gerichtliche Vertretung
Österreich[56]	Österreich[57]
Ungarn[58]	Ungarn[59]
	Polen[60]

So werden gerade in Schweden, also auf vollständig deregulierten Rechtsdienstleistungsmärkten, die klassischen Rechtsschutzversicherungen als Schadenversicherung mit reiner Kostenerstattung angeboten.[61] Frankreich wiederum, das die außergerichtliche Beratung und Vertretung der Anwaltschaft zuweist, gestattet es den Rechtsschutzversicherern, Rechtsdienstleistungen für die Versicherten durch eigene, juristisch geschulte Mitarbeiter zu erbringen.[62]

Ähnlich verhält es sich in Österreich. § 8 Abs. 2 der österreichischen RAO erkennt ebenso wie § 3 Abs. 1 BRAO den Rechtsanwalt als berufenen Vertreter in allen gerichtlichen und außergerichtlichen Angelegenheiten an.[63] Trotzdem ist den österreichischen Rechtsschutzversicherern – ebenso wie in Holland[64] – die außergerichtliche Eigenregulierung von Rechtsschutzfällen erlaubt.[65] Die einschlägigen gesetzlichen Regelungen, die wiederholt Gegenstand einer gerichtlichen Überprüfung durch den EuGH waren, lauten wie folgt:

56 Kleine-Cosack RDG, 2. Aufl., 2008, Teil II Rn. 23 f.; Kilian ZVersWiss 1999 (88), 23 (48).

57 Kleine-Cosack RDG, 2. Aufl., 2008, Teil II Rn. 23 f; Kilian ZVersWiss 1999 (88), 23 (48).

58 Kleine-Cosack RDG, 2. Aufl., 2008, Teil II Rn. 31.

59 Kleine-Cosack RDG, 2. Aufl., 2008, Teil II Rn. 31.

60 BR-Drs 623/06, 55; Kleine-Cosack RDG, 2. Aufl., 2008, Teil II Rn. 30: „gelockertes“ Vertretungsverbot mit Ausnahmen für examinierte „Junganwälte“.

61 Lühn AnwBl 2001, 319 (321); Kilian ZVersWiss 1999 (88), 23 (53).

62 Lühn AnwBl 2001, 319 (321); Dombek BRAK-Mitt 2001, 99 (102); Kilian ZVersWiss 1999 (88), 23 (33).

63 BR-Drs 623/06, 55; Kleine-Cosack RDG, 2. Aufl., 2008, Teil II Rn. 28.

64 Schons AnwBl 2012, 221.

65 Lühn AnwBl 2001, 319 (321); Kilian ZVersWiss 1999 (88), 23 (48); krit.: Pichler ÖstAnwBl 2008, 199.

„§ 158 k ÖstVersVG

(1) Der Versicherungsnehmer ist berechtigt, zu seiner Vertretung in einem Gerichts- oder Verwaltungsverfahren eine zur berufsmäßigen Parteienvertretung befugte Person frei zu wählen. Darüber hinaus kann der Versicherungsnehmer zur sonstigen Wahrnehmung seiner rechtlichen Interessen einen Rechtsanwalt frei wählen, wenn beim Versicherer eine Interessenkollision entstanden ist.
(2) Im Versicherungsvertrag kann vereinbart werden, dass der Versicherungsnehmer zu seiner Vertretung in einem Gerichts- oder Verwaltungsverfahren nur solche zur berufsmäßigen Parteienvertretung befugte Personen wählen darf, die ihren Kanzleisitz am Ort der Gerichts- oder Verwaltungsbehörde haben, die für das durchzuführende Verfahren in erster Instanz zuständig ist. Für den Fall, dass an diesem Ort nicht mindestens vier solcher Personen ihren Kanzleisitz haben, muss sich das Wahlrecht auf Personen im Sprengel desjenigen Gerichtshofs erster Instanz erstrecken, in dem sich die genannte Behörde befindet.
(3) Auf das dem Versicherungsnehmer nach Abs. 1 erster Satz zustehende Recht ist hinzuweisen, wenn der Versicherungsnehmer die Beistellung eines Rechtsvertreters für ein Gerichts- oder Verwaltungsverfahren verlangt; auf das nach Abs. 1 zweiter Satz zustehende Recht ist bei Eintritt einer Interessenkollision hinzuweisen. Hat der Versicherer mit der Schadenregulierung ein anderes Unternehmen betraut …, so treffen die Hinweispflichten dieses Unternehmen.“

Die Niederlande haben in Art. 4:67 Abs. 1 des Gesetzes über die Finanzaufsicht (Wet op het financieel toezicht) eine aufsichtsrechtliche Lösung gewählt, die da lautet:

„Der Rechtsschutzversicherer trägt dafür Sorge, dass in dem Rechtsschutz-Versicherungsvertrag ausdrücklich vorgesehen ist, dass dem Versicherten die Wahl eines Rechtsanwalts oder einer anderen rechtlich befugten sachkundigen Person freisteht, wenn

a) ein Rechtsanwalt oder eine andere rechtlich befugte sachkundige Person in Anspruch genommen wird, um in einem Gerichts- oder Verwaltungsverfahren den Versicherten zu verteidigen, zu vertreten oder seine Interessen wahrzunehmen, oder
b) eine Interessenkollision entsteht.“

In Belgien und Luxemburg beschränkt sich die Rechtsdienstleistungsbefugnis der Rechtsschutzversicherer auf einen Regulierungsvorschlag bzw. einen außergerichtlichen Einigungsversuch.[66]

66 Kilian ZVersWiss 1999 (88), 23 (28, 44).

Übersicht über Rechtsdienstleistungsversicherungen und klassische Rechtsschutzversicherung in Nachbarstaaten

Rechtsdienstleistungsversicherung	klassische Rechtsschutzversicherung (reine Kostenerstattung)
Dänemark[67]	Finnland
Belgien[68]	Schweden[69]
Luxemburg[70]	Deutschland
Niederlande[71]	
Großbritannien[72]	
Frankreich[73]	
Griechenland[74]	
Italien[75]	

67 Kilian ZVersWiss 1999 (88), 23 (29); Schröder-Frerkes Konfliktbeilegungsmechanismen in der Rechtschutzversicherung, 1991, 295 f., 305; Werner Die Rechtsschutzversicherung in Europa, 1984, 248 f.

68 Kilian ZVersWiss 1999 (88), 23 (28): Befugnis zu einem Regulierungsvorschlag; Schröder-Frerkes Konfliktbeilegungsmechanismen in der Rechtschutzversicherung, 1991, 130 f., 145, 146; Werner Die Rechtsschutzversicherung in Europa, 1984, 149 f.

69 Kilian ZVersWiss 1999 (88), 23 (53).

70 Kilian ZVersWiss 1999 (88), 23 (44): außergerichtlicher Einigungsversuch.

71 Schons AnwBl 2012, 221; Kilian ZVersWiss 1999 (88), 23 (45); Schilasky Einschränkungen der freien Anwaltswahl in der Rechtsschutzversicherung, 1998, 77; Schröder-Frerkes Konfliktbeilegungsmechanismen in der Rechtschutzversicherung, 1991, 102 f., 120; Werner Die Rechtsschutzversicherung in Europa, 1984, 195 f.

72 Kilian VersRAI 2003, 38 f.; Kilian ZVersWiss 1999 (88), 23 (36); Schilasky Einschränkungen der freien Anwaltswahl in der Rechtsschutzversicherung, 1998, 76; Schröder-Frerkes Konfliktbeilegungsmechanismen in der Rechtschutzversicherung, 1991, 189 f..; Werner Die Rechtsschutzversicherung in Europa, 1984, 231 f. Krit. Cornelius-Winkler [SVR 2013, 201 (207)], der von einer „Rechtswahrnehmung Light" zu Lasten der Rechtsuchenden durch Rechtsschutzversicherer und Automobilclubs spricht.

73 Kilian ZVersWiss 1999 (88), 23 (33); Schröder-Frerkes Konfliktbeilegungsmechanismen in der Rechtsschutzversicherung, 1991, 71 f., 92; Werner Die Rechtsschutzversicherung in Europa, 1984, 101 f.

74 Kilian ZVersWiss 1999 (88), 23 (35); Schröder-Frerkes Konfliktbeilegungsmechanismen in der Rechtsschutzversicherung, 1991, 241 f.; Werner Die Rechtsschutzversicherung in Europa, 1984, 245 f.

75 Kilian ZVersWiss 1999 (88), 23 (40); Schröder-Frerkes Konfliktbeilegungsmechanismen in der Rechtsschutzversicherung, 1991, 216 f.; Werner Die Rechtsschutzversicherung in Europa, 1984, 138 f.

Übersicht über Rechtsdienstleistungsversicherungen und klassische Rechtsschutzversicherung in Nachbarstaaten

Rechtsdienstleistungsversicherung	**klassische Rechtsschutzversicherung (reine Kostenerstattung)**
Portugal[76]	
Spanien[77]	
Österreich[78]	

III. Gewandeltes Selbstverständnis: Vom Kostenerstatter zum Kümmerer

Entsprechend dem Wettbewerbsdruck haben sich die Rechtsschutzunternehmen den Marktgegebenheiten anzupassen versucht. Der Wettbewerbsdruck zwingt die Versicherer, nach Möglichkeiten der Kostendämpfung zu suchen und diese zu nutzen. Das gewandelte Nachfrageverhalten der Versicherten verlangt von den Versicherern, - so weit möglich - (Rechts-)Dienstleistungen anzubieten, die über eine reine Kostenerstattung hinausgehen.[79]

1. Gescheitertes Bemühen um eine Rechtsdienstleistungsversicherung

Bessere Möglichkeiten, die Kosten zu steuern und zu senken, hätten die Rechtsschutzversicherer, wenn sie - wie einige europäische Mitbewerber - die Möglichkeit hätten, mit eigenen Mitarbeitern Rechtsdienstleistungen anzubieten.

---

76 Kilian ZVersWiss 1999 (88), 23 (40); Schröder-Frerkes Konfliktbeilegungsmechanismen in der Rechtsschutzversicherung, 1991, 216 f.; Werner Die Rechtsschutzversicherung in Europa, 1984, 138 f.

77 Kilian ZVersWiss 1999 (88), 23 (51); Schröder-Frerkes Konfliktbeilegungsmechanismen in der Rechtsschutzversicherung, 1991, 265f.; Werner Die Rechtsschutzversicherung in Europa, 1984, 222 f.

78 Kilian ZVersWiss 1999 (88), 23 (48); Pichler ÖstAnwBl 2008, 199; Schilasky Einschränkungen der freien Anwaltswahl in der Rechtsschutzversicherung, 1998, 81; Schröder-Frerkes Konfliktbeilegungsmechanismen in der Rechtsschutzversicherung, 1991, 33 f., 61; Werner Die Rechtsschutzversicherung in Europa, 1984, 164 f.; Lüth Rechtsberatung durch den Rechtsschutzversicherer, 1997, 298 f.

79 Eberhardt ZKM 2014, 83; Eberhardt VersR 2013, 802; Dommer AnwBl 2012, 251; Heinsen VW 2010, 1530, Heinsen VW 2008, 595, Wilde AnwBl 2006, 174; Heinsen Kundenorientiertes Schadenmanagement am Beispiel der Rechtsschutzversicherung, 1997; krit.: van Bühren BRAK-Mitt 2013, 255; Cornelius-Winkler SVR 2013, 201; Samimi/Liedtke NZV 2013, 20; Samimi/Liedtke BerlAnwBl 2011, 153.

Wer die Rechtsdurchsetzung steuert, hat die Höhe der Rechtsverfolgungskosten in der Hand.

Anlässlich der Überarbeitung des Rechtsberatungsgesetzes (RBerG)[80] haben sich die Rechtsschutzversicherer daher darum bemüht, die rechtlichen Rahmenbedingungen für eine solche Rechtsdienstleistungsversicherung[81] zu fördern und durchzusetzen.[82] Wenn die Versicherer mit eigenen Mitarbeitern Rechtsdienstleistungen anbieten dürften, hätten sie es allein in der Hand, die Kosten zu steuern und zu lenken. Als Rechtsdienstleistungsversicherer böte der Versicherer nicht nur Rechtsdienstleistungen als Nebenleistung an, sondern als Hauptleistung.[83]

In vielen Nachbarländern – wie etwa England[84], Irland[85], Polen[86], Schweiz[87], Belgien[88] und Holland[89] – besitzen Rechtsanwälte kein Vorrecht, Rechtsuchende außergerichtlich zu beraten und zu vertreten. Dies hat zur Folge, dass es den Rechtsschutzversicherern in diesen Ländern möglich ist, zumindest im außergerichtlichen Bereich die Rechtsberatung und -vertretung durch eigene Mitarbeiter, die nicht notwendigerweise Rechtsanwälte oder Volljuristen sein müssen, zu übernehmen.

In seiner Stellungnahme zur Öffnung des deutschen Rechtsberatungsmarktes vom 15.08.2003 forderte der Gesamtverband der deutschen Versicherungswirtschaft

---

80 Das RBerG aus dem Jahre 1935 stand schon seit den 70er-Jahren des vergangenen Jahrhunderts in der rechtspolitischen Kritik (Henssler AnwBl 2001,525; Kleine-Cosack NJW 2000, 1593; Weber Die Ordnung der Rechtsberatung in Deutschland nach 1945, 2010, 258 f.), die erst im Jahre 2006 in einem Regierungsentwurf zu einem neuen RDG (BT-Drs. 16/3655) und schließlich in dem Gesetz zur Neuregelung des Rechtsberatungsrechts v. 12.12.2007 (BGBl I, 2840) mündete. Das RDG trat am 1.07.2008 in Kraft.

81 Heinsen VW 2003, 1801.

82 van Bühren r + s 2016, 53 (56); Armbrüster NJW Sonderheft 2008, 32 (34); Heinsen VW 2010, 1530 (1532) Heinsen VW 2008, 595 (598); Müller VW 2008, 962; Rottleuthner FS Schirmer, 2005, 529 (536 f.); Bauer, in: Harbauer, ARB, 8. Aufl., 2010, ARB 2000 § 1 Rn. 15; Richter, in: MünchKommVVG, Bd. 2, 2. Aufl., 2017, § 127 Rn. 10; krit. Zuck NJW 2001, 2055 (2056); vgl. a. BT-Drs. 14/3959, 13 f.

83 Heinsen VW 2008, 457 (459).

84 Cornelius-Winkler SVR 2013, 201 (207).

85 Kleine-Cosack RDG, 2. Aufl., 2008, Allg. Teil II Rn. 25 [nicht mehr abgedruckt in der 3. Aufl., s. dort Allg. teil Rn. 17].

86 Kleine-Cosack RDG, 2. Aufl., 2008, Allg. Teil II Rn. 30.

87 Kleine-Cosack RDG, 2. Aufl., 2008, Allg. Teil II Rn. 28.

88 Dombek BRAK-Mitt 2001, 99 (101).

89 EuGH Urt. v. 7.11.2013 – C-442/12 –, NJW 2014, 373 = VersR 2013, 1530 Sneller/DAS.

(GDV) daher anlässlich der anstehenden Novellierung des RBerG, „das deutsche Recht im Zuge einer europäischen Harmonisierung anzugleichen" und die „Eigenregulierung der Rechtsschutzversicherer im außergerichtlichen Bereich" zuzulassen. Die Rechtsschutzversicherungswirtschaft sieht sich im Vergleich zum europäischen Ausland im Wettbewerb benachteiligt.[90]

Dem Wunsch der Versicherer nach einer eigenen Rechtsdienstleistungsversicherung[91] ist der Gesetzgeber jedoch mit dem Verbotstatbestand des § 4 RDG mit Nachdruck entgegengetreten. Nach dieser „lex Rechtsschutzversicherung"[92] darf der Rechtsschutzversicherer selbst keine Rechtsberatung oder -vertretung erbringen, weil durch die gegenläufigen Interessen des Versicherers und des Versicherten die unabhängige Erbringung der Rechtsdienstleistung gefährdet wird.[93] Das Interesse des Versicherers ist auf eine wirtschaftlich möglichst günstige Streitbeilegung gerichtet, das Interesse des Versicherungsnehmers auf eine unabhängige Rechtsvertretung. Die Interessen des Versicherers und des Versicherten können, müssen aber nicht gleichgerichtet sein. Die Besorgung fremder Rechte und das wirtschaftliche Eigeninteresse am Ausgang des Rechtsstreits sind schwer in Einklang zu bringen. Der Gefahr für die Unabhängigkeit der Rechtsfindung[94] begegnet der Gesetzgeber mit einem Verbot für die Rechtsschutzversicherer, eigene Rechtsdienstleistungen zu erbringen.

2. *Abwartende Schadenabwicklung (passives Schadenmanagement)*

Seit den 80er-Jahren des vergangenen Jahrhunderts bemühten sich die Rechtsschutzversicherer vermehrt darum, Rechtsanwälte über den Abschluss eines Rationalisierungsabkommens an sich zu binden.[95]

---

90 Richter, in: MünchKommVVG, Bd. 2, 2. Aufl., 2017, § 127 Rn. 10.

91 Heinsen VW 2003, 1801.

92 Obarowski, in: Beckmann/Matusche-Beckmann, VersR-Hdb, 3. Aufl., 2015, § 37 Rn. 16; Deckenbrock, in: Deckenbrock/Henssler, RDG, 4. Aufl., 2015, § 4 Rn. 30; Hillmer-Möbius, in: Schwintowski/Brömmelmeyer, VVG, 2. Aufl., 2011, § 125 Rn. 4.

93 BT-Drs. 16/3655, 39, 51; BGH Urt. v. 20.02.1961 – II ZR 139/59 –, NJW 1961, 1113; Buschbell, in: Buschbell/Hering Hdb RSV, 6. Aufl., 2015 § 30 Rn. 13; Teubel, in: Krenzler, RDG, 1. Aufl., 2010, § 4 Rn. 13; Kleine-Cosack, RDG, 2. Aufl., 2008, § 4 Rn. 7; Offermann-Burckart, in: Krenzler, RDG, 1. Aufl., 2010, § 5 Rn. 104; Teubel, in: Krenzler, RDG, 1. Aufl., 2010, § 4 Rn. 2; so schon zum RBerG: Lüth Rechtsberatung durch den Rechtsschutzversicherer, 1997, 296 f. Krit.: Werber VersR 2006, 1010 (1013, 1014); Kleine-Cosack, RDG, 3. Aufl., 2014, § 2 Rn. 36.

94 BGH Urt. v. 14.01.2016 – I ZR 107/14 –, GRUR 2016, 820 (824) Tz. 35; Remmertz BRAK-Mitt 2017, 219 (222).

95 van Bühren zfs 1992, 362; Stobbe AnwBl 1991, 500.

Rationalisierungsabkommen sind ein Mittel zur Kostendämpfung. Sie zielen darauf ab, die versicherten Rechtsverfolgungskosten zu senken. Mit dem Rationalisierungsabkommen verpflichtet sich der Vertragsanwalt, die gesetzlichen Gebühren gegenüber seinem Auftraggeber zu bestimmten – für den Versicherer günstigen – Pauschalen und Gebührensätzen abzurechnen.[96] Die Gebührenabschläge bewegen sich je nach Versicherer in einem Rahmen zwischen 20 % und 40 %.[97] Das Kostenerstattungsaufkommen des Rechtsschutzversicherers sinkt. Im Gegenzug stellt der Versicherer bei diesem klassischen Modell des reinen Rationalisierungsabkommens dem Vertragsanwalt die sog. „freien" Mandate zur Verfügung. Bei den sog. „freien" Mandaten handelt es sich um diejenigen Versicherungsnehmer, die ihren Versicherer ausdrücklich um die Benennung eines Anwaltes ersuchen oder bei denen der Versicherer wegen Zeitablaufs gehalten ist, für den Versicherten einen Anwalt zu beauftragen (Ziff. 4.1.3 ARB 2012)[98]. Der Vertragsanwalt hofft, über ein erhöhtes Auftragsaufkommen die gewährten Gebührenabschläge wirtschaftlich aufzufangen und den Kanzleigewinn zu erhöhen. Die Versicherer verringern über die Gebührenabschläge das Schadenaufkommen um rund 20 %[99] und verbessern die Schadenquote und den Unternehmensgewinn.

Der Versicherer verbleibt bei diesem klassischen Modell des Rationalisierungsabkommen in einer abwartenden Rolle (abwartende Schadenabwicklung bzw. passives Schadenmanagement). Er bleibt als typischer Schadenversicherer reiner Kostenerstatter. Eigene Rechtsdienstleistungen bietet er nicht an. In die Schadenabwicklung greift er weder lenkend noch gestaltend ein. Insbesondere überlässt er es seinen Versicherungsnehmern, nach einer Anwaltsempfehlung oder Anwaltsvermittlung selbst nachzufragen. Die gezielte Vermittlung von Vertragsanwälten ist in diesem Modell der abwartenden Schadensteuerung nicht vorgesehen. Die Möglichkeiten der Kostendämpfung durch den reinen Abschluss von Rationalisierungsabkommen sind dementsprechend begrenzt.

---

96 Kilian, AnwBl 2012, 209; Rechenberg BerlAnwBl 2012, 229; Schons AnwBl 2010, 861; van Bühren NJW 2007, 3606; Dombek BRAK-Mitt 2004, 162; Buschbell, in: Buschbell/Hering Hdb RSV, 6. Aufl., 2015 § 27 Rn. 10, 11.

97 Samimi/Liedtke NZV 2013, 20 (21); Hommerich/Kilian/Jackmuth/Wolf AnwBl 2006, 262 (263); Terriuolo Das rechtsschutzversicherte Mandat, 2014, 169. S. a. Risch SpV 2011, 41. Vgl. zu Österreich: Grassl-Palten RdW 2002, 646 (648).

98 Im Anhang abgedruckt.

99 Cornelius-Winkler SVR 2013, 201 (205 – Schätzung).

3. *Gestaltende Schadenabwicklung (aktives Schadenmanagement)*

Als Schadenversicherer muss der Rechtsschutzversicherer weiterhin seine Dienstleistung weitestgehend auf eine Erstattung der Rechtsverfolgungskosten begrenzen. Der Sprung von einem Schadenversicherer zu einem Rechtsdienstleister ist den Rechtsschutzversicherern nicht geglückt.

Allerdings haben die Rechtsschutzversicherer es anlässlich der Erneuerung des VVG im Jahre 2008 durch die Neufassung des § 125 VVG vermocht, sich einen weiten rechtlichen Rahmen für Dienstleistungen zu schaffen, die über eine reine Kostenerstattung hinausgehen. Nach § 125 VVG ist der Rechtsschutzversicherer verpflichtet, die für die Wahrnehmung der rechtlichen Interessen des Versicherten erforderlichen Leistungen zu erbringen. Der Gesetzgeber hat von einer engen Begriffsbestimmung der Rechtsschutzversicherung und einer genauen Festlegung der Hauptleistungspflichten abgesehen. Mit § 125 VVG gibt er lediglich Ziel und Zweck der Rechtsschutzversicherung vor.[100] Alles Weitere soll der Gestaltungsfreiheit des Versicherers überlassen bleiben.[101] Neue Rechtsschutzangebote will der Gesetzgeber nicht verhindern.[102] Dementsprechend weit hat der Gesamtverband der Deutschen Versicherungswirtschaft (GDV) die Bestimmung zum Leistungsumfang der Rechtsschutzversicherer in Ziff. 2.3. ARB 2012 gefasst. Danach erbringen und vermitteln die Rechtsschutzversicherer diejenigen Dienstleistungen, die erforderlich sind, damit die Versicherten ihre Interessen wahrnehmen können. Die Versicherer rücken damit anstelle ihrer klassischen Erstattungspflicht für die Rechtsverfolgungskosten ihre Dienstleistungen in den Vordergrund.[103] Sie tragen damit ihrem gewandelten Selbstverständnis Rechnung und suchen die zwischen reiner Schadenversicherung und Rechtsdienstleistungsversicherung verbliebenen Gestaltungsmöglichkeiten auszuloten. Sie sind auf dem Weg vom Kostenerstatter (Schadenversicherer) zum Kümmerer (Dienstleister).

100 Pfaffenholz, in: Looschelders/Pfaffenholz, ARB, 1. Aufl., 2014, § 125 Rn. 3.

101 Wendt VersR 2014, 420 (423); Wendt r + s 2014, 328 (331); Werber VersR 2006, 1010 (1013, 1014).

102 BT-Drs. 16/3945, 91; Wendt VersR 2014, 420 (422); Wendt r + s 2014, 328 (331); Wendt, in: van Bühren/Plote, ARB, 3. Aufl., 2013, § 215 Rn. 2.

103 Krit.: Cornelius-Winkler NJW 2014, 588 (590); Bauer, in: Harbauer, ARB 8. Aufl., § 1 ARB 2008 Rn. 18; Cornelius-Winkler, in: Harbauer, ARB, 8. Aufl., 2010, § 5 ARB 2000 Rn. 277.

a. Erwartung des Rechtsschutzsuchenden: Begleitung und Unterstützung

Damit versuchen die Rechtsschutzversicherer den Kundenwünschen Rechnung zu tragen. Die Erwartungen der Versicherten an den Rechtsschutzversicherer haben sich verändert. Der Versicherte erwartet nicht bloß eine reine Kostenerstattung, sondern einen „Mehrwert" an Dienstleistungen. Der Versicherer soll ihn durch seinen Rechtsschutzfall navigieren und lotsen. Beratung und Empfehlung sind gefragt. Der Kunde will an die Hand genommen werden[104] – ein verständliches Bedürfnis, da sich der Rechtsdienstleistungsmarkt durch ein Ungleichgewicht des Wissens (Informationsasymmetrie[105]) zwischen Rechtsanwalt und Mandant auszeichnet.[106] Der Mandant vermag weder Güte noch Notwendigkeit und Aufwand der anwaltlichen Dienstleistung einzuschätzen und zu beurteilen. Viele Verbraucher hoffen auf den Erfahrungsschatz der Rechtsschutzversicherer und verlangen nach Beratung und Führung. Nach einer im Auftrag des GDV in Auftrag gegebenen Forsa-Umfrage erwarten 81 % der Befragten vonseiten des Versicherers eine Beratung zum weiteren Vorgehen, 67 % die Empfehlung eines Rechtsanwaltes,[107] 65 % Angebote für außergerichtliche Einigungsversuche (z. B. Mediation)[108] und 55 % eine erste rechtliche Einschätzung am Telefon.[109] 34 % vertrauen der Anwaltsempfehlung eines Rechtsschutzversicherers.[110] Bereits in einer älteren Forsa-Umfrage aus dem Jahre 2004 wünschten sich 73 % der

---

104 Eberhardt [ZKM 2014, 83 (84) und VersR 2013, 802 (805) = Wiederabdruck von GS Hübner, 2012, 63] spricht von dem Kundentyp des „überforderten Unterstützungssuchers".

105 16. Hauptgutachten der Monopolkommission 2004/2005, BT-Drs. 16/2460, 52, 379, 380; grundlegend: Akerlof Quarterly Journal for Economics 1970, 488 f.; krit.: Eidenmüller JZ 2005, 216 f.

106 EuGH Urt. v. 15.01.2015 – C-537/13 –, NJW 2015, 1289 Tz. 23; EuGH Urt. v. 5.12.2006 – C-94/04 – u. C-202/04 –, NJW 2007, 281 (285) Tz. 68 – Cipolla; BVerfG Beschl. v. 15.06.2009 – 1 BvR 1342/07 –, NJW-RR 2010, 259 (261) Tz. 20; BVerfG Beschl. v. 12.12.2006 – 1 BvR 2576/04 –, BVerfGE 117, 163 (182) = NJW 2007, 979 Tz. 68; BGH Beschl. v. 9.06.2008 – AnwSt (R) 5/05 –, NJW 2009, 534 (535) Tz. 28; Kilian AnwBl 2013, 688 (689); 16. Hauptgutachten der Monopolkommission 2004/2005, BT-Drs. 16/2460, 52, 376, 377, 379, 380; Mitteilung der Kommission v. 9.02.2004 KOM/2004/83 endg., 10; Mitteilung der Kommission v. 5.09.2005 KOM/2005/405 endg., 6.

107 Eberhardt ZKM 2014, 83 (84).

108 Eberhardt ZKM 2014, 83 (84).

109 Pressemitteilungen des GdV v. 21.01.2013 und 4.06.2013, abrufbar unter www.gdv.de.

110 Eberhardt VersR 2013, 802 Abb. 2 m. Fn. 53.

Befragten eine Rechtsberatung durch den Rechtsschutzversicherer; 72 % hätten es begrüßt, wenn angestellte Versicherungsjuristen Rechtsrat erteilen dürften.[111]

Die Rechtsschutzversicherer betreiben seit Anfang 2000, sowohl um Kosten zu sparen als auch um den Kundenwünschen gerecht zu werden, eine gestaltende Schadenabwicklung (aktives Schadenmanagement).[112]

b. Leitbild: Gestaltende Schadenabwicklung in der Kraftfahrtversicherung

Pate stand hierbei die gestaltende Schadenabwicklung in der Kraftfahrtversicherung.[113] Auch die Kraftfahrtversicherer standen vor dem Problem, dass Kunden und Geschädigte von ihnen Unterstützungsleistungen erwarten, die über eine reine Kostenerstattung hinausgehen. Gleichzeitig standen die Kraftfahrtversicherer ebenso unter erheblichem Wettbewerbs- und Kostendruck wie die Rechtsschutzversicherer heute.

Der Kostendruck folgte nicht nur aus einem zu geringen Beitragsaufkommen bzw. einer zu hohen Schadenquote, sondern aus dem Abrechnungsverhalten der beteiligten Hersteller und Dienstleister (Werkstätten, Autovermieter, Autohersteller, Sachverständige etc.), das – so die Versicherungswirtschaft – zulasten der Versicherer ging.[114] Bezeichnend sind etwa die sog. Unfallersatztarife, die Autovermieter Unfallgeschädigten anstelle ihrer Normaltarife andienen. Die Unfallersatztarife liegen dabei bis zu 30 % über den Normaltarifen.[115]

Die Versicherungswirtschaft unternahm zunächst den Versuch, die Schadenabwicklung zumindest z. T. in Eigenverantwortung zu übernehmen. Vorbild war die Direktregulierung durch die Haftpflichtversicherer in anderen Mitgliedstaaten der

---

111 Rottleuthner FS Schirmer, 2005, 529 (541); auch vonseiten der Verbraucherschützer wird eine Lenkungsrolle der Rechtsschutzversicherer begrüßt: Trittmacher/Köster VuR 2012, 165.

112 Eberhardt VersR 2013, 802; Dommer AnwBl 2012, 251; Heinsen VW 2010, 1530, Heinsen VW 2008, 595, Wilde AnwBl 2006, 174; Heinsen Kundenorientiertes Schadenmanagement am Beispiel der Rechtsschutzversicherung, 1997; kritisch: Cornelius-Winkler SVR 2013, 201; Samimi/Liedtke NZV 2013, 20; Samimi/Liedtke BerlAnwBl 2011, 153; Reisert in: Balke/Reisert/Quarch Regulierung von Verkehrsunfällen, 1. Aufl., 2011, § 79 Rn. 10 f. Marktüberblick bei: Lier VersicherungsJournal Extrablatt 27214, 9.

113 Staehlin NZV 2007, 396; Kuhn NZV 1999, 229; Engelke NZV 1999, 255; Richter, in: Himmelreich/Halm/Staab Handbuch der Kfz-Schadensregulierung, 2. Aufl., 2012, Teil 1 Kap 2; Buschbell, in: MünchAnwHdb SVR, 3. Aufl., 2009, § 22 Rn. 142 f.

114 Engelke NZV 1999, 225.

115 BGH Urt. v. 5.03.2013 – VI ZR 245/11 –, NJW 2013, 1870 (1871) Tz. 16 m.w.N.; Woitkewitsch MDR 2013, 437; Oswald/Tietz NJW 2006, 1483.

Europäischen Union – wie etwa Belgien, Frankreich, Spanien, Portugal, Griechenland und Italien.[116] Nachdem 1994 eine Abrechnungsvereinbarung für Mietwagenkosten kartellrechtlich gescheitert war, gründeten mehrere Haftpflichtversicherer ein Mietwagenunternehmen (Carpartner), das günstige Mietwagentarife sowie zusätzliche Abrechnungsdienstleistungen anbot. Der BGH[117] erklärte das Gemeinschaftsunternehmen der Haftpflichtversicherer, welches kostendämpfend auf die Preisbildung für das Mietwagengeschäft einwirken wollte, für kartellrechtswidrig (§ 1 GWB).

Die Haftpflichtversicherer wollten indes nicht mehr überhöhte Reparaturkosten auf dem Rechtswege abwehren, wenn das Kind schon in den Brunnen gefallen ist. Vielmehr wollten sie gestaltend und aktiv in die Schadenabwicklung eingreifen, um die Kosten zu dämpfen. Sie schlossen Rahmenvereinbarungen mit Vertragswerkstätten, Autovermietern, Sachverständigen und Rechtsanwälten. Diese Rahmenvereinbarungen sehen regelmäßig Pauschalen für rationalisierte Betriebsaufläufe vor.[118]

Voraussetzung dafür, dass die Versicherer die Schadenregulierung steuern und lenken können, ist der Erstkontakt (first point of call) mit dem Kunden bzw. dem Geschädigten.[119] Der Gesamtverband der deutschen Versicherungswirtschaft (GDV) hat zu diesem Zweck im Jahr 1999 das Notrufsäulensystem an den Autobahnen übernommen und betreibt es seitdem über eine Tochtergesellschaft – die GDV Dienstleistungs-GmbH & Co KG.[120] Mit den Geschädigten setzt sich der Versicherer möglichst umgehend in Verbindung, um diese zu Vertragspartnern innerhalb des eigenen Partnernetzwerkes zu lenken. Über die Rahmenvereinbarungen mit den Vertragspartnern werden Kosteneinsparungen erzielt. Kasko- und Teilkaskokunden werden Bindungen an das Partnernetzwerk über Sondertarife schmackhaft gemacht.[121]

Zum Teil ist die gestaltende Schadenabwicklung der Kraftfahrtversicherer in Schrifttum und Rechtsprechung auf Kritik gestoßen. Dem Geschädigten als Herrn des Restitutionsgeschehens muss wegen § 249 Abs. 2 S. 1 BGB

---

116 Schirmer VersR 2003, 401.

117 Beschl. v. 13.01.1998 – KVR 40/96 –, NJW 1998, 2825.

118 Kuhn NZV 1999, 229 (230).

119 Kuhn NZV 1999, 229; Cornelius-Winkler SVR 2013, 201 (202); Hellberg/Wendt VW 2009, 1336 (1337); Germann VW 2009, 510.

120 Kuhn NZV 1999, 229; Jacobsen, in: Feyock/Jacobsen/Lemor, Kraftfahrtversicherung, 3. Aufl., 2009, AKB 1988 § 7 Rn. 26.

121 Zum „Fair-Play-Konzept": LG München Urt. v. 26.04.2012 – 17 HK O 19193/11 –, NJW-RR 2012, 1184.

die unbeeinflusste Wahlentscheidung verbleiben, wie der Schaden behoben wird.[122] Die Grenze zwischen gestaltender Schadenabwicklung und unerlaubter Rechtsdienstleistung (§§ 3, 4 RDG) ist fließend.[123] Gleiches gilt für die Grenze zwischen unverbindlichen Empfehlungen von Vertragspartnern und wettbewerbswidrigem Verhalten.[124] Die unverbindliche Empfehlung eines Vertragspartners[125], die sich des Hinweises auf eine verbindliche Kostendeckelung und des ausdrücklichen Wegempfehlens einer anderen Firma enthält, soll freilich unbedenklich sein.[126] Die Rechtsprechung erkennt ein berechtigtes Interesse der Versicherer an einem modernen Schadenmanagement und das Kundeninteresse an einer schnellen und reibungslosen Schadenabwicklung ausdrücklich an.[127]

c. Gestaltende Schadenabwicklung in der Rechtsschutzversicherung

Die Rechtsschutzversicherer wollten es den Kraftfahrtversicherern nachtun.

---

122 Staehlin NZV 2007, 105 (107); v. Westphalen DAR 1999, 295; vgl. a. LG Weiden Urt. v. 12.11.2008 – 22 S 59/08 –, NZV 2009, 398.

123 OLG Düsseldorf Urt. v. 15.06.2010 – I-20 U 175/09 –, NJW-RR 2011, 120; OLG Frankfurt a. M. Urt. v. 29.01.2004 – 6 U 228/02 Z –, GRUR-RR 2004, 368 (370); LG Weiden Urt. v. 12.11.2008 – 22 S 59/08 –, NZV 2009, 398; LG Aachen Urt. v. 12.05.2009 – 41 O 1/09 –, BeckRS 2009, 24802; LG Nürnberg Fürth Urt. v. 8.03.2006 – 8 S 1649/05 –, VersR 2007, 81; AG Bonn Urt. v. 12.06.2007 – 13 C 321/06 –, NZV 2008, 39; Prox zfs 2008, 363; Werber VersR 2006, 1010 (1011 f.); s. aber a. Otting SVR 2013, 241; Offermann-Burckart, in: Krenzler, RDG, 1. Aufl., 2010, § 5 RDG Rn. 103 und § 4 Rn. 7; Richter, in: Himmelreich/Halm/Staab Handbuch der Kfz-Schadensregulierung, 2. Aufl., 2012, Teil 1 Kap 2 Rn. 65.

124 OLG Köln Urt. v. 16.10.1998 – 6 U 38/98 –, NZV 1999, 88; OLG Düsseldorf Urt. v. 17.03.1995 – 20 U 1/95 –, NZV 1995, 450; LG Weiden Urt. v. 12.11.2008 – 22 S 59/08 –, NZV 2009, 398; LG Karlsruhe Urt. v. 15.07.2004 – 15 O 86/04 KFH IV –, NZV 2005, 263; s. aber a. OLG Hamburg Urt. v. 23.10.1997 – 3 U 44/96 –, VersR 1997, 1549.

125 BGH Urt. v. 8.03.2012 – I ZR 85/10 –, NJW 2012, 3241; BGH Urt. v. 3.05.2007 – I ZR 19/05 –, NJW 2007, 3570.

126 BGH Urt. v. 8.03.2012 – I ZR 85/10 –, NJW 2012, 3241; BGH Urt. v. 3.05.2007 – I ZR 19/05 –, NJW 2007, 3570; Richter, in: Himmelreich/Halm/Staab Handbuch der Kfz-Schadensregulierung, 2. Aufl., 2012, Teil 1 Kap. 2 Rn. 64 f., 70 f. m.w.N.; Buschbell, in: MünchAnwHdb SVR, 3. Aufl., 2009, § 22 Rn. 142 f. m.w.N.

127 BGH Urt. v. 8.03.2012 – I ZR 85/10 –, NJW 2012, 3241 Tz. 21; LG München Urt. v. 26.04.2012 – 17 HK O 19193/11 –, NJW-RR 2012, 1184 (1186); s. aber a. EuGH Urt. v. 14.03.2013 – C-32/11-, EuZW 2013, 716 = NZKart 2014, 241.

Gestaltende Schadenabwicklung verfolgt hier wie dort die Ziele der Kostensenkung, der Verbesserung der Verfahrenssteuerung und der Steigerung der Kundenzufriedenheit.[128]

Bislang hatten die Rechtsschutzversicherer sich zwecks Kostendämpfung darauf beschränkt, Rechtsanwälte über Rationalisierungsabkommen an sich zu binden. Mit dem Rationalisierungsabkommen verpflichtet sich der Vertragsanwalt, die gesetzlichen Gebühren gegenüber seinem Auftraggeber zu bestimmten – für den Versicherer günstigen – Pauschalen und Gebührensätzen abzurechnen. Das Kostenerstattungsaufkommen des Rechtsschutzversicherers sinkt. Im Gegenzug stellt der Versicherer bei diesem klassischen Modell des reinen Rationalisierungsabkommens dem Vertragsanwalt in Aussicht, die sog. „freien" Mandate zuzuführen. Bei den sog. „freien" Mandaten handelt es sich um diejenigen Kunden, die ihren Versicherer ausdrücklich um die Benennung eines Anwaltes ersuchen oder bei denen der Versicherer wegen Zeitablaufs dazu gehalten ist, für den Versicherten einen Anwalt zu beauftragen (Ziff. 4.1.3 ARB 2012)[129].

Die Möglichkeiten, das Kostenerstattungsaufkommen zu verringern, erhöhen sich für den Rechtsschutzversicherer, wenn er seine Versicherten bewusst und gezielt zu seinen Vertragsanwälten lenkt und auf deren Beauftragung hinwirkt.

Entscheidend für diese gestaltende Schadenabwicklung der Rechtsschutzversicherer ist ebenso wie in der Kraftfahrtversicherung der Erstkontakt (first point of call).[130] Nur wenn der Versicherer von Anfang an von dem Schadenfall durch seinen Kunden erfährt, hat er es in der Hand, die Schadenabwicklung in seinem Sinne – ob nun mit eigenem Personal[131] oder mit Hilfe von Anwälten in eigener Kanzlei – zu steuern. Zu diesem Zweck haben eine Vielzahl von Versicherern telefonische Beratungshotlines eingerichtet. Die Beratungshotline fängt den Kundenwunsch, an die Hand genommen zu werden und eine erste

---

128 Eberhardt VersR 2013, 802; Heinsen VW 2010, 1530, Heinsen Kundenorientiertes Schadenmanagement am Beispiel der Rechtsschutzversicherung, 1997; kritisch: Cornelius-Winkler SVR 2013, 201; Reisert in: Balke/Reisert/Quarch Regulierung von Verkehrsunfällen, 1. Aufl., 2011, § 79 Rn. 10 f.

129 Im Anhang abgedruckt.

130 Eberhardt VersR 2013, 802 (811); Cornelius-Winkler SVR 2013, 201 (202).

131 So sind in England und Italien Kapitalbeteiligungen an Anwaltskanzleien zulässig (sog. alternative business structures, s. Busse, in. Henssler/Prütting, BRAO, 4. Aufl., 2014, § 1 Rn. 66; Offermann-Burckart, in: Henssler/Prütting, BRAO, 4. Aufl., 2014, CCBE 2.5 Rn. 9, 10). Einige Rechtsschutzversicherer haben von diesen Beteiligungsmöglichkeiten bereits Gebrauch gemacht, s. nur DAS.Law Ltd. (www.daslaw.co.uk). S.a. de Paoli AnwBl 2014, 329.

Falleinschätzung zu erhalten, auf. Gleichzeitig erlaubt sie es dem Versicherer, ihre Kunden zu ihren Vertragsanwälten zu lenken.[132] Auch die Rechtsschutzversicherer haben ein Partnernetzwerk aufgebaut.[133] Sie schließen mit bestimmten Kanzleien sog. Rationalisierungsabkommen ab, in denen insbesondere an der Stelle von gesetzlichen Rahmengebühren nach dem RVG Pauschalentgelte vereinbart werden.[134] Über die Rationalisierungsabkommen werden Kostenersparnisse verwirklicht. Die Lenkungsmaßnahmen gegenüber den Versicherten reichen dabei von der bloßen Empfehlung eines Vertragsanwaltes bis zu dem Versprechen von wirtschaftlichen Vorteilen für den Fall, dass der Versicherte den empfohlenen und an das Rationalisierungsabkommen gebundenen Anwalt beauftragt. Wirtschaftliche Vorteile können in einem Verzicht auf den Selbstbehalt oder etwa in der Höherstufung in einem nach Vorbild der Kaskoversicherung ausgestalteten Schadenfreiheitsrabattsystem liegen.[135] Das Bedürfnis der Versicherten nach außergerichtlichen Streitvermeidungsmöglichkeiten wird durch Mediationsangebote (Ziff. 2.3.1.1 ARB 2012) abgebildet.[136] Die für Verbraucherrechtsstreitigkeiten – insbesondere im Onlinehandel – eingeführten Streitschlichtungsstellen[137] geben den Rechtsschutzversicherern Raum für eine weitere Klauselgestaltung.

Dem neu gewonnenen Selbstverständnis als Kümmerer, als Lotse[138] des Rechtsuchenden durch dessen Rechts- und Versicherungsfall, tragen die Versicherer über die neu gefassten ARB 2012 und einen dementsprechenden Außenauftritt Rechnung. In Ziff. 3 der ARB 2012 heißt es zum Leistungsumfang der Rechtsschutzversicherer: „Wir erbringen und vermitteln Dienstleistungen, damit Sie Ihre Interessen im nachfolgend erläuterten Umfang wahrnehmen

132 Eberhardt VersR 2013, 802 (806).

133 Heinsen VW 2010, 1530.

134 Kilian AnwBl 2012, 226 (228 f.); Obarowski VersR 2006, 1178 (1179); Richter VW 2007, 1310; krit.: Schons AnwBl 2012, 221; Schons AnwBl 2010, 861; Schons BRAK-Magazin 4/2007, 8; Dombek BRAK-Mitt 2004, 162.

135 Eberhardt VersR 2013, 802 (813 f.); van Bühren BRAK-Mitt 2013, 255; Burmann DV 1/2012, 3.

136 Eberhardt VersR 2013, 802 (811); krit.: Purnhagen NJW 2014, 374 (375); Cornelius-Winkler SVR 2013, 201 (203); Burmann SpV 1/2013, 5.

137 Durch das Verbraucherrechtsstreitschlichtungsgesetz v. 19.02.2016 (BGBl I, 254, 1039) aufgrund europarechtlicher Vorgaben eingeführt.

138 Eberhardt ZKM 2014, 83 (84); Eberhardt VersR 2013, 802 (806); Dommer AnwBl 2012, 251; Heinsen VW 2010, 1530 (1532) Heinsen VW 2008, 595 (598); Müller VW 2008, 962; Wendt, in: van Bühren/Plote, ARB, 3. Aufl., 2013, § 125 Rn. 4.

können."[139] Mitarbeiter der Rechtsschutzversicherer werden als „Kundenanwalt"[140] bezeichnet; die Rechtsschutztochter einer Gewerkschaft hält sich für die „größte deutsche Fachkanzlei"[141].

Die Rechtsschutzversicherer suchen ihr wirtschaftliches Heil in einem gewandelten Selbstverständnis als Dienstleister, dessen Angebote und Hilfestellungen über die die reine Kostenerstattung eines klassischen Schadenversicherers hinausgehen. Sie versuchen ihre Marktstellung durch Unterstützungsleistungen im Spannungsfeld zwischen klassischem Schadenversicherer (Kostenerstatter) und Rechtsdienstleister (Kümmerer) zu wahren und auszubauen.

B. Die rechtliche Ausgangslage

Dieser Drahtseilakt der Versicherer im Spannungsfeld zwischen klassischem Schadenversicherer (Kostenerstatter) und Rechtsdienstleister (Kümmerer) muss sich rechtlich an den Vorgaben der freien Anwaltswahl messen lassen.

Versicherungsrecht ist Vertragsrecht. Vertragliche Grundlage für die freie Anwaltswahl ist Ziff. 4.1.3 ARB 2012. Danach kann der Versicherungsnehmer den Rechtsanwalt frei wählen, sofern er nichts anderes vom Versicherer verlangt oder er keinen Anwalt benennt und dem Versicherer eine umgehende Beauftragung notwendig erscheint. Rechtlicher Prüfungsmaßstab für das Vertragsrecht bleibt das Gesetzesrecht.

Gesetzlich ist der Grundsatz der freien Anwaltswahl in der bürgerlich-rechtlichen Vorschrift des § 127 VVG einerseits und der öffentlich-rechtlichen Vorschrift des § 3 Abs. 3 BRAO andererseits verankert. § 127 VVG ist eine Sondervorschrift für den Bereich der Rechtsschutzversicherung.

I. Das Recht auf die freie Anwaltswahl und § 127 VVG: ein erster Blick

Ein erster Blick auf die gesetzlichen Vorschriften der §§ 127 VVG, 3 Abs. 3 BRAO soll aufzeigen, welche Rechtsfragen die Neuerungen der Rechtsschutzversicherer in der Schadenabwicklung aufwerfen. Nach § 127 Abs. 1 S. 1 VVG ist

139 Krit.: Cornelius-Winkler NJW 2014, 588 (590).

140 Wettbewerbswidrig: OLG Düsseldorf Urt. v. 28.10.2014 – I-20 U 168/13 –, r + s 2015, 7 = NJW-RR 2015, 166; LG Düsseldorf Urt. v. 26.07.2013 – 34 O 8/13 –, BRAK-Mitt 2013, 243 = BeckRS 2013, 13276.

141 Wettbewerbswidrig: OLG Koblenz Urt. v. 3.12.2014 – 9 U 354/12 –, BRAK-Mitt 2015, 47 = BeckRS 2015, 00667; LG Koblenz Urt. v. 6.03.2012 – 4 HKO 89/11 –, BRAK-Mitt 2012, 139 = BeckRS 2012, 06776.

der Versicherungsnehmer berechtigt, zu seiner Vertretung in Gerichts- und Verwaltungsverfahren den Rechtsanwalt, der seine Interessen wahrnehmen soll, aus dem Kreis der Rechtsanwälte, deren Vergütung der Versicherer nach dem Versicherungsvertrag trägt, frei zu wählen. Dies gilt nach § 127 Abs. 1 S. 2 VVG auch für die außergerichtliche anwaltliche Vertretung und Beratung. § 127 VVG ist eine Sondervorschrift für den Bereich der Rechtsschutzversicherung. Es begründet kein allgemeines Recht des Rechtsuchenden auf eine freie Anwaltswahl.

1. § 127 VVG und § 3 Abs. 3 BRAO

Ein solches allgemeines Recht findet sich in § 3 Abs. 3 BRAO. Bei § 3 Abs. 3 BRAO handelt es sich zwar um öffentliches Aufsichtsrecht für Anwälte. Niemand zieht indes ernsthaft in Zweifel, dass § 3 Abs. 3 BRAO dem Rechtsuchenden zu dienen bestimmt ist und ein Recht des Rechtsuchenden darstellt.[142] Nach § 3 Abs. 3 BRAO hat jedermann im Rahmen der gesetzlichen Vorschriften das Recht, sich in Rechtsangelegenheiten aller Art durch einen Rechtsanwalt seiner Wahl beraten und vor Gerichten, Schiedsgerichten oder Behörden vertreten zu lassen.

a. Halbzwingendes, zwingendes und nachgiebiges Recht

§ 127 VVG ist als halbzwingendes Recht ausgestaltet. Nach § 129 VVG kann von dem Grundsatz der freien Anwaltswahl (§ 127 VVG) nicht zum Nachteil des Versicherungsnehmers abgewichen werden.

§ 3 Abs. 3 BRAO lässt sich nicht ohne Weiteres entnehmen, ob es sich um zwingendes oder abdingbares Recht handelt. Eine der § 129 VVG ähnelnde Vorschrift hält die BRAO nicht vor.

Zwingendes Recht (ius cogens) und halbzwingendes Recht nimmt den Vertragsparteien die Verfügungs- und Gestaltungsmacht, einen bestimmten Vertragsinhalt zu vereinbaren. Das VVG bezeichnet zwingendes und halbzwingendes Recht in § 210 Abs. 1 VVG als „Beschränkungen der Vertragsfreiheit".[143] Es wirkt in zweifacher Hinsicht. Zum einen zieht es der Gestaltungsmacht der Vertragspartner Grenzen. Zum anderen trifft es für den Fall der Grenzüberschreitung eine Inhaltsbestimmung für den Vertrag.[144] An die Stelle der Vereinbarung tritt zwingendes Recht.[145]

---

142 BGH Urt. v. 26.10.1989 – I ZR 242/87 –, BGHZ 109, 153 (159) = NJW 1990, 578.

143 Armbrüster, in: Prölss/Martin, VVG, 29. Aufl., 2015, § 210 Rn. 1.

144 Roth JZ 1989, 411 (413); Ulmer FS Steindorff, 1999, 799 (804); Uffmann Das Verbot der geltungserhaltenden Reduktion, 2010, 40.

145 Roth JZ 1989, 411 (413); Ulmer FS Steindorff, 1999, 799 (804).

Nach dem VVG 1908 konnte sich der Versicherer bei einem Verstoß gegen halbzwingendes Recht auf eine für den Versicherungsnehmer nachteilige Abweichung „nicht berufen".[146] Aus dieser Wendung wurde z.T. geschlossen, dass ein Verstoß gegen halbzwingendes Recht nicht zu einer Unwirksamkeit der Bedingung führte, sondern es lediglich dem Versicherer verwehrte, sich auf den Rechtsverstoß zu berufen.[147] Das VVG 2008 stellt demgegenüber klar, dass halbzwingendes Recht dem Versicherer bereits die Verfügungs- und Gestaltungsmacht nimmt, eine gegenläufige Bedingung zu vereinbaren (§ 210 Abs. 1 VVG). Dies drückt der Gesetzgeber auch mit der Wendung des „Nicht-Abweichen-Könnens" aus, die er nunmehr anstelle der Wendung des „Nicht-berufen-Könnens" benutzt.[148]

Nachgiebiges Recht (ius dispositivum) lässt grundsätzlich abweichende Regelungen zu. Dies ist nur in zwei Fällen anders: Die Parteien sehen gar keine Regelung vor (1) oder eine Partei sucht die andere Vertragsseite durch die Verwendung Allgemeiner Geschäftsbedingungen, die von dem gesetzlichen Leitbild abweichen (§ 307 Abs. 2 Nr. 1 BGB), zu übervorteilen (2). Treffen nachlässige oder unbedachte Parteien keine vertraglichen Regelungen, so gestaltet das nachgiebige Recht den Vertragsinhalt. Der fürsorgliche Gesetzgeber hält gleichsam Musterverträge für die Marktteilnehmer vor. Nachgiebiges Recht zwingt die Parteien nicht zu einem bestimmten Vertragsinhalt. Nachgiebiges Recht füllt vertragliche Lücken aus, die den Parteien bei Vertragsabschluss nicht bewusst waren. Den Vertragsinhalt bestimmt nachgiebiges Recht nur in dem Fall, in dem eine Partei zum Nachteil der anderen Vertragsseite von dem gesetzlichen Leitbild abweicht (§ 307 Abs. 2 Nr. 1 BGB). An die Stelle der unwirksamen Vertragsbestimmung tritt dann nach § 306 Abs. 2 BGB das nachgiebige Recht.[149] Auf diese Weise verwandelt sich nachgiebiges Recht in zwingendes Recht.[150]

§§ 127, 129 VVG zwingen den Parteien eines Rechtsschutzversicherungsvertrages den Grundsatz der freien Anwaltswahl als Vertragsinhalt auf. Wenn schon

---

146 Vgl. §§ 15 a, 34 a, 42, 42 l, 68 a, 72, 115 a, 158 a, 178, 178 o VVG a.F. Die Vorschriften wurden auch als halbseitig zwingend bezeichnet.

147 Ganster Die Prämienzahlung im Versicherungsrecht, 2008, 32 f.

148 Wandt, in: MünchKommVVG, Bd. 1, 2. Aufl., 2016, § 28 Rn. 18.

149 § 306 Abs. 1 BGB ist seinerseits zwingendes Recht (Basedow, in: MünchKommBGB, Bd. 2, 7. Aufl., 2016, § 306 Rn. 9; Schmidt, in: BeckOK BGB, 39. Aufl., Stand: 1.05.2016, § 306 Rn. 9).

150 Kötz JuS 2013, 289 (292); v. Westphalen NJW 2010, 2254 (2262); v. Westphalen FS Kübler, 2015, 787 (804); Kähler Begriff und Rechtfertigung abdingbaren Rechts, 2012, 198.

die besonderen Vorschriften der §§ 127, 129 VGG die Vertrags- und Gestaltungsmacht begrenzen, so könnte dies erst recht für die allgemeine Vorschrift des § 3 Abs. 3 BRAO gelten. Beide Vorschriften räumen dem Rechtsuchenden ein Wahlrecht ein.

Einige betrachten § 3 Abs. 3 BRAO unter diesem Gesichtspunkt daher als zwingendes Recht.[151] Wenn der Gesetzgeber den Grundsatz der freien Anwaltswahl als so wichtig erachten haben sollte, dass er ihn als zwingendes Recht ausgestaltet hat, wirft dies die Frage auf, ob der Rechtsuchende auf das Wahlrecht verzichten kann oder ob es sich gar um ein höchstpersönliches, unverzichtbares Recht handelt. Sollte es sich hingegen bei § 3 Abs. 3 BRAO um nachgiebiges Recht handeln, so ließe dies den Schluss zu, dass der Gesetzgeber den Versicherungsnehmer für besonders schutzbedürftig gegenüber dem Rechtsschutzversicherer hält. Ob § 3 Abs. 3 BRAO nachgiebig oder zwingend ist, ist durch Auslegung zu ermitteln. Wie sich dies auf den Zusammenhang mit § 127 VVG auswirkt ebenfalls. Z.T. wird nämlich auch vertreten, dass § 127 VVG und § 3 Abs. 3 BRAO beziehungslos nebeneinander bestehen.[152] Beides soll in einem zweiten Schritt untersucht werden. Hier geht es zunächst darum, die rechtlichen Fragen zu sammeln, die der Rechtsrahmen der Schadenabwicklung in der Rechtsschutzversicherung aufwirft.

b. Rechtsbekundende oder rechtsbegründende Vorschrift

Das allgemeine Wahlrecht des § 3 Abs. 3 BRAO gilt nur „im Rahmen der gesetzlichen Vorschriften". Es scheint unter einem Gesetzesvorbehalt zu stehen.

Teilweise wird § 3 Abs. 3 BRAO deshalb für eine allein rechtsbekundende, keineswegs aber für eine rechtsbegründende Vorschrift gehalten.

Ohne weitere Begründung wird diese Meinung verschiedentlich auch auf die Vorschrift des § 127 VVG übertragen.[153] Wäre diese überwiegend nicht geteilte Auffassung zutreffend, wäre § 127 VVG kein geeigneter Prüfungsmaßstab für die Schadenabwicklung in der Rechtsschutzversicherung. Vielmehr wären als Prüfungsmaßstab die Rechtsvorschriften hinzuziehen, die § 127 VVG bekundet. Auch dies gilt es im Rahmen der Auslegung in einem zweiten Schritt zu klären.

---

151 OLG Karlsruhe Urt. v. 19.11.1987 – 4 U 107/86 –, GRUR 1988, 703 (705 f.); Brüggemann, in: Feuerich/Weyland, BRAO, 9. Aufl., 2016, § 3 Rn. 46 f.; Wolf, in: Gaier/Wolf/Göcken, Anwaltliches Berufsrecht, 2. Aufl., 2015, BRAO § 3 Rn. 64 f.; Busse, in: Henssler/Prütting, BRAO, 4. Aufl., 2014, § 3 Rn. 29.

152 LG Bamberg Urt. v. 8.11.2011 – 1 O 336/10 –, r + s 2012, 118 (121); Terriuolo AnwBl 2015, 140 (141).

153 Richter, in: MünchKommVVG, Bd. 2, 2. Aufl., 2017, § 127 Rn. 5.

c. *Anwaltswahl und Anwaltszwang*

Der „Rahmen der gesetzlichen Vorschriften“, auf den § 3 Abs. 3 BRAO Bezug nimmt, wirft noch die weitere Frage nach dem Zusammenhang zwischen Anwaltswahl und Anwaltszwang auf. Die gesetzlichen Vorschriften in § 3 Abs. 3 BRAO meinen die gesetzlichen Vorschriften nach §§ 78, 79 ZPO sowie §§ 3, 4 RDG, die die Befugnis des Rechtsuchenden beschränken, sich selbst zu vertreten oder durch Dritte vertreten zu lassen. Die Frage nach dem Verhältnis von Anwaltswahl und Anwaltszwang wird ebenfalls zu klären sein.

2. *§ 127 VVG und § 125 VVG*

§ 127 VVG steht nicht nur im Zusammenhang mit der verwandten Vorschrift des § 3 Abs. 3 BRAO. Sie steht auch in engem Zusammenhang mit § 125 VVG. Das halbzwingende Recht nach §§ 127, 129 VVG begrenzt die Macht der Versicherer, ihre Rechtsschutzversicherungen nach Belieben zu gestalten. § 125 VVG wiederum räumt den Versicherern eine weite Gestaltungsmacht ein. Teilweise wird der Gestaltungsmacht des Versicherers ein Geltungsvorrang vor dem halbzwingenden Recht der §§ 127, 129 VVG eingeräumt.[154] Das Verhältnis von § 125 VVG und § 127 VVG gilt es auszuloten.

3. *§ 127 VVG und die RSV-RL*

Die Entstehungsgeschichte des § 127 VVG verweist auf einen europarechtlichen Hintergrund.

Das VVG aus dem Jahre 1908 hielt bei seinem Erlass noch keine besonderen Regelungen für die Rechtsschutzversicherung vor. Der junge Zweig der RSV hielt erst 1990 mit §§ 158 l bis o VVG a.F. Einzug in das VVG (heute: §§ 125 bis 129 VVG). Erstmals gab es mit § 158 m VVG a.F. eine ausdrückliche Sonderregelung zu der freien Anwaltswahl in der Rechtsschutzversicherung. Hintergrund waren die Vorgaben der Rechtsschutzversicherungs-RL 87/344/EWG v. 22.06.1987[155] (heute: Art. 198 f. der Solvabilität II-RL 2009/138/EG v. 25.12.2015[156]). Vornehmliches Ziel der Richtlinienvorgaben ist die europaweite Angleichung der Rechtsregeln zur Vermeidung eines Interessenwiderstreits zwischen einem Mehrspartenversicherer und seinem

---

154 BGH Beschl. v. 14.01.2016 – I ZR 98/15 –, r + s 2016, 235 (236) Tz. 6, 7; Looschelders VersR 2017, 1237 (1241); Wendt VersR 2014, 420; Obarowski, in: MünchKommVVG, Bd. 2, 2. Aufl., 2017, § 125 Rn. 36.

155 ABl L 185, 77.

156 ABl L 335, 1 (170).

Versicherungsnehmer. Anlass der Regelung war, dass europaweit allein die BRD ein Spartentrennungsgebot zur Meidung eines Interessenwiderstreits – insbesondere bei zeitgleicher Haftpflicht- und Rechtsschutzversicherung – kannte.[157] Zur Durchsetzung der Niederlassungsfreiheit der europäischen Rechtsschutzversicherer sollte der abgeschottete deutsche Markt geöffnet werden. Diese Vorgaben hat Deutschland 1990[158] mit der Einführung eines Schadensabwicklungsunternehmens nach § 158 l VVG a.F. (heute: § 126 VVG) umgesetzt.

Eine am Zweck der RSV-RL ausgerichtete Auslegung kann eine einschränkende Auslegung rechtfertigen. Im Schrifttum wird deshalb teilweise erwogen, ob die Anwendung des § 127 VVG nicht auf Fälle beschränkt werden muss, in welchen widerstreitende Interessen zwischen dem Versicherungsnehmer und seinem Mehrspartenversicherer zu besorgen sind.[159] Die Rechtsprechung des EuGH hat diesen Gedanken bislang nicht aufgegriffen.[160]

Art. 4 Abs. 1 a der RSV-RL[161] fordert zudem, dass dem Rechtsschutzversicherten in jedem Rechtsschutzversicherungsvertrag die freie Anwaltswahl für jeden Fall der Interessenvertretung in einem Verwaltungs- oder Gerichtsverfahren eingeräumt werden muss. Die Richtlinie räumt dem Versicherungsnehmer zwingend ein eigenständiges Wahlrecht ein.[162] Eine einschränkende Auslegung verbietet sich daher.[163] Das Wahlrecht beinhaltet keinen Anspruch auf eine vollständige Übernahme der Rechtsverfolgungskosten.[164] Die Beschränkung der Kostenübernahmepflicht darf das Wahlrecht aber nicht aushöhlen.[165]

---

157 ErwGr 8 RSV-RL.

158 Gesetz v. 28.06.1990, BGBl. I, 1249.

159 Wendenburg NJW 2011, 3064 (3065); Schilasky Einschränkungen der freien Anwaltswahl in der Rechtsschutzversicherung, 1998, 182; Hillmer-Möbius, in: van Bühren/Plote, ARB, 3. Aufl., 2013, ARB 2010 § 17 ARB Rn. 42.

160 A.A. Plote, in: van Bühren/Plote ARB, 3. Aufl., 2013, ARB 2010 § 17 Rn. 6 b.

161 Nunmehr Art. 201 Abs. 1 a Solvabilität II-RL.

162 EuGH Urt. v. 7.04.2016 – C-460/14 –, EuZW 2016, 399 = VersR 2016, 657 Tz. 23 – Massar; EuGH Urt. v. 7.04.2016 – C-5/15 –; BeckRS 2016, 80578 Tz. 21 – Büyüktipi; EuGH Urt. v. 7.11.2013 – C-442/12 –, NJW 2014, 373 Tz. 27, 28 – Sneller; EuGH Urt. v. 26.05.2011 – C 293/10 –, NJW 2011, 3077 – Stark; EuGH Urt. v. 10.09.2010 – C-199/08 –, NJW 2010, 3055 – Eschig.

163 EuGH Urt. v. 7.04.2016 – C-460/14 –, EuZW 2016, 399 = VersR 2016, 657 Tz. 23 – Massar; EuGH Urt. v. 7.04.2016 – C-5/15 –, BeckRS 2016, 80578 Tz. 21 – Büyüktipi; Armbrüster EuZW 2017, 709 (713).

164 EuGH Urt. v. 7.04.2016 – C-460/14 –, EuZW 2016, 399 = VersR 2016, 657 Tz. 23 – Massar; EuGH Urt. v. 7.11.2013 – C-442/12 –, NJW 2014, 373 Tz. 27, 28 – Sneller.

165 EuGH Urt. v. 7.11.2013 – C-442/12 –, NJW 2014, 373 Rn. 27, 28 – Sneller.

Der Wortlaut des Art. 4 Abs. 1 a der RL legt es nahe, das Wahlrecht auf Fälle der Vertretung vor Behörden und Gerichten zu beschränken.[166] Dann setzt allein § 127 Abs. S. 1 VVG, nicht aber § 127 Abs. 1 S. 2 VVG Europarecht um. Dieser Auffassung scheint auch der BGH zuzuneigen.[167]

Mit der gegenläufigen Rechtsprechung des EuGH[168], nach der das Wahlrecht auch für die außergerichtliche Beratung und Vertretung gilt, setzt sich der BGH nicht auseinander. Dies überrascht umso mehr als das sich bei sog. überschießenden Regelungen des Rechts der Mitgliedstaaten die Frage stellt, ob allein der das Europarecht umsetzende Teil der Regelung europarechtsgerecht auszulegen ist (gespaltene Auslegung[169]) oder auch der überschießende Teil (einheitliche Auslegung[170]). Auch mit dieser Frage setzt sich der BGH nicht auseinander.

Sollte es für die Auslegung des § 127 VVG darauf ankommen, sind diese europarechtlichen Fragen zu klären.

---

166 Hillmer-Möbius, in: van Bühren/Plote, ARB, 3. Aufl., 2013, § 17 ARB Rn. 42; Richter, in: MünchKommVVG, Bd. 2, 1. Aufl., 2011, § 127 Rn. 10; a.A. BGH Urt. v. 4.12.2013 – IV ZR 215/12 –, BGHZ 199, 170 (180) = NJW 2014, 630 = VersR 2014, 98 Tz. 29; Schilasky Einschränkungen der freien Anwaltswahl in der Rechtsschutzversicherung, 1998, 181 f.; vgl. a. Koch GRUR-Prax 2012, 313 (314).

167 BGH Urt. v. 4.12.2013 – IV ZR 215/12 –, BGHZ 199, 170 (180) = NJW 2014, 630 Tz. 29; s.a. BGH Beschl. v. 14.01.2016 – I ZR 98/15 –, r + s 2016, 235 (236) Tz. 6.

168 A.A. Plote, in: van Bühren/Plote ARB, 3. Aufl., 2013, ARB 2010 § 17 Rn. 6 b.

169 BGH Urt. v. 7.05.2014 – IV ZR 76/11 –, BGHZ 201, 101 (112) = NJW 2014, 2646 Tz. 28; BGH Urt. v. 17.10.2012 – VIII ZR 226/11 –, BGHZ 195, 135 (140) = NJW 2013, 220 Tz. 20; BGH Urt. v. 17.10.2012 – VIII ZR 226/11 –, BGHZ 195, 135 (140) = NJW 2013, 220 Tz. 20; BGH Urt. v. 21.12.2011 – VIII ZR 70/08 –, BGHZ 192, 148 (160 f.) = NJW 2012, 1073 Tz. 28 f.; BGH Urt. v. 26.11.2008 – VIII ZR 200/05 –, BGHZ 179, 27 (34 f.) = NJW 2009, 427 Tz. 21 f. – Quelle; Mayer/Schürnbrand JZ 2004, 545 (548); Höpfner/Rüthers AcP 2009, 1 (29); Möllers/Möhring JZ 2008, 919 (924); Habersack/Mayer JZ 1999, 913; Habersack/Mayer, in: Riesenhuber, Europäische Methodenlehre, 3. Aufl., 2015, § 14 Rn. 42 f.; Sprau, in: Palandt, BGB, 75. Aufl., 2016, Einl. Rn. 44; Faust, in: Bamberger/Roth, BeckOK BGB, 39. Aufl., Stand: 1.08.2014, § 433 Rn. 9; s.a. Kuhn EuR 2015, 216.

170 Bärenz DB 2003, 375; Drexl FS Heldrich, 2005, 67 f. S. a. BGH Urt. v. 9.04.2002 – XI ZR 91/99 –, BGHZ 150, 248 (260 f.) = NJW 2002, 1881 – Heininger; sowie zu Fällen, in denen der Gesetzgeber bewusst eine Ausdehnung der europarechtlichen Vorgaben wollte BGH Urt. v. 13.04.2011 – VIII ZR 220/10 –, BGHZ 189, 196 (213) = NJW 2011, 2278 Tz. 46, 47.

II. Forschungsstand

Bis zum Erlass der RSV-RL im Jahre 1987 bestimmten Rechtsprechung und Schrifttum zu § 3 Abs. 3 BRAO die Auseinandersetzung um den Grundsatz der freien Anwaltswahl.

1. Die freie Anwaltswahl im Spiegel von Rechtsprechung und Schrifttum

Die berufsrechtliche Vorschrift des § 3 Abs. 3 BRAO sieht keine Rechtsfolgenregelung vor. Das Aufsichtsrecht der Anwälte sieht für Pflichtverletzungen nur öffentlich-rechtliche Ahndungen gegenüber dem Rechtsanwalt vor (§§ 113 f. BRAO). Wenn § 3 Abs. 3 BRAO kein bloß rechtsbekundender Programmsatz[171] ist, sondern ein durchsetzbares Wahlrecht des Rechtsuchenden[172] darstellt, ist zu klären, welche Rechtsfolge eine Rechtsverletzung nach sich zieht. Erwogen wird, ob es sich bei § 3 Abs. 3 BRAO um zwingendes Recht[173] handelt, um ein Verbotsgesetz i.S.d. § 134 BGB[174] oder ob ein Verstoß den Vorwurf der Sittenwidrigkeit (§ 138 BGB)[175] nach sich zieht. Damit eng zusammen hängt die Frage, ob das Wahlrecht verzichtbar[176] oder gar ein unübertragbares höchstpersönliches

---

171 Michalski/Römermann ZIP 1994, 433 (442).

172 BGH Urt. v. 26.10.1989 – I ZR 242/87 –, BGHZ 109, 153 (159) = NJW 1990, 578.

173 Terriuolo Das rechtsschutzversicherte Mandat, 2014, 111 f. m.w.N.; Schilasky Einschränkungen der freien Anwaltswahl in der Rechtsschutzversicherung, 1998, 152 f. m.w.N.

174 AG Ebersberg Urt. v. 15.11.2013 – 7 C 450/13 –, NJW 2014, 1461 (1462); in diese Richtung: OLG Karlsruhe Urt. v. 19.11.1987 – 4 U 167/86 –, GRUR 1988, 703 (706 f.); offen gelassen: OLG Stuttgart Urt. v. 16.12.2008 – 12 U 136/08 –, BeckRS 2009, 13830; verneinend: Michalski/Römermann ZIP 1994, 433 (442).

175 Henssler FS Geiß, 2000, 271 (280); Koch, in: Henssler/Prütting, BRAO, 4. Aufl., 2014, § 3 Rn. 33.

176 Verzicht verneinend: Pestke BRAK-Mitt 1988, 241 (244); Prunbauer-Glaser FS Hellwig, 2010, 69 (81); Henssler FS Geiß, 2000, 271 (280); Pestke Der Rechtsanwalt als Mitwirkender verwaltungsrechtlicher Verfahren einschließlich solcher des Sozial- und Steuerrechts, 1986, E/67, 68; Kalsbach BRAO, 1960, 1. Aufl., § 3 Rn. 9; Isele BRAO, 1. Aufl., 1976, § 3 Anm. IV.B.2.; Busse, in: Henssler/Prütting, BRAO, 4. Aufl., 2014, § 3 Rn. 29; Brüggemann, in: Feuerich/Weyland, BRAO, 9. Aufl., 2016, § 3 Rn. 46 f.; Wolf, in: Gaier/Wolf/Göcken, Anwaltliches Berufsrecht, 2. Aufl., 2015, BRAO § 3 Rn. 64 f.; Greger, in: Zöller, ZPO, 31. Aufl., 2016, vor § 128 Rn. 7 a.
A.A. Verzichtsmöglichkeit bejahend: EGMR Urt. v. 27.11.2008 – 36391/02 –, NJW 2009, 3707 (3709) Tz. 59 – Salduz; EGMR Urt. v. 27.10.2011 – 25303/08 –, NJW 2012, 3709 – Stojkovic; Michalke/Römermann ZIP 1994, 433 (442); Dörr Faires Verfahren, 1984, 85; Meyer-Ladewig, in: Meyer-Ladewig, EMRK, 3. Aufl., 2011, Art. 6 Rn. 99, 122, 123.

Recht[177] ist. Die berufsrechtlichen Erläuterungswerke beleuchten in diesem Zusammenhang den verfassungsrechtlichen Hintergrund der freien Anwaltswahl. Zum Teil wird dieser in dem Recht auf ein faires Verfahren (Art. 2 GG i.V.m. dem Rechtsstaatsprinzip)[178], zum Teil in dem Anspruch auf rechtliches Gehör (Art. 103 Abs. 1 GG)[179] gesehen.

Offen gelassen: OLG München Urt. v. 22.03.2002 - 21 U 2386/01 -, NJW 2002, 3641 (3642).

177 BGH Urt. v. 26.10.1989 - I ZR 242/87 -, BGHZ 109, 153 (159) = NJW 1990, 578 - Mieterverein.

178 BVerfG Beschl. v. 8.10.1974 - 2 BvR 747/73 -, BVerfGE 38, 105 (111) = NJW 1975, 103; BVerfG Beschl. v. 22.01.1959 - 1 BvR 154/55 -, BVerfGE 9, 124 (132) = NJW 1959, 715; Kleine-Cosack AnwBl 2011, 467 (469); Dörr Faires Verfahren, 1984, 100; Rosenberg/Schwab/Gottwald Zivilprozessrecht, 17. Aufl., 2010, § 82 III 1; Degenhart, in: Sachs, GG, 7. Aufl., 2014, Art. 103 Rn. 23; Schulze-Fielitz, in: Dreier, GG, Bd. 3, 2. Aufl., 2008, Art. 103 Rn. 54; Hömig, in: Hömig, GG, 10. Aufl., 2013, Art. 103 Rn. 9.

179 BGH Beschl. v. 29.06.2000 - IX ZB 23/97 -, NJW 2000, 3289 - Krombach; BGH Beschl. v. 4.12.1997 - IX ZB 23/97 -, EuZW 1999, 26 (27) - Krombach; BVerwG Beschl. v. 23.01.1995 - 9 B 1/95 -, NJW 1995, 1231; BVerwG Urt. v. 29.09.1994 - 3 C 28/92 -, NJW 1995, 1441 (1442); BVerwG Urt. v. 11.04.1989 - 9 C 55/88 -, NVwZ 1989, 857 (858); Gaier BRAK-Mitt 2015, 114 f.; Gaier BRAK-Mitt 2006, 2 (3); Krämer NJW 1995, 2313 (2316); Lensing VuR 2012, 97 (100); Zuck JZ 1993, 500 (508); Zuck JZ 1989, 353 (354); Pestke BRAK-Mitt 1988, 241 (243 m. Fn. 36); Reifner NJW 1984, 1151 (1152, 1154); Kopp AöR 1981, 604 (619, 621, 622); Schneider NJW 1977, 873 (874); Arndt NJW 1967, 1331 (1332); Lerche ZZP 1965, 1 (18); Ule DVBl 1959, 537 (544); Arndt NJW 1959, 1297 (1300); Arndt NJW 1959, 6 (8); Wolf FS Schneider, 2008, 414 (423 f.); Rick Die verfassungsrechtliche Stellung des Rechtsanwalts, 1998, 54; Bern Verfassungs- und verfahrensrechtliche Probleme anwaltlicher Vertretung im Zivilprozess, 1992, 93 f., 96; Pestke Der Rechtsanwalt als Mitwirkender verwaltungsrechtlicher Verfahren einschließlich solcher des Sozial- und Steuerrechts, 1986, E/52; Schneider Der Rechtsanwalt, ein unabhängiges Organ der Rechtspflege, 1976, 45 f.; Wolf, in: Gaier/Wolf/Göcken, Anwaltliches Berufsrecht, 2. Aufl., 2014, BRAO § 1 Rn. 44, § 3 Rn. 54; Busse, in: Henssler/Prütting, BRAO, 4. Aufl., 2014, § 3 Rn. 21, 22; Hartung, in: Hartung, BORA/FAO, 5. Aufl., 2012, § 1 BORA Rn. 68; Zuck, in: Gaier/Wolf/Göcken, Anwaltliches Berufsrecht, 2. Aufl., 2015, BRAO § 43 Rn. 29; Leipold, in: Stein/Jonas, ZPO, Bd. 3, 22. Aufl., 2005, vor § 128 Rn. 23; Schmidt-Aßmann, in: Maunz/Dürig, GG, Bd. VI, Losebl., 76 Elf., Stand: November 2006, Art. 103 Rn. 103 f.; Zierlein, in: Umbach/Clemens, GG, Bd. 2, 2002, Art. 103 Rn. 81; Pieroth, in: Jarass/Pieroth, GG, 12. Aufl., 2012, Art. 103 Rn. 34; Schmahl, in: Schmidt-Bleibtreu/Klein, GG, 12. Aufl., 2011, Art. 103 Rn. 14; Sodan, in: Sodan, GG, 2. Aufl., 2011, Art. 103 Rn. 5; zurückhaltend: Kunig, in: Münch/Kunig, GG, Bd. 2, 6. Aufl., 2012, Art. 103 Rn. 15 „Rechtsanwalt, Anspruch auf Beiziehung"; Nolte, in: Mangoldt/Klein/Starck, GG, Bd. 3, 6. Aufl., 2010, Art. 103 Rn. 66.

In einer vielbeachteten Grundsatzentscheidung aus dem Jahr 1989 hielt der BGH fest, dass ein Mieterverein seinen Mitgliedern keinen bestimmten Rechtsanwalt verbindlich vorgeben darf.[180] Eine Übertragung des Wahlrechtes durch das Mitglied auf den Verein stünden Treu und Glauben (§ 242 BGB) entgegen. § 3 Abs. 3 BRAO sei ein höchstpersönliches Recht des Rechtsuchenden und könne grundsätzlich nur durch ihn selbst ausgeübt werden. Es zähle zu den tragenden Grundlagen der Rechtspflege und ergänze den Grundsatz der freien Advokatur.

Ebenso unumstritten ist in Rechtsprechung und Schrifttum, dass eine unverbindliche Anwaltsempfehlung durch einen Dritten an den Rechtsuchenden rechtlich unbedenklich ist.[181]

2. *Wandlung der Versicherer im Spiegel von Rechtsprechung und Schrifttum*

Diesen Befund greifen Rechtsprechung und Schrifttum bei der Beurteilung des gewandelten Selbstverständnisses der Rechtsschutzversicherer und den Neuerungen in der Schadenabwicklung auf. Die Erläuterungswerke zu der öffentlich-rechtlichen Vorschrift des § 3 BRAO beschränken sich auf die berufsrechtliche Sichtweise. Die Erläuterungswerke zu §§ 127, 129 VVG beschränken sich auf die versicherungsrechtliche Sichtweise. Die zwei in Deutschland erschienenen Abhandlungen zu der freien Anwaltswahl in der Rechtsschutzversicherung von Schilasky[182] und Terriuolo[183] vermögen dieses Spannungsverhältnis kaum aufzulösen. Eine jüngst in Österreich erschienene Abhandlung von Brunner[184] erst recht nicht. Die Gesetzeslage in Österreich ist insofern mit der deutschen nicht vergleichbar.

---

180 BGH Urt. v. 26.10.1989 – I ZR 242/87 –, BGHZ 109, 153 (159) = NJW 1990, 578.

181 BGH Beschl. v. 20.06.2006 – VI ZR 75/05 –, NJW 2006, 2910 (2912) Tz. 25; OLG Hamm Urt. v. 13.12.2005 – 4 U 113/05 –, BeckRS 2006, 04706; LG Kassel Urt. v. 9.10.2008 – 1 S 132/08 –, BeckRS 2010, 04025; LG Bremen Urt. v. 4.09.1997 – 12 O 626/96 –, VersR 1998, 974; Bultmann, in: MünchHdb VersR, 3. Aufl., 2013, § 27 Rn. 598; Buschbell, in: Buschbell/Hering Hdb RSV, 6. Aufl., 2015 § 30 Rn. 10; Armbrüster, in: Prölss/Martin, VVG, 29. Aufl., 2015, ARB 2010 § 17 Rn. 2; Pfaffenholz, in: Looschelders/Pohlmann, VVG, 3. Aufl., 2016, § 127 Rn. 2, 3; Bauer, in: Harbauer, ARB, 8. Aufl., 2010, § 127 Rn. 4.

182 Einschränkungen der freien Anwaltswahl in der Rechtsschutzversicherung, 1998.

183 Das rechtsschutzversicherte Mandat, 2014.

184 Die freie Anwaltswahl in der Rechtsschutzversicherung, 2017.

a. Rechtsdienstleistungsversicherung

Im versicherungsrechtlichen Schrifttum wird das an die Rechtsschutzversicherer gerichtete Verbot des § 4 RDG, eigene Rechtsdienstleistungen zu erbringen, einmütig hingenommen. Die deutsche Versicherungswirtschaft bietet im Inland keine Rechtsdienstleistungsversicherung an. Rechtsprechung fehlt.

§ 4 RDG ist ein Verbotsgesetz i.S.d. § 134 BGB.[185] §§ 127, 129 VVG sind halbzwingendes Recht. Ob die einhellige Meinung im Schrifttum, eine Rechtsdienstleistungsversicherung scheitere an § 4 RDG i.V.m. § 134 BGB, zutreffend ist, darf und muss bezweifelt werden.

Der Vorstoß einer Klausel, mit der der Versicherer sich dazu verpflichtet, Rechtsdienstleistungen durch eigene Mitarbeiter zu erbringen, gegen § 4 RDG führt nach § 134 BGB zur Nichtigkeit der Klausel und nach § 139 BGB im Zweifel zur Gesamtnichtigkeit des gesamten Rechtsdienstleistungsversicherungsvertrages.

Das Rechtsfolgengefüge des halbzwingenden Rechtes verlangt etwas anderes. Zum einen zieht es der Gestaltungsmacht der Vertragspartner Grenzen. Zum anderen trifft es für den Fall der Grenzüberschreitung eine Inhaltsbestimmung für den Vertrag.[186] An die Stelle der Vereinbarung tritt zwingendes Recht.[187]

Das (halb-)zwingende Recht vermag die Vertragslücke, die es reißt, freilich nur dann wieder zu schließen, wenn der übrig gebliebene Rumpfvertrag Wirksamkeit für sich in Anspruch nehmen kann.[188] Ist dies nicht der Fall, richtet sich die Wirksamkeit des „Restvertrages“ allein nach den allgemeinen Regeln der Geschäftslehre.[189] Die Rechtsdienstleistungsabrede regelt die

---

185 Ellenberger, in: Palandt, BGB, 74. Aufl., 2015, § 134 Rn. 21, 21 a m.w.N.; Armbrüster, in: MünchKommBGB, Bd. 1, 7. Aufl., 2015, § 134 Rn. 92; a.A. Grunewald, in: Grunewald/Römermann, RDG, 1. Aufl., 2008, § 4 Rn. 21.

186 Roth JZ 1989, 411 (413); Ulmer FS Steindorff, 1999, 799 (804); Uffmann Das Verbot der geltungserhaltenden Reduktion, 2010, 40.

187 Roth JZ 1989, 411 (413); Ulmer FS Steindorff, 1999, 799 (804).

188 Nach Art. 6 Abs. 1 Hbs. 2 der Klausel-RL (93/13/EWG v. 5.04.1993, ABl L 95, 29) bleibt der Vertrag nur dann bindend, „wenn er ohne die mißbräuchlichen Klauseln bestehen kann.“ Zu Art. 6 Abs. 1 Klausel-RL: EuGH Urt. v. 15.03.2012 – C-453/10 –, NJW 2012, 1781 (1782) Tz. 28 f. – Perenicová; v. Westphalen FS Kübler, 2015, 787 (788 f.); ders. NJW 2012, 1770; ders. ZIP 2012, 2469 (2472). S. a. Schmidt, in: Bamberger/Roth, BeckOK BGB, 39. Aufl., Stand: 1.05.2016, § 306 Rn. 7.

189 Im Ergebnis führt dies zu dem überkommenen gemeinrechtlichen Grundsatz „utile per inutile non vitiatur“ („Das Gültige wird durch das Ungültige nicht in Mitleidenschaft gezogen“). S. hierzu: Busche, in: MünchKommBGB, Bd. 1, 7. Aufl., 2015, § 139 Rn. 1 m.w.N.; Hellwege, in: HKK BGB, Bd. 2, Teilband 2, 1. Aufl., 2007, §§ 305-310

Hauptleistungspflicht des Versicherers. Für einen wirksamen Vertragsabschluss müssen sich die Parteien über die wesentlichen Vertragsbestandteile (essentialia negotii) geeinigt haben.[190] Daran fehlt es, wenn die Hauptleistungspflicht des Rechtsschutzversicherers nicht wirksam vereinbart wurde. An die Stelle der unwirksamen Rechtsdienstleistungsabrede vermag auch kein nachgiebiges oder zwingendes Recht zu treten.[191] Dem Versicherer fehlt es wegen des (halb-)zwingenden Rechts der §§ 127, 129 VVG bereits an der Rechtsmacht, ein wirksames Angebot auf Abschluss eines Rechtsdienstleistungsvertrages abzugeben. Dem Versicherungsnehmer fehlt es an der Rechtsmacht, ein dementsprechendes Angebot anzunehmen. (Halb-)zwingendes Recht vermag nur an die Stelle gesetzeswidriger Vertragsinhalte zu treten. Einen wirksamen Vertragsabschluss selbst vermag es nicht zu ersetzen.

Die im Schrifttum erörterte schwierige Frage[192], ob der Verstoß einer vertraglichen Teilabrede gegen (halb.-)zwingendes Recht nach § 139 BGB[193] zu einer Gesamtnichtigkeit des Vertrages führt oder die Rechtsfolgenbestimmung des § 306 Abs. 2 BGB entsprechend[194] heranzuziehen ist, stellt sich im

---

Rn. 29; Dorn, in: HKK BGB, Bd. 1, 1. Aufl., 2003, §§ 134 – 137 Rn. 19; Dorn, in: HKK BGB, Bd. 1, 1. Aufl., 2003, §§ 139-141 Rn. 3.

190 Busche, in: MünchKommBGB, Bd. 1, 7. Aufl., 2015, § 145 Rn. 6 m.w.N.

191 van de Loo Die Angemessenheitskontrolle Allgemeiner Versicherungsbedingungen nach dem AGB-Gesetz, 1987, 108, 109; s.a. Bauer BB 1978, 476 (477) und wohl a.A. BGH Urt. v. 21.12.1981 – II ZR 76/81 –, NJW 1982, 824 (825) zum Sonderfall der vorläufigen Deckung.

192 Grundlegend: Canaris FS Steindorff, 1990, 519; Canaris Gesetzliches Verbot und Rechtsgeschäft, 1983; s. a. Cahn JZ 1997, 8.

193 Ellenberger, in: Palandt, BGB, 75. Aufl., 2016, § 139 Rn. 18; Fausten, in: MünchKommVVG, Bd. 1, 2. Aufl., 2016, § 18 Rn. 31; Lorenz, in: MünchKommBGB, Bd. 3, 7. Aufl., 2016, § 475 Rn. 14; Lorenz, in: MünchKommBGB, Bd. 3, 7. Aufl., 2016, § 478 Rn. 44; Schürnbrand, in: MünchKommBGB, Bd. 3, 7. Aufl., 2016, § 511 Rn. 6; Tonner, in: MünchKommBGB, Bd. 4, 6. Aufl., 2012, § 651 m Rn. 9; Geib, in: Bamberger/Roth, BeckOK BGB, 39. Aufl., Stand: 1.05.2016, § 651 m Rn. 5; wohl. a.: Fausten, in: MünchKommVVG, Bd. 1, 2. Aufl., 2016, § 18 Rn. 31, 8.

194 Uffmann Das Verbot der geltungserhaltenden Reduktion, 2010, 47; Wandt, in: MünchKommVVG, Bd. 1, 2. Aufl., 2016, § 32 Rn. 21; s. a. Armbrüster, in: Prölss/Martin, VVG, 29. Aufl., 2015, Einl. Rn. 109, § 18 Rn. 7; Schmidt, in: Bamberger/Roth, BeckOK BGB, 39. Aufl., Stand: 1.05.2016, § 306 Rn. 6; vgl. a. BGH Urt. v. 2.04.2014 – IV ZR 58/13 –, r + s 2015, 347 (348) Tz. 22 f.; BGH Urt. v. 12.10.2011 – IV ZR 199/10 –, BGHZ 191, 159 (166 f.) = NJW 2012, 217 Tz. 35, 46; Armbrüster Privatversicherungsrecht, 1. Aufl., 2013, Rn. 529; Uffmann Das Verbot der geltungserhaltenden Reduktion, 2010, 47.

Zusammenhang mit dem Rechtsdienstleistungsvertrag nicht. Dieser kann schlichtweg von vorneherein nicht wirksam zustande kommen.

Rechtsschutzversicherer können keine Rechtsdienstleistungsversicherung anbieten. Die halbzwingenden Vorschriften der §§ 127, 129 VVG stehen dem entgegen. Es fehlt den Parteien an der Vertrags- und Gestaltungsmacht, eine Rechtsdienstleistungsversicherung abzuschließen.

Dem Erlass der lex Rechtsschutzversicherung[195] des § 4 RDG hätte es nicht bedurft. Die Vorschrift ist überflüssig. Darauf, ob § 4 RDG verfassungsrechtsgerecht[196] oder europarechtsgerecht[197] ist, kommt es nicht an.

b. Abwartende Schadenabwicklung (passives Schadenmanagement)

Rechtlich spannender als das (vorerst) gescheiterte Vorhaben der Rechtsdienstleistungsversicherung ist die abwartende Schadenabwicklung der Rechtsschutzversicherer (passives Schadenmanagement). Der Versicherer bindet bestimmte Rechtsanwälte über Rationalisierungsabkommen an sich. Mit den Rationalisierungsabkommen verpflichten sich die Anwälte, die rechtsschutzversicherten Mandate gegenüber ihrem Auftraggeber mit Gebührenabschlägen abzurechnen. Der Versicherer verspricht sich Kostenvorteile. Im Gegenzug stellt der in Aussicht, die gebundenen Anwälte an Versicherte zu empfehlen, die noch keinen Anwalt haben. Der über das Rationalisierungsabkommen gebundene

195 Obarowski, IN. MünchKommVVG, Bd. 2, 2. Aufl., 2017, § 125 Tz. 14.

196 Die Verfassungsmäßigkeit bejahen: Kluth GewArch 2013, 12 f.; Henssler AnwBl 2001, 525 (530 f.); Lühn AnwBl 2001, 319 (324); Dombek BRAK-Mitt 2001, 99; Deckenbrock, in: Deckenbrock/Henssler, RDG, 4. Aufl., 2015, § 4 Rn. 4; Ellenberger, in: Palandt, BGB, 75. Aufl., 2016, § 134 Rn. 21; Weth, in: Henssler/Prütting, BRAO, 4. Aufl., 2014, Einl. RDG Rn. 33 f., 40 c, § 4 RDG Rn. 7 f.; Krenzler, in: Krenzler RDG, 1., Aufl. 2010, § 5 Rn. 2 f.; wohl auch Bauer, in Harbauer, ARB, 8. Aufl., 2010, § 1 Rn. 12 f.; Brünger, in: Staudinger/Halm/Wendt, VVG, 2. Aufl., 2017, § 125 Rn. 17. Verfassungsmäßigkeit verneinend: Albrecht GewArch 2013, 7 f.; Kleine-Cosack NJW 2010, 1553 (1555 f.); Werber VersR 2006, 1010 (1013, 1014); Kleine-Cosack NJW 2000, 1593 (1597 f.); Albrecht Rechtsberatung und Verfassungsrecht, 2011; Kleine-Cosack RDG, 3. Aufl., 2014, Allg. Rn. 76 f.; Grunewald, in: Grunewald/Römermann, RDG, 1. Aufl., 2008, § 4 Rn. 10.

197 Bejahend: Deckenbrock, in: Deckenbrock/Henssler, RDG, 4. Aufl., 2015, § 4 Rn. 4; wohl a. Fries, in: Behme/Fries/Stark Versicherungsmechanismen im Recht, 2016, 1 (6); im Ergebnis ebenso, aber krit.: Kleine-Cosack RDG, 3. Aufl., 2014, Allg. Rn. 76 f.; a.A. Grunewald, in: Grunewald/Römermann, RDG, 1. Aufl., 2008, § 4 Rn. 6. Zum RBerG: Lüth Rechtsberatung durch den Rechtsschutzversicherer, 1997, 269 f., 271, 273.

Vertragsanwalt verspricht sich ein erhöhtes Mandats- und Gebührenaufkommen.

Bei der abwartenden Schadenabwicklung wird der Versicherer nicht von sich aus tätig, sondern empfiehlt nur auf Verlangen des Versicherungsnehmers einen gebundenen Vertragsanwalt. Die bloße unverbindliche Anwaltsempfehlung nach Ziff. 4.1.3 ARB 2012 lässt die freie Anwaltswahl nach § 127 VVG unberührt.[198] Dies steht außer Streit.

Im Mittelpunkt der Auseinandersetzung um die Zulässigkeit der abwartenden Schadenabwicklung steht die berufsrechtliche Zulässigkeit der Rationalisierungsabkommen zwischen Versicherern und Rechtsanwälten.[199] Der BGH hat in zwei Entscheidungen darauf abgehoben, dass das Kostendämpfungsinteresse des Schadenversicherers und das Interesse des Versicherungsnehmers, sein Recht – koste es, was es wolle – auf jeden Fall durchzusetzen, gegenläufig sind. Die RSV-RL hebt ebenfalls auf gegenläufige Interessen ab. Im Schrifttum steht wohl vor diesem Hintergrund die Frage nach einem berufsrechtlich unzulässigen Interessenwiderstreit (§ 43 a Abs. 4 BRAO)[200], der die anwaltliche Unabhängigkeit gefährdet (§ 43 a Abs. 1 BRAO)[201], im Vordergrund. Neben der berufsrechtlich unzulässigen Gebührenunterschreitung (§ 49 b Abs. 1 BRAO))[202]

---

198 BGH Beschl. v. 20.06.2006 – VI ZR 75/05 –, NJW 2006, 2910 (2912) Tz.25; OLG Hamm Urt. v. 13.12.2005 – 4 U 113/05 –, BeckRS 2006, 04706; LG Kassel Urt. v. 9.10.2008 – 1 S 132/08 –, BeckRS 2010, 04025; LG Bremen Urt. v. 4.09.1997 – 12 O 626/96 –, VersR 1998, 974; Bultmann, in: MünchHdb VersR, 3. Aufl., 2013, § 27 Rn. 598; Buschbell, in: Buschbell/Hering Hdb RSV, 6. Aufl., 2015 § 30 Rn. 10; Armbrüster, in: Prölss/Martin, VVG, 29. Aufl., 2015, ARB 2010 § 17 Rn. 2; Pfaffenholz, in: Looschelders/Pohlmann, VVG, 3. Aufl., 2016, § 127 Rn. 2, 3; Bauer, in: Harbauer, ARB, 8. Aufl., 2010, § 127 Rn. 4.

199 Ausführlich: Terriuolo AnwBl 2016, 468; Kilian AnwBl 2012, 209.

200 van Bühren r + s 2016, 53 (55 f.); Samimi/Liedtke NZV 2013, 20 (21); Cornelius-Winkler SVR 2013, 201 (206); van Bühren BRAK-Mitt 2013, 255 (256); Cornelius-Winkler r + s 2012, 390 (391); Samimi/Liedtke BlnAnwBl 2011, 153 (154); Cornelius-Winkler, in: Harbauer, ARB, 8. Aufl., 2010, § 5 ARB 2000 Rn. 280 f.

201 Cornelius-Winkler NJW 2014, 588 (590); Cornelius-Winkler SVR 2013, 201 (206); Cornelius-Winkler r + s 2012, 390 (391); Cornelius-Winkler SpV 1/2012, 12 (14); Samimi/Liedtke BlnAnwBl 2011, 153 (154); Risch SpV 2011, 41; Cornelius-Winkler, in: Harbauer, ARB, 8. Aufl., 2010, § 5 ARB 2000 Rn. 280.

202 Cornelius-Winkler SVR 2013, 201 (205); Kilian AnwBl 2012, 209 (210 f.); Henssler NJW 2005, 1537 (1540); Schons NJW 2004, 2952 (2953); a.A. Terriuolo Das rechtsschutzversicherte Mandat, 2014, 171 f., 179, 195.

wird die Frage einer berufsrechtlich unzulässigen Vorteilsannahme eher stiefmütterlich behandelt (§ 49 b Abs. 3 S. 1 BRAO)[203].

Ob ein Berufsrechtsverstoß außer öffentlich-rechtlichen Ahndungen (§§ 113 f. BRAO) über § 134 BGB bürgerlich-rechtliche Folgen für die Vertragsbeziehungen der Beteiligten nach sich zieht, ist im Einzelfall zu bestimmen. Die Nichtigkeit eines Rationalisierungsabkommens zwischen Rechtsschutzversicherer und Vertragsanwalt ist grundsätzlich getrennt von der Wirksamkeit des Rechtsanwaltsvertrages zwischen Versichertem und Anwalt zu beurteilen. Nur wenn die Nichtigkeit des einen Vertrages auf den anderen Vertrag durchschlägt, teilen beide dasselbe rechtliche Schicksal der Nichtigkeitsfolge. Der BGH hat dies rundheraus für alle denkmöglichen Fälle ohne weitere Begründung verneint.[204]

c. Gestaltende Schadenabwicklung (aktives Schadenmanagement)

Während das Schrifttum zur abwartenden Schadenabwicklung durchaus überschaubar ist, hat die gestaltende Schadenabwicklung der Rechtsschutzversicherer nahezu einen Sturm im Blätterwald ausgelöst.[205] Zwei Dissertationen zu dem Thema sind in den Jahren 1998[206] und 2014[207] erschienen.

---

203 Bejahend: Terriuolo AnwBl 2016, 468 (472); dies. Das rechtsschutzversicherte Mandat, 2014, 198 f.; offen gelassen: Kilian AnwBl 2012, 209 (214 f.).

204 BGH Urt. v. 4.12.2013 - IV ZR 215/12 - BGHZ 199, 170 (186) = NJW 2014, 630 Tz. 46.

205 van Bühren r + s 2016, 53; Terriuolo AnwBl 2015, 140; Maier r + s 2015, 353; Lensing VersWissStud 2015, 113; Cornelius-Winkler NJW 2014, 588; Lauda NJW 2014, 2208; Armbrüster JZ 2014, 577; Purnhagen NJW 2014, 373; Maier r + s 2014, 67; Reiff LMK 2014, 355656; Grams FD-VersR 2014, 353922; Schwenker IBR 2014, 2092; Reckels SVR 2014, 129; Samimi/Liedtke NZV 2013, 20; Cornelius-Winkler SVR 2013, 201; van Bühren BRAK-Mitt 2013, 255; Burmann SpV 1/2013, 5; Cornelius-Winkler r + s 2012, 390; Trittmacher/Köster VuR 2012, 165; Lensing NJW 2012, 2285; Bauer VersR 2012, 1170; Knappmann VRR 2012, 422; Koch GRUR-Prax 2012, 333; Armbrüster AnwBl 2012, 218; ders. VuR 2012, 167; Schons AnwBl 2012, 221; Dommer AnwBl 2012, 251; Cornelius-Winkler SpV 2012, 12; Lensing VuR 2012, 97; Burmann DV 1/2012, 3; Armbrüster VersR 2011, 1518; Schons AnwBl 2010, 861; Schons AnwBl 2008, 523; Samimi/Liedtke BlnAnwBl 2011, 153 (154); Risch SpV 3/2011, 41; Prunbauer-Glaser FS Hellwig, 2010, 69; Pichler ÖstAnwBl 2008, 199; Wilde AnwBl 2006, 174; Grassl-Palten RdW 2002, 646.

206 Schilasky Einschränkungen der freien Anwaltswahl in der Rechtsschutzversicherung, 1998.

207 Terriuolo Das rechtsschutzversicherte Mandat, 2014.

Die Rechtsanwaltskammer München und die Rechtsanwaltskammer Berlin haben zwei Leitverfahren die Frage nach der freien Anwaltswahl in der gestaltenden Schadenabwicklung der Rechtsschutzversicherer vor die Gerichte gebracht. Beide Verfahren mündeten in eine Leitentscheidung des BGH ein.[208]

aa. Die Frage der Vorteilsgewährung

In dem von der Rechtsanwaltskammer München angestrengten Verfahren ging es um wirtschaftliche Vorteile, die der Versicherer dem Versicherten für den Fall gewährt, dass dieser einen Vertragsanwalt beauftragt.[209]

Die maßgebliche Versicherungsbedingung des bayrischen Rechtsschutzversicherers lautete auszugsweise wie folgt:

„§ 5 a) Schadenfreiheitssystem mit variabler Selbstbeteiligung
(1) Einstufen in Schadenfreiheitsklassen (SF-Klassen)
Die Einstufung des Vertrags und die sich daraus ergebende Selbstbeteiligung richtet sich nach dem Schadenverlauf. Siehe dazu die Tabellen in Abs. 6.
[…]
(3) Besserstufung bei schadenfreiem Verlauf
[…]
c) Wirksamwerden
Die Besserstufung gilt ab Beginn des neuen Versicherungsjahrs.
[…]
(5) Schadenfreier oder schadenbelasteter Verlauf i. S. d. Schadenfreiheitssystems
a) Schadenfreier Verlauf
aa) […]
bb) Der Vertrag gilt auch als schadenfrei, wenn der Rechtsschutzfall durch eine Erstberatung abgeschlossen ist oder wenn ein Rechtsanwalt aus dem Kreis der aktuell vom Versicherer empfohlenen Rechtsanwälte beauftragt wird.
b) Schadenbelasteter Verlauf
aa) […]
bb) Ein schadenbelasteter Verlauf des Vertrags liegt nicht vor, wenn der Rechtsschutzfall durch eine Erstberatung abgeschlossen ist oder wenn ein Rechtsanwalt aus dem Kreis der aktuell vom Versicherer empfohlenen Rechtsanwälte beauftragt wird.

[…]“

208 BGH Urt. v. 4.12.2013 – IV ZR 215/12 –, BGHZ 199, 170 = NJW 2014, 630; BGH Beschl. v. 14.01.2016 – I ZR 98/15 –, r + s 2016, 235.

209 BGH Urt. v. 4.12.2013 – IV ZR 215/12 –, BGHZ 199, 170 = NJW 2014, 630; OLG Bamberg Urt. v. 20.06.2012 – 3 U 236/11 –, NJW 2012, 2282; LG Bamberg Urt. v. 8.11.2011 – 1 O 336/10 –, r + s 2012, 118.

Die Rechtsanwaltskammer München nahm den Rechtsschutzversicherer im Wege einer Unterlassungsklage nach §§ 1, 3 Abs. 1 Nr. 2 UKlaG und § 4 UWG darauf in Anspruch, die vorgenannten Versicherungsbedingungen nicht mehr zu verwenden. Das Ausgangsgericht des Landgerichtes Bamberg hat die Klage abgewiesen.[210] Dem Versicherten werde das Recht auf freie Anwaltswahl nicht genommen. Ein unmittelbarer Eingriff in das Wahlrecht liege nicht vor. Der zu beauftragende Anwalt werde dem Versicherten nicht vorgegeben. Ein mittelbarer Eingriff liege ebenfalls nicht vor. Ein solcher liege allenfalls dann vor, wenn die Einflussnahme so schwer wöge, dass dem Versicherten keine andere Wahl bliebe, als den vorgeschlagenen gebundenen Vertragsanwalt zu beauftragen.[211] Dies sei nicht der Fall. Der Versicherungsnehmer könne bereits bei Vertragsabschluss absehen, welche wirtschaftlichen Vor- und Nachteile die Wahl eines gebundenen bzw. ungebundenen Anwalts nach sich ziehe. Der durchschnittliche Versicherungsnehmer lasse sich bei der Anwaltswahl nicht von dem Gedanken des „schnellen Geldes" leiten.[212]

Das Berufungsgericht des OLG Bamberg hat dieses Ausgangsurteil aufgehoben und den Versicherer antragsgemäß zur Unterlassung der angegriffenen Versicherungsbedingungen verurteilt.[213] Die Verknüpfung der Wahl eines vom Versicherer empfohlenen Vertragsanwaltes mit dem wirtschaftlichen Vorteil, trotz Inanspruchnahme der Rechtsschutzversicherung nicht in eine schlechtere Schadenfreiheitsklasse zurückgestuft zu werden, verstoße gegen §§ 127, 129 VVG. Es liege zwar kein unmittelbarer, aber ein mittelbarer Eingriff in die freie Anwaltswahl vor. Die Auswahlentscheidung des Versicherungsnehmers müsse nach §§ 127, 129 VVG unbeeinflusst von wirtschaftlichen Vor- oder Nachteilen getroffen werden können. Ein Kostenvorteil von rund 150,00 € sei nicht unbedeutend und geeignet die Wahlentscheidung des Versicherten zu beeinflussen. Der Eingriff lasse sich nicht mit einem Kostendämpfungsinteresse des Versicherers rechtfertigen.

Auf die Revision des Rechtsschutzversicherers hat der BGH das Berufungsurteil des OLG Bamberg aufgehoben und die Klage der Rechtsanwaltskammer München endgültig abgewiesen. Es liege weder ein unmittelbarer noch ein mittelbarer Eingriff in die freie Anwaltswahl nach §§ 127, 129 VVG vor. § 127 VVG schließ bei richtliniengerechter Auslegung nicht jedwedes wirtschaftliche

---

210 LG Bamberg Urt. v. 8.11.2011 – 1 O 336/10 –, r + s 2012, 118.

211 LG Bamberg Urt. v. 8.11.2011 – 1 O 336/10 –, r + s 2012, 118 (120).

212 LG Bamberg Urt. v. 8.11.2011 – 1 O 336/10 –, r + s 2102, 118 (120).

213 OLG Bamberg Urt. v. 20.06.2012 – 3 U 236/11 –, NJW 2012, 2282.

Anreizsystem für die Anwaltswahl aus. Das Europarecht gebiete nur, dass der Rechtsschutzversicherer seine Verpflichtung zur Übernahme der Rechtsverfolgungskosten nicht so weit einschränke, dass eine angemessene Wahl des Rechtsvertreters tatsächlich unmöglich werde und das Wahlrecht damit ausgehöhlt werde (Aushöhlungsverbot). Das Aushöhlungsverbot des EuGH sei indes nicht ausgereift und griffig genug, um die Rechtsfrage nach dem angegriffenen Schadenfreiheitsrabattsystem zu klären. Um das europarechtliche Aushöhlungsverbot mit Leben zu füllen, greift der BGH als Verständnishilfe auf die Rechtsprechung des OGH zurück. Danach greife der Verzicht des Versicherers auf einen Selbstbehalt dann mittelbar in das Recht des Versicherungsnehmers ein, wenn es einen derartigen seelischen Zwang einhergehe, dass eine freie Anwaltswahl unmöglich sei. Diese Rechtsprechung sei auf das zu beurteilende Schadenfreiheitsrabattsystem zu übertragen. Ein mittelbarer Eingriff durch den Schadenfreiheitsrabatt in das Wahlrecht liege nur dann vor, wenn der Versicherer damit einen unzulässigen seelischen Druck zur Beauftragung des von dem Versicherer empfohlenen Vertragsanwaltes ausübe. Zeitpunkt der Gewährung, Dauer der Gewährung und Höhe des wirtschaftlichen Anreizes seien hierbei zu berücksichtigen. Danach liege kein mittelbarer Eingriff vor. Gleiches gelte sinngemäß für das Wahlrecht nach § 3 Abs. 3 BRAO. Mangels Eingriff in das Wahlrecht liege auch keine unangemessene Benachteiligung in dem angegriffenen Bedingungswerk des Versicherers (§ 307 Abs. 1 S. 1, Abs. 2 Nr. 1 BGB). Das Klauselwerk sei auch klar und verständlich (§ 307 Abs. 1 S. 2 BGB). Ob der Rechtsschutzversicherer die Anwaltswahl tatsächlich unmöglich mache bzw. aushöhle, sei durch die Gerichte der Mitgliedstaaten zu prüfen. Einer Vorlage an den EuGH nach Art. 267 Abs. 3 AEUV bedürfe es daher nicht.

bb. Die Frage der Zwangsschlichtung

In dem zweiten, von der Rechtsanwaltskammer Berlin angestrengten Leitverfahren ging es um die Sonderbedingung eines Wiesbadener Rechtsschutzversicherers.[214] Mit dem Tarif „M-Aktiv" bot er seinen Kunden Versicherungsschutz für eine außergerichtliche Mediation an. Der erfolglose Mediationsversuch war Voraussetzung für die Gewährung von Gerichtsrechtsschutz. Die Kosten für eine außergerichtliche, anwaltliche Beratung und Vertretung wurden nicht unternommen. Versicherungen im Tarif „M-Aktiv" wurden deutlich günstiger

214 BGH Beschl. v. 14.01.2016 – I ZR 98/15 –, r + s 2016, 235; OLG Frankfurt a.M. Urt. v. 9.04.2015 – 6 U 110/14 –, r + s 2015, 351; LG Frankfurt a.M. Urt. v. 7.05.2014 – 2-06 O 271/13 –, NJW 2014, 2204.

angeboten als Rechtsschutzversicherungen mit einem bedingungslosen Kostenschutz für die anwaltliche Beratung und Vertretung.

Die maßgebliche Vertragsbestimmung lautete wie folgt:

„§ 24 ARB

(1) Bei den Leistungsarten Schadensersatz-Rechtsschutz (§ 2 a)), Arbeits-Rechtsschutz (§ 2 b)), Wohnungs- und Grundstücks-Rechtsschutz (§ 2 c)), Rechtsschutz im Vertrags- und Sachenrecht (§ 2 d)) übernimmt der Versicherer für die außergerichtliche Wahrnehmung von Interessen nur die in § 5 Abs. 1 c)) ARB genannten Kosten eines von ihm ausgewählten Mediators.

(2) Bei den in Abs. 1 genannten Leistungsarten besteht Anspruch auf Rechtsschutz für die gerichtliche Wahrnehmung rechtlicher Interessen erst dann, wenn zusätzlich zu den in § 4.1 ARB genannten Voraussetzungen sich der Versicherungsnehmer um eine Konfliktlösung durch Mediation vergeblich bemüht hat.

(3) Abweichend von § 5 Abs. 2 a ARB kann der Versicherungsnehmer die Übernahme der vom Versicherer zu tragenden Kosten für die Wahrnehmung rechtlicher Interessen vor Gerichten erst verlangen, wenn auch die in Abs. 2 genannten Voraussetzungen vorliegen."

Die Rechtsanwaltskammer Berlin hat den Rechtsschutzversicherer auf Unterlassung in Anspruch genommen. Mit ihrem Antrag zu 1) hat sie beantragt, dem Versicherer aufzugeben, es zu unterlassen, die vorgenannten Bedingungen des Tarifs „M-Aktiv" in den ARB für die Rechtsschutzversicherung zu verwenden oder sich auf sie zu berufen. Mit ihrem Antrag zu 2) hat sie von dem Versicherer begehrt, dieser möge es unterlassen, Versicherungen unter der Bezeichnung „Rechtsschutzversicherung" anzubieten oder abzuschließen, soweit diese die vorgenannten Bedingungen des Tarifs „M-Aktiv" vorsehen.

Das Landgericht Frankfurt a.M. hat dem Antrag zu 1) stattgegeben und dem Versicherer die weitere Verwendungen der Vertragsbestimmungen zum Tarif „M-Aktiv" untersagt.[215] Die Vertragsbestimmungen verstießen gegen das Gebot der freien Mediatorenwahl (§ 2 Abs. 1 MediationsG) und benachteiligten den Versicherungsnehmer unangemessen (§ 307 Abs. 1 BGB). Der Versicherer übernehme „nur" die „Kosten eines von ihm ausgewählten Mediators". Raum für eine freie Mediatorenwahl. Ein Verstoß gegen die freie Anwaltswahl liege aber nicht vor. Das Wahlrecht werde weder ausgehöhlt noch der Versicherungsnehmer einem unzulässigen seelischen Druck ausgesetzt, wenn dem Gerichtsrechtsschutz ein unverbindliches Streitschlichtungsverfahren vorgeschaltet werde. § 127 Abs. 2 VVG schieße über die RSV-RL hinaus. Diese verlange die freie

215 LG Frankfurt a.M. Urt. v. 7.05.2014 – 2-06 O 271/13 –, NJW 2014, 2204.

Anwaltswahl nur für die Vertretung in Gerichts- und Verwaltungsverfahren, nicht aber für die außergerichtliche Beratung und Vertretung. Deshalb könne die Rechtsanwaltskammer auch mit ihrem Antrag zu 2) nicht durchdringen. Auch eine Versicherung, die einen erfolglosen Mediationsversuch zur zwingenden Voraussetzung für den Gerichtsrechtsschutz macht und keine Kostenerstattung für die außergerichtliche anwaltliche Beratung und Vertretung vorsieht, verdiene den Begriff der Rechtsschutzversicherung. Dies stehe auch und gerade im Einklang mit dem europäischen Begriff der Rechtsschutzversicherung (Art. 2 Abs. 2 RSV-RL, § 198 Abs. 1 a Solvabilität II-RL).

Auf die Berufung beider Parteien hat das OLG Frankfurt a.M. das Urteil des Ausgangsgerichts gehalten. Der Versicherer dürfe die Tarifbedingungen nicht weiterverwenden, da sie die Versicherungsnehmer unangemessen benachteiligten (§ 307 Abs. 1 BGB). Der zwingend vorgeschaltete Mediationsversuch gestatte dem Versicherungsnehmer keine außergerichtliche Beratung und Vertretung. Ohne Rechtsrat könne der Versicherungsnehmer seine Rechte nicht wahrnehmen. Die Kostenübernahme für einen Mediationsversuch könne diesen Nachteil nicht ausgleichen. Bei der Mediation handele es sich nicht um „die Wahrnehmung rechtlicher Interessen“ i.S.d. § 125 VVG. Gleichwohl sei die Bezeichnung der Versicherung als Rechtsschutzversicherung nicht grundsätzlich und vollumfänglich zu untersagen. Der Antrag sei zu weit gefasst. Er erfasse auch rechtmäßige Verhaltensweisen des Versicherers und sei deshalb unbegründet. Ein Hinweis des Versicherers auf die Besonderheiten der Versicherung genüge, um eine Irreführung des Versicherungsnehmers zu vermeiden. Die angegriffenen Bestimmungen verletzten auch nicht das Recht auf freie Anwaltswahl (§ 127 VVG), da sie den Einigungsversuch zur notwendigen Vorbedingung, überhaupt einen Anwalt einzuschalten machten, keineswegs aber gegen eine freie Wahl schlechthin gerichtet seien. Im verbleibenden Gerichtsrechtsschutz könne der Versicherungsnehmer seinen Anwalt frei wählen. Die Revision hat das OLG nicht zugelassen.

Die hiergegen gerichtete Nichtzulassungsbeschwerde der Rechtsanwaltskammer Berlin hat der I. Zivilsenat des BGH zurückgewiesen.[216] Die Sache habe keine grundsätzliche Bedeutung. Der Gesetzgeber betone mit § 125 VVG die Freiheit des Rechtsschutzversicherers, neue Formen der Rechtsschutzversicherung anzubieten ohne ihm enge Grenzen oder gar eine inhaltlich verbindliche Begriffsbestimmung der Rechtsschutzversicherung vorzugeben. § 127 Abs. 1 S. 2 VVG hindere den Versicherer nicht daran, einen außergerichtlichen Einigungsversuch

216 BGH Beschl. v. 14.01.2016 – I ZR 98/15 –, r + s 2016, 235.

zur Vorbedingung für den Gerichtsrechtsschutz zu machen. Im gerichtlichen Verfahren komme er in den Genuss der freien Anwaltswahl nach § 127 Abs. 1 S. 1 VVG. Der Tarif „M-Aktiv" dürfe daher auch als Rechtsschutzversicherung bezeichnet werden. Fehlvorstellungen der Versicherungsnehmer über die Besonderheiten des Versicherungsvertrages könne der Versicherer - worauf das OLG zutreffend abgestellt habe - durch entsprechende Hinweise entgegentreten. Ein vollumfassender Unterlassungsanspruch sei insoweit nicht begründet. Ob die Vertragsbestimmungen den Versicherungsnehmer im Einzelnen unangemessen benachteiligten sei in diesem Zusammenhang unerheblich.

3. *Freie Anwaltswahl in der Rechtsprechung des EuGH*

In fünf Entscheidungen hat der EuGH den rechtlichen Rahmen, den die RSV-L (bzw. heute Solvabilität II-RL) bietet, abgesteckt.

In allen fünf Entscheidungen betont der EuGH, dass die RSV-RL dem Versicherten ein eigenständiges und von der Richtlinie unabhängiges Wahlrecht einräumt.[217] Europarechtlich sollen die Interessen des Rechtsuchenden umfassend geschützt werden. Über den Wortlaut des Art. 4 Abs. 1 a RSV-RL hinaus, gilt die freie Anwaltswahl - unabhängig von den Verfahrensordnungen der Mitgliedstaaten - auch für die außergerichtliche Beratung und Vertretung der Versicherten.[218] Bei einer Vertretung in Verwaltungsverfahren ist der Begriff des Verwaltungsverfahrens europarechtsgerecht entsprechend seinem Sinn und Zweck weit auszulegen.[219]

Das europäische Wahlrecht verpflichtet den Versicherer zwar nicht dazu, in jedem Versicherungsfall vollständigen Kostenschutz zu gewähren.[220] Allerdings darf der Rechtsschutzversicherer das Wahlrecht durch eine (Kosten-)Regelung nicht aushöhlen.[221] Das Wahlrecht des Versicherten wird zur ausgehöhlten,

---

217 EuGH Urt. v. 7.04.2016 - C-460/14 -, EuZW 2016, 399 = VersR 2016, 657 Tz. 23 - Massar; EuGH Urt. v. 7.04.2016 - C-5/15 -; BeckRS 2016, 80578 Tz. 21 - Büyüktipi; EuGH Urt. v. 7.11.2013 - C-442/12 -, NJW 2014, 373 Tz. 27, 28 - Sneller; EuGH Urt. v. 26.05.2011 - C 293/10 -, NJW 2011, 3077 - Stark; EuGH Urt. v. 10.09.2010 - C-199/08 -, NJW 2010, 3055 - Eschig.

218 EuGH Urt. v. 7.11.2013 - C-442/12 -, NJW 2014, 373 (374) Tz. 29, 31 - Sneller.

219 EuGH Urt. v. 7.04.2016 - C-460/14 -, EuZW 2016, 399 (400) Tz. 26, 28 - Massar; EuGH Urt. v. 7.04.2016 - C-5/15 -; BeckRS 2016, 80578 Tz. 18 - Büyüktipi.

220 EuGH Urt. v. 7.11.2013 - C-442/12 -, NJW 2014, 373 (374) Tz. 27 - Sneller; EuGH Urt. v. 26.05.2011 - C 293/10 -, NJW 2011, 3077 (3078) Tz. 32 - Stark.

221 EuGH Urt. v. 7.11.2013 - C-442/12 -, NJW 2014, 373 (374) Tz. 27 - Sneller; EuGH Urt. v. 26.05.2011 - C 293/10 -, NJW 2011, 3077 (3078) Tz. 33 - Stark.

leeren Hülle, wenn eine Einschränkung der Kostenübernahme eine angemessene Auswahl des Rechtsvertreters tatsächlich unmöglich gemacht wird.[222]

Das hindert den Rechtsschutzversicherer nicht daran die Anwaltswahl auf Kanzleien zu beschränken, die ihren Sitz am Ort des Gerichtes bzw. der Verwaltungsbehörde unterhalten (vgl. Ziff. 2.3.1.2 ARB 2012).[223] In Fällen der außergerichtlichen Rechtsvertretung darf der Versicherer sich aber nicht die Entscheidung vorbehalten, ob eine Beratung und Vertretung durch eigene Mitarbeiter zureichend ist oder ob ein Rechtsanwalt eingeschaltet werden soll.[224] Auch bei Masse- und Streuschäden ist der Versicherer nicht berechtigt, seinen Versicherten einen einzigen, mit dem Fall bereits vertrauten Anwalt vorzugeben.[225]

III. Fragen über Fragen

Nach dem einfachgesetzlichen Befund begründet § 3 Abs. 3 BRAO ein allgemeines Recht des Rechtsuchenden, einen Anwalt seiner Wahl beizuziehen. Für den Bereich der Rechtsschutzversicherung gewährt die Regelung des § 127 Abs. 1 S. 2 VVG eine Sonderregelung zum Schutz des Versicherten gegenüber dem Versicherer.

Der einfachgesetzliche Befund ist nicht sonderlich erhellend. Der Gesetzeszweck bleibt unklar. Weder § 3 Abs. 3 BRAO noch § 127 Abs. 1 S. 2 VVG treffen eine ausdrückliche Rechtsfolgenregelung. Wann eine Beeinträchtigung der freien Anwaltswahl vorliegt, bleibt nach dem einfachgesetzlichen Befund ebenso im Dunkeln wie die Antwort auf die Frage, welche Folgen eine Verletzung der Wahlfreiheit nach sich zieht.

Teilweise wird das Recht auf freie Anwaltswahl als bloßer Programmsatz verstanden, der letzthin ebenso inhalts- wie folgenlos ist.[226] Ist das Recht auf die freie Anwaltswahl nach §§ 3 Abs. 3 BRAO, 127 Abs. 1 VVG zwingendes oder abdingbares Recht?[227] Sind die Vorschriften Verbotsgesetze i.S.d. § 134 BGB?[228]

---

222 EuGH Urt. v. 7.11.2013 – C-442/12 –, NJW 2014, 373 (374) Tz. 27 – Sneller; EuGH Urt. v. 26.05.2011 – C 293/10 –, NJW 2011, 3077 (3078) Tz. 33 – Stark.

223 EuGH Urt. v. 26.05.2011 – C 293/10 –, NJW 2011, 3077 (3078) Tz. 34 – Stark.

224 EuGH Urt. v. 7.11.2013 – C-442/12 –, NJW 2014, 373 Tz. 27, 28 – Sneller.

225 EuGH Urt. v. 10.09.2010 – C-199/08 –, NJW 2010, 3055 – Eschig.

226 Michalski/Römermann ZIP 1994, 433 (442).

227 Terriuolo Das rechtsschutzversicherte Mandat, 2014, 111 f. m.w.N.; Schilasky Einschränkungen der freien Anwaltswahl in der Rechtsschutzversicherung, 1998, 152 f. m.w.N.

228 AG Ebersberg Urt. v. 15.11.2013 – 7 C 450/13 –, NJW 2014, 1461 (1462); in diese Richtung: OLG Karlsruhe Urt. v. 19.11.1987 – 4 U 167/86 –, GRUR 1988, 703 (706 f.);

Zieht ein Verstoß gegen sie den Vorwurf der Sittenwidrigkeit i.S.d. § 138 BGB nach sich?[229] Kann der Einzelne auf sein Wahlrecht verzichten oder fehlt ihm hierzu die Verfügungsbefugnis?[230] Handelt es sich gar um ein höchstpersönliches Recht, das nur der Rechtsuchende selbst ausüben kann?[231]

Viele Fragen lassen der einfachgesetzliche Befund und die bisherige Rechtsprechung des BGH und EuGH sowie das Schrifttum unbeantwortet, die es zu lösen gilt:

- Stehen § 127 VVG und § 3 Abs. 3 BRAO beziehungslos nebeneinander oder bilden sie ein einheitliches Recht des Rechtsuchenden?
- Kommt der Gestaltungsfreiheit des Versicherers nach § 125 VVG Geltungsvorrang gegenüber dem halbzwingenden Recht der §§ 127, 129 VVG zu?
- In welchem Verhältnis stehen Anwaltswahl und Anwaltszwang zueinander?
- Welchen Schutzweck verfolgt die freie Anwaltswahl?
- Wann liegt eine rechtlich erhebliche Beeinträchtigung der freien Anwaltswahl vor?
- Wie lässt sich eine Beeinträchtigung rechtfertigen?
- Welche Rechtsfolgen zieht ein Verstoß gegen die freie Anwaltswahl nach sich?
- Sind §§ 3 Abs. 3 BRAO, 127, 129 VVG Verbotsgesetze i.S.d. § 134 BGB?
- Ist die freie Anwaltswahl zwingendes oder abdingbares Recht?

---

offen gelassen: OLG Stuttgart Urt. v. 16.12.2008 – 12 U 136/08 –, BeckRS 2009, 13830; verneinend: Michalski/Römermann ZIP 1994, 433 (442).

229 Henssler FS Geiß, 2000, 271 (280); Koch, in: Henssler/Prütting, BRAO, 4. Aufl., 2014, § 3 Rn. 33.

230 Verzicht verneinend: Pestke BRAK-Mitt 1988, 241 (244); Prunbauer-Glaser FS Hellwig, 2010, 69 (81); Henssler FS Geiß, 2000, 271 (280); Pestke Der Rechtsanwalt als Mitwirkender verwaltungsrechtlicher Verfahren einschließlich solcher des Sozial- und Steuerrechts, 1986, E/67, 68; Kalsbach BRAO, 1960, 1. Aufl., § 3 Rn. 9; Isele BRAO, 1. Aufl., 1976, § 3 Anm. IV.B.2.; Busse, in: Henssler/Prütting, BRAO, 4. Aufl., 2014, § 3 Rn. 29; Brüggemann, in: Feuerich/Weyland, BRAO, 9. Aufl., 2016, § 3 Rn. 46 f.; Wolf, in: Gaier/Wolf/Göcken, Anwaltliches Berufsrecht, 2. Aufl., 2015, BRAO § 3 Rn. 64 f.; Greger, in: Zöller, ZPO, 31. Aufl., 2016, vor § 128 Rn. 7 a.
A.A. Verzichtsmöglichkeit bejahend: EGMR Urt. v. 27.11.2008 – 36391/02 –, NJW 2009, 3707 (3709) Tz. 59 – Salduz; EGMR Urt. v. 27.10.2011 – 25303/08 –, NJW 2012, 3709 – Stojkovic; Michalke/Römermann ZIP 1994, 433 (442); Dörr Faires Verfahren, 1984, 85; Meyer-Ladewig, in: Meyer-Ladewig, EMRK, 3. Aufl., 2011, Art. 6 Rn. 99, 122, 123.
Offen gelassen: OLG München Urt. v. 22.03.2002 – 21 U 2386/01 –, NJW 2002, 3641 (3642).

231 BGH Urt. v. 26.10.1989 – I ZR 242/87 –, BGHZ 109, 153 (159) = NJW 1990, 578 – Mieterverein.

- Kann der Rechtsuchende auf die freie Anwaltswahl verzichten?
- Kann nur der Rechtsuchende selbst das Wahlrecht als höchstpersönliches Recht ausüben?

Wenn diese Grundsatzfragen in Teil II (Grundlagen), Teil III (Gestaltungsmacht des Versicherers in der gestaltenden Schadenabwicklung) und IV (Gestaltungsmacht des Versicherers in der abwartenden Schadenabwicklung) geklärt sind, gilt es den zweiten Fragenkreis und um die Unabhängigkeit des Rechtsanwalts in Teil V (Interessenwiderstreit und uneigennützige Besorgung fremder Geschäfte) zu durchleuchten.

Schließlich bleibt in einem dritten Fragenkreis zu ergründen, was der Versicherungsnehmer machen kann, um die ihm zustehende Anwaltswahl für sich und andere zu schützen (Teil VI).

Teil II: Grundlagen: Gestaltungsmacht des Versicherers und freie Anwaltswahl des Versicherungsnehmers

A. Nachteil für den Versicherungsnehmer (halbzwingendes Recht)

Die zuletzt aufgeworfenen Fragen gilt es durch Auslegung des § 127 VVG zu beantworten.

I. Gestaltungsfreiheit des Versicherers und freie Anwaltswahl

Auf die Auslegung und Anwendbarkeit des § 127 VVG käme es freilich dann nicht an, wenn die Vorschrift hinter der Gestaltungsfreiheit des Rechtsschutzversicherers zurückzutreten hat. Ob dies der Fall ist, ist umstritten.

1. Lehre vom Vorrang der Gestaltungsfreiheit

Der I. Zivilsenat des BGH bejaht dies ohne nähere Begründung für den Bereich der außergerichtlichen anwaltlichen Beratung und Vertretung.[232] § 125 Abs. 1 VVG beschränkt sich darauf, den wirtschaftlichen Zweck der Rechtsschutzversicherung als Schadenversicherung zu beschreiben.[233] Der Gesetzgeber wollte dem Rechtsschutzversicherer weitestgehende Gestaltungsfreiheit einräumen, damit dieser in seiner Produktgestaltungsfreiheit nicht gehemmt wird.[234] Deshalb soll der Gestaltungsmacht des Versicherers ein Geltungsvorrang vor dem halbzwingenden Recht der §§ 127, 129 VVG eingeräumt werden.[235]

---

232 BGH Beschl. v. 14.01.2016 – I ZR 98/15 –, r + s 2016, 235 (236) Tz. 6, 7; Looschelders VersR 2017, 1237 (1241); s.a. Wendt VersR 2014, 420; Obarowski, in: MünchKommVVG, Bd. 2, 2. Aufl., 2017, § 125 Rn. 36.

233 Wendt VersR 2014, 420 (422); Pfaffenholz, in: Looschelders/Pfaffenholz, ARB, 1. Aufl., 2014, § 125 Rn. 2, 3.

234 BT-Drs. 16/3945, 91.

235 BGH Beschl. v. 14.01.2016 – I ZR 98/15 –, r + s 2016, 235 (236) Tz. 6, 7; Looschelders VersR 2017, 1237 (1241); Wendt VersR 2014, 420; Obarowski, in: MünchKommVVG, Bd. 2, 2. Aufl., 2017, § 125 Rn. 36.

2. *Lehre vom zwingenden Vertragsinhalt*

Der IV. Versicherungssenat ist dem (stillschweigend) nicht gefolgt.[236] Er wendet §§ 125, 127 VVG vorbehaltlos an.

3. *Stellungnahme*

Die (halb-)zwingenden Vorschriften der §§ 127, 129 VVG treten nicht hinter den Gestaltungsrahmen des § 125 VVG zurück. Art. 4 Abs. 1 a der RSV-RL[237] (heute: Art. 201 Abs. 1 a Solvabilität II-RL) fordert, dass dem Rechtsschutzversicherten in jedem Rechtsschutzversicherungsvertrag die freie Anwaltswahl für jeden Fall der Interessenvertretung – sei es gerichtlich oder außergerichtlich[238] – eingeräumt werden muss.[239] Genau dies setzt § 127 Abs. 1 S. 1 VVG für die anwaltliche Vertretung vor Gerichten und Behörden einerseits und § 127 Abs. 1 S. 2 VVG für die außergerichtliche, anwaltliche Beratung und Vertretung andererseits um. Die europarechtlichen Vorgaben sind eindeutig und zwingend. Die freie Anwaltswahl ist zwingender Vertragsinhalt eines jeden Rechtsschutzversicherungsvertrages.[240] Für eine gegenläufige Gestaltungsfreiheit des Versicherers bleibt kein Raum.

---

236 BGH Urt. v. 4.12.2013 – IV ZR 215/12 –, BGHZ 199, 170 (183) = NJW 2014, 630 Tz. 36 f. mit zust. Anm. van Bühren r + s 2016, 53 (56, 57 – „Pyrrhussieg"); Terriuolo AnwBl 2015, 140 (144 f.); Looschelders, in: Düsseldorfer Vorträge, 2015, 35 (37 f.); Armbrüster JZ 2014, 577 f.; Wendt r + s 2014, 328 (330 f.); Maier r + s 2014, 73; Römermann BB 2014, 80; Reiff LMK 2014, 355656; Grams FD-VersR 2014, 353922; Nowak-Over GRUR-Prax 2014, 19; Schneider Rechtsschutzversicherung für Anfänger, 2. Aufl., 2017, Rn. 487; Buschbell, in: Buschbell/Hering Hdb RSV, 6. Aufl., 2015 § 3 Rn. 9; Obarowski, in: Beckmann/Matusche-Beckmann, VersR-Hdb, 3. Aufl., 2015, § 37 Rn. 599; Wolf, in: Gaier/Wolf/Göcken, Anwaltliches Berufsrecht, 2. Aufl., 2014, BRAO § 3 Rn. 65; Armbrüster, in: Prölss/Martin, VVG, 29. Aufl., 2015, ARB 2010 § 17 Rn. 1 a; Münkel, in: Rüffer/Halbach/Schimikowski, VVG, 3. Aufl. 2015, § 127 Rn. 3, 4; krit.: Cornelius-Winkler NJW 2014, 588; Bauer NJW 2014, 1488; Reckels SVR 2014, 129; Schneider, in: van Bühren, Hdb VersR, 6. Aufl., 2014, § 13 Rn. 100.

237 Nunmehr Art. 201 Abs. 1 a Solvabilität II-RL.

238 EuGH Urt. v. 7.11.2013 – C-442/12 –, NJW 2014, 373 (374) Tz. 22 – Sneller.

239 Terriuolo AnwBl 2015, 140 (142 f.); Armbrüster AnwBl 2012, 218 (219); Terriuolo Das rechtsschutzversicherte Mandat, 2014, 118; s. a. Armbrüster JZ 2014, 577 (581).

240 Armbrüster JZ 2014, 577 (581); Armbrüster AnwBl 2012, 218 (219).

II. Tatbestand

Es bleibt daher dabei, dass der Anwendungsbereich des § 127 VVG durch Auslegung auszumessen ist.

1. Wortlaut

Der Wortlaut des § 127 VVG gibt nicht viel her. § 127 Abs. 1 S. 1 VVG gewährt dem Rechtsschutzversicherten die freie Anwaltswahl für die Vertretung in Verwaltungs- und Gerichtsverfahren. § 127 Abs. 1 S. 2 VVG erweitert den Anwendungsbereich der freien Anwaltswahl auf den außergerichtlichen Bereich.

Tatbestandlich verlangt § 127 VVG eine Wahlentscheidung des Versicherungsnehmers.

Die Wahlentscheidung muss frei sein. Der Begriff der Freiheit wirft seinerseits schwierige moralische und rechtliche Fragen auf, sodass er nicht geeignet ist, die hier zu untersuchenden Fragen auf Anhieb zu beantworten. Der Freiheitsbegriff ist vielschichtig und vieldeutig. Im Recht kann er – je nach Standort – unterschiedliche Bedeutung erlangen – z.B. Bewegungsfreiheit (§ 239 StGB, § 823 Abs. 1 BGB), Entschließungsfreiheit (§ 123 BGB), Handlungsfreiheit (Art. 2 Abs. 1 GG) usw. Die Frage, was die Freiheit der Anwaltswahl bedeutet, kann nicht beantwortet werden ohne zuvor die Geschichte, die Bedeutung und insbesondere den Zweck des Rechtes nach § 127 VVG zu klären.

Schützt § 127 VVG die Willensentschließungsfreiheit des Versicherungsnehmers, so liegt es nahe, tatbestandlich einen zu rechtfertigenden Eingriff in die Willensfreiheit zu fordern.[241] Handelt es sich um ein Beratungs- und Vertretungsvorrecht der Rechtsanwälte, ist hingegen eine einschränkende Auslegung aus Wettbewerbsgründen in Erwägung zu ziehen.[242] Steht das Vertrauensverhältnis zwischen Anwalt und Rechtsuchenden im Blickpunkt, ist die Reichweite des Wahlrechts zu prüfen.[243] Geht es hingegen um die unabhängige Rechtpflege[244],

241 BGH Urt. v. 4.12.2013 – IV ZR 215/12 –, BGHZ 199, 170 (186) = NJW 2014, 630 (634) Tz. 43.

242 Kleine-Cosack NJW 2000, 1593; Henssler AnwBl 2001, 525; demgegenüber: Lühn AnwBl 2001, 319; Dombek BRAK-Mitt 2001, 99.

243 BGH Urt. v. 26.10.1989 – I ZR 242/87 –, BGHZ 109, 153 (159) = NJW 1990, 578 Schilasky Einschränkungen der freien Anwaltswahl in der Rechtsschutzversicherung, 1998, 156 f.

244 BGH Urt. v. 26.10.1989 – I ZR 242/87 –, BGHZ 109, 153 (159) = NJW 1990, 578; OLG Bamberg Urt. v. 20.06.2012 – 3 U 236/11 –, NJW 2012, 2282 (2286); Obarowski, in: MünchKommVVG, Bd. 2, 2. Aufl., 2017 § 127 Rn. 4.

stellt sich die Frage, ob allein die bloße Gefährdung einer unabhängigen Rechtsfindung den Tatbestand des § 127 VVG erfüllt.

Die Kernfrage der Freiheit der Anwaltswahl muss also zunächst zurückgestellt werden bis durch Auslegung die Frage nach der Bedeutung und dem Sinn des § 127 VVG geklärt ist.

2. Entstehungsgeschichte der freien Anwaltswahl

Über den Zweck und das Wesen der freien Anwaltswahl gibt der Wortlaut des § 127 VVG wenig Aufschluss. Der klassische Auslegungskanon gebietet einen Blick auf die Entstehungsgeschichte der freien Anwaltswahl. Der grundlegende Rechtsgrundsatz der freien Anwaltswahl lässt sich weder auf die europäischen Entstehungshintergrund des besonderen § 127 VVG noch auf die deutsche Entstehungsgeschichte des allgemeinen § 3 Abs. 3 BRAO verkürzen, sondern verweist auf die Entstehungsgeschichte der freien Anwaltswahl insgesamt.

a. Vormoderne: Selbstbehauptungsrecht und Selbstbehauptungspflicht

Die freie Anwaltswahl ist keineswegs selbstverständlich. Die Ursprünge des Rechts sind durch eine Selbstbehauptungspflicht und damit durch ein Vertretungsverbot gekennzeichnet. Eine freie Wahl des Rechtsvertreters kannten weder das römische noch das germanische Recht.

Das römische Recht kannte keine Stellvertretung vor Gericht. Nemo alieno nomine lege agere potest.[245] Herr des Verfahrens (dominus litis) konnte nur der freie Römer und Hausherr (patria potestas) sein, der sich selbst vor Gericht behaupten musste (defensio).[246] Doch ebenso wie im griechischen Athen wurde die Selbstvertretung der Bürger vor Gericht durch den Einsatz geschulter Rhetoren bald abgelöst bzw. umgangen.[247] Der orator[248] bzw. patronus trat als Wortführer für die Partei vor Gericht gegen einen Ehrensold (honorarium) auf.[249] Die eigentliche rechtliche Beratung oblag daneben dem iuris consultus. Beide

---

245 Dig. 50.17.123. Kaser Das römische Zivilprozessrecht, 1966, 46.

246 Kaser Das römische Zivilprozessrecht, 1966, 449.

247 Boin AnwBl 2000, 168 (169). Hebel war die sog. Cognitur, welche ursprünglich nur bei Krankheit und Alter zulässig war, Weißler Geschichte der Rechtsanwaltschaft, 1905, 99.

248 Kaser Das römische Zivilprozessrecht, 1966, 47.

249 Weißler Geschichte der Rechtsanwaltschaft, 1905, 93.

Tätigkeiten gingen dann in der Figur des Advocatus (der Herbeigerufene) auf.[250] Daneben entwickelte sich die Tätigkeit des Procurators als reiner Verfahrensvertreter. Der Advocatus schreibt; der Prokurator redet. Die überkommene Zweiteilung des advocatus und des procurators[251] findet sich noch heute im europäischen Rechtsraum wieder – so z.B. in England[252] (solicitor und barrister), Italien[253] (Procurati und Advocato), Portugal (Solicatadores und Advogados), Frankreich[254] (avoué und avocat) oder Polen (radcy prawni und adwokaci)[255] sowie im kanonischen Kirchenrecht[256] (advocatus und procurator).

Nach dem Zerfall des Römischen Reiches galt zunächst im germanischen Recht ebenfalls ein Vertretungsverbot vor Gericht.[257] Nach den leges barbarorum[258] war eine prozessuale Stellvertretung grundsätzlich unzulässig.[259] Der wehrhafte, vollfreie Mann hatte sich selbst vor Gericht zu verteidigen.[260] Die leges barbarorum beruhten freilich auf gesprochenem Recht. Wer sich bei einer formalen Verfahrensformel versprach, drohte den Rechtstreit zu verlieren. Versprecher bzw. Verfahrensfehler waren nicht heilbar (vare).[261] Deshalb bürgerte es sich ein, einem Dritten das Sprechen vor Gericht zu überlassen. Der sogenannte „Vorsprecher" hielt Einzug.[262] Ausdrückliche Erwähnungen des Vorsprechers

---

250 Hartung MDR 1999, 1301; Wesel Geschichte des Rechts, 4. Aufl., 2014, 181; Rick Die verfassungsrechtliche Stellung des Rechtsanwalts, 1998, 30; Hertel Der Anwaltszwang, 1979, 3 f.

251 Kaser Das römische Zivilprozessrecht, 1966, 451 f.

252 Finlay, in: DAV, Anwälte und ihre Geschichte, 2011, 1097 f.

253 Vinatzer, in: DAV, Anwälte und ihre Geschichte, 2011, 1127 f.

254 Laurich, in: DAV, Anwälte und ihre Geschichte, 2011, 1069 f.; s. a. Weißler Geschichte der Rechtsanwaltschaft, Leipzig 1905, 108, 391.

255 Kilian/Wielgosz WiRO 2006, 257.

256 Pree FS Schmitz, 1994, 303 f.

257 Rosenberg Stellvertretung im Prozess, 1908, 302, 434.

258 Bei den leges barborum handelt es sich keineswegs um einen Quellentext, sondern um einen schlagwortartigen Sammelbegriff für die germanischen Stammesrechte (Oestmann Wege zur Rechtsgeschichte: Gerichtsbarkeit und Verfahren, 2015, 42 f.).

259 Rosenberg Stellvertretung im Prozess, 1908, 302, 434 f.; Weißler Geschichte der Rechtsanwaltschaft, 1905, 103; Kannowski, in: DAV, Anwälte und ihre Geschichte, 2011, 5 (9).

260 Weißler Geschichte der Rechtsanwaltschaft, Leipzig 1905, 107.

261 Wesel Geschichte des Rechts, 4. Aufl., 2014, 315; Kannowski, in: DAV, Anwälte und ihre Geschichte, 2011, 5 (9); Hertel Der Anwaltszwang, 1979, 6; Wolf, in: Gaier/Wolf/Göcken, Anwaltliches Berufsrecht, 2. Aufl., 2014, Einl. Rn. 181.

262 Wesel Geschichte des Rechts, 4. Aufl., 2014, 315; Kannowski, in: DAV, Anwälte und ihre Geschichte, 2011, 5 (10 f.); Rick Die verfassungsrechtliche Stellung des Rechtsanwalts,

finden sich in dem von Eike von Repgow niedergeschriebenen Sachsenspiegel[263] (um 1230).[264]

„Ohne Vorsprecher kann ein Mann wohl klagen und sich verantworten, wenn er den Schaden auf sich nehmen will, der ihm dadurch entstehen kann, dass er sich verspricht. Dies kann er dann nicht wieder gut machen, wie dies bei einem Vorsprecher möglich ist, wenn er dessen Wort nicht gut heißt!“[265]

Bekannt ist auch folgendes deutsches Rechtssprichwort:

> „Eenes Mannes Rede ist keenes Mannes Rede, man soll sie billig hören alle beede.“[266]

Das beiderseitige Gehör galt als Vorbedingung einer unparteiischen Rechtsfindung.[267]

Der „Vorsprecher“ war im zeitgenössischen Sinne kein Vertreter der Parteiinteressen bzw. Anwalt.[268] Er spricht nur anstelle der Partei, tritt aber nicht an deren Stelle. Der Vorsprecher ist der Mund der Partei. Er wurde auf Anfrage der Partei von dem Gericht bestellt und war damit Beauftragter des Gerichtes.[269] Die

---

1998, 32; Weißler Geschichte der Rechtsanwaltschaft, Leipzig 1905, 27, 33; Hertel Der Anwaltszwang, 1979, 6 f.; Döhring Geschichte der deutschen Rechtspflege seit 1500, 1953, 121; Hartung, in: Hartung BORA/FAO, 5. Aufl., 2012, § 1 BORA Rn. 6; vgl. a. Kannowski NJW 2008, 713 f.

263 Der Sachsenspiegel ist kein Gesetzesbuch, sondern ein Erfahrungsbericht über die Gerichtspraxis. Das Rechtsbuch „spiegelt“ die Erfahrungen seines Verfassers Eike von Repgow wider (Oestmann Wege zur Rechtsgeschichte: Gerichtsbarkeit und Verfahren, 2015, 67).

264 Eike von Repgow Sachsenspiegel. LdR I., 60 § 1: „Der richter sal io(mer) den man vragen, ab her an sines vorsprechen wort unde sal orteilz vragen zwischen ir beider vrage unde rede. Vraget her nach sime mutwillen unde nicht nach rechte, daz en schadet noch en vromet ir keime. 8. Welches orteilz man erst bittet, daz soll man erst vinden. 9. Beide kleger unde uf den de klage get, muz wol gespreche haben umme itliche rede dries, also lange, biz se der vronebote weder inlade. 10. In allen steten ist gerichte, da der richter mit orteilen richtet. 11. Offenbare sal der man nicht sprechen vor gerichte, sint her versprechen hat, abir vraget in der richter, ab her in sines vorsprechen wort ie, her muz wol sprechen io adir nein, adie gesprochis biten.“

265 Eike von Repgow Sachsenspiegel, Übersetzung nach Kannowski, in: DAV, Anwälte und ihre Geschichte, 2011, 5 (10) m. Fn. 31.

266 Zu dem Rechtssprichwort: Rüping Der Grundsatz des rechtlichen Gehörs und seine Bedeutung im Strafverfahren, 1976, 30 m. Fn. 73. Zum Ganzen: Kannowski, in: DAV, Anwälte und ihre Geschichte, 2011, 5 (9 f.).

267 Rüping, in:, BK-GG, Stand: Februar 2015, Art. 103 Rn. 2.

268 Boin AnwBl 2000, 169 (170); Eisenhardt Deutsche Rechtsgeschichte, 6. Aufl., 2013, 177; Hartstang Der deutsche Rechtsanwalt, 1986, 10 f.

269 Döhring Geschichte der deutschen Rechtspflege seit 1500, 1953, 121.

Beauftragung durch das Gericht war ein Ehrenamt. Der Vorsprecher nahm im öffentlichen Interesse eine Pflicht wahr, dem Recht zu helfen, nicht der Partei zu ihrem Recht zu verhelfen.[270]

Das mittelalterliche deutsche Recht ließ sowohl eine mittelbare Stellvertretung aufgrund einer Abtretung (durch Halmwurf) als auch eine unmittelbare Stellvertretung aufgrund einer Vollmacht - allerdings beschränkt auf Fälle der Gebrechlichkeit und Krankheit - zu.[271] Die unmittelbare Stellvertretung spielte aufgrund persönlicher Gewalt- und Amtsverhältnisse eine besondere Rolle beim Fiskus, den Klöstern und Kirchen sowie den Grafen und ihren Vasallen.[272] Diese wurden durch Beamte, die Vögte oder Advocati genannt wurden, in der Vermögensverwaltung und in der Verfahrensführung vertreten.[273] Es handelte sich um eine Zwangsvertretung. Die Vertreter wurden nicht frei gewählt, sondern i.d.R. durch den König ernannt.[274] Der Vogt übt eine andere Rolle als der Vorsprecher aus. Er tritt für eine abwesende Partei auf, der Vorsprecher dagegen neben einer anwesenden Partei.[275] Der Vogt musste nicht notwendig über eigene Rechtskenntnisse verfügen und bediente sich seinerseits oftmals eines Vorsprechers.

Der Rechtsbeistand im Verfahren in diesem beschriebenen Sinn ist kein Vertreter vereinzelter Parteiinteressen, sondern Diener des Verfahrens und der Wahrheitsfindung. Seine Rolle gewinnt Bedeutung für die Rechtfertigung des Verfahrens. Bedeutung für die individuelle Rechtsdurchsetzung hat er nicht. Die Anwesenheit des Vogtes als Verfahrensvertreter sicherte ab, dass das Verfahren ordentlich geführt wurde - nicht mehr und nicht weniger.

Bis zum Inkrafttreten der Reichsjustizgesetze (GVG, ZPO, StPO, KO) gab es im deutschen Recht weder eine einheitliche Verfahrensordnung noch eine einheitliche Regelung für die Anwaltschaft.[276] Das Römische Recht wurde als gelehrtes Recht an den Universitäten gelehrt.[277] Im Mittelpunkt des Rechtsstudiums der Scholaren stand die Universität Bologna.[278] Gelehrtes Recht wurde durch gelehrte Rechtskundige angewandt. Mit dem universitären Rechtsstudium

270 Boin AnwBl 2000, 169 (170).
271 Weißler Geschichte der Rechtsanwaltschaft, 1905, 105.
272 Weißler Geschichte der Rechtsanwaltschaft, 1905, 106.
273 Rosenberg Stellvertretung im Prozess, 1908, 302, 440.
274 Weißler Geschichte der Rechtsanwaltschaft, Leipzig 1905, 106.
275 Weißler Geschichte der Rechtsanwaltschaft, Leipzig 1905, 107.
276 Nassall JZ 2009, 1086 (1087).
277 Rosenberg/Schwab/Gottwald Zivilprozessrecht, 17. Aufl., 2010, § 4 Rn. 18 f.
278 Buschmann Mit Brief und Siegel, 2014, 69 f.

wandelte sich das gesprochene Recht in das „gelehrte", schriftliche Verfahren.[279] Der Aufgabenbereich des Fürsprechers verschwand.[280] Wer im „gelehrten" Verfahren obsiegen wollte, war auf den Beistand eines gelehrten Rechtsbeistandes angewiesen.[281]

Mit der Rezeption des römisch-kanonischen Rechts hielt im deutschen gemeinen Recht die Zweiteilung in Advokaten und Prokuratoren Einzug[282] und überwand das Stellvertretungsverbot im Prozess endgültig.[283]

Den Prokuratoren blieb es vorbehalten, vor Gericht aufzutreten und Verfahrenshandlungen vorzunehmen. Aufgabe der Advokaten war die rechtliche Beratung der Partei und deren Prokuratoren. Er bereitete in der Regel auch die Schriftsätze vor, welche der Prokurator dann an die Formerfordernisse vor Gericht anpasste. Dabei übte der Advokat einen freien Beruf aus, während der Prokurator – wie der germanische Vorsprecher – zu den Gerichtsangehörigen zählte. Der Prokurator wurde vom Gerichtsherrn ernannt.

Die Unterteilung in Advokaten und Prokuratoren findet sich in der Reichskammergerichtsordnung von 1471 wieder.[284] Schon bald gestattete ein Reichsabschied es den Parteien auch, ihren Prokurator advozieren zu lassen.[285] Auf diese Weise sollten der Partei Kosten erspart werden. Vor dem Reichskammergericht bestand kein Anwaltszwang.[286] Jede Partei durfte sich selbst vor Gericht vertreten.[287]

---

279 Buschmann Mit Brief und Siegel, 2014, 49 f.; Kannowski in: Anwälte und ihre Geschichte, 2011, 5 (21).

280 Kannowski in: Anwälte und ihre Geschichte, 2011, 5 (21).

281 Kannowski in: Anwälte und ihre Geschichte, 2011, 5 (22); Buschmann Mit Brief und Siegel, 2014, 73.

282 Oestmann Wege zur Rechtsgeschichte: Gerichtsbarkeit und Verfahren, 2015, 120; Wesel Geschichte des Rechts, 4. Aufl., 2014, 369 f.; Buschmann Mit Brief und Siegel, 2014, 73 f.; Rick Die verfassungsrechtliche Stellung des Rechtsanwalts, 1998, 34; Wolf, in: Gaier/Wolf/Göcken, Anwaltliches Berufsrecht, 2. Aufl., 2014, Einl. Rn. 183.

283 Rosenberg Stellvertretung im Prozess, 1908, 472 f.; vgl. a. Döhring Geschichte der deutschen Rechtspflege seit 1500, 1953, 122; Hertel Der Anwaltszwang, 1979, 16.

284 Baumann, in: DAV, Anwälte und ihre Geschichte, 2011, 22; Gross, in DAV, Anwälte und ihre Geschichte, 2011, 141 (142); Reichskammergerichtsordnung 1555, Titel XVIII „Von personen der advocaten und procuratores, wie sie geschickt und wievil deren sein sollen", Reichskammergerichtsordnung von 1555, hrsg. von Adolf Laufs, Köln 1976, 103 f.

285 Nassall JZ 2009, 1086 (1087); Sellert Art. „Prokurator" in: HRG, Sp. 2033; Baumann, in: DAV, Anwälte und ihre Geschichte, 2011, 22 (23 f.).

286 Baumann, in: DAV, Anwälte und ihre Geschichte, 2011, 22 (23); Smend Das Reichskammergericht, 1965, 343 f.

287 Nassall JZ 2009, 1086 (1087); Baumann, in: DAV, Anwälte und ihre Geschichte, 2011, 22 (23 f.); Smend Das Reichskammergericht, 1965, 344.

Einen deutlichen Einschnitt in der deutschen Verfahrensrechtsgeschichte, ja erst den eigentlichen Beginn der Geschichte der deutschen Gerichtsbarkeit, bildet der am 07.08.1495 verkündete Ewige Landfrieden.[288] Bis zu diesem Zeitpunkt war es erlaubt, sein vermeintliches Recht im Wege der gewaltsamen Selbsthilfe (Fehde) durchzusetzen. Der Gang zu Gericht war nicht zwingend. Erst ab 1495 galt ein bedingungs- und ausnahmsloses Fehdeverbot. Erstmals erhob der Staat den alleinigen Anspruch, Recht zu sprechen. Im heutigen Sprachverständnis lässt sich erst ab dieser Zeit von einer Verfahrensordnung sprechen.

Fast im gesamten Heiligen Römischen Reich deutscher Nation galt nun bald in Umkehrung des ursprünglichen Vertretungsverbotes ein Zwang, sich eines Vorsprechers zu bedienen:

> „Niemand, wer es auch seyn möge, Fürst oder Unterthan, dürfe sich vor Gericht seines eigenen Mundes zur Ausführung seines Rechts bedienen."[289]

Recht bald verschwamm die Unterscheidung zwischen der Tätigkeit als Prokurator und als Advokator.[290]

b. Das Projekt der Moderne: Aufklärung, Revolution und subjektives Recht

Der Zeitraum zwischen dem Reichsende und den Reichsjustizgesetzen bildet einen „blinden Fleck" der Verfahrensgeschichte.[291] Für die hier zu untersuchende Frage nach der Herkunft der freien Anwaltswahl ist dies nicht weiter schlimm. Entscheidend für die Frage nach den Verfahrensrechten des Rechtsuchenden ist der aufziehende Diskurs der Moderne.[292] Aufklärung und Revolution rücken den Gedanken der Selbstbestimmung des citoyen, die Begründung des Rechts aus dem Vernunftgedanken und den Begriff des subjektiven Rechts,

---

288 Str, wie hier: Oestmann Wege zur Rechtsgeschichte: Gerichtsbarkeit und Verfahren, 2015, 15, 153 f. m.w.N. A.A. etwa: Wesel Geschichte des Rechts, 4. Aufl., 2014, 57 f.; Eisenhardt Deutsche Rechtsgeschichte, 6. Aufl., 2013, 5 f.; Reinhard Geschichte der Staatsgewalt, 3. Aufl., 2002, 31 f.; Fisahn Die Saat des Kadmos, 2016, 207 f.

289 Zitiert nach: Hertel Der Anwaltszwang, 1979, 12. S. a. Weißler Geschichte der Rechtsanwaltschaft, 1905, 32.

290 Wolf, in: Gaier/Wolf/Göcken, Anwaltliches Berufsrecht, 2. Aufl., 2014, Einl. Rn. 183, 187.

291 Oestmann Wege zur Rechtsgeschichte: Gerichtsbarkeit und Verfahren, 2015, 216.

292 Auer Der privatrechtliche Diskurs der Moderne, 201413 f.; Habermas Faktizität und Geltung, 1992, 468 f.; Luhmann Ausdifferenzierung des Rechts, 1981, 370. Grundlegend: Habermas Der philosophische Diskurs der Moderne: Zwölf Vorlesungen, Frankfurt am Main 1985. Krit. zum Diskursbegriff in der Rechtsgeschichte: Rüthers JZ 2015, 240 f.

in den Vordergrund.[293] Die tugendhafte Pflichtenstellung des einzelnen innerhalb der Gemeinschaft wird von dem Gedanken des subjektiven Rechts in der Privatrechtsgesellschaft abgelöst.[294] Der Gedanke des objektiven Rechts wird um den Gedanken des subjektiven Rechts ergänzt. Das Projekt der Moderne verlangt nach einer Neuordnung der Rechtsordnung.[295]

Das revolutionäre Frankreich gestaltete bereits 1791 das Gerichtswesen neu. Der Code de procédure civil von 1806 beruhte auf den Grundsätzen der Mündlichkeit und Öffentlichkeit.[296] Die französischen Umwälzungen des Verfahrensrechtes strahlten über die napoleonische Besatzungsmacht – insbesondere die rheinische Gerichtsverfassung – auf das deutsche Recht ab und prägten die rechtspolitische Diskussion des 19. Jahrhunderts, die über lange Umwege in die Reichsjustizgesetze einmündete.[297]

Der Gedanke der Freiheitssicherung durch Verfahrensrechte nahm Schwung auf.[298]

aa. Abschaffung der Advokatur in Preußen: Assistenzräte und Justizkommissare

In Preußen musste dieser Gedanke freilich zunächst einmal einen Rückschlag einstecken. Unter Friedrich Wilhelm I. und Friedrich Wilhelm II. wurde zunächst die Prokuratur (1725), später dann auch die Advokatur (1780) abgeschafft.[299] Friedrich der Große begründete in seiner Allerhöchsten Königlichen Cabinets-Order betreffend die Verbesserung des Justiz-Wesens vom 14.04.1780 die Abschaffung der Advokatur wie folgt:

---

293 Auer Der privatrechtliche Diskurs der Moderne, 2014, 22 f., 68 f.; Habermas Faktizität und Geltung, 1992, 477 f.; Luhmann Ausdifferenzierung des Rechts, 1981, 370; krit. Canaris AcP 2000 (200), 275 (276).

294 Menke Kritik der Rechte, 2015, 12 f., 16 f.; Auer Der privatrechtliche Diskurs der Moderne, 2014, 22 f.

295 Luhmann Ausdifferenzierung des Rechts, 1981, 370.

296 Oestmann Wege zur Rechtsgeschichte: Gerichtsbarkeit und Verfahren, 2015, 220 f.

297 Oestmann Wege zur Rechtsgeschichte: Gerichtsbarkeit und Verfahren, 2015, 223 f., 236 f.

298 Oestmann Wege zur Rechtsgeschichte: Gerichtsbarkeit und Verfahren, 2015, 238.

299 Grahl Die Abschaffung der Advokatur unter Friedrich dem Großen, 1994; Hartstang Der deutsche Rechtsanwalt, 1986, 18.

> „Es ist wider die Natur der Sache, dass die Parteien mit ihren Klagen und Beschwerden vor dem Richter selbst nicht gehört werden, sondern ihre Nothdurft durch gedungene Advocaten vorstellen sollen. Diesen Advocaten ist sehr daran gelegen, daß die Prozesse verfielfältigt und in die Länge gezogen werden; denn davon dependiert ihr Verdienst und ihr ganzes Wohl."[300]

Das Corpus Juris Fridericianum von 1781 übertrug allein den Richtern die Untersuchung des Tatsachenstoffes und die Wahrheitsfindung.[301] Es galt die Inquisitionsmaxime auch im Zivilprozess.[302] Der Sachverhalt sollte von Amts wegen durch das Gericht ermittelt werden.[303] Die Assistenzräte sollten dabei „keineswegs Söldner oder bloß Sachwalter der Partheyen, sondern Beystände und Gehülfen des Richters" sein.[304]

An die Stelle der Advokaten und Prokuratoren traten verbeamtete Assistenzräte (Richtergehilfen) und Justizkommissare.[305] Die staatlich besoldeten Assistenzräte konnten nicht von Parteien frei gewählt werden, sondern wurden ihnen vom Gericht zugewiesen.[306] Die bisher als Advokaten und Prokuratoren noch tätigen Juristen wurden zu beamtenähnlichen Justizkommissaren ernannt, denen Aufgaben der freiwilligen Gerichtsbarkeit, des Notariats, der Verteidigung in Strafsachen und die außergerichtliche Beratung zugewiesen wurden.[307] Die Reform erwies sich als nicht alltagstauglich.[308] Es kam zu zahlreichen Beschwerden der Bürger.[309] Die Justizkommissare wurden wieder zu frei wählbaren

300 Zitiert nach Krämer NJW 1995, 2313.

301 Rick Die verfassungsrechtliche Stellung des Rechtsanwalts, 1998, 37.

302 Grahl Die Abschaffung der Advokatur unter Friedrich dem Großen, 1994, 139 f.

303 Gerlach NJW 1986, 2292 (2295).

304 Zitiert nach Hartung, in: Hartung BORA/FAO, 5. Aufl., 2012, § 1 BORA Rn. 8.

305 Mayen AnwBl 2011, 405; Hartung MDR 1999, 1301 (1302); Wesel Geschichte des Rechts, 4. Aufl., 2014, 371; Weißler Geschichte der Rechtsanwaltschaft, Leipzig 1905, 347 f.; Hartung, in: Hartung BORA/FAO, 5. Aufl., 2012, § 1 BORA Rn. 8.

306 Wesel Geschichte des Rechts, 4. Aufl., 2014, 371; Grahl Die Abschaffung der Advokatur unter Friedrich dem Großen, 1994, 123; Siegrist Advokat, Bürger und Staat: Sozialgeschichte der Rechtsanwälte in Deutschland, Italien und der Schweiz, 1996, 41; Döhring Geschichte der deutschen Rechtspflege seit 1500, 1953, 114.

307 Siegrist Advokat, Bürger und Staat: Sozialgeschichte der Rechtsanwälte in Deutschland, Italien und der Schweiz, 1996, 42.

308 Krämer NJW 1995, 2313; Grahl Die Abschaffung der Advokatur unter Friedrich dem Großen, 1994, 160 f.; Döhring Geschichte der deutschen Rechtspflege seit 1500, 1953, 114 f.

309 Grahl Die Abschaffung der Advokatur unter Friedrich dem Großen, 1994, 160 f; Wesel Geschichte des Rechts, 4. Aufl., 2014, 423.

Prozessvertretern,[310] welche ab 1849 aufgrund der Preußischen Gerichts-Organisations-Verordnung erstmals als „Rechtsanwälte" bezeichnet wurden.[311]

bb. Rechtsanwaltsordnung vom 1.07.1878 im Kaiserreich

Erstmals mit der Rechtsanwaltsordnung (RAO) vom 1.07.1878[312] tritt ein einheitliches Berufsrecht der Rechtsanwälte in Kraft. Die RAO steht ganz unter dem liberalen Leitstern der freien Advokatur. Die Anwaltschaft forderte die Entfesselung von staatlichen Bindungen.[313] Gefordert wurde die Freiheit von der Ernennung durch den Staat, die Freiheit von den beruflichen Schranken durch die beamtenähnliche Stellung und die Freiheit von richterlicher Disziplinargewalt. Tatsächlich hob die RAO die Trennung von Advokatur und Prokuratur auf, entließ die Anwaltschaft aus der Disziplinargewalt der Gerichte[314] und sicherte einen freien Zugang zum Anwaltsberuf.

Von Gneist hatte in der Reformdebatte das Bedürfnis des rechtsuchenden Publikums[315] nach einer freien Wahl des Rechtsbeistandes in den Vordergrund gerückt. Wörtlich führt er aus:

> „Im Widerspruche mit den herrschenden Maximen behaupten wir:
> 1. dass das Publicum ein Recht auf den Beirath rechtskundiger Sachwalter in freier Concurrenz hat, und dass die Staatsbehörde das Sachwalteramt als Orts-Monopol zu behandeln, weder das Recht noch den Beruf hat".[316]

Für von Gneist war mit der Abschaffung der verbeamteten Assistenzräte und Justizkommissare das Grundübel in der Rechtspflege beseitigt. Die freie Advokatur – so nahm von Gneist an –, werde aufgrund der „freien Konkurrenz" der

---

310 Grahl Die Abschaffung der Advokatur unter Friedrich dem Großen, 1994, 163; Wolf, in: Gaier/Wolf/Göcken, Anwaltliches Berufsrecht, 2. Aufl., 2014, Einl. Rn. 187.

311 Wesel Geschichte des Rechts, 4. Aufl., 2014, 423; Hartstang Der deutsche Rechtsanwalt, 1986, 19; Rick Die verfassungsrechtliche Stellung des Rechtsanwalts, 1998, 37; Schneider Der Rechtsanwalt, ein unabhängiges Organ der Rechtspflege, 1976, 37; Busse, in: Henssler/Prütting, BRAO, 4. Aufl., 2014, Einl. Rn. 1.

312 RGBl II, 16, in Kraft getreten am 1.10.1879.

313 Rückert AnwBl 2014, 982 (988).

314 Kilian AnwBl 2015, 278 (279).

315 Der VII. Abschnitt seiner Streitschrift „Freie Advocatur. Die erste Forderung aller Justizreform in Preussen" von 1867 rückt das Bedürfnis des rechtsuchenden Publikums an die erste Stelle der Reformdebatte.

316 Gneist Freie Advocatur. Die erste Forderung aller Justizreform in Preussen, 1867, Nachdruck 1911, 64.

Anwälte dazu führen, dass sich die Rechtsuchenden ihren Anwalt frei wählen können und dürfen.

Eine ausdrückliche Regelung zur freien Anwaltswahl findet sich daher in der RAO nicht. In § 26 RAO findet sich eine Rumpfregelung für das Vertretungsrecht der Rechtsanwälte. Da es ohnehin nur die Reichsjustizgesetze gab, ist dieses Vertretungsrecht auf Angelegenheiten der Reichsjustizgesetze (StPO, ZPO, KO) begrenzt. Außerdem finden sich in § 33 RAO eine Regelung zum Notanwalt (heute: § 78 b ZPO) und in §§ 34 bis 38 RAO Bestimmungen zum Armenrecht im Zivilprozess sowie zur notwendigen Verteidigung im Strafprozess in § 39 StPO.

Ursprünglich hatte die Justizkommission des Reichstages einen Titel IX „Rechtsanwaltschaft" in den gesamtdeutschen GVG-Entwurf aufgenommen, welcher aber wiederholt durch den Bundesrat zurückgewiesen wurde.[317] Die erstmaligen Regelungen zum anwaltlichen Standesrecht standen ganz unter der Flagge des Kampfes um die freie Advokatur.[318]

cc. Reichsjustizgesetze und neu geordnetes Verfahrensrecht im Kaiserreich

Die für die freie Anwaltswahl grundlegenden Bestimmungen finden sich hingegen in den zum 1.10.1879 als Reichsjustizgesetze in Kraft tretenden Verfahrensbestimmungen der ZPO und der StPO.

Mit §§ 78, 79 ZPO hält der Anwaltszwang vor den Landgerichten und der Parteiprozess vor den Amtsgerichten Einzug in den Zivilprozess. § 80 ZPO regelt den Umfang der Prozessvollmacht. Erst der Anwaltszwang macht eine Anwaltswahl erforderlich. In §§ 137, 140 StPO finden sich Regelungen zum Wahlverteidiger und zum Fall der notwendigen Verteidigung.

Die Erneuerung des Straf- und Zivilverfahrens zog – gleichsam die revolutionären Verfassungsbewegungen Frankreichs und Englands nachholend – die

317 Krämer NJW 1995, 2313 (2314); Krusche Die Bundesrechtsanwaltsordnung vom 1. August 1959, 2012, 31 f.; Busse, in: Henssler/Prütting, BRAO, 4. Aufl., 2014, Einl. Rn. 4 f. Damit sollte zwischen der gerichtsverfassungsrechtlichen Stellung der Anwälte als Organe der Rechtspflege einerseits und der wirtschaftsaufsichtsrechtlichen Überwachung des freien Advokatengewerbes andererseits ganz im Sinne der freien Advokatur unterschieden werden [Wolf, in: Gaier/Wolf/Göcken, Anwaltliches Berufsrecht, 2. Aufl., 2014, Einl. Rn. 189, 192].

318 Gneist Freie Advocatur. Die erste Forderung aller Justizreform in Preussen, 1867, Nachdruck 1911; Rückert AnwBl 2014, 982 (988); Krusche Die Bundesrechtsanwaltsordnung vom 1. August 1959, 2012, 29f.; Wolf, in: Gaier/Wolf/Göcken, Anwaltliches Berufsrecht, 2010, Einl. Rn. 189.

Einführung rechtsstaatlicher Verfahrensgrundsätze wie den Schutz vor willkürlicher Verhaftung, den Anspruch auf den gesetzlichen Richter, die Einführung des Rechtsgrundsatzes „nulla poena sine lege“ usw. nach sich.[319]

Gleichzeitig wird wieder der Grundsatz der Mündlichkeit und des öffentlichen Verfahrens in den Zivilprozess eingeführt.[320] Das bis dahin geltende, zersplitterte gemeine Prozessrecht beruhte auf drei Grundlagen: Schriftlichkeit, Nichtöffentlichkeit und Zweiteilung des Verfahrens, also im Kern ein Aktenprozess ohne Rede und Gegenrede.[321]

Der zeitgleich nach § 78 ZPO eingeführte Anwaltszwang bildete die notwendige Ergänzung zum Grundsatz der Mündlichkeit.[322] Er ist nach Überzeugung des damaligen Gesetzgebers das notwendige Mittel zur sachgemäßen Durchführung des Grundsatzes der Mündlichkeit.[323]

„Der Anwaltszwang ist aus Gründen des öffentlichen Interesses, vom Standpunkte des Staatswohls und der Rechtspflege, nicht minder aber im Interesse der prozeßführenden Parteien selbst angeordnet. Er dient zur Vermeidung unüberlegt begonnener und unrichtig geführter Prozesse; er ermöglicht infolge der Vorbereitung der Prozesse und ihrer Führung durch rechtskundige und redegewandte Personen eine ersprießliche richterliche Tätigkeit; er verhütet, daß durch die Leidenschaftlichkeit und Rechtsunkunde verhandelnden Parteien die Lage der Sache verdunkelt, die Erkenntnis des Rechts erschwert, der Ernst und die Würde der gerichtlichen Verhandlung verletzt werden könnte.“[324]

Mit dem Anwaltszwang wird es dem Rechtsuchenden zur Pflicht, einen Anwalt zur Rechtsvertretung (frei) zu wählen.[325] Der Anwaltszwang der ZPO ist die Geburtsstunde des Grundsatzes der freien Anwaltswahl.

Bis zum Erlass der Reichsjustizgesetze galt sowohl im Zivil- als auch im Strafverfahren der Untersuchungsgrundsatz.[326]

---

319 Wesel Geschichte des Rechts, 4. Aufl., 2014, 422, 423.

320 Ostler Die deutschen Rechtsanwälte: 1871–1971, 1971, 34 f.

321 Wesel Geschichte des Rechts, 4. Aufl., 2014, 422, 423; Wesel Geschichte des Rechts in Europa, 2010, 493.

322 Zuck JZ 1993, 500 (504); Hartstang Der deutsche Rechtsanwalt, 1986, 344 m.w.N.

323 Levin Die rechtliche und wirtschaftliche Bedeutung des Anwaltszwangs, 1926, 26.

324 Rosenberg Stellvertretung im Prozess, 1908, 44 unter Hinweis auf die Motive zur ZPO, 96 f. S. a. Levin Die rechtliche und wirtschaftliche Bedeutung des Anwaltszwangs, 1926, 72 f.; vgl. a. Granderath MDR 1972, 828 (832 m.w.N.).

325 Zuck JZ 1993, 500 (504); Hartstang Der deutsche Rechtsanwalt, 1986, 69.

326 Reischl ZZP 2003, 81 (91, 93 f.); Rosenberg/Schwab/Gottwald Zivilprozessrecht, 17. Aufl., 2010, § 77 Rn. 2; Rüping Der Grundsatz der Bedeutung rechtlichen Gehörs und seine Bedeutung im Strafverfahren, 1976, 51 f.

Erst die ZPO unterstellte den Zivilprozess wieder dem Verhandlungs- und Beibringungsgrundsatz und damit dem Grundsatz der Parteifreiheit und Parteiverantwortung. Anstelle des Verfahrensziels der Wahrheitsfindung durch die Gerichte trat das Verfahrensziel, die privat-subjektiven Rechte der Parteien durchzusetzen.

Selbst der Strafprozess wurde bis in das 15. Jahrhundert hinein durch den Inquisitionsprozess gekennzeichnet, welcher sich seinerseits durch das Fehlen von individualrechtsschützenden Verfahrensgrundsätzen auszeichnete[327]. Im Inquisitionsprozess stand die Wahrheitsfindung im Vordergrund. Der Angeklagte sollte nicht als Träger eigener Rechte aufgrund seiner Subjektstellung ge-hört werden, sondern allenfalls als Zeuge – und damit als Beweismittel und Verfahrensobjekt – ver-hört werden. Erst im 19. Jahrhundert halten auch subjektive Verfahrensrechte – wie das Recht auf rechtliches Gehör (§ 33, 187, 223, 119, 197, 208 StPO) – Einzug in die deutsche Strafprozessordnung.[328]

Dieser Siegeszug der subjektiven Rechtsstellung der Verfahrensbeteiligten spiegelt sich in Deutschland nicht in einer verfassungsrechtlichen Debatte um justizielle Bürger- und Menschenrechte – wie dem Recht auf rechtliches Gehör – wieder. Die bürgerliche Revolution in Deutschland von 1848 war gescheitert. Der Entwurf der Paulskirchenverfassung blieb bloßer Entwurf. Während in Frankreich, England und Amerika die revolutionären Verfassungsbewegungen für den Schutz von Verfahrensgrundrechten Sorge trugen, blieb in Deutschland eine Verankerung des rechtlichen Gehörs als Verfassungsgrundsatz bis 1945 aus.[329]

Mit der Subjektstellung der Partei und dem Schutz subjektiver Ansprüche schlüpft der Rechtsbeistand von der Rolle des dem Gericht dienenden Mithelfers bei der Wahrheitsfindung in die Rolle des Interessenvertreters der Partei.[330] Der mit dem Anwaltsprozess (§ 79 ZPO) verbundene Vertretungszwang wirft die Frage auf, ob der rechtsuchende Bürger sich seinen Anwalt selbst wählen darf. Auf diese Frage kennt das liberale Bürgertum des ausgehenden 19. Jahrhunderts nur eine Antwort: Jeder Bürger hat das Recht, sich seinen Rechtsbeistand

---

327 Rüping Der Grundsatz der Bedeutung rechtlichen Gehörs und seine Bedeutung im Strafverfahren, 1976, 65 f.; Hamacher Die Maxime audiatur et altera pars im Völkerrecht, 1986, 103 f.

328 Hamacher Die Maxime audiatur et altera pars im Völkerrecht, 1986, 105.

329 Rüping Der Grundsatz der Bedeutung rechtlichen Gehörs und seine Bedeutung im Strafverfahren, 1976, 85 f. mit zahlreichen Nachweisen einer verfassungsrechtlichen Positivierung von verfassungsrechtlichen Verfahrenspostulaten.

330 Vgl. Wesel Geschichte des Rechts, 4. Aufl., 2014, 371 f., 422 f.

innerhalb der frei konkurrierenden Anwaltschaft auszuwählen. Der Anwaltszwang schafft die Verbindung zwischen dem subjektiven Recht auf rechtliches Gehör und dem Recht, sich vor Gericht durch den Anwalt der eigenen Wahl vertreten zu lassen.[331] Seit 1849 nennen sich die Rechtsbeistände Rechtsanwälte. Mit Inkrafttreten der Reichsjustizgesetze und der Rechtsanwaltsordnung übernehmen die Rechtsanwälte erstmals ihre Aufgabe als Interessenvertreter der Partei und Gestalter rechtsstaatlicher Verfahren – so, wie sie auch heute noch dem Selbstverständnis der Anwaltschaft entspricht.

dd. Freie Anwaltswahl als ein Stück Gerichtsverfassungsrecht

Der geschichtliche Rückblick auf die Entstehungsgeschichte des Rechts auf freie Anwaltswahl zeigt, dass es sich bei dem Wahlrecht um ein modernes Verfahrensrecht handelt. Die ursprüngliche vormoderne Pflicht, sich selbst und seine Rechte eigenständig vor Gericht zu behaupten (defensio), weicht nach und nach dem Recht, sich seinen Rechtsvertreter selbst auszusuchen. Anders gewendet: Das Selbstbehauptungsrecht des Rechtsuchenden verkümmert zum Recht auf freie Anwaltswahl. Die Geburtsstunde der freien Anwaltswahl ist der mit der ZPO eingeführte Anwaltszwang. Nur wer sich vertreten lassen muss, kommt in die Not, den Rechtsvertreter wählen zu müssen. Anwaltszwang und Anwaltswahl hängen eng zusammen.

Der Sache nach handelt es sich bei dem Verfahrensrecht der freien Anwaltswahl um ein Stück Gerichtsverfassungsrecht. Ursprünglich sollte es auch im GVG aufgenommen werden. In den Wirren des Kampfes um die freie Advokatur ist es bis heute – einem geschichtlichen Zufall geschuldet – im Berufsrecht der Rechtsanwälte geregelt (§ 3 Abs. 3 BRAO).

Die Rechtsanwaltsordnung von 1878 bestimmte zunächst in § 26 RAO, dass der Rechtsanwalt aufgrund der Zulassung bei einem Gericht befugt ist, in den „Sachen, auf welche die Strafprozessordnung, die Civilprozessordnung und die Konkursordnung Anwendung finden, vor jedem Gericht innerhalb des Reichs Vertheidigungen zu führen, als Beistand aufzutreten" und, insoweit eine Vertretung durch Anwälte nicht geboten ist, die Vertretung zu übernehmen. § 27 RAO ergänzte, dass im Falle des Anwaltszwanges nur ein beim Prozessgericht zugelassener Rechtsanwalt die Vertretung als Prozessbevollmächtigter übernehmen kann. § 34 RAO sah die Beiordnung eines Anwaltes durch das Prozessgericht im Armenrecht auf Antrag einer Partei vor.

---

331 Benda/Weber ZZP 1983, 285 (295); Hartstang Der deutsche Rechtsanwalt, 1986, 69; Schwab/Gottwald Verfassung und Zivilprozess, 1984, 39 f.

Ursprünglich hatte die Justizkommission des Reichstages einen Titel IX „Rechtsanwaltschaft“ in den gesamtdeutschen GVG-Entwurf aufgenommen, welcher aber wiederholt durch den Bundesrat zurückgewiesen wurde.[332] Die erstmaligen Regelungen zum anwaltlichen Standesrecht unterstanden ganz dem Kampf um die freie Advokatur.[333] Eine Regelung über die anwaltliche Tätigkeit als „Organ der Rechtspflege“ im Gerichtsverfassungsgesetz hätte nach dem Geschmack des damaligen Zeitgeistes zu viel Staatsnähe bedeutet. Die Anwaltschaft hatte sich gerade erst im Kampf um die freie Advokatur aus dem Beamtenstatus befreit. Auf diese Weise ist ein Stück der „Rechtspflegeverfassung“[334] aus dem GVG in die Rechtsanwaltsordnung ausgegliedert worden.[335]

Die Vorschrift des § 3 Abs. 3 BRAO ist und bleibt gleichwohl inhaltlich Gerichtsverfassungsrecht.[336] Der Rechtsanwalt ist ebenso wie der Richter (§ 1 GVG) ein unabhängiges Organ der Rechtspflege (§ 1 BRAO). Richtiges Recht zu finden verlangt nicht nur nach dem unabhängigen Richter, sondern auch nach dem unabhängigen Anwalt.[337] Es ist ein bloßer geschichtlicher Zufall, dass die Regelungen der §§ 1 bis 3 BRAO zur Stellung des Rechtsanwaltes in der Rechtspflege keinen Eingang in das GVG gefunden haben.[338]

---

332 Krämer NJW 1995, 2313 (2314); Krusche Die Bundesrechtsanwaltsordnung vom 1. August 1959, 2012, 31 f.; Busse, in: Henssler/Prütting, BRAO, 4. Aufl., 2014, Einl. Rn. 4 f. Damit sollte zwischen der gerichtsverfassungsrechtlichen Stellung der Anwälte als Organe der Rechtspflege einerseits und der wirtschaftsaufsichtsrechtlichen Überwachung des freien Advokatengewerbes andererseits ganz im Sinne der freien Advokatur unterschieden werden [Wolf, in: Gaier/Wolf/Göcken, Anwaltliches Berufsrecht, 2. Aufl., 2014, Einl. Rn. 189, 192].

333 Gneist Freie Advocatur. Die erste Forderung aller Justizreform in Preussen, 1867, Nachdruck 1911; Rückert AnwBl 2014, 982 (988); Krusche Die Bundesrechtsanwaltsordnung vom 1. August 1959, 2012, 29f.; Wolf, in: Gaier/Wolf/Göcken, Anwaltliches Berufsrecht, 2010, Einl. Rn. 189.

334 Hartstang Der deutsche Rechtsanwalt, 1986, 72; Ostler Die deutschen Rechtsanwälte: 1871–1971, 1971, 347.

335 Busse, in: Henssler/Prütting, BRAO, 4. Aufl., 2014, Einl. Rn. 9, 17; Fichtmüller, in: DAV, Anwälte und ihre Geschichte, 2011, 91 (119 f.); Gross, in: DAV, Anwälte und ihre Geschichte, 2011, 141 (145 f.).

336 Schilasky Einschränkungen der freien Anwaltswahl in der Rechtsschutzversicherung, 1998, 158.

337 Habscheid NJW 1985, 1985 (1987).

338 Habscheid NJW 1985, 1985 (1987); Busse, in: Henssler/Prütting, BRAO, 4. Aufl., 2014, Einl. Rn. 9, 17; Fichtmüller, in: DAV, Anwälte und ihre Geschichte, 2011, 91 (119 f.); Gross, in: DAV, Anwälte und ihre Geschichte, 2011, 141 (145 f.); s.a. Krusche Die

c. *Nationalsozialismus*

aa. Reichsrechtsanwaltsordnung (1936)

Die Rechtsanwaltsordnung von 1878 bestimmte zunächst in § 26 RAO, dass der Rechtsanwalt aufgrund der Zulassung bei einem Gericht befugt ist, in den „Sachen, auf welche die Strafprozessordnung, die Civilprozessordnung und die Konkursordnung Anwendung finden, vor jedem Gericht innerhalb des Reichs Vertheidigungen zu führen, als Beistand aufzutreten". Das Auftrittsrecht des Anwalts war demnach auf die zeitgleich mit den anderen Reichsjustizgesetzen geregelten Verfahrensordnungen beschränkt. Die Reichsrechtsanwaltsordnung vom 21.02.1936 (RRAO)[339] erweiterte die Vertretungs- und Beratungsbefugnis der Rechtsanwälte auf alle Rechtsangelegenheiten.[340]

bb. Zulassungsbeschränkung

Andererseits verfolgte die nationalsozialistische Politik, „Volksfeinde" aus der Anwaltschaft auszuschließen. Bereits mit dem Gesetz über die Zulassung zur Rechtsanwaltschaft vom 7.04.1933[341] verlor 1/3 der Anwälte ihre Zulassung.[342] Die Anzahl der zugelassenen Anwälte verringerte sich von rund 20.000 im Jahre 1933 auf 15.000 im Jahre 1939.[343] Allein 4.400 jüdische Anwälte verloren in diesem Zeitraum ihre Zulassung.[344] § 2 des Gesetzes über die Zulassung zur Rechtsanwaltschaft vom 7.04.1933[345] sah einen Versagungsgrund für „nichtarische" Anwärter vor, auch „wenn die in der RAO vorgesehenen Gründe nicht vorliegen". Nach § 3 desselben Gesetzes wurden Personen, welche sich „im kommunistischen Sinne betätigt haben", von der Zulassung ausgeschlossen.

§ 1 Abs. 2 ließ jedoch Ausnahmen für jüdische Anwälte vor, die ihre Zulassung bereits seit dem 1.08.1918 innehatten und die selbst Frontkämpfer oder deren Väter oder Söhne im Weltkrieg gefallen waren.[346] Jüdischen Anwälten,

---

Bundesrechtsanwaltsordnung vom 1. August 1959, 2012, 102; Busse, in: Henssler/Prütting, BRAO, 4. Aufl., 2014, Einl. Rn. 17.

339 RGBl I, 107.

340 Busse, in: Henssler/Prütting, BRAO, 4. Aufl., 2014, Einl. Rn. 10.

341 RGBl, 188.

342 Krach NJOZ 2008, 2628.

343 Rüping AnwBl 2002, 615 (617).

344 Rüping AnwBl 2002, 615 (617).

345 RGBl, 188.

346 Rücker AnwBl 2007, 801 (802); Krach NJW 1995, 1384; Krach Jüdische Rechtsanwälte in Preussen. Über die Bedeutung der freien Advokatur und ihre Zerstörung durch den Nationalsozialismus, 1991, 207 f.

die unter diesen Ausnahmetatbestand fielen und deren Anzahl die Nationalsozialisten unterschätzt haben, blieb nur eine Tätigkeit als gewerblicher Rechtskonsulent.[347] Gewerbliche Rechtskonsulenten genossen keinen guten Ruf[348] und bedurften für ihre Tätigkeit weder einer akademischen Ausbildung noch einer gewerberechtlichen Zulassung.[349] Ihnen konnte ihre Tätigkeit nach § 35 Abs. 3 GewO[350] bei erwiesener Unzuverlässigkeit untersagt werden.

Die Reichsrechtsanwaltsordnung (RRAO) vom 21.02.1936 löste die liberale Rechtsanwaltsordnung von 1879 ab und hob die freie Advokatur auf. Nach der Generalklausel des § 5 Nr. 4 RRAO konnte die Zulassung zur Anwaltschaft versagt werden, „wenn die Persönlichkeit des Antragstellers nach seinem bisherigen Verhalten keine Gewähr für zuverlässige Berufsausübung und gewissenhafte Erfüllung der Standespflichten bietet." Die „Richtlinien für die Ausübung des Anwaltsberufs"[351] stellten klar, Anwälte dürften keine „undeutschen Rechtsauffassungen" vertreten, d.h. solche, „die mit dem gesunden Volksempfinden im Widerspruch stehen". Über den Antrag auf die Übernahme in den anwaltlichen Probedienst entschied der Reichminister der Justiz, § 4 RRAO.[352] § 19 RRAO sah den Eid auf den Führer vor.[353] Im Verfahren der Ehrengerichtsbarkeit konnten

347 Rücker AnwBl 2007, 801 (804); Göppinger Juristen jüdischer Abstammung im „Dritten Reich". Entrechtung und Verfolgung, 2. Aufl., 1990. Nach der damaligen Fassung des § 157 ZPO konnte ein Rechtskonsulent durch den Richter zurückgewiesen werden, Krach Jüdische Rechtsanwälte in Preussen. Über die Bedeutung der freien Advokatur und ihre Zerstörung durch den Nationalsozialismus, 1991, 358 f.

348 Krach NJW 1995, 1384 (1388 f.); Rick Die verfassungsrechtliche Stellung des Rechtsanwalts, 1998, 52.

349 Rücker AnwBl 2007, 801 (804); Rücker Rechtsberatung, 2007, 37 f.

350 I.d.F. v. 1.07.1883, RGBl, 159.

351 Richtlinie Nr. 6, 2, zitiert nach Rüping Anwbl 2002, 618.

352 Zur sog. „Nachprüfung" der Nachwuchsjuristen: Dölemeyer AnwBl 2008, 853 (858). Im Vorwort der Studienordnung des Reichswissenschaftsministers v. 18.01.1935 heißt es: „Ziel der Ausbildung des Juristen ist die Heranziehung eines in seinem Fach gründlich vorgebildeten, charakterlich untadeligen Dieners des Rechts, der im Volk und mit ihm lebt und ihm bei der rechtlichen Gestaltung seines Lebens ein unbestechlicher und zielsicherer Helfer und Führer sein will und kann. Um dies zu erreichen, muß die Ausbildung den ganzen Menschen ergreifen, Körper und Geist zu gutem Zweiklang bringen, den Charakter festigen und den Willen stärken, die Volksgemeinschaft dem jungen Menschen zu unverlierbarem Erlebnis gestalten ...", zitiert nach Ostler Die deutschen Rechtsanwälte: 1871–1971, 1971, 229.

353 „Ich schwöre, dem Führer des deutschen Reiches und Volkes Adolf Hitler Treue zu halten und die Pflichten eines Deutschen Rechtsanwalts gewissenhaft zu erfüllen, so wahr mir Gott helfe.", zitiert nach Dölemeyer AnwBl 2011, 425 (430).

nach §§ 91 a – e RRAO Vertretungsverbote ausgesprochen werden. Betroffen durch die Vertretungsverbote waren in erster Linie „nicht arische“ und kommunistische Rechtsanwälte.[354]

cc. RBerG (1935)

Die Nationalsozialisten hatten die Anzahl jüdischer Rechtsanwälte, die nach der Ausnahmevorschrift des § 1 Abs. 2 des Gesetzes über die Zulassung zur Rechtsanwaltschaft vom 7.04.1933 noch als Rechtskonsulent tätig sin konnten, unterschätzt und sahen Handlungsbedarf. Mit dem Gesetz zur Verhütung von Rechtsmissbräuchen auf dem Gebiete der Rechtsberatung v. 13.12.1935 (RBerG)[355] wurde die Rechtskonsulententätigkeit unter Erlaubnisvorbehalt gestellt. Juristen jüdischer Abstammung war die Erlaubnis zu versagen.[356] Lediglich 172 „jüdischen Rechtskonsulenten“ wurde eine (Sonder-)Erlaubnis erteilt.[357] Sie sollten Juden vertreten. „Arischen“ Rechtsanwälten war die Vertretung von Juden untersagt.

Zeitgleich mit dem Gesetz zur Verhütung von Rechtsmissbräuchen auf dem Gebiete der Rechtsberatung wurde die Reichsrechtsanwaltsordnung (RRAO) v. 13.12.1935[358] erlassen.

Am 1.01.1938 waren noch 1344 „nicht arische“ Rechtsanwälte zugelassen.[359] Diese mussten ihre Zulassung bis zum 30.11.1938 zurückgeben. Die 5. Verordnung zum RBürgerG v. 27.09.1938 schloss alle Juden vom Anwaltsberuf aus.[360]

---

354 Dölemeyer AnwBl 2011, 425 (430).

355 RGBl I, 1478. Das Gesetz wurde 1962 in das Rechtsberatungsgesetz (RBerG) umbenannt und galt fort, Weber AnwBl 2010, 809 (812); Kleine-Cosack NJW 2000, 1593 (1596) m. Fn. 24. 2008 wurde das RBerG durch das Rechtsdienstleistungsgesetz (RDG) abgelöst.

356 Rücker AnwBl 2007, 801 (807).

357 Rücker AnwBl 2007, 801 (808). Rechtsgrundlage war § 8 der 5. VO zum Reichsbürgergesetz v. 27.09.1938 (RGBl, 1402), nach welchem die Justizverwaltung bei Bedarf „zur rechtlichen Beratung und Vertretung von Juden jüdische Konsulenten zulassen kann.“ S. hierzu Krach NJW 1995, 1384 (1388 f.).

358 RGBl, 107.

359 Krach NJW 1995, 1384 (1388). Rücker [AnwBl 2007, 801 (807)] beziffert die Anzahl der Betroffenen mit 1.611 an; Rick (Die verfassungsrechtliche Stellung des Rechtsanwalts, 1998, 51) noch höher mit. 1.753.

360 RGBl, 1402. Ausführungsvorschrift des Reichsjustizministers v. 13.10.1938, JW 1938, 2797; AV v. 17.10.1938, JW 1938, 2798 und AV v. 9.12.1938, Deutsche Justiz 1938, 1974. Zur Entstehungsgeschichte der VO: Rücker AnwBl 2007, 801 (807); Ostler Die deutschen Rechtsanwälte: 1871–1971, 1971, 264 f.; Krach Jüdische Rechtsanwälte in

d. Nachkriegszeit und Europäische Union

Die Nachkriegszeit wird durch die Vorgaben der Besatzungsmächte in den einzelnen Besatzungszonen geprägt.

aa. § 2 Abs. 2 RAO der britischen Zone (1949)

Vorbildcharakter für die Rechtsanwaltsordnung der BRD entwickelte § 2 Abs. 2 RAO der britischen Zone[361]. Diese Vorschrift sah vor, dass jedermann das Recht hat, „sich in Rechtsangelegenheiten aller Art durch einen Rechtsanwalt seiner Wahl beraten und vor Gerichten, Behörden, Schiedsgerichten sowie sonstigen Einrichtungen des öffentlichen Lebens vertreten zu lassen. Dieses Recht kann nur durch Gesetz beschränkt werden." Hintergrund der britischen Besatzungsregelung war die damals umstrittene Frage, ob Richter im Rahmen des Armenrechts über die Beiordnung des Anwalts entscheiden konnten oder die arme Partei sich ihren Anwalt selbst aussuchen darf.[362] Das in § 3 Abs. 3 BRAO vorgesehene Recht des Bürgers, sich seinen Rechtsanwalt frei zu wählen, wurde im Gesetzgebungsverfahren der jungen Bundesrepublik nicht weiter erörtert, sondern als „an sich selbstverständliches Recht" des Rechtsuchenden vorausgesetzt.[363] Bei den Beratungen zum Erlass einer neuen Rechtsanwaltsordnung standen die Fragen nach dem Rechtsanwalt als „Organ der Rechtspflege", Zulassungsfragen sowie die Organisation und Zusammensetzung von Rechtsanwaltskammern und der Ehrengerichtsbarkeit im Vordergrund.[364] In der Begründung zu § 3 Abs. 3 BRAO heißt es in den Gesetzgebungsmaterialien lapidar, die Bestimmung lege ein an sich selbstverständliches Recht fest, um Unklarheiten zu vermeiden.[365]

Preussen. Über die Bedeutung der freien Advokatur und ihre Zerstörung durch den Nationalsozialismus, 1991, 386 f.

361 VOBL f. d. britische Zone, 1949, 80 f.; Schilasky Einschränkungen der freien Anwaltswahl in der Rechtsschutzversicherung, 1998, 159. Die RAO der britischen Zone war insgesamt Vorbild für die Erarbeitung der BRAO [Busse AnwBl 2015, 917 (920)].

362 Cüppers JZ 1951, 143; Cüppers RAO f.d. britische Zone, 1949, § 2 Anm. 4; s.a. OLG Köln Beschl. v. 17.02.1950 – 6 W 32/50 –, NJW 1951, 81 (82); OLG Braunschweig Beschl. v. 15.09.1950 – I W 105/50 –, JZ 1951, 142.

363 BT-Drs. III 102, 49; BT-Drs. 1014, 54; BR-Drs 461/57, 49; BT-Drs. I 3650, 12; s. a. BVerfG Beschl. v. 8.10.1974 – 2 BvR 747/73 –, BVerfGE 38, 105 (112) = NJW 1975, 103; Schoch NJW 1982, 545 (551); Busse AnwBl 2009, 663 (666); Rüping, in: BK-GG, Losebl., 178 Elf., Stand: August 2005, Art. 103 Rn. 9.

364 Krusche Die Bundesrechtsanwaltsordnung vom 1. August 1959, 2012, 105 f., 239 f.

365 BT-Drs. III 102, 49.

bb. Art. 103 Abs. 1 GG (1949)

Die Mütter und Väter des Grundgesetzes ließen sich ebenfalls von dem Gedanken eines an sich selbstverständlichen Rechts leiten. Sie sahen den Grundsatz des rechtlichen Gehörs für einen Rechtsstaat bereits als einfach-gesetzlich in der ZPO und StPO fest verankert an.[366] Von einer ausdrücklichen verfassungsrechtlichen Bestimmung zu der freien Anwaltswahl nahmen sie Abstand. Zwar greift der Entwurf des Grundgesetzes von Herrenchiemsee den verschütteten Grundsatz des rechtlichen Gehörs und des damit verbundenen Anspruchs auf anwaltlichen Beistand nach 1945 wieder auf:

Art. 135 Entwurf Herrenchiemsee[367]:

(1) Vor Gericht hat jedermann Anspruch auf rechtliches Gehör.
(2) Jeder Angeklagte kann sich eines Verteidigers bedienen.

Art. 135 Abs. 1 des Entwurfes ist auch unverändert in die Endfassung des Art. 103 Abs. 1 GG aufgegangen. Das Recht auf einen Verteidiger fand aber keinen Eingang in das Grundgesetz. Zwar zielte der Entwurf darauf ab, den „in der nationalsozialistischen Zeit eingetretenen Missbräuchen für die Zukunft den Boden zu entziehen“[368], andererseits – so die Verfassungsväter und -mütter – entspreche der Anspruch auf anwaltlichen Beistand und Verteidigung der Rechtsüberzeugung aller zeitgenössischen Rechtsstaaten, sodass eine ausdrückliche verfassungsrechtliche Bestimmung überflüssig und entbehrlich sei.[369] Die Ausgestaltung des Rechts auf einen Verteidiger sollte im Einzelnen dem einfachen Gesetzgeber im Rahmen einer Erneuerung des Strafverfahrens und der Rechtsprechung überlassen bleiben.[370] Eine ausdrückliche Verfassungsrechtsbestimmung zur freien Verteidigerwahl sei entbehrlich. Lediglich vor dem Hintergrund der Erfahrungen unter dem NS-Regime blieb eine Vorschrift zur

366 JÖR n.F. 1951 (1), 741; Zierlein, in: Umbach/Clemens, GG, Bd. 2, 2002, Art. 103 Rn. 6; Pestke Der Rechtsanwalt als Mitwirkender verwaltungsrechtlicher Verfahren einschließlich solcher des Sozial- und Steuerrechts, 1986, E/46; Rüping, in: BK-GG, Losebl., 178 Elf., Stand: August 2005, Art. 103 Rn. 9.

367 Rüping, in: BK-GG, Stand: Februar 2015, Art. 103 Rn. 8.

368 Rüping, in: BK-GG, Stand: Februar 2015, Art. 103 Rn. 9.

369 JÖR n.F. 1951 (1), 741; Zierlein, in: Umbach/Clemens, GG, Bd. 2, 2002, Art. 103 Rn. 6; Rüping, in: BK-GG, Stand: Februar 2015, Art. 103 Rn. 11, 12.

370 JÖR n.F. 1951 (1), 741; Zierlein, in: Umbach/Clemens, GG, Bd. 2, 2002, Art. 103 Rn. 6; Rüping, in: BK-GG, Stand: Februar 2015, Art. 103 Rn. 10.

Absicherung des rechtlichen Gehörs in dem Grundgesetz erhalten, insbesondere um „das Vertrauen des Volkes in eine unparteiische Rechtspflege wiederher(zu) stellen“[371].[372] Die Entstehungsgeschichte des Art. 103 Abs. 1 GG lässt offen, ob das rechtliche Gehör ein anwaltlich vermitteltes Gehör ist.[373]

Von den europäischen Mitgliedstaaten kennen nur die spanische Verfassung aus dem Jahre 1978[374] und die rumänische Verfassung aus dem Jahre 1991[375] ein ausdrückliches Grundrecht auf anwaltlichen Beistand im Zivilprozess[376], von den deutschen Bundesländern lediglich die Verfassung des Landes Thüringen[377].

---

371 BVerfGE 9, 89 (95 f.) = NJW 1959, 427.

372 Zierlein, in: Umbach/Clemens, GG, Bd. 2, 2002, Art. 103 Rn. 6 f.

373 Pestke Der Rechtsanwalt als Mitwirkender verwaltungsrechtlicher Verfahren einschließlich solcher des Sozial- und Steuerrechts, 1986, E/46; Zierlein, in: Umbach/Clemens, GG, Bd. 2, 2002, Art. 103 Rn. 81.

374 Art. 24 der spanischen Verfassung lautet:

1. Jede Person hat bei der Wahrnehmung ihrer legitimen Rechte und Interessen das Recht auf wirksamen Schutz durch Richter und Gerichte. In keinem Fall darf jemand ohne Verteidigung bleiben.
2. Ebenso hat jedermann das Recht auf einen vom Gesetz bestimmten ordentlichen Richter, auf die Verteidigung und Vertretung durch einen Rechtsanwalt, …“

s. Weber Menschenrechte, 2004, 947.

375 Art. 24 der rumänischen Verfassung lautet:

(1) Das Recht, sich zu verteidigen, ist gewährleistet.
(2) Während des gesamten Prozessverlaufs haben die Parteien das Recht auf den Beistand eines Rechtsanwalts ihrer Wahl oder eines von Amts wegen bestellten Rechtsanwaltes.

s. Weber Menschenrechte, 2004, 950.

376 Art. 19 des code de procédure civile sieht im Abschnitt VII („La défense“) für das französische Zivilverfahrensrecht ausdrücklich das Recht auf freie Anwaltswahl vor (Ferrand, in: Weller/Althammer Mindeststandards im europäischen Zivilprozessrecht, 2015, 50):

„Les parties choisissent librement leur défenseur soit pour se fair représenter, soit pour se faire assister suivant ce que la loi permet ou ordonne.“

377 Art. 88 der Thüringer Verfassung lautet:

„Vor Gericht hat jedermann Anspruch auf rechtliches Gehör. Das Recht der Verteidigung darf nicht beschränkt werden. Jeder kann sich eines rechtlichen Beistandes bedienen.“

Die Landesverfassungen des Freistaates Sachsen[378] und des Landes Brandenburg[379] greifen mit ihren Verfahrensgrundrechten die angloamerikanische Überlieferung des „fair and public hearing“ auf.

cc. Recht auf ein faires Verfahren nach Art. 6 EMRK (1953)

Nach In-Kraft-Treten des Grundgesetzes im Jahre 1949 unterzeichnete die junge Bundesrepublik die Europäische Menschenrechtskonvention (EMRK) am 4.11.1950 in Rom und ratifizierte sie am 5.12.1952. Die EMRK trat am 3.09.1953 in Kraft. Vor dem Hintergrund der Allgemeinen Erklärung der Menschenrechte durch die Generalversammlung der Vereinten Nationen vom 10.12.1948 knüpften die europäischen Mitgliedstaaten des Europarates mit Art. 6 EMRK an die angloamerikanische Tradition des „fair hearing“ an.

(1) Fair Hearing und due process

Der Anspruch auf rechtliches Gehör („fair hearing“) meint im anglo-amerikanischen Recht einen Anspruch auf anwaltlich vermitteltes Gehör. Dahinter steht die Überzeugung, dass das Gehörsrecht ohne anwaltlichen Beistand („legal assistance“) nichts wert ist.

Die englische Verfassungsüberlieferung betonte zunächst das Recht, sich selbst und seine Rechte zu verteidigen und durchzusetzen. Die Magna Charta Libertatum von 1215 bindet die königliche Gewalt an die „lex terrae“. Die jüngere Petition of Rights (1355, 1628) bindet die königliche Gewalt an die „due process of law“, welche im Kern eine „due notice“ und „hearing“ gebieten.[380]

---

378 Art. 78 Abs. 3 SächsVerf lautet:

> „Jede Person hat Anspruch auf ein gerechtes, zügiges und öffentliches Verfahren und das Recht auf Verteidigung. Die Öffentlichkeit darf nur nach Maßgabe des Gesetzes ausgeschlossen werden“

379 Art. 52 Abs. 4 BbgVerf lautet:

> „Jeder hat Anspruch auf ein faires und zügiges Verfahren vor einem unabhängigen und unparteiischen Gericht. Die Öffentlichkeit darf nur nach Maßgabe des Gesetzes ausgeschlossen werden“

380 Zierlein DVBl 1989, 1169 (1170); Shelton, in: Peers/Hervey/Kenner/Ward GRCh, 1. Aufl., 2014, Art. 47 Rn. 47.28 f.; Hamacher Die Maxime audiatur et altera pars im Völkerrecht, 1986, 106; Rüping, in: BK-GG, Stand: Februar 2015, Art. 103 Rn. 4.

Kapitel 39 der Magna Charta von 1215 hielt fest:

> „Nullus liber homo capiatur, vel imprisonetur, aut disseisiatur, aut utlagetur, aut exuletur, aut aliquo modo destruatur, nec sempere um ibimus, nec sempere um mittemus, nisi per legale judicium panium suorum vel per legem terre.“[381]

Die Doktrin des „due process of law“ gewann an Bedeutung und Einfluss durch Sir Edward Coke.[382] Dieser verstand unter der Wendung „per legem terrae“ Folgendes:

> „Without being brought in to answer but by the due process of common law.“[383]

Eine Partei, die einen Anspruch darauf hat, in einem öffentlichen Gerichtsverfahren gehört zu werden („fair and public hearing“), hat auch einen Anspruch auf anwaltlichen Beistand (legal representation).[384] Das Recht, öffentlich gehört zu werden, hätte keine Bedeutung, wenn es nicht das Recht, durch einen Rechtsbeistand gehört zu werden, umfasst.[385] Dass die Wahl des anwaltlichen Beistandes eine freie Wahl der beauftragenden Partei ist, ist im britischen Recht selbstverständlich.[386]

---

381 Handschrift Cotton Augustus II, 106 im Britischen Museum, London. Zu Deutsch:

> „Kein freier Mann soll verhaftet, gefangen gehalten, enteignet, geächtet, verbannt oder auf irgendeine Art zugrundegerichtet werden, noch werden Wir veranlassen, dass gegen ihn vorgegangen wird, es sei denn aufgrund gesetzlichen Urteilsspruchs von seinesgleichen oder aufgrund des Landesrechts.“

382 Clayton/Tomlinson Fair Trial Rights, 2006, 6; Löhr Prozessgrundrechte in Deutschland, Frankreich und England, 2012, 77, 247.

383 Coke Second Part of the Institutes of the lawes of England, 2. Aufl., 1671, Kap. 29, 46, 50. Eingehend hierzu: Dörr Faires Verfahren, 1984, 7.

384 Hepple Cambridge Law Journal 1969, 13; Dörr Faires Verfahren, 1984, 53 m.w.N.

385 Vielfach wird zur Absicherung des Rechtes auf anwaltliche Vertretung schlussendlich auf das (Auffang-)Recht der Stellvertretung (principles of agency) zurückgegriffen (Supperstone/Goudis Judicial Review, 2. Aufl., 1997, Kap. 8.51; s.a. Jackson Natural Justice, 2. Aufl., 1979, 76 f. m.w.N.; Janis/Kay/Bradley European Human Right Law, 3. Aufl., 2008, 815). Anders verhält es sich in Hinblick auf die anwaltliche Vertretung vor nichtstaatlichen Gerichten – insbesondere den Disziplinargerichten der freien Berufe (domestic tribunals) und den Verbandsgerichten der Sportverbände (Dörr Faires Verfahren, 1984, 54 m.w.N.; Jackson Natural Justice, 2. Aufl., 1979, 74 f. m.w.N.). Nach der englischen Rechtsprechung steht es im Ermessen des Gerichtes, ob die Parteien sich eines anwaltlichen Vertreters bedienen dürfen oder nicht (Clayton/Tomlinson Fair Trial Rights, 2006, 34; Supperstone/Goudis Judicial Review, 2. Aufl., 1997, Kap. 8.51).

386 Weller, in: Weller/Althammer Mindeststandards im europäischen Zivilprozessrecht, 2015, 93 f.; zurückhaltend: Löhr Prozessgrundrechte in Deutschland, Frankreich und England, 2012, 249.

Im US-amerikanischen Recht knüpft der 14. Zusatzartikel der Verfassung an diese angelsächsische Überlieferung unter dem Stichwort des „due process of law“ an. Unverzichtbare Elemente des „due process of law“ sind die „due notice“ und das „due hearing“.[387] Das „due process“-Verfahrensrecht beinhaltet das Recht, einen Rechtsanwalt beizuziehen.[388] Die freie Verteidigerwahl ergibt sich ausdrücklich aus dem 6. Zusatzartikel der Verfassung. Einen Anspruch auf einen bezahlten Wahlverteidiger hat der Supreme Court in der Grundsatzentscheidung: Gideon vs. Wainwright unter dem Gesichtspunkt des „due process“ aus dem 14 Zusatzartikel bejaht.[389] Der 14. Zusatzartikel gebiete es dem Staat verfassungsrechtlich, einem mittellosen Angeklagten einen Pflichtverteidiger zur Seite zu stellen, wenn ihm ein schwerwiegendes Delikt zur Last gelegt werde. Allein der Umstand, dass der Staat Staatsanwälte zum Zwecke der Strafverfolgung unterhalte und bezahle, zeige, dass die anwaltliche Vertretung vor Gericht kein ausschließliches Vorrecht der Wohlhabenden, sondern eine schlichte Notwendigkeit sei.[390] Das überkommene Verfassungsziel, jedem ein faires Verfahren vor einem unparteiischen Gericht zu gewährleisten, könne im Strafverfahren nur verwirklicht werden, wenn dem Angeklagten ein staatlich bezahlter Wahlverteidiger zur Seite stehe. „The right to be heard would be, in many cases, of little avail if it did not comprehend the right to be heard by counsel.“[391] Zurückhaltender beurteilt der Supreme Court die Frage, ob und unter welchen Voraussetzungen einer mittellosen Partei in einem Zivilverfahren ein kostenloser Rechtsbeistand beizuordnen ist.[392] Beschleunigungs- und Kostengesichtspunkte müssten nicht von vornherein hinter dem Interesse eines mittellosen Bürgers an einer anwaltlichen Vertretung zurücktreten. Vielmehr seien diese öffentlichen Interessen mit dem Gewicht der inhaltlich betroffenen Freiheits- und Eigentumsinteressen des mittellosen Bürgers einerseits sowie der Fehleranfälligkeit des konkreten Verfahrens andererseits in Abwägung zu bringen (Elridge-Kriterien).[393]

---

387 Hamacher Die Maxime audiatur et altera pars im Völkerrecht, Wien New York, 1986, 86, 106.

388 Loveland Constitutional Law, 5. Aufl., Oxford, 2012, 499 f.

389 US Supreme Court Urt. v. 18.03.1963 – 372 U.S. 335 -

390 Ercman FS Ermacora, 1988, 151 (154).

391 Zitiert nach Hamacher Die Maxime audiatur et altera pars im Völkerrecht, Wien New York, 1986, 108; s.a. Dörr Faires Verfahren, 1984, 23.

392 Hartwig, in: Mansel, Zugang zum Recht: Europäische und US-amerikanische Wege der privaten Rechtsdurchsetzung, 2008, 15 f.; Bolt Der Zugang zum Recht in den Vereinigten Staaten von Amerika, 2012, 39 f.

393 US Supreme Court Urt. v. 24.02.1976 – 424 U.S. 319 – Mathews v. Eldridge. Das BVerfG [vgl. Beschl. v. 11.09.1988 – 2 BvR 1929/97 –, NJW-RR 1999, 137] und der

(2) Art. 6 EMRK

An diese angloamerikanische Rechtsüberlieferung des „fair and public hearing" bzw. „due process" knüpft Art. 6 EMRK an, der – auszugsweise – in der verbindlichen englischen Fassung wie folgt lautet:[394]

> **„Article 6 – Right to a fair trial**
>
> (1) In the determination of his civil rights and obligations or of any criminal charge against him, everyone is entitled to a fair and public hearing within a reasonable time by an independent and impartial tribunal established by law.
>
> ...
>
> (3) Everyone charged with a criminal offence has the following minimum rights:
>
> ...
>
> (c) to defend himself in person or through legal assistance of his own choosing or, if he has not sufficient means to pay for legal assistance, to be given it free when the interests of justice so require; ..."

BGH [Beschl. V. 29.01.2014 – XII ZB 330/13 – NJW-RR 2014, 642 (644) Tz. 25] betonen teilweise ebenfalls den Charakter des Art. 103 Abs. 1 GG als dienendes Verfahrensrecht und stellen auf das Gewicht des auf dem Spiel stehenden materiellen Rechts ab. Rechtsschutz wird nicht allein dadurch wirksam, dass Verfahrensrechte beachtet werden, sondern durch die Verwirklichung und Durchsetzung des jeweiligen materiellen Rechts [Schmidt-Aßmann, in: Maunz/Dürig, GG, GG, **Stand:** März 2014, Art. 19 Abs. 4 Rn 21 f.]. Das Verfahrensgrundrecht des Art. 103 Abs. 1 GG gewinnt umso mehr an Gewicht, je höhere Bedeutung das materielle Grundrecht gelangt, welches im Verfahren auf dem Spiel steht [Mauder Der Anspruch auf rechtliches Gehör im System der Grundrechte, 1986, 34 f., a. zur verfahrensrechtlichen Dimension von Grundrechten].

394 **Art. 6 – Recht auf ein faires Verfahren**:

(1) Jede Person hat ein Recht darauf, dass über Streitigkeiten in Bezug auf ihre zivilrechtlichen Ansprüche und Verpflichtungen oder über eine gegen sie erhobene strafrechtliche Anklage von einem unabhängigen und unparteiischen, auf Gesetz beruhendem Gericht in einem fairen Verfahren, öffentlich und innerhalb angemessener Frist verhandelt wird.

....

(3) Jede angeklagte Person hat mindestens folgende Rechte:

...

(c) sich selber zu verteidigen, sich durch einen Verteidiger ihrer Wahl verteidigen zu lassen oder, falls ihr die Mittel zur Bezahlung fehlen, unentgeltlich den Beistand eines Verteidigers zu erhalten, wenn dies im Interesse der Rechtspflege erforderlich ist.

(3) Recht auf anwaltlichen Beistand

Das Recht auf einen frei gewählten, anwaltlichen Beistand (right to legal assistance) gehört zu den grundlegenden Merkmalen eines fairen Verfahrens i.S.d. Art. 6 Abs. 1 EMRK.[395]

Die besonderen Verteidigungsrechte nach Art. 6 Abs. 3 EMRK - auch das Recht auf freie Verteidigerwahl nach Art. 6 Abs. 3 c EMRK[396] - sind einzelne Bestandteile des allgemeinen Rechts auf ein faires Verfahren nach Art. 6 Abs. 1 EMRK.[397] Die Bestellung eines anwaltlichen Beistands allein reicht nicht aus, um einen wirksamen Rechtsschutz des Einzelnen zu gewährleisten.[398] Der EGMR prüft Art. 6 EMRK als einheitliches und zusammengehörendes Verfahrensrecht[399], mithin Art. 6 Abs. 1 EMRK und Art. 6 Abs. 3 EMRK als einheitlichen Tatbestand.[400]

Art. 6 EMRK gewährleistet daher über seinen Wortlaut in Art. 6 Abs. 3 c EMRK hinaus nicht nur eine freie Verteidigerwahl, sondern insgesamt eine freie Anwaltswahl - auch und gerade in Verfahren über bürgerlich-rechtliche

---

395 EGMR Urt. v. 27.10.2011 - 25303/08 -, NJW, 2012, 3709 (3710, 3711) Tz. 49, 50 - Stoijkovic; EGMR Urt. v. 13.02.2001 - 29731/96 -, Slg. 2001-II Nr. 82 Tz. 89 - Krombach (insoweit in NJW 2001, 2387 nicht abgedruckt); EGMR Urt. v. 13.02.2001 - 29731/96 -, Slg. 2001-II Nr. 82 Tz. 82 - Krombach (insoweit in NJW 2001, 2387 nicht abgedruckt); EGMR Urt. v. 27.11.2008 - 36391/02 -, NJW 2009, 3707 (3708) Tz. 51 - Salduz; EGMR Urt. v. 21.01.1999 - 26103/95 -, NJW 1999, 2353 (2354) Tz. 33, 35 - van Geyseghem; EGMR Urt. v. 23.11.1993 - 14032/88 -, ÖJZ 1994, 467 - Poitrimol; Harris/O'Boyle/Warbrick Law of the European Convention on Human Rights, 2. Aufl., 2009, 236, 246, 266.

396 Meyer-Ladewig, in: Meyer-Ladewig, EMRK, 3. Aufl., 2011, Art. 6 Rn. 229, 230.

397 EGMR Urt. v. 27.10.2011 - 25303/08 -, NJW, 2012, 3709 (3711) Tz. 50 - Stoijkovic; EGMR Urt. v. 13.02.2001 - 29731/96 -, Slg. 2001-II Nr. 82 Tz. 82 - Krombach (insoweit in NJW 2001, 2387 nicht abgedruckt); EGMR Urt. v. 27.11.2008 - 36391/02 -, NJW 2009, 3707 (3708) Tz. 50 - Salduz; Harris/O'Boyle/Warbrick Law of the European Convention on Human Rights, 2. Aufl., 2009, 246.

398 EGMR Urt. v. 27.10.2011 - 25303/08 -, NJW, 2012, 3709 (3711) Tz. 50 - Stoijkovic.

399 EGMR Urt. v. 19.07.2012 - 26171/07 -, NJW 2013, 3225 (3226) Tz. 37 - Hümmer; EGMR Urt. v. 25.03.1999 - 25444/94 -, NJW 1999, 3545 Tz. 45, 46; Gaede NJW 2013, 1279 (1281).

400 EGMR Urt. v. 27.10.2011 - 25303/08 - NJW, 2012, 3709 (3710, 3711) Tz. 49 - Stoijkovic; EGMR Urt. v. 13.02.2001 - 29731/96 -, Slg. 2001-II Nr. 82 Tz. 82 - Krombach (insoweit in NJW 2001, 2387 nicht abgedruckt); EGMR Urt. v. 21.01.1999 - 26103/95 -, NJW 1999, 2353 Tz. 27 - van Geyseghem; EGMR Urt. v. 21.02.1975 - 4451/70 -, EGMR-E 1, 146 (148) = EuGRZ 1975, 91 Tz. 28 - Golder; vgl. a. EGMR Urt. v. 27.10.1993 - 37/1992/382/460 -, NJW 1995, 1413 Tz. 32.

Ansprüche[401] und Verpflichtungen i.S.d. Art. 6 Abs. 1 S. 1 EMRK.[402] Dabei betont der EGMR den Zusammenhang zwischen dem „right to legal assistance" und dem „right to a fair hearing".[403] Zu den grundlegenden Verfahrensrechten einer Partei im Zivilverfahren zählt es, zu den maßgeblichen, tatsächlichen und rechtlichen Gesichtspunkten Stellung nehmen zu können und hiermit gehört zu werden.[404]

dd. Bundesrechtsanwaltsordnung (1959)

Dieses Verfahrensrecht der dem fair and public hearing verpflichteten Anspruchs auf anwaltlichen Beistand hatten die Briten bereits im Gepäck, als sie in ihrer Besatzungszone § 2 RAO erließen. Nach dieser Vorschrift hatte jedermann das Recht hat, „sich in Rechtsangelegenheiten aller Art durch einen Rechtsanwalt seiner Wahl beraten und vor Gerichten, Behörden, Schiedsgerichten sowie sonstigen Einrichtungen des öffentlichen Lebens vertreten zu lassen." Das in § 3 Abs. 3 BRAO vorgesehene Recht des Bürgers, sich seinen Rechtsanwalt frei zu wählen, knüpfte an diese britische Besatzungsregelung an.[405] Die freie Anwaltswahl wurde im Gesetzgebungsverfahren der jungen Bundesrepublik nicht weiter erörtert, sondern als „an sich selbstverständliches Recht" des Rechtsuchenden vorausgesetzt.[406] Bei den Beratungen zum Erlass einer neuen

401 EGMR Urt. v. 30.10.1991 – Nr. 39/1990/230/296 –, EuGRZ 1991, 519 (520) Tz. 25 – Borgers; Harris/O'Boyle/Warbrick Law of the European Convention on Human Rights, 2. Aufl., 2009, 246.

402 EGMR Urt. v. 15.02.2005 – 68416/01 –, NJW 2006, 1255 (1256) Tz. 59, 63 – Steel und Morris; grundlegend: EGMR Urt. v. 9.10.1979 – 6289/73 –, EGMR-E 1, 414 (417 f.) – Airey; EGMR Urt. v. 21.02.1975 – 4451/70 –, EGMR-E 1, 146 (149, 153, 154) = EuGRZ 1975, 91 Tz. 32, 36, 38, 40 – Golder st. Rspr.

403 EGMR Urt. v. 21.01.1999 – 26103/95 –, NJW 1999, 2353 (2354) Tz. 33 – van Geyseghem; EGMR Urt. v. 13.02.2001 – 29731/96 –, Slg. 2001-II Nr. 82 Tz. 86 f. – Krombach (insoweit in NJW 2001, 2387 nicht abgedruckt); s. hierzu a. Dörr Faires Verfahren, 1984, 53, 71 f., 79.

404 EGMR Urt. v. 30.10.1991 – Nr. 39/1990/230/296 –, EuGRZ 1991, 519 (520) Tz. 27 – Borgers; Meyer-Ladewig, in: Meyer-Ladewig, EMRK, 3. Aufl., 2011, Art. 6 Rn. 101 f.

405 Amtliche Begründung, abgedruckt bei Redeker BRAO, 1973, 18; Kalsbach Standesrecht des Rechtsanwalts, 1956, 3; Busse, in: Henssler/Prütting, BRAO, 4. Aufl., 2014, § 3 Rn. 3. Die RAO der britischen Zone war insgesamt Vorbild für die Erarbeitung der BRAO [Busse AnwBl 2015, 917 (920)].

406 BT-Drs. III 102, 49; BT-Drs. 1014, 54; BR-Drs 461/57, 49; BT-Drs. I 3650, 12; s. a. BVerfG Beschl. v. 8.10.1974 – 2 BvR 747/73 –, BVerfGE 38, 105 (112) = NJW 1975, 103; Schoch NJW 1982, 545 (551); Busse AnwBl 2009, 663 (666); Rüping, in: BK-GG, Losebl., 178 Elf., Stand: August 2005, Art. 103 Rn. 9.

Rechtsanwaltsordnung standen die Fragen nach dem Rechtsanwalt als „Organ der Rechtspflege", Zulassungsfragen sowie die Organisation und Zusammensetzung von Rechtsanwaltskammern und der Ehrengerichtsbarkeit im Vordergrund.[407] In der Begründung zu § 3 Abs. 3 BRAO vom 1.10.1959 heißt es in den Gesetzgebungsmaterialien lapidar, die Bestimmung lege ein an sich selbstverständliches Recht fest, um Unklarheiten zu vermeiden.[408]

ee. Streit um das anwaltlich vermittelte Gehör (1959)

Dass das Recht auf freie Anwaltswahl und seine Grundlagen keineswegs so selbstverständlich und klar umrissen sind, wie sich der Gesetzgeber sich dies vorstellte, zeigte noch ein im Jahre 1959 entschiedener Rechtsstreit. Angeheizt wurde die rechtliche Auseinandersetzung durch die von Arndt mit Nachdruck vertretene Auffassung, das Gehörsrecht nach Art. 103 Abs. 1 GG begründe einen Anspruch auf anwaltlich vermitteltes Gehör.[409] Verfassungsrechtlicher Sitz der freien Anwaltswahl sei daher Art. 103 Abs. 1 GG. Das BVerfG ist dem nicht gefolgt.[410] Art. 103 Abs. 1 GG gewährleiste nur rechtliches Gehör als solches, nicht rechtliches Gehör gerade durch die Vermittlung eines Anwalts. Auf den verfassungsrechtlichen Hintergrund des § 3 Abs. 3 BRAO ging das BVerfG nicht ein. Vielleicht rächte sich hier zum ersten Mal das geschichtliche Unglück, dass die freie Anwaltswahl als dem Gerichtsverfassungsrecht zugehörendes Verfahrensrecht nicht im GVG seine gesetzliche geregt wurde.

ff. § 13 Abs. 1 und 3 GVG/DDR 1974

Lediglich in der DDR fand das Recht auf freie Anwaltswahl kurzfristig seinen Weg zurück in das ihm angestammte Gerichtsverfassungsrecht. Nach § 13 Abs. 1 und 3 GVG (der DDR v. 27.09.1974[411]) hatte jeder Bürger das Recht, sich zur Wahrnehmung seiner gesetzlich geschützten Rechte in Rechtsstreitigkeiten oder anderen Rechtsangelegenheiten anwaltlich vertreten oder verteidigen zu lassen.[412]

---

407 Krusche Die Bundesrechtsanwaltsordnung vom 1. August 1959, 2012, 105 f., 239 f.

408 BT-Drs. III 102, 49.

409 Arndt NJW 1967, 1331; Arndt NJW 1959, 1297; Arndt NJW 1959, 6.

410 Beschl. v. 22.01.1959 – 1 BvR 154/55 –, BVerfGE 9, 124 (132) = NJW 1959, 715.

411 Geändert durch Gesetz v. 18.12.1987, GBl DDR I, 302.

412 Dass die Kollegiumsanwälte und die wenigen verbliebenen Einzelanwälte der Staatsaufsicht unterlagen [Fricke, in: DAV, Anwälte und ihre Geschichte, 1. Aufl., 2011, 469 (479)], steht auf einem anderen Blatt und bringt keine Erkenntnisse für den Grundsatz der freien Anwaltswahl. S. a. Brüggemann, in: Feuerich/Weyland, BRAO, 9. Aufl., 2016, § 3 Rn. 50, 51; Kern Geschichte des Gerichtsverfassungsrechts, 1954, 330. Krit.

Nach der Wende galt wieder für die gesamt BRD das Wahlrecht nach § 3 Abs. 3 BRAO.

gg. Art. 4 Abs. 1 a RSV-RL (1987)

Außerhalb der BRAO ergab sich in der BRD die Notwendigkeit einer besonderen gesetzlichen Regelung zu der freien Anwaltswahl in der Rechtsschutzversicherung erstmals aufgrund der Vorgaben der Rechtsschutzversicherungs-RL 87/344/EWG v. 22.06.1987[413] (heute: Art. 198 f. der Solvabilität II-RL 2009/138/EG v. 25.12.2015[414]). Vornehmliches Ziel der Richtlinienvorgaben war die europaweite Angleichung der Rechtsregeln zur Vermeidung eines Interessenwiderstreits zwischen einem Mehrspartenversicherer und seinem Versicherungsnehmer. Anlass der Regelung war, dass europaweit allein die BRD ein Spartentrennungsgebot zur Meidung eines Interessenwiderstreits - insbesondere bei zeitgleicher Haftpflicht- und Rechtsschutzversicherung - kannte.[415] Zur Durchsetzung der Niederlassungsfreiheit der europäischen Rechtsschutzversicherer sollte der abgeschottete deutsche Markt geöffnet werden.

hh. § 158 m VVG (1990)

Diese Vorgaben hat Deutschland 1990 mit der Einführung eines Schadensabwicklungsunternehmens nach § 158 l VVG a.F. (heute: § 126 VVG) umgesetzt.[416] Die Vorschriften der §§ 158 m und o VVG a.F. sind wort- und inhaltsgleich mit den anlässlich der Überarbeitung des VVG im Jahre 2008 aufgenommenen §§ 127 und 129 VVG übernommen worden.

ii. § 4 RDG – lex Rechtsschutzversicherung (2008)

Ebenfalls im Jahre 2008 trat das Rechtsdienstleistungsgesetz vom 12.12.2007[417] in Kraft. Es löste das RBerG ab. Letzteres führte neben den Beschränkungen für das Selbstbehauptungsrecht des Rechtsuchenden im Anwalts- und Parteiprozess nach §§ 78, 79 ZPO – wie gezeigt – erstmals im Jahre 1936 einen Erlaubnisvorhalt für die außergerichtliche anwaltliche Beratung und Vertretung ein. Die Öffnung der Rechtsdienstleistungsmärkte für Anbieter außerhalb der Rechtsanwaltschaft

---

zur Gerichtsverfassung in der DDR: Oestmann Wege zur Rechtsgeschichte: Gerichtsbarkeit und Verfahren, 2015, 266 f.

413 ABl L 185, 77.

414 ABl L 335, 1 (170).

415 ErwGr 8 RSV-RL.

416 Gesetz v. 28.06.1990, BGBl. I, 1249.

417 BGBl I, 2840.

war aufgrund der Rechtsprechung des BVerfG zu der Berufs- und Gewerbefreiheit[418] erforderlich geworden.[419] So wurden etwa die Tätigkeitsfelder von Testamentsvollstreckern und Inkassounternehmen erweitert. Dem Wunsch der Versicherungswirtschaft, dieser eine Eigenregulierung durch eigene Mitarbeiter zu erlauben[420], ist der Gesetzgeber freilich nicht nachgekommen. Vielmehr im Gegenteil darf der Versicherer nach der „lex Rechtsschutzversicherung"[421] des § 4 RDG keine Rechtsberatung oder -vertretung erbringen, weil durch die gegenläufigen Interessen des Versicherers und des Versicherten die unabhängige Erbringung der Rechtsdienstleistung gefährdet wird.[422]

§ 3 RDG stellt es weiterhin unter Erlaubnisvorbehalt, außergerichtliche Rechtsdienstleistungen zu erbringen. Die Vorschrift ergänzt die Vertretungsbeschränkungen der §§ 78, 79 ZPO, die den Rechtsuchenden eine Anwaltswahl aufdrängen.

jj. Recht auf ein faires Verfahren nach Art. 47 GRCh (2009)[423]

Auf europäischer Ebene ist die freie Anwaltswahl als Grundrecht in Art. 47 der Charta der Grundrechte der Europäischen Union (GRCh) verankert. Ebenso wie Art. 6 EMRK knüpft Art. 47 GRCh an die Fair-Trial-Überlieferung des angloamerikanischen Rechtskreises an. Den ersten Entwurf der Charta des europäischen Konvents[424] legte die Regierungskonferenz in Nizza am 7.12.2000 vor.

---

418 BVerfG Urt. v. 27.09.2002 – 1 BvR 2251/01 –, NJW 2002, 3531 – Erbenermittler; BVerfG Urt. v. 20.02.2002 – 1 BvR 423/99 –, NJW 2002, 1190 – Inkassounternehmen; BVerfG Urt. v. 29.11.1997 – 1 BvR 780/87 –; BVerfGE 97, 12 – Masterpat.

419 BT-Drs. 16/3655, 26.

420 Heinsen VW 2003, 1801.

421 Obarowski, in: Beckmann/Matusche-Beckmann, VersR-Hdb, 3. Aufl., 2015, § 37 Rn. 16; Deckenbrock, in: Deckenbrock/Henssler, RDG, 4. Aufl., 2015, § 4 Rn. 30; Hillmer-Möbius, in: Schwintowski/Brömmelmeyer, VVG, 2. Aufl., 2011, § 125 Rn. 4.

422 BT-Drs. 16/3655, 39, 51; BGH Urt. v. 20.02.1961 – II ZR 139/59 –, NJW 1961, 1113; Buschbell, in: Buschbell/Hering Hdb RSV, 6. Aufl., 2015 § 30 Rn. 13; Teubel, in: Krenzler, RDG, 1. Aufl., 2010, § 4 Rn. 13; Kleine-Cosack, RDG, 2. Aufl., 2008, § 4 Rn. 7; Offermann-Burckart, in: Krenzler, RDG, 1. Aufl., 2010, § 5 Rn. 104; Teubel, in: Krenzler, RDG, 1. Aufl., 2010, § 4 Rn. 2; so schon zum RBerG: Lüth Rechtsberatung durch den Rechtsschutzversicherer, 1997, 296 f. Krit.: Werber VersR 2006, 1010 (1013, 1014); Kleine-Cosack, RDG, 3. Aufl., 2014, § 2 Rn. 36.

423 Die deutsche Übersetzung des Verfahrensrechtes nach Art. 47 GRCh kommt unbeholfen daher: „Recht auf einen wirksamen Rechtsbehelf und ein unparteiisches Gericht". In der englischen Fassung ist von einem fairen Verfahren die Rede.

424 Charta der Grundrechte der Europäischen Union (2010/C83/02), ABl C 83, 389.

Nachdem der Europäische Verfassungsvertrag gescheitert war, trat die bereinigte Fassung der Charta v. 12.12.2007[425] mit dem Vertrag von Lissabon[426] am 1.12.2009 in Kraft.

Hinsichtlich der Verfahrensgrundrechte bestimmt Art. 47 GRCh[427]:

> **„Art. 47 – Recht auf einen wirksamen Rechtsbehelf und ein unparteiisches Gericht**
>
> Jede Person, deren durch das Recht der Union garantierte Rechte oder Freiheiten verletzt worden sind, hat das Recht, nach Maßgabe der in diesem Artikel vorgesehenen Bedingungen bei einem Gericht einen wirksamen Rechtsbehelf einzulegen.
>
> Jede Person hat ein Recht darauf, dass ihre Sache von einem unabhängigen, unparteiischen und zuvor durch Gesetz errichteten Gericht in einem fairen Verfahren, öffentlich und innerhalb angemessener Frist verhandelt wird. Jede Person kann sich beraten, verteidigen und vertreten lassen. …“

„Everyone is entitled to a fair and public hearing“, so die englische Fassung des Art. 47 GRCh. In der englischen Fassung tritt der Überlieferungsstrang zwischen dem Recht auf ein faires Verfahren und der freien Anwaltswahl deutlich zutage. Zu einem fairen Verfahren zählt Art. 47 GRCh das Recht jeder Person, sich beraten, verteidigen und vertreten zu lassen. Der Rechtsbeistand muss nicht

---

425 (C2000/C364/01), ABl C 364/1.

426 Zur Änderung des Vertrags über die Europäische Union und des Vertrags zur Gründung der Europäischen Gemeinschaft, ABl 2007/C306/01, zuletzt bekanntgemacht durch Abdruck der konsolidierten Textfassungen im ABl 2012/C326/01. Der Vertrag erneuerte sowohl den Vertrag über die Europäische Union (EUV) als auch den Vertrag über die Arbeitsweise der Europäischen Union (AEUV).

427 Die deutsche Sprachfassung der Grundrechte-Charta ist verbindlich. Insoweit bei der Auslegung Alternativfassungen zu berücksichtigen sind und sowohl Art. 47 GRCh als auch wie Art. 6 EMRK an die angloamerikanische „Fair-Trial“-Überlieferung anknüpfen, soll hier die englische Sprachfassung wiedergegeben werden:

> **Article 47 – Right to remedy and to a fair trial**
>
> Everyone whose rights and freedoms guaranteed by the law of the Union are violated has the right to an effective remedy before a tribunal in compliance with the conditions laid down in this Article.
>
> Everyone is entitled to a fair and public hearing within a reasonable time by an independent and impartial tribunal previously established by law. Everyone shall have the possibility of being advised, defended and represented.
>
> Legal aid shall be made available to those who lack sufficient resources in so far as such aid is necessary to ensure effective access to justice.

Rechtsanwalt sein,[428] wird es aber i.d.R. sein. Daher gehört es zu den gemeinsamen Verfassungsüberlieferungen der Mitgliedstaaten, dass es dem Einzelnen möglich sein muss, „sich völlig frei an einen Anwalt zu wenden, zu dessen beruflichen Aufgaben es gehört, unabhängige Rechtsberatung all denen zu erteilen, die danach fragen".[429] Zu den Kernbestandteilen eines fairen Verfahrens zählt der EuGH im Anschluss an die Rechtsprechung des EGMR zu Art. 6 Abs. 1 EMRK[430] das Recht auf anwaltliche Vertretung und Beratung sowohl in Straf- als auch in Zivilsachen.[431] Die freie Anwaltswahl setzt der EuGH als selbstverständliches Recht in seiner Rechtsprechung voraus.[432] Der EuGH zählt zudem die freie Verteidigerwahl zu den tragenden Säulen eines fairen Verfahrens i.S.d. Art. 47 Abs. 1 S. 1 GRCH und nicht zu den Verteidigungsrechten i.S.d. Art. 48 GRCh.[433]

3. *Bedeutungszusammenhang*

Der Blick auf die Geschichte lehrt zudem, dass § 127 VVG nicht losgelöst von dem sonstigen Rechtsgefüge und dem verfassungsrechtlichen Hintergrund des Verfahrensrechtes betrachtet werden kann.

a. *§ 3 Abs. 3 BRAO und § 127 VVG*

Insbesondere stehen die allgemeine Vorschrift des § 3 Abs. 3 BRAO und die versicherungsrechtliche Vorschrift des § 127 VVG nicht beziehungslos

428 Jarass GRCh, 1. Aufl., 2010, Art. 47 Rn. 46; Eser, in: Meyer, GRCh, 4. Aufl., 2014, Art. 47 Rn. 37.

429 EuGH Urt. v. 18.05.1982 – C-155/79 –, NJW 1983, 503 (504) – AM & S Ltd.; Jarass NJW 2011, 1393 (1398).

430 EGMR Urt. v. 21.02.1975 – Serie A, Nr. 18, Tz. 26–40 – Golder.

431 EuGH Urt. v. 26.06.2007 – C-305/05 –, NJW 2007, 2387 (2388) Tz. 31- Ordre des barreaux.

432 EuGH Urt. v. 14.09.2010 – C-550/07 –, NJW 2010, 3557 (3559) Tz. 41 – Akzo Nobel; EuGH Urt. v. 25.02.1988 – C-427/85 –, NJW 1988, 887 (888) Tz. 27. Zumal Art. 19 Abs. 4 EuGHSatz einen Anwaltszwang vor dem EuGH vorsieht und insoweit nach einer freien Anwaltswahl verlangt, EuGH Urt. v. 6.09.2012 – C-422/11 P – u. – C-423/11 P-, BeckRS 2012, 688228; s.a. Alber, in: Kölner Gemeinschaftskommentar GRCh, 1. Aufl., 2006, Art. 47 Rn. 73.

433 EuGH Urt. v. 28.03.2000 – C-7/98 –, NJW 2000, 1853 (1855) Tz. 39, 40 – Krombach; Gundel NJW 2001, 2380 (2382). Generalanwalt Saggio hatte in dieser Sache in seinen Schlussanträgen v. 23.09.1999 auf die Verletzung des rechtlichen Gehörs (EMRK) abgehoben. Im Fall Melloni nennt der EuGH [Urt. v. 26.02.2013 – C-399/11 –, NJW 2013, 1215 (1218) Tz. 49, 50] sowohl Art. 47 GRCh als auch Art. 48 Abs. 2 GRCh als einschlägige Grundrechtvorschriften.

nebeneinander. Sie sind vielmehr Ausdruck und Ausfluss eines einzigen Verfahrensrechtes des Rechtsuchenden. Im modernen Rechtsstaat muss sich der Rechtsuchende nicht selbst Gehör verschaffen, sondern darf sich sein Gehör mittels eines Rechtsanwaltes verschaffen lassen. Das Recht, sich anwaltlich vertreten zu lassen, weicht der Pflicht, sich selbst behaupten zu müssen.

b. Anwaltswahl und Anwaltszwang

Erst der Anwaltszwang macht die Anwaltswahl erforderlich (§§ 78, 79 ZPO, §§ 114 Abs. 1, Abs. 2 ZPO, §§ 78 Abs. 1, 10 Abs. 2 FamFG; § 11 ArbGG[434], § 73 SGG, § 67 VwGO, § 62 FGO; §§ 140 Abs. 1, 147 Abs. 1, 385 Abs. 2, 397 Abs. 1, 172 Abs. 3 S. 2 Hbs. 1 StPO).[435]

Für den klassischen Fall des Zivilprozesses hat der Gesetzgeber die Beschränkung der Vertretungsmöglichkeiten in einem Dreiklang geregelt: § 3 RDG für die außergerichtliche Beratung und Vertretung, § 79 ZPO für den Parteiprozess und § 78 ZPO für den Anwaltsprozess.

§ 78 ZPO trifft im Interesse einer unabhängig und reibungslos arbeitenden Rechtspflege die einschneidendste Beschränkung der Vertretungsbefugnis – namentlich den Entzug der Postulationsfähigkeit. Im Anwaltsprozess vermag der Rechtsuchende selbst keine wirksamen Prozesshandlungen abzugeben. Als unabdingbare Prozessvoraussetzung ist die Postulationsfähigkeit nicht verzichtbar. Der Rechtsuchende muss einen Anwalt mit seiner Vertretung beauftragen.

Im Parteiprozess (§ 79 ZPO) vor dem Amtsgericht bleibt es dem Rechtsuchenden unbenommen, sich selbst und seine Sache zu vertreten. Wenn er sich freilich durch einen Bevollmächtigten vertreten lassen will, ist der Kreis derjenigen, die er bevollmächtigen kann, durch Art. 79 Abs. 1 S. 2 und Abs. 2 ZPO beschränkt. Im Interesse einer sachgerechten Vertretung der Partei und einer unabhängig und reibungslos arbeitenden Rechtspflege[436] darf der Rechtsuchende neben Rechtsanwälten insbesondere nur Verbraucher- und Wohlfahrtsverbände (§ 79 Abs. 2 Nr. 3 ZPO) und Familienangehörige (§ 79 Abs. 2 Nr. 2 ZPO) zu der Verfahrensvertretung bevollmächtigen. Dieser

---

434 BAG Urt. v. 18.06.2015 – 2 AZR 58/14 –, NZA 2016, 380 (382).

435 Die nachfolgenden Gesichtspunkte sprechen ebenso gegen die Lehre des BVerfG vom Recht auf ein faires Verfahren als auch die in Fn. 266 angeführte – insbesondere von Kleine-Cosack [AnwBl 2011, 467 (469); BRAO, 6. Aufl., 2009, § 3 Rn. 5] vertretene – Lehre vom Selbstbehauptungsrecht aus Art. 2 Abs. 1 GG.

436 BT-Drs. 16/3655, 34, 86; Toussaint, in: MünchKommZPO, Bd. 1, 5. Aufl., 2016, § 79 Rn. 2.

Vertretungsvorbehalt ist verfassungsmäßig[437] und verstößt auch nicht gegen höherrangiges Europarecht[438].

Auch mit außergerichtlichen Rechtsdienstleistungen vermag der Rechtsuchende nicht jedweden Dritten zu betrauen, § 3 RDG. Das Rechtsdienstleistungsgesetz will sicherstellen, dass nur unabhängige und rechtskundige Berater dem Rechtsuchenden außergerichtlich zur Seite stehen, § 1 Abs. 1 RDG. Neben Rechtsanwälten kann der Rechtsuchende insbesondere Dienstleister, deren Hauptleistung mit einer Rechtsdienstleistung als Nebentätigkeit unmittelbar zusammenhängt und deren Berufsbild prägt (§ 5 RDG) – etwa bei der Schadenabwicklung durch eine Autowerkstatt –, unentgeltlich tätige Rechtsdienstleister (§ 6 RDG) sowie Vereine, Verbraucher- und Wohlfahrtsverbände (§§ 7, 8 RDG) mit seiner außergerichtlichen Interessenwahrnehmung beauftragen. Den Kreis derjenigen Personen, welche aufgrund durch Studium nachgewiesener Rechtskunde außergerichtliche Rechtsdienstleistungen erbringen dürfen, hat der Gesetzgeber bewusst weiter gezogen als den vertretungsberechtigten Kreis im Parteiprozess nach § 79 ZPO. Die außergerichtliche Interessenvertretung weist aus Sicht des Gesetzgebers zum einen weniger Bezüge zu den Belangen der Rechtspflege auf und die Befähigung zum sach- und interessengerechten Parteivortrag andererseits spielt eine eher untergeordnete Rolle.[439]

Dieser Dreiklang der Regelungen der §§ 3 RDG, 79 und 78 ZPO spiegelt die Schutzmaßnahmen des Gesetzgebers zugunsten der öffentlichen Rechtspflege wider. Je nachhaltiger das öffentliche Interesse an einer unabhängigen und reibungslos arbeitenden Rechtspflege betroffen ist, desto einschneidender ist die Beschränkung des Selbstbehauptungsrechtes aufseiten des Rechtsuchenden.[440]

---

437 BVerfG Beschl. v. 20.04.2011 – 1 BvR 624/11 –, WM 2011, 989; BVerfG Beschl. v. 23.08.2010 – 1 BvR 1632/10 –, NJW 2010, 3291 Tz. 12 f.; BVerfG Beschl. v. 17.11.1959 – 1 BVL 80/53 –, BVerfGE 10, 185 (199) = NJW 1960, 139; BGH VU v. 20.01.2011 – I ZR 122/09 –, NJW 2011, 929 (932) Tz. 27 f.; BGH Beschl. v. 28.02.2013 – IX ZR 220/12 –, BeckRS 2013, 05051; BGH Beschl. v. 20.01.2011 – I ZR 122/09 –, NJW 2011, 929 (932) Tz. 31 f. Zur Verfassungsmäßigkeit der Vorgängerregelung des § 157 ZPO a.F.: BVerfG Beschl. v. 17.11.1959 – 1 BvL 80/53 –, BVerfGE 10, 185 (197 f.) = NJW 1960, 139; BVerwG Urt. v. 4.12.1958 – I C 182/55 –, BVerwGE 7, 344 (346 f.) = NJW 1959, 7; BVerwG Urt. v. 27.10.1955 – I C 138/53 –, BVerwGE 2, 276 (278 f.).

438 EGMR Urt. v. 10.05.2007 – 76680/01 – BeckRS 2008, 06735 Tz. 79; EGMR Urt. v. 22.03.2007 – 59519/00 –, NJW 2008, 2317 (2319) Tz. 128.

439 BT-Drs. 16/3655, 33, 86.

440 Bei der Gewichtung der Belange der Rechtspflege orientiert sich der Gesetzgeber – den Vorgaben des Art. 3 Abs. 1 GG genügend – an dem Streitwertkriterium, welches den Anwaltsprozess vom Parteiprozess scheidet [Bern Verfassungs- und verfahrensrechtliche Probleme anwaltlicher Vertretung im Zivilprozess, 1992, 33 f.].

Der Anwaltszwang macht eine Anwaltswahl erst notwendig. Wenn der Rechtsuchende sich jedwedes Dritten für seine Rechtsdurchsetzung bedienen könnte, wäre eine freie Anwaltswahl entbehrlich. Das Selbstbehauptungsrecht des Rechtsuchenden und der Anwaltszwang stehen daher in einem eng verflochtenen Wechselspiel miteinander.

c. Anwaltswahl als Verfahrensrecht

Das Selbstbehauptungsrecht des Rechtsuchenden zählt zu seinen Verfahrensrechten. In einem modernen demokratischen Rechtsstaat kann der Einzelne frei über seine Rechtsgüter verfügen. Wie er seine Rechte durchsetzen oder verteidigen will, darf er selbst bestimmen. Ob und wie er ein Gerichtsverfahren führt, unterliegt der freien Entscheidung des Bürgers. Unter der Herrschaft des Anwaltszwangs verbleibt von dem Selbstbehauptungsrecht des Rechtsuchenden nur die kümmerliche Gestalt der freien Anwaltswahl. Die freie Anwaltswahl ist mithin das von dem Verfahrensrecht der Selbstbehauptung übrig gebliebene Rumpfrecht.

4. Zweck: Schutz der unabhängigen Rechtspflege

Die Entstehungsgeschichte und der Bedeutungszusammenhang weisen das Recht auf freie Anwaltswahl als Verfahrensrecht aus, das dem Gerichtsverfassungsrecht zuzuordnen ist. Der Anwaltszwang formt im Interesse einer unabhängigen Rechtspflege das Recht auf rechtliches Gehör zu einem anwaltlich vermittelten Gehör aus. Der Anwaltswahl macht die Anwaltswahl erforderlich. Von dem Selbstbehauptungsrecht verbleibt in trauriger Gestalt die freie Anwaltswahl.

Das Verfahrensrecht der freien Anwaltswahl dient damit weder der Willensentschließungsfreiheit des Rechtsuchenden[441] noch dem Vertrauensverhältnis zwischen Anwalt und Rechtsuchendem[442], sondern einzig und allein dem öffentlichen Interesse an einer unabhängigen Rechtsfindung und Rechtspflege.

Neben der allgemeinen Vorschrift des § 3 Abs. 3 BRAO wäre § 127 VVG überflüssig, wenn nicht sowohl der europäische als auch der deutsche Gesetzgeber einer unerwünschten Beeinflussung der Anwaltswahl durch die

---

441 So aber wohl: BGH Urt. v. 4.12.2013 – IV ZR 215/12 –, BGHZ 199, 170 (186) = NJW 2014, 630 (634) Tz. 43.

442 So aber: Schilasky Einschränkungen der freien Anwaltswahl in der Rechtsschutzversicherung, 1998, 156 f.; s.a. BGH Urt. v. 26.10.1989 – I ZR 242/87 –, BGHZ 109, 153 (159) = NJW 1990, 578.

Rechtsschutzversicherer nicht besonderes Gewicht und besondere Bedeutung beimessen würden. Das gewichtige öffentliche Interesse an einer unabhängigen Rechtsfindung und Rechtspflege spricht dafür, § 127 VVG als Gefährdungstatbestand und nicht als Verletzungstatbestand zu verstehen. Schutzzweck des § 127 VVG ist nicht die Entschließungsfreiheit des einzelnen Versicherungsnehmers, sondern die Unabhängigkeit der Rechtspflege. Der Gesetzgeber hätte keinen Anlass gehabt, neben § 3 Abs. 3 BRAO die Sondervorschrift des § 127 VVG zu erlassen, wenn er das hohe Schutzgut der unabhängigen Rechtspflege nicht vor den besonderen Gefahren der verfahrensfremden Einflüsse durch Rechtsschutzversicherer nicht besonders hätte schützen wollen.

5. *Verfassungsgerechte Auslegung*

Wenn dieses verfahrensrechtliche Rumpfrecht verfassungsrechtlich verankert wäre, wäre dies für die Handhabung des einfachgesetzlichen § 127 VVG von entscheidender Bedeutung. Ein verfassungsrechtlicher Geltungsgrund der freien Anwaltswahl ist, kann dazu beitragen, die noch offenen Fragen nach einer rechtlich bedeutsamen Beeinträchtigung der Anwaltswahl, der Verzichtbarkeit, der Eigenart als Verbotsgesetz und schließlich der Eigenart als höchstpersönliches Recht zu beantworten. Welchen verfassungsrechtlichen Hintergrund die freie Anwaltswahl aufweist, ist umstritten.

a. *Recht auf ein faires Verfahren*

Teilweise wird das Recht der freien Anwalts- und Verteidigerwahl in einem auf Art. 2 Abs. 1 GG i.V.m. dem Rechtsstaatsprinzip (Art. 20 Abs. 3 GG) gestützten Recht auf ein faires Verfahren verortet.[443] Art. 2 Abs. 1 GG unterliegt dem allgemeinen Gesetzesvorbehalt und ist aufgrund jedweden öffentlichen Gemeinwohlbelang einschränkbar.[444]

---

443 BVerfG Beschl. v. 9.12.2008 – 2 BvR 2341/08 –, BeckRS 2011, 48309 Tz. 18 f.; BVerfG Urt. v. 11.03.1975 – 2 BvR 135–139/75 –, BVerfGE 39, 156 (163) = NJW 1975, 1013; BVerfG Beschl. v. 22.01.1959 – 1 BvR 154/55 –, BVerfGE 9, 124 (132) = NJW 1959, 715; Dörr Faires Verfahren, 1984, 100; Rosenberg/Schwab/Gottwald Zivilprozessrecht, 17. Aufl., 2010, § 82 III 1; Degenhart, in: Sachs, GG, 7. Aufl., 2014, Art. 103 Rn. 23; Schulze-Fielitz, in: Dreier, GG, Bd. 3, 2. Aufl., 2008, Art. 103 Rn. 54; Hömig, in: Hömig, GG, 10. Aufl., 2013, Art. 103 Rn. 9.

444 Terriuolo AnwBl 2015, 140.

b. Recht auf anwaltlich vermitteltes Gehör

Nach einer anderen Auffassung findet sich die freie Anwaltswahl in einem Recht auf anwaltlich vermitteltes Gehör nach Art. 103 Abs. 1 GG wieder.[445] Der Anspruch auf rechtliches Gehör nach Art. 103 Abs. 1 GG ist schrankenlos gewährleistet. Eine Einschränkung der freien Anwaltswahl wäre nur zum Schutz der unabhängigen Rechtspflege zu rechtfertigen.[446]

c. Stellungnahme

Zu den hier zu untersuchenden Fragen zählen die Fragen der Möglichkeit eines Verzichts, der Reichweite der Anwaltswahl als (halb-)zwingendes Recht, der

---

445 BVerfG Beschl. v. 16.07.2016 – 2 BvR 1614/14 –, NJW 2017, 315 Tz. 14; BGH Beschl. v. 29.06.2000 – IX ZB 23/97 –, NJW 2000, 3289 – Krombach; BGH Beschl. v. 4.12.1997 – IX ZB 23/97 –, EuZW 1999, 26 (27) – Krombach; BVerwG Beschl. v. 23.01.1995 – 9 B 1/95 –, NJW 1995, 1231; BVerwG Urt. v. 29.09.1994 – 3 C 28/92 –, NJW 1995, 1441 (1442); BVerwG Urt. v. 11.04.1989 – 9 C 55/88 –, NVwZ 1989, 857 (858); Gaier BRAK-Mitt 2015, 114 f.; Gaier BRAK-Mitt 2006, 2 (3); Krämer NJW 1995, 2313 (2316); Lensing VuR 2012, 97 (100); Zuck JZ 1993, 500 (508); Zuck JZ 1989, 353 (354); Pestke BRAK-Mitt 1988, 241 (243 m. Fn. 36); Reifner NJW 1984, 1151 (1152, 1154); Kopp AöR 1981, 604 (619, 621, 622); Schneider NJW 1977, 873 (874); Arndt NJW 1967, 1331 (1332); Lerche ZZP 1965, 1 (18); Ule DVBl 1959, 537 (544); Arndt NJW 1959, 1297 (1300); Arndt NJW 1959, 6 (8); Wolf FS Schneider, 2008, 414 (423 f.); Rick Die verfassungsrechtliche Stellung des Rechtsanwalts, 1998, 54; Bern Verfassungs- und verfahrensrechtliche Probleme anwaltlicher Vertretung im Zivilprozess, 1992, 93 f., 96; Pestke Der Rechtsanwalt als Mitwirkender verwaltungsrechtlicher Verfahren einschließlich solcher des Sozial- und Steuerrechts, 1986, E/52; Schneider Der Rechtsanwalt, ein unabhängiges Organ der Rechtspflege, 1976, 45 f.; Wolf, in: Gaier/Wolf/Göcken, Anwaltliches Berufsrecht, 2. Aufl., 2014, BRAO § 1 Rn. 44, § 3 Rn. 54; Busse, in: Henssler/Prütting, BRAO, 4. Aufl., 2014, § 3 Rn. 21, 22; Hartung, in: Hartung, BORA/FAO, 5. Aufl., 2012, § 1 BORA Rn. 68; Zuck, in: Gaier/Wolf/Göcken, Anwaltliches Berufsrecht, 2. Aufl., 2015, BRAO § 43 Rn. 29; Leipold, in: Stein/Jonas, ZPO, Bd. 3, 22. Aufl., 2005, vor § 128 Rn. 23; Schmidt-Aßmann, in: Maunz/Dürig, GG, Bd. VI, Losebl., 76 Elf., Stand: November 2006, Art. 103 Rn. 103 f.; Zierlein, in: Umbach/Clemens, GG, Bd. 2, 2002, Art. 103 Rn. 81; Pieroth, in: Jarass/Pieroth, GG, 12. Aufl., 2012, Art. 103 Rn. 34; Schmahl, in: Schmidt-Bleibtreu/Klein, GG, 12. Aufl., 2011, Art. 103 Rn. 14; Sodan, in: Sodan, GG, 2. Aufl., 2011, Art. 103 Rn. 5; zurückhaltend: Kunig, in: Münch/Kunig, GG, Bd. 2, 6. Aufl., 2012, Art. 103 Rn. 15 „Rechtsanwalt, Anspruch auf Beiziehung"; Nolte, in: Mangoldt/Klein/Starck, GG, Bd. 3, 6. Aufl., 2010, Art. 103 Rn. 66.

446 Schier AnwBl 1984, 410 (416); Obarowski, in: MünchKommVVG, Bd. 2, 2. Aufl., 2017, § 127 Rn. 4.

Erheblichkeit einer Beeinträchtigung und der Rechtsfolgen eines Verstoßes. Für all diese Fragen ist es von Bedeutung, ob die freie Anwaltswahl allein aus Gründen der Rechtspflege oder bereits aufgrund anderer Gemeinwohlbelange beschränkt werden kann.

aa. Waffengleichheit

Für die Verankerung des Wahlrechtes in einem Anspruch auf ein faires Verfahren spricht, dass der Wortlaut des Art. 103 Abs. 1 GG nur das rechtliche Gehör als solches gewährleistet, „nicht rechtliches Gehör gerade durch die Vermittlung eines Anwalts“[447]: Art. 103 Abs. 1 GG trifft keine Aussage über die Form, in welcher der Bürger von seinem Äußerungsrecht Gebrauch machen darf.[448]

Das Recht auf rechtliches Gehör wäre freilich wertlos, wenn der Rechtsuchende sich nicht der Hilfe eines erfahrenen und rechtskundigen Anwalts bedienen dürfte. Der Rechtsunkundige, welcher die Sach- und Rechtslage nicht aus eigener Kraft und eigenem Urteilsvermögen zu beherrschen vermag, ist auf sach- und rechtskundigen Beistand angewiesen, um sich bei Gericht Gehör zu verschaffen.[449]

---

447 BVerfG Beschl. v. 22.01.1959 – 1 BvR 154/55 –, BVerfGE 9, 124 (132) = NJW 1959, 715; Dörr Faires Verfahren, 1984, 100; Rosenberg/Schwab/Gottwald Zivilprozessrecht, 17. Aufl., 2010, § 82 III 1; Degenhart, in: Sachs, GG, 7. Aufl., 2014, Art. 103 Rn. 23; Schulze-Fielitz, in: Dreier, GG, Bd. 3, 2. Aufl., 2008, Art. 103 Rn. 54; Hömig, in: Hömig, GG, 10. Aufl., 2013, Art. 103 Rn. 9.

448 Waldner Der Anspruch auf rechtliches Gehör, 2. Aufl., 2000, Rn. 139.

449 BVerfG Beschl. v. 16.07.2016 – 2 BVR 1614/14 –, NJW 2017, 315 Tz. 14; BGH Beschl. v. 29.06.2000 – IX ZB 23/97 –, NJW 2000, 3289 – Krombach; BGH Beschl. v. 4.12.1997 – IX ZB 23/97 –, EuZW 1999, 26 (27) – Krombach; BVerwG Beschl. v. 23.01.1995 – 9 B 1/95 –, NJW 1995, 1231; BVerwG Urt. v. 29.09.1994 – 3 C 28/92 –, NJW 1995, 1441 (1442); BVerwG Urt. v. 11.04.1989 – 9 C 55/88 –, NVwZ 1989, 857 (858); Gaier BRAK-Mitt 2015, 114 f.; Gaier BRAK-Mitt 2006, 2 (3); Krämer NJW 1995, 2313 (2316); Lensing VuR 2012, 97 (100); Zuck JZ 1993, 500 (508); Zuck JZ 1989, 353 (354); Pestke BRAK-Mitt 1988, 241 (243 m. Fn. 36); Reifner NJW 1984, 1151 (1152, 1154); Kopp AöR 1981, 604 (619, 621, 622); Schneider NJW 1977, 873 (874); Arndt NJW 1967, 1331 (1332); Lerche ZZP 1965, 1 (18); Ule DVBl 1959, 537 (544); Arndt NJW 1959, 1297 (1300); Arndt NJW 1959, 6 (8); Wolf FS Schneider, 2008, 414 (423 f.); Rick Die verfassungsrechtliche Stellung des Rechtsanwalts, 1998, 54; Bern Verfassungs- und verfahrensrechtliche Probleme anwaltlicher Vertretung im Zivilprozess, 1992, 93 f., 96; Pestke Der Rechtsanwalt als Mitwirkender verwaltungsrechtlicher Verfahren einschließlich solcher des Sozial- und Steuerrechts, 1986, E/52; Schneider Der Rechtsanwalt, ein unabhängiges Organ der Rechtspflege, 1976, 45 f.; Wolf, in: Gaier/Wolf/Göcken, Anwaltliches Berufsrecht, 2. Aufl., 2014, BRAO § 1

Eine wirksame Rechtsverfolgung ist nur bei einem Gleichstand des Wissens und Könnens der Beteiligten[450] – also auch und gerade einem Gleichstand der Rechtskenntnis – möglich.[451] Anselm von Feuerbauch hat dies auf den Punkt gebracht:

> „Bin ich nicht selbst stark genug meinem Rechte, bedarf ich fremder Hülfe; wer mir diese wehrt, hindert mich an jenem Rechte."[452]

oder – anders gewendet:

> „Das Gericht gewährt rechtliches Gehör; der Anwalt gewährleistet rechtliches Gehör."[453]

bb. Notanwalt

Der Schutz des Selbstbestimmungsrechtes vermag zudem den Zusammenhang zwischen Anwaltswahl und Anwaltszwang nur unzureichend zu erklären. Die Rechtsfiguren des Notanwaltes (§ 78 b ZPO) und der notwendigen Verteidigung (§ 140 StPO) machen unter dem Gesichtspunkt des Selbstbehauptungsrechtes keinen Sinn. Der verhältnismäßig abgestufte Eingriff in das Selbstbehauptungsrecht des Rechtsuchenden durch den Dreiklang der §§ 78, 79 ZPO und § 3 RDG lässt sich am Maßstab des Art. 2 Abs. 1 GG nicht abbilden, sondern nur unter dem Gesichtspunkt des hochrangigen Gemeingutes der unabhängigen Rechtspflege und Rechtsfindung erklären.

Rn. 44, § 3 Rn. 54; Busse, in: Henssler/Prütting, BRAO, 4. Aufl., 2014, § 3 Rn. 21, 22; Hartung, in: Hartung, BORA/FAO, 5. Aufl., 2012, § 1 BORA Rn. 68; Zuck, in: Gaier/Wolf/Göcken, Anwaltliches Berufsrecht, 2. Aufl., 2015, BRAO § 43 Rn. 29; Leipold, in: Stein/Jonas, ZPO, Bd. 3, 22. Aufl., 2005, vor § 128 Rn. 23; Schmidt-Aßmann, in: Maunz/Dürig, GG, Bd. VI, Losebl., 76 Elf., Stand: November 2006, Art. 103 Rn. 103 f.; Zierlein, in: Umbach/Clemens, GG, Bd. 2, 2002, Art. 103 Rn. 81; Pieroth, in: Jarass/Pieroth, GG, 12. Aufl., 2012, Art. 103 Rn. 34; Schmahl, in: Schmidt-Bleibtreu/Klein, GG, 12. Aufl., 2011, Art. 103 Rn. 14; Sodan, in: Sodan, GG, 2. Aufl., 2011, Art. 103 Rn. 5; zurückhaltend: Kunig, in: Münch/Kunig, GG, Bd. 2, 6. Aufl., 2012, Art. 103 Rn. 15 „Rechtsanwalt, Anspruch auf Beiziehung"; Nolte, in: Mangoldt/Klein/Starck, GG, Bd. 3, 6. Aufl., 2010, Art. 103 Rn. 66.

450 Cierniak/Niehaus DAR 2014, 2 (4).

451 Zuck JZ 1989, 353 (354); Schneider NJW 1977, 873 (874).

452 Feuerbach Betrachtungen über die Öffentlichkeit und Mündlichkeit der Gerechtigkeitspflege, 1821, 371.

453 Zuck NJW 2013, 2248 (2251); Zuck AnwBl 2006, 773 (779).

Unter dem Gesichtspunkt einer selbstbestimmten Verfahrensgestaltung kann der Anwaltszwang[454] nur als Eingriff – als „Entmündigung“[455] und „gesetzlich verordnete Zwangsbeglückung der Partei“[456] – verstanden werden. Unabhängig davon, ob der Anwaltszwang als vereinbar[457] oder unvereinbar[458] mit der allgemeinen Handlungsfreiheit betrachtet wird oder nicht, stellt sich die Frage, wie die bestehenden Rechtsinstitute des Notanwalts (§ 78 b ZPO)[459] und der notwendigen Verteidigung (§ 140 StPO) zu erklären sind. Das einfache Verfahrensrecht verbietet dem Rechtsuchenden in den Fällen des Notanwalts (§ 78 b ZPO) und der notwendigen Verteidigung (§ 140 StPO), auf eine anwaltliche Vertretung zu verzichten. Anders gewendet: Der Anwaltszwang zwingt den Rechtsuchenden dazu, auf sein Selbstbehauptungsrecht in der Form der Selbstvertretung zu verzichten.

Von der selbstbestimmten Verfahrensführung verbleibt unter der Herrschaft des Anwaltszwangs als kümmerlicher Rest des Selbstbestimmungsrechtes, sich den anwaltlichen Vertreter aussuchen zu können. Warum nur das anwaltlich vermittelte Gehör rechtliches Gehör zu verschaffen vermag, kann weder mit allgemeinen Vertretungsregeln noch mit der allgemeinen Handlungsfreiheit erklärt werden. Der Anwaltszwang beschränkt nicht allein die allgemeine Befugnis des Rechtsuchenden, sich durch einen Dritten vertreten zu lassen, sondern schränkt die Wahlentscheidung des Rechtsuchenden auch inhaltlich ein: Er muss sich durch einen Rechtsanwalt vertreten lassen. Dies geschieht im Interesse einer unabhängigen Rechtsfindung und Rechtspflege, das nur ein Verfahrensgrundrecht abbilden kann. Zur Sicherung einer unabhängigen Rechtspflege muss sich der Rechtsuchende durch einen unabhängigen Rechtsanwalt vertreten lassen.

---

454 Genauer ist im Zivilprozess nicht vom Anwaltszwang, sondern von der Postulationsfähigkeit zu sprechen [Zuck JZ 1993, 500 (501); Granderath MDR 1972, 828 (830)]. Postulationsfähigkeit als zwingende Prozessvoraussetzung meint im Gegensatz zu der Geschäftsfähigkeit einer Person dessen Fähigkeit, in eigener Person rechtswirksam verfahrensrechtlich handeln zu können [Zuck JZ 1993, 500 (501); Granderath MDR 1972, 828 (830)].

455 Husmann DB 1971, 2305 (2306).

456 Stürner JZ 1986, 1089 (1090).

457 BVerfG Beschl. v. 12.05.1993 – 1 BvR 582/93 –, NJW 1993, 3192; Zuck JZ 1993, 500 (504 f.); Granderath MDR 1972, 828 f.; Benda/Weber ZZP 1983, 285 (295); Toussaint, in MünchKommZPO, Bd. 1, 5. Aufl., 2016, § 78 Rn. 3; Weth, in: Musielak/Voit, ZPO, 13. Aufl., 2016, § 78 Rn. 2.

458 Husmann DB 1970, 2305 (2309); Husmann DRiZ 1970, 311; Sauer DRiZ 1970, 293 (294 f.).

459 Wolf FS Schneider, 2008, 414 (426).

Den Dreiklang eines abgestuften Schutzes einer unabhängigen öffentlichen Rechtsfindung und Rechtspflege nach §§ 78, 79 ZPO und § 3 RDG kann die allgemeine Handlungsfreiheit (Art. 2 Abs. 1 GG) nicht abbilden, sondern nur ein besonderes Verfahrensgrundrecht. Die Verhältnismäßigkeit bemisst sich nach dem Schutzzweck eines Rechtes. Das allgemeine Freiheitsrecht dient der Freiheitssicherung. Dieser Zweck allein lässt eine Abstufung der Eingriffe in das allgemeine Recht, sich durch Dritte vertreten zu lassen, nach dem Dreiklang des Schutzes wichtiger Belange der Rechtspflege (§ 3 RDG), noch gewichtigerer Belange der Rechtspflege (§ 78 ZPO) und unverzichtbarer Belange der Rechtspflege (§ 78 ZPO) nicht zu. Der allgemeinen Handlungsfreiheit des Art. 2 Abs. 1 GG wohnt der Gedanke der öffentlichen Rechtspflege nicht inne – ja steht geradezu bezugslos neben ihr. Der Begriff der „verfassungsmäßigen Ordnung“ in Art. 2 Abs. 1 GG vermag den abgestuften Schutz der Belange der Rechtspflege ebenso wenig aufzufangen. Eine Abstufung nach den Graden „wichtig“, „wichtiger“ und „noch wichtiger“ ist dem Begriff der „verfassungsmäßigen Ordnung“ fremd. Aus dem Blickwinkel des Art. 2 Abs. 1 GG ist jedwede Beschränkung der Möglichkeit, sich durch einen Dritten vertreten zu lassen, stets eins: ein Grundrechtseingriff. Dessen Verfassungsmäßigkeit bemisst sich danach, ob der Gesetzgeber ein berechtigtes Ziel verfolgt und das Gesetz zu der Erreichung dieses Zweckes eine geeignete, erforderliche und verhältnismäßige Regelung trifft. Unerheblich ist, ob er etwa wichtige oder noch gewichtigere Belange der Rechtspflege mit seiner Gesetzgebung verfolgt.

Den abgestuften Schutz der unabhängigen Rechtsfindung und Rechtspflege vermag nur ein besonderes Verfahrensgrundrecht widerzuspiegeln, dem der Schutzzweck der Rechtspflege bereits innewohnt. Damit wird die Frage nach der rechtlichen Verankerung der freien Anwaltswahl wieder auf die Verfassungsbestimmung des Art. 103 Abs. 1 GG zurückgeführt.

cc. Wechselspiel zwischen Anwaltswahl und Anwaltszwang

Die allgemeine Handlungsfreiheit, sich zum Zwecke der Arbeitsteilung durch Dritte vertreten zu lassen, also auch anwaltlich vor Gericht, vermag das Wechselspiel des Anwaltszwanges und der freien Anwaltswahl nicht zu erklären. Der Anwaltszwang hebt das Selbstbehauptungs- und -verteidigungsrecht des Rechtsuchenden auf, um ihm das anwaltlich vermittelte rechtliche Gehör zu ermöglichen und damit seine Rolle als Herr des Verfahrens zur vollen Blüte zu verhelfen.[460]

460 Der Anwaltszwang ist damit ein Moment der Freiheit und kein Ausdruck einer staatlichen Fürsorge- oder Schutzpflicht [BVerwG Beschl. v. 10.06.2005 – 1 B 149/04 –, NJW 2005, 3018; BAG Beschl. v. 18.10.1990 – 8 AS 1/90 –, NJW 1991, 1252 (1253); OLG

Art. 103 Abs. 1 GG greift das Wechselspiel von Selbstbehauptungsrecht und Vertretungszwang auf. Einerseits sucht das Gehörsrecht zu verhindern, dass der Rechtsuchende zum bloßen Verfahrensgegenstand herabgestuft wird und seine Geschicke selbst in der Hand behält. Es schützt so das Selbstbehauptungsrecht des Rechtsuchenden. Andererseits schränkt es dieses Selbstbehauptungsrecht im Interesse einer unabhängigen Rechtsfindung und Rechtspflege durch Anwaltszwang und Anwaltsvorbehalte wieder ein. Auf diese Weise schützt es die unabhängige Rechtspflege vor der Beeinflussung durch verfahrensfremde Dritte.

Rechtsuchender und Rechtsanwalt stehen dabei ebenso in einem Wechselverhältnis von Herr und Knecht zueinander wie das Recht, sich selbst vor Gericht zu behaupten, in einem Wechselverhältnis zu dem Anwaltszwang steht. Der Rechtsuchende bedient sich des Rechtsanwaltes, um seine Rechte durchzusetzen. Sein Recht, den Prozess selbstbestimmt zu lenken und zu steuern, wird durch den Anwaltszwang einerseits beschränkt, indem ihm durch die Beiordnung eines Vertreters das Recht auf Selbstverteidigung und Selbstbehauptung beschnitten wird; andererseits wird es ihm durch die anwaltliche Vertretung erst ermöglicht, sich rechtliches Gehör zu verschaffen. Das Recht, das Verfahren selbstbestimmt zu lenken und zu steuern, steht wiederum in einem Wechselspiel zu dem Zwang, sich anwaltlich vertreten zu lassen.[461] Die anwaltliche Vertretung ist für den Rechtsuchenden die notwendige Bedingung der Möglichkeit, sich rechtliches Gehör zu verschaffen, gleichzeitig schränkt sie aber sein Recht ein, seine Rechte selbstbestimmt zu verteidigen.[462] Die Anerkennung des Rechtsanwaltes durch den Rechtsuchenden als Verfahrensvertreter und -lenker rechtfertigt die Rechtsstaatlichkeit des Verfahrens. Der Rechtsuchende bleibt Herr des Verfahrens. Der Rechtsanwalt ist weisungsgebunden. Das Mandat kann jederzeit gekündigt werden.

Dresden Beschl. v. 24.01.2014 – 22 W F 15/14 –, NJW 2014, 2451 (2452); Urbanczyk ZZP 1982, 339 (357)]. A.A. Schmidt Prozessuale Fürsorgepflicht und fair trial, 2010; Rüping, in: BK-GG, Stand: Februar 2015, Art. 103 Rn. 75 f.

461 BVerwG Beschl. v. 10.06.2005 – 1 B 149/04 –, NJW 2005, 3018; BAG Beschl. v. 18.10.1990 – 8 AS 1/90 –, NJW 1991, 1252 (1253); Urbanczyk ZZP 1982, 339 (357).

462 Zuck [JZ 1993, 500 (505)] beschreibt dieses dialektische Verhältnis so: „Die ‚freiwillige' Anwaltswahl ist jedoch angesichts der Komplexität der Rechtsordnung faktisch erzwungen."

dd. Anwaltszwang als Inhalts- und Schrankenbestimmung des Anspruchs auf rechtliches Gehör

Die Verfassungsbestimmung des Art. 103 Abs. 1 GG, der das öffentliche Interesse an der Wahrung der Belange der Rechtspflege ebenso innewohnt wie der Selbstbehauptungsgedanke des Rechtsuchenden, vermag den abgestuften Schutz der Selbstvertretungsbefugnisse des Rechtsuchenden einerseits und das der Freiheit der Anwaltswahl innewohnende Wechselspiel von Selbstbehauptungsrecht und Anwaltszwang andererseits abzubilden. Das BVerfG vermag dies – wie ausgeführt – mit der auf Art. 2 Abs. 1 GG i.V.m. dem Rechtsstaatsprinzip gestützten Rechtsfigur des allgemeinen Justizgewährungsanspruches nicht.

Führt man sich vor Augen, dass Art. 103 Abs. 1 GG auf die Ausgestaltung durch den Gesetzgeber angelegt ist, dann kann die abgestufte Beschränkung der Vertretungsregelungen und die Dialektik der freien Anwaltswahl über Art. 103 Abs. 1 GG erklärt und abgebildet werden.

Das Recht auf rechtliches Gehör wird nach dem Wortlaut des Art. 103 Abs. 1 GG vorbehaltlos, aber nicht schrankenlos gewährleistet.[463] Eine Reihe von verfassungsrechtlichen Grundrechten sind ebenfalls vorbehaltlos ausgestaltet – etwa die Religionsfreiheit nach Art. 4 Abs. 1 GG und die Kunst- und Wissenschaftsfreiheit nach Art. 5 Abs. 3 GG. Andere Grundrechte wie die Berufsfreiheit aus Art. 12 GG und die Eigentumsfreiheit unterliegen ausdrücklich dem Gesetzesvorbehalt. So bestimmt Art. 14 Abs. 1 S. 2 GG: „Inhalt und Schranken des Eigentums bestimmt das Gesetz." Aus dem Schweigen des Art. 103 Abs. 1 GG zu einem Gesetzesvorbehalt darf nicht der Fehlschluss gezogen werden, das rechtliche Gehör könne nicht gesetzlich geregelt werden. Gerade Verfahrensgrundrechte bedürfen der Ausgestaltung durch den Gesetzgeber.[464] Ohne gesetzliche Regelungen können Verfahrensrechte nicht gelebt werden. Die Ausgestaltung des rechtlichen Gehörs ist nach der Rechtsprechung des BVerfG[465] dem Gesetzgeber durch die Gestaltung der einzelnen Verfahrensordnungen überlassen.[466] Sie unterliegt wegen des gewichtigen Gemeinschaftsguts der unabhängig und

---

463 Kunig, in: Münch/Kunig, GG, Bd. 2, 6. Aufl., 2012, Art. 103 Rn. 3 c; Radtke, in: Epping/Hillgruber, GG, 2. Aufl., 2013, Art. 103 Rn. 15.

464 Rüping NVwZ 1985, 306; Rüping, in: BK-GG, Stand: Februar 2015, Art. 103 Rn. 40; Schmahl, in: Schmidt-Bleibtreu/Klein, GG, 12. Aufl., 2011, Art. 103 Rn. 8; Hömig, in: Hömig, GG, 10. Aufl., 2013, Art. 103 Rn. 9.

465 BVerfG Beschl. v. 14.01.1991 – 1 BvR 41/88 –, NJW 1991, 2078; BVerfG Beschl. v. 5.11.1986 – 1 BvR 706/85 –, BVerfGE 74, 1 (5) = NJW 1987, 1192; Kopp AöR 1981, 604 (614); Rüping, in: BK-GG, Stand: Februar 2015, Art. 103 Rn. 40 m.w.N.

466 Hömig, in: Hömig, GG, 10. Aufl., 2013, Art. 103 Rn. 9.

reibungslos arbeitenden Rechtspflege dem Parlamentsvorbehalt[467]. Der Schutzbereich des Art. 103 Abs. 1 GG ist rechtserzeugt.[468] Der fehlende Gesetzesvorbehalt weist allein darauf hin, dass die Grenzen des rechtlichen Gehörs lediglich durch gegenläufige, verfassungsrechtlich geschützte Grundsätze gezogen werden können.[469] Dabei hat der Gesetzgeber im Wesentlichen die Belange der öffentlichen Rechtspflege zu beachten. So liegt es im Interesse einer unabhängig und reibungslos arbeitenden Rechtspflege, die Verfahren zu beschleunigen.[470] Der Gesetzgeber hat daher bei der Ausgestaltung der Verfahrensordnungen den Beschleunigungsgrundsatz und den Anspruch auf rechtliches Gehör schonend miteinander ins Verhältnis zu setzen.[471] Unter Beachtung des Verhältnismäßigkeitsgrundsatzes darf der Gesetzgeber daher z. B. Ausschlussfristen für den Sach- und Rechtsvortrag (§ 296 ZPO) gesetzlich vorsehen.[472]

Ebenso obliegt es dem Gesetzgeber, das dem Art. 103 Abs. 1 GG innewohnende Selbstbehauptungsrecht des Rechtsuchenden[473] mit den ebenfalls Art. 103 Abs. 1 GG innewohnenden öffentlichen Interessen an einer unabhängig und reibungslos arbeitenden Rechtspflege schonend ins Verhältnis zu setzen. Genau dies hat der Gesetzgeber unter Beachtung des Verhältnismäßigkeitsgrundsatzes mit der Dreiklang-Regelung der §§ 3 RDG, 78, 79 ZPO getan. Die Regelungen der §§ 3 RDG, 78, 79 ZPO sind Inhalts- und Schrankenbestimmungen des Art. 103 Abs. 1 GG und damit Ausprägungen des Anspruches auf rechtliches Gehör.[474]

467 BVerfG Beschl. v. 11.07.2013 – 2 BvR 2302/11 – u. – 2 BvR 1279/12 –, NJW 2013, 3151 (3161) Tz. 129; BVerfG Urt. v. 14.07.1998 – 1 BvR 1640/97 –, BVerfGE 98, 218 (251) = NJW 1998, 2515.

468 Pieroth, in: Jarass/Pieroth, GG, 12. Aufl., 2012 Art. 103 Rn. 14; Schmahl, in: Schmidt-Bleibtreu/Klein, GG, 12. Aufl., 2011, Art. 103 Rn. 8; Degenhart, in: Sachs, GG, 7. Aufl., 2014, Art. 103 Rn. 12; Schmidt-Aßmann, in: Maunz/Dürig, GG, Bd. VI, Losebl., 76 Elf., Stand: November 2006, Art. 103 Rn. 14, 15, 20.

469 Rüping, in: BK-GG, Stand: Februar 2015, Art. 103 Rn. 80, 31; Kunig, in: Münch/Kunig, GG, Bd. 2, 6. Aufl., 2012, Art. 103 Rn. 3 c; Schmahl, in: Schmidt-Bleibtreu/Klein, GG, 12. Aufl., 2011, Art. 103 Rn. 16; Schmidt-Aßmann, in: Maunz/Dürig, GG, Bd. VI, Losebl., 76 Elf., Stand: November 2006, Art. 103 Rn. 16.

470 Rüping, in: BK-GG, Losebl., 178 Elf., Stand: August 2005, Art. 103 Rn. 81.

471 Schmahl, in: Schmidt-Bleibtreu/Klein, GG, 12. Aufl., 2011, Art. 103 Rn. 16.

472 Vgl. BVerfG Beschl. v. 15.04.1980 – 2 BvR 970/79 –, BVerfGE 54, 117 (123) = NJW 1980, 1737 zu § 296 ZPO und Art. 19 Abs. 4 GG; Degenhart, in: Sachs, GG, 7. Aufl., 2014, Art. 103 Rn. 12; s. a. Kopp AöR 1981, 604 (615) m.w.N.

473 Rüping, in: BK-GG, Stand: Februar 2015, Art. 103 Rn. 32.

474 Arndt NJW 1959, 1297 (1300); Leipold, in: Stein/Jonas, ZPO, Bd. 3, 22. Aufl., 2005, vor § 128 Rn. 33; Schulze-Fielitz, in: Dreier, GG, Bd. 3, 2. Aufl., 2008, Art. 103 Rn. 54;

Ein Verfahren ist nur dann ein rechtsstaatliches Verfahren, wenn die Partei eigenverantwortlich und wirksam auf den Verfahrensgang Einfluss nehmen kann. Der Rechtsuchende vermag nur dann einen tatsächlichen Einfluss auf den Verfahrensgang zu nehmen, wenn ihn ein Rechtsbeistand bei der Verfahrenslenkung unterstützt. Deshalb ordnet der Gesetzgeber in Verfahren, welche er für besonders bedeutsam und schwierig hält, einen Anwaltszwang – wie etwa in § 78 ZPO – an.

In Verfahren, die der Gesetzgeber für weniger bedeutsam und schwierig hält – etwa in Amtsgerichtsprozessen (§ 79 ZPO) – hält er einen Anwaltszwang für nicht erforderlich. Gleichwohl schränkt er die Befugnisse des Rechtsuchenden, einen Bevollmächtigten einzuschalten, auf einen Personenkreis ein, der erwarten lässt, dass keine Gefahr für die Belange der öffentlichen Rechtspflege entsteht.

Wegen des mitunter geringen Verfahrensbezuges der außergerichtlichen Beratung und Vertretung und der verfassungsrechtlich verbürgten Berufsfreiheit der mit Rechtsanwälten in Wettbewerb stehenden Dienstleister erweitert der Gesetzgeber durch das Rechtsdienstleistungsgesetz den Personenkreis derjenigen, die der Rechtsuchende in Anspruch nehmen darf, ohne dabei Belange der Rechtspflege durch unqualifizierte Rechtsdienstleistungen zu gefährden.

Gemessen am Verfassungsgut einer reibungslos und unabhängig arbeitenden Rechtspflege stellt die Dreiklangregelung der §§ 3 RDG, 78, 79 ZPO eine dem Gedanken der Selbstbehauptung des Rechtsuchenden verhältnismäßige und sachgerechte Regelung dar.

Der Zugang zum Recht wird dem Rechtsuchenden durch den Anwaltszwang (§ 78 ZPO) bzw. Anwaltsvorbehalt (§ 79 ZPO) nicht unzumutbar erschwert.[475] Die mittellose Partei erhält im Bedarfsfall Prozesskostenhilfe, um einen Anwalt in Anspruch nehmen zu können. Dies ist freilich eine Frage des Art. 3 Abs. 1, 20 Abs. 1 GG.[476]

Schmahl, in: Schmidt-Bleibtreu/Klein, GG, 12. Aufl., 2011, Art. 103 Rn. 14; Degenhart, in: Sachs, GG, 7. Aufl., 2014, Art. 103 Rn. 23; vgl. a. Schwartz Gewährung und Gewährleistung rechtlichen Gehörs durch einzelne Vorschriften der Zivilprozessordnung, 1977, 46; s. a. Ule DVBl 1959, 537 (544).

475 Ule DVBl 1959, 537 (544).

476 In Deutschland wird die Frage nach der Kostenhilfe zur Prozessfinanzierung als Problem der Gleichstellung von bemittelten und unbemittelten Rechtsuchenden [Art. 3 Abs. 1 GG i.V.m. Rechtsstaatsprinzip (Art. 20 Abs. 3 GG)] verstanden, BVerfG Beschl. v. 3.11.2013 – 1 BvR 2544/12 –, NJW 2014, 681 m.w.N. Die Prozesskostenhilfe wird daher als Einrichtung der Sozialhilfe im Bereich der Rechtspflege betrachtet, BAG Beschl. v. 5.11.2012 – 3 AZB 23/12 –, NJW 2013, 493; BGH Urt. v. 26.10.1989 – III ZR

Vergegenwärtigt sich der Leser, dass dem Art. 103 Abs. 1 GG sowohl der Gedanke der Selbstbehauptung des Rechtsuchenden als Herr des Verfahrens als auch der Gedanke einer unabhängig und reibungslos arbeitenden Rechtspflege innewohnt, erklärt sich auch die Dialektik der freien Anwaltswahl. Der Anwaltszwang hebt das Selbstbehauptungs- und Selbstverteidigungsrecht des Rechtsuchenden auf, um ihm das anwaltlich vermittelte rechtliche Gehör zu ermöglichen und damit seine Rolle als Herr des Verfahrens zur vollen Blüte zu entfalten.[477] Selbst wenn der Rechtsuchende die anwaltliche Vertretung nicht wünscht, ist ihm ein Notanwalt (§ 78 b ZPO) oder ein notwendiger Verteidiger (§ 140 StPO) zur Seite zu stellen, um seine Verfahrensteilhabe und die damit verbundene Rechtfertigung des Verfahrens als rechtsstaatliches Verfahren abzusichern. Sowohl Anwaltszwang (§ 78 ZPO), Anwaltsvorbehalt (§ 79 ZPO) als auch Notanwalt (§§ 78 b ZPO, 140 StPO) sind Teile der Freiheitsausübung[478], nicht des staatlichen Zwangs. Die anwaltliche Vertretung ist gerade Bedingung der Möglichkeit des Rechtsuchenden, sich rechtliches Gehör zu verschaffen. Das Selbstbehauptungsrecht des Rechtsuchenden muss insoweit aufgehoben werden, damit er seine Stellung als Herr des Verfahrens bewahrt.
Nochmals: „Das Gericht gewährt Gehör; der Anwalt verschafft Gehör.“[479]

ee. Unionsrechtsfreundliche Auslegung des Grundgesetzes

Der Rundblick auf die Geschichte der freien Anwaltswahl hat den Zusammenhang mit dem angloamerikanischen Überlieferungsstrang des „fair hearing“ und „due process“ aufgezeigt, der wiederum europa- und völkerrechtlich in

---

147/88 –, BGHZ 109, 163 (167 f.) = NJW 1990, 836, und zwar unter dem Gesichtspunkt der Rechtswahrnehmungsgleichheit i.S.d. Art. 3 Abs. 1 GG, BVerfG Beschl. v. 14.10.2008 – 1 BvR 2310/06 –, BVerfGE 122, 39 (48 f.) = NJW 2009, 209, Möbius Das Prinzip der Rechtsschutzgleichheit im Recht der Prozesskostenhilfe, 2014. Im angloamerikanischen Rechtskreis wird die Frage nach der legal aid als Frage nach dem access to justice bzw. access to court verstanden. An diese Rechtsüberlieferung knüpft auch Art. 47 Abs. 3 GRCh an.

477 Der Anwaltszwang ist damit ein Moment der Freiheit und kein Ausdruck einer staatlichen Fürsorge- oder Schutzpflicht [BVerwG Beschl. v. 10.06.2005 – 1 B 149/04 –, NJW 2005, 3018; BAG Beschl. v. 18.10.1990 – 8 AS 1/90 –, NJW 1991, 1252 (1253); OLG Dresden Beschl. v. 24.01.2014 – 22 W F 15/14 –, NJW 2014, 2451 (2452); Urbanczyk ZZP 1982, 339 (357)]. A.A. Schmidt Prozessuale Fürsorgepflicht und fair trial, 2010; Rüping, in: BK-GG, Stand: Februar 2015, Art. 103 Rn. 75 f.

478 Urbanczyk ZZP 1982, 339 (357); vgl. a. Waldner Der Anspruch auf rechtliches Gehör, 2. Aufl., 2000, Rn. 144 f., 147.

479 Frei nach Zuck NJW 2013, 2248 (2251); Zuck AnwBl 2006, 773 (779).

Art. 47 GRCh und Art. 6 EMRK einmündet. Wenn diese europa- und völkerrechtlichen Grundrechte bei der Auslegung des GG zu berücksichtigen wären, würde dies die hier vertretene Auslegung des Art. 103 Abs. 1 GG als Anspruch auf anwaltlich vermitteltes Gehör stützen. Die allgemeine Handlungsfreiheit aus Art. 2 Abs. 1 GG ist weniger geeignet den Anspruch auf ein „fair hearing" abzubilden als das Gehörsrecht nach Art. 103 Abs. 1 GG.

(1) Grundsatz der Unionsrechtsfreundlichkeit

Dass Art. 103 GG im Lichte des Art. 47 GRCh unionsrechtsfreundlich auszulegen ist, versteht sich freilich nicht von selbst. Das Vorhaben einer europäischen Verfassung ist (vorerst) gescheitert. Die europäischen Mitgliedstaaten bilden keinen Staatenbund. Die nationalen Verfassungen und die europäische Rechtsordnung stehen nicht in einem Verhältnis einer klar im Sinne von Über- und Unterordnung gegliederten Rechtsordnung. Eine dem Art. 31 GG („Bundesrecht bricht Landesrecht.") ähnelnde Vorrangregel gibt es nicht.[480] Unionsrecht bricht nicht nationales Recht. Die Europäische Union besitzt keine Souveränität. Das Unionsrecht ist von der vertraglichen Übertragung und Ermächtigung durch die souveränen Mitgliedstaaten abhängig.[481] Es gilt der Grundsatz der begrenzten Einzelermächtigung der Europäischen Union (Art. 5 Abs. 1 S. 1, Abs. 2 S. 1 EUV). Das Unionsrecht beansprucht daher keinen Geltungsvorrang vor dem Recht der Nationalstaaten, wohl aber einen Anwendungsvorrang.[482] Die Mitgliedstaaten haben die volle Wirksamkeit des Unionsrechts (effet utile) zu gewährleisten, indem sie jede möglicherweise dem Unionsrecht entgegenstehende Bestimmung des nationalen Rechts unangewendet lassen.[483] Widersprechen sich nationales und unionales Recht, so bleibt das nationale Recht

---

480 BVerfG Beschl. v. 6.07.2010 – 2 BvR 2661/06 –, BVerfGE 126, 286 (350) = NJW 2010, 3422 Tz. 54 – Honeywell.

481 BVerfG Beschl. v. 6.07.2010 – 2 BvR 2661/06 –, BVerfGE 126, 286 (350) = NJW 2010, 3422 Tz. 53, 54 – Honeywell.

482 EuGH Urt. v. 19.01.2010 – C-555/07 –, NJW 2010, 427 (430) Tz. 54 – Kücükdevici; EuGH Urt. v. 22.11.2005 – C-144/04 –, NJW 2005, 3695 (3698) Tz. 77 – Mangold; EuGH Urt. v. 15.07.1964 – Rs. 6/64 –, NJW 1964, 2371 Tz. 12 – Costa/ENEL; BVerfG Beschl. v. 6.07.2010 – 2 BvR 2661/06 –, BVerfGE 126, 286 (350) = NJW 2010, 3422 Tz. 54 – Honeywell; BVerfG Urt. v. 30.06.2009 – 2 BvE 2/08, BVerfGE 123, 267 (354 f.) = NJW 2009, 2267 Tz. 335, 339, 343 – Lissabon.

483 EuGH Urt. v. 19.01.2010 – C-555/07 –, NJW 2010, 427 (430) Tz. 54 – Kücükdevici; EuGH Urt. v. 22.11.2005 – C-144/04 –, NJW 2005, 3695 (3698) Tz. 77 – Mangold; EuGH Urt. v. 15.07.1964 – Rs. 6/64 –, NJW 1964, 2371 Tz. 12 – Costa/ENEL.

unangewendet, wird aber weder unwirksam noch nichtig.[484] Der Anwendungsvorrang folgt aus dem Unionsrecht. Die Europäische Union könnte als Rechtsgemeinschaft keinen Bestand haben, wenn die einheitliche Wirksamkeit des Unionsrechts in den Mitgliedstaaten nicht gesichert wäre. Art. 23 Abs. 1 GG enthält neben der Befugnis, Hoheitsrechte auf die Union zu übertragen, das Versprechen der BRD, dem Unionsrecht zur Wirksamkeit zu verhelfen und durchzusetzen.[485] Das Zustimmungsgesetz nach Art. 23 Abs. 1 GG bildet gleichsam eine „Brücke", über welche das Unionsrecht in den innerstaatlichen Bereich gelangt und dort seine Vorrangwirkung vor dem nationalen Recht entfaltet.[486] Es enthält den grundlegenden Rechtsanwendungsbefehl für die innerstaatliche Geltung des Unionsrechts und damit die Grundlage für den Vorrang des Unionsrechts.

Der Anwendungsvorrang des Unionsrechts kann auch eine Erweiterung des nationalen Grundrechtsschutzes gebieten, wenn die durch die europäischen Verträge übernommenen vertraglichen Verpflichtungen zum Grundrechtsschutz dies gebieten.[487] Das Gebot der Europarechtsfreundlichkeit[488] verpflichtet auch zu einer unionsrechtsfreundlichen Auslegung des GG.[489] Die Grenze der unionsrechtsfreundlichen Auslegung des GG werden dabei durch Art. 79 Abs. 2 und 3 GG gezogen.[490]

(2) Anwendungsbereich der europäischen Grundrechte nach Art. 51 Abs. 1 S. 1 GRCH

Um auf das nationale Verfassungsrecht einwirken zu können, müssen die Grundrechte der Charta überhaupt zur Anwendung gelangen. Nach Art. 51 Abs. 1 S. 1

484 BVerfG Beschl. v. 6.07.2010 – 2 BvR 2661/06 –, BVerfGE 126, 286 (350) = NJW 2010, 3422 Tz. 53 – Honeywell.

485 BVerfG Beschl. v. 6.07.2010 – 2 BvR 2661/06 –, BVerfGE 126, 286 (350) = NJW 2010, 3422 Tz. 53 – Honeywell.

486 BVerfG Beschl. v. 22.10.1986 – 2 BvR 197/83 –, BVerfGE 73, 339 (375) = NJW 1987, 577 – Solange II; zu dem Bild der „Brücke": Kirchhof NJW 1996, 1497 (1501).

487 BVerfG Beschl. v. 19.07.2011 – 1 BvR 1916/09 –, BVerfGE 129, 78 (97) = NJW 2011, 3428 Tz. 68, 75 – zu Art. 19 Abs. 3 GG.

488 BVerfG Urt. v. 30.06.2009 – 2 BvE 2/08 –, BVerfGE 123, 267 (347) = NJW 2009, 2267 Tz. 267 – Lissabon.

489 BVerfG Beschl. v. 19.07.2011 – 1 BvR 1916/09 –, BVerfGE 129, 78 (99) = NJW 2011, 3428 Tz. 80 – zu Art. 19 Abs. 3 GG; Ritter NJW 2012, 1549 (1550).

490 BVerfG Beschl. v. 19.07.2011 – 1 BvR 1916/09 –, BVerfGE 129, 78 (100) = NJW 2011, 3428 Tz. 81 – zu Art. 19 Abs. 3 GG.

GRCh finden die europäischen Grundrechte der Charta „ausschließlich bei der Durchführung des Unionsrecht“[491] Anwendung.

Anwendung des Unionsrechts meint sowohl die Anwendung von europäischem Primär- als auch Sekundärrecht. Beim Primärrecht geht es in erster Linie um die europäischen Grundfreiheiten nach den Grundlagenverträgen. Dies setzt einen grenzübergreifenden Sachverhalt voraus.[492] Bei der Anwendung von Sekundärrecht geht es um die Anwendung nationaler Maßnahmen, mit denen der Mitgliedstaat Unionsrecht (Verordnungen, Richtlinien etc.) umsetzt bzw. durchführt. Unionsrecht wird also insbesondere dann durchgeführt, wenn eine gesetzliche Bestimmung des Mitgliedstaates durch Unionsrichtlinien vorgeprägt ist.[493]

(a) BVerfG: Lehre von der strengen Trennung der Grundrechtsschichten

Das BVerfG meint, die nationalen und europäischen Grundrechtsschichten seien streng voneinander zu trennen. Von einer „ausschließlichen Durchführung von Unionsrecht“ könne nur die Rede sein, wenn das Unionsrecht dem nationalen Recht zwingende Vorgaben macht (Determinierung des nationalen Rechtes).[494] Ansonsten bestehe die Gefahr einer Vertragsänderung durch Vertragsauslegung. Im Ermessensbereich bei der Umsetzung von Richtlinien wäre

---

491 Englisch: „implementation“; Französisch: „mettent en oeuvre“; Spanisch: „applicar“; Italienisch: „Nell'attuazione“.

492 EuGH Beschl. v. 1.03.2011 - C-457/09 -, BeckRS 2011, 80135 Tz. 25, 27 - Chatry. Der Anwendungsbereich der Grundrechte ist daher nicht deckungsgleich mit dem des Diskriminierungsverbotes nach Art. 18 AEUV (im „Anwendungsbereich der Verträge“), Thym NVwZ 2013, 889 (893).

493 Kirchhof NJW 2011, 3681 (3684).

494 BVerfG Urt. v. 24.04.2013 - 1 BvR 1215/07 -, BVerfGE 133, 277 (313) = NJW 2013, 1499 - Tz. 88 f. m.w.N. Antiterrordatei; Masing JZ 2015, 477 (481 f.); Grimm JZ 2013, 585 (591); Kirchhof NJW 2011, 3681 (3684); Ziegenhorn NVwZ 2010, 803 (807); Streinz EUV/AEV, 2. Aufl., 2012, Art. 51 GRCh Rn. 7; Jarass GRCh, 1. Aufl., 2010, Art. 51 Rn. 18; Kingreen in: Calliess/Ruffert, EUV/AEUV, 4. Aufl., 2011, Art. 51 GRCh Rn. 11, 12. Ähnlich argumentiert auch Generalanwalt Cruz Villalón in seinen Schlussanträgen v. 12.06.2012 im Fall Fransson (- C-617/10 -). Die „ausschließliche Durchführung des Unionsrecht“ i.S.d. Art. 51 GRCh fordere eine „Präsenz des Unionsrechts“. Bei der Umsetzung des Unionsrechts müsse der Einfluss desselben „hinreichend nachhaltig“ sein. Das Unionsrecht müsse causa, nicht nur occasio der Umsetzung sein. Ohler [NVwZ 2013, 1433 (1437)] hingegen fordert bei der Durchführung von unionsrechtlichen Ermessenspielräumen ein „System kommunizierender Röhren“. Der Gesetzgeber habe je nach Gewicht der europäischen Grundrechtsdimension dieselbe im Rahmen der Ermessensausübung und Verhältnismäßigkeitsprüfung zu berücksichtigen.

das nationale Verfassungsrecht ausschließlicher Prüfungsmaßstab; dem BVerfG gebühre das letzte Wort.[495] Im gebundenen Bereich der Umsetzung von Richtlinien kämen die europäischen Grundrechte der Charta zur Anwendung; dem EuGH gebühre das letzte Wort.[496]

(b) EuGH: Lehre von der Doppelgeltung der nationalen und unionalen Grundrechte

Demgegenüber geht der EuGH von einer Doppelbindung der Mitgliedstaaten an die nationalen und unionalen Grundrechte aus, wobei der Grundrechtecharta im Zweifel der Anwendungsvorrang gebührt.[497] Um eine „Durchführung von Unionsrecht" i.S.d. Art. 51 GRCh anzunehmen, reiche ein Zusammenhang mit dem Unionsrecht. Eine Veranlassung durch das Unionsrecht oder gar zwingende Vorgaben des Unionsrechts seien hinreichend, aber nicht unbedingt erforderlich. Auch wenn dem nationalen Gesetzgeber Spielräume bei der Umsetzung unionalem Rechts zustehen, setze er Unionsrecht um.[498] In diesem Sinne fänden die in der Unionsrechtsordnung gewährleisteten Grundrechte „in allen unionsrechtlich geregelten Fallgestaltungen, aber nicht außerhalb derselben

495 Kirchhof NJW 2011, 3681 (3684); Ziegenhorn NVwZ 2010, 803 (807).

496 Mit seiner Antiterrordatei-Entscheidung hebt das BVerfG [Urt. v. 24.04.2013 – 1 BvR 1215/07 –, BVerfGE 133, 277 (316) = NJW 2013, 1499 Tz. 91; ebenso Masing JZ 2015, 477 (482)] hervor, dass nicht allein „jeder sachliche Bezug einer Regelung zum bloß abstrakten Anwendungsbereich des Unionsrechts oder rein tatsächliche Auswirkungen auf diese ausreiche", um eine Anwendung der europäischen Grundrechte auszulösen. Es handele sich dann um einen ausbrechenden Rechtsakt (Art. 23 GG).

497 EuGH Urt. v. 26.02.2013 – C-617/10 –, NJW 2013, 1415 (1417) Tz. 19 m.w.N. – Fransson. Der EuGH setzt damit seine vor Geltung der Grundrechtscharta begonnene Rechtsprechung [EuGH Urt. v. 18.06.1991 – C-260/89 –, BeckRS 2004, 75777 Tz. 42 = NJW 1992, 2621 (LS) – ERT] fort, wonach die unionalen Grundrechte im gesamten Anwendungsbereich des Gemeinschaftsrecht zur Geltung kommen [Weller, in: Weller/Althammer, Mindeststandards im europäischen Zivilprozessrecht, 2015, 86; krit. Huber NJW 2011, 2385 (2386); Lange NVwZ 2014, 169 (173 f.); Herresthal ZEuP 2014, 238 (250 f.)]. Ebenso unter Hinweis auf das Meistbegünstigungsprinzip i.S.d. Art. 53 GRCh: Streinz/Michl EuZW 2011, 384 (386). S.a. Thym JZ 2015, 53 (55 f.); Thym NVwZ 2013, 889 (893 f.); Ehlers, in Ehlers, Europäische Grundrechte und Grundfreiheiten, 4. Aufl., 2014, § 14 Rn. 74, 39.

498 EuGH Urt. v. 21.12.2011 – C-411/10 –, NVwZ 2012, 417 (418) Tz. 65, 67, 68 – Asylrecht; EuGH Urt. v. 28.01.2008 – C-275/06 –, NJW 2008, 743 (746) Tz. 68 – Promusicae; EuGH Urt. v. 27.06.2006 – C-540/04 –, NVwZ 2006, 1033 Tz. 105 = NJW 2006, 3266 (LS) – Familienzusammenführung; Jarass GRCh, 1. Aufl., 2010, Art. 51 Rn. 21 f.

Anwendung“[499]. Im Ergebnis führten die Mitgliedstaaten demnach bereits dann Unionsrecht i.S.d. Art. 51 GRCh durch, wenn eine nationale Regelung in den Anwendungsbereich des Unionsrechts fällt.[500]

(c) Stellungnahme

Klar liegt der Fall nach der insoweit übereinstimmenden Rechtsprechung des EuGH und des BVerfG dann, wenn die europäische Richtlinie dem nationalen Gesetzgeber keinen Umsetzungsspielraum einräumt. Dann handelt es sich jedenfalls um die „ausschließliche Durchführung von Unionsrecht“ i.S.d. Art. 51 abs. 1 S. 1 GRCh. Unklar und streitig ist die Rechtslage, wenn die europäische Richtlinie dem nationalen Gesetzgeber bei der Umsetzung der Richtlinie einen Ermessensspielraum gewährt.

Die freie Anwaltswahl in der Rechtsschutzversicherung ist nach bundesdeutschem Recht in § 127 VVG geregelt. Mit der Regelung des § 127 VVG setzt der nationale Gesetzgeber eins zu eins die zwingenden Vorgaben der Rechtsschutzversicherungsrichtlinie[501] um. Die europäische Vorschrift fordert, dass dem Rechtsschutzversicherten in jedem Versicherungsvertrag die freie Anwaltswahl für alle Fälle der behördlichen und gerichtlichen Interessenvertretung eingeräumt werden muss (Art. 4 Abs. 1 a RSV-RL[502]). Da es sich um zwingendes Unionsrecht handelt, kommt der Anwendungsvorrang des Unionsrechts zum Tragen. Nach der insoweit übereinstimmenden Rechtsprechung des BVerfG und des EuGH „führt“ § 127 VVG die Vorgaben der Rechtsschutzversicherungsrichtlinie i.S.d. Art. 51 Abs. 1 S. 1 GRCh „durch“, sodass Art. 47 GRCh Anwendung findet.

---

499 EuGH Urt. v. 26.02.2013 – C-617/10 –, NJW 2013, 1415 (1417) Tz. 19 m.w.N. – Fransson; Lenaerts AnwBl 2014, 772 (775 f.); vgl. a. Schlussanträge Sharpston v. 14.11.2013 – C-390/12 – Tz. 38 f. – Pfleger; Thym JZ 2015, 53 (55 f.).

500 Mit der Siragusa-Entscheidung schränkt der EuGH [Urt. v. 6.03.2014 – C-206/13 –, NVwZ 2014, 575; zust. Terhechte, in: Groeben/Schwarze/Hetje, Europäisches Unionsrecht, Bd. 1, 7. Aufl., 2015, GRCh Art. 51 Rn. 11, 12] seine bisherige Rechtsprechung ein und fordert einen verpflichtenden Einfluss des Unionsrechts auf die Umsetzungsentscheidung der Mitgliedstaaten müsse hinreichend nachhaltig sein. Das Unionsrecht müsse causa und dürfe nicht occasio der Umsetzungsentscheidung sein [s.a. Schlussanträge Cruz Villalón v. 12.06.2012 – C-617/10 – Tz. 61 – Fransson].

501 Richtlinie 87/344/EWG des Rates v. 22.06.1987 zur Koordinierung der Rechts- und Verwaltungsvorschriften für die Rechtsschutzversicherung, ABl Nr. L 185 v. 04.07.1987, 77; nunmehr übernommen in Art. 198 f. der Solvabilität II – RL 2009/138/EG v. 25.11.2009, ABl L 335/1, 77 f.

502 Nunmehr Art. 201 Abs. 1 a Solvabilität II-RL 2009/138/EG v. 25.11.2015 [ABl L 335, 1 (170)].

(3) Freie Anwaltswahl nach Art. 47 GRCh

Das GG ist im Lichte des Art. 47 GRCh zu verstehen und auszulegen. Zu den Kernbestandteilen eines fairen Verfahrens i.S.d. Art. 47 GRCh zählt der EuGH im Anschluss an die Rechtsprechung des EGMR zu Art. 6 Abs. 1 EMRK[503] das Recht auf anwaltliche Vertretung und Beratung sowohl in Straf- als auch in Zivilsachen.[504] Die freie Anwaltswahl setzt der EuGH als selbstverständliches Recht nach Art. 47 GRCh in seiner Rechtsprechung voraus.[505]

Das Recht auf „fair hearing“ durch „legal assistance“ entspricht nicht dem allgemeinen aus Art. 2 Abs. 1 GG fließenden Recht, sich durch jedweden Dritten vertreten zu lassen, sondern stützt die hier vertretene Auslegung des besonderen Gehörsrechts nach Art. 103 Abs. 1 GG als anwaltlich vermitteltes Gehör.

ff. Völkerrechtsfreundliche Auslegung des Grundgesetzes

Art. 103 Abs. 1 GG ist zudem völkerrechtsfreundlich auszulegen.[506] Die Menschenrechtsbestimmungen der EMRK stehen zwar innerstaatlich im Rang unterhalb des GG, gleichwohl gebietet der Friedens- und Integrationsauftrag des Grundgesetzes und das vorbehaltlose Bekenntnis zu den Menschenrechten nach Art. 1 Abs. 2 GG ein völkerrechtsfreundliches Verständnis der Grundrechte.

Nach Art. 59 Abs. 2, 25 S. 2 GG stellen die Vorschriften des allgemeinen Völkerrechts lediglich Bestandteile des Bundesrechts dar.[507] Anderes ergibt sich auch nicht aus Art. 6 Abs. 3 EUV. Nach Art. 6 Abs. 3 EUV zählen die Bestimmungen der EMRK zu den allgemeinen Grundsätzen des Unionsrechts. Solange die Union ihrer Verpflichtung nach Art. 6 Abs. 2 EUV nicht nachgekommen ist,

---

503 EGMR Urt. v. 21.02.1975 - Serie A, Nr. 18, Tz. 26–40 - Golder.

504 EuGH Urt. v. 26.06.2007 - C-305/05 -, NJW 2007, 2387 (2388) Tz. 31- Ordre des barreaux.

505 EuGH Urt. v. 14.09.2010 - C-550/07 -, NJW 2010, 3557 (3559) Tz. 41 - Akzo Nobel; EuGH Urt. v. 25.02.1988 - C-427/85 -, NJW 1988, 887 (888) Tz. 27. Zumal Art. 19 Abs. 4 EuGHSatz einen Anwaltszwang vor dem EuGH vorsieht und insoweit nach einer freien Anwaltswahl verlangt, EuGH Urt. v. 6.09.2012 - C-422/11 P - u. - C-423/11 P-, BeckRS 2012, 688228; s. a. Alber, in: Kölner Gemeinschaftskommentar GRCh, 1. Aufl., 2006, Art. 47 Rn. 73.

506 Schmahl, in: Schmidt-Bleibtreu/Klein, GG, 12. Aufl., 2011, Art. 103 Rn. 2; Schulze-Fielitz, in: Dreier, GG, Bd. 3, 2. Aufl., 2008, Art. 103 Rn. 9; Degenhart, in: Sachs, GG, 7. Aufl., 2014, Art. 103 Rn. 6.

507 BVerfG Urt. v. 4.05.2011 - 2 BvR 2365/09 - u. 740/10 - u. 2333/08 - u. 571/10 -, BVerfGE 128, 326 (366) = NJW 2011, 1931 Tz. 87 - Sicherungsverwahrung; BVerfG Urt. v. 4.10.2004 - 2 BvR 1481/04 -, BVerfGE 111, 307 (317) = NJW 2004, 3407 - Görgülü; Kirchhof NJW 2011, 3681 (3683).

der EMRK beizutreten, zählt die EMRK nicht zu der Unionsrechtsordnung.[508] Art. 6 Abs. 3 EUV regelt daher nicht das Verhältnis zwischen der EMRK und den Rechtsordnungen der Mitgliedstaaten und lässt auch offen, wie ein nationales Gericht einen Widerstreit zwischen den durch die EMRK gewährleisteten Rechten und einer Regelung des innerstaatlichen Rechts aufzulösen hat.[509]

Die Bestimmungen des GG sind gleichwohl völkerrechtsfreundlich auszulegen.[510] Der Konventionstext und die Rechtsprechung des EGMR dienen auf der Ebene des Verfassungsrechts als Auslegungshilfe für die Bestimmung des Inhalts und der Reichweite von Grundrechten und rechtsstaatlichen Grundsätzen des GG.[511] Das Leitbild der Rechtsprechung des EGMR soll einen Widerstreit zwischen nationalem Recht und Völkerrecht und damit einhergehenden Völkerrechtsverletzungen möglichst vermeiden und den Gewährleistungen der Menschenrechtskonvention möglichst umfassend zur Geltung verhelfen.[512] Der Friedens- und Integrationsauftrag des Art. 1 Abs. 2 GG beinhaltet ein vorbehaltloses Bekenntnis des GG zu den Menschenrechten und gibt als Leitlinie für die Auslegung des GG vor, die Grundrechte als Ausprägung der Menschenrechte zu verstehen und diese als kleinsten gemeinsamen Nenner in sich aufgenommen zu haben.[513]

---

508 EuGH Urt. v. 26.02.2013 – C-617/10 –, NJW 2013, 1415 (1417) Tz. 44 – Fransson.

509 EuGH Urt. v. 26.02.2013 – C-617/10 –, NJW 2013, 1415 (1417) Tz. 44 – Fransson; EuGH Urt. v. 24.04.2012 – C-571/10 –, NVwZ 2012, 950 = NJW 2012, 2719 (LS) Tz. 62 – Kameraj; vgl. a. EGMR Urt. v. 6.12.2012.- 12323/11 –, NJW 2013, 3423 Tz. 103 f.

510 BVerfG Beschl. v. 15.12.2015 – 2 BvL 1712 –, 1295 (1299) Tz. 64 f.; BVerfG Beschl. v. 18.08.2013 – 2 BvR 1380/08 –, NJW 2013, 3714 (3715) Tz. 26, 27; BAG Urt. v. 20.10.2015 – 9 AZR 743/14 –, NJW 2016, 1034 (1035) Tz. 13; Voßkuhle NJW 2013, 1329 (1330); Kirchhof NJW 2011, 3681 (3683). S. zu weiteren dogmatischen Ansätzen, einen Verfassungsrang der EMRK zu begründen: Thym JZ 2015, 53 (54 m.w.N.).

511 BVerfG Urt. v. 4.05.2011 – 2 BvR 2365/09 – u. 740/10 – u. 2333/08 – u. 571/10 –, BVerfGE 128, 326 (367) = NJW 2011, 1931 Tz. 88 – Sicherungsverwahrung; BVerfG Urt. v. 30.06.2009 – 2 BvE 2/08 –, BVerfGE 123, 267 (345 f.) = NJW 2009, 2267 Tz. 219 – Lissabon; BVerfG Urt. v. 4.10.2004 – 2 BvR 1481/04 –, BVerfGE 111, 307 (317) = NJW 2004, 3407 – Görgülü; BVerfG Beschl. v. 26.03.1987 – 2 BvR 589/79 –, BVerfGE 74, 358 (370) = NJW 1987, 2427; Voßkuhle NJW 2013, 1329 (1330); Kirchhof NJW 2011, 3681 (3683).

512 BVerfG Urt. v. 4.05.2011 – 2 BvR 2365/09 – u. 740/10 – u. 2333/08 – u. 571/10 –, BVerfGE 128, 326 (367, 369) = NJW 2011, 1931 Tz. 89, 91 – Sicherungsverwahrung.

513 BVerfG Urt. v. 4.05.2011 – 2 BvR 2365/09 – u. 740/10 – u. 2333/08 – u. 571/10 –, BVerfGE 128, 326 (367, 369) = NJW 2011, 1931 Tz. 89, 91 – Sicherungsverwahrung; BVerfG Urt. v. 4.10.2004 – 2 BvR 1481/04 –, BVerfGE 111, 307 (329) = NJW 2004, 3407 – Görgülü Tz. 219.

Nach diesen Grundsätzen ist Art. 103 Abs. GG völkerrechtsfreundlich dahin gehend zu verstehen, dass ein „faires" rechtliches Gehör den Anspruch auf einen selbst gewählten Rechtsbeistand beinhaltet.

Art. 47 GRCh und Art. 6 EMRK sind ausdrücklich als solche benannte Verfahrensrechte, die die freie Anwaltswahl umfassen. Eine unions- und völkerrechtsfreundliche Auslegung stützt daher die Auslegung des Gehörsrechts nach Art. 103 Abs. 1 GG als anwaltlich vermitteltes Gehör und verfassungsrechtlichen Sitz des Rechtes auf eine freie Anwaltswahl.

6. *Richtliniengerechte Auslegung*

§§ 127, 129 VVG setzen die Vorgaben europäischer Richtlinien um. Sie sind daher richtliniengerecht auszulegen.[514] Das unionale Richtlinienrecht beansprucht einen Anwendungsvorrang vor dem Recht der Mitgliedstaaten.[515] Die Mitgliedstaaten haben die volle Wirksamkeit des Unionsrechts (effet utile) zu gewährleisten, indem sie jede möglicherweise dem Unionsrecht entgegenstehende Bestimmung des nationalen Rechts unangewendet lassen.[516] Widersprechen sich nationales und unionales Recht, so bleibt das nationale Recht unangewendet, wird aber weder unwirksam noch nichtig.[517] Das nationale Recht bedarf der richtliniengerechten Auslegung. Der Anwendungsvorrang folgt aus dem Unionsrecht. Die Europäische Union könnte als Rechtsgemeinschaft keinen Bestand haben, wenn die einheitliche Wirksamkeit des Unionsrechts in den Mitgliedstaaten nicht gesichert wäre.

---

514 BGH Urt. v. 4.12.2013 - IV ZR 215/12 -, BGHZ 199, 170 (180) = NJW 2014, 630 Tz. 27 f.

515 EuGH Urt. v. 19.01.2010 - C-555/07 -, NJW 2010, 427 (430) Tz. 54 - Kücükdevici; EuGH Urt. v. 22.11.2005 - C-144/04 -, NJW 2005, 3695 (3698) Tz. 77 - Mangold; EuGH Urt. v. 15.07.1964 - Rs. 6/64 -, NJW 1964, 2371 Tz. 12 - Costa/ENEL; BVerfG Beschl. v. 6.07.2010 - 2 BvR 2661/06 -, BVerfGE 126, 286 (350) = NJW 2010, 3422 Tz. 54 - Honeywell; BVerfG Urt. v. 30.06.2009 - 2 BvE 2/08, BVerfGE 123, 267 (354 f.) = NJW 2009, 2267 Tz. 335, 339, 343 - Lissabon.

516 EuGH Urt. v. 19.01.2010 - C-555/07 -, NJW 2010, 427 (430) Tz. 54 - Kücükdevici; EuGH Urt. v. 22.11.2005 - C-144/04 -, NJW 2005, 3695 (3698) Tz. 77 - Mangold; EuGH Urt. v. 15.07.1964 - Rs. 6/64 -, NJW 1964, 2371 Tz. 12 - Costa/ENEL.

517 BVerfG Beschl. v. 6.07.2010 - 2 BvR 2661/06 -, BVerfGE 126, 286 (350) = NJW 2010, 3422 Tz. 53 - Honeywell.

a. Europäischer Entstehungshintergrund des § 127 VVG

§§ 127, 129 VVG haben einen europäischen Entstehungshintergrund. Die europarechtlichen Vorgaben für die Rechtsschutzversicherung finden sich in Art. 198 f. der Solvabilität II-RL 2009/138/EG v. 25.12.2015.[518] Diese Vorschriften übernehmen die Vorgaben der Rechtsschutzversicherungs-RL 87/344/EWG v. 22.06.1987[519]. Vornehmliches Ziel der Richtlinienvorgaben ist die europaweite Angleichung der Rechtsregeln zur Vermeidung eines Interessenwiderstreits zwischen einem Mehrspartenversicherer und seinem Versicherungsnehmer. Unterhält der Versicherungsnehmer etwa bei ein und demselben Mehrspartenversicherer sowohl eine Haftpflicht- als auch eine Rechtsschutzversicherung, so ist sein Interesse auf einen vollen Versicherungsschutz in beiden Versicherungszweigen gerichtet. Der Versicherer hat aber kein Interesse, für die Kosten einer Deckungsklage gegen sich selbst aufzukommen.

Anlass der Regelung war, dass europaweit allein die BRD ein Spartentrennungsgebot zur Meidung eines Interessenwiderstreits – insbesondere bei zeitgleicher Haftpflicht- und Rechtsschutzversicherung – kannte.[520] Zur Durchsetzung der Niederlassungsfreiheit der europäischen Rechtsschutzversicherer sollte der abgeschottete deutsche Markt geöffnet werden. Diese Vorgaben hat Deutschland 1990[521] mit der Einführung eines Schadensabwicklungsunternehmens nach § 158 l VVG a.F. (heute: § 126 VVG) umgesetzt.

Art. 4 Abs. 1 a der RSV-RL[522] fordert zudem, dass dem Rechtsschutzversichertem in jedem Rechtsschutzversicherungsvertrag die freie Anwaltswahl für jeden Fall der Interessenvertretung in einem Verwaltungs- oder Gerichtsverfahren eingeräumt werden muss. Dabei muss das Verwaltungsverfahren nicht notwendig in ein Gerichtsverfahren einmünden.[523]

Diese europarechtlichen Vorgaben des Art. 4 Abs. 1 a RSV-RL setzt § 127 Abs. 1 S. 1 VVG eins zu eins um.

---

518 ABl L 335, 1 (170).

519 ABl L 185, 77.

520 ErwGr 8 RSV-RL.

521 Gesetz v. 28.06.1990, BGBl. I, 1249.

522 Nunmehr Art. 201 Abs. 1 a Solvabilität II-RL.

523 EuGH Urt. v. 7.04.2016 – C-460/14 –, VersR 2016, 657 Rn. 20 – Massar.

b. Einschränkende Auslegung

Teile des Schrifttums und verlangen eine einschränkende, an Wortlaut und Zweck der RSV-RL ausgerichtete Auslegung des § 127 VVG. Diese Lehrmeinung spaltet sich wiederum in zwei Lesarten des § 127 VVG.

aa. Vertretung in Gerichts- und Verwaltungsverfahren

Eine streng am Wortlaut des Art. 4 Abs. 1 a der RSV-Richtlinie ausgerichtete Lesart des § 127 VVG will die freie Anwaltswahl auf die Interessenvertretung in Gerichts- und Verwaltungsverfahren begrenzen.[524] Nicht alle Mitgliedstaaten kennen einen Anwaltszwang (§§ 78, 79 ZPO) bzw. ein Beratungs- und Vertretungsvorrecht der Anwaltschaft (§ 3 BRAO) in dem Umfang, wie er nach bundesdeutschem Recht gilt. Ein europaweites Schutzbedürfnis der Rechtsschutzversicherten im Bereich der außergerichtlichen Beratung und Vertretung ist nicht erkennbar. Zum Teil wird daher gefordert, das Anwaltswahlrecht in richtliniengerechter Lesart des § 127 VVG auf die Vertretung vor Gerichten und Behörden zu beschränken.[525] § 127 Abs. 1 S. 2 VVG liefe dann leer.[526] Eine Rechtsdienstleistungsversicherung für die außergerichtliche Beratung und Vertretung des Versicherten durch angestellte Anwälte der Versicherer sowie eine umfassende gestaltende Schadenabwicklung wäre dann unter dem Gesichtspunkt des § 127 VVG unproblematisch.

bb. Widerstreit der Interessen

Eine weitere einschränkende Lesart des § 127 VVG richtet sich am Zweck der RSV-RL aus. Sie will die Anwendung des § 127 VVG auf Fälle beschränken, in denen widerstreitende Interessen zwischen dem Versicherungsnehmer und seinem Mehrspartenversicherer zu besorgen sind.[527] Die

---

524 Prunbauer-Glaser FS Hellwig, 2010, 69 (76).

525 Hillmer-Möbius, in: van Bühren/Plote, ARB, 3. Aufl., 2013, § 17 ARB Rn. 42; Richter, in: MünchKommVVG, Bd. 2, 1. Aufl., 2011, § 127 Rn. 10; a.A. BGH Urt. v. 4.12.2013 – IV ZR 215/12 –, BGHZ 199, 170 (180) = NJW 2014, 630 = VersR 2014, 98 Tz. 29; Schilasky Einschränkungen der freien Anwaltswahl in der Rechtsschutzversicherung, 1998, 181 f.; vgl. a. Koch GRUR-Prax 2012, 313 (314); s.a. BGH Beschl. v. 14.01.2016 – I ZR 98/15 –, r + s 2016, 235 (236) Tz. 6, 7.

526 So wohl BGH Beschl. v. 14.01.2016 – I ZR 98/15 –, r + s 2016, 235 (236) Tz. 6, 7; vgl. a. BGH Urt. v. 4.12.2013 – IV ZR 215/12 –, BGHZ 199, 170 (180) = NJW 2014, 630 Tz. 29.

527 Wendenburg NJW 2011, 3064 (3065); Schilasky Einschränkungen der freien Anwaltswahl in der Rechtsschutzversicherung, 1998, 182; Hillmer-Möbius, in: van Bühren/Plote, ARB, 3. Aufl., 2013, § 17 ARB Rn. 42.

RSV-RL[528] verfolgt die Ziele, das deutsche Spartentrennungsgebot im Interesse der Niederlassungsfreiheit aufzuheben und die unterschiedlichen Regelungen zur Meidung widerstreitender Interessen im Bereich der Rechtsschutzversicherung – insbesondere bei Mehrspartenversicherern, welche gleichzeitig eine Haftpflicht- und eine Rechtsschutzsparte unterhalten – europaweit anzugleichen. § 127 VVG sei entsprechend dem Sinn und Zweck der Rechtsschutzversicherungsrichtlinie einschränkend und richtliniengerecht dahin gehend auszulegen, dass es dem Versicherungsnehmer nur dann freisteht, den Anwalt seines Vertrauens zu beauftragen, wenn durch die Vermittlung eines Rechtsanwaltes oder die Erbringung eigener Rechtsdienstleistungen durch einen Rechtsschutzversicherer die Gefahr widerstreitender Interessen besteht. Wenn die Angleichung der Kollisionsregelungen der Zweck der Richtlinie ist, so sei die freie Anwaltswahl europarechtlich auch auf eben solche Fälle widerstreitender Interessen beschränkt.[529] Nach dieser Lesart des § 127 VVG käme es darauf an, wie weit der Interessenwiderstreit zwischen Versicherer und Versichertem reicht, um eine Beratung und Vertretung des Versicherten durch Mitarbeiter des Versicherers auszuschließen.[530]

cc. Stellungnahme

Eine richtliniengerechte Auslegung des § 127 VVG gebietet keine einschränkende Auslegung der Vorschrift – weder auf Fälle der Vertretung in Gerichts- und Verwaltungsverfahren noch auf Fälle des Interessenwiderstreits.

Ein Interessenwiderstreit zwischen dem Kostendämpfungsinteresse des Rechtsschutzversicherers und dem unbedingten Rechtsdurchsetzungsinteresse seines Versicherten ist stets gegeben. Eine einschränkende Auslegung ist nicht geboten.

Die freie Anwaltswahl nach der RSV-RL ist auch nicht auf die Vertretung in Gerichts- und Verwaltungsverfahren beschränkt. Art. 4 Abs. 1 a RSV-RL ist nicht die einzige Vorschrift der Richtlinie, die sich mit der freien Anwaltswahl befasst. Weitere Regelungen finden sich in Art. 3 Abs. 2 c RSV-RL und Art. 5

528 Art. 1 RSV-RL.

529 Nach Auffassung des BGH (Urt. v. 20.02.1961 – II ZR 139/59 -) verfolgen der Rechtsschutzversicherer und sein Versicherter stets gegenläufige Interessen: Der Versicherer will die Rechtsverfolgungskosten senken, der Versicherte sein Recht um jeden Preis durchsetzen. Diese Interessenlage ist die Grundlage des Verbotstatbestandes des § 4 RDG, dazu unten.

530 Vgl. zum österreichischen Recht: Brunner Die freie Anwaltswahl in der Rechtsschutzversicherung, 2017, 43 f.

Abs. 1 d RSV-RL.[531] Beide Regelungen beschränken die Anwaltswahl nicht auf eine anwaltliche Vertretung vor Behörden und Gerichten. Art. 5 Abs. 1 d RSV-RL spricht sogar ausdrücklich von einer Rechtsberatung und (allgemeinen) Vertretung. Über den reinen Wortlaut des Art. 4 Abs. 1 a RSV-RL hinaus gewährt die Regelung dem Rechtsschutzversicherten einen verbindlichen und unbedingten Anspruch gegen den Rechtsschutzversicherer auf die freie Wahl seines Anwalts. Dies stellt der 11. Erwägungsgrund i.V.m. dem Wortlaut des Art. 4 Abs. 1 a der Richtlinie klar.[532] Zum Leistungsumfang der Rechtsschutzversicherung zählt nach Art. 2 Abs. 1 RSV-RL die außergerichtliche Rechtsvertretung und -verteidigung.[533] Nach Art. 3 Abs. 2 c der Richtlinie hat der Versicherte das Recht, die Vertretung seiner Interessen auf einen Rechtsvertreter zu übertragen, sobald er das Tätigwerden des Versicherers aufgrund des Versicherungsvertrages verlangen kann, also bereits vor dem Beginn eines Verwaltungs- oder Gerichtsverfahrens.[534] Der Versicherungsnehmer ist bei der außergerichtlichen Beratung und Vertretung ebenso schutzbedürftig wie bei der verfahrensrechtlichen Vertretung.[535] Die Beschränkung der freien Anwaltswahl aus Gründen der Rechtsangleichung auf den Bereich der Gerichts- und Verwaltungsverfahren verbietet sich daher.[536] Die freie Anwaltswahl erstreckt sich demnach auch auf den außergerichtlichen Bereich, wie dies in § 127 Abs. 1 S. 2 VVG klargestellt wird. Eine andere Lesart des Art. 4 Abs. 1 a der Richtlinie würde dem Zweck der Richtlinie, die Rechte des Versicherten umfassend zu schützen, nicht gerecht.[537] Das eigenständige Wahlrecht nach Art. 4 Abs. 1 a der Richtlinie ist unabhängig davon zu beurteilen, ob die Mitgliedstaaten einen Anwaltszwang oder ein Beratungsvorrecht der Anwaltschaft vorsehen.[538] Ausnahmen vom Grundsatz der freien Anwaltswahl lässt die Richtlinie nur in Art. 5 RSV-RL zu[539] und damit nicht für den Bereich der außergerichtlichen Rechtsvertretung und -verteidigung.

Die freie Anwaltswahl ist ein Verfahrensrecht zum Schutz der unabhängigen Rechtspflege. Art. 47 GRCh und Art. 6 EMRK bilden auf europäischer Ebene

531 S. a. ErwGr 11 RSV-RL.
532 EuGH Urt. v. 7.11.2013 – C-442/12 –, NJW 2014, 373 (374) Tz. 22 – Sneller.
533 Maier r + s 2015, 353 (354); s.a. Purnhagen NJW 2014, 374 f.
534 Schlussanträge der Generalanwältin Trstenjak v. 14.05.2009 – C-199/08 –, EuZW 2009, 436 = BeckRS 2009, 70510 Tz. 61.
535 Prunbauer-Glaser FS Hellwig, 2010, 69 (77).
536 Prunbauer-Glaser FS Hellwig, 2010, 69 (78).
537 EuGH Urt. v. 7.11.2013 – C-442/12 –, NJW 2014, 373 (374) Tz. 24 – Sneller.
538 EuGH Urt. v. 7.11.2013 – C-442/12 –, NJW 2014, 373 (374) Tz. 31 – Sneller.
539 Purnhagen NJW 2014, 374 (375).

den grundrechtlichen Hintergrund dieses Verfahrensrechtes ab. Die RSV-RL stellt nicht den Geltungsgrund für die freie Anwaltswahl dar. Das Verfahrensrecht gilt außerhalb und unabhängig von der RSV-RL. Sinn und Zweck der RSV-RL taugen daher nicht für eine Beschränkung der freien Anwaltswahl. Das Verfahrensrecht der freien Anwaltswahl ist weder auf Fälle der Vertretung in Gerichts- und Verwaltungsverfahren noch auf Fälle des Interessenwiderstreits zu beschränken.

III. Beeinträchtigung der Wahlfreiheit und Rechtfertigung

Nach den bisherigen Untersuchungen steht fest, dass eine Beeinträchtigung der freien Anwaltswahl als Verfahrensgrundrecht nur zum Schutz der unabhängigen Rechtsfindung und Rechtspflege gerechtfertigt werden kann. Ungeklärt ist aber, wann eine tatbestandliche, rechtserhebliche Beeinträchtigung der freien Anwaltswahl vorliegt.

1. Wahlfreiheit

Die schwierige Frage, wann eine Anwaltswahl frei oder erzwungen ist, wurde zunächst zurückgestellt. Nachdem der Schutzzweck der Vorschrift unter Berücksichtigung der Geschichte und des Bedeutungszusammenhanges des Verfahrensrechtes geklärt werden konnte, liegt das Handwerkszeug vor, um sich der Frage nach der Freiheit der Anwaltswahl zuwenden zu können.

a. Gegenstand der Wahl: ein Rechtsanwalt

Der Gegenstand der freien Wahl ist leicht zu ermitteln. Der Gegenstand der Wahl ist ein Rechtsanwalt. § 127 Abs. 2 VVG bestimmt den Rechtsanwalt genauer als europäisch zugelassenen Rechtsanwalt.[540] Der Rechtsanwalt soll die Interessen des Versicherungsnehmers außergerichtlich und in Gerichts- und Verwaltungsverfahren vertreten (§ 127 Abs. 1 VVG).

b. Inhalt der Wahl: Freie Wahl

Weniger leicht ist es zu ermitteln, was § 127 Abs. 1 VVG mit einer freien Wahl des Versicherungsnehmers meint.

---

540 I.S.d. Gesetzes über die Tätigkeit europäischer Rechtsanwälte v. 09.03.2000, BGBl I, 182, 1349.

aa. Wortsinn

Freiwillig ist eine Handlung aus eigenem Antrieb. Unfreiwillig handelt, wer aufgrund äußerer Einflüsse notgedrungen handelt. Ihrem Wortsinn nach fordert die Vorschrift des § 127 Abs. 1 VVG eine Entscheidung des Versicherungsnehmers ohne äußere Einflussnahme vonseiten Dritter. Eine Beschränkung auf eine bestimmte Art oder Form der Einflussnahme lässt sich dem Wortlaut der Vorschrift nicht entnehmen.

Das Verbot, von der freien Anwaltswahl zum Nachteil des Versicherungsnehmers abweichende Vereinbarungen zu treffen, richtet sich an den Rechtsschutzversicherer (§ 129 VVG).

Seinem Wortlaut nach zielt § 127 Abs. 1 VVG darauf, jedwede Einflussnahme des Versicherers auf die Auswahlentscheidung zu verhindern.

bb. Entstehungsgeschichte: GVG und RSV-RL

Mit der Vorgängerregelung des § 158 m VVG a. F. hat der Gesetzgeber die Vorgaben des Art. 4 der europäischen RSV-RL umgesetzt.[541] Neben dem bereits bestehendem einfachgesetzlichen Recht des Rechtsuchenden nach § 3 Abs. 3 BRAO auf eine freie Anwaltswahl hätte es keiner besonderen Schutzvorschrift zugunsten des Versicherungsnehmers bedurft, es sei denn er hielt den Versicherungsnehmer gegenüber der Beeinflussung durch den Versicherer für besonders schutzbedürftig. Dies gilt, zumal der Gesetzgeber § 127 VVG im Gegensatz zu § 3 Abs. 3 BRAO als halbzwingend ausgestaltet hat und sich unmittelbar an den Rechtsschutzversicherer wendet (§ 129 VVG).

cc. Bedeutungszusammenhang

Sowohl § 3 Abs. 3 BRAO als auch § 127 VVG stellen als Verfahrensrechte des Rechtsuchenden der Sache nach ein Stück ausgegliederter Gerichtsverfassung dar.[542] Sie bilden das Geschwisterpaar zu §§ 78, 79 ZPO sowie §§ 3, 4 RDG. Letztere begrenzen zunächst das Recht des Rechtsuchenden, selbst das Wort zu ergreifen, und begründen zugleich sein Recht, seinen Rechtsbeistand selbst zu wählen. Mutter dieses Geschwisterpaares ist die Unabhängigkeit der Rechtspflege, deren

---

541 BGH Urt. v. 4.12.2013 – IV ZR 215/12 –, BGHZ 199, 170 (179 f.) = NJW 2014, 630 Tz. 27 f. m.w.N.

542 Busse, in: Henssler/Prütting, BRAO, 4. Aufl., 2014, Einl. Rn. 9, 17; Fichtmüller, in: DAV, Anwälte und ihre Geschichte, 2011, 91 (119 f.); Gross, in: DAV, Anwälte und ihre Geschichte, 2011, 141 (145 f.); s. a. Habscheid NJW 1985, 1985 (1987).

Schutz sie zu dienen bestimmt sind. Das Recht auf anwaltlich vermitteltes Gehör aus Art. 103 Abs. 1 GG bildet dies verfassungsrechtlich ab.

dd. Sinn und Zweck

Nach seinem Sinn und Zweck schützt § 127 Abs. 1 VVG den Versicherungsnehmer im Interesse einer unabhängigen Rechtspflege vor einer Beeinflussung durch den Versicherer bei der Anwaltswahl. § 127 VVG stellt einen Gefährdungstatbestand zum Schutz der unabhängigen Rechtspflege und keinen Verletzungstatbestand zum Schutz der Entschließungsfreiheit des Versicherungsnehmers dar.

ee. Unionsrechtsgerechte Auslegung

Dieses Auslegungsergebnis wird durch die gebotene europarechtsgerechte Auslegung des § 127 VVG gestützt.

(1) Richtliniengerechte Auslegung

Art. 4 Abs. 1 a RSV-RL (heute: Art. 201 Abs. 1 a der Solvabilität II-RL[543]) räumt dem Rechtsuchenden gegenüber seiner Rechtsschutzversicherung nach der Rechtsprechung des EuGH ein eigenständiges und ansonsten voraussetzungsloses Recht ein, seinen Anwalt frei zu wählen.[544]

Auslegungszweifel, ob es sich bei § 127 VVG um einen Gefährdungstatbestand zum Schutz der unabhängigen Rechtspflege oder um einen Verletzungstatbestand zum Schutz der Entschließungsfreiheit des Einzelnen handelt, können durch eine richtliniengerechte Auslegung beseitigt werden, wenn die Richtlinie den Schutz einer unabhängigen Rechtspflege bezweckt und den Versicherungsnehmer vor Beeinflussungen seitens der Rechtsschutzversicherer bewahren will.

(a) Richtliniengerechte Auslegung der überschießenden Regelung des § 127 Abs. 1 S. 2 VVG

Dem ersten Anschein nach hat der bundesdeutsche Gesetzgeber bei der Umsetzung der RSV-RL[545] mehr getan als der europäische Gesetzgeber von ihm verlangt hat. Art. 4 Abs. 1 a RSV-RL (nunmehr Art. 201 Abs. 1 a Solvabilität II-RL) fordert die freie Anwaltswahl des Versicherungsnehmers ausdrücklich allein für die Fälle der Vertretung vor Behörden und Gerichten, nicht hingegen für die

---

543 2009/138/EG v. 25.11.2015 [ABl L 335, 1 (170)].

544 EuGH Urt. v. 7.11.2013 – C-442/12 –, NJW 2014, 373 (374) Tz. 20 f. – Sneller; EuGH Urt. v. 26.05.2011 – C-293/10 –, NJW 2011, 3077 (3078) Tz. 29 – Stark; EuGH Urt. v. 10.09.2009 – C-199/08 –, NJW 2010, 355 (357) Tz. 49 – Eschig.

545 Nunmehr Art. 198 f. Solvabilität II-RL 2009/138/EG v. 25.11.2015 [ABl L 335, 1 (169)].

Fälle der sonstigen außergerichtlichen Beratung und Vertretung. § 127 Abs. 1 S. 1 VVG setzt die europarechtlichen Vorgaben des Art. 4 Abs. 1 a RSV-RL eins zu eins für die Fälle der Vertretung vor Behörden und Gerichten um. § 127 Abs. 1 S. 2 VVG geht über den Wortlaut des Art. 4 Abs. 1 a RSV-RL hinaus und verlangt auch für den Bereich der außergerichtlichen Beratung und Vertretung die freie Anwaltswahl des Versicherungsnehmers. Gerade der außergerichtliche Bereich ist es jedoch, in dem der Versicherer seinen Versicherungsnehmer abzuholen und ihn in seinem Sinne durch den Rechtsschutzfall zu lotsen versucht.

Es scheint sich bei § 127 Abs. 1 S. 2 VVG aber um eine überschießende Umsetzung europäischen Rechts zu handeln.[546] Bei der Umsetzung der Richtlinie wollte der Gesetzgeber sich darauf beschränken, „nur die dringendsten Regelungen vorzunehmen“[547]. § 158 m Abs. 1 S. 1 VVG a.F.[548] (entspricht § 127 Abs. 1 S. 1 VVG) enthält die für die freie Anwaltswahl nach Art. 4 Abs. 1 a RSV-RL „zu beachtenden Mindestanforderungen“[549]. Satz 2 der Vorschrift verlässt den Bereich der europarechtlichen Vorgaben und regelt bewusst „deutlich darüber hinausgehend“[550] das Anwaltswahlrecht „auch“[551] für den Bereich der außergerichtlichen Rechtsvertretung.

---

546 Hillmer-Möbius, in: van Bühren/Plote, ARB, 3. Aufl., 2013 § 17 ARB Rn. 42; Richter, in: MünchKommVVG, Bd. 2, 2. Aufl., 2017, § 127 Rn. 10, 7; s. a. Terriulo AnwBl 2015, 140 (142); Terriulo Das rechtsschutzversicherte Mandat, 2014, 111 f., 113.

547 BT-Drs. 11/6341, 34, 35.

548 Gesetz zur Durchführung versicherungsrechtlicher Richtlinien v. 28.06.1990. BGBl I, 1249. § 158 m VVG wurde anlässlich der VVG-Überarbeitung im Jahre 2008 unverändert durch § 127 VVG übernommen (BT-Drs. 16/3945, 91).

549 BT-Drs. 11/6341, 37: „§ 158 m Abs. 1 enthält den in Artikel 4 der Rechtschutzversicherungs-Richtlinie vorgegebenen Grundsatz der freien Wahl des Rechtsanwalts und berücksichtigt die hierfür zu beachtenden Mindestanforderungen. Der Grundsatz der freien Anwaltswahl gilt auch für den Fall, daß der Versicherungsnehmer nicht nur Anspruch auf die Wahrnehmung seiner rechtlichen Interessen in einem Gerichts- oder Verwaltungsverfahren, sondern darüber hinaus auch Anspruch auf außergerichtliche Wahrnehmung seiner rechtlichen Interessen etwa zur Vorbereitung eines Gerichts- oder Verwaltungsverfahrens hat.“

550 Hillmer-Möbius, in: van Bühren/Plote, ARB, 3. Aufl., 2013 § 17 ARB Rn. 42; Richter, in: MünchKommVVG, Bd. 2, 2. Aufl., 2017, § 127 Rn. 10; s. a. Koch GRUR-Prax 2012, 333.

551 BT-Drs. 11/6341, 37. In einer weiteren Entwurfsfassung wird Satz 2 nicht durch die Wendung „Dies gilt auch“, sondern durch die Wendung „Gleiches gilt“ eingeleitet (BT-Drs. 11/7230, 12).

Eine überschießende Umsetzung europäischen Rechts wirft gleich mehrere Fragen auf. Wenn die RSV-RL die europaweite Rechtsangleichung des Rechtsschutzversicherungsrechtes bezweckt, durfte der bundesdeutsche Gesetzgeber dann überhaupt über die ausdrücklichen Vorgaben der RSV-RL hinaus weitergehende bundesdeutsche Schutzvorschriften erlassen? Wenn ja, nach welchem Recht richtet sich die Auslegung der überschießenden Regelung? Nach bundesdeutschem oder nach europäischem Recht?

(aa) Teilweise oder vollständige europaweite Rechtsangleichung

Zunächst ist zu klären, ob der bundesdeutsche Gesetzgeber über den eindeutigen Wortlaut des Art. 4 Abs. 1 a RSV-RL hinaus in § 127 Abs. 1 S. 2 VVG ein Anwaltswahlrecht für die außergerichtliche Beratung und Vertretung vorsehen durfte.

Nach Art. 288 Abs. 3 AEUV haben die Mitgliedstaaten die Vorgaben europäischer Richtlinien umzusetzen. An die Zielvorgaben sind sie dabei gebunden. Hinsichtlich der Wahl der Mittel und Form sind sie grundsätzlich frei. Strenger ist die Bindung der Mitgliedstaaten bei der Umsetzung von Richtlinien, die auf eine europaweite Rechtsangleichung abzielen. Hier gilt es zu unterscheiden. Richtlinien, die auf eine teilweise Rechtsangleichung abzielen (Teil- oder Mindestharmonisierung), verlangen von den Mitgliedstaaten lediglich, eine Untergrenze des vorgegebenen Regelungsgehalts einzuhalten. Die Mitgliedstaaten sind nicht gehindert, strengere oder weitergehende Vorschriften beizubehalten oder zu erlassen.[552] Anders verhält es sich bei Richtlinien, die auf eine vollständige Rechtsangleichung (Voll- oder Maximalharmonisierung) abzielen. Wenn diese Richtlinien strenge Vorgaben für die Mitgliedstaaten vorsehen, können diese innerhalb des Anwendungsbereichs der Richtlinie hiervon weder nach oben nach unten abweichen, es sei denn die Richtlinie enthält entsprechende Wertungsspielräume[553] oder Öffnungsklauseln[554].[555] Missachtet der Mitgliedstaat den europäischen Gesetzgeber, ist seine Regelung europarechtswidrig.

---

552 Mittwoch Vollharmonisierung und Europäisches Privatrecht, 2013, 25 f. m.w.N.; Wagner Das Konzept der Mindestharmonisierung, 2001, 53 f.

553 BGH Urt. v. 13.04.2011 – VIII ZR 220/10 –, BGHZ 189, 196 (213) = NJW 2011, 2278 Tz. 47.

554 BGH Urt. v. 30.04.2014 – VIII ZR 275/13 –, BGHZ 201, 83 (89) = NJW 2014, 2351 Tz. 17; Riehm JZ 2006, 1035 (1036).

555 Mittwoch Vollharmonisierung und Europäisches Privatrecht, 2013, 29 f. mit zahlreichen Beispielen 58 f.; Jäger Überschießende Richtlinienumsetzungen im Privatrecht, 2006, 35; Wagner Das Konzept der Mindestharmonisierung, 2001, 46.

Der BGH zählt die RSV-RL[556] „zu den wenigen" europäischen Richtlinien, die eine „gemeinschaftsweite" Rechtsangleichung in einem Bereich des Versicherungsrechts, namentlich der Rechtsschutzversicherung, herbeigeführt hat.[557]

(bb) Einheitliche oder gespaltene Auslegung

Wer mit dem BGH von einer auf vollständige Rechtsangleichung abzielenden Stoßrichtung der RSV-RL ausgeht, müsste sich dann folgerichtig die Frage stellen, nach welchem Recht die überschießende Regelung des § 127 Abs. 1 S. 2 VVG auszulegen ist.

Die Auslegung bundesdeutschen Rechts richtet sich nach bundesdeutschem Recht. Die Auslegung von Unionsrecht – einschließlich seiner Umsetzungsakte – richtet sich nach Unionsrecht. Nach welchem Maßstab überschießende Umsetzungsregelungen zu beurteilen und auszulegen sind, ist zweifelhaft.

Ein Teil des Schrifttums will die Umsetzungsregelungen einheitlich unter unionsrechtlichen Gesichtspunkten beurteilen und auslegen.[558]

Der überwiegende Teil des Schrifttums[559] und der Rechtsprechung[560] – auch des IV. Versicherungssenates des BGH[561] – zieht eine gespaltene Auslegung der Umsetzungsregelungen vor. Danach ist der Teil der Regelung, der Unionsrecht

556 Nunmehr Art. 198 f. der Solvabilität II-RL.

557 BGH Urt. v. 4.12.2013 – IV ZR 215/12 –, BGHZ 199, 170 (179) = NJW 2014, 630 Tz. 28.

558 Bärenz DB 2003, 375; Drexl FS Heldrich, 2005, 67 f. S. a. BGH Urt. v. 09.04.2002 – XI ZR 91/99 –, BGHZ 150, 248 (260 f.) = NJW 2002, 1881 – Heininger; sowie zu Fällen, in denen der Gesetzgeber bewusst eine Ausdehnung der europarechtlichen Vorgaben wollte BGH Urt. v. 13.04.2011 – VIII ZR 220/10 –, BGHZ 189, 196 (213) = NJW 2011, 2278 Tz. 46, 47.

559 Mayer/Schürnbrand JZ 2004, 545 (548); Höpfner/Rüthers AcP 2009, 1 (29); Möllers/Möhring JZ 2008, 919 (924); Habersack/Mayer JZ 1999, 913; Habersack/Mayer, in: Riesenhuber, Europäische Methodenlehre, 3. Aufl., 2015, § 14 Rn. 42 f.; Sprau, in: Palandt, BGB, 75. Aufl., 2016, Einl. Rn. 44; Faust, in: Bamberger/Roth, BeckOK BGB, 39. Aufl., Stand: 1.08.2014, § 433 Rn. 9; s.a. Kuhn EuR 2015, 216.

560 BGH Urt. v. 17.10.2012 – VIII ZR 226/11 –, BGHZ 195, 135 (140) = NJW 2013, 220 Tz. 20; BGH Urt. v. 17.10.2012 – VIII ZR 226/11 –, BGHZ 195, 135 (140) = NJW 2013, 220 Tz. 20; BGH Urt. v. 21.12.2011 – VIII ZR 70/08 –, BGHZ 192, 148 (160 f.) = NJW 2012, 1073 Tz. 28 f.; BGH Urt. v. 26.11.2008 – VIII ZR 200/05 –, BGHZ 179, 27 (34 f.) = NJW 2009, 427 Tz. 21 f. – Quelle.

561 BGH Urt. v. 7.05.2014 – IV ZR 76/11 –, BGHZ 201, 101 (112) = NJW 2014, 2646 Tz. 28; bestätigt durch BGH Urt. v. 17.12.2014 – IV ZR 260/11 –, NJW 2015, 1023 (1024) Tz. 21, 22.

umsetzt, unionsgerecht auszulegen. Der überschießende, richtlinienfreie Teil unterliegt weiterhin dem innerstaatlichen Recht.

Der BGH will § 127 VVG gleichwohl insgesamt und einheitlich europarechtsgerecht auslegen.[562] Mit dem seinerzeit inhaltsgleichen § 158 m VVG a.F. habe der Gesetzgeber allein und ausschließlich die Umsetzung der europäischen Rechtsschutzversicherungsrichtlinie bezweckt. Die europarechtlichen Vorgaben bezögen sich zwar allein auf die Vertretung in Verwaltungs- und Gerichtsverfahren; die Erstreckung der freien Anwaltswahl in § 127 Abs. 1 S. 2 VVG auf die außergerichtliche Vertretung sei indes nur bundesdeutschen Besonderheiten geschuldet. § 127 VVG sei daher insgesamt europarechtsgerecht auszulegen.[563]

Grund genug, den oben aufgeworfenen Fragen genauer nachzugehen.

Die Annahme des BGH, die RSV-RL ziele auf eine vollständige europaweite Rechtsangleichung, ist anhand der Auslegung[564] der RSV-RL zu überprüfen. Hernach ist zu untersuchen, ob sich § 127 Abs. 1 S. 2 VVG im Anwendungsbereich der RSV-RL befindet, also tatsächlich eine (un-)zulässige, überschießende Regelung darstellt.

(cc) Keine vollständige europaweite Rechtsangleichung

Vornehmliches Ziel der RSV-RL[565] ist die europaweite Angleichung der Rechtsregeln zur Vermeidung eines Interessenwiderstreits zwischen einem Mehrspartenversicherer und seinem Versicherungsnehmer. Die Richtlinie selbst spricht dabei weder von einer Rechtsangleichung noch einer Harmonisierung, sondern von einer Koordination der Rechts- und Verwaltungsvorschriften

---

562 BGH Urt. v. 4.12.2013 – IV ZR 215/12 –, BGHZ 199, 170 (179 f.) = NJW 2014, 630 Tz. 27 f.; ebenso: Landgericht Frankfurt a.M. Urt. v. 7.05.2014 – 2-06 O 271/13 –, NJW 2014, 2204 (2206).

563 Die Ausführungen des BGH überzeugen methodisch nicht. Auch im Übrigen sind sie nicht in sich stimmig. Wenn § 127 VVG europarechtsgerecht auszulegen ist, so musste der BGH zwingend eine Vorlage an den EuGH nach Art. 267 Abs. 3 AEUV zulassen. Eine Entscheidung des EuGH zu der entscheidungserheblichen Frage des Verhältnisses von wirtschaftlichen Anreizen und der freien Anwaltswahl liegt nicht vor. Nur dann, wenn die im Raum stehende Rechtsfrage offenkundig im Sinne eines „acte claire“ und daher nicht klärungsbedürftig ist, entfällt die Vorlagepflicht [BVerfG Beschl. v. 3.03.2014 – 1 BvR 2534 –, NJW 2014, 1796 (1797 f.) Tz. 27 f. m.w.N.]. Gleichwohl meint der BGH (Urt. v. 4.12.2013 – IV ZR 215/12 –, BGHZ 199, 170 (181) = NJW 2014, 630 Tz. 33), er sei nicht vorlagepflichtig. Krit.: Maier r + s 2014, 73 (74).

564 EuGH Urt. v. 29.04.2015 – C-15/13 –, EuZW 2015, 467 = VersR 2015, 702 Tz. 18 f.

565 Nunmehr Art. 198 f. Solvabilität II-RL 2009/138/EG v. 25.11.2015 [ABl L 335, 1 (169)].

für die Rechtsschutzversicherung. Anlass der Regelung war, dass europaweit allein die BRD ein Spartentrennungsgebot zur Meidung eines Interessenwiderstreits – insbesondere bei zeitgleicher Haftpflicht- und Rechtsschutzversicherung – kannte.[566] Zur Durchsetzung der Niederlassungsfreiheit der europäischen Rechtsschutzversicherer sollte der abgeschottete deutsche Markt geöffnet werden. Die freie Anwaltswahl spielt vor dem Hintergrund der Hauptstoßrichtung der RSV-RL, die Niederlassungsfreiheit der Rechtsschutzversicherer zu stärken und den Versicherungsnehmer vor einem Interessenwiderstreit zu bewahren, eine untergeordnete Rolle. Sie stellt sich allenfalls als ein Mittel zur Meidung eines Interessenwiderstreits dar.[567] Art. 3 Abs. 2 RSV-RL bietet den Mitgliedstaaten drei Wege an, um einen Interessenwiderstreit des Mehrspartenversicherers mit seinem Versicherungsnehmer zu vermeiden: (1) die getrennte Schadenverwaltung nach Art. 3 Abs. a RSV-RL, (2) die Ausgliederung einer eigenständigen Schadenverwaltungsgesellschaft nach Art. 3 Abs. 2 b RSV-RL und (3) die Anwaltslösung nach Art. 3 Abs. 2 c RSV-RL. Die RSV-RL gibt den Mitgliedstaaten nicht nur die Möglichkeit, zwischen diesen drei Wegen zu wählen, sondern räumt ihnen ausdrücklich die Möglichkeit ein, weitergehende Maßnahmen zur Meidung eines Interessenwiderstreits zu ergreifen.[568] Folgerichtig hat der EuGH bereits mehrfach festgehalten, dass die RSV-RL keineswegs darauf abzielt, die Rechtsvorschriften der Mitgliedstaaten vollständig anzugleichen.[569] Das Angleichungsziel der RSV-RL beschränkt sich allenfalls auf die unterschiedlichen Regelungen der Mitgliedstaaten zur Bekämpfung eines Interessenwiderstreits im Bereich der Rechtsschutzversicherung.[570] Es erstreckt sich indes keineswegs auf die außergerichtlichen oder gerichtlichen Vertretungsregeln der Mitgliedstaaten oder gar den Geltungsumfang der freien Anwaltswahl.

Der bundesdeutsche Gesetzgeber war also nicht wegen einer abschließenden europäischen Regelung der RSV-RL, die auf eine vollständige europaweite Rechtsangleichung abzielt, daran gehindert, über den Wortlaut des Art. 4 Abs. 1 a RSV-RL hinaus eine freie Anwaltswahl des Versicherungsnehmers auch bei

---

566 ErwGr 8 RSV-RL.

567 Art. 4 Abs. 1 b RSV-RL.

568 Art. 3 Abs. 2 RSV-RL: „Die Mitgliedstaaten ergreifen [...] nach ihrer Wahl wenigstens eine der folgenden Alternativlösungen [...]"

569 EuGH Urt. v. 7.04.2016 – C-460/14 –, VersR 2016, 657 (659) Tz. 27 – Massar; EuGH Urt. v. 26.05.2011 – C-293/10 –, NJW 2011, 3077 (3078) Tz. 31 – Stark; EuGH Urt. v. 10.09.2009 – C-199/08 –, NJW 2010, 355 (357) Tz. 65 – Eschig.

570 Wendenburg NJW 2011, 3064 (3065).

der außergerichtlichen Vertretung und Beratung nach § 127 Abs. 1 S. 2 VVG vorzusehen.

(dd) Keine überschießende Umsetzungsregelung

Fraglich ist, ob sich die Regelung des § 127 Abs. 1 S. 2 VVG noch innerhalb oder bereits außerhalb des Gegenstands- bzw. Anwendungsbereiches der RSV-RL befindet. Nur wenn sie sich außerhalb des Gegenstands- bzw. Anwendungsbereiches[571] bewegen sollte, stellt sie sich als überschießende Umsetzungsregelung dar. Nur dann stellt sich die Frage nach einer einheitlichen oder gespaltenen Auslegung.

Art. 4 Abs. 1 a RSV-RL ist nicht die einzige Vorschrift der Richtlinie, die sich mit der freien Anwaltswahl befasst. Weitere Regelungen finden sich in Art. 3 Abs. 2 c RSV-RL und Art. 5 Abs. 1 d RSV-RL.[572] Beide Regelungen beschränken die Anwaltswahl nicht auf eine anwaltliche Vertretung vor Behörden und Gerichten. Art. 5 Abs. 1 d RSV-RL spricht sogar ausdrücklich von einer Rechtsberatung und (allgemeinen) Vertretung. Über den reinen Wortlaut des Art. 4 Abs. 1 a RSV-RL gewährt die Regelung dem Rechtsschutzversicherten einen verbindlichen und unbedingten Anspruch gegen den Rechtsschutzversicherer auf die freie Wahl seines Anwalts. Dies stellt der 11. Erwägungsgrund i.V.m. dem Wortlaut des Art. 4 Abs. 1 a der Richtlinie klar.[573] Zum Leistungsumfang der Rechtsschutzversicherung zählt nach Art. 2 Abs. 1 RSV-RL die außergerichtliche Rechtsvertretung und -verteidigung.[574] Nach Art. 3 Abs. 2 c der Richtlinie hat der Versicherte das Recht, die Vertretung seiner Interessen auf einen Rechtsvertreter zu übertragen, sobald er das Tätigwerden des Versicherers aufgrund des Versicherungsvertrages verlangen kann, also bereits vor dem Beginn eines Verwaltungs- oder Gerichtsverfahrens.[575] Der Versicherungsnehmer ist bei der außergerichtlichen Beratung und Vertretung ebenso schutzbedürftig wie bei der verfahrensrechtlichen Vertretung.[576] Die Beschränkung der freien Anwaltswahl aus Gründen der Rechtsangleichung auf den Bereich der Gerichts- und Verwaltungsverfahren verbietet sich daher.[577] Die freie Anwaltswahl erstreckt sich

571 Gsell/Schellhase JZ 2009, 20 (22); Riehm JZ 2006, 1035 (1037); Mittwoch Vollharmonisierung und Europäisches Privatrecht, 2013, 23.

572 S. a. ErwGr 11 RSV-RL.

573 EuGH Urt. v. 7.11.2013 – C-442/12 –, NJW 2014, 373 (374) Tz. 22 – Sneller.

574 Maier r + s 2015, 353 (354); s.a. Purnhagen NJW 2014, 374 f.

575 Schlussanträge der Generalanwältin Trstenjak v. 14.05.2009 – C-199/08 –, EuZW 2009, 436 = BeckRS 2009, 70510 Tz. 61.

576 Prunbauer-Glaser FS Hellwig, 2010, 69 (77).

577 Prunbauer-Glaser FS Hellwig, 2010, 69 (78).

demnach auch auf den außergerichtlichen Bereich. Eine andere Lesart des Art. 4 Abs. 1 a der Richtlinie würde dem Zweck der Richtlinie, die Rechte des Versicherten umfassend zu schützen, nicht gerecht.[578] Das eigenständige Wahlrecht nach Art. 4 Abs. 1 a der Richtlinie ist unabhängig davon zu beurteilen, ob die Mitgliedstaaten einen Anwaltszwang oder ein Beratungsvorrecht der Anwaltschaft vorsehen.[579] Ausnahmen vom Grundsatz der freien Anwaltswahl lässt die Richtlinie nur in Art. 5 RSV-RL zu[580] und damit nicht für den Bereich der außergerichtlichen Rechtsvertretung und -verteidigung.

Darüber hinaus führt § 127 Abs. 1 S. 2 VVG als Umsetzung der Rechtsschutzversicherungsrichtlinie Unionsrecht i.S.d. Art. 51 Abs. 1 S. 1 GRCh durch, sodass dem Versicherten zum Schutz seines unionsrechtlich gewährten Rechtes auf freie Anwaltswahl wiederum das europäische Grundrecht aus Art. 47 GRCh zur Seite steht. Art 4 RSV-RL ist im Lichte des Art. 47 GRCh zu verstehen und auszulegen. Zu den Kernbestandteilen eines fairen Verfahrens i.S.d. Art. 47 GRCh zählt der EuGH im Anschluss an die Rechtsprechung des EGMR zu Art. 6 Abs. 1 EMRK[581] das Recht auf anwaltliche Vertretung und außergerichtliche Beratung sowohl in Straf- als auch in Zivilsachen.[582] Die freie Anwaltswahl setzt der EuGH als selbstverständliches Recht nach Art. 47 GRCh in seiner Rechtsprechung voraus.[583] Der EGMR hat früh klargestellt, dass die freie Anwaltswahl bereits den Wunsch nach einer außergerichtlichen Erstberatung erfasst.[584]

Nach der jüngeren Rechtsprechung des EuGH[585] stellt sich § 127 Abs. 1 S. 2 VVG nicht als überschießende Regelung dar, die allein einer Auslegung nach

---

578 EuGH Urt. v. 7.11.2013 – C-442/12 –, NJW 2014, 373 (374) Tz. 24 – Sneller.

579 EuGH Urt. v. 7.11.2013 – C-442/12 –, NJW 2014, 373 (374) Tz. 31 – Sneller.

580 Purnhagen NJW 2014, 374 (375).

581 EGMR Urt. v. 21.02.1975 – Serie A, Nr. 18, Tz. 26–40 – Golder.

582 EuGH Urt. v. 26.06.2007 – C-305/05 –, NJW 2007, 2387 (2388) Tz. 31- Ordre des barreaux.

583 EuGH Urt. v. 14.09.2010 – C-550/07 –, NJW 2010, 3557 (3559) Tz. 41 – Akzo Nobel; EuGH Urt. v. 25.02.1988 – C-427/85 –, NJW 1988, 887 (888) Tz. 27. Zumal Art. 19 Abs. 4 EuGHSatz einen Anwaltszwang vor dem EuGH vorsieht und insoweit nach einer freien Anwaltswahl verlangt, EuGH Urt. v. 6.09.2012 – C-422/11 P – u. – C-423/11 P-, BeckRS 2012, 688228; s. a. Alber, in: Kölner Gemeinschaftskommentar GRCh, 1. Aufl., 2006, Art. 47 Rn. 73.

584 EGMR Urt. v. 21.02.1975 – 4451/70 –, EGMR-E 1, 146 (153, 154) = EuGRZ 1975, 91 Tz. 36, 40 – Golder.

585 EuGH Urt. v. 7.11.2013 – C-442/12 –, NJW 2014, 373 (374) Tz. 22 – Sneller.

bundesdeutschem Recht zugänglich wäre. Eine gespaltene Auslegung des europarechtlichen geprägten § 127 Abs. 1 S. 1 VVG nach europarechtlichen Grundsätzen und des § 127 Abs. 1 S. 2 VVG im richtlinienfreien Raum kommt nicht in Betracht. Art. 4 Abs. 1 a RSV-RL gewährt dem Versicherungsnehmer ein unabhängiges und umfassendes Recht der freien Anwaltswahl im gerichtlichen und außergerichtlichen Bereich. § 127 VVG setzt insgesamt – und nicht nur teilweise – die europäischen Richtlinienvorgaben um.

Im Ergebnis ist dem BGH daher beizupflichten, dass § 127 VVG insgesamt richtliniengerecht auszulegen ist.[586]

(2) Europäische Grundrechte

Art. 201 Abs. 1 a der Solvabilität II-RL[587] (vormals Art. 4 Abs. 1 a RSV-RL) räumen dem Rechtsuchenden gegenüber seiner Rechtsschutzversicherung nach der Rechtsprechung des EuGH ein eigenständiges und ansonsten voraussetzungsloses Recht ein, seinen Anwalt frei zu wählen.[588]

Welchen Schutzzweck das Wahlrecht verfolgt, verrät weder die Richtlinie selbst noch die Rechtsprechung des EuGH.

Der Zweck der freien Anwaltswahl lässt sich allein durch den Rückgriff auf das hinter der Richtlinie stehende Grundrecht aus Art. 47 GRCh klären und verstehen. Art. 47 GRCh steht in dem angloamerikanischen Überlieferungsstrang des „due process“ und des Anspruches auf ein „fair hearing“.[589] Grundsätzlich obliegt es dem Rechtsuchenden, vor Gericht für sich selbst zu sprechen. Die Betonung des Selbstverteidigungsrechtes (defensio) als Mutterrecht des Rechtes, sich anwaltlich vertreten zu lassen, gehört zu den Kernelementen der angloamerikanischen due-process-Rechte.[590] Art. 47 GRCh stellt klar, dass das Gehörsrecht („fair hearing“) auch das Recht auf anwaltliche Beratung und Vertretung umfasst (right to legal assistance/representation).[591] Jede Person kann sich nach Art. 47 GRCh anwaltlich beraten, vertreten und verteidigen lassen. Es gehört zu den gemeinsamen Verfassungsüberlieferungen der Mitgliedstaaten, dass es dem Einzelnen möglich sein muss, „sich völlig frei an einen Anwalt zu wenden,

586 Der Begründungsweg des BGH überzeugt freilich nicht.
587 2009/138/EG v. 25.11.2015 [ABl L 335, 1 (170)].
588 EuGH Urt. v. 7.11.2013 – C-442/12 –, NJW 2014, 373 (374) Tz. 20 f. – Sneller; EuGH Urt. v. 26.05.2011 – C-293/10 –, NJW 2011, 3077 (3078) Tz. 29 – Stark; EuGH Urt. v. 10.09.2009 – C-199/08 –, NJW 2010, 355 (357) Tz. 49 – Eschig.
589 Clayton/Tomlinson Fair Trial Rights, 2006, 32.
590 Ercman FS Ermacora, 1988, 151 (162 f.).
591 Clayton/Tomlinson Fair Trial Rights, 2006, 34, 42.

zu dessen beruflichen Aufgaben es gehört, unabhängige Rechtsberatung all denen zu erteilen, die danach fragen".[592] Unterliegt der Bürger vor Gericht dem Anwaltszwang, verkümmert sein Recht auf Selbstverteidigung auf das Recht, sich seinen Vertreter selbst auszusuchen.

Dieses Wahlrecht ist von besonderem Gewicht, da es mit dem Recht auf eine Entscheidung durch ein unabhängiges und unparteiisches Gericht verzahnt und verknüpft ist. Art. 47 GRCh räumt dem Bürger das Recht ein, dass seine Sache von einem unabhängigen und unparteiischen Gericht entschieden wird. Zu einem unabhängigen Gericht gehören nicht nur unabhängige Richter, sondern auch unabhängige Rechtsanwälte. Der Gedanke, dass die Verfahrensführung weder durch die Parteien noch sonstige Prozessbeteiligte, sondern durch fremde Dritte gesteuert und beeinflusst wird, ist Art. 47 GRCh fremd.

Vor eben jenen Fremdbeeinflussungen will Art. 47 GRCh die freie Anwaltswahl des Rechtsuchenden schützen.

Eine Beschränkung auf eine bestimmte Art oder Form der Einflussnahme des Versicherers auf die Entscheidung seines Versicherungsnehmers lässt sich dem Wortlaut der Vorschrift des § 127 Abs. 1 VVG nicht entnehmen. § 127 Abs. 1 VVG schützt vor jedweder Einflussnahme durch den Versicherer.

Dies wird mit der Verzahnung des Rechtes auf eine freie Anwaltswahl mit dem Recht auf eine unabhängige Entscheidungsfindung durch ein staatliches Gericht nur noch unterstrichen. Die Parteien und die Organe der Rechtspflege steuern das Gerichtsverfahren. Die Beeinflussung der Verfahrensführung durch Dritte ist vom Rechtsstaat nicht gewollt.

Nach alledem schützt § 127 Abs. 1 VVG den Versicherungsnehmer vor jedweder Beeinflussung durch den Versicherer bei der Anwaltswahl, um eine unabhängige Rechtsfindung abzusichern.

c. *Beeinträchtigung*

§ 127 Abs. 1 VVG verbietet keine bestimmten Mittel der Willensbeeinflussung.

aa. Jedwede Beeinflussung

Dieses Schweigen der Vorschrift lässt sich – wie hier vertreten – so verstehen, dass der Gesetzgeber dem Versicherer jedwede Form der Willensbeeinflussung untersagen will, sofern sie nicht ungeeignet ist, die Unabhängigkeit

592 EuGH Urt. v. 18.05.1982 – C-155/79 –, NJW 1983, 503 (504) – AM & S Ltd.; Jarass NJW 2011, 1393 (1398).

der Rechtspflege zu gefährden.[593] Der Gefährdungstatbestand des § 127 VVG verlangt für eine Beeinträchtigung des hohen Schutzgutes der unabhängigen Rechtspflege nicht mehr, aber auch nicht weniger.

bb. Unmittelbare Verletzungshandlung

Der BGH ist einen anderen Weg eingeschlagen. Unter dem Blickwinkel, die Willensentschließungsfreiheit des Versicherungsnehmers schützen zu wollen, lässt sich § 127 VVG so verstehen, dass die Vorschrift keine bestimmten Mittel der Willensbeeinflussung verbieten will und der Tatbestand deshalb eine Verletzungshandlung erfordert.[594] Ebenso wie unerlaubte Handlung i.S.d. § 823 Abs. 1 BGB erst dann vorliegt, wenn ein absolutes Recht – wie etwa Leben, Freiheit oder Eigentum – zumindest mittelbar verletzt ist, soll die Beeinträchtigung der freien Anwaltswahl zumindest eine mittelbare Verletzungshandlung verlangen.

Klar ist, dass der Rechtsschutzversicherer seinem Versicherungsnehmer den Rechtsanwalt weder vorschreiben darf noch ihm die Ausübung seines Wahlrechtes verbieten darf. Vorschrift und Verbot sind unmittelbare Rechtsverletzungen (unmittelbare Verletzungshandlung).

Das tut der Versicherer mit der gestaltenden Schadensabwicklung nicht. Er lässt dem Versicherungsnehmer eine Wahl.

593 OLG Bamberg Urt. v. 20.06.2012 – 3 U 236/11 –, NJW 2012, 2282 (2284 f.); AG Ebersberg Urt. v. 15.11.2013 – 7 C 450/13 –, NJW 2014, 1461 (1462); Purnhagen NJW 2014, 374 (375); Lensing NJW 2012, 2285; Lensing VuR 2012, 97 (98 f.); Lensing VersWissStud 2015, 113 (122 f.); Herdter, in: Looschelders/Pfaffenholz, ARB, 1. Aufl., 2014, § 17 ARB Rn. 98; Cornelius-Winkler, in: Harbauer, ARB, 8. Aufl., 2010, § 5 ARB 2000 Rn. 283.

594 BGH Urt. v. 4.12.2013 – IV ZR 215/12 –, BGHZ 199, 170 (177, 185) = NJW 2014, 630 Tz. 21, 43 mit zust. Anm. Terriulo AnwBl 2015, 140 (144 f.); Armbrüster JZ 2014, 577 f.; Wendt r + s 2014, 328 (330 f.); Maier r + s 2014, 73; Römermann BB 2014, 80; Reiff LMK 2014, 355656; Grams FD-VersR 2014, 353922; Nowak-Over GRUR-Prax 2014, 19; Schwenker IBR 2014, 2092; Buschbell, in: Buschbell/Hering Hdb RSV, 6. Aufl., 2015 § 3 Rn. 9; Obarowski, in: Beckmann/Matusche-Beckmann, VersR-Hdb, 3. Aufl., 2015, § 37 Rn. 599; Wolf, in: Gaier/Wolf/Göcken, Anwaltliches Berufsrecht, 2. Aufl., 2014, BRAO § 3 Rn. 65; Armbrüster, in: Prölss/Martin, VVG, 29. Aufl., 2015, ARB 2010 § 17 Rn. 1 a; Münkel, in: Rüffer/Halbach/Schimikowski, VVG, 3. Aufl. 2015, § 127 Rn. 3, 4; krit.: Cornelius-Winkler NJW 2014, 588; Bauer NJW 2014, 1488; Reckels SVR 2014, 129; Schneider, in: van Bühren, Hdb VersR, 6. Aufl., 2014, § 13 Rn. 100.

cc. Mittelbare Verletzung: tatsächliche Unmöglichkeit

So weit, so klar. Unklar ist, wie die Fälle und Versicherungsbedingungen zu beurteilen sind, die den Versicherungsnehmer bei seiner Wahlentscheidung zwar zu lenken suchen, die aber die Schwelle zu einem ausdrücklichen Verbot oder einer ausdrücklichen Vorschrift nicht überschreiten.

Es kann sich allenfalls um eine mittelbare Verletzungshandlung handeln.

Auf die Frage nach einer mittelbaren Verletzungshandlung kommt es nicht an, wenn – wie hier vertreten – bereits jedwede Willensbeeinflussung, die nicht ungeeignet ist, die Unabhängigkeit der Rechtspflege zu gefährden, eine Beeinträchtigung der freien Anwaltswahl darstellt. Das Verfahrensrecht des § 127 VVG schützt die unabhängige Rechtspflege. Allein die Parteien und die unabhängigen Organe der Rechtspflege sollen den Verfahrenslauf bestimmen. Außenstehende Dritte sollen keinen Einfluss auf den Verfahrensgang und damit eine unabhängige Rechtsfindung nehmen können. Der Gesetzgeber hat die Regelung der §§ 127, 129 VVG bewusst im Versicherungsvertragsgesetz – und weder im GVG noch in der BRAO -aufgenommen. Als Verfahrensrecht hätte eine Regelung im GVG nahegelegen. Allein die Stellung des § 127 im VVG spricht dafür, dass der Gesetzgeber die Beeinflussung des Versicherungsnehmers durch den Rechtsschutzversicherer für besonders gefährlich hält. Der Wortlaut des § 127 Abs. 1 VVG verbietet zwar keine bestimmten Mittel der Willensbeeinflussung. Dies lässt freilich nicht den Schluss zu, dass eine Beeinträchtigung der freien Anwaltswahl nur dann vorliegt, wenn diese verletzt wird. Wenn der Gesetzgeber tatbestandlich eine Verletzungshandlung fordert, kann er dies – wie allein § 823 Abs. 1 BGB zeigt – sprachlich klar fassen.

Nach diesem Verständnis des § 127 VVG reicht jedwede Willensbeeinflussung seitens des Versicherers aus, die nicht ungeeignet ist, die Unabhängigkeit der Rechtspflege zu gefährden, um eine tatbestandliche Beeinflussung der freien Anwaltswahl anzunehmen. Einer darüber hinausgehenden Verletzungshandlung bedarf es nicht.

Da sowohl der BGH[595] als auch ein Großteil des Schrifttums[596] zumindest einen mittelbaren Eingriff in die freie Anwaltswahl nach § 127 VVG fordern,

---

595 BGH Urt. v. 4.12.2013 – IV ZR 215/12 –, BGHZ 199, 170 (177, 185) = NJW 2014, 630 Tz. 21, 43.

596 Terriuolo AnwBl 2015, 140 (144 f.); Armbrüster JZ 2014, 577 f.; Wendt r + s 2014, 328 (330 f.); Maier r + s 2014, 73; Römermann BB 2014, 80; Reiff LMK 2014, 355656; Grams FD-VersR 2014, 353922; Nowak-Over GRUR-Prax 2014, 19; Buschbell, in: Buschbell/Hering Hdb RSV, 6. Aufl., 2015 § 3 Rn. 9; Obarowski, in: Beckmann/Matusche-Beckmann, VersR-Hdb, 3. Aufl., 2015, § 37 Rn. 599; Wolf, in: Gaier/Wolf/

soll hier weiterhin der Frage nachgegangen werden, welche Anforderungen an einen mittelbaren Eingriff zu stellen sind. Auf diese Weise kann bei der Nachteilsprüfung der einzelnen Vertragsbestimmungen sichergestellt werden, dass unterschiedliche Ergebnisse der einzelnen Lehrmeinungen veranschaulicht und erörtert werden können.

Nach welchen Merkmalen eine mittelbare Verletzungshandlung von einer rechtlich unbeachtlichen Beeinträchtigung abgegrenzt werden kann, ist in Rechtsprechung und Schrifttum nicht abschließend geklärt.[597]

(1) Tatsächliche Hemmnisse und Hindernisse

Als Faustformel lässt sich sagen, dass eine bloß mittelbare Beeinträchtigung einer unmittelbaren Verletzung durch ein rechtliches Verbot oder eine rechtliche Vorschrift dann gleichkommt, wenn sie dem Berechtigten tatsächlich die Ausübung seines Rechtes unmöglich macht.[598]

Wann aber macht der Rechtsschutzversicherer eine Anwaltswahl seines Versicherungsnehmers tatsächlich unmöglich?

(a) Lenkungs- und Ablenkungsklauseln (Handlungszweck)

Die Bedingungen in der gestaltenden Schadenabwicklung ließen sich nach ihrem Handlungszweck in Lenkungs- und Ablenkungsklauseln unterscheiden. Lenkungsklauseln wie die Telefonieklausel lenken bewusst zu dem Vertragsanwalt. Ablenkungsklauseln lenken den Versicherten ebenso wie Inkasso- und Streitschlichtungsklauseln von den ungebundenen Anwälten weg.

Das Handlungsziel des Versicherers sagt indes nichts darüber aus, wie stark und ausgeprägt die Beeinflussung sich auf den Willen des Versicherten auswirkt.

(b) Äußere und innere Entscheidungshemmnisse

Um einem Unterscheidungsmerkmal die notwendige Trennschärfe zu geben, wird vereinzelt gefordert, es dürfe nur auf äußere Entscheidungshemmnisse abgestellt werden.[599] Die Entscheidungsfreiheit kann durch äußere und innere

---

Göcken, Anwaltliches Berufsrecht, 2. Aufl., 2014, BRAO § 3 Rn. 65; Armbrüster, in: Prölss/Martin, VVG, 29. Aufl., 2015, ARB 2010 § 17 Rn. 1 a; Münkel, in: Rüffer/Halbach/Schimikowski, VVG, 3. Aufl. 2015, § 127 Rn. 3, 4; krit.: Cornelius-Winkler NJW 2014, 588; Bauer NJW 2014, 1488; Reckels SVR 2014, 129; Schneider, in: van Bühren, Hdb VersR, 6. Aufl., 2014, § 13 Rn. 100.

597 Wendt r + s 2014, 328 (332) m.w.N.

598 Römermann BB 2014, 80; Armbrüster VuR 2012, 167 (170); Armbrüster VersR 2011, 1518 (1519); Hillmer-Möbius, in: van Bühren/Plote, ARB, 3. Aufl., 2013, § 17 ARB 2010 Rn. 41; Richter, in: MünchKommVVG, Bd. 2, 2. Aufl., 2017, § 127 Rn. 13.

599 Bauer NJW 2014, 1488 (1489); vgl. a. Cornelius-Winkler r + s 2012, 389.

Hemmnisse beeinflusst und gesteuert werden.[600] Nur anhand äußerer Merkmale ließe sich eine trennscharfe und überzeugende Unterscheidung zwischen einer im Wettbewerb gewollten Werbung und Verführung des Kunden einerseits und einer unzulässigen Fremdbeeinflussung der Anwaltswahl andererseits treffen. Handhabbare äußere Entscheidungshemmnisse, die als Prüfstein herhalten könnten, nennen die Anhänger dieser Lehre freilich nicht.

(c) Vorenthaltenes Wissen (Entscheidungsgrundlage)

Aufgrund welcher inneren Triebfedern der Kunde sein Entscheidungsverhalten ausrichtet, steht weder fest noch ist es voraussagbar.[601] Um eine Entscheidung treffen zu können, muss der Versicherungsnehmer eine Entscheidungsgrundlage haben. Diese fehlt ihm, wenn ihm für die Anwaltswahl wesentliche Tatsachen vorenthalten werden.[602] Wenn der Versicherte nicht um die wirtschaftliche Verflechtung zwischen seinem Versicherer und den Vertragsanwälten weiß, kann er auch nicht bewusst zwischen einer Beratung durch Vertragsanwälte oder ungebundene Anwälte wählen. Das Merkmal des vorenthaltenen Wissens scheint insoweit ein tauglicher Prüfstein zu sein.

Bisher haben sich Schrifttum und Rechtsprechung aber um andere Formeln bemüht, um zu erfassen, wann eine tatsächliche Willensbeeinflussung in einen rechtlich erheblichen mittelbaren Eingriff der Anwaltswahl umschlägt.

(d) Nachhaltige Lenkung (Schwere der Beeinflussung)

Sie fragen nach einer nachhaltigen Lenkung und damit nach der Schwere der Beeinflussung. Schwere und Nachhaltigkeit der Lenkungsmaßnahme kommen als Prüfstein in Betracht. Eine trennscharfe Unterscheidung lassen sie kaum zu. Wann eine Beeinflussung schwer und nachhaltig genug ist, um die Entscheidungsfreiheit des Versicherungsnehmers zu vereiteln, bedarf einer genaueren Umschreibung.

---

600 Wiedemann/Wank JZ 2013, 340.

601 Bauer NJW 2014, 1488 (1489). Zum spieltheoretischen Modell des homo oeconomicus: Eidenmüller JZ 2005, 216; Tamm, in: Tamm/Tonner, Verbraucherrecht, 2. Aufl., 2016, § 1 Rn. 21 f. Krit.: Schwintowski VuR 2014, 251 f.; Wiedemann/Wank JZ 2013, 340; Reifner VuR 2009, 3(6); Sen PAPA 1977, 317; verteidigend: Zimmer JZ 2014, 714; Franck, in: Riesenhuber, Europäische Methodenlehre, 3. Aufl., 2015, § 5 Rn. 12 f.

602 Brunner Die freie Anwaltswahl in der Rechtsschutzversicherung, 2017, 128 f.

(e) Die Lehre von der Schwelle zur Abschreckung

Nach einer Auffassung im Schrifttum ist die Schwelle zu einem mittelbaren Eingriff in die Wahlfreiheit (§ 127 VVG) erst dann überschritten, wenn der Versicherer einen so schwerwiegenden Einfluss auf die Willensbildung des Versicherten ausübt, dass der Versicherte abgeschreckt wird, von seinem Recht Gebrauch zu machen.[603] Die an sich rechtlich bestehende Wahlfreiheit wird tatsächlich beseitigt. Das ist dann der Fall, wenn sich die Lenkung durch Versicherer so einschneidend auswirkt, dass dem Versicherten im Ergebnis keine andere Wahl verbleibt, als sich durch den Vertragsanwalt beraten und vertreten zu lassen.[604]

(f) Das Aushöhlungsverbot des EuGH

Ähnlich misst der EuGH einen mittelbaren Eingriff in die Freiheit der Anwaltswahl am Maßstab des Aushöhlungsverbotes. Danach muss der Rechtsschutzversicherer zwar das Anwaltswahlrecht des Versicherten unangetastet lassen. Allerdings darf er seinen Pflichtenkreis nur bis zu der Grenze der Aushöhlung begrenzen.[605] Der Versicherer höhlt die Wahlfreiheit des Versicherten dann aus,

---

603 Römermann BB 2014, 80; Armbrüster VuR 2012, 167 (170); Armbrüster VersR 2011, 1518 (1519); Hillmer-Möbius, in: van Bühren/Plote, ARB, 3. Aufl., 2013, § 17 ARB 2010 Rn. 41; Richter, in: MünchKommVVG, Bd. 2, 2. Aufl., 2017, § 127 Rn. 13.

604 Armbrüster VuR 2012, 167 (170); Armbrüster VersR 2011, 1518 (1519); Hillmer-Möbius, in: van Bühren/Plote, ARB, 3. Aufl., 2013, § 17 ARB 2010 Rn. 41.

605 EuGH Urt. v. 7.11.2013 – C-442/12 –, NJW 2014, 373 (374) Tz. 24 – Sneller; EuGH Urt. v. 26.05.2011 – C-293/10 –, NJW 2011, 3077 (3078) Tz. 33 – Stark; Eberhardt VersR 2013, 802 (814); Baur VersR 2012, 1170 (1172); Wendenburg NJW 2011, 3064 (3066); Wendt, in: van Bühren/Plote, ARB, 3. Aufl., 2013, § 127 Rn. 4. Teilweise [Purnhagen NJW 2014, 374 (375); Wendenburg NJW 2011, 3064 (3066); Richter, in: MünchKommVVG, Bd. 2, 2. Aufl., 2017, § 127 Rn. 11; Filthuth, in: Marlow/Spuhl, BeckOK VVG, 1. Aufl., Stand. 1.06.2016, § 127 Rn. 12; wohl a. Reckels SVR 2014, 129] wird das Aushöhlungsverbot des EuGH dahin gehend verstanden, dass dieser zwischen zwei Ebenen – der Dienstleistungsebene und der Kostentragungsebene – unterscheidet. Auf der Dienstleistungsebene sei es dem Versicherer versagt, Dienstleistungen zu erbringen, die im Widerstreit zu der freien Anwaltswahl stehen. Auf dieser Ebene lasse der voll harmonisierte Verbraucherschutz keinerlei Ausnahmen von dem Grundsatz der freien Anwaltswahl zu. Lediglich auf der Ebene der Kostentragungspflicht sei es dem Rechtsschutzversicherer möglich, etwa durch die freie Anwaltswahl entstehende Mehrkosten aufzufangen und auszugleichen. Auf der Dienstleistungsebene gelte also der Grundsatz der freien Anwaltswahl absolut, auf der Ebene der Kostentragungspflicht nur relativ. Lediglich auf der Kostentragungsebene greife das Aushöhlungsverbot. Dieses Verständnis des Aushöhlungsverbotes des EuGH ist nicht zielführend. Die Frage nach der Abgrenzung der Dienstleistungsebene von der Kostentragungsebene

wenn die Beschränkung seines Pflichtenkreises eine angemessene Anwaltswahl des Versicherten tatsächlich unmöglich macht.[606]

(2) Rechtliches Hindernis: Rechtlich unerwünschte Willensbeeinflussung

Es erweist sich als schwieriges und wenig überzeugendes Unterfangen, nach trennscharfen Unterscheidungsmerkmalen zu suchen, die die Beurteilung zulassen, wann eine Willensbeeinflussung eine Willensentscheidung tatsächlich unmöglich macht. Aus der Verhaltensökonomie ist bekannt, dass bereits ein kleiner Schubs durch eine geschickt angeordnete Entscheidungsarchitektonik genügen kann, um eine rationale Verbraucherentscheidung zu verhindern.[607] Auch in dieser Fachrichtung hat sich die Suche nach den Voraussetzungen für eine rationale Verbraucherentscheidung als eine Frage nach der Quadratur des Kreises erwiesen.[608] Es ist schlicht unmöglich, trennscharfe und handhabbare Prüfsteine für die Abgrenzung zwischen einer tatsächlich freien und einer tatsächlich unfreien Wahlentscheidung zu entwickeln.

Vielleicht ist aber auch die Frage falsch gestellt. Vielleicht geht es gar nicht um die Frage, ab welcher Schwelle eine Rechtsausübung tatsächlich unmöglich wird. Vielleicht sollte die Frage lauten, unter welchen Voraussetzungen die Rechtsordnung eine Willensbeeinflussung mit dem Makel des rechtlich Unerwünschten versieht. Die Trennlinie zwischen einer rechtlich erlaubten Willensbeeinflussung und einer unerlaubten Willensbeeinflussung ließe gleichzeitig die Unterscheidung zwischen einem unbeachtlichen Lenkungsversuch und einem mittelbaren Eingriff in das Wahlrecht nach § 127 Abs. 1 VVG zu.

(a) Die Lehre vom seelisch-geistig vermittelten Zwang (Nötigung) des BGH

In diese Richtung scheint das Urteil des BGH zum Schadenfreiheitsrabatt in der Rechtsschutzversicherung zu weisen.

---

ist deckungsgleich mit der Frage nach der Abgrenzung eines unmittelbaren von einem mittelbaren Eingriff in die freie Anwaltswahl. Es handelt sich nur um eine irreführende petitio principii.

606 EuGH Urt. v. 7.11.2013 – C-442/12 –, NJW 2014, 373 (374) Tz. 27 – Sneller; EuGH Urt. v. 26.05.2011 – C-293/10 –, NJW 2011, 3077 (3078) Tz. 33 – Stark.

607 Thaler/Sunstein Nudge, 2009, 81 f.; Ariely Predictibly irrational, 2010, 23 f.; krit. Kirchhof ZRP 2015, 136 m.w.N.

608 Myagkov/Plott The American Economic Review, 1997, 801 f. m.w.N.; Sen PAPA 1977, 317 f. S. a. Wieler Die beeinflusste Willenserklärung, 2002.

Der BGH[609] hat im Anschluss an die Entscheidungspraxis des OGH[610] versucht, das europarechtliche Aushöhlungsverbot inhaltlich auszufüllen und klare und trennscharfe Merkmale für die Unterscheidung zwischen einer unbeachtlichen Einflussnahme des Versicherers auf den Versicherten und einem rechtlich erheblichen Entscheidungshemmnis für eine freie Anwaltswahl zu entwickeln. Danach wird dem Versicherungsnehmer die Ausübung seines Wahlrechtes dann tatsächlich unmöglich gemacht, wenn der Versicherer mit dem Angebot eines wirtschaftlichen Anreizes einen seelisch-geistig vermittelten Zwang auf den Willen des Versicherten ausübt, der dem Versicherungsnehmer keinen Entscheidungsspielraum mehr lässt. Inhaltlich hebt er damit auf den vergeistigten Nötigungsbegriff im Strafrecht ab (§ 240 StGB). Drei Merkmale sind aus der Sicht des BGH für die Unzulässigkeit der Zwangseinwirkung maßgeblich: Zunächst fragt der BGH danach, ob sich ein wirtschaftlicher Anreiz auf einen gegenwärtigen oder künftigen Rechtsschutzfall des Versicherten auswirkt (Gegenwärtigkeitsmoment), dann wie lange dies auf die Entscheidung des Versicherten nachwirkt (Dauermoment), und schließlich nach der Höhe des wirtschaftlichen Anreizes (Anreizmoment).[611]

Der Versicherer nötigt seinen Versicherungsnehmer mit dem Angebot einer gestaltenden Schadensabwicklung nicht. Das Angebot vermittelt keinen Zwang – weder seelisch-geistig noch auf andere Weise. Es wirkt sich überhaupt

---

609 BGH Urt. v. 4.12.2013 – IV ZR 215/12 –, BGHZ 199, 170 (183) = NJW 2014, 630 Tz. 36 f. mit zust. Anm. van Bühren r + s 2016, 53 (56, 57 – „Pyrrhussieg"); Terriuolo AnwBl 2015, 140 (144 f.); Looschelders, in: Düsseldorfer Vorträge, 2015, 35 (37 f.); Armbrüster JZ 2014, 577 f.; Wendt r + s 2014, 328 (330 f.); Maier r + s 2014, 73; Römermann BB 2014, 80; Reiff LMK 2014, 355656; Grams FD-VersR 2014, 353922; Nowak-Over GRUR-Prax 2014, 19; Schneider Rechtsschutzversicherung für Anfänger, 2. Aufl., 2017, Rn. 487; Buschbell, in: Buschbell/Hering Hdb RSV, 6. Aufl., 2015 § 3 Rn. 9; Obarowski, in: Beckmann/Matusche-Beckmann, VersR-Hdb, 3. Aufl., 2015, § 37 Rn. 599; Wolf, in: Gaier/Wolf/Göcken, Anwaltliches Berufsrecht, 2. Aufl., 2014, BRAO § 3 Rn. 65; Armbrüster, in: Prölss/Martin, VVG, 29. Aufl., 2015, ARB 2010 § 17 Rn. 1 a; Münkel, in: Rüffer/Halbach/Schimikowski, VVG, 3. Aufl. 2015, § 127 Rn. 3, 4; krit.: Cornelius-Winkler NJW 2014, 588; Bauer NJW 2014, 1488; Reckels SVR 2014, 129; Schneider, in: van Bühren, Hdb VersR, 6. Aufl., 2014, § 13 Rn. 100.

610 Urt. v. 11.12.2013 – 7 Ob 50/13 –, VersR 2014, 606; OGH Beschl. v. 23.03.2012 – 1 Ob 30/12 m –; OGH Urt. v. 22.05.2002 – 7 Ob 32/02 k –, VersR 2003, 1330; Grassl-Palten RdW 2002, 646 (649 f.).

611 BGH Urt. v. 4.12.2013 – IV ZR 215/12 –, BGHZ 199, 170 (183 f.) = NJW 2014, 630 (634) Tz. 36-39; Maier r + s 2014, 73 (74).

nicht auf die Entscheidung des Versicherungsnehmers aus. Dieser ist sich nämlich gar nicht dessen bewusst, dass er eine Entscheidung trifft.

Die Annahme, eine freie Willensentscheidung sei erst durch willensbrechende Gewalt (vis absoluta) oder zwingende Gewalt (vis compulsiva) ausgeschlossen, ist wirklichkeitsfremd. Sie steht auch nicht in Einklang mit der Rechtsordnung. Rechtlich beachtliche und unerwünschte Willensmängel sieht die Rechtsordnung etwa auch in der Bedrohung (§ 241 StGB), dem Irrtum (§ 119 BGB) oder der arglistigen Täuschung (§ 123 BGB).

Ein Versicherungsunternehmen wird seine Kunden auch kaum dazu zwingen wollen, sich auf die gestaltende Schadensabwicklung einzulassen. Unternehmer wollen Kunden nicht abschrecken, sondern an sich binden. Mit Speck fängt man Mäuse; mit Zuckerbrot und Peitsche nicht.

(b) Die Lehre vom vorenthaltenen Wissen (Täuschung)

Auf die Zwangswirkung einer Lenkungsmaßnahme allein kann es nicht ankommen. Vielmehr – fordert man die Verletzungshandlung als Tatbestandsmerkmal des § 127 VVG – kommt es darauf an, ob der Versicherungsnehmer über die maßgeblichen Umstände der gestaltenden Schadenabwicklung Kenntnis erhält oder aber hierüber durch den Versicherer im Dunkeln und Unklaren gelassen wird.[612] Enthält ihm der Versicherer das Wissen über den Abschluss von Rationalisierungsabkommen mit den Vertragsanwälten, die Auswahlmerkmale der Vertragsanwälte und die Höhe der durch die Rationalisierungsabkommen erzielten Einsparmöglichkeiten vor, so liegt in dieser arglistigen Täuschung ein mittelbarer Eingriff in die freie Anwaltswahl des Versicherten nach § 127 VVG.

Wenn der BGH auf die rechtlich missbilligte Form der Willensbeeinflussung in Form der Nötigung abhebt, so nimmt es Wunder, warum er auf halber Strecke stehen bleibt. Nicht nur die Nötigung oder Drohung stellt eine Form der rechtlich missbilligten Willensbeeinflussung dar, sondern eben auch die arglistige Täuschung (§ 123 BGB).

Der getäuschte Versicherungsnehmer trifft keine freie Anwaltswahl. Entscheidend für die Frage nach dem mittelbaren Eingriff in die freie Anwaltswahl ist, ob der Versicherer dem Versicherungsnehmer eine hinreichende Entscheidungsgrundlage belässt oder ihm das hierfür erforderliche Wissen vorenthält.

Nach der hier vertretenen Auffassung genügt bereits jede Form der Willensbeeinflussung aufseiten des Rechtsschutzversicherers, um einen Verstoß gegen § 127 VVG zu begründen. Das Verfahrensrecht des § 127 VVG schützt die unabhängige Rechtspflege. Allein die Parteien und die Organe der Rechtspflege sollen

612 Vgl. Brunner Die freie Anwaltswahl in der Rechtsschutzversicherung, 2017, 128 f.

den Verfahrenslauf bestimmen. Außenstehende Dritte sollen keinen Einfluss auf den Verfahrensgang und damit eine unabhängige Rechtsfindung nehmen können. Nach diesem Verständnis des § 127 VVG reicht jedwede Willensbeeinflussung seitens des Versicherers aus, die nicht ungeeignet ist, die Unabhängigkeit der Rechtspflege zu gefährden, um eine tatbestandliche Beeinflussung der freien Anwaltswahl anzunehmen. Einer darüber hinausgehenden Verletzungshandlung bedarf es nicht.

Fordert man mit dem BGH darüber hinaus eine Verletzungshandlung und stellt auf die Form der rechtlich missbilligten Willensbeeinflussung ab, so ist bei der gestaltenden Schadenabwicklung jedenfalls keine Nötigungshandlung des Versicherers erforderlich, sondern eine Täuschungshandlung ausreichend, um eine mittelbare Verletzungshandlung zu bejahen.

2. Rechtfertigung

Ein rechtserheblicher Verstoß gegen die freie Anwaltswahl – sei es nun durch eine gefährdende Beeinträchtigung oder eine (un-)mittelbare Verletzungshandlung – liegt nur dann vor, wenn er nicht durch gegenläufige Gründe gerechtfertigt ist. Die Rechtsgutsgefährdung zulasten der unabhängigen Rechtspflege muss auf der unerwünschten Willensbeeinflussung des Rechtsschutzversicherers beruhen.

a. Rechtsgrundsatz und Rechtsregel

Der Grundsatz der freien Anwaltswahl ist ein Rechtsgrundsatz, keine bloße Rechtsregel.

Rechtsregeln sind Vorschriften, die entweder erfüllt oder nicht erfüllt werden können und, bezogen auf einen bestimmten Fall, eine abschließende Entscheidung treffen.[613] Rechtsregeln sind entweder anwendbar oder nicht anwendbar. Bei Regelkonflikten gelten eindeutige Kollisionsregeln.[614]

Rechtsgrundsätze sind dagegen Vorschriften, die gebieten, dass sie im Verhältnis zu den rechtlichen und tatsächlichen Möglichkeiten in möglichst hohem Maße verwirklicht werden sollen. Bei Rechtsgrundsätzen handelt es sich um Verwirklichungsgebote, welche, bezogen auf einen bestimmten Fall, gerade

---

613 Grundlegend: Dworkin Taking rights seriously, 2. Aufl., 1978, deutsch: Dworkin Bürgerrechte ernstgenommen, 1990, 45 f., 145 f.; ihm folgend: Alexy Theorie der Grundrechte, 3. Aufl., 1996, 71 f.; Alexy Begriff und Geltung des Rechts, 1992, 119 f.; Dreier NJW 1986, 890 (892).

614 Alexy, Theorie der Grundrechte, 3. Aufl. 1996, 77 f.

keine abschließende Entscheidung treffen, sondern ihren Regelungsgehalt erst durch eine Abwägung mit widerstreitenden oder gegenläufigen Rechtsgrundsätzen erhalten.[615] Rechtsregeln zeichnen sich also eine „Alles-oder-Nichts"-Geltung aus, während Rechtsgrundsätze auf ein „Mehr-oder-Weniger"-Geltung angelegt sind.

Rechtsgrundsätze bilden dabei ein in sich stimmiges Gefüge[616] sich wechselseitig begrenzender Rechtsgrundsätze, die bei einem Widerstreit durch Abwägung schonend zueinander ins Verhältnis zu setzen sind.

b. Belange der Rechtspflege

Das Verfahrensgrundrecht des Rechtsuchenden auf eine freie Anwaltswahl nach § 3 Abs. 3 BRAO und § 127 VVG wird begründet und begrenzt durch die Erfordernisse einer unabhängigen Rechtsfindung und Rechtspflege. Das ursprüngliche Recht des Rechtsuchenden, selbst das Wort zu ergreifen und sich Gehör zu verschaffen (Art. 103 Abs. 1 GG), wird im Interesse einer geordneten und reibungslos arbeitenden Rechtspflege durch einen abgestuften Anwaltszwang (§ 78 ZPO) und Anwaltsvorbehalt (§ 79 ZPO, § 3 RDG) inhaltlich beschränkt und auf einen durch die freie Anwaltswahl bestimmten Anspruch auf anwaltlich vermitteltes Gehör verkürzt. Gesetzliche Inhalts- und Schrankenbestimmungen zum Schutz einer unabhängigen Rechtspflege sind in Art. 103 Abs. 1 GG selbst angelegt und von dem Rechtsuchenden hinzunehmen.

Kurzum: Gegenläufige, gewichtige Belange einer unabhängigen Rechtsfindung und Rechtspflege können das Verfahrensrecht auf eine freie Anwaltswahl inhaltlich ausgestalten und beschränken. Eine Rechtsgutsgefährdung des § 127 VVG durch Willensbeeinflussung des Rechtsschutzversicherers liegt nur dann vor, wenn diese geeignet ist, die Unabhängigkeit der Rechtsfindung und Rechtspflege zu beeinträchtigen.

---

615 Alexy Theorie der Grundrechte, 3. Aufl., 1996, 75 f.

616 Alexy Theorie der Grundrechte, 3. Aufl., 1996, 75 f. Dworkin spricht von der Geradlinigkeit des Rechts (integrity in law), Dworkin Law's Empire, 1986, 95 f., 225 f. Irreführend ist der ältere Sprachgebrauch des Bundesverfassungsgerichts, welcher auf eine „Wertordnung" der Grundrechte abhebt. Nach der Doktrin von Böckenförde [Staat, Gesellschaft, Freiheit, 1976, 60] lebt der „freiheitliche, säkularisierte Staat [...] von Voraussetzungen, die er selbst nicht garantieren kann." Das wertende Verständnis der Grundrechte aus dem Blickwinkel einer bestimmten Weltanschauung oder Religion ist mit dem freiheitlich-demokratisch verfassten Staat unvereinbar.

IV. Rechtsfolge

Liegt ein Verstoß gegen die freie Anwaltswahl vor, so stellt sich die Frage, welche Rechtsfolge dies auslöst. §§ 127, 129 VVG sehen keine ausdrückliche Rechtsfolgenregelung vor.

1. Nachteilige Abweichung

Wenn eine Vertragsbestimmung des Rechtsschutzversicherers die freie Anwaltswahl beeinträchtigt oder verletzt, so muss dem Versicherungsnehmer dadurch ein Nachteil erwachsen (§ 129 VVG). Dies ist der Fall, wenn eine Vereinbarung den Versicherungsnehmer schlechterstellt als das Gesetz.[617] Ihm muss diejenige Rechtsstellung entzogen werden, die ihm die halbzwingende Vorschrift gerade einräumt.[618]

Wann aber stellt eine Vertragsabrede den Versicherungsnehmer schlechter als das Gesetz? Häufig ist eine Abrede nicht allein mit Nachteilen verbunden, sondern birgt zumindest in denkbaren Anwendungsfällen durchaus Vorteile.

a. Gesamtwürdigung

Teile von Rechtsprechung[619] und Schrifttum[620] würdigen den Vertrag insgesamt unter Berücksichtigung aller Vor- und Nachteile, die die Vertragsabrede mit sich

---

617 BGH Urt. v. 4.12.2013 - IV ZR 215/12 -, BGHZ 199, 170 (185) = NJW 2014, 630 Tz. 43; Nobbe Das Günstigkeitsprinzip im Verbrauchervertragsrecht, 2007, 131; Klimke Die halbzwingenden Vorschriften des VVG, 2004, 28.; Fausten, in: MünchKommVVG, Bd. 1, 1. Aufl., 2010, § 18 Rn. 20; Armbrüster, in: Prölss/Martin, VVG, 29. Aufl., 2015, § 18 Rn. 2; Weidenkaff, in: Palandt, BGB, 75. Aufl., 2016, § 475 Rn. 4; Lorenz, in: MünchKommBGB, Bd. 3, 7. Aufl., 2016, § 475 Rn. 8.

618 BGH Urt. v. 4.12.2013 - IV ZR 215/12 -, BGHZ 199, 170 (185) = NJW 2014, 630 Tz. 43; Klimke Die halbzwingenden Vorschriften des VVG, 2004, 28 f.

619 OLG Saarbrücken Urt. v. 11.07.2007 - 5 U 643/06 -, NJW-RR 2008, 280 (281 f.); OLG Koblenz Urt. 1.06.2007 - 10 U 1321/06 -, VersR 2008, 383 (384); OLG Brandenburg Urt. v. 25.04.2007 - 4 U 183/06 -, VersR 2007, 1071 (1072); OLG Dresden Urt. v. 30.06.2005 - 4 U 232/05 -, VersR 2006, 61 (62); OLG Hamm Beschl. v. 28.01.1992 - 20 U 305/91 -, NJW-RR 1992, 1058 (1059).

620 Lehmann-Richter WuM 2010, 3 (5 f.); Schirmer/Marlow VersR 1997, 782 (785); Klimke, Die halbzwingenden Vorschriften des VVG, 2004, 57 f.; Nobbe Das Günstigkeitsprinzip im Verbrauchervertragsrecht, 2007, 139 f.; Armbrüster, in: Prölss/Martin VVG, 29. Aufl., 2015, § 18 Rn. 4, 5; Knappmann, in: Prölss/Martin, VVG, 29. Aufl., 2015, § 42 Rn. 1; Wandt, in: MünchKommVVG, Bd. 1, 1. Aufl., 2010, § 32 Rn. 14; Klenk, in: Looschelders/Pohlmann, VVG, 2. Aufl., 2011, § 18 Rn. 7; Rixecker, in: Langheid/Rixecker, VVG, 5. Aufl., 2016, § 18 Rn. 3; Johannsen, in: Bruck/Möller, VVG,

bringt. Gleichen Vor- und Nachteile sich aus, so liegt insgesamt keine dem Versicherungsnehmer nachteilige Regelung vor.

Der Versicherungsnehmer verlangt nach kostengünstigen Rechtsdienstleistungen. Er will von seinem Versicherer an die Hand genommen werden.[621] Seinen eigenen Rechtsfall möchte er am liebsten aus der Hand geben. Der Versicherer soll ihn unterstützen und seinen Fall zu einem guten Ende bringen. Viele Verbraucher bauen auf die Erfahrung und das Wissen der Rechtsschutzversicherer und verlangen nach Beratung und Führung.[622]

Die Rechtsschutzversicherer verfügen über Erfahrung und Fachwissen in den bei ihnen versicherten Leistungsarten. Ihre Mitarbeiter können sie dementsprechend schulen. Zu vermittelnde Rechtsdienstleister konnten sie über Jahre beobachten und ihre Leistungsfähigkeit einschätzen und beurteilen.

Schließlich kann ein Rechtsschutzversicherer die erzielten Kostenvorteile über günstigere Versicherungsbeiträge an den Versicherungsnehmer weitergeben.

Diese Gesichtspunkte können eine Rechtsschutzversicherung, deren Leistungen unter Beeinträchtigung der freien Anwaltswahl über die herkömmliche Schadenversicherung hinausgehen, bei einer allgemeinen Gesamtbetrachtung für den Versicherungsnehmer insgesamt vorteilhaft erscheinen lassen.

b. Einzelfallbetrachtung

Von anderer Seite wird eine gesonderte Einzelfallbetrachtung[623] gefordert, wobei der Ausgleich eines Nachteils durch einen Vorteil ausgeschlossen wird.[624]

Bd. 2, 9. Aufl., 2010, § 18 Rn. 4. Einschränkend verlangt ein Teil des Schrifttums, dass sich Vor- und Nachteile aus der Regelung des gleichen rechtlichen Tatbestandes ergeben müssen: Sasse VersWissArch 1956, 163 (171); Fausten, in: MünchKommVVG, Bd. 1, 1. Aufl., 2010, § 18 Rn. 26.

621 Eberhardt [ZKM 2014, 83 (84) und VersR 2013, 802 (805) = Wiederabdruck von GS Hübner, 2012, 63] spricht von dem Kundentyp des „überforderten Unterstützungssuchers".

622 Eberhardt ZKM 2014, 83 (84); Eberhardt VersR 2013, 802 Abb. 2 m. Fn. 53; Pressemitteilungen des GdV v. 21.01.2013 und 4.06.2013, abrufbar unter www.gdv.de. S.a. Rottleuthner FS Schirmer, 2005, 529 (541). Vonseiten der Verbraucherschützer wird eine Lenkungsrolle der Rechtsschutzversicherer ebenfalls begrüßt: Trittmacher/Köster VuR 2012, 165.

623 RG Urt. v. 19.12.1939 – VII 69/39 –, RGZ 162, 238 (242); Fausten, in: MünchKommVVG, Bd. 1, 1. Aufl., 2010, § 18 Rn. 24.

624 BAG Urt. v. 12.02.2015 – 6 AZR 831/13 –, NJW 2015, 2284 (2285) Tz. 19; Schmid MDR 2014, 189 (190); Schmid NZM 2012, 193 (194); Schürnbrand JZ 2009, 133 (134); Gebauer NVersZ 2000, 7 (13); Michaelis DAR 1997, 433 (436); Möslein Dispositives

Danach stellt jede Abweichung vom Grundsatz der freien Anwaltswahl einen Nachteil i.S.d. § 129 VVG dar.

c. *Stellungnahme*

Eine Gesamtbetrachtung verbietet sich.

Eine allgemeine Betrachtung der Vertragsgestaltung aus dem Blickwinkel eines durchschnittlichen Versicherungsnehmers ist der AGB-rechtlichen Klauselkontrolle vorbehalten.[625] Halbzwingende Vorschriften suchen den Versicherungsnehmer als schwächere und geschäftsunerfahrenere Vertragsseite vor den Gefahren unüberlegter Vertragsabschlüssen zu bewahren.[626] Maßstab ist der einzelne Vertrag.[627]

Der Schutzgedanke des VVG aus dem Jahre 1908 ist älter als die AGB-rechtliche Klauselkontrolle aus dem Jahre 1977.[628] Die Klauselkontrolle sucht das Vertragsungleichgewicht zwischen dem Unternehmer, der die Vertragsbedingungen vorgibt, und dem Verbraucher ohne Verhandlungsmacht wiederherzustellen. Sie stellt in § 307 Abs. 1 BGB auf eine unangemessene Benachteiligung entgegen den Geboten von Treu und Glauben ab und verlangt damit eine Gesamtabwägung.[629] Halbzwingende Vorschriften verlangen lediglich einen Nachteil – und zwar einen rechtlichen. § 129 VVG verbietet dem Versicherer zum Nachteil des Versicherungsnehmers, von § 127 VVG abzuweichen. Geboten ist daher eine rein rechtliche Betrachtungsweise.[630] Wirtschaftliche Erwägungen spielen keine

---

Recht, 2011, 203 f.; Ganster Die Prämienzahlung im Versicherungsrecht, 2008, 23 f.; Ellenberger, in: Palandt, BGB, 75. Aufl., 2016, Einl. § 145 Rn. 14; Michaelis, in: Schwintowski/Brömmelmeyer, VVG, 2. Aufl., 2011, § 67 Rn. 2; Schwintowski, in: Bruck/Möller, VVG, Bd. 2, 9. Aufl., 2010, § 67 Rn. 1; Weidenkaff, in: Palandt, 75. Aufl., 2016, § 475 Rn. 4, § 487 Rn. 1; Beckmann, in: Bruck/Möller, VVG, Bd. 2, 9. Aufl., 2010, § 42 Rn. 7, 8; Lorenz, in: MünchKommBGB, Bd. 3, 7. Aufl., 2016, § 475 Rn. 12; Tonner, in: MünchKommBGB, 6. Aufl., 2012, Bd. 4., § 651 m Rn. 6; Geib, in: Bamberger/Roth, BeckOK BGB, 39. Aufl., Stand: 1.05.2016, § 651 m Rn. 2.

625 Präve FS Baumann, 1999, 249 (271).

626 Motive zum VVG, Neudruck 1963, 63 f.; Ganster Die Prämienzahlung im Versicherungsrecht, 2008, 39, 40; Beckmann, in: Bruck/Möller, VVG, Bd. 2, 9. Aufl., 2010, § 42 Rn. 3; Brömmelmeyer, in: Rüffer/Halbach/Schimikowski, VVG, 3. Aufl., 2015, Einl. Rn. 14.

627 RG Urt. v. 19.12.1939 – VII 69/39 –, RGZ 162, 238 (242); Fausten, in: MünchKommVVG, Bd. 1, 1. Aufl., 2010, § 18 Rn. 24.

628 Ganster Die Prämienzahlung im Versicherungsrecht, 2008, 40, 41.

629 Ganster Die Prämienzahlung im Versicherungsrecht, 2008, 41.

630 S. a. Präve FS Baumann, 1999, 249 (271).

Rolle. Der Versicherer vermag sich insbesondere nicht durch einen Beitragsnachlass von den Vorgaben einer halbzwingenden Vorschrift freizukaufen.[631]

Der Kundenwunsch der Versicherungsnehmer nach Entlastung, der Erfahrungsvorsprung der Rechtsschutzversicherer und die Kostenvorteile einer umsorgenden Rechtsschutzversicherung vermögen daher nicht den rechtlichen Nachteil, die dem Versicherungsnehmer nach § 127 VVG zustehende freie Anwaltswahl zu versagen, aufzuwiegen. Der Verlust der dem Versicherungsnehmer durch § 127 VVG eingeräumten Entscheidungsbefugnis vermag nicht durch anderweitige Vorteile aufgewogen zu werden.

§§ 127, 129 VVG schützen zudem nicht die Entschließungsfreiheit des einzelnen Versicherungsnehmers,[632] sondern vielmehr das staatliche Interesse an einer geordneten Rechtspflege.[633] Die freie Anwaltswahl ist das verkümmerte Rumpfrecht, seine Rechte selbst zu verteidigen und zu vertreten, das dem Rechtsuchenden aufgrund der Einschränkungen der §§ 78, 79 ZPO und § 3 RDG verbleibt. Einerseits machen die Beschränkungen der §§ 78, 79 ZPO und § 3 RDG im Interesse einer unabhängigen und geordneten Rechtspflege eine Anwaltswahl erst notwendig. Andererseits sichert allein das anwaltlich vermittelte Gehör (Art. 103 Abs. 1 GG) die Möglichkeit des Rechtsuchenden, seine Rechtsdurchsetzung und -verteidigung eigenverantwortlich und selbstbestimmt zu lenken.[634]

Ohnehin dient die halbzwingende Vorschrift des § 127 VVG dazu, den Versicherungsnehmer als schwächere Vertragsseite vor der Übermacht des geschäftserfahreneren Versicherers zu schützen. Halbzwingende Vorschriften hat der Gesetzgeber nur zum „Schutz besonders wichtiger Interessen des Versicherungsnehmers" in das VVG aufgenommen.[635] Sie bilden daher die Untergrenze des Schutzes der Versicherungsnehmerrechte ab, die nicht unterschritten werden

---

631 Klimke Die halbzwingenden Vorschriften des VVG, 2004, 88 f.; Armbrüster, in: Prölss/Martin VVG, 29. Aufl., 2015, § 18 Rn. 5; Wandt, in: MünchKommVVG, Bd. 1, 1. Aufl., 2010, § 32 Rn. 14; vgl. a. Lehmann-Richter WuM 2010, 3 (6). S. a. zum Preisargument in der Klauselkontrolle: Präve FS Baumann, 1999, 249 (271); Wurmnest, in: MünchKommBGB, Bd. 2, 7. Aufl., 2016, § 307 Rn. 44; Stadler, in: Jauernig, BGB. 15. Aufl., 2014, § 307 Rn. 4.

632 So aber LG Bamberg Urt. v. 8.11.2011 – 1 O 336/10 –, VersR 2011, 1515; Armbrüster AnwBl 2012, 218 (220).

633 Lensing VersWissStud 2015, 113 (123).

634 Lensing VersWissStud 2015, 113 (123).

635 BGH Urt. v. 1.12.2004 – IV ZR 291/03 –, VersR 2005, 266 (268); Beckmann, in: Bruck/Möller, VVG, Bd. 2, 9. Aufl., 2010, § 42 Rn. 8.

kann.[636] Halbzwingende Vorschriften dienen gerade nicht dazu, die Gestaltungsfreiheit des Versicherers zu erweitern, indem dieser dazu befugt wird, zunächst nachteilige Regelungen zu treffen und diese durch eine anderweitige Vorteilsgewährung wieder auszugleichen.[637] Sie stellen vielmehr die äußerste Grenze dessen dar, was die Vertragsgerechtigkeit zulässt.[638]

Der Wortlaut der §§ 127, 129 VVG ist eindeutig. Nach § 129 VVG kann der Versicherer keine nachteiligen, von § 127 VVG abweichenden Abreden treffen. Hätte der Gesetzgeber eine wertende und abwägende Gesamtbetrachtung zulassen wollen, so hätte er – wie etwa in § 478 Abs. 4 BGB – anordnen können und müssen, dass eine nachteilige Abweichung nur dann erheblich ist, wenn kein „gleichwertiger Ausgleich" eingeräumt wird.[639]

Einer Gesamtabwägung der Interessen aller Beteiligten bedarf es zudem aus europarechtlichen Gründen nicht. Art. 4 Abs. 1 a RSV (heute: Art. 201 Abs. 1 a Solvabilität II-RL) verlangt zwingend die Berücksichtigung der freien Anwaltswahl „in jedem Rechtsschutz-Versicherungsvertrag", ohne dies an weitere Voraussetzungen zu knüpfen.[640] Dementsprechend ist § 127 VVG richtliniengerecht auszulegen.

Eine richtliniengerechte Auslegung fordert eine Auslegung des § 127 VVG als zwingendes Recht und nicht bloß als halbzwingendes Recht. Auf einen Nachteil für den Versicherungsnehmer kommt es nicht an. Die RSV-RL (heute: Art. 198 f. Solvabilität II-RL) gewährt das Recht auf freie Anwaltswahl bedingungs- und voraussetzungslos. Die freie Anwaltswahl ist dem Versicherungsnehmer „in jedem Versicherungsvertrag" einzuräumen (Art. 4 Abs. 1 a RSV-RL; heute: Art. 201 Abs. 1 a Solvabilität II-RL). Der Versicherte muss keinen Nachteil erleiden, um in den Genuss der freien Anwaltswahl zu kommen. Dies wäre mit der Richtlinie

636 Terno r + s 2004, 45; Hüffer VersR 1974, 617 (622); Beckmann, in: Bruck/Möller, VVG, Bd. 2, 9. Aufl., 2010, § 42 Rn. 8; Wandt, in: MünchKommVVG, Bd. 1. 1. Aufl., 2010, § 32 Rn. 2; a.A. Werber VersR 2010, 1253 (1257).

637 Gebauer NVersZ 2000, 7 (13); Michaelis DAR 1997, 433 (436); Ganster Die Prämienzahlung im Versicherungsrecht, 2008, 24; Beckmann, in: Bruck/Möller, VVG, Bd. 2, 9. Aufl., 2010, § 42 Rn. 8.

638 Terno r + s 2004, 45; Kieninger, in: MünchKommBGB, Bd. 2, 5. Aufl., 2007, § 307 Rn. 151.

639 Lorenz, in: MünchKommBGB, Bd. 3, 7. Aufl., 2016, § 475 Rn. 12. Für Versuche einer Fallgruppenbildung für halbzwingende Vorschriften: Ulrici JuS 2005, 1073 (1074); Derleder GS Sonnenschein, 2003, 97 f.

640 Ob § 127 VVG nicht sogar als zwingendes, und nicht bloß als halbzwingendes Recht hätte ausgestaltet werden müssen, kann an dieser Stelle dahinstehen.

nicht vereinbar. Folgt man dem BGH, ist § 127 VVG dementsprechend einheitlich und richtliniengerecht auszulegen.

2. *Zwingender Vertragsinhalt*

§ 127 VVG ist nach § 129 VVG als (halb-)zwingendes Recht ausgestaltet. Nach § 129 VVG können die Parteien des Rechtsschutzversicherungsvertrages nicht zum Nachteil des Versicherungsnehmers vom Grundsatz der freien Anwaltswahl abweichen. Der Gesetzgeber nimmt den Vertragsparteien zum einen die Verfügungsbefugnis, eine abweichende Regelung zu treffen. Zum anderen zwingt er ihnen den vom ihm gewollten Vertragsinhalt (freie Anwaltswahl) auf.

Welche Rechtsfolge die nachteilige Abweichung von § 127 VVG im Übrigen hat, lässt sich dem Wortlaut der Vorschrift nicht eindeutig entnehmen. § 129 VVG spricht nur davon, dass von § 127 VVG nicht zum Nachteil des Versicherungsnehmers abgewichen werden kann.

Im Schrifttum wird teilweise von der Unwirksamkeit, teilweise von der Nichtigkeit und teilweise von einem Wahlrecht des Versicherungsnehmers gesprochen.[641] Einigkeit besteht insoweit, als anstelle der gesetzeswidrigen Abrede Gesetzesrecht treten soll[642] und der Vertrag im Übrigen – sei es wegen des unabdingbaren Geltungsanspruchs zwingenden Rechts[643] oder nach § 139 BGB[644] oder in entsprechender Anwendung des § 306 Abs. 2 BGB[645] – wirksam bleiben soll.

a. *Wahlrecht des Versicherungsnehmers*

Die älteren halbzwingenden Vorschriften des VVG 1908 waren i.d.R. so gefasst, dass sich nur der Versicherer nicht auf die abweichende Abrede berufen konnte (z. B. in § 15 a VVG a.F.[646] oder § 42 VVG a.F.[647]). Daraus schlussfolgerten die Versicherungsrechtler, dass es dem Versicherungsnehmer freistünde, ob er sich

641 Ganster Die Prämienzahlung im Versicherungsrecht, 2008, 32 f. m.w.N.

642 Ulrici JuS 2005, 1073 (1074, 1075); Beckmann, in: Bruck/Möller, VVG, Bd. 2, 9. Aufl., 2010, § 42 Rn. 11; Ebers, in: Schwintowski/Brömmelmeyer, VVG, 2. Aufl., 2011, § 18 Rn. 4.

643 BAG Urt. v. 12.02.2015 – 6 AZR 831/13 –, NJW 2015, 2284 (2285) Tz. 19; Roth JZ 1989, 411 (413); Ulmer FS Steindorff, 1990, 799 (804); Ellenberger, in: Palandt, BGB, 75. Aufl., 2016, § 139 Rn. 18; zurückhaltend: Möslein Dispositives Recht, 2011, 189 f.

644 BGH Urt. v. 12.03.2015 – VII ZR 336/13 –, NJW 2015, 1754 (1755) Tz. 19.

645 Wandt, in: MünchKommVVG, Bd. 1, 1. Aufl., 2010, § 32 Rn. 21.

646 Fausten, in: MünchKommVVG, Bd. 1, 1. Aufl., 2010, § 18 Rn. 7.

647 Ganster Die Prämienzahlung im Versicherungsrecht, 2008, 20.

auf die nachteilige Abrede berufe oder, weil es etwa im Einzelfall für ihn günstig ist, darauf verzichtet.[648] Stünde dem Versicherungsnehmer ein solches Wahlrecht zu, könnte er die Möglichkeit haben, den von § 127 VVG abweichenden Vertragsbestimmungen der Rechtsschutzversicherer zur Wirksamkeit zu verhelfen.

Ob dem Versicherungsnehmer dieses Wahlrecht auch nach den halbzwingenden Vorschriften des erneuerten VVG 2008 zusteht, ist umstritten.

Vereinzelt wird dies bejaht[649], überwiegend aber verneint[650].

Der Gesetzgeber hat die Erneuerung des VVG 2008 nicht zum Anlass genommen, zu der Bedeutung und Tragweite halbzwingender Vorschriften ausdrücklich und klarstellend Stellung zu beziehen.[651] Er hat sich damit begnügt festzuhalten, die bisherige Rechtslage gelte unverändert fort.[652]

Tatsächlich hat der Gesetzgeber mit der Neufassung des VVG 2008 seinen Sprachgebrauch hinsichtlich der den Versicherungsnehmer schützenden halbzwingenden Vorschriften geändert. Die aus dem VVG 1908 bekannte Wendung, der Versicherer könne sich auf abweichende Vereinbarungen zum Nachteil des Versicherungsnehmers „nicht berufen“, hat der Gesetzgeber aufgegeben. Stattdessen benutzt er nunmehr die aus dem BGB stammende Wendung, der Versicherer könne oder dürfe nicht zum Nachteil des Versicherungsnehmers

---

648 BGH Urt. v. 10.01.1951 – II ZR 21/50 –, NJW 1951, 231 (232); Klimke Die halbzwingenden Vorschriften des VVG, 2004, 110 f.; Ganster Die Prämienzahlung im Versicherungsrecht, 2008, 33 f.; van de Loo Die Angemessenheitskontrolle Allgemeiner Versicherungsbedingungen nach dem AGB-Gesetz, 1987, 78; Fausten, in: MünchKommVVG, Bd. 1, 1. Aufl., 2010, § 18 Rn. 8.

649 Klimke Liber Amicorum; Prölss, 2009, 101 (120 f.); Beckmann, in: Bruck/Möller, VVG, Bd. 2, 9. Aufl., 2010, § 42 Rn. 11; Hillmer-Möbius, in: Schwintowski/Brömmelmeyer, VVG, 2. Aufl., 2011, § 129 Rn. 4. S. a. zu einem „Wahlrecht“ nach § 242 BGB: Armbrüster, in: Prölss/Martin VVG, 29. Aufl., 2015, Einl. Rn. 109; § 18 Rn. 7 f.

650 Werber VersR 2010, 1253 (1256); Armbrüster Privatversicherungsrecht, 1. Aufl., 2013, Rn. 525; Schwintowski, in: Schwintowski/Brömmelmeyer, VVG, 2. Aufl., 2011, § 32 Rn. 2; Brömmelmeyer, in: Rüffer/Halbach/Schimikowski, VVG, 3. Aufl., 2015, § 18 Rn. 15; Ebers, in: Schwintowski/Brömmelmeyer, VVG, 2. Aufl., 2011, § 18 Rn. 1; Armbrüster, in: Prölss/Martin VVG, 29. Aufl., 2015, § 18 Rn. 7, 8; Klenk, in: Looschelders/Pohlmann, VVG, 2. Aufl., 2011, § 18 Rn. 3; Lorenz, in: MünchKommVVG, Bd. 1, 1. Aufl., 2010, Einl. Rn. 41; Wandt, in: MünchKommVVG, Bd. 1, 1. Aufl., 2010, § 32 Rn. 18; Fausten, in: MünchKommVVG, Bd. 1, 1. Aufl., 2010, § 18 Rn. 8; Johannsen, in: Bruck/Möller, VVG, Bd. 2, 9. Aufl., 2010, § 18 Rn. 1, 5.

651 Wandt, in: MünchKommVVG, Bd. 1, 1. Aufl., 2010, § 32 Rn. 17; krit.: Ganster Die Prämienzahlung im Versicherungsrecht, 2008, 44 f., s. aber a. S. 30 f.; Lorenz, in: MünchKommVVG, Bd. 1, 1. Aufl., Einl. Rn. 41.

652 BT-Drs. 16/3945, 64, 72, 82, 87.

abweichen. Diese Wortwahl findet sich nunmehr nicht nur in § 129 VVG wieder, sondern ist den verbraucherschützenden Vorschriften der §§ 312 i., 487, 511, 651 m und § 655 e BGB entlehnt. Bei diesen verbraucherschützenden halbzwingenden Vorschriften des BGB besteht Einigkeit, dass eine nachteilige Abrede keine Geltung beanspruchen kann.[653] Zwar ist auch der Sprachgebrauch des BGB nicht einheitlich. Bei den mieterschützenden halbzwingenden Vorschriften der §§ 536 Abs. 4, 547 Abs. 2 und 551 Abs. 4 BGB ordnet der Gesetzgeber ausdrücklich die Rechtsfolge der Unwirksamkeit an. Will der Gesetzgeber der schutzbedürftigen Partei aber ein Wahl- oder Einrederecht einräumen, so greift er – wie in §§ 475 Abs. 1, 478 Abs. 4 BGB oder in § 32 Abs. 3 S. 1 UrhG – ausdrücklich auf die überkommene Wendung des VVG 1908 zurück, dass sich nur der Unternehmer nicht auf die Vereinbarung berufen kann.[654] Durch die Abkehr von dem Sprachgebrauch des VVG 1908 und die Hinwendung zu dem Sprachgebrauch des Verbraucherschutzrechts des BGB stellt der Gesetzgeber klar, dass er keine Geltung der zum Nachteil des Versicherungsnehmers abweichenden Abreden wünscht.[655] Der Wortlaut des § 129 VVG und der gesetzgeberische Wille verbieten es, § 129 VVG so zu verstehen, dass es dem Versicherungsnehmer überlassen bleibt, ob er sich auf eine nachteilige Abweichung beruft.

Ein Wahlrecht steht dem Versicherungsnehmer nicht zu. Die nachteilige Abrede vermag keine Geltung zu beanspruchen. Das (halb-)zwingende Recht der §§ 127, 129 VVG versagt dem Versicherungsnehmer die Rechtsmacht, dem unwirksamen Vertragsbestimmungen zur Geltung zur verhelfen.

b. Unwirksamkeit, Nichtigkeit und Verbotsgesetz

Im Schrifttum wird teilweise von der Unwirksamkeit, teilweise von der Nichtigkeit als Rechtsfolge des Verstoßes gegen (halb-)zwingende Vorschriften gesprochen.[656] Der Gesetzgeber verfährt in seinem Sprachgebrauch ebenfalls nicht

653 Vgl. nur: Münkel, in: Rüffer/Halbach/Schimikowski, VVG, 3. Aufl., 2015, § 129 Rn. 1; Franzen, in: MünchKommBGB, Bd. 3, 7. Aufl., 2016, § 487 Rn. 6; Schürnbrand, in: MünchKommBGB, Bd. 3, 7. Aufl., 2016, § 511 Rn. 6; Tonner, in: MünchKommBGB, Bd. 4, 6. Aufl., 2012, § 651 m Rn. 9.

654 Ulrici JuS 2005, 1073 (1074) m.w.N.

655 BGH Urt. v. 25.09. 2002 – VIII ZR 253/99 –, NJW 2003, 290 (293); Brömmelmeyer, in: Rüffer/Halbach/Schimikowski, VVG, 3. Aufl. 2015, Einl. Rn. 15; Ebers, in: Schwintowski/Brömmelmeyer, VVG, 2. Aufl., 2011, § 18 Rn. 1; Johannsen, in: Bruck/Möller, VVG, Bd. 1, 9. Aufl., 2008, § 18 Rn. 5. Im Ergebnis ebenso: Armbrüster, in: Prölss/Martin, VVG, 29. Aufl., 2015, § 18 Rn. 7. Widersprüchlich: BAG Urt. v. 12.02.2015 – 6 AZR 831/13 –, NJW 2015, 2284 (2285) Tz. 20 u. 19.

656 Ganster Die Prämienzahlung im Versicherungsrecht, 2008, 32 f. m.w.N.

einheitlich.[657] Die Rechtsprechung trägt zur Verwirrung bei, indem sie (halb-) zwingendes Recht häufig nicht als eigenständigen Prüfungsmaßstab mit einem eigenständigen Rechtsfolgengefüge prüft, sondern als gesetzliches Leitbild i.S.d. § 307 Abs. 2 Nr. 1 BGB im Rahmen einer AGB-rechtlichen Angemessenheitsprüfung.[658]

aa. Unwirksamkeit wegen fehlender Verfügungsmacht

Wenn (halb-)zwingendes Recht einen eigenständigen Prüfungsmaßstab mit einem eigenständigen Rechtsfolgengefüge darstellt, so ergibt sich die Unwirksamkeit einer Vertragsbestimmung mangels Verfügungs- und Gestaltungsmacht der Vertragsparteien aus dem (halb-)zwingenden Recht selbst.[659]

bb. Unwirksamkeit wegen unangemessener Benachteiligung

Stellt sich (halb-)zwingendes Recht als gesetzliches Leitbild i.S.d. § 307 Abs. 2 Nr. 1 BGB dar, so gilt die Rechtsfolgenregelung des § 306 BGB.[660]

---

657 Ganster Die Prämienzahlung im Versicherungsrecht, 2008, 32.

658 Str., Inhaltskontrolle bejahend: BGH Urt. v. 12.05.2016 – III ZR 279/15 –, NJW-RR 2016, 944 (945) Tz. 18; BGH Urt. v. 17.12.2008 – VIII ZR 92/08 –, NJW 2009, 667 (669) Tz. 17; BGH Urt. v. 25.09.2002 – VIII ZR 253/99 –, BGHZ 152, 121 (133) = NJW 2003, 290; BGH Urt. v. 29.03.1995 – VIII ZR 102/94 –, NJW 1995, 1552 (1554); BGH Urt. v. 20.01.1993 – VIII ZR 10 (92 –, NJW 1993, 1061 (1062)); BGH Urt. v. 26.01.1983 – VIII ZR 342/81 – NJW 1983, 1320 (1322); Brömmelmeyer, in: Rüffer/Halbach/Schimikowski, VVG, 3. Aufl., 2015, Einl. Rn. 77; Schmidt, in: Bamberger/Roth, BeckOK BGB, 39. Aufl., Stand 1.05.2016, § 307 Rn. 11; Pfeiffer, in: Wolf/Lindacher/Pfeiffer, AGB-Recht, 6. Aufl. 2013, § 307 Rn. 13; Fuchs, in: Ulmer/Brandner/Hensen, AGB-Recht, 11. Aufl., 2011, vor § 307, Rn. 56. Inhaltskontrolle an Hand zwingenden Rechts verneinend BAG Urt. v. 12.02.2015 – 6 AZR 831/13 –, NJW 2015, 2284 (2285) Tz. 20; BGH Urt. v. 27.02.1980 – V ZB 18/79 –, BGHZ 76, 371 (374 f.) = NJW 1980, 1625; Wurmnest, in: MünchKommBGB, Bd. 2, 7. Aufl., 2016, § 307 Rn. 65, 66.

659 BAG Urt. v. 12.02.2015 – 6 AZR 831/13 –, NJW 2015, 2284 (2285) Tz. 19; Uffmann Das Verbot der geltungserhaltenden Reduktion, 2010, 45, 46; Ellenberger, in: Palandt, BGB, 75. Aufl., 2016, § 134 Rn. 5; Grüneberg, in: Palandt, BGB, 75. Aufl., 2016, § 307 Rn. 29; Dorn, in: HKK BGB, Bd. 1, 1. Aufl., 2003, §§ 134- -137 Rn. 12.

660 BGH Urt. v. 12.05.2016 – III ZR 279/15 –, NJW-RR 2016, 944 (945) Tz. 18; BGH Urt. v. 17.12.2008 – VIII ZR 92/08 –, NJW 2009, 667 (669) Tz. 17; BGH Urt. v. 25.09.2002 – VIII ZR 253/99 –, BGHZ 152, 121 (133) = NJW 2003, 290; BGH Urt. v. 29.03.1995 – VIII ZR 102/94 –, NJW 1995, 1552 (1554); BGH Urt. v. 20.01.1993 – VIII ZR 10 (92 –, NJW 1993, 1061 (1062)); BGH Urt. v. 26.01.1983 – VIII ZR 342/81 – NJW 1983, 1320 (1322).

cc. Nichtigkeit wegen Verstoß gegen ein Verbotsgesetz

Wenn das Verfahrensrecht der freien Anwaltswahl nach §§ 127 VVG, 3 Abs. 3 BRAO ein Verbotsgesetz i.S.d. § 134 BGB beinhaltet, gelten die Nichtigkeitsregeln der §§ 134, 139 BGB.[661]

dd. Stellungnahme

Der einschneidendste Eingriff in die Vertragsfreiheit ist das Verbotsgesetz (§ 134 BGB).[662] Die Nichtigkeitsfolge nach § 134 BGB trifft nicht allein die betroffene Vertragsbestimmung, sondern nach § 139 BGB im Zweifel den Rest des Vertrages. Die AGB-rechtliche Angemessenheitsprüfung erklärt zwar die betroffenen AGB für unwirksam, erhält den Vertrag im Übrigen aber für wirksam (§ 306 Abs. 1 BGB). Vertragslücken werden unter Rückgriff auf das nachgiebige Recht geschlossen (§ 306 Abs. 2 BGB). (Halb-)zwingendes Recht ersetzt unwirksames Recht durch den vom Gesetzgeber erzwungenen Vertragsinhalt.

Zunächst soll untersucht werden, ob der Gesetzgeber zu dem einschneidendsten Mittel des Verbotsgesetzes (§ 134 BGB) gegriffen hat, um die Unabhängigkeit der Rechtspflege zu schützen. Das hohe Schutzgut einer unabhängigen Rechtspflege verlangt von dem Gesetzgeber, tätig zu werden. Mit §§ 3 RDG, 78, 79 ZPO ist der Gesetzgeber dieser Pflicht nachgekommen. Mit den anwaltlichen Grundpflichten nach § 43 a BRAO – Unabhängigkeit, Verschwiegenheit, Sachlichkeit, Geradlinigkeit – sucht er ebenso eine unabhängige und unvoreingenommene Rechtsfindung sicherzustellen. Voreingenommene Richter sollen keine Entscheidung fällen (§ 42 ZPO, § 24 StPO).

§§ 127, 129 VVG sind keine Erlaubnisvorschriften. Nach ihnen können weder der Versicherer noch der Versicherungsnehmer in dem Rechtsschutzversicherungsvertrag von dem Grundsatz der freien Anwaltswahl abweichende Vereinbarungen treffen.

Ob die fehlende Erlaubnis gleichzeitig ein Verbot des Gesetzgebers i.S.d. § 134 BGB beinhaltet, ist zweifelhaft.

---

661 AG Ebersberg Urt. v. 15.11.2013 – 7 C 450/13 –, NJW 2014, 1461 (1462); in diese Richtung: OLG Karlsruhe Urt. v. 19.11.1987 – 4 U 167/86 –, GRUR 1988, 703 (706 f.); offen gelassen: OLG Stuttgart Urt. v. 16.12.2008 – 12 U 136/08 –, BeckRS 2009, 13830; Henssler FS Geiß, 271 (277); Koch, in: Henssler/Prütting, BRAO, 4. Aufl., 2014, § 3 Rn. 32.

662 Köhler JuS 2010, 665 (666); Wolf/Neuner BGB AT, 10 Aufl., 2012, § 3 Rn. 19.

(1) Verbotsrecht und zwingendes Recht

Die Begriffe des Verbotsgesetzes und des (halb-)zwingenden Rechts sind nicht deckungsgleich.[663] Zwingendes Recht ist nicht notwendig Verbotsrecht und umgekehrt. Tatbestand und Rechtsfolgen unterscheiden sich grundlegend.

(Halb-)zwingendes Recht nimmt den Vertragsparteien die Vertrags- und Gestaltungsmacht, eine entgegenstehende Abrede zu treffen. Sie *können* sie von vorneherein nicht treffen.[664] An die Stelle der unwirksamen Vertragsbestimmung tritt kraft Gesetzes der von dem Gesetzgeber gewollte und durch das (halb-)zwingende Recht angeordnete Vertragsinhalt.[665] Der Gesetzgeber zwingt die Vertragsparteien zu einem bestimmten, von ihm gewollten Vertragsinhalt.[666]

Verbotsgesetze verbieten beiden Vertragsseiten einen bestimmten, vom Gesetzgeber missbilligten Vertragsinhalt. Die Parteien *dürfen* einen Vertrag mit diesem Inhalt nicht abschließen.[667] Er ist nichtig und nach dem Recht der ungerechtfertigten Bereicherung rückabzuwickeln.

Zwingendes Recht verbietet den Vertragsparteien keinen bestimmten Vertragsinhalt. Es zwingt die Vertragsparteien zu einem bestimmten Vertragsinhalt.[668] Windscheid drückte dies so aus:

> „Es gibt Rechtssätze, welche jede Privatwillkür ausschließen: sie kommen zur Anwendung, auch wenn die Personen, für welche sie gegeben sind, erklären, dass sie nicht zur Anwendung kommen sollen; sie zwingen. Andere Rechtssätze lassen es sich gefallen, daß das betreffende Verhältniß durch Privatwillkür anders geordnet werde, und

---

663 Ulrici JuS 2005, 1073 (1076); Möslein Dispositives Recht, 2011, 189 f.; Armbrüster, in: MünchKommBGB, Bd. 1, 7. Aufl., 2015, § 134 Rn. 46; Sack/Seibl, in: Staudinger, BGB, Teilband 4 a, 12. Aufl., Neubearbeitung 2011, § 134 Rn. 31; Dorn, in: HKK BGB, Bd. 1, 1. Aufl., 2003, §§ 134 – 137 Rn. 12.

664 BAG Urt. v. 12.02.2015 – 6 AZR 831/13 –, NJW 2015, 2284 (2285) Tz. 19; Uffmann Das Verbot der geltungserhaltenden Reduktion, 2010, 45, 46; Ellenberger, in: Palandt, BGB, 75. Aufl., 2016, § 134 Rn. 5; Grüneberg, in: Palandt, BGB, 75. Aufl., 2016, § 307 Rn. 29; Dorn, in: HKK BGB, Bd. 1, 1. Aufl., 2003, §§ 134- -137 Rn. 12.

665 Roth JZ 1989, 411 (413); Ulmer FS Steindorff, 1990, 799 (804); Armbrüster Privatversicherungsrecht, 1. Aufl., 2013, Rn. 522; Uffmann Das Verbot der geltungserhaltenden Reduktion, 2010, 40; Schapp Grundfragen der Rechtsgeschäftslehre, 1986, 93; Dorn, in: HKK BGB, §§ 139 – 141 Rn. 8; s.a. Möslein Dispositives Recht, 2011, 189 f.

666 Cziupka Dispositives Vertragsrecht, 2010, 36; krit. zu diesem „Rechtspaternalismus" Kötz JuS 2013, 289.

667 Ellenberger, in: Palandt, BGB, 75. Aufl., 2016, § 134 Rn. 5; Armbrüster, in: MünchKommBGB, Bd. 1, 7. Aufl., 2015, § 134 Rn. 5.

668 Flume BGB AT, Bd. 2, 4. Aufl., 1992, § 17 2: Der Gesetzgeber verbietet den Vertragsinhalt nicht, er lässt ihn bloß nicht gelten.

kommen nur dann zur Anwendung, wenn eine Ordnung des Verhältnisses durch Privatwillkür nicht vorliegt."[669]

Die Unterscheidung zwischen (halb-)zwingendem Recht und Verbotsrecht kann im Einzelfall schwierig sein.[670] Sie wird dadurch erschwert, dass der Gesetzgeber in seinem Sprachgebrauch nicht einheitlich verfährt.[671] Dies gilt auch für die Rechtsfolgenseite. Auch hier unterscheidet der Gesetzgeber nicht sauber zwischen den Begriffen der Unwirksamkeit und der Nichtigkeit.[672]

(2) An den Rechtsfolgen ausgerichtete Auslegung

Entscheidend für die Abgrenzung sind zum einen der Sinn und Zweck des Gesetzes[673] und zum anderen die Frage nach den Rechtsfolgen[674]. „Die Rechtsordnung „verbietet" [mit halbzwingendem Recht] nicht die Rechtsgeschäfte, die der rechtsgeschäftlichen Gestaltungsmöglichkeit gesetzten Grenzen überschreiten. Sie lässt sie nur nicht gelten."[675] Dies macht den unbedingten Geltungsanspruch halbzwingenden Rechts aus.[676] Der Gesetzgeber will mit § 127, 129 VVG zwar verhindern, dass ein Rechtsschutzversicherungsvertrag vom Grundsatz der freien Anwaltswahl abweichende Regelungen enthält. Er will aber gerade den Vertragsinhalt der freien Anwaltswahl nicht verhindern, sondern vielmehr im Gegenteil dafür Sorge tragen, dass der Versicherungsnehmer auf jeden Fall in den Genuss der freien Anwaltswahl kommt. §§ 127, 129 VVG sind zwar (halb-)zwingendes Recht. Sie stellen aber keine Verbotsgesetze i.S.d. § 134 BGB dar.

(3) Vertragsgleichgewicht: Nachteilsprüfung und Angemessenheitsprüfung

Zwingendes Recht (ius cogens) nimmt den Vertragsparteien die Verfügungs- und Gestaltungsmacht, einen bestimmten Vertragsinhalt zu vereinbaren. Nachgiebiges Recht (ius dispositivum) lässt abweichende Regelungen zu. Treffen

---

669 Windscheid Lehrbuch des Pandektenrechts, Bd. 1, 5. Aufl., 1879, 74 (§ 30); s. a. Ehrlich Das zwingende und das nichtzwingende Recht im Bürgerlichen Gesetzbuch für das Deutsche Reich, 1899.

670 Deinert Zwingendes Recht, 2002, 3 f.

671 Ganster Die Prämienzahlung im Versicherungsrecht, 2008, 32.

672 Collier Nichtigkeit und Unwirksamkeit im System der Bürgerlichen Rechtsordnung, 1967, 2, 106 f.; Mock Die Heilung fehlerhafter Rechtsgeschäfte, 2014, 4 f.; s. a. Klimke Die halbzwingenden Vorschriften des VVG, 2004, 25.

673 BGH Urt. v. 20.03.2014 – VII ZR 248/13 –, NJW 2014, 1725 (1728) Tz. 29.

674 Cahn JZ 1997, 8 (16).

675 Flume BGB AT, Bd. 2, 4. Aufl., 1992, § 17 2.

676 Cziupka Dispositives Vertragsrecht, 2010, 38.

nachlässige oder unbedachte Parteien keine vertraglichen Regelungen, so gestaltet das nachgiebige Recht den Vertragsinhalt. Der fürsorgliche Gesetzgeber hält gleichsam Musterverträge für die Marktteilnehmer vor. Nachgiebiges Recht zwingt die Parteien nicht zu einem bestimmten Vertragsinhalt. Nachgiebiges Recht füllt vertragliche Lücken aus, die den Parteien bei Vertragsabschluss nicht bewusst waren.

Für eine Lückenfüllung nach § 306 Abs. 2 BGB lässt das (halb-)zwingende Recht nach §§ 127, 129 VVG keinen Raum. Sowohl das zwingende als auch das nachgiebige Recht unterstellen, dass sich zwei gleich starke und geschäftsgewandte Parteien begegnen, um sich frei auf einen Vertragsinhalt zu einigen. Das Vertragsgleichgewicht begründet dann eine Vermutung für die Vertragsgerechtigkeit.

Versicherungsrecht ist Vertragsrecht - genauer: AGB-rechtliches Bedingungswerk. Der Versicherer gibt dem Versicherungsnehmer einseitig sein Bedingungswerk vor. Dieses Vertragsungleichgewicht versucht die AGB-rechtliche Angemessenheitsprüfung nach §§ 305 f. BGB auszugleichen.[677]

Die Nachteilsprüfung nach (halb-)zwingendem Recht bildet neben der Angemessenheitsprüfung nach §§ 305 f. BGB einen eigenständigen Prüfungsmaßstab mit einem eigenständigen Rechtsfolgengefüge. Die Unwirksamkeit einer Vertragsbestimmung folgt aus der mangelnden Verfügungs- und Gestaltungsmacht der Vertragsparteien aus dem (halb-)zwingenden Recht selbst, wobei dieses die hierdurch gerissene Vertragslücke durch den von Gesetzgeber gewollten Vertragsinhalt wieder schließt.[678] (Halb-)zwingendes Recht zwingt den Vertragsseiten den vom Gesetzgeber gewollten Vertragsinhalt auf.

V. Freie Anwaltswahl und freiwilliger Verzicht

1. Verzicht

Damit kann zunächst das Feld des (halb-)zwingenden Rechts im engeren Sinne verlassen werden.

---

677 Ob sie nebeneinander zur Anwendung kommen, wird im Teil II Abschnitt B.I und in Teil III Abschnitt C erörtert.

678 BAG Urt. v. 12.02.2015 - 6 AZR 831/13 -, NJW 2015, 2284 (2285) Tz. 19; Uffmann Das Verbot der geltungserhaltenden Reduktion, 2010, 45, 46; Ellenberger, in: Palandt, BGB, 75. Aufl., 2016, § 134 Rn. 5; Grüneberg, in: Palandt, BGB, 75. Aufl., 2016, § 307 Rn. 29; Dorn, in: HKK BGB, Bd. 1, 1. Aufl., 2003, §§ 134–137 Rn. 12.

a. *Verzicht und zwingendes Recht*

Wenn der Gesetzgeber mit Hilfe von zwingendem Recht einen bestimmten Vertragsinhalt vorgibt, bedeutet dies noch lange nicht, dass er die Parteien im Übrigen und auf Dauer der Verfügungsbefugnis beraubt, über ein bestimmtes Rechtsgut zu verfügen.

Ob das Recht auf freie Anwaltswahl als zwingendes Recht oder als nachgiebiges Recht ausgestaltet ist, ist für die Frage, ob der Rechtsuchenden auf dieses Recht verzichten kann, unerheblich.[679]

So schließen etwa die zwingenden Vorgaben des Kündigungsschutzgesetzes keineswegs auf Dauer einen Verzicht auf die Kündigungsschutzklage aus.[680]

b. *Verzicht auf eine unabhängige Rechtspflege*

Entscheidend ist, ob die freie Anwaltswahl allein eigene Interessen des Rechtsuchenden betrifft oder zumindest auch im öffentlichen Interesse liegt. Auf öffentliche Interessen vermag der einzelne Rechtsuchende nicht zu verzichten. Dies liegt außerhalb seiner Rechtsmacht.

Das Verfahrensrecht der freien Anwaltswahl schützt nicht die Entschließungsfreiheit des Rechtsuchenden. Ohne Weiteres kann auf das Recht nicht verzichtet werden. Das Recht auf freie Anwaltswahl ist Teil des Rechts, sich vor Gericht selbst zu behaupten. Gleichzeitig liegen die Vorgaben und Beschränkungen der Möglichkeit, sich anwaltlich vertreten zu lassen, nach §§ 3 RDG, 78[681], 79 ZPO im öffentlichen Interesse an einer unabhängig und reibungslos arbeitenden Rechtspflege.[682] Kurzum: Die freie Anwaltswahl liegt einerseits im Eigeninteresse

679 BAG Urt. v. 25.09.2014 – 2 AZR 788/13 –, NJW 2015, 1038; Möslein Dispositives Recht, 2011, 193 f.; a.A. Terriuolo AnwBl 2015, 140 (141); noch weniger überzeugend und folgerichtig: Terriuolo (Das rechtsschutzversicherte Mandat, 2014, 113), die die Anwaltswahl im Bereich der gerichtlichen Vertretung wegen §§ 127, 129 VVG für unverzichtbar hält und für den außergerichtlichen Bereich wegen § 3 Abs. 3 BRAO für unverzichtbar, obgleich der halbzwingende § 127 Abs. 1 S. 2 VVG eine freie Anwaltswahl für die außergerichtliche Beratung und Vertretung ausdrücklich vorschreibt.

680 BAG Urt. v. 25.09.2014 – 2 AZR 788/13 –, NJW 2015, 1038 (1039) Tz. 21 f.

681 Granderath [MDR 1972, 828 (830)] bezeichnet den Anwaltszwang nach § 78 ZPO als unverzichtbare Prozessvoraussetzung. Tatsächlich wird ohne anwaltliche Vertretung lediglich die für die Prozesshandlung erforderliche Form verfehlt, BVerwG Beschl. v. 10.06.2005 – 1 B 149/04 –, NJW 2005, 3018; BAG Beschl. v. 18.10.1990 – 8 AS 1/90 –, NJW 1991, 1252.

682 BVerwG Beschl. v. 10.06.2005 – 1 B 149/04 –, NJW 2005, 3018; BAG Beschl. v. 18.10.1990 – 8 AS 1/90 –, NJW 1991, 1252 (1253); Urbanczyk ZZP 1982, 339 (356).

der Selbstbehauptung des Rechtsuchenden, andererseits aber zumindest auch im öffentlichen Interesse an einer unabhängigen Rechtspflege.

Es ist daher zu kurz gegriffen, einfach rundheraus die Möglichkeit eines Verzichts zu bejahen[683] oder zu verneinen[684]. Es ist vielmehr zu fragen, wo die Grenze zwischen den unverzichtbaren, öffentlichen Belangen der Rechtspflege und der privaten Rechtsmacht des Rechtsuchenden, sich der freien Anwaltswahl zu begeben, verläuft.

In zeitlicher Hinsicht geben § 127, 129 VVG einen Anhaltspunkt. Sie machen die freie Anwaltswahl zu einem zwingenden Vertragsinhalt. Zum Zeitpunkt des Vertragsabschlusses kann der Rechtsschutzversicherte nicht auf das Wahlrecht verzichten.[685] Außerhalb des Rechtsschutzversicherungsrechtes gilt dies nicht. § 3 Abs. 3 BRAO ist nachgiebiges Recht.

Anderweitig kennt die Rechtsordnung Befugnisse die Ausübung der Anwaltswahl auf Dritte zu übertragen. Findet der Rechtsuchende keinen Rechtsanwalt, der sich seiner Sache annehmen will, so kann er die Auswahl und Beiordnung eines Anwalts auf das Gericht übertragen (Notanwalt nach § 78 b ZPO). Ist die anwaltliche Vertretung erforderlich, um das Gütesiegel eines rechtsstaatlichen Verfahrens aufrechtzuerhalten, kann das Gericht auch gegen den Willen des Einzelnen einen Anwalt aussuchen und beiordnen (notwendige Verteidigung § 140 StPO).

---

683 Dörr Faires Verfahren, 1984, 85; s. a. Michalke/Römermann ZIP 1994, 433 (442); zu Art. 6 EMRK: EGMR Urt. v. 27.10.2011 – 25303/08 –, NJW 2012, 3709 (3711) Tz. 54 – Stoijkovic; EGMR Urt. v. 27.11.2008 – 36391/02 –, NJW 2009, 3707 (3709) Tz. 59 – Salduz.

684 BGH Urt. v. 26.10.1989 – I ZR 242/87 –, BGHZ 109, 153 (159) = NJW 1990, 578 unter II.3; OLG Bamberg Urt. v. 20.06.2012 – 3 U 236/11 –, NJW 2012, 2282 (2284); OLG Karlsruhe Urt. v. 19.11.1987 – 4 U 107/86 –, GRUR 1988, 703 (705); Pestke BRAK-Mitt 1988, 241 (244); Prunbauer-Glaser FS Hellwig, 2010, 69 (81); Henssler FS Geiß, 2000, 271 (280); Pestke Der Rechtsanwalt als Mitwirkender verwaltungsrechtlicher Verfahren einschließlich solcher des Sozial- und Steuerrechts, 1986, E/67, 68; Kalsbach BRAO, 1960, 1. Aufl., § 3 Rn. 9; Isele BRAO, 1. Aufl., 1976, § 3 Anm. IV.B.2.; Busse, in: Henssler/Prütting, BRAO, 4. Aufl., 2014, § 3 Rn. 29; Greger, in: Zöller, ZPO, 31. Aufl., 2016, vor § 128 Rn. 7 a; Pfaffenholz, in: Looschelders/Pfaffenholz, ARB, 1. Aufl., 2014, § 127 Rn. 8; Richter, in: MünchKommVVG, Bd. 2, 1. Aufl. 2011, § 127 Rn. 7; Brüggemann, in: Feuerich/Weyland, BRAO, 9. Aufl., 2016, § 3 Rn. 46 f.; Wolf, in: Gaier/Wolf/Göcken, Anwaltliches Berufsrecht, 2. Aufl., 2015, BRAO § 3 Rn. 64 f.

685 Terriuolo AnwBl 2015, 140 (141); Richter, in: MünchKommVVG, Bd. 2, 1. Aufl., 2011, § 127 Rn. 7; a.A. BGH Beschl. v. 14.01.2016 – I ZR 98/15 –, r + s 2016, 235 (236) Tz. 6.

Ganz allgemein gesprochen unterliegt es jedoch der Vertrags- und Parteifreiheit des Rechtsuchenden, über seine Rechte und eine etwaige Rechtsverteidigung oder Rechtsdurchsetzung nach eigenem Gutdünken zu entscheiden und zu verfügen. Die spiegelbildliche Entsprechung zu dem Gedanken der Vertragsfreiheit ist der verfahrensrechtliche Grundsatz der Parteifreiheit und Parteiverantwortung. Parteifreiheit meint die Befugnis der Partei, nach Belieben über den Streitgegenstand zu verfügen und den Verfahrensgang zu bestimmen.[686] Es ist Sache des Rechtsuchenden, ob er einen Rechtsstreit aufnimmt oder nicht. Er kann sein Recht aus der Hand geben und die Verfahrensführung vollständig seinen Bevollmächtigten überlassen. Im Rahmen einer gewillkürten Prozessstandschaft[687] oder einer Einziehungsermächtigung[688] vermag er die Rechtsdurchsetzung Dritten zu übertragen. Voraussetzung und rechtliche Grenze hierfür ist ein schutzwürdiges Eigeninteresse des Dritten an der Verfahrensführung und dem Verfahrensausgang.[689] All dies macht gerade sein Selbstbehauptungsrecht und seine Parteifreiheit aus. Es spricht daher nichts dagegen, die Auswahl eines Rechtsanwalts und dessen Beauftragung an einen Dritten zu übertragen, und insoweit auf die freie Anwaltswahl zu verzichten, wenn und soweit der Dritte – ebenso wie bei der gewillkürten Prozessstandschaft und der Einziehungsermächtigung – ein schutzwürdiges Interesse an der Verfahrensführung und dem Verfahrensausgang hat.

Andererseits verlangt eine rechtsstaatliche Rechtspflege, dass das Selbstbehauptungsrecht des Bürgers – notfalls gegen dessen ausdrücklich erklärten Willen gewahrt bleibt. Anderenfalls verliert das Verfahren seine Rechtfertigung. Wenn besonders gewichtige Belange auf dem Spiel stehen oder der Bürger gar einer schwerwiegenden Straftat bezichtigt wird, so ist es gerechtfertigt, ihm einen Notanwalt (§§ 78 b, c ZPO) oder notwendigen Verteidiger (§§ 140, 141 StPO) beizuordnen. Ein Verzicht ist nicht möglich.

---

686 BVerfG Beschl. v. 27.02.2008 – 1 BvR 2588/06 –, NJW 2008, 2170 (2171) Tz. 16; Reischl ZZP 2003, 81 (103); Rosenberg/Schwab/Gottwald Zivilprozessrecht, 17. Aufl., 2010, § 76 Rn. 1, § 77 Rn. 3; Rauscher, in: MünchKommZPO, Bd. 1, 4. Aufl., 2013, Einl. Rn. 292, 290.

687 BGH Urt. v. 5.02.2009 – III ZR 164/98 –, NJW 2009, 1213 (1215) Tz. 21; Bayreuther, in: MünchKommBGB, Bd. 1, 7. Aufl., 2015, 185 Rn. 41.

688 BGH Urt. v. 3.02.1987 – VII ZR 374/86 –, BGHZ 102, 293 (296) = NJW 1998, 1210; Weth, in: Musieliak/Voit, ZPO, 13. Aufl., 2016, § 51 Rn. 32.

689 BGH Urt. v. 5.02.2009 – III ZR 164/98 –, NJW 2009, 1213 (1215) Tz. 21; BGH Urt. v. 3.02.1987 – VII ZR 374/86 –, BGHZ 102, 293 (296) = NJW 1998, 1210.

In diesem Rahmen vermag der Rechtsuchende auf das Recht auf freie Anwaltswahl zu verzichten.[690]

2. *Höchstpersönliches Recht*

Damit ist auch die letzte Frage beantwortet. Der Rechtsuchende kann die Anwaltswahl unter bestimmten Voraussetzungen auf Dritte übertragen. Das Recht auf freie Anwaltswahl ist kein höchstpersönliches Recht.[691] Das Verfahrensrecht der freien Anwaltswahl schützt nicht in erster Linie die persönliche Entschließungsfreiheit des Rechtsuchenden, sondern die Unabhängigkeit der Rechtspflege.

Daran ändert auch der viel bemüßigte und viel beschworene Hinweis auf das Vertrauensverhältnis zwischen Anwalt und Mandant[692] nichts. Anwalt und Mandant mögen vertraut sein. Verheiratet sind sie nicht.

Das Verhältnis zwischen Anwalt und Mandant lässt sich ohnehin besser als ein wechselseitiges Verhältnis zwischen Herr und Knecht kennzeichnen. Der dem Vertretungszwang unterliegende Mandant muss sich eines Anwaltes bedienen, um bei Gericht gehört zu werden. Er ist auf ihn angewiesen. Sein Selbstbehauptungsrecht wird verkürzt. Gleichzeitig kann er dem Anwalt Weisungen nach §§ 665, 675 BGB erteilen[693] und ihn gängeln. Er bleibt Herr des Verfahrens. Das in Art. 103 Abs. 1 GG verankerte Wechselspiel von Selbstbehauptungsrecht und Anwaltszwang lässt das Selbstbehauptungsrecht des Rechtsuchenden zum

---

690 Wie hier Verzichtsmöglichkeit bejahend: EGMR Urt. v. 27.11.2008 - 36391/02 -, NJW 2009, 3707 (3709) Tz. 59 - Salduz; EGMR Urt. v. 27.10.2011 - 25303/08 -, NJW 2012, 3709 - Stojkovic; Michalke/Römermann ZIP 1994, 433 (442); Schilasky Einschränkungen der freien Anwaltswahl in der Rechtsschutzversicherung, 1998, 167, 171; Dörr Faires Verfahren, 1984, 85; Meyer-Ladewig, in: Meyer-Ladewig, EMRK, 3. Aufl., 2011, Art. 6 Rn. 99, 122, 123; wohl a. Terriulo Das rechtsschutzversicherte Mandat, 2014, 113.
Offen gelassen: OLG München Urt. v. 22.03.2202 - 21 U 2386/01 -, NJW 2002, 3641 (3642).

691 So aber BGH Urt. v. 26.10.1989 - I ZR 242/87 -, BGHZ 109, 153 (159) = NJW 1990, 578 - Mieterverein.

692 S. nur: BVerfG Beschl. v. 3.12.2006 - 1 BvR 2576/04 -, BVerfGE 117, 163 (184) = NJW 2007, 979 Tz. 102; BGH Urt. v. 7.02.2013 - IX 138/11 -, NJW 2013, 1591 Tz. 12; BGH Urt. v. 26.10.1989 - I ZR 242/87 -, BGHZ 109, 153 (159) = NJW 1990, 578 - Mieterverein; Terriuolo AnwBl 2015, 140 (141); Risch SpV 3/2011, 41; Ignor NJW 2007, 3403; Schilasky Einschränkungen der freien Anwaltswahl in der Rechtsschutzversicherung, 1998, 156 f. m.w.N.

693 BGH Urt. v. 15.11.2007 - IX ZR 44/04 -, BGHZ 174, 205 (208) = NJW 2008, 1309 Tz. 8.

dem Recht, sich den Rechtsbeistand selbst auszusuchen, verkümmern. Er darf den Rechtsbeistand, dem er zutraut, seine rechtlichen Interessen am besten zu vertreten und wahrzunehmen, selbst auswählen. Das Vertrauen in den Rechtsbeistand wird zum Prüfstein und zur Grundlage des Verhältnisses zwischen Auftraggeber und Anwalt. Einen anderen Prüfstein hat er i.d.R. auch nicht. Zwischen dem Anwalt und seinem Mandanten besteht ein hohes Wissensgefälle.[694] Der Mandant kann die Güte der Rechtskenntnisse und Rechtsdienstleistungen seines Anwaltes nicht beurteilen. Es bleibt ihm nichts anderes übrig als auf das Vertrauen zu setzen.

Kurzum: Das Vertrauen mag der einzelne Prüfstein bei der Anwaltswahl sein. Schutzgut der freien Anwaltswahl ist es nicht. Schutzgut des Verfahrensrechtes ist die unabhängige Rechtspflege.

Das Recht auf die freie Anwaltswahl ist weder ein unverzichtbares noch ein höchstpersönliches Recht.

VI. Die freie Anwaltswahl als Rechtsgrundsatz

Die freie Anwaltswahl ist verfassungsrechtlich als anwaltlich vermitteltes Gehör in Art. 103 Abs. 1 GG verankert. Das Verfassungsverständnis des Art. 103 Abs. 1 GG als Anspruch auf einen selbst gewählten Rechtsbeistand wird durch eine völker- und europarechtfreundliche Auslegung des Art. 103 Abs. 1 GG im Lichte des Art. 6 EMRK und des Art. 47 GRCh verstärkt. Der Überlieferungsstrang zwischen dem „right to a fair and public hearing" aus dem common law und Art. 103 Abs. 1 GG, den das BVerfG mit seiner Rechtsprechung zu dem allgemeinen Justizgewährleistungsanspruch aus Art. 2 Abs. 1 GG i.V.m. dem Rechtsstaatsprinzip zerschnitten hat, wird durch die völker- und europarechtsfreundliche Auslegung der Verfassungsbestimmung wieder hergestellt.

Dem Grundsatz der freien Anwaltswahl wohnt ein Rechtfertigungszweck und ein Ausgleichszweck inne. Das Selbstbehauptungsrecht des Rechtsuchenden und der Anwaltszwang im Interesse der Rechtspflege stehen in einem Wechselverhältnis zueinander.

Geltungsgrund des Anspruchs auf rechtliches Gehör ist das Selbstbehauptungsrecht des Rechtsuchenden im gerichtlichen Verfahren. Er ist Herr des

694 EuGH Urt. v. 5.12.2006 – C-94/04 – u. C-202/04 –, NJW 2007, 281 (285) Tz. 68 – Cipolla; BVerfG Beschl. v. 15.06.2009 – 1 BvR 1342/07 –, NJW-RR 2010, 259 (261) Tz. 20; BGH Beschl. v. 9.06.2008 – AnwSt (R) 5/05 –, NJW 2009, 534 (535) Tz. 28; 16. Hauptgutachten der Monopolkommission 2004/2005, BT-Drs. 16/2460, 52, 376, 377, 379, 380.

Verfahrens. Den Rechtsuchenden als bloßen Verfahrensgegenstand zu betrachten und zu behandeln, ist für ein demokratisch und rechtsstaatlich verfasstes Rechtswesen nicht zu verantworten. Allein das Teilhaberecht des Rechtsuchenden, auf den Verfahrensgang wirksamen Einfluss zu nehmen, vermag dem gerichtlichen Verfahren das Gütesiegel des rechtsstaatlichen und demokratischen Verfahrens verleihen (Rechtfertigungszweck). Misst der Gesetzgeber einem Verfahren eine besondere Bedeutung bei, ordnet er an, dass der Rechtsuchende anwaltlich vertreten werden muss. Auf diese Weise stellt der Gesetzgeber sicher, dass der Rechtsuchende auch tatsächlichen Gebrauch von seinen Lenkungs- und Steuerungsbefugnissen machen kann. Mangelnde Rechtskenntnis und Redegewandtheit des Rechtsuchenden wird durch den anwaltlichen Beistand ausgeglichen (Ausgleichszweck). Das Selbstbehauptungsrecht des Rechtsuchenden lebt in dem Anwaltszwang fort (Wechselspiel von Selbstbehauptungsrecht und Anwaltszwang). Er darf den Rechtsbeistand, dem er zutraut, seine rechtlichen Interessen am besten zu vertreten und wahrzunehmen, selbst auswählen. Die Beschränkung des Rechtsuchenden, sich nicht durch jedweden Dritten, sondern durch einen Rechtsanwalt vertreten zu lassen, dient dem Schutz der unabhängigen Rechtspflege. Auf diese Weise sucht Art. 103 Abs. 1 GG zu verhindern, dass verfahrensfremde Dritte Einfluss auf die unabhängige Rechtsfindung und Rechtspflege nehmen. Im Interesse einer unabhängigen Rechtsfindung muss sich der Rechtsuchende durch einen unabhängigen Rechtsanwalt vertreten lassen.

Je schwerwiegender das Selbstbehauptungsrecht des Bürgers als Herr des Verfahrens beeinträchtigt ist, desto gewichtiger ist sein rechtliches Interesse an einem anwaltlichen Verfahrensbeistand.[695] Je schwerwiegender der drohende Rechtsverlust in einem Rechtsstreit ist, desto schwerer wiegt die staatliche Pflicht, dem anwaltlich vermittelten, rechtlichen Gehör des Bürgers Geltung zu verschaffen.[696]

Die freie Anwaltswahl schützt andererseits die unabhängige Rechtsfindung und Rechtspflege. Sie sucht zu verhindern, dass verfahrensfremde Dritte Einfluss auf die unabhängige Rechtsfindung und Rechtspflege nehmen. Eine Anwaltswahl ist frei, wenn sie unbeeinflusst ist. Die freie Anwaltswahl ist beeinträchtigt, wenn die Einflussnahme Dritter die Unabhängigkeit der Rechtspflege gefährdet. Je stärker die Einflussnahme ist, desto schwerwiegender ist der Schaden, den die Rechtspflege nimmt.

---

695 BVerfG Beschl. v. 5.02.2004 – 2 BvR 1621/03 –, NJW 2004, 1519.

696 Vgl. Rüping, in: BK-GG, Stand: Februar 2015, Art. 103 Rn. 56.

Die einzelnen Bestandteile dieses Rechtsgrundsatzes der freien Anwaltswahl lassen sich wie folgt fassen:

(1) Die Freiheit der Anwaltswahl ist die Kehrseite des Vertretungs- und Anwaltszwangs. Das Selbstbehauptungsrecht des Rechtsuchenden verkümmert zum Recht, sich durch den Anwalt der eigenen Wahl vertreten zu lassen.
(2) Das Recht auf die freie Anwaltswahl ist ein Verfahrensrecht. Es bezweckt nicht, die Entschließungsfreiheit des Rechtsuchenden zu schützen. Der Vertretungs- und Anwaltszwang macht eine Anwaltswahl erst notwendig. Sowohl der Anwaltszwang als auch die Anwaltswahl dienen dem Schutz einer unabhängigen Rechtspflege.
(3) Es ist alleinige Aufgabe des Gesetzgebers, die Grenzen des anwaltlich vermittelten Gehörs zu ziehen. Er darf dies nur zum Schutze einer unabhängigen und geordneten Rechtspflege.
(4) Der Gesetzgeber hat diesen Ausgleich durch die Vertretungsbeschränkungen der §§ 3 RDG, 78, 79 ZPO geschaffen. Die Vertretungsbeschränkungen der §§ 3 RDG, 78, 79 ZPO sind Inhalts- und Schrankenbestimmungen des Anspruchs auf rechtliches Gehör nach Art. 103 Abs. 1 GG.
(5) Eine Anwaltswahl ist frei, wenn sie unbeeinflusst ist (§§ 3 Abs. 3 BRAO, 127, 129 VVG). Jede Einflussnahme Dritter stellt eine Beeinträchtigung dar, sofern nicht ungeeignet ist, die Unabhängigkeit der Rechtspflege zu gefährden. Je stärker die Einflussnahme ist, desto schwerwiegender ist der Schaden, den die Rechtspflege nimmt.
(6) Die Beeinträchtigung der Anwaltswahl verlangt weder eine unmittelbare noch eine mittelbare Verletzungshandlung. Sie ist ein Gefährdungstatbestand zum Schutz der unabhängigen Rechtspflege. Ab wann eine Anwaltswahl tatsächlich unmöglich ist, lässt sich nicht ermitteln. Rechtlich unerwünschte Beeinträchtigungen der Anwaltswahl liegen nicht nur im Fall einer Nötigung, sondern auch etwa bei einer Täuschung vor.
(7) Beeinträchtigungen der freien Anwaltswahl lassen sich allenfalls durch gegenläufige öffentliche Interessen an einer unabhängig und reibungslos arbeitenden Rechtspflege rechtfertigen.[697]
(8) §§ 3 Abs. 3 BRAO, 127, 129 VVG sind keine Verbotsgesetze i.S.d. § 134 BGB. §§ 127, 129 VVG sind halbzwingendes Recht. Sie zwingen den Parteien eines Rechtsschutzversicherungsvertrages die freie Anwaltswahl als Vertragsinhalt auf. § 3 Abs. 3 BRAO ist nachgiebiges Recht. Innerhalb der

697 BVerfG Beschl. v. 5.02.2004 – 2 BvR 1621/03 –, NJW 2004, 1519; Rüping, in: BK-GG, Stand: Februar 2015, Art. 103 Rn. 38, 80 f.

AGB-rechtlichen Angemessenheitsprüfung verwandelt es sich über § 306 Abs. 2 BGB in zwingendes Recht.

(9) Das Recht auf eine freie Anwaltswahl ist weder ein unverzichtbares noch ein höchstpersönliches Recht.

Der Rechtsanwalt ist Auge, Mund und Ohr des Rechtsuchenden.

B. Unangemessene Benachteiligung des Versicherungsnehmers (AGB-Recht)

§§ 127, 129 VVG suchen einen Nachteil zulasten des Versicherungsnehmers zu verhindern. Der Versicherungsvertrag wird als frei verhandelt unterstellt. Eine vom Grundsatz der freien Anwaltswahl abweichende Bestimmung ist unwirksam. An ihre Stelle tritt zwingend der vom Gesetzgeber gewollte Vertragsinhalt des § 127 VVG.

§§ 305 f. BGB nehmen das Bedingungswerk des Versicherers als Allgemeine Geschäftsbedingungen in den Blick. Das Bedingungswerk des Versicherers ist nicht frei verhandelt. Es wird einseitig von dem Versicherer vorgegeben. Dieses Vertragsungleichgewicht suchen §§ 305 f. BGB auszugleichen.

I. Angemessenheitsprüfung neben Nachteilsprüfung

Die Frage, ob die AGB-rechtliche Angemessenheitsprüfung neben der Nachteilsprüfung nach (halb-)zwingendem Recht überhaupt zur Anwendung kommt, wird in Rechtsprechung und Schrifttum stiefmütterlich behandelt, lässt sich aber nicht ohne weiteres beantworten. (Halb-)zwingendes Recht nimmt den Vertragsschließenden für bestimmte Vertragsinhalte die Gestaltungs- und Verfügungsmacht und zwingt ihnen den vom Gesetzgeber gewollten Vertragsinhalt auf.[698] Gegenüber dem Recht der AGB ist (halb-)zwingendes Recht eigenständig mit einem eigenständigen Rechtsfolgengefüge. Dieser Tatbestand könnte dazu verleiten, anzunehmen, die Angemessenheitsprüfung nach §§ 305 f. BGB fände neben der Nachteilsprüfung nach §§ 127, 129 VVG keine Anwendung.[699]

Das ist zweifelhaft. Eine unangemessene Benachteiligung des Versicherungsnehmers nimmt § 307 Abs. 2 Nr. 1 BGB im Zweifel dann an, wenn eine

698 Roth JZ 1989, 411 (413); Uffmann Das Verbot der geltungserhaltenden Reduktion, 2010, 40.

699 Vgl. Werber VersR 2010, 1253 (1256 f.); Armbrüster Privatversicherungsrecht, 1. Aufl., 2013, Rn. 528; Uffmann Das Verbot der geltungserhaltenden Reduktion, 2010, 45, 46; Klenk, in: Looschelders/Pohlmann, VVG, 3. Aufl., 2016, § 18 Rn. 6.

Allgemeine Geschäftsbedingung von wesentlichen Grundgedanken einer gesetzlichen Regelung abweicht. Zwingendes Recht lässt keine abweichenden Regelungen zu. Eine Inhaltskontrolle ohne vom Gesetz abweichende Regelungen findet nicht statt.[700] Nachgiebiges Recht lässt abweichende Regelungen zu. Eine Inhaltskontrolle findet statt.[701]

Halbzwingendes Recht nimmt eine Zwischenstellung ein. Es trägt zwei Gesichter.[702] Einerseits lässt es keine Abweichungen zum Nachteil des Versicherungsnehmers zu; andererseits lässt es Abweichungen zugunsten des Versicherungsnehmers zu.

1. *Lehre vom Nebeneinander*

Nach der in Rechtsprechung des BGH und der im Schrifttum überwiegend vertretenen Meinung gehören auch halbzwingende Vorschriften zu den gesetzlichen Regelungen des § 307 Abs. 2 Nr. 1 BGB, die den Prüfungsmaßstab einer AGB-rechtlichen Inhaltskontrolle abbilden.[703] Danach stellt § 127 VVG ein taugliches gesetzliches Leitbild i.S.d. § 307 Abs. 2 Nr. 1 BGB dar.

---

700 Str., Inhaltskontrolle an Hand zwingenden Rechts verneinend BAG Urt. v. 12.02.2015 – 6 AZR 831/13 –, NJW 2015, 2284 (2285) Tz. 20; BGH Urt. v. 27.02.1980 – V ZB 18/79 –, BGHZ 76, 371 (374 f.) = NJW 1980, 1625; Wurmnest, in: MünchKommBGB, Bd. 2, 7. Aufl., 2016, § 307 Rn. 65, 66. Inhaltskontrolle bejahend: BGH Urt. v. 12.05.2016 – III ZR 279/15 –, NJW-RR 2016, 944 (945) Tz. 18; BGH Urt. v. 17.12.2008 – VIII ZR 92/08 –, NJW 2009, 667 (669) Tz. 17; BGH Urt. v. 25.09.2002 – VIII ZR 253/99 –, BGHZ 152, 121 (133) = NJW 2003, 290; BGH Urt. v. 29.03.1995 – VIII ZR 102/94 –, NJW 1995, 1552 (1554); BGH Urt. v. 20.01.1993 – VIII ZR 10 (92 –, NJW 1993, 1061 (1062)); BGH Urt. v. 26.01.1983 – VIII ZR 342/81 – NJW 1983, 1320 (1322); Brömmelmeyer, in: Rüffer/Halbach/Schimikowski, VVG, 3. Aufl., 2015, Einl. Rn. 77; Schmidt, in: Bamberger/Roth, BeckOK BGB, 39. Aufl., Stand. 1.05.2016, § 307 Rn. 11; Pfeiffer, in: Wolf/Lindacher/Pfeiffer, AGB-Recht, 6. Aufl. 2013, § 307 Rn. 13; Fuchs, in: Ulmer/Brandner/Hensen, AGB-Recht, 11. Aufl., 2011, vor § 307, Rn. 56.

701 BGH Urt. v. 21.12.1983 – VIII ZR 195/82 –, BGHZ 89, 206 (211) = NJW 1984, 1182; BGH Urt. v. 17.02.1964 – II ZR 98/62 –, BGHZ 41, 151 (154) = NJW 1964, 1123 (zu § 242 BGB); Wurmnest, in: MünchKommBGB, Bd. 2, 7. Aufl., 2016, § 307 Rn. 65, 66.

702 Wandt, in: MünchKommVVG, Bd. 1. 1. Aufl., 2010, § 32 Rn. 2.

703 BGH Urt. v. 20.10.2015 – XI ZR 166/14 –, NJW 2016, 560 (562) Tz. 31; BGH Urt. v. 27.01.2015 – XI ZR 174/13 –, NJW 2015, 1440 (1441) Tz. 17; BGH Urt. v. 17.12.2013 – XI ZR 66/13 –, BGHZ 199, 281 (284) = NJW 2014, 922 Tz. 13 f.; BGH Urt. v. 8.05.2007 – KZR 14/04 –, NJW 2007, 3568 (3569) Tz. 12; Felsch r + s 2015, 53 (57); Wandt VersR 2015, 263 (267); Rattay VersR 2015, 1075 (1078); Martin VersR 1984, 1107 (1111); Präve FS Baumann, 1999, 249 (261); Möslein Dispositives Recht, 2011, 207 f.; van de Loo Die Angemessenheitskontrolle Allgemeiner Versicherungsbedingungen nach

2. *Lehre vom Vorrang halbzwingenden Rechts*

Nach der u.a. vom BAG vertretenen Gegenmeinung stellt halbzwingendes Recht eine eigenständige und abschließende Regelung dar, sodass daneben eine AGB-rechtliche Inhaltskontrolle nicht zum Tragen kommen kann.[704] Danach stellt § 127 VVG kein taugliches gesetzliches Leitbild i.S.d. § 307 Abs. 2 Nr. 1 BGB dar.

3. *Vorläufige Stellungnahme*

Nach Art. 2 EGBGB ist jede Rechtsnorm ein Gesetz i.S.d. BGB. Dies spricht dafür, dass auch halbzwingendes Recht i.S.d. § 307 Abs. 2 Nr. 1 BGB sein kann und damit für ein Nebeneinander von AGB-rechtlicher Angemessenheitsprüfung und halbzwingender Nachteilsprüfung. Halbzwingendes Recht nimmt den Vertragsparteien aber von vorne herein die Gestaltungs- und Verfügungsmacht, gegenläufige vertragliche Vereinbarungen zu treffen. Eine Abrede, die von vorne herein unwirksam ist, kann nicht im Nachhinein AGB-rechtlich nach §§ 307 Abs. 1, 306 Abs. 1 BGB unwirksam werden. Dieses Argument ist bestechend.

Auch die geschichtliche Entwicklung spricht nicht für ein Nebeneinander von Angemessenheitsprüfung und Nachteilsprüfung. Das halbzwingende Recht des VVG ist eine Idee des Gesetzgebers aus dem Jahre 1908. Es ergänzte das zwingende Recht des BGB, das als „Tropfen sozialen Öls" im wirtschaftsliberalen Getriebe des BGB gedacht war. Die AGB-rechtliche Angemessenheitsprüfung hielt im deutschen Recht zunächst mit dem AGB-Gesetz aus dem Jahre 1977 außerhalb des BGB Einzug. Mit der Schuldrechtsmodernisierung im Jahre 2002 wurde sie in §§ 305 f. BGB überführt und erhielt mit dem UKlaG eine

---

dem AGB-Gesetz, 1987, 77, 78; Roth Vertragsänderung bei fehlgeschlagener Verwendung von Allgemeinen Geschäftsbedingungen, 1994, 17, 18; Höra, in: Terbille/Höra, MünchAnwHdb VersR, 3. Aufl., 2013, § 1 Rn. 60; Felsch, in: Rüffer/Halbach/Schimikowski, VVG, 3. Aufl., 2015, § 28 Rn. 25, 28; Armbrüster, in: Prölss/Martin VVG, 29. Aufl., 2015, Einl. Rn. 109, § 18 Rn. 11; Wandt, in: MünchKommVVG, Bd. 1, 1. Aufl., 2010, § 32 Rn. 15, 22; Pfeiffer, in: Wolf/Lindacher/Pfeiffer, AGB-Recht, 6. Aufl., 2013, § 307 Rn. 14, 111; Fuchs, in: Ulmer/Brandner/Hensen, AGB-Recht, 11. Aufl., 2011, vor § 307 Rn. 57.

704 BAG Urt. v. 12.02.2015 – 6 AZR 831/13 –, NJW 2015, 2284 (2285) Tz. 19; Werber VersR 2010, 1253 (1256 f.); Armbrüster Privatversicherungsrecht, 1. Aufl., 2013, Rn. 528; Uffmann Das Verbot der geltungserhaltenden Reduktion, 2010, 45, 46; Beckmann, in: Beckmann/Matusche-Beckmann, VersR-Hdb, 3. Aufl., 2015, § 10 Rn. 245; Klenk, in: Looschelders/Pohlmann, VVG, 2. Aufl., 2011, § 18 Rn. 6; Fuchs, in: Ulmer/Brandner/Hensen, AGB-Recht, 11. Aufl., 2011, § 307 Rn. 208; zurückhaltend s.a. Klimke Die halbzwingenden Vorschriften des VVG, 2004, 157 f.

verfahrensrechtliche Flanke. Bis zum In-Kraft-Treten des UKlaG im Jahre 2002 bestand Einigkeit, dass allein nachgiebiges und nicht zwingendes Recht Prüfungsmaßstab der AGB-rechtlichen Angemessenheitsprüfung sein kann. Nach §§ 1, 3 UKlaG ist eine Verbandsklage aber auf die Ahndung von Verstößen gegen §§ 307 bis 309 BGB beschränkt. Nimmt man zwingendes und halbzwingendes Recht vom Prüfungsmaßstab des § 307 Abs. 2 Nr. 1 BGB aus, nimmt man den Verbraucherschutzverbänden die Möglichkeit, bundesweit Verstöße von Bedingungswerken gegen diese Vorschriften zu verfolgen. Augenscheinlich hat diese vermeintliche Regelungslücke den BGH dazu veranlasst, (halb-)zwingendes Recht als Prüfungsmaßstab in den § 307 Abs. 2 Nr. 1 BGB mit einzubeziehen.[705] Methodisch ist dies nicht zu rechtfertigen.[706] Ein vermeintlich handwerklicher Fehler des Gesetzgebers muss von diesem selbst beseitigt werden. Die Rechtsprechung ist hierzu nicht befugt.[707] Ein handwerklicher Fehler des Gesetzgebers mag die Rechtsprechung erklären, begründen kann er sie nicht. All dies spricht rechtlich überzeugend gegen ein Nebeneinander von Angemessenheits- und Nachteilsprüfung.

Allerdings könnte es vorschnell sein, eine jahrzehntelang gefestigte Rechtsprechung des BGH ohne eingehendere Einzelprüfung über Bord zu werfen. Die AGB-rechtliche Prüfung von Versicherungsbedingungen beschränkt sich keineswegs auf die Vereinbarkeit mit dem gesetzlichen Leitbildgedanken des § 307 Abs. 2 Nr. 1 BGB. Der Verwender darf den Vertragszweck nicht gefährden (§ 307 Abs. 2 Nr. 2 BGB). Überraschende Bedingungen werden kein Vertragsbestandteil (§ 305 c Abs. 1 BGB). Mehrdeutige Bedingungen sind zulasten des Verwenders auszulegen (§ 305 c Abs. 2 BGB). Ob eine Bedingung Vertragsinhalt wird, bedarf einer besonderen Prüfung (§§ 305, § 305 a – c BGB). Preisabreden sind nach § 307 Abs. 3 S. 1 BGB, der die unternehmerische Freiheit schützt, nicht gerichtlich überprüfbar. § 310 BGB nimmt zudem zahlreiche Bereiche – öffentliche Hand (§ 310 Abs. 1 BGB), vormals öffentliche Versorgungsunternehmen (§ 310 Abs. 2 BGB) – und Rechtsbereiche – Erb-, Familien-, Gesellschafts- und weitestgehend das Arbeitsrecht (§ 310 Abs. 4 BGB) – von der inhaltlichen Überprüfung aus. Neben der inhaltlichen Überprüfung nach §§ 307 f. BGB gehört die

705 BAG Urt. v. 12.02.2015 – 6 AZR 831/13 –, NJW 2015, 2284 (2285) Tz. 20; Werber VersR 2010, 1253 (1258); Coester FS Löwisch, 2007, 57 (64); Uffmann Das Verbot der geltungserhaltenden Reduktion, 2010, 46.

706 Fuchs, in: Ulmer/Brandner/Hensen, AGB-Recht, 11. Aufl., 2011, § 307 Rn. 208.

707 Vgl. Werber VersR 2010, 1253 (1258).

Überprüfung der angemessenen Ausübung nach § 242 BGB weiterhin zu dem Recht der AGB.[708]

Die Bürde des Verwendungsrisikos könnte dem Versicherer genommen werden, wenn ein Verstoß gegen halbzwingende Vorschriften allein am Nachteilsbegriff gemessen wird und der AGB-rechtlichen Inhalts- und Ausübungsprüfung entzogen wird.[709] Schließlich trifft den Versicherer, der sein Bedingungswerk vorgibt, die vorvertragliche Pflicht nach §§ 311 Abs. 2, 241 Abs. 2 BGB, Belange des Versicherten hinreichend zu berücksichtigen und ihm einen angemessenen Ausgleich zuzugestehen.[710]

Deshalb wird im Folgenden zunächst unterstellt, dass die AGB-rechtliche Angemessenheitsprüfung neben der halbzwingenden Nachteilsprüfung zur Anwendung kommt. Erst einer vergleichender Gegenüberstellung mit der Nachteilsprüfung in Teil III Abschnitt C bleibt es vorbehalten zu überprüfen, ob diese vorläufige Annahme im Ergebnis gerechtfertigt und rechtlich haltbar ist.

II. Auslegung von Versicherungsbedingungen

Das Bedingungswerk des Versicherers ist zunächst auszulegen bevor es am AGB-rechtlichen Maßstab der §§ 305 f. BGB gemessen werden kann.

Prüfungsgegenstand ist Ziff. 4.1.3 ARB 2012, die sich unter der Überschrift „Was müssen Sie beachten?/Verhalten im Versicherungsfall/Erfüllung von Obliegenheiten“ findet und wie folgt lautet:

> „Den Rechtsanwalt können Sie auswählen.
> Wir wählen den Rechtsanwalt aus,
>
> - Wenn Sie das verlangen oder
> - Wenn Sie keinen Rechtsanwalt benennen und uns die umgehenden Beauftragung eines Rechtsanwalts notwendig erscheint.
>
> Wenn wir den Rechtsanwalt auswählen, beauftragen wir ihn in Ihrem Namen. Für die Tätigkeit des Rechtsanwalts sind wir nicht verantwortlich.“

---

708 BGH Urt. v. 6.07.2016 – IV ZR 44/15 –, r + s 2016, 466 Tz. 21 m.w.N.

709 LAG Hamm Urt. v. 25.11.2014 – 14 Sa 463/14 –, BeckRS 2015, 66355; LAG Hamm Urt. v. 25.09.2012 – 14 Sa 280/12 –, BeckRS 2013, 69213; LAG Hamm Urt. v. 11.10.2011 – 11 Sa 543/11 –; s. a. Möslein Dispositives Recht, 2011, 207 f.

710 v. Westphalen FS Kübler, 2015, 787 (792).

1. Die Sicht des Rechtsanwenders

Die Nachteilsprüfung nach dem (halb-)zwingenden Recht der §§ 127, 129 VVG vollzieht sich aus der Sicht des Rechtsanwenders. Der Rechtsanwender legt den Prüfungsmaßstab der §§ 127, 129 VVG nach den hergebrachten Auslegungsgrundsätzen aus und an den Versicherungsvertrag an. Seine Rechtskunde erlaubt es ihm, die schwierigen Fragen der Geschichte, des Bedeutungszusammenhangs und des verfassungs- und europarechtlichen Hintergrunds der freien Anwaltswahl zu klären.[711]

2. Die Sicht des durchschnittlichen Versicherungsnehmers

Über derartige Rechtskenntnisse verfügt der Versicherungsnehmer nicht. Entstehungsgeschichte, Bedeutungszusammenhang sowie verfassungs- und europarechtlicher Hintergrund der freien Anwaltswahl sind ihm fremd. Die Sichtweise eines Rechtsanwenders der Auslegung von Versicherungsbedingungen zugrunde zu legen, hieße den Versicherungsnehmer zu überfordern.

Eine gesetzesähnliche Auslegung der Versicherungsbedingungen nach den althergebrachten Auslegungsgrundsätzen muten Rechtsprechung und Schrifttum dem Versicherungsnehmer daher nicht zu.[712] Maßstab für die Auslegung von Versicherungsbedingungen ist nicht der Rechtsanwender, sondern der um Verständnis bemühte, durchschnittliche Versicherungsnehmer ohne versicherungsrechtliche Sonderkenntnisse. Diesem muss bei verständiger Würdigung, aufmerksamer Durchsicht und unter Berücksichtigung des erkennbaren Sinnzusammenhangs die Versicherungsbedingung verständlich sein.[713]

III. Ziff. 4.1.3 ARB 2012 als mehrdeutige Bedingung

Auslegungszweifel gehen zulasten des Verwenders (§ 305 c Abs. 2 BGB). Ungewöhnlich überraschende Bedingungen werden nach § 305 c Abs. 1 BGB nicht Vertragsbestandteil.

---

711 Bei der Vertragsauslegung hat der Rechtsanwender den Parteiwillen nach §§ 133, 157 BGB zu erforschen. Diese subjektivierte Auslegung steht einer „verbraucherfreundlichen" Auslegung des Versicherungsvertrages nicht im Wege, da sie die Interessen beider Vertragsseiten angemessen zu berücksichtigen hat (a.A. Felsch r+s 2015, 53 (57)).

712 BGH Urt. v. 10.11.2010 – IV ZR 188/08 –, NJW 2011, 232 (234) Tz. 20; Wendt r + s 2012, 209 (211) m.w.N.

713 BGH Urt. v. 10.11.2010 – IV ZR 188/08 –, NJW 2011, 232 (234) Tz. 20; Wendt r + s 2012, 209 (211) m.w.N.

Unklar i.S.d. § 305 c Abs. 2 BGB sind Bedingungen, bei denen obgleich alle in Betracht kommenden Auslegungsgrundsätze ausgeschöpft sind, ein nicht behebbarer Zweifel verbleibt und mindestens zwei Auslegungen rechtlich vertretbar sind.[714]

Der Versicherungsnehmer findet die für die freie Anwaltswahl einschlägige Bedingung in Ziff. 4.1.3 ARB 2012 unter der Überschrift „Was müssen Sie beachten?/Verhalten im Versicherungsfall/Erfüllung von Obliegenheiten". Was Obliegenheiten sind, bedeutet dem Versicherungsnehmer Ziff. 4.1 ARB 2012. Danach handelt es sich bei Obliegenheiten um die Verhaltensregeln, die er zu beachten hat, um sich seinen Anspruch auf Versicherungsschutz zu erhalten. Überrascht wird der durchschnittliche Versicherungsnehmer hieraus zweierlei schlussfolgern: Erstens darf er nicht seinen Anwalt frei wählen, sondern er muss dies tun. Zweitens verliert er seinen Versicherungsschutz, wenn er keinen Anwalt wählt. Bei aufmerksamer Durchsicht des weiteren Bedingungswerks kann der Versicherungsnehmer Ziff. 4.1.5 ARB 2012 wiederum entnehmen, dass er seinen Versicherungsschutz doch nicht verliert, wenn er es unterlässt, selbst einen Anwalt zu benennen. Verlangt der Versicherungsnehmer vom Versicherer die Benennung eines Anwalts oder ist dies zu Rechtswahrung notwendig, führt dies nach Ziff. 4.1.3 ARB 2012 ebenfalls nicht zum Verlust des Versicherungsschutzes.

Freilich wird der Versicherungsnehmer beim sorgfältigen Lesen des Bedingungswerks auch feststellen, dass sein Versicherer ihm nach Ziff. 1 ARB 2012 verspricht, ihm alle zu Wahrnehmung seiner rechtlichen Interessen erforderlichen Leistungen zu erbringen. Verwirrt muss sich der Versicherungsnehmer fragen, ob der Versicherer oder sein Anwalt nun der Rechtsdienstleister ist und warum eine Anwaltswahl überhaupt erforderlich ist. Ziff. 4.1.3 ARB 2012 kann er dann entnehmen, dass sein Versicherer nicht für das Verhalten des Anwalts einstehen will.

Letztlich ist der Begriff der freien Anwaltswahl, der vordergründig den durchschnittlichen Versicherungsnehmer auf ein Freiheitsrecht verweist, so eindeutig und klar, dass der missverständliche Bedeutungszusammenhang der Bedingung der Ziff. 4.1.3 ARB 2012 dahinter zurücktritt.

Es wäre wünschenswert das Bedingungswerk hinsichtlich der freien Anwaltswahl klarer und verständlicher zu fassen. Der Wortlaut der Ziff. 4.1.3 ARB 2012, nach dem der Versicherungsnehmer den Rechtsanwalt frei auswählen kann, ist allerdings (noch) eindeutig genug, um das Verständnis der Bedingung als strafbewehrte Obliegenheit zu verneinen.

714 BGH Urt. v. 4.07.1990 -VIII ZR 288/89 –, BGHZ 112, 65 (68) = NJW 1990, 3016.

Ziff. 4.1.3 ARB 2012 ist keine überraschende Bedingung i.S.d. § 305 c Abs. 1 BGB.

IV. Grundgedanke des gesetzlichen Leitbilds

Sie hält einer AGB-rechtlichen Angemessenheitsprüfung freilich dann nicht stand, wenn sie – wie bereits angesprochen – mit wesentlichen Grundgedanken der gesetzlichen Regelung, von der abgewichen wird, nicht zu vereinbaren ist (§ 307 Abs. 2 Nr. 1 BGB).

1. § 127 VVG als gesetzliches Leitbild

Als gesetzliches Leitbild i.S.d. § 307 Abs. 2 Nr. 1 BGB sticht zunächst § 127 VVG ins Auge. Allerdings ist die halbzwingende Vorschrift in ein eigenständiges Rechtsfolgengefüge eingebettet. Es stellt sich die Frage, ob das halbzwingende Recht der §§ 127, 129 VVG überhaupt Maßstab einer AGB-rechtlichen Inhaltskontrolle sein kann.

Das ist zweifelhaft. Eine unangemessene Benachteiligung des Versicherungsnehmers nimmt § 307 Abs. 2 Nr. 1 BGB im Zweifel dann an, wenn eine Allgemeine Geschäftsbedingung von wesentlichen Grundgedanken einer gesetzlichen Regelung abweicht. Zwingendes Recht lässt keine abweichenden Regelungen zu. Eine Inhaltskontrolle ohne vom Gesetz abweichende Regelungen findet nicht statt.[715] Nachgiebiges Recht lässt abweichende Regelungen zu. Eine Inhaltskontrolle findet statt.[716]

---

715 Str., Inhaltskontrolle an Hand zwingenden Rechts verneinend BAG Urt. v. 12.02.2015 – 6 AZR 831/13 –, NJW 2015, 2284 (2285) Tz. 20; BGH Urt. v. 27.02.1980 – V ZB 18/79 –, BGHZ 76, 371 (374 f.) = NJW 1980, 1625; Wurmnest, in: MünchKommBGB, Bd. 2, 7. Aufl., 2016, § 307 Rn. 65, 66. Inhaltskontrolle bejahend: BGH Urt. v. 12.05.2016 – III ZR 279/15 –, NJW-RR 2016, 944 (945) Tz. 18; BGH Urt. v. 17.12.2008 – VIII ZR 92/08 –, NJW 2009, 667 (669) Tz. 17; BGH Urt. v. 25.09.2002 – VIII ZR 253/99 –, BGHZ 152, 121 (133) = NJW 2003, 290; BGH Urt. v. 29.03.1995 – VIII ZR 102/94 –, NJW 1995, 1552 (1554); BGH Urt. v. 20.01.1993 – VIII ZR 10 (92 –, NJW 1993, 1061 (1062)); BGH Urt. v. 26.01.1983 – VIII ZR 342/81 – NJW 1983, 1320 (1322); Brömmelmeyer, in: Rüffer/Halbach/Schimikowski, VVG, 3. Aufl., 2015, Einl. Rn. 77; Schmidt, in: Bamberger/Roth, BeckOK BGB, 39. Aufl., Stand. 1.05.2016, § 307 Rn. 11; Pfeiffer, in: Wolf/Lindacher/Pfeiffer, AGB-Recht, 6. Aufl. 2013, § 307 Rn. 13; Fuchs, in: Ulmer/Brandner/Hensen, AGB-Recht, 11. Aufl., 2011, vor § 307, Rn. 56.

716 BGH Urt. v. 21.12.1983 – VIII ZR 195/82 –, BGHZ 89, 206 (211) = NJW 1984, 1182; BGH Urt. v. 17.02.1964 – II ZR 98/62 –, BGHZ 41, 151 (154) = NJW 1964, 1123 (zu § 242 BGB); Wurmnest, in: MünchKommBGB, Bd. 2, 7. Aufl., 2016, § 307 Rn. 65, 66.

Halbzwingendes Recht nimmt eine Zwischenstellung ein. Es trägt zwei Gesichter.[717] Einerseits lässt es keine Abweichungen zum Nachteil des Versicherungsnehmers zu; andererseits lässt es Abweichungen zugunsten des Versicherungsnehmers zu.

a. *Halbzwingendes Recht als taugliches Leitbild*

Nach der in Rechtsprechung und in Schrifttum überwiegend vertretenen Meinung gehören auch halbzwingende Vorschriften zu den gesetzlichen Regelungen des § 307 Abs. 2 Nr. 1 BGB, die den Prüfungsmaßstab einer AGB-rechtlichen Inhaltskontrolle abbilden.[718] Danach stellt § 127 VVG ein taugliches gesetzliches Leitbild i.S.d. § 307 Abs. 2 Nr. 1 BGB dar.

b. *Halbzwingendes Recht als eigenständiger Prüfungsmaßstab*

Nach der u.a. vom BAG vertretenen Gegenmeinung stellt halbzwingendes Recht eine eigenständige und abschließende Regelung dar, sodass daneben eine AGB-rechtliche Inhaltskontrolle nicht zum Tragen kommen kann.[719] Danach stellt § 127 VVG kein taugliches gesetzliches Leitbild i.S.d. § 307 Abs. 2 Nr. 1 BGB dar.

---

717 Wandt, in: MünchKommVVG, Bd. 1. 1. Aufl., 2010, § 32 Rn. 2.

718 BGH Urt. v. 20.10.2015 - XI ZR 166/14 -, NJW 2016, 560 (562) Tz. 31; BGH Urt. v. 27.01.2015 - XI ZR 174/13 -, NJW 2015, 1440 (1441) Tz. 17; BGH Urt. v. 17.12.2013 - XI ZR 66/13 -, BGHZ 199, 281 (284) = NJW 2014, 922 Tz. 13 f.; BGH Urt. v. 8.05.2007 - KZR 14/04 -, NJW 2007, 3568 (3569) Tz. 12; Felsch r + s 2015, 53 (57); Wandt VersR 2015, 263 (267); Rattay VersR 2015, 1075 (1078); Martin VersR 1984, 1107 (1111); Präve FS Baumann, 1999, 249 (261); Möslein Dispositives Recht, 2011, 207 f.; van de Loo Die Angemessenheitskontrolle Allgemeiner Versicherungsbedingungen nach dem AGB-Gesetz, 1987, 77, 78; Roth Vertragsänderung bei fehlgeschlagener Verwendung von Allgemeinen Geschäftsbedingungen, 1994, 17, 18; Armbrüster, in: Prölss/Martin VVG, 29. Aufl., 2015, Einl. Rn. 109, § 18 Rn. 11; Wandt, in: MünchKommVVG, Bd. 1, 1. Aufl., 2010, § 32 Rn. 15, 22; Pfeiffer, in: Wolf/Lindacher/Pfeiffer, AGB-Recht, 6. Aufl., 2013, § 307 Rn. 14; Fuchs, in: Ulmer/Brandner/Hensen, AGB-Recht, 11. Aufl., 2011, vor § 307 Rn. 57.

719 BAG Urt. v. 12.02.2015 - 6 AZR 831/13 -, NJW 2015, 2284 (2285) Tz. 19; Werber VersR 2010, 1253 (1256 f.); Armbrüster Privatversicherungsrecht, 1. Aufl., 2013, Rn. 528; Uffmann Das Verbot der geltungserhaltenden Reduktion, 2010, 45, 46; Beckmann, in: Beckmann/Matusche-Beckmann, VersR-Hdb, 3. Aufl., 2015, § 10 Rn. 245; Klenk, in: Looschelders/Pohlmann, VVG, 2. Aufl., 2011, § 18 Rn. 6; zurückhaltend s.a. Klimke Die halbzwingenden Vorschriften des VVG, 2004, 157 f.

c. *Vorläufige Stellungnahme*

§ 307 Abs. 2 Nr. 1 BGB unterscheidet hinsichtlich der gesetzlichen Regelungen nicht zwischen zwingendem, halbzwingendem und abdingbarem Recht. Insoweit scheint das halbzwingende Recht nach § 127 VVG als taugliches gesetzliches Leitbild i.S.d. § 307 Abs. 2 Nr. 1 BGB in Betracht zu kommen.

Dies zuzulassen hieße aber den Geltungsanspruch und -umfang halbzwingenden Rechts zu verkennen. Halbzwingendes Recht wirkt in zweifacher Hinsicht.[720] Eine Abweichung zum Nachteil der Vertragsgegenseite kann zum einen mangels fehlender Gestaltungs- und Vertragsmacht von vorneherein keine Wirksamkeit entfalten.[721] Zum anderen tritt an die Stelle der unwirksamen Vertragsbestimmung inhaltlich das halbzwingende Recht, von dem abgewichen wird.[722] Sowohl auf Tatbestands- als auch auf Rechtsfolgenseite trifft halbzwingendes Recht eine eigenständige und abschließende Regelung.[723] Daneben bleibt kein Raum für eine AGB-rechtliche Inhaltskontrolle.

Andererseits soll dem Versicherer, der nach §§ 311 Abs. 2, 241 Abs. 2 BGB verpflichtet ist, die Belange des Versicherten hinreichend zu berücksichtigen und ihm einen angemessenen Ausgleich zuzugestehen[724], die Bürde des Verwendungsrisikos genommen werden, wenn ein Verstoß gegen halbzwingende Vorschriften allein am Nachteilsbegriff gemessen wird und der AGB-rechtlichen Inhalts- und Ausübungsprüfung entzogen wird.[725]

Deshalb wird zunächst mutmaßlich unterstellt (heuristisch), dass § 127 VVG ein taugliches gesetzliches Leitbild i.S.d. § 307 Abs. 2 Nr. 1 BGB darstellt.

---

720 Roth JZ 1989, 411 (413); Uffmann Das Verbot der geltungserhaltenden Reduktion, 2010, 40.

721 Sack/Seibl, in: Staudinger, BGB, Teilband 4 a, 12. Aufl., Neubearbeitung 2011, § 134 Rn. 33.

722 Roth JZ 1989, 411 (413); Ulmer FS Steindorff, 1990, 799 (804); Schapp Grundfragen der Rechtsgeschäftslehre, 1986, 93; Cziupka Dispositives Vertragsrecht, 2010, 36; Dorn, in: HKK BGB, Bd. 1, 1. Aufl., 2003, §§ 139 – 141 Rn. 8.

723 Werber VersR 2010, 1253 (1256 f.); Armbrüster Privatversicherungsrecht, 1. Aufl., 2013, Rn. 528; Uffmann Das Verbot der geltungserhaltenden Reduktion, 2010, 45, 46; Klenk, in: Looschelders/Pohlmann, VVG, 2. Aufl., 2011, § 18 Rn. 6.

724 v. Westphalen FS Kübler, 2015, 787 (792).

725 LAG Hamm Urt. v. 25.11.2014 – 14 Sa 463/14 –, BeckRS 2015, 66355; LAG Hamm Urt. v. 25.09.2012 – 14 Sa 280/12 –, BeckRS 2013, 69213; LAG Hamm Urt. v. 11.10.2011 – 11 Sa 543/11 –; s. a. Möslein Dispositives Recht, 2011, 207 f.

2. *§ 3 Abs. 3 BRAO als gesetzliches Leitbild*

Damit ist aber das Ende der Fahnenstange nicht erreicht. Die wacklige Annahme des § 127 VVG als AGB-rechtlicher Prüfungsmaßstab müsste nicht gemacht werden, wenn § 3 Abs. 3 BRAO als Auffangtatbestand und damit als gesetzliches Leitbild zur Verfügung stände.

a. *Rechtsgrundsatz der freien Anwaltswahl*

Von Rechtsprechung und Schrifttum wird dies ohne weiteres und ohne nähere Begründung bejaht.[726] Aus dem Blickwinkel der freien Anwaltswahl als Rechtsgrundsatz, der als Grundrecht in Art. 103 Abs. 1 GG sowie Art. 6 EMRK und Art. 47 GRCh verankert ist, sind die einfachrechtlichen Vorschriften der §§ 127, 129 VVG einerseits und des § 3 Abs. 3 BRAO andererseits Kehrseiten ein und derselben Medaille.

§§ 127, 129 VVG sind bürgerlich-rechtliche Sondervorschriften für den Bereich der Rechtsschutzversicherung. § 3 Abs. 3 BRAO ist eine öffentlich-rechtliche Vorschrift des anwaltlichen Berufsrechts, die inhaltlich ein Stück Gerichtsverfassung darstellt.

b. *Öffentlich-rechtliches Leitbild*

Ob die öffentlich-rechtliche Vorschrift des § 3 Abs. 3 BRAO als gesetzliches Leitbild i.S.d. § 307 Abs. 2 Nr. 1 BGB taugt, bedarf der näheren Prüfung.

Nach Art. 2 EGBGB zählen sämtliche Rechtsvorschriften zu den Gesetzen i.S.d. BGB. Damit zählen auch öffentlich-rechtliche Vorschriften grundsätzlich zu den gesetzlichen Vorschiften i.S.d. § 307 Abs. 2 Nr. 1 BGB.[727] Zum gesetzlichen Leitbild erhebt § 307 Abs. 2 Nr. 1 BGB eine Vorschrift freilich nur dann, wenn sie von ihren wesentlichen Grundgedanken abweicht. Das ist zumindest dann der Fall, wenn die Vorschrift dem Kunden ein subjektives Recht einräumt. Die freie Anwaltswahl nach § 3 Abs. 3 BRAO räumt dem Rechtsuchenden ein subjektives Recht ein.

---

726 S. nur BGH Urt. v. 4.12.2013 – IV ZR 215/12 –, BGHZ 199, 170 = NJW 2014, 630 Tz. 49; van Bühren BRAK-Mitt 2013, 255; van Bühren AnwBl 2013, 797.

727 Pfeiffer, in: Wolf/Lindacher/Pfeiffer, AGB-Recht, 6. Aufl., 2013, § 307 Rn. 109; Fuchs, in: Ulmer/Brandner/Hensen, AGB-Recht, 11. Aufl., 2011, § 307 Rn. 209; Wurmnest, in: MünchKommBGB, Bd. 2, 7. Aufl., 2016, § 307 Rn. 68.

c. Stellungnahme

Gleichwohl verbleiben Zweifel, ob § 3 Abs. 3 BRAO als Prüfungsmaßstab für eine AGB-rechtliche Inhaltsprüfung taugt.

§ 3 Abs. 3 BRAO ist als ein Stück Gerichtsverfassung – ebenso wie das Recht auf den gesetzlichen Richter nach § 16 GVG – ein Verfahrensrecht. Die Rechtsfolgen eines Verfahrensverstoßes sind abschließend in der ZPO geregelt (z.B. § 579 Abs. 1 Nr. 4 ZPO). Rechtsverstöße lassen grundsätzlich die Wirksamkeit von Verfahrenshandlungen unberührt.[728] Diese verfahrensrechtlichen Rechtsfolgen sind mit den materiellen Rechtsfolgen eines AGB-rechtlichen Verstoßes nach §§ 307 Abs. 1 S. 1, 306 BGB nicht in Übereinklang zu bringen.

Der Gesetzgeber wollte zudem mit der öffentlich-rechtlichen Vorschrift des § 3 Abs. 3 BRAO – im Gegensatz zu den Regelungen der §§ 127, 129 VVG – keinen Inhalt bürgerlich-rechtlicher Verträge regeln.[729] Öffentlich-rechtliche Verfahrensrechte schützen den Rechtsuchenden vor dem rechtswidrigen Zugriff durch die rechtsprechende Gewalt. So schafft der Gesetzgeber etwa mit den Regeln zum Notanwalt nach §§ 78 b, c ZPO und dem notwendigen Verteidiger (§§ 140, 141 StPO) den erforderlichen Ausgleich zwischen dem Anwaltszwang nach § 78 ZPO und dem Anwaltsvorbehalt nach § 79 ZPO einerseits und der freien Anwaltswahl nach § 3 Abs. 3 BRAO andererseits. Öffentlich-rechtliche Verfahrensrechte schützen grundsätzlich nicht vor dem Zugriff durch einen auf gleicher Augenhöhe stehenden Mitbürger.

§ 3 Abs. 3 BRAO ist daher kein taugliches gesetzliches Leitbild i.S.d. § 307 Abs. 2 Nr. 1 BGB zur AGB-rechtlichen Angemessenheitsprüfung.[730]

Es bleibt daher bei der heuristischen Annahme des gesetzlichen Leitbildes nach § 127 VVG für die eingehende und vergleichende Untersuchung des Bedingungswerks der Rechtsschutzversicherer in Teil III. Erst nach Abschluss dieser Prüfung kann endgültig entschieden werden, ob neben der Angemessenheitsprüfung nach halbzwingendem Recht Platz für eine AGB-rechtliche Angemessenheitsprüfung verbleibt.

---

728 BGH Urt. v. 27.05.1981 – IVb ZR 589/80 –, BGHZ 80, 389 (391) = NJW 1981, 2193; Greger, in: Zöller, ZPO, 31. Aufl., 2016, vor § 128 Rn. 21.

729 Vgl. zu § 3 Abs. 2 MaBV: BGH Urt. v. 22.12.2000 – VII ZR 310/99 –, NJW 2001, 818 (820).

730 Ob sich dem Rechtsgrundsatz der freien Anwaltswahl selbst ein leitbildtauglicher Gerechtigkeitsgedanke entnehmen lässt, kann an dieser Stelle dahinstehen.

V. Antworten über Antworten

Der Aufriss in Teil I endete mit einer Vielzahl von Fragen. Der Grundlagenteil II muss folgerichtig mit einer Reihe von Antworten enden:

Die freie Anwaltswahl ist ein öffentlich-rechtlicher und verfahrensrechtlicher Rechtsgrundsatz. Es dient dem Schutz der unabhängigen Rechtsfindung und Rechtspflege, indem es den Anwaltszwang nach § 78 ZPO und den Anwaltsvorbehalt nach § 79 ZPO bzw. § 3 RDG i.V.m. § 3 Abs. 1 BRAO und dem Selbstbehauptungsrecht des Rechtsuchenden schonend miteinander ins Verhältnis setzt. Anwaltszwang und Anwaltswahl bedingen einander. Grundrechtlich wird das Recht auf freie Anwaltswahl durch das Recht auf rechtliches Gehör nach Art. 103 Abs. 1 GG und europarechtlich durch das Recht auf ein faires Verfahren nach Art. 6 EMRK und Art. 47 GRCh abgebildet.

Auf einfachgesetzlicher Ebenes sind sowohl §§ 127, 129 VVG und § 3 Abs. 3 BRAO Ausfluss des Rechtsgrundsatzes der freien Anwaltswahl. Als öffentlich-rechtliche Vorschrift schützt § 3 Abs. 3 BRAO, die inhaltlich nicht dem anwaltlichen Berufsrecht, sondern dem gerichtsverfassungsrecht zuzuordnen ist, den Rechtsuchenden vor dem Zugriff durch die rechtsprechende Gewalt.

Mit den bürgerlich-rechtlichen Vorschriften der §§ 127, 129 VVG regelt der Gesetzgeber die mittelbare Drittwirkung des Wahlrechtes unter Bürgern auf gleicher Augenhöhe, die nicht dazu verpflichtet sind, Grundrechte zu beachten. Als Verfahrensrecht schützt § 127 VVG die Unabhängigkeit der Rechtspflege, nicht die Willensentschließungsfreiheit des Rechtsuchenden. § 127 VVG ist ein Gefährdungstatbestand, kein Eingriffstatbestand. Jedwede Einflussnahme durch einen Rechtsschutzversicherer stellt sich als rechtlich erhebliche Beeinträchtigung der freien Anwaltswahl dar, sofern sie geeignet ist die Unabhängigkeit der Rechtspflege zu gefährden. Eine unabhängige Rechtspflege bedarf nicht nur der Mitwirkung unabhängiger Richter (§ 1 GVG, Art. 97 Abs. 1 GG), sondern auch unabhängiger anwaltlicher Parteivertreter (§ 3 Abs. 1 BRAO) bei der Rechtsfindung. Will man § 127 VVG als Eingriffstatbestand lesen, so liegt der Eingriff in die freie Anwaltswahl in einer rechtlich unerwünschten Willensbeeinflussung. Entgegen der Rechtsauffassung des BGH[731] kann es dabei nicht auf die nötigende Wirkung eines geistig-seelisch vermittelten Zwangs ankommen. Versicherer sind Kaufleute. Der kluge Kaufmann nötigt seine Kunden nicht, sondern umwirbt sie. Die rechtlich unerwünschte Willensbeeinflussung, die in das Wahlrecht eingreift, kann vielmehr in einer arglistigen Täuschung (§ 123 BGB) zu sehen sein.

731 BGH Urt. v. 4.12.2013 - IV ZR 215/12 -, BGHZ 199, 170 (183) = NJW 2014, 630 Tz. 36.

Indem der Versicherer dem Versicherten seine wirtschaftliche Verflechtung mit den empfohlenen Vertragsanwälten arglistig verschweigt, täuscht er ihn.

§ 127 VVG ist nach § 129 VVG von dem deutschen Gesetzgeber als halbzwingende Vorschrift ausgestaltet. Europarechtlich kennt die freie Anwaltswahl i.S.d. RSV-RL nur ein bedingungs- und vorbehaltlos ausgestaltetes Wahlrecht. Der Versicherungsnehmer muss keinen Nachteil i.S.d. § 129 VVG erleiden, um in den Genuss der freien Anwaltswahl zu gelangen. Europarechtsgerecht ist die freie Anwaltswahl nicht nur als halbzwingendes, sondern als zwingendes Recht zu verstehen. Die freie Anwaltswahl ist zwingender Vertragsinhalt eines jeden Rechtsschutzversicherungsvertrages. Die Gestaltungsfreiheit des Versicherers ist insoweit begrenzt.

Zwingendes Recht bedeutet weder, dass der Rechtsuchende nicht auf das Wahlrecht verzichten kann, noch dass es ein höchstpersönliches Recht ist. § 127 VVG ist auch kein Verbotsgesetz i.S.d. § 134 BGB. Dies wäre ein Kategorienfehler. Das Recht zum Verzicht reicht so weit wie das Selbstbehauptungsrecht des Rechtsuchenden. Die Grenzen werden durch §§ 78, 79 ZPO sowie §§ 3, 4 RDG abgesteckt.

Teil III: Gestaltungsmacht des Versicherers in der gestaltenden Schadenabwicklung

Nachdem die Grundlagen der freien Anwaltswahl in Teil II geklärt werden konnten, liegt das Handwerkszeug vor, um die Vertragsbestimmungen der Rechtsschutzversicherung in der abwartenden und gestaltenden Schadenabwicklung prüfen zu können. Im Vordergrund stehen die Vertragsbestimmungen der gestaltenden Schadenabwicklung zwischen Versicherer und Versicherungsnehmer.

Das klassische Modell der abwartenden Schadenabwicklung beschränkt sich im Wesentlichen auf die Bindung des Vertragsanwalts an den Rechtsschutzversicherer über ein Rationalisierungsabkommen. Dies wirft u.a. berufsrechtliche Fragen auf, die in Teil IV behandelt werden.

A. Nachteil für den Versicherungsnehmer (halbzwingendes Recht)

Mit dem in Teil II entwickelten Handwerkszeug gilt es nun zu untersuchen, ob das Bedingungswerk der Rechtsschutzversicherer auf den einzelnen Stufen der gestaltenden Schadenabwicklung die Grenzen der halbzwingenden Vorschrift des § 127 VVG wahrt. In einem zweiten Schritt wird in diesem Teil geprüft, ob die AGB-rechtliche Angemessenheitsprüfung nach § 305 f. BGB weitere Hürden für den Versicherer vorhält.

Grundsätzlich steht dem Versicherer eine Vielzahl von Mitteln zur Verfügung, um seinen Versicherungsnehmer zu den an ihn über Rationalisierungsabkommen gebundenen Anwälten zu lenken, etwa durch:

(1) eine unverbindliche Empfehlung und Vermittlung,
(2) das Weglenken von ungebundenen Anwälten über Telefonhotlines und Inkassoklauseln
(3) einen vereinbarten Obliegenheitstatbestand,
(4) einen vereinbarten Wagnisausschluss oder
(5) das Versprechen eines wirtschaftlichen Vorteils für die Beauftragung eines Vertragsanwalts.

Diese Fallgruppen sollen im Nachfolgenden auf ihre Vereinbarkeit mit der freien Anwaltswahl i.S.d. § 127 VVG untersucht werden.

I. Beeinträchtigende Bedingungen

Der Tatbestand des § 127 VVG verlangt eine Beeinträchtigung der freien Anwaltswahl.

Nach der hier in Teil II A entwickelten und vertretenen Auffassung genügt bereits jede Form der Willensbeeinflussung aufseiten des Rechtsschutzversicherers, um eine Beeinträchtigung des § 127 VVG zu begründen. Das Verfahrensrecht des § 127 VVG schützt die unabhängige Rechtspflege. Allein die Parteien und die Organe der Rechtspflege sollen den Verfahrenslauf bestimmen. Außenstehende Dritte sollen keinen Einfluss auf den Verfahrensgang und damit eine unabhängige Rechtsfindung nehmen können. Nach diesem Verständnis des § 127 VVG reicht jedwede Willensbeeinflussung seitens des Versicherers aus, die nicht ungeeignet ist, die Unabhängigkeit der Rechtspflege zu gefährden, um eine tatbestandliche Beeinflussung der freien Anwaltswahl anzunehmen. Einer darüber hinausgehenden Verletzungshandlung bedarf es nicht.

Fordert man mit dem EuGH ein Aushöhlungsverbot, ist zu klären, ob die Ausübung der freien Anwaltswahl tatsächlich unmöglich gemacht wird.

Fordert man mit dem BGH darüber hinaus eine Verletzungshandlung und stellt auf die Form der rechtlich missbilligten Willensbeeinflussung ab, so ist bei der gestaltenden Schadenabwicklung jedenfalls keine Nötigungshandlung des Versicherers erforderlich, sondern eine Täuschungshandlung ausreichend, um eine mittelbare Verletzungshandlung zu bejahen.

Damit ergibt sich für die Beeinträchtigung der freien Anwaltswahl i.S.d. § 127 VVG folgende Prüfungsreihenfolge:

- jedwede Willensbeeinflussung seitens des Rechtsschutzversicherers, die nicht ungeeignet ist, die Unabhängigkeit der Rechtspflege zu gefährden
- hilfsweise: tatsächliche Unmöglichkeit, Anwaltswahl auszuüben (Aushöhlungsverbot)
- hilfsweise: rechtlich missbilligte Willensbeeinflussung
    - Nötigung
    - Täuschung u.a.

1. *Empfehlung und Vermittlung*

Im Mittelpunkt der gestaltenden Schadenabwicklung steht die Empfehlung und Vermittlung der über Rationalisierungsabkommen gebundenen Vertragsanwälte an die Versicherungsnehmer. Der Rechtsschutzversicherer hat im Rahmen der gestaltenden Schadensabwicklung ein reges Interesse daran, dem Versicherungsnehmer seine Vertragsanwälte zu empfehlen und zu vermitteln.

Ziff. 4.1.3 ARB 2012 hält zur Anwaltswahl folgende Regelung vor:

„Den Rechtsanwalt können Sie auswählen.
Wir wählen den Rechtsanwalt aus,

- Wenn Sie das verlangen oder
- Wenn Sie keinen Rechtsanwalt benennen und uns die umgehenden Beauftragung eines Rechtsanwalts notwendig erscheint.

Wenn wir den Rechtsanwalt auswählen, beauftragen wir ihn in Ihrem Namen. Für die Tätigkeit des Rechtsanwalts sind wir nicht verantwortlich."

a. Empfehlung eines Vertragsanwaltes

Die unverbindliche Empfehlung eines Vertragsanwaltes lässt das Recht auf die freie Anwaltswahl unberührt. Beschnitten wird es durch die verbindliche Vorgabe eines Rechtsanwaltes.[732] In einer unverbindlichen Empfehlung liegt weder das Verbot, einen eigenen Anwalt zu wählen, noch das Gebot, einen bestimmten Anwalt zu wählen.[733] Eine ungefragte, aber unverbindliche Empfehlung ist auch weder geeignet, die Unabhängigkeit der Rechtspflege zu gefährden, noch stellt sie einen mittelbaren Eingriff in die freie Anwaltswahl dar.

b. Anwalt auf Verlangen

Dies gilt erst recht, wenn der Versicherungsnehmer selbst nach einer Anwaltsempfehlung durch den Rechtsschutzversicherer verlangt. Ziff. 4.1.3. ARB 2012 sieht für diesen Fall vor, dass der Versicherer für den Versicherungsnehmer den Rechtsanwalt auf dessen Geheiß und in dessen Namen (§ 164 BGB)[734] vermittelt und beauftragt. Das Wahlrecht des § 127 VVG ist weder ein höchstpersönliches[735]

---

732 BGH Urt. v. 26.10.1989 – I ZR 242/87 –, BGHZ 109, 153 (159) = NJW 1990, 578 unter II.3.

733 BGH Beschl. v. 20.06.2006 – VI ZR 75/05 –, NJW 2006, 2910 (2912) Tz. 25; OLG Hamm Urt. v. 13.12.2005 – 4 U 113/05 –, BeckRS 2006, 04706; LG Kassel Urt. v. 9.10.2008 – 1 S 132/08 –, BeckRS 2010, 04025; LG Bremen Urt. v. 4.09.1997 – 12 O 626/96 –, VersR 1998, 974; Terriuolo Das rechtsschutzversicherte Mandat, 2014, 116; Armbrüster, in: Prölss/Martin, VVG, 29. Aufl., 2015, ARB 2010 § 17 Rn. 2; Pfaffenholz, in: Looschelders/Pohlmann, VVG, 3. Aufl., 2016, § 127 Rn. 2, 3; Bauer, in: Harbauer, ARB, 8. Aufl., 2010, § 127 Rn. 4.

734 Bauer, in: Harbauer, ARB, 8. Aufl., 2010, ARB 2010 § 17 Rn. 10.

735 So aber BGH Urt. v. 26.10.1989 – I ZR 242/87 –, BGHZ 109, 153 (159) = NJW 1990, 578 – Mieterverein.

noch ein unverzichtbares Recht[736]. § 127 VVG schützt als Verfahrensrecht nicht die Entschließungsfreiheit des Rechtsuchenden[737], sondern dessen Selbstbehauptungsrecht. Will der Rechtsuchende seine Rechte nicht selbst verteidigen oder verfolgen, so kann er sich innerhalb der gesetzlichen Grenzen (§§ 78, 79 ZPO, 3 RDG) vertreten lassen. § 127 VVG hindert den Versicherungsnehmer nicht daran, die Beauftragung des Rechtsanwaltes an den Versicherer zu übertragen.[738]

c. *Notanwalt*

Dies gilt auch und gerade in denjenigen Fällen, in denen Not am Mann ist. Nach Ziff. 4.1.3 ARB 2012 ist der Rechtsschutzversicherer ermächtigt, im Namen des Versicherungsnehmers einen Anwalt zu beauftragen, wenn der Versicherungsnehmer keinen Anwalt benennt und die umgehende Beauftragung eines Rechtsanwalts notwendig erscheint. In solchen Notfällen sieht das Verfahrensrecht ein Beiordnungsrecht des Gerichtes vor (§§ 140, 141 StPO, 78 b ZPO). Auch der Rechtsschutzversicherer muss sich nicht sehenden Auges in die Gefahr eines Schadenersatzanspruches wegen einer Fürsorgepflichtverletzung[739] begeben. Die

---

736 Wie hier Verzichtsmöglichkeit bejahend: EGMR Urt. v. 27.11.2008 – 36391/02 –, NJW 2009, 3707 (3709) Tz. 59 – Salduz; EGMR Urt. v. 27.10.2011 – 25303/08 –, NJW 2012, 3709 – Stojkovic; Terriuolo AnwBl 2015, 140 (142); Michalke/Römermann ZIP 1994, 433 (442); Terriuolo Das rechtsschutzversicherte Mandat, 2014, 113; Schilasky Einschränkungen der freien Anwaltswahl in der Rechtsschutzversicherung, 1998, 167, 171; Dörr Faires Verfahren, 1984, 85; Meyer-Ladewig, in: Meyer-Ladewig, EMRK, 3. Aufl., 2011, Art. 6 Rn. 99, 122, 123.
Verzicht verneinend: Pestke BRAK-Mitt 1988, 241 (244); Prunbauer-Glaser FS Hellwig, 2010, 69 (81); Henssler FS Geiß, 2000, 271 (280); Pestke Der Rechtsanwalt als Mitwirkender verwaltungsrechtlicher Verfahren einschließlich solcher des Sozial- und Steuerrechts, 1986, E/67, 68; Kalsbach BRAO, 1960, 1. Aufl., § 3 Rn. 9; Isele BRAO, 1. Aufl., 1976, § 3 Anm. IV.B.2.; Busse, in: Henssler/Prütting, BRAO, 4. Aufl., 2014, § 3 Rn. 29; Brüggemann, in: Feuerich/Weyland, BRAO, 9. Aufl., 2016, § 3 Rn. 46 f.; Wolf, in: Gaier/Wolf/Göcken, Anwaltliches Berufsrecht, 2. Aufl., 2015, BRAO § 3 Rn. 64 f.; Greger, in: Zöller, ZPO, 31. Aufl., 2016, vor § 128 Rn. 7 a.
Offen gelassen: OLG München Urt. v. 22.03.2202 – 21 U 2386/01 –, NJW 2002, 3641 (3642).

737 So aber LG Bamberg Urt. v. 8.11.2011 – 1 O 336/10 –, VersR 2011, 1515; Armbrüster AnwBl 2012, 218 (220).

738 Münkel, in: Rüffer/Halbach/Schimikowski, VVG, 3. Aufl., 2015, ARB 2010 § 17 Rn. 21; Hillmer-Möbius, in: van Bühren/Plote, ARB, 3. Aufl., 2013, ARB 2010 § 17 Rn. 44.

739 Münkel, in: Rüffer/Halbach/Schimikowski, VVG, 3. Aufl., 2015, ARB 2010 § 17 Rn. 21.

Notgeschäftsführungsbefugnis des Versicherers nach Ziff. 4.1.3 ARB 2012 steht im Einklang mit § 127 VVG.[740]

2. *Telefonieklauseln*

Auf den ersten Blick scheinen auch die Telefonieklauseln des Versicherers keine rechtlichen Schwierigkeiten aufzuwerfen.

Vergleichsweise harmlos kommt Ziff. 4.1.1.1 ARB 2012 daher:

> „Sie müssen den Versicherungsfall unverzüglich mitteilen, gegebenenfalls auch telefonisch."

So wird niemand ernsthaft in Zweifel ziehen, dass es dem Versicherungsnehmer in der Rechtsschutzversicherung als Schadenversicherung obliegt, den Versicherungsfall unverzüglich anzuzeigen (§ 30 VVG). Wie sonst sollte der Versicherer den Eintritt seiner Leistungspflicht prüfen können? Es erscheint auch zunächst harmlos, wenn Ziff. 4.1.1.1 ARB 2012 vorsieht, dass der Versicherungsfall „gegebenenfalls auch telefonisch" mitzuteilen ist.[741]

Der Erstkontakt mit dem Versicherungsnehmer (first point of call) ist dem Rechtsschutzversicherer aber für seine gestaltende Schadenabwicklung besonders wichtig.[742] Nur wenn es dem Versicherer gelingt, den Versicherten im Schadenfall von Anfang an abzuholen, kann er ihn durch seinen Rechtsschutzfall lotsen. Lenkungsziel kann dabei zum einen die schnelle Erledigung durch eine telefonische Erstberatung[743] oder eine außergerichtliche Streitschlichtung[744] oder zum anderen die Vermittlung eines über ein Rationalisierungsabkommen

740 Armbrüster VuR 2012, 167 (168); Armbrüster, in: Prölss/Martin, VVG, 29. Aufl., 2015, ARB 2010 § 17 Rn. 1 b; Hillmer-Möbius, in: van Bühren/Plote, ARB, 3. Aufl., 2013, ARB 2010 § 17 Rn. 44; Münkel, in: Rüffer/Halbach/Schimikowski, VVG, 3. Aufl., 2015, ARB 2010 § 17 Rn. 21.

741 Cornelius-Winkler NJW 2014, 588 (590); Maier r + s 2013, 105 (109); van Bühren BRAK-Mitt 2013, 255 (256).

742 Germann VW 2009, 510.

743 van Bühren r + s 2016, 53 (55 – 80-90 % der Fälle); Maier r + s 2014, 73 (74 – 90 % der Fälle); vgl. a. Cornelius-Winkler NJW 2014, 588 (590 – 50 % der Fälle); van Bühren BRAK-Mitt 2013, 255 (256 – 80 % der Fälle); Heinsen VW 2008, 595 (596 – 50 -70 % der Fälle).

744 Maier r + s 2014, 73 (74 – 60 % der Fälle); vgl. a. Cornelius-Winkler NJW 2014, 588 (590 – 50 % der Fälle); van Bühren BRAK-Mitt 2013, 255 (256 – 80 % der Fälle); Hellberg/Wendt VW 2009, 1336 (1337); Wendt, in: Klowait/Gläßer, MediationsG, 1. Aufl., 2014, Teil 3 Ab. 8 Rn. 10.

gebundenen Vertragsanwaltes sein.[745] In beiden Fällen spart der Versicherer Kosten.

a. Einfache Telefonieklauseln

Rechtlich unbedenklich sind einfache Telefonieklauseln, nach denen der Versicherer die Kosten einer telefonischen Rechtsberatung durch einen zugelassenen Anwalt übernimmt. Solche Klauseln überlassen dem Versicherungsnehmer die Wahl, durch welchen Anwalt er sich beraten lassen will. Sie sind unter dem Blickwinkel des § 127 VVG genauso unbedenklich wie eine bloße Anwaltsempfehlung.[746]

Eine gängige einfache Telefonieklausel lautet etwa wie folgt:[747]

> „Rechtsservices
> A. Im privaten Lebensbereich
> JurWay – ihr Weg zum Recht
> aa) JurLine – telefonische Rechtsberatung für einen telefonischen Rat oder eine erste telefonische Auskunft durch einen in Deutschland zugelassenen Rechtsanwalt mit privaten Rechtsangelegenheiten…"

b. Strenge Telefonieklauseln

Rechtlich schwierig wird es dann, wenn der Versicherer tariflich zur Schadenmeldung lediglich eine Anwaltshotline vorhält, an die der Versicherungsnehmer sich wenden kann, oder lediglich für die Kosten einer telefonischen Beratung durch seine Vertragsanwälte aufkommt (strenge Telefonieklausel). Von einer bloßen Anwaltsempfehlung wird dann nicht mehr die Rede sein können. Lässt der Rechtsschutzversicherer dem Versicherungsnehmer noch eine Wahl?

Gängige strenge Telefonieklauseln lauten etwa:[748]

> „Juratel
> § 1 Gegenstand von ARAG JuraTel
> Die ARAG stellt dem Versicherungsnehmer eine Rufnummer für den schnellen und einfachen Zugang zu einer telefonischen Erstberatung (einem telefonischen ersten Beratungsgespräch) durch einen in Deutschland zugelassenen Rechtsanwalt in allen Rechtsangelegenheiten zur Verfügung, auf die deutsches Recht anwendbar ist."
> „§ 30 – HUK Coburg Rechtsberatung
> …

---

745 Cornelius-Winkler NJW 2014, 588 (590); van Bühren BRAK-Mitt 2013, 255 (256, 258).
746 Krit.: Riemer SpV 2017, 24 (25); van Bühren r + s 2016, 53 (55 f.).
747 Weitere Beispiele finden sich im Anhang.
748 Weitere Beispiele finden sich im Anhang.

(3) Der Versicherungsschutz umfasst telefonische Erstberatungsgespräche nach deutschem Recht durch einen Rechtsanwalt. …
(6) Die Voraussetzungen für die telefonische Erstberatung werden nach telefonischer Anfrage des Versicherungsnehmers geprüft. Auf Wunsch des Versicherungsnehmers wird er auf Kosten des Versicherers mit einer unabhängigen Anwaltskanzlei verbunden."

Nach der hier vertretenen Auffassung liegt in jeder Einflussnahme auf die Anwaltswahl eine Beeinträchtigung des § 127 VVG.[749] Tatbestandlich ist § 127 Abs. 1 S. 2 VVG einschlägig. Es geht um die außergerichtliche Beratung durch einen Rechtsanwalt. Eine Einflussnahme auf die Anwaltswahl ist nach hiesiger Auffassung unzulässig.

Wer eine Verletzungshandlung des Versicherers fordert, wird ebenfalls einen Eingriff in die Anwaltswahl bejahen müssen. Der Versicherer verbietet dem Versicherungsnehmer zwar nicht ausdrücklich, sich von einem Anwalt seiner Wahl beraten zu lassen. Er schreibt ihm aber vor, dass eine telefonische Beratung nur über seine Vertragsanwälte erfolgen kann. Mit dieser Bedingung greift er unmittelbar in das Wahlrecht des § 127 VVG ein.

Dieser Eingriff ist für den Versicherungsnehmer nachteilig (§ 129 VVG). Die strenge Telefonieklausel geht über die rechtlichen Grenzen der §§ 127, 129 VVG hinaus.

c. *Erweiterte Telefonberatung*

Was ist aber, wenn der Versicherer die Telefonberatung als erweiterte Zusatzleistung anbietet, etwa indem er bei einer telefonischen Beratung durch seine Vertragsanwälte auf den Eintritt des Versicherungsfalls verzichtet? Oder aber die Kosten für eine telefonische Beratung durch ungebundene Anwälte auf eine bestimmte Summe deckelt und wahlweise eine telefonische Beratung durch seine Vertragsanwälte ohne diese Kostendeckelung anbietet? Oder nur eine telefonische Erstberatung durch seine Vertragsanwälte als Zusatzleistung zu der üblichen Kostenerstattung anbietet?

Eine gängige Bestimmung zur erweiterten Telefonberatung lautet etwa:[750]

---

749 OLG Bamberg Urt. v. 20.06.2012 – 3 U 236/11 –, NJW 2012, 2282 (2284 f.); AG Ebersberg Urt. v. 15.11.2013 – 7 C 450/13 –, NJW 2014, 1461 (1462); Purnhagen NJW 2014, 374 (375); Lensing NJW 2012, 2285; Lensing VuR 2012, 97 (98 f.); Lensing VersWissStud 2015, 113 (122 f.); Herdter, in: Looschelders/Pfaffenholz, ARB, 1. Aufl., 2014, § 17 ARB Rn. 98; Cornelius-Winkler, in: Harbauer, ARB, 8. Aufl., 2010, § 5 ARB 2000 Rn. 283.

750 Weitere Beispiele finden sich im Anhang.

> „o) Erweiterte Telefonberatung
> Die erweiterte Telefonberatung beinhaltet die telefonische Erstberatung ohne Eintritt eines Rechtsschutzfalles durch eine vom Versicherer vermittelte Anwaltskanzlei während der Dauer des Vertrages. ....“

aa. Beeinträchtigung durch Beeinflussung

Nach der hier vertretenen Auffassung verlangt der Tatbestand des § 127 VVG keine Verletzungshandlung. Vielmehr liegt in jeder Einflussnahme durch den Versicherer eine tatbestandsmäßige Beeinträchtigung der Wahlentscheidung des Versicherungsnehmers i.S.d. § 127 VVG.[751] Das Verfahrensrecht des § 127 VVG dient dem Schutz der unabhängigen Rechtspflege. Allein die beteiligten Parteien und die Organe der Rechtspflege sollen den Verfahrensgang bestimmen. Unbeteiligte Dritte sollen weder auf den Verfahrensgang noch auf die Rechtsfindung Einfluss nehmen können. Daher genügt jede Einflussnahme des Rechtsschutzversicherers auf die Wahl des Anwalts durch den Versicherungsnehmer, um den Tatbestand des § 127 VVG zu erfüllen. Mit der erweiterten Telefonberatung beeinflusst der Rechtsschutzversicherer die Entscheidung des Versicherten, durch wen er sich anwaltlich beraten lässt, und beeinträchtigt damit tatbestandlich den § 127 VVG.

bb. Mittelbare Verletzung der freien Anwaltswahl

Wer mit dem BGH[752] und weiten Teilen des Schrifttums[753] darüber hinaus für den Tatbestand des § 127 VVG eine Verletzungshandlung fordert, wird die Frage, ob ein Eingriff vorliegt, nicht ohne weiteres beantworten können. In dem Zusatzangebot der erweiterten Telefonberatung liegt jedenfalls kein Verbot der freien Anwaltswahl und damit kein unmittelbarer Eingriff in § 127 VVG.

---

751 OLG Bamberg Urt. v. 20.06.2012 – 3 U 236/11 –, NJW 2012, 2282 (2284 f.); AG Ebersberg Urt. v. 15.11.2013 – 7 C 450/13 –, NJW 2014, 1461 (1462); Purnhagen NJW 2014, 374 (375); Lensing NJW 2012, 2285; Lensing VuR 2012, 97 (98 f.); Lensing VersWissStud 2015, 113 (122 f.); Schneider Herdter, in: Looschelders/Pfaffenholz, ARB, 1. Aufl., 2014, § 17 ARB Rn. 98; Cornelius-Winkler, in: Harbauer, ARB, 8. Aufl., 2010, § 5 ARB 2000 Rn. 283.

752 BGH Urt. v. 4.12.2013 – IV ZR 215/12 –, BGHZ 199, 170 (183) = NJW 2014, 630 Tz. 36 f.

753 Römermann BB 2014, 80; Armbrüster VuR 2012, 167 (170); Armbrüster VersR 2011, 1518 (1519); Hillmer-Möbius, in: van Bühren/Plote, ARB, 3. Aufl., 2013, § 17 ARB 2010 Rn. 41; Richter, in: MünchKommVVG, Bd. 2, 2. Aufl., 2017, § 127 Rn. 13.

Ob das Zusatzangebot der erweiterten Telefonberatung lediglich die Wahlmöglichkeiten des Versicherungsnehmers erweitert oder sich als mittelbarer Eingriff in die nach § 127 VVG geschützte Wahlfreiheit darstellt, hängt – wie oben ausgeführt – davon ab, ob die erweiterte Telefonberatung die Wahlfreiheit des Versicherungsnehmers aus tatsächlichen oder rechtlichen Gründen unmöglich macht.

(1) Tatsächliches Hindernis: Abschreckung und Aushöhlung

Tatsächlich würde die erweiterte Telefonberatung den Versicherungsnehmer an der Ausübung seiner Wahlfreiheit hindern, wenn sie ihn davon abschreckt[754] oder die erweiterte Telefonberatung die Wahlfreiheit selbst aushöhlt[755].

Beides ist nicht der Fall. Der Versicherte wird nicht abgeschreckt. Es wird auch kein schwerwiegender Einfluss auf seine Willensbildung genommen. Eine Willensbildung findet gar nicht erst statt. Der Versicherungsnehmer weiß schlichtweg nicht, dass er eine Wahl zwischen einer Beratung durch Vertragsanwälte und einer Beratung durch ungebundene Anwälte trifft.

(2) Rechtliches Hindernis: Rechtlich unerwünschte Willensbeeinflussung

Ein rechtliches Hindernis, den Anwalt frei zu wählen, stellt die erweiterte Telefonberatung nach Auffassung des BGH dann dar, wenn sie einen seelisch-geistig vermittelten Zwang auf den Versicherten ausübt (Nötigung). Der Versicherer nötigt seinen Versicherungsnehmer mit dem Angebot einer erweiterten Telefonberatung nicht. Das Angebot vermittelt keinen Zwang – weder seelisch-geistig noch auf andere Weise. Es wirkt sich überhaupt nicht auf die Entscheidung des Versicherungsnehmers aus. Dieser ist sich nämlich gar nicht dessen bewusst, dass er eine Entscheidung trifft.

Auf die Zwangswirkung einer Lenkungsmaßnahme kann es nicht ankommen. Der Versicherer will seinen Versicherungsnehmer nicht zwingen, sondern im eigenen Kostensenkungsinteresse steuern. Entscheidend ist, so eine Verletzungshandlung als Tatbestandsmerkmal des § 127 VVG erforderlich sein sollte, dass der Versicherer in rechtlich missbilligter Art und Weise Einfluss auf die Willensbildung des Versicherten nimmt. Ausreichend ist dann bereits eine arglistige Täuschung des Versicherungsnehmers über dessen Entscheidungsgrundlage. Enthält der Versicherer ihm das Wissen über den Abschluss von

754 Römermann BB 2014, 80; Armbrüster VuR 2012, 167 (170); Armbrüster VersR 2011, 1518 (1519); Hillmer-Möbius, in: van Bühren/Plote, ARB, 3. Aufl., 2013, § 17 ARB 2010 Rn. 41; Richter, in: MünchKommVVG, Bd. 2, 2. Aufl., 2017, § 127 Rn. 13.

755 EuGH Urt. v. 7.11.2013 – C-442/12 –, NJW 2014, 373 (374) Tz. 24, 27 – Sneller; EuGH Urt. v. 26.05.2011 – C-293/10 –, NJW 2011, 3077 (3078) Tz. 33 – Stark.

Rationalisierungsabkommen mit den Vertragsanwälten, die Auswahlmerkmale der Vertragsanwälte und die Höhe der durch die Rationalisierungsabkommen erzielten Einsparmöglichkeiten vor, so liegt in dieser arglistigen Täuschung ein mittelbarer Eingriff in die freie Anwaltswahl des Versicherten nach § 127 VVG. Der arglistig getäuschte Versicherungsnehmer trifft keine freie Anwaltswahl. Entscheidend für die Frage nach dem mittelbaren Eingriff in die freie Anwaltswahl ist, ob der Versicherer dem Versicherungsnehmer eine hinreichende Entscheidungsgrundlage belässt oder ihm das hierfür erforderliche Wissen vorenthält. Dies ist bei der erweiterten Telefonberatung der Fall. Der Versicherungsnehmer weiß nicht, dass er bei einer erweiterten Telefonberatung durch Vertragsanwälte des Versicherers beraten wird und diese Art der Beratung für den Versicherer kostengünstiger ist als die Beratung durch einen ungebundenen Anwalt.

So oder so ist eine Beeinträchtigung bzw. Verletzung des § 127 VVG durch das Zusatzangebot der erweiterten Telefonberatung jedenfalls zu bejahen. Nach der hier vertretenen Auffassung bereits deshalb, weil in der erweiterten Telefonberatung eine von § 127 VVG unerwünschte Beeinträchtigung der Wahlfreiheit liegt. Fordert man mit dem BGH und weiten Teilen des Schrifttums darüber hinaus eine zumindest mittelbare Verletzungshandlung deshalb, weil der Versicherungsnehmer arglistig über die Hintergründe einer telefonischen Beratung durch die Vertragsanwälte des Versicherers getäuscht wird.

Dies ist für den Versicherungsnehmer auch nachteilig (§ 129 VVG). Die Klausel der erweiterten Telefonberatung stellt den Versicherungsnehmer schlechter als das Gesetz.[756] Das Gesetz sieht eine Beratung durch einen ungebundenen Anwalt vor.

3. *Streitschlichtungsklauseln*

Auf einer weiteren Stufe der gestaltenden Schadenabwicklung versuchen Rechtsschutzversicherer den Versicherungsnehmer durch Streitschlichtungsklauseln abzufangen. Die Kosten einer Mediation werden entweder als Zusatzleistung angeboten (einfache Streitschlichtungsklauseln)[757] oder die „vergebliche Mühe" um eine Mediation zur Vorbedingung für den Gerichtsrechtsschutz erhoben (strenge Streitschlichtungsklausel).[758] Der Versicherer übernimmt die Kosten

756 Vgl. BGH Urt. v. 4.12.2013 – IV ZR 215/12 –, BGHZ 199, 170 (185) = NJW 2014, 630 Tz. 43; Klimke Die halbzwingenden Vorschriften des VVG, 2004, 28 f.

757 Wendt, in: Klowait/Gläßer, MediationsG, 1. Aufl., 2014, Teil 3 Ab. 8 Rn. 13; Marschner, in: Tamm/Tonner, Verbraucherrecht, 2. Aufl., 2016, § 17 Rn. 30.

758 Cornelius-Winkler SVR 2013, 201 (204); s. a. Maier r + s 2015, 353 (354); Buschbell, in: Buschbell/Hering Hdb RSV, 6. Aufl., 2015 § 3 Rn. 9. Z. B. der M-Aktiv-Tarif der

einer Mediation freilich nur dann, wenn er selbst den Mediator vermittelt hat (2.3.1.1 ARB 2012). Bei der strengen Klausel schließt der Versicherer zudem die Kostenübernahme für eine außergerichtliche anwaltliche Vertretung aus.

a. *Einfache Streitschlichtungsklauseln*

Die einfache Streitschlichtungsklausel nach Ziff. 2.3.1.1 ARB 2012 hat folgenden Wortlaut:[759]

> „Um Ihnen eine einvernehmliche Konfliktlösung zu ermöglichen, tragen wir die Kosten bis zu … EUR je Mediation für einen von uns vorgeschlagenen Mediator. …"

Die verbindliche Vorgabe des Mediators verletzt das Recht des Versicherungsnehmers auf eine freie Wahl des Mediators (§ 2 Abs. 1 MediationsG). Der Tatbestand des § 127 VVG ist insoweit nicht einschlägig. Die Mediatorentätigkeit ist nicht den sog. Anwaltsmediatoren (§ 7 a BORA) vorbehalten, also zugelassenen Anwälten, die gleichzeitig Mediatoren sind. Sie steht allen zertifizierten Mediatoren i.S.d. § 6 MediationsG frei und offen. Das gesetzliche Leitbild der freien Anwaltswahl nach § 127 VVG greift nicht.[760] § 127 VVG schützt die Anwaltschaft nicht vor Mitbewerbern auf dem Markt der außergerichtlichen Streitbeilegung. Der Streitschlichtungsklausel kann nicht entgegengehalten werden, sie führe zu einem tatsächlichen Ausschluss der Rechtsanwaltschaft von diesem Markt.[761] Das Wahlrecht steht dem Rechtsuchenden zu, nicht dem Rechtsanwalt.

DEURAG in einer älteren Fassung, wie er der Entscheidung des LG Frankfurt am Main [Urt. v. 07.05.2014 – 2 – 06 O 271/13 –, NJW 2014, 2204] zugrunde lag, oder der Tarif Mediation-Pro der AUXILIA (im Anhang abgedruckt). Krit. Lauda NJW 2014, 2208; Sittig/Kuchelmeister AnwBl 2013, 517 (519).

759 Weitere Beispiele finden sich im Anhang.

760 OLG Frankfurt a. M. Urt. v. 09.04.2015 – 6 U 110/14 –, r + s 2015, 351 (353) = VersR 2016, 188 Tz. 32; LG Frankfurt a.M. Urt. v. 7.05.2014 – 2-06 O 271/13 –, NJW 2014, 2204 (2205 f.); Böhm/Fries VersR 2016, 1092; Wendt VersR 2014, 420 (427); Cornelius-Winkler SVR 2013, 201 (204); Pfaffenholz, in: Looschelders/Pfaffenholz, ARB, 1. Aufl., 2014, § 125 Rn. 8; Wendt, in: van Bühren/Plote, ARB, 3. Aufl., 2013, § 5 a ARB 2010 Rn. 6; Stahl, in: Harbauer, ARB, 8. Aufl., § 5 a ARB 2000 Rn. 5; Cornelius-Winkler, in: Harbauer, ARB, 8. Aufl., § 5 ARB 2000 Rn. 277.

761 Wendt, in: Klowait/Gläßer, MediationsG, 1. Aufl., 2014, Teil 3 Ab. 8 Rn. 15; so aber Lauda NJW 2014, 2208 (2209); krit. a.: Maier r + s 2013, 105 (107); Cornelius-Winkler SVR 2013, 201 (203); Burmann SpV 2013, 5. Wie hier zu der gestaltenden Schadenabwicklung der Haftpflichtversicherer: OLG München Urt. v. 17.01.2013 – 29 U 2338/12 –, BeckRS 2014, 19008 – fairplay; LG München Urt. v. 26.04.2012 – 17 HK O 19193/11 –, NJW-RR 2012, 1184 (1185) – fairplay.

Das Auftrittsrecht des Rechtsanwaltes folgt dem Auftrittsrecht des Rechtsuchenden – nicht umgekehrt.[762] Weder das RDG noch das MediationsG dienen dem Schutz der Rechtsanwaltschaft vor einem Wettbewerb.[763]

b. Strenge Streitschlichtungsklauseln

Sofern strenge Streitschlichtungsklauseln die Kostenerstattung für die außergerichtliche anwaltliche Beratung und Vertretung ausnehmen, sind sie aber aus dem Blickwinkel des § 127 VVG bedenklich.

Eine strenge Streitschlichtungsklausel sieht beispielsweise so aus:[764]

„M-Aktiv[765]
§ 24 ARB

(1) Bei den Leistungsarten Schadensersatz-Rechtsschutz (§ 2 a)), Arbeits-Rechtsschutz (§ 2 b)), Wohnungs- und Grundstücks-Rechtsschutz (§ 2 c)), Rechtsschutz im Vertrags- und Sachenrecht (§ 2 d)) übernimmt der Versicherer für die außergerichtliche Wahrnehmung von Interessen nur die in § 5 Abs. 1 c)) ARB genannten Kosten eines von ihm ausgewählten Mediators.
(2) Bei den in Abs. 1 genannten Leistungsarten besteht Anspruch auf Rechtsschutz für die gerichtliche Wahrnehmung rechtlicher Interessen erst dann, wenn zusätzlich zu den in § 4.1 ARB genannten Voraussetzungen sich der Versicherungsnehmer um eine Konfliktlösung durch Mediation vergeblich bemüht hat.
(3) Abweichend von § 5 Abs. 2 a ARB kann der Versicherungsnehmer die Übernahme der vom Versicherer zu tragenden Kosten für die Wahrnehmung rechtlicher Interessen vor Gerichten erst verlangen, wenn auch die in Abs. 2 genannten Voraussetzungen vorliegen."

Gegenstand der Wahl nach § 127 Abs. 1 VVG sind Rechtsanwälte. § 127 Abs. 2 VVG bestimmt die Rechtsanwälte genauer als europäische Rechtsanwälte.[766] Die Rechtsanwälte sollen die Interessen des Versicherungsnehmers außergerichtlich und in Gerichts- und Verwaltungsverfahren vertreten (§ 127 Abs. 1 S. 2 VVG).

762 BVerwG Urt. v. 28.04.1981 – 2 C 51/78 –; NJW 1981, 2136; BVerwG Urt. v. 21.11.1980 – 7 C 49/78 –, NJW 1981, 1972 (1973); Schoch NJW 1982, 545 (550).
763 Kleine-Cosack NJW 2010, 1553 (1554); Kleine-Cosack RDG, 3. Aufl., 2014, § 4 Rn. 42, 22.
764 Weitere Beispiele finden sich im Anhang.
765 Siehe hierzu LG Frankfurt am Main, Urt. v. 07.05.2014 – 2 – 06 O 271/13, NJW 2014, 2204.
766 I.S.d. Gesetzes über die Tätigkeit europäischer Rechtsanwälte v. 9.03.2000, BGBl I, 182, 1349.

Damit bestimmt § 127 Abs. 1 VVG nicht nur den Gegenstand der Wahl, sondern auch den Gegenstand des Versicherungsvertrages. Nach § 125 VVG ist der Rechtsschutzversicherer verpflichtet, die zur Wahrnehmung der rechtlichen Interessen des Versicherungsnehmers erforderlichen Leistungen zu erbringen. Er selbst ist durch § 4 RDG daran gehindert, die erforderlichen Rechtsdienstleistungen zu erbringen. Wer diese außergerichtlichen Rechtsdienstleistungen zu erbringen hat, bestimmt § 127 Abs. 1 S. 2 VVG: der Rechtsanwalt. Die Kostenübernahme für die außergerichtliche anwaltliche Vertretung ist daher zwingender Vertragsinhalt eines jeden Rechtsschutzversicherungsvertrages.[767]

Dieses Verständnis des § 127 VVG wird auch von dem europarechtlichen Hintergrund der Vorschrift getragen. Nach Art. 201 Solvabilität II-RL (vormals Art. 4 RSV-RL) ist das Recht auf freie Anwaltswahl in „jedem" Versicherungsvertrag „ausdrücklich anzuerkennen". Das Wahlrecht der RSV-RL erstreckt sich auch auf die außergerichtliche anwaltliche Beratung und Vertretung.[768] Demnach ist die Kostenübernahme für die außergerichtliche anwaltliche Tätigkeit auch europarechtlich geboten.

Die strenge Streitschlichtungsklausel hingegen nimmt sie vom Deckungsschutz aus und verstößt damit gegen § 127 Abs. 1 VVG.[769]

Damit weicht sie zum Nachteil des Versicherungsnehmers vom Leitbild der freien Anwaltswahl ab (§ 129 VVG).

4. *Inkassoklauseln*

Gleiches gilt für Inkassoklauseln. Mit diesen Klauseln übernimmt der Versicherer die Kosten für die von ihm vermittelten Inkassounternehmen.

Gängige Inkassoklauseln lauten etwa:

---

767 Armbrüster AnwBl 2012, 218 (219); a.A. BGH Beschl. v. 14.01.2016 – I ZR 98/15 –, r + s 2016, 235 (236) Tz. 6; Böhm/Fries VersR 2016, 1092 (1093); wohl a. Schilasky Einschränkungen der freien Anwaltswahl in der Rechtsschutzversicherung, 1998, 220, 221.

768 EuGH Urt. v. 7.11.2013 – C-442/12 –, NJW 2014, 373 (374) Tz. 20 f. – Sneller; EuGH Urt. v. 26.05.2011 – C-293/10 –, NJW 2011, 3077 (3078) Tz. 29 – Stark; EuGH Urt. v. 10.09.2009 – C-199/08 –, NJW 2010, 355 (357) Tz. 49 – Eschig.

769 Vgl. Fries, in: Behme/Fries/Stark Versicherungsmechanismen im Recht, 2016, 1 (10); a.A. BGH Beschl. v. 14.01.2016 – I ZR 98/15 –, r + s 2016, 235, obgleich der Senat anerkennt, dass die dem Rechtsschutzversicherer durch § 125 VVG weitestgehend eingeräumte Vertragsfreiheit durch § 127 VVG beschränkt wird (ebda. Tz. 6). Zurückhaltend Mayer (FD-RVG 2016, 376579), der dieser „Argumentation eine gewisse Berechtigung nicht absprechen" will. Krit.: Lensing VuR 2016, 228.

> „2.2.17 **InkassoPLUS**
> um ihre Forderungen aus der versicherten Tätigkeit durch ein von uns benanntes Inkasso-Unternehmen außergerichtlich oder im gerichtlichen Mahnverfahren geltend zu machen.“
>
> „D. Sonderbedingungen für den Inkasso-Rechtsschutz
> § 1 Aufgaben der Versicherung
> Die AUXILIA sorgt dafür, dass der Versicherungsnehmer durch ein von der AUXILIA benanntes Inkassounternehmen vertragliche Forderungen aus einer gewerblichen, freiberuflichen oder sonstigen selbständigen Tätigkeit außergerichtlich und im gerichtlichen Mahnverfahren beitreiben kann und trägt im Falle der Uneinbringlichkeit der Hauptforderung die hierfür angefallenen Kosten gemäß § 3.
> ....
> **§ 3 Leistungsumfang**
> a) Die Versicherung trägt die Vergütung, die der Versicherungsnehmer dem durch die AUXILIA benannten Inkassounternehmen auf Grund des Inkassovertrags schuldet (Inkassokosten).
> ....
> e) Enden die Beitreibungsbemühungen des Inkassounternehmens, da die Forderung strittig wird, empfiehlt die AUXILIA auf Wunsch des Versicherungsnehmers einen Rechtsanwalt für die gerichtliche Durchsetzung der Forderung. ....“

Der außergerichtliche Forderungseinzug zählt zu den klassischen anwaltlichen Tätigkeitsfeldern. Er ist Anwälten freilich nicht ausschließlich vorbehalten. Sachkundige Inkassodienstleister i.S.d. § 10 Abs. 1 Nr. 1 RDG dürfen diese Rechtsdienstleistungen ebenfalls erbringen. Ein Recht auf die freie Wahl des Inkassodienstleisters kennt § 127 VVG nicht. Es steht aber einer Kostenübernahme für die außergerichtliche anwaltliche Tätigkeit im Wege, wenn der Versicherer außergerichtlich nur für die Kosten der von ihm vermittelten Inkassounternehmen aufkommt (strenge Inkassoklausel).

Inkassoklauseln weichen insoweit zum Nachteil des Versicherungsnehmers vom Leitbild der freien Anwaltswahl, das nach § 127 Abs. 1 S. 2 VVG auch für den Bereich der außergerichtlichen Beratung und Vertretung besteht, ab (§ 129 VVG).

5. *Obliegenheiten*

Bislang standen Vertragsbestimmungen im Mittelpunkt der Betrachtungen, mit denen der Versicherer den Versicherungsnehmer von einer eigenen Anwaltswahl bei der Vertragsanbahnung (Telefonieklauseln) oder im Bereich der außergerichtlichen Beratung und Vertretung (Streitschlichtungs- und Inkassoklauseln) abzulenken sucht (Ablenkungsklauseln). Für eine bewusste Lenkung und Steuerung des Versicherungsnehmers bieten Obliegenheitstatbestände,

Wagnisausschlüsse und wirtschaftliche Belohnungsklauseln ein breites Feld an Werkzeugen, die dem Versicherer zur Verfügung stehen. Diese Lenkungsklauseln sollen im Nachfolgenden am Maßstab der halbzwingenden Vorschrift des § 127 VVG untersucht werden.

a. *Abstimmungsobliegenheit*

Obliegenheitstatbestände geben dem Versicherer ein hervorragendes Werkzeug an die Hand, um das Verhalten des Versicherungsnehmers zu lenken und zu steuern. Verletzt der Versicherungsnehmer eine ihn treffende Obliegenheit, so droht er seinen Versicherungsschutz ganz oder teilweise zu verlieren.

Nach Ziff. 4.1.1.3 ARB 2012 muss der Rechtsschutzversicherte Kosten verursachende Maßnahmen nach Möglichkeit mit dem Versicherer abstimmen.[770] Als Regelbeispiel für eine Kosten verursachende Maßnahme nennt die Vertragsbestimmung ausdrücklich die Beauftragung eines Rechtsanwalts.

Abstimmung verlangt nach Zustimmung.[771]

Ziff. 4.1.1.3 ARB 2012 lautet im Wortlaut:

> „Kosten verursachende Maßnahmen müssen Sie nach Möglichkeit mit uns abstimmen. (Beispiele für kostenverursachende Maßnahmen: die Beauftragung eines Rechtsanwalts, die Erhebung einer Klage oder Einlegung eines Rechtsmittels)"

Teilweise meinen Rechtsprechung[772] und Schrifttum[773], die Abstimmung der Rechtsverfolgung mit dem Versicherer verlange von dem Versicherungsnehmer weniger als die Einholung der Zustimmung. Das Abstimmungserfordernis verlange von dem Versicherungsnehmer nur, dass er den Versicherer über das beabsichtigte Vorgehen unterrichte und dessen Rückäußerung abwarte.[774]

Ein derart enges Verständnis des Abstimmungserfordernisses ergibt neben der Unterrichtungsobliegenheit des Versicherungsnehmers nach Ziff. 4.1.1.2 ARB 2012 und der Berechtigung und Verpflichtung des Versicherers nach § 128 VVG, die Erfolgsaussichten und die Mutwilligkeit des Rechtsschutzziels zu

---

770 Als bloße Wagnisbegrenzung sieht Heinrichs (in: Halm/Engelbrecht/Krahe, Hdb FA VersR, 5. Aufl., 2015, Kap. 34 Rn. 520) Ziff. 4.1.1.3 ARB 2012 zu Unrecht an.

771 OLG Köln Urt. v. 13.05.2003 - 9 U 138/03 –, r + s 2003, 414 (415); Maier r + s 2013, 105 (109); Münkel, in: Rüffer/Halbach/Schimikowski, VVG, 3. Aufl. 2015, § 127 Rn. 6.

772 OLG Hamm Urt. v. 9.11.1990 - 20 U 215/89 –, NJW-RR 1991, 612.

773 Armbrüster, in: Prölss/Martin, VVG, 29. Aufl., 2015, ARB 2010 § 17 Rn. 74, 18; Bauer, in: Harbauer, ARB, 8. Aufl., 2010, ARB 2010 § 17 Rn. 43; s. a. Looschelders VersR 2000, 23 (28).

774 OLG Hamm Urt. v. 9.11.1990 - 20 U 215/89 –, NJW-RR 1991, 612.

überprüfen, keinen Sinn.[775] Der säumige Versicherer, der die Erfolgsaussichten und die Mutwilligkeit der geplanten Rechtsverfolgung nicht rechtzeitig prüft, bedarf keiner weiteren Gelegenheit, den gewährten Deckungsschutz noch einmal in Frage zu stellen.[776]

Der Sinnzusammenhang mit den weiteren Obliegenheiten des Rechtsschutzversicherten lässt nur den Schluss zu, dass die Vertragsbestimmung der Ziff. 4.1.1.3 ARB 2012 von dem Versicherungsnehmer verlangt, die Zustimmung des Versicherers zu der Beauftragung des Rechtsanwalts einzuholen. Wenn der Versicherer von dem Versicherten die Zustimmung zu der Beauftragung eines Anwalts verlangt, lässt er ihm nicht mehr die von § 127 VVG geforderte freie Wahl des Anwalts. Die Abstimmungsklausel nach Ziff. 4.1.1.3 ARB 2012 ist mit § 127 VVG schlechterdings unvereinbar und weicht damit von den Vorgaben des § 127 VVG ab.[777]

Die Abweichung gereicht dem Versicherungsnehmer zum Nachteil (§ 129 VVG).

b. Kostenminderungsobliegenheit

Gleiches gilt für die Kostenminderungsobliegenheit nach Ziff. 4.1.1.4 ARB 2012. Nach Ziff. 4.1.1.4 ARB 2012 muss der Versicherungsnehmer - soweit möglich - dafür sorgen, dass Schaden vermieden bzw. verringert wird.

Ziff. 4.1.1.4 ARB 2012 lautet seinem vollständigen Wortlaut nach wie folgt:

> „Bei Eintritt des Versicherungsfalls müssen Sie - soweit möglich - dafür sorgen, dass Schaden vermieden bzw. verringert wird (entsprechend § 82 Versicherungsvertragsgesetz. § 82 bestimmt zum Beispiel im Absatz 1: „Der Versicherungsnehmer hat bei Eintritt des Versicherungsfalls nach Möglichkeit für die Abwendung und die Minderung des Schadens zu sorgen“).
>
> Das heißt, Sie müssen die Kosten für die Rechtsverfolgung (zum Beispiel: Rechtsanwalts-, Gerichtskosten, Kosten der Gegenseite) so gering wie möglich halten. Hierzu sollten Sie uns oder Ihren Rechtsanwalt fragen.

---

775 Maier r + s 2013, 105 (109); vgl. a. OLG Frankfurt a. Main Urt. v. 25.02.2009 – 249/08 –, r + s 2005, 505 (507); Bauer VersR 2013, 661 (665); Armbrüster, in: Prölss/Martin, VVG, 29. Aufl., 2015, ARB 2010 § 17 Rn. 19.

776 OLG Frankfurt a. Main Urt. v. 25.02.2009 – 249/08 –, r + s 2005, 505 (507) Armbrüster, in: Prölss/Martin, VVG, 29. Aufl., 2015, ARB 2010 § 17 Rn. 19.

777 Bauer VersR 2013, 661 (665); Maier r + s 2013, 105 (109); s. a. van Bühren BRAK-Mitt 2013, 255; zweifelnd: Münkel, in: Rüffer/Halbach/Schimikowski, VVG, 3. Aufl. 2015, § 127 Rn. 6.

> Sie müssen Weisungen von uns befolgen, soweit das für Sie zumutbar ist. Außerdem müssen Sie Weisungen von uns einholen, wenn die Umstände dies gestatten."

In der Rechtsschutzversicherung stellen die Rechtsverfolgungskosten den versicherten Schaden dar. Ziff. 4.1.1.3 ARB 2012 zählt die Beauftragung eines Rechtsanwalts zu den Kosten auslösenden Maßnahmen der Rechtsverfolgung. Aus dem Sinnzusammenhang zwischen beiden Vertragsbestimmungen muss der Versicherungsnehmer folgern, dass er bei einer eigenständigen Beauftragung eines Rechtsanwaltes das Wagnis einer Obliegenheitsverletzung auf sich nimmt. Ziff. 4.1.1.4 ARB 2012 nötigt dem Versicherungsnehmer ab, bei der Anwaltsbeauftragung die Weisung des Versicherers einzuholen. Die Bindung an Weisungen und die freie Anwaltswahl vertragen sich nicht. Ziff. 4.1.1.4 ARB 2012 weicht damit ebenfalls von dem Leitbild des § 127 VVG zum Nachteil des Versicherungsnehmers ab.

c. *Strenge Streitschlichtungsklausel*

Oben wurde die strenge Streitschlichtungsklausel allein am Maßstab des § 127 VVG gemessen. Die untersuchte Beispielsbedingung schließt aber nicht nur die Kostenerstattung für die außergerichtliche anwaltliche Beratung und Vertretung aus, womit sie von dem zwingenden Vertragsinhalt des § 127 Abs. 1 S. 1 VVG abweicht. Sie macht das vergebliche Bemühen um eine außergerichtliche Streitschlichtung zur Voraussetzung dafür, dass dem Versicherungsnehmer die Kosten für eine gerichtliche Auseinandersetzung gedeckt werden können.

Mit dem Merkmal der vergeblichen Mühe scheint die Bedingung an die Verschuldensmaßstäbe des § 28 Abs. 2 VVG anzuknüpfen. Wenn es sich bei der strengen Streitschlichtungsklausel um eine Obliegenheit handeln sollte, müsste sich diese am halbzwingenden Maßstab der §§ 28 Abs. 1 bis 4 VVG messen lassen. Auch von diesem Maßstab kann der Versicherer nicht zum Nachteil des Versicherungsnehmers abweichen (§ 32 VVG).

aa. Verhüllte Obliegenheit

Auf die Tatbestände der § 28 Abs. 2 bis 4 VVG kommt es allerdings nur dann an, wenn es sich bei der strengen Streitschlichtungsklausel überhaupt um eine Obliegenheit handelt und nicht um eine bloße Wagnisbeschreibung.

Um in den Genuss des Kostenschutzes für ein Gerichtsverfahren zu gelangen, muss der Versicherungsnehmer nach der strengen Klausel vorab ein Mediationsverfahren einleiten. Dieses Erfordernis lässt sich einerseits als Wagnisausschluss verstehen. Der Schutz des Versicherungsnehmers durch § 28 Abs. 2 VVG, der für die Leistungsfreiheit des Versicherers im Grundsatz Vorsatz verlangt, darf diesem andererseits nicht dadurch entzogen werden, dass Obliegenheiten in den Bedingungen so verhüllt werden, dass sie nicht als Verhaltensvorschriften, sondern als Wagnisbeschreibungen erscheinen.[778]

Zunächst ist durch Auslegung zu ermitteln, ob der Rechtsschutzversicherer von dem grundsätzlich übernommenen Kosten- und Schadenwagnis einen fest umrissenen Teil herausnehmen will oder der Versicherungsnehmer durch ein bestimmtes Verhalten veranlasst werden soll, zu der Verhinderung oder Minderung des Schadens beizutragen.[779]

Maßgeblich für die Abgrenzung einer (verhüllten) Obliegenheit von einer Wagnisbegrenzung ist der Bedingungsinhalt, so wie er sich aus dem Wortlaut und der Stellung der Klausel innerhalb eines Bedingungswerkes ergibt.[780] Es kommt darauf an, ob die Klausel die fest umrissene Beschreibung eines bestimmten Wagnisses enthält, für das der Versicherer keinen Versicherungsschutz gewähren will, oder ob sie in erster Linie ein bestimmtes Verhalten des Versicherungsnehmers fordert, von dem es abhängt, ob er einen zugesagten Versicherungsschutz behält oder ob er ihn verliert. Wird von vorneherein nur ausschnittweise Deckung gewährt, handelt es sich um eine Wagnisbeschränkung; wird dagegen ein gegebener Versicherungsschutz wegen nachlässigen Verhaltens des Versicherungsnehmers wieder entzogen, liegt eine Obliegenheit vor.[781]

---

778 BGH Urt. v. 16.06.2004 – IV ZR 201/03 –, NJW-RR 2004, 1259 (1261); BGH Urt. v. 24.05.2000 – IV ZR 186/99 –, NJW-RR 2000, 1190 (1191); BGH Urt. v. 14.12.1994 – IV ZR 3/94 –, NJW 1995, 784; krit. Felsch r + s 2015, 53.

779 BGH Urt. v. 16.06.2004 – IV ZR 201/03 –, NJW-RR 2004, 1259 (1261); BGH Urt. v. 24.05.2000 – IV ZR 186/99 –, NJW-RR 2000, 1190 (1191); BGH Urt. v. 14.12.1994 – IV ZR 3/94 –, NJW 1995, 784. Die Rechtsfigur der „verhüllten" Obliegenheit ist zunehmend in die Kritik geraten und wird zum Teil vom Schrifttum verabschiedet (Rattay VersR 2015, 1075; Felsch r + s 2015, 53 f.; Wandt VersR 2015, 265; Koch VersR 2014, 283; Felsch, in: Rüffer/Halbach/Schimikowski, VVG, 3. Aufl. 2015, § 28 Rn. 19; Armbrüster, in: Prölss/Martin, VVG, 29. Aufl., 2015, § 28 Rn. 11 f., 44). Der Nebel um das Rätsel der verhüllten Obliegenheit wird sich erst dann lichten, wenn die Rechtsprechung die halbzwingende Vorschrift des § 28 VVG nicht mehr allein im Rahmen der AGB-rechtlichen Klauselkontrolle prüft, sondern – dogmatisch richtig – zum eigenständigen Prüfungsmaßstab wählt.

780 Krit. Felsch, in: Rüffer/Halbach/Schimikowski, VVG, 3. Aufl., 2015, § 28 Rn. 23 f.

781 BGH Urt. v. 14.05.2014 – IV ZR 288/12 –, NJW 2014, 3449 Tz. 18; BGH Urt. v. 18.05.2011 – IV ZR 165/09 –, NJW-RR 2011, 1110 Tz. 29; BGH Urt. v. 18.06.2008 – IV ZR 87/07 –, NJW-RR 2008, 1107 Tz. 9; BGH Urt. v. 16.06.2004 – IV ZR 201/03 –, NJW-RR 2004, 1259 (1261); BGH Urt. v. 24.05.2000 – IV ZR 186/99 –, NJW-RR 2000, 1190 (1191); BGH Urt. v. 14.12.1994 – IV ZR 3/94 –, NJW 1995, 784; Rattay VersR 2015, 1075; Koch VersR 2014, 283 (284 f.); Felsch, in: Rüffer/Halbach/Schimikowski, VVG, 3. Aufl. 2015, § 28 Rn. 19;

Der strengen Streitschlichtungsklausel ist zu entnehmen, dass der Versicherer für die Kosten eines Gerichtsverfahrens nicht einsehen will, wenn nicht vorab ein Mediationsverfahren eingeleitet wurde. Dem Wortlaut der Klausel lässt sich entnehmen, dass der Versicherer nicht nur erwartet, dass der Versicherungsnehmer dem äußeren Erscheinungsbild nach ein Mediationsverfahren in Gang gebracht hat, sondern er verlangt, dass sich der Versicherungsnehmer um eine streitschlichtende, außergerichtliche Einigung „vergeblich bemüht" hat. Mit dem Merkmal der „vergeblichen Mühe" knüpft der Versicherer an innere Merkmale an, die dem Bereich des Verschuldens zuzuordnen sind. Es reicht nicht aus, dass der Einigungsversuch mittels Mediation gescheitert ist. Der Versicherungsnehmer muss sich vergeblich um eine Einigung durch Mediation bemüht haben. Der Inhalt der Vertragsbestimmung lässt sich nur so verstehen, dass der Versicherer von dem Versicherungsnehmer ein bestimmtes Verhalten erwartet, namentlich, alles getan zu haben, um eine gerichtliche Auseinandersetzung zu vermeiden, um überhaupt in den Genuss einer Kostenerstattung für das gerichtliche Verfahren gelangen zu können. Im Kern stellt sich die strenge Streitschlichtungsklausel als Obliegenheit und nicht als bloße Wagnisbeschreibung dar.

bb. Abweichung von §§ 28 Abs. 2 S. 2, 3 VVG

Die strenge Streitschlichtungsklausel könnte neben den Anforderungen der §§ 127, 129 VVG an dem Prüfungsmaßstab des § 28 Abs. 1 bis Abs. 4 VVG i.V.m. § 32 Abs. 1 VVG zu messen sein.

Sie müsste von den Vorgaben der halbzwingenden Vorschriften abweichen. Die strenge Streitschlichtungsklausel sieht weder eine am Grad des Verschuldens ausgerichtete Leistungsfreiheit des Versicherers (§ 28 Abs. 2 VVG) noch die Beweislast des Versicherers für eine vorsätzliche Obliegenheitsverletzung (§ 28 Abs. 2 S. 1 VVG) oder gar die Möglichkeit des Versicherungsnehmers, einen Kausalitätsgegenbeweis zu führen (§ 28 Abs. 3 S. 1 VVG), vor. Sie weicht damit von den Vorgaben der halbzwingenden Vorschrift des § 28 Abs. 2, 3 VVG ab.[782] § 28 Abs. 4 VVG gilt nur für Auskunfts- und Aufklärungsobliegenheiten und ist damit nicht einschlägig.

Rixecker, in: Langheid/Rixecker, VVG, 5. Aufl., 2016, § 28 Rn. 13; eingehend: Armbrüster, in: Prölss/Martin, VVG, 29. Aufl., 2015, § 28 Rn. 11 f., 44.

782 Vgl. BGH Urt. v. 2.04.2014 – IV ZR 58/13 –, r + s 2015, 347 (349) Tz. 19 f.; BGH Urt. v. 2.04.2014 – IV ZR 124/13 –, NJW 2014, 1813 (1814) Tz. 19; BGH Urt. v. 24.10.2012 – XII ZR 40/11 –, NZM 2013, 165 (166) Tz. 17; BGH Urt. v. 14.03.2012 – XII ZR 44/10 –, NJW 2012, 2501 (2503) Tz. 22; BGH Urt. v. 12.10.2011 – XI ZR 199/10 –, BGHZ 191, 159 (166) = NJW 2012, 217 Tz. 34; BGH Urt. 11.10.2011 – VI ZR 46/10 –, NJW 2012, 222 (223) Tz. 12; Pohlmann NJW 2012, 188.

6. Wagnisausschluss

Wenn schon die Obliegenheitstatbestände es dem Versicherer nicht erlauben, die Anwaltswahl seines Versicherungsnehmers zu steuern, dann können ihm vielleicht Ausschlusstatbestände weiterhelfen. Ausschlusstatbestände sind ein weiteres Werkzeug des Versicherers, um die Anwaltswahl des Versicherungsnehmers zu lenken und zu beeinflussen.

a. Kreis der Rechtsanwälte

Die gesetzliche Regelung des § 127 Abs. 1 VVG bezieht die freie Anwaltswahl allein auf den „Kreis der Rechtsanwälte, deren Vergütung der Versicherer nach dem Versicherungsvertrag trägt".

Räumt dieser Vorbehalt auf den „Kreis der Rechtsanwälte" dem Versicherer einen weiten vertraglichen Gestaltungsspielraum ein? Darf der Versicherer etwa den Kreis der Rechtsanwälte auf den Kreis seiner Vertragsanwälte beschränken?[783] Muss der Versicherer nicht sogar aus Sorge um das Rechtsverfolgungsinteresse seines Versicherungsnehmers die Güte der anwaltlichen Rechtsdienstleistungen absichern, indem er etwa seine Kostenerstattungspflicht auf den Kreis von Fachanwälten beschränkt?[784]

Teilweise wird im Schrifttum die Auffassung vertreten, ein Ausschlusstatbestand, der dem Versicherungsnehmer nur „genügend Auswahlmöglichkeiten" belasse, sei mit der freien Anwaltswahl nach § 127 VVG vereinbar.[785] Der Versicherer dürfe den Kreis der Rechtsanwälte, deren Vergütung er trägt, sowohl auf den Kreis der an ihn über Rationalisierungsabkommen gebundenen Vertragsanwälte[786] als auch etwa auf bestimmte Fachanwälte[787] begrenzen.

---

783 Schilasky Einschränkungen der freien Anwaltswahl in der Rechtsschutzversicherung, 1998, 188 f.

784 Vgl. Eberhardt VersR 2013, 802 (807); Heinsen VW 2010, 1530 (1532); Heinsen VW 2008, 595 (597).

785 Eberhardt VersR 2013, 802 (807 f.); Schilasky Einschränkungen der freien Anwaltswahl in der Rechtsschutzversicherung, 1998, 188 f.; Hillmer-Möbius, in: van Bühren/Plote, ARB, 3. Aufl., 2013, ARB 2010 **§ 17** Rn. 38, 39; s. a. Schneider, in: van Bühren, Hdb VersR, 6. Aufl., 2014, § 13 Rn. 98.

786 Schilasky Einschränkungen der freien Anwaltswahl in der Rechtsschutzversicherung, 1998, 188 f.

787 Eberhardt VersR 2013, 802 (807 f.); a.A. Schilasky Einschränkungen der freien Anwaltswahl in der Rechtsschutzversicherung, 1998, 187.

Nach einer anderen Auffassung vermag der Rechtsschutzversicherer den Kreis der Rechtsanwälte, deren Vergütung er übernimmt, allenfalls nach allgemeinen Wagnismerkmalen einzuschränken.[788] Danach kann der Versicherer seine Kostenerstattungspflicht auf den Kreis von Fachanwälten, keineswegs aber auf den Kreis seiner Vertragsanwälte beschränken.

Schließlich besteht nach einer Meinung eine Gestaltungsfreiheit des Versicherers in Hinblick auf den Kreis der Rechtsanwälte, deren Kosten er übernimmt, allein auf einer ausdrücklichen gesetzlichen Grundlage im Interesse einer unabhängig arbeitenden Rechtspflege.[789] Nach dieser Auffassung kann der Kreis der Rechtsanwälte i.S.d. § 127 Abs. 1 VVG weder auf den Kreis der Vertragsanwälte noch auf den Kreis von Fachanwälten begrenzt werden.

Das VVG hält kein fest umrissenes gesetzliches Leitbild für die Rechtsschutzversicherung vor. Ebenso wenig wie die private Krankheitskostenversicherung am gesetzlichen Leitbild der gesetzlichen Krankenkassen i.S.d. SGB V ausgerichtet ist,[790] ist die Rechtsschutzversicherung auf das gesetzliche Leitbild der verfahrensrechtlichen Kostenerstattung nach §§ 91 f. ZPO verpflichtet.[791] In beiden Fällen ist der Versicherer lediglich gehalten, die Leistungen „im vereinbarten Umfang“ zu erbringen (§§ 125 Abs. 1, 192 Abs. 1 VVG). § 125 Abs. 1 VVG beschränkt sich darauf, den wirtschaftlichen Zweck der Rechtsschutzversicherung als Schadenversicherung zu beschreiben.[792] Der Gesetzgeber wollte dem Rechtsschutzversicherer weitestgehende

---

788 BGH Urt. v. 4.12.2013 – IV ZR 215/12 –, BGHZ 199, 170 (179) = NJW 2014, 630 Tz. 26; OLG Bamberg Urt. v. 20.06.2012 – 3 U 236/11 –, NJW 2012, 2282 (2283); Armbrüster JZ 2014, 577 (580, 581); Koch GRUR-Prax 2012, 333; Armbrüster VersR 2011, 1518; Brünger, in: Staudinger/Halm/Wendt, VVG, 2. Aufl., 2017, § 127 Rn. 3; Pfaffenholz, in: Looschelders/Pfaffenholz, ARB, 1. Aufl., 2014, § 127 Rn. 4; Bauer, in: Harbauer, ARB, 8. Aufl., 2010 § 127 Rn. 2; Armbrüster, in: Prölss/Martin, VVG, 29. Aufl., 2015, § 127 Rn. 1; Wendt, in: van Bühren/Plote, ARB, 3. Aufl., 2013, § 127 VVG Rn. 2; Wolf, in: Gaier/Wolf/Göcken, Anwaltliches Berufsrecht, 2. Aufl., 2014, BRAO § 3 Rn. 65; Terriuolo Das rechtsschutzversicherte Mandat, 2014, 114.

789 Richter, in: MünchKommVVG, Bd. 2, 2. Aufl., 2017, § 127 Rn. 4, 6.

790 BGH Urt. v. 18.03.2009 – IV ZR 11/07 –, NJW-RR 2009, 813 (815) Tz. 16; BGH Beschl. v. 11.02.2009 – IV ZR 28/08 –, NJW-RR 2009, 746 (748) Tz. 17.

791 Rixecker, in: Langheid/Rixecker, VVG, 5. Aufl., 2016, § 125 Rn. 1; Pfaffenholz, in: Looschelders/Pfaffenholz, ARB, 1. Aufl., 2014, § 125 Rn. 2, 3.

792 Wendt VersR 2014, 420 (422); Pfaffenholz, in: Looschelders/Pfaffenholz, ARB, 1. Aufl., 2014, § 125 Rn. 2, 3.

Gestaltungsfreiheit einräumen, damit dieser in seiner Produktgestaltungsfreiheit nicht gehemmt wird.[793]

§ 127 VVG gestaltet das Recht auf freie Anwaltswahl aus. Das Recht auf freie Anwaltswahl kann bereits einfachgesetzlich nach § 3 Abs. 3 BRAO nur aufgrund eines Gesetzes beschränkt werden. Verfassungsrechtlich betrachtet vermag der Grundsatz der freien Anwaltswahl nur aufgrund eines Gesetzes zum Schutze gegenläufiger, öffentlicher Interessen an einer unabhängigen Rechtspflege beschränkt zu werden.[794] Nur so lässt sich der Vorbehalt des § 127 Abs. 1 VVG hinsichtlich des Kreises der Rechtsanwälte, deren Kosten der Versicherer übernimmt, verstehen.[795] Die Gestaltungsmacht des Versicherers, den Kreis der Rechtsanwälte i.S.d. § 127 Abs. 1 VVG zu beschränken, ist auf die allgemeinen Merkmale des Berufs- und Verfahrensrechts begrenzt. Die einschlägigen Vorschriften der §§ 4 f. BRAO, 3, 4 RDG, 78, 79 ZPO lassen eine Beschränkung auf Fach- oder Vertragsanwälte nicht zu.

Der Rechtsschutzversicherer vermag den Kreis der Rechtsanwälte, deren Vergütung er übernimmt, weder auf den Kreis seiner Vertragsanwälte[796] noch auf den Kreis von Fachanwälten[797] mittels eines Ausschlusstatbestandes einzuschränken.

b. Ortsansässiger Rechtsanwalt

Ziff. 2.3.1.2 ARB 2012 beschränkt die Kostenerstattungspflicht des Rechtsschutzversicherers auf die gesetzliche Vergütung eines Rechtsanwalts, der am Ort des zuständigen Gerichts ansässig ist. Dass der Rechtsanwalt, der die rechtliche Interessenwahrnehmung des Versicherungsnehmers übernehmen soll, bei Gericht zugelassen sein muss, versteht sich von selbst. Sowohl Art. 201 Abs. 2 Solvabilität II-RL (vormals Art. 4 Abs. 2 RSV-RL) als auch § 127 Abs. 2 VVG stellen

---

793 BT-Drs. 16/3945, 91.

794 BVerfG Beschl. v. 5.02.2004 – 2 BvR 1621/03 –, NJW 2004, 1519; Rüping, in: BK-GG, Stand: Februar 2015, Art. 103 Rn. 38, 80 f.

795 Im Ergebnis ebenso: Richter, in: MünchKommVVG, Bd. 2, 2. Aufl., 2017, § 127 Rn. 4, 6.

796 Purnhagen NJW 2014, 374 (375); Armbrüster VuR 2012, 167 (169); Schilasky Einschränkungen der freien Anwaltswahl in der Rechtsschutzversicherung, 1998, 147 f.; Armbrüster, in: Prölss/Martin, VVG, 29. Aufl., 2015, § 127 Rn. 1, ARB 2010 § 17 Rn. 1; Wendt, in: van Bühren/Plote, ARB, 3. Aufl., 2013, § 127 Rn. 2.

797 Schilasky Einschränkungen der freien Anwaltswahl in der Rechtsschutzversicherung, 1998, 187; s. a. Purnhagen NJW 2014, 374 (375); a.A. Eberhardt VersR 2013, 802 (807 f.).

dies lediglich klar. Die berufsrechtliche Schranke der Zulassung (§ 4 BRAO) beeinträchtigt die freie Anwaltswahl ebenso wenig wie die verfahrensrechtliche Beschränkung der Ortsansässigkeit des Anwalts bei dem Prozessgericht (§ 91 Abs. 2 S. 1 ZPO). Nach dem Vorgesagten beinhaltet die Gestaltungsmacht des Versicherers die Befugnis, den Kreis der Rechtsanwälte i.S.d. § 127 Abs. 1 VVG nach allgemeinen Merkmalen des verfassungsgerechten Berufs- und Verfahrensrechts zu begrenzen. Weder zielt diese Beschränkung darauf ab, den Willen des Versicherungsnehmers bei der Anwaltswahl zu steuern, noch höhlt sie diesen aus.[798]

c. *Anwaltswechsel*

Nach Ziff. 2.3.1.2 ARB 2012 kommen die Versicherer für die gesetzliche Vergütung eines einzigen Rechtsanwalts auf.[799] Für den Fall, dass der Versicherungsnehmer mehr als einen Rechtsanwalt beauftragt, bestimmen die Bedingungen ausdrücklich, dass der Versicherer die dadurch entstehenden Mehrkosten nicht trägt. Die Klausel stellt auch klar, dass dies ebenfalls für die Mehrkosten aufgrund eines Anwaltswechsels gilt.

Nach den älteren Bedingungen (etwa § 5 Abs. 1 a ARB 2010) trug der Rechtsschutzversicherer die gesetzlichen Gebühren für einen Rechtsanwalt, nicht hingegen unbedingt für einen einzigen Rechtsanwalt.[800] Wenn der Anwaltswechsel für die Rechtsverfolgung des Versicherungsnehmers erforderlich war (§ 125 VVG), d. h. weder von dem Rechtsanwalt noch von dem Versicherungsnehmer zu vertreten war, hatte der Versicherer für die Kosten des Anwaltswechsels aufzukommen.[801]

Diese – aus Sicht des Versicherungsnehmers – Verschlechterung des Bedingungswerks stellt sich indes weder als Nachteil (§ 129 VVG) noch als Abweichung vom Grundsatz der freien Anwaltswahl dar. Zwar sieht das Verfahrensrecht in § 91 Abs. 2 S. 2 ZPO einen Kostenerstattungsanspruch auch für den Fall eines

798 EuGH Urt. v. 26.05.2011 – C-293/10 –, NJW 2011, 3077 Tz. 32 – Stark; bestätigt durch EuGH Urt. v. 7.11.2013 – C-442/12 –, NJW 2014, 373 (374) Tz. 27 – Sneller; Armbrüster, in: Prölss/Martin, VVG, 29. Aufl., 2015, ARB 2010 § 17 Rn. 1 m.w.N.

799 Im Anhang abgedruckt. Art. 4 Abs. 1 RSV-RL spricht ebenfalls von der Wahl „eines" Rechtsanwaltes.

800 Bauer, in: Harbauer, ARB, 8. Aufl., 2010, ARB 2000 § 5 Rn. 26; Armbrüster, in: Prölss/Martin, VVG, 29. Aufl., 2015, ARB 2010 § 5 Rn. 6, 7; Pfaffenholz, in: Looschelders/Pfaffenholz, ARB, 1. Aufl., 2014, ARB 2010 § 5 Rn. 26.

801 OLG Köln Urt. v. 23.02.1989 -5 U 163/88 –, r + s 1989, 120; LG Hannover Urt. v. 16.12.2005 – 8 S 24/05 –, VersR 2006, 790.

notwendigen Anwaltswechsels vor. Das Benachteiligungsverbot des § 129 VVG bezieht sich aber allein auf die freie Anwaltswahl nach § 127 VVG, nicht auf das verfahrensrechtliche Kostenerstattungsrecht. Die freie Anwaltswahl ist nicht beeinträchtigt. Die Entscheidung, wer die rechtlichen Interessen des Versicherungsnehmers vertreten soll (Anwaltswahl), ist schon begrifflich von der Kündigung des Anwaltsvertrages und dem damit verbundenen Anwaltswechsel zu unterscheiden. Die Beschränkung der Wahlmöglichkeiten auf die Auswahl eines einzigen Rechtsanwaltes berührt das Verfahrensrecht des Versicherungsnehmers nicht.

7. Belohnungsklauseln

Mit Hilfe von Ausschlusstatbeständen kann der Versicherer zwar seine Kostenerstattungspflicht eingrenzen. Insbesondere muss er nicht für die Kosten eines Anwaltswechsels oder die Reisekosten eines auswärtigen Anwalts aufkommen. Das mit der gestaltenden Schadensabwicklung verfolgte Ziel, den Versicherungsnehmer zu der Beauftragung eines Vertragsanwaltes zu bewegen, erreicht er auf diesem Wege freilich nicht.

Als geeignetes Mittel kommen noch wirtschaftliche Anreize im Wege von Belohnungsklauseln in Betracht, um den Versicherungsnehmer in die gewünschten Bahnen zu lenken.

a. Wahltarife

Vergleichsweise einfach ist die Rechtslage, wenn der Versicherer dem Versicherungsnehmer die Wahl unter mehreren Tarifen bei Vertragsabschluss anbietet – namentlich einen günstigeren Tarif unter Beschränkung der Anwaltswahl auf die vom Versicherer vorgeschlagenen Anwälte und einen Tarif mit unbeschränkter, freier Anwaltswahl. Eine solche Wahl unter mehreren Tarifen bei Vertragsabschluss steht nicht mit § 127 VVG in Einklang. Die freie Anwaltswahl nach Art. 4 Abs. 1 RSV-RL verlangt die Berücksichtigung der freien Anwaltswahl „in jedem Rechtsschutz-Versicherungsvertrag“ – also innerhalb eines jeden Vertrages.[802] Die Wahlmöglichkeit zwischen unterschiedlichen Vertragsangeboten – mit oder ohne freie Anwaltswahl – entspricht dem nicht und ist daher unzulässig.[803]

---

802 Armbrüster AnwBl 2012, 218 (219); a.A. wohl Schilasky Einschränkungen der freien Anwaltswahl in der Rechtsschutzversicherung, 1998, 220, 221.

803 Terriuolo AnwBl 2015, 140 (142 f.); Armbrüster AnwBl 2012, 218 (219); Terriuolo Das rechtsschutzversicherte Mandat, 2014, 118; s. a. Armbrüster JZ 2014, 577 (581).

b. Geldwerter Vorteil

Rechtlich schwierig ist jedoch die Rechtslage, wenn der Versicherer dem Versicherungsnehmer die Wahlmöglichkeit innerhalb eines abgeschlossenen Rechtsschutzversicherungsvertrages anbietet – etwa indem er auf den vereinbarten Selbstbehalt verzichtet, wenn der Versicherungsnehmer seinerseits auf die freie Anwaltswahl verzichtet oder eine andere, wirtschaftliche Belohnung für den Verzicht auf die freie Anwaltswahl verspricht.

aa. Verzicht auf den Selbstbehalt

Mit dem Angebot eines geldwerten Vorteils für den Verzicht auf die freie Anwaltswahl verbietet der Versicherer dem Versicherungsnehmer nicht, den Anwalt frei zu wählen. Marktgängig ist bei Rechtsschutzversicherern das Angebot, auf einen vereinbarten Selbstbehalt im Bereich von 150,00 € zu verzichten, wenn der Versicherungsnehmer den vom Versicherer empfohlenen Anwalt beauftragt.[804]

Eine gängige Klausel lautete etwa:[805]

> „Im Verkehrs-Rechtsschutz flex (§ 21 b) ARB/2012) ermäßigt sich die vertraglich vereinbarte Selbstbeteiligung je Rechtsschutzfall von 300,00 € auf 150,00 € bzw. von 150,00 € auf 0,00 €, wenn ein von der AUXILIA empfohlener Rechtsanwalt beauftragt wird."

(1) Beeinträchtigung durch Beeinflussung

Nach der hier vertretenen Auffassung verlangt der Tatbestand des § 127 VVG keine Verletzungshandlung. Vielmehr liegt in jeder Einflussnahme durch den Versicherer, sofern sie nicht ungeeignet ist, die Unabhängigkeit der Rechtspflege zu gefährden, eine tatbestandsmäßige Beeinträchtigung der Wahlentscheidung des Versicherungsnehmers i.S.d. § 127 VVG.[806] Das Verfahrensrecht des § 127 VVG dient dem Schutz der unabhängigen Rechtspflege. Allein die beteiligten Parteien und die Organe der Rechtspflege sollen den Verfahrensgang bestimmen. Unbeteiligte Dritte sollen weder auf den Verfahrensgang noch auf die

---

804 Armbrüster JZ 2014, 577 (580, 578); Maier r + s 2014, 73 (74); Armbrüster VersR 2011, 1518 (1519); Terriuolo Das rechtsschutzversicherte Mandat, 2014, 123; Richter, in: MünchKommVVG, Bd. 2, 2. Aufl., 2017, § 127 Rn. 13.

805 Weitere Klauseln finden sich im Anhang.

806 OLG Bamberg Urt. v. 20.06.2012 – 3 U 236/11 –, NJW 2012, 2282 (2284 f.); AG Ebersberg Urt. v. 15.11.2013 – 7 C 450/13 –, NJW 2014, 1461 (1462); Purnhagen NJW 2014, 374 (375); Lensing NJW 2012, 2285; Lensing VuR 2012, 97 (98 f.); Lensing VersWissStud 2015, 113 (122 f.); Herdter, in: Looschelders/Pfaffenholz, ARB, 1. Aufl., 2014, § 17 ARB Rn. 98; Cornelius-Winkler, in: Harbauer, ARB, 8. Aufl., 2010, § 5 ARB 2000 Rn. 283.

Rechtsfindung Einfluss nehmen können. Daher genügt jede Einflussnahme des Rechtsschutzversicherers auf die Wahl des Anwalts durch den Versicherungsnehmer, um den Tatbestand des § 127 VVG zu erfüllen. Mit dem Verzicht auf den Selbstbehalt beeinflusst der Versicherer die Anwaltswahl des Versicherten und beeinträchtigt damit dessen Recht aus § 127 VVG.

(2) Mittelbare Verletzung der freien Anwaltswahl

Wer mit dem BGH[807] und weiten Teilen des Schrifttums[808] darüber hinaus für den Tatbestand des § 127 VVG eine Verletzungshandlung fordert, wird die Frage, ob ein Eingriff vorliegt, nicht ohne weiteres beantworten können. Wenn der Versicherer dem Versicherten einen wirtschaftlichen Vorteil gewährt, indem er auf den vereinbarten Selbstbehalt verzichtet, so liegt darin kein Verbot, den Anwalt frei zu wählen, und damit kein unmittelbarer Eingriff in § 127 VVG vor.[809]

Ob der Versicherungsnehmer mit dem Verzicht des Versicherers auf den vereinbarten Selbstbehalt lediglich ein gutes Geschäft macht oder dies sich als mittelbarer Eingriff in die nach § 127 VVG geschützte Wahlfreiheit darstellt, hängt davon ab, ob dieser Verzicht die Wahlfreiheit des Versicherungsnehmers aus tatsächlichen oder rechtlichen Gründen unmöglich macht.

(a) Tatsächliches Hindernis: Abschreckung und Aushöhlung

Tatsächlich würde der Verzicht auf den Selbstbehalt den Versicherungsnehmer an der Ausübung seiner Wahlfreiheit hindern, wenn er ihn von der Ausübung abschreckt[810] oder der Verzicht die Wahlfreiheit selbst aushöhlt[811].

807 BGH Urt. v. 4.12.2013 – IV ZR 215/12 –, BGHZ 199, 170 (183) = NJW 2014, 630 Tz. 36 f.

808 Looschelders, in: Düsseldorfer Vorträge, 2015, 35 (39, 37 f.); Römermann BB 2014, 80; Armbrüster VuR 2012, 167 (170); Armbrüster VersR 2011, 1518 (1519); Hillmer-Möbius, in: van Bühren/Plote, ARB, 3. Aufl., 2013, § 17 ARB 2010 Rn. 41; Richter, in: MünchKommVVG, Bd. 2, 2. Aufl., 2017, § 127 Rn. 13.

809 BGH Urt. v. 4.12.2013 – IV ZR 215/12 –, BGHZ 199, 170 (185) = NJW 2014, 630 Tz. 43; OLG Bamberg Urt. v. 20.06.2012 – 3 U 236/11 –, NJW 2012, 2282 (2283); LG Bamberg Urt. v. 8.11.2011 – 1 O 336/10 –, VersR 2011, 1515 (1516); AG Ebersberg Urt. v. 15.11.2013 – 7 C 450/13 –, NJW 2014, 1461 (1462); Knappmann VRR 2012, 422 (423).

810 Römermann BB 2014, 80; Armbrüster VuR 2012, 167 (170); Armbrüster VersR 2011, 1518 (1519); Hillmer-Möbius, in: van Bühren/Plote, ARB, 3. Aufl., 2013, § 17 ARB 2010 Rn. 41; Richter, in: MünchKommVVG, Bd. 2, 2. Aufl., 2017, § 127 Rn. 13.

811 EuGH Urt. v. 7.11.2013 – C-442/12 –, NJW 2014, 373 (374) Tz. 24, 27 – Sneller; EuGH Urt. v. 26.05.2011 – C-293/10 –, NJW 2011, 3077 (3078) Tz. 33 – Stark.

Ob der Versicherer mit dem Verzicht auf einen Selbstbehalt von 150,00 € einen erheblicher Einfluss auf die Willensbildung des Versicherungsnehmers ausübt, ist unter den Anhängern der Meinung, dies sei Voraussetzung für den tatbestandlich erforderlichen mittelbaren Eingriff in § 127 VVG, lebhaft umstritten.[812] Gleiches gilt für die Frage, an welchem Maßstab die Wirkung des wirtschaftlichen Anreizes zu beurteilen ist. Z. T. wird auf ein ausgewogenes Verhältnis zwischen Beitragsersparnis und Kostenentwicklung[813], z. T. auf die Kosten der Rechtsverfolgung[814], aber auch auf die Höhe des Jahresbeitrags[815] abgestellt. Der OGH sah in dem Verzicht auf einen 20%igen Selbstbehalt[816], gemessen an den versicherten Rechtsverfolgungskosten, eine rechtserhebliche Zwangswirkung, nicht aber bei einem 10%igen Selbstbehalt[817]. Nach Auffassung des BGH vermag der Verzicht auf einen Selbstbehalt in Höhe von 150,00 € „für sich genommen" noch keine unzulässige seelisch-geistig vermittelte Zwangseinwirkung auf den Willen des Versicherungsnehmers zu begründen.[818] Es lässt sich freilich mit Fug und Recht die Gegenfrage stellen, warum der Versicherer dem Versicherungsnehmer den wirtschaftlichen Vorteil von 150,00 € in Aussicht stellen sollte, wenn er keinen ausschlaggebenden Einfluss auf die Willensbildung seines Versicherungsnehmers nehmen wollte.[819]

Dieser bunte Strauß an Meinungen bestätigt nur, dass das Merkmal des tatsächlichen Hinderungsgrundes, eine freie Wahl auszuüben, ungeeignet ist, um als Prüfstein für einen mittelbaren Eingriff in § 127 VVG herzuhalten. Die 150,00 €-Frage führt in eine Sackgasse. Es ist schlicht unmöglich, trennscharfe

---

812 Beeinflussung verneinend: LG Bamberg Urt. v. 8.11.2011 – 1 O 336/10-, VersR 2011, 1515 (1517); Terriuolo AnwBl 2015, 140 (145); Terriuolo Das rechtsschutzversicherte Mandat, 2014, 123; Richter, in: MünchKommVVG, Bd. 2, 2. Aufl., 2017, § 127 Rn. 13; Beeinflussung bejahend: Knappmann VRR 2012, 422 (423); krit.: Cornelius-Winkler r + s 2012, 389.

813 Grassl-Palten RdW 2002, 646 (649 f.); Richter, in: MünchKommVVG, Bd. 2, 2. Aufl., 2017, § 127 Rn. 13.

814 Armbrüster JZ 2014, 577 (578); Armbrüster VersR 2011, 1518 (1519); Hillmer-Möbius, in: van Bühren/Plote, ARB, 3. Aufl., 2013, ARB 2010 § 17 Rn. 41.

815 Die durchschnittliche Jahresprämie liegt bei 160,00 € im Jahr, Kilian/Terriuolo AnwBl 2012, 226.

816 OGH Urt. v. 22.05.2002 – 7 Ob 32/02 –, VersR 2003, 1330 (1332); zustimmend Looschelders, in: Düsseldorfer Vorträge, 2015, 35 (39).

817 OGH Urt. v. 11.12.2013 – 7 Ob 50/13 –, VersR 2014, 606 (607 f.).

818 BGH Urt. v. 4.12.2013 – IV ZR 215/12 –, BGHZ 199, 170 (184) = NJW 2014, 630 Tz. 39.

819 Knappmann VRR 2012, 422 (423).

und handhabbare Prüfsteine für die Abgrenzung zwischen einer tatsächlich freien und einer tatsächlich unfreien Wahlentscheidung zu entwickeln.[820] Dies wurde nicht nur bereits oben bei der Herleitung der Unterscheidungsmerkmale zwischen einem unmittelbaren und einem mittelbaren Eingriff ausgeführt und festgestellt, sondern auch bei der Prüfung der erweiterten Telefonberatung.

(b) Rechtliches Hindernis: Rechtlich unerwünschte Willensbeeinflussung

Es bleibt zu fragen, wenn es für den Tatbestand des § 127 VVG auf eine Verletzungshandlung ankommen sollte, ob ein rechtliches Hindernis der freien Anwaltswahl mittelbar entgegensteht.

Ein rechtliches Hindernis, den Anwalt frei zu wählen, stellt der Verzicht auf den Selbstbehalt in Höhe von 150,00 € nach Auffassung des BGH dann dar, wenn er einen seelisch-geistig vermittelten Zwang auf den Versicherten ausübt (Nötigung). Nach Auffassung des BGH vermag der Verzicht auf einen Selbstbehalt in Höhe von 150,00 € „für sich genommen" noch keine unzulässige seelisch-geistig vermittelte Zwangseinwirkung auf den Willen des Versicherungsnehmers zu begründen.[821]

Auf die Zwangswirkung einer Lenkungsmaßnahme kann es indes nach der hier vertretenen Auffassung nicht ankommen. Der Versicherer will seinen Versicherungsnehmer nicht zwingen, sondern im eigenen Kostensenkungsinteresse steuern. Entscheidend ist, so eine Verletzungshandlung als Tatbestandsmerkmal des § 127 VVG erforderlich sein sollte, dass der Versicherer in rechtlich missbilligter Art und Weise Einfluss auf die Willensbildung des Versicherten nimmt. Ausreichend ist dann bereits eine arglistige Täuschung des Versicherungsnehmers über dessen Entscheidungsgrundlage. Enthält der Versicherer ihm das Wissen über den Abschluss von Rationalisierungsabkommen mit den Vertragsanwälten, die Auswahlmerkmale der Vertragsanwälte und die Höhe der durch die Rationalisierungsabkommen erzielten Einsparmöglichkeiten vor, so liegt in dieser arglistigen Täuschung ein mittelbarer Eingriff in die freie Anwaltswahl des Versicherten nach § 127 VVG. Der arglistig getäuschte Versicherungsnehmer trifft keine freie Anwaltswahl. Entscheidend für die Frage nach dem mittelbaren Eingriff in die freie Anwaltswahl ist, ob der Versicherer dem Versicherungsnehmer eine hinreichende Entscheidungsgrundlage belässt oder ihm das hierfür erforderliche Wissen vorenthält. Dies ist bei der wirtschaftlichen Anreizwirkung

---

820 Myagkov/Plott The American Economic Review, 1997, 801 f. m.w.N.; Sen PAPA 1977, 317 f. S. a. Wieler Die beeinflusste Willenserklärung, 2002.

821 BGH Urt. v. 4.12.2013 – IV ZR 215/12 –, BGHZ 199, 170 (184) = NJW 2014, 630 Tz. 39.

des Verzichts auf einen Selbstbehalt in Höhe von 150,00 € der Fall. Dabei ist die Höhe des versprochenen wirtschaftlichen Vorteils nicht ausschlaggebend. Entscheidend ist: Der Versicherungsnehmer weiß nicht, dass die Vertragsanwälte des Versicherers, die er im Gegenzug für den Verzicht auf den Selbstbehalt beauftragen soll, durch ein Rationalisierungsabkommen gebunden sind. Über die Höhe des Einsparpotenzials aufgrund des Rationalisierungsabkommens weiß er ebenfalls nichts. Er kann nicht beurteilen, ob er auf die unabhängige Rechtsberatung vertrauen kann. Ihm fehlt schlicht die für eine freie Anwaltswahl erforderliche Entscheidungsgrundlage. Der Versicherer lässt seinen Versicherungsnehmer bewusst in dem Glauben, die Beratung und Vertretung durch seine Vertragsanwälte erfolge zu denselben Bedingungen wie die Beratung und Vertretung durch einen ungebundenen Anwalt.

Nach der hier vertretenen Auffassung kommt es ohnehin nicht darauf an, ob in dem Verzicht auf den Selbstbehalt eine mittelbare Verletzungshandlung liegt. Nach § 127 VVG ist jedwede Einflussnahme des Rechtsschutzversicherers auf die Auswahlentscheidung des Versicherungsnehmers rechtlich unerwünscht, die nicht ungeeignet ist, die Unabhängigkeit der Rechtspflege zu gefährden. Das Verfahrensrecht des § 127 VVG schützt die unabhängige Rechtspflege und will eine Einflussnahme unbeteiligter Dritter auf den Verfahrensgang und die Rechtsfindung verhindern.

Selbst wenn man mit dem BGH und weiten Teilen des Schrifttums für den Tatbestand des § 127 VVG eine mittelbare Verletzungshandlung fordert, so ist dieses Merkmal erfüllt. Der Versicherer hindert den Versicherungsnehmer an der freien Anwaltswahl, indem er ihn über die wirtschaftlichen Verflechtungen innerhalb der gestaltenden Schadenabwicklung täuscht. Unabhängig von der Höhe des versprochenen wirtschaftlichen Vorteils stellt der Verzicht auf den vereinbarten Selbstbehalt jedenfalls einen unzulässigen, mittelbaren Eingriff in die freie Anwaltswahl nach § 127 VVG dar.

Diese Abweichung von den Vorgaben des § 127 VVG ist für den Versicherungsnehmer auch nachteilig (§ 129 VVG). Der Verkauf der freien Anwaltswahl um den Preis des vereinbarten Selbstbehalts stellt den Versicherungsnehmer schlechter als das Gesetz.[822] Das Gesetz sieht eine Beratung und Vertretung durch einen ungebundenen Anwalt vor.

---

822 Vgl. BGH Urt. v. 4.12.2013 – IV ZR 215/12 –, BGHZ 199, 170 (185) = NJW 2014, 630 Tz. 43; Klimke Die halbzwingenden Vorschriften des VVG, 2004, 28 f.

bb. Nachlass wegen Schadenfreiheit

Ein besonders schlau angelegter Versuch der Rechtsschutzversicherer, den Versicherungsnehmer zu der Beauftragung von Vertragsanwälten zu verführen, ist die Einführung eines Schadenfreiheitsrabattsystems.

Das Schadenfreiheitsrabattsystem in der Rechtsschutzversicherung ist dem Schadenfreiheitsrabattsystem in der Kraftfahrtversicherung nachgebildet. Die Versicherungsnehmer werden in Schadenfreiheitsgruppen eingeteilt. Bei einem schadenfreien Verlauf des Versicherungsvertrages wird der Versicherungsnehmer im Folgejahr in die nächstbessere Schadenfreiheitsgruppe eingestuft. Dementsprechend günstiger gestalten sich im Folgejahr die Versicherungsbeiträge.

Eine gängige Klausel lautet etwa:

> „§ 5 b – Schadenfreiheitssystem mit variabler Selbstbeteiligung
> (1) Einstufung in Schadenfreiheitsklassen (SF – Klassen)
> Die Einstufung des Vertrags und die sich daraus ergebende Selbstbeteiligung richtet sich nach dem Schadenverlauf. …
> …
> (5) Schadenfreier oder schadenbelasteter Verlauf im Sinne des Schadenfreiheitssystems
> a) Schadenfreier Verlauf
> ….
> bb) Der Vertrag gilt auch als schadenfrei, wenn
> - …
> - ein Rechtsanwalt aus dem Kreis der aktuell vom Versicherer empfohlenen Rechtsanwälte beauftragt wird.
> b) Schadenbelasteter Verlauf
> …
> bb) Ein schadenbelasteter Verlauf des Vertrags liegt nicht vor, wenn der Rechtsschutzfall durch eine Erstberatung abgeschlossen ist oder wenn in geeigneten Fällen der Versuch einer Streitbeilegung durch ein außergerichtliches Mediationsverfahren gem. § 5 a vorangegangen ist oder wenn ein Rechtsanwalt aus dem Kreis der aktuell vom Versicherer empfohlenen Rechtsanwälte beauftragt wird;“

Die Frage der freien Anwaltswahl ist so in das Schadenfreiheitsrabattsystem eingebettet, dass durch eine Vertragsklausel der Vertrag auch dann als schadenfrei gilt, wenn der Versicherungsnehmer einen Rechtsanwalt aus dem Kreis der von dem Versicherer empfohlenen Rechtsanwälte beauftragt.[823]

(1) Beeinträchtigung durch Beeinflussung

Für eine den Tatbestand des § 127 VVG erfüllende Beeinträchtigung reicht jedwede Einflussnahme des Rechtsschutzversicherers auf die Willensbildung des

823 Klausel im Anhang abgedruckt.

Versicherungsnehmers, die nicht ungeeignet ist, die Unabhängigkeit der Rechtspflege zu gefährden.[824] Auf diese Weise stellt § 127 VVG sicher, dass die Rechtsfindung unabhängig und durch unbeteiligte Dritte unbeeinflusst bleibt. Ebenso wie der Verzicht auf den vereinbarten Selbstbehalt stellt sich das Schadenfreiheitsrabattsystem der Rechtsschutzversicherer als wirtschaftlicher Anreiz zur Beeinflussung der Anwaltswahl dar. Der Tatbestand des § 127 VVG ist insoweit erfüllt.

(2) Mittelbare Verletzung der freien Anwaltswahl

Wer darüber hinausgehend eine Verletzung der freien Anwaltswahl fordert, muss die Frage erörtern, ob in dem Schadenfreiheitsrabattsystem der Rechtsschutzversicherer ein mittelbarer Eingriff in § 127 VVG liegt.

(a) Tatsächliches Hindernis: Abschreckung und Aushöhlung

Tatsächlich wird der Versicherungsnehmer durch ein Schadenfreiheitsrabattsystem nicht an einer freien Anwaltswahl gehindert.

Der Rechtsschutzversicherer sucht seinen Versicherungsnehmer durch ein Schadenfreiheitsrabattsystem von einer freien Anwaltswahl abzuschrecken[825]. Vielmehr im Gegenteil sucht der Versicherer seinen Versicherungsnehmer dazu zu verlocken, eine bestimmte Wahlentscheidung zu treffen.

Ob ein solches Schadenfreiheitsrabattsystem dazu geeignet ist, das Wahlrecht des Versicherungsnehmers i.S.d. EuGH-Rechtsprechung auszuhöhlen[826], wird nicht so bald durch den EuGH entschieden werden können. Der BGH hat es in seiner Entscheidung zu dem Schadenfreiheitsrabattsystem pflichtwidrig unterlassen, diese Frage dem EuGH nach Art. 267 AEUV zur Entscheidung vorzulegen. Wenn § 127 VVG – wovon der BGH zu Recht ausgeht[827] – europarechtsgerecht auszulegen ist, so musste der BGH zwingend eine Vorlage an

---

824 OLG Bamberg Urt. v. 20.06.2012 – 3 U 236/11 –, NJW 2012, 2282 (2284 f.); AG Ebersberg Urt. v. 15.11.2013 – 7 C 450/13 –, NJW 2014, 1461 (1462); Purnhagen NJW 2014, 374 (375); Lensing NJW 2012, 2285; Lensing VuR 2012, 97 (98 f.); Lensing VersWissStud 2015, 113 (122 f.); Herdter, in: Looschelders/Pfaffenholz, ARB, 1. Aufl., 2014, § 17 ARB Rn. 98; Cornelius-Winkler, in: Harbauer, ARB, 8. Aufl., 2010, § 5 ARB 2000 Rn. 283.

825 Römermann BB 2014, 80; Armbrüster VuR 2012, 167 (170); Armbrüster VersR 2011, 1518 (1519); Hillmer-Möbius, in: van Bühren/Plote, ARB, 3. Aufl., 2013, § 17 ARB 2010 Rn. 41; Richter, in: MünchKommVVG, Bd. 2, 2. Aufl., 2017, § 127 Rn. 13.

826 EuGH Urt. v. 7.11.2013 – C-442/12 –, NJW 2014, 373 (374) Tz. 24 – Sneller; EuGH Urt. v. 26.05.2011 – C-293/10 –, NJW 2011, 3077 (3078) Tz. 33 – Stark.

827 BGH Urt. v. 4.12.2013 – IV ZR 215/12 –, BGHZ 199, 170 (179) = NJW 2014, 630 Tz. 27.

den EuGH nach Art. 267 Abs. 3 AEUV zulassen. Eine Entscheidung des EuGH zu der entscheidungserheblichen Frage des Verhältnisses von wirtschaftlichen Anreizen und der freien Anwaltswahl liegt nicht vor. Nur dann, wenn die im Raum stehende Rechtsfrage offenkundig im Sinne eines „acte claire“ und daher nicht klärungsbedürftig ist, entfällt die Vorlagepflicht des nationalen Gerichtes.[828] Gleichwohl meint der BGH, er sei nicht vorlagepflichtig.[829]

(b) Rechtliches Hindernis: Rechtlich unerwünschte Willensbeeinflussung

Der BGH stellt in seiner Beurteilung dieses Schadenfreiheitsrabattsystems allein auf seelisch-geistig vermittelte Zwangswirkung des versprochenen Vorteils auf den Willen des Versicherungsnehmers ab.[830] Entscheidend sei, dass sich eine Besserstufung nicht im gegenwärtigen Rechtsschutzfall, sondern erst im Folgejahr auswirke. Der Versicherungsnehmer, der der Anwaltsempfehlung des Versicherers nicht folge, werde bei sonstiger Schadenfreiheit des Vertrages langfristig ebenso günstig eingestuft wie derjenige Versicherungsnehmer, der den Vertragsanwalt des Versicherers beauftrage. Schließlich sei die Höhe des zu erzielenden wirtschaftlichen Vorteils „für sich genommen“ nicht geeignet, einen gewichtigen Einfluss auf die Willensbildung des Versicherten zu nehmen.[831] Gegenwärtigkeit, Dauer und Anreizhöhe des Schadenfreiheitsrabattsystems vermöchten insgesamt kein Gewicht des ausgeübten, seelisch-geistig vermittelten Zwangs zu entfalten, der die Annahme eines mittelbaren Eingriffs in die freie Anwaltswahl des § 127 VVG rechtfertigen würde.

---

828 BVerfG Beschl. v. 3.03.2014 – 1 BvR 2534 –, NJW 2014, 1796 (1797 f.) Tz. 27 f. m.w.N.

829 Urt. v. 4.12.2013 – IV ZR 215/12 –, BGHZ 199, 170 (181) = NJW 2014, 630 Tz. 33; krit.: Maier r + s 2014, 73 (74).

830 BGH Urt. v. 4.12.2013 – IV ZR 215/12 –, BGHZ 199, 170 (183) = NJW 2014, 630 Tz. 36 f. mit zust. Anm. Terriuolo AnwBl 2015, 140 (144 f.); Armbrüster JZ 2014, 577 f.; Wendt r + s 2014, 328 (330 f.); Maier r + s 2014, 73; Römermann BB 2014, 80; Reiff LMK 2014, 355656; Grams FD-VersR 2014, 353922; Nowak-Over GRUR-Prax 2014, 19; Schneider Rechtsschutzversicherung für Anfänger, 2. Aufl., 2017, Rn. 487; Buschbell, in: Buschbell/Hering Hdb RSV, 6. Aufl., 2015 § 3 Rn. 9; Obarowski, in: Beckmann/Matusche-Beckmann, VersR-Hdb, 3. Aufl., 2015, § 37 Rn. 599; Wolf, in: Gaier/Wolf/Göcken, Anwaltliches Berufsrecht, 2. Aufl., 2014, BRAO § 3 Rn. 65; Armbrüster, in: Prölss/Martin, VVG, 29. Aufl., 2015, ARB 2010 § 17 Rn. 1 a; Münkel, in: Rüffer/Halbach/Schimikowski, VVG, 3. Aufl. 2015, § 127 Rn. 3, 4; krit.: Cornelius-Winkler NJW 2014, 588; Bauer NJW 2014, 1488; Reckels SVR 2014, 129; Schneider, in: van Bühren, Hdb VersR, 6. Aufl., 2014, § 13 Rn. 100.

831 BGH Urt. v. 4.12.2013 – IV ZR 215/12 –, BGHZ 199, 170 (183, 184) = NJW 2014, 630 (634) Tz. 37 – 39; Wendt r + s 2014, 328 (332).

Auf die Zwangswirkung eines Schadenfreiheitsrabattsystems kommt es freilich nicht an. Nach dem oben Ausgeführten ist allenfalls ausschlaggebend, ob der Versicherungsnehmer über die maßgeblichen Umstände des Schadenfreiheitsrabattsystems Kenntnis erhält oder aber hierüber durch den Versicherer im Dunkeln und Unklaren gelassen wird. Enthält ihm der Versicherer das Wissen über den Abschluss von Rationalisierungsabkommen mit den Vertragsanwälten, die Auswahlmerkmale der Vertragsanwälte und die Höhe der durch die Rationalisierungsabkommen erzielten Einsparmöglichkeiten vor, so liegt zumindest in dieser arglistigen Täuschung ein mittelbarer Eingriff in die freie Anwaltswahl des Versicherten nach § 127 VVG.

Auf die Frage eines mittelbaren Eingriffs in § 127 VVG kommt es ohnehin nicht an, da nach der hier vertretenen Auffassung bereits jedwede Einflussnahme des Rechtsschutzversicherers auf die Willensbildung des Versicherungsnehmers, die nicht ungeeignet ist die Unabhängigkeit der Rechtspflege zu gefährden, eine rechtlich erhebliche Beeinträchtigung des § 127 VVG darstellt. Jedenfalls läge aber auch ein mittelbarer Eingriff in § 127 VVG vor.

Diese Abweichung von den Vorgaben des § 127 VVG gereicht dem Versicherungsnehmer auch zum Nachteil (§ 129 VVG). Das Schadenfreiheitsrabattsystem stellt den Versicherungsnehmer schlechter als das Gesetz.[832] Das Gesetz sieht eine Beratung und Vertretung durch einen ungebundenen Anwalt vor. Das Schadenfreiheitsrabattsystem gewährt sie dem Versicherungsnehmer nur dann, wenn er sie sich durch einen Verzicht auf eine Einstufung in eine günstigere Schadenfreiheitsklasse erkauft.

II. Rechtsfolge

Die Mehrzahl der Vertragsbestimmungen im Rahmen der gestaltenden Schadensabwicklung (strenge Telefonieklausel, erweiterte Telefonberatung, strenge Streitschlichtungsklausel, strenge Inkassoklausel; Obliegenheit, Anwaltsauftrag abzustimmen; Kostenminderungsobliegenheit, Beschränkung der Kostenerstattungspflicht auf den Kreis der Vertragsanwälte, sowie wirtschaftliche Belohnungsklauseln) weichen von dem Grundsatz der freien Anwaltswahl i.S.d. § 127 VVG ab

832 Vgl. BGH Urt. v. 4.12.2013 – IV ZR 215/12 –, BGHZ 199, 170 (185) = NJW 2014, 630 Tz. 43; Klimke Die halbzwingenden Vorschriften des VVG, 2004, 28 f.

1. Nachteil

Wenn eine Bedingung der gestaltenden Schadenabwicklung die freie Anwaltswahl beeinträchtigt oder verletzt, so muss dem Versicherungsnehmer dadurch ein Nachteil erwachsen (§ 129 VVG). Dies ist der Fall, wenn eine Vereinbarung den Versicherungsnehmer schlechter stellt als das Gesetz.[833] Ihm muss diejenige Rechtsstellung entzogen werden, die ihm die halbzwingende Vorschrift gerade einräumt.[834] Auf eine Gesamtabwägung der Vor- und Nachteile, die die Vereinbarung dem Versicherungsnehmer einräumt,[835] kommt es nicht an.[836] Dies gebietet bereits eine europarechtsgerechte Auslegung der §§ 127, 129 VVG. Art. 4 RSV-RL bzw. Art. 201 Solvabilität II-RL kennt das Erfordernis des Nachteils für den Versicherungsnehmer nicht. Hätte der Gesetzgeber eine wertende und abwägende Gesamtbetrachtung zulassen wollen, so hätte er – wie etwa in § 478 Abs. 4 BGB – anordnen können und müssen, dass eine nachteilige Abweichung nur dann erheblich ist, wenn kein „gleichwertiger Ausgleich" eingeräumt wird.[837] Im Ergebnis führt daher jede Abweichung und Beeinträchtigung von

833 BGH Urt. v. 4.12.2013 – IV ZR 215/12 –, BGHZ 199, 170 (185) = NJW 2014, 630 Tz. 43; Klimke Die halbzwingenden Vorschriften des VVG, 2004, 28.

834 BGH Urt. v. 4.12.2013 – IV ZR 215/12 –, BGHZ 199, 170 (185) = NJW 2014, 630 Tz. 43; Klimke Die halbzwingenden Vorschriften des VVG, 2004, 28 f.

835 So aber: OLG Saarbrücken Urt. v. 11.07.2007 – 5 U 643/06 –, NJW-RR 2008, 280 (281 f.); OLG Koblenz Urt. 1.06.2007 – 10 U 1321/06 –, VersR 2008, 383 (384); OLG Brandenburg Urt. v. 25.04.2007 – 4 U 183/06 –, VersR 2007, 1071 (1072); OLG Dresden Urt. v. 30.06.2005 – 4 U 232/05 –, VersR 2006, 61 (62); OLG Hamm Beschl. v. 28.01.1992 – 20 U 305/91 –, NJW-RR 1992, 1058 (1059); Lehmann-Richter WuM 2010, 3 (5 f.); Schirmer/Marlow VersR 1997, 782 (785); Klimke, Die halbzwingenden Vorschriften des VVG, 2004, 57 f.; Nobbe Das Günstigkeitsprinzip im Verbrauchervertragsrecht, 2007, 139 f.; Armbrüster, in: Prölss/Martin VVG, 29. Aufl., 2015, § 18 Rn. 4, 5; Knappmann, in: Prölss/Martin, VVG, 29. Aufl., 2015, § 42 Rn. 1; Wandt, in: MünchKommVVG, Bd. 1, 2. Aufl., 2016, § 32 Rn. 14; Klenk, in: Looschelders/Pohlmann, VVG, 3. Aufl., 2016, § 18 Rn. 7; Rixecker, in: Langheid/Rixecker, VVG, 5. Aufl., 2016, § 18 Rn. 3; Johannsen, in: Bruck/Möller, VVG, Bd. 2, 9. Aufl., 2010, § 18 Rn. 4.

836 Lensing VersWissStud 2015, 113 (123); s.a. Sasse VersWissArch 1956, 163 (171); Fausten, in: MünchKommVVG, Bd. 1, 2. Aufl., 2016, § 18 Rn. 26.

837 Sasse VersWissArch 1956, 163 (171); Fausten, in: MünchKommVVG, Bd. 1, 2. Aufl., 2016, § 18 Rn. 26; Lorenz, in: MünchKommBGB, Bd. 3, 7. Aufl., 2016, § 475 Rn. 12. Für Versuche einer Fallgruppenbildung einzelner halbzwingender Vorschriften: Ulrici JuS 2005, 1073 (1074); Derleder GS Sonnenschein, 2003, 97 f.

der freien Anwaltswahl zu den Rechtsfolgen zwingenden Rechts (ius cogens). Im Folgenden ist daher vom (halb-)zwingenden Recht die Rede.

2. *Zwingender Vertragsinhalt*

Der Geltungsanspruch der §§ 127, 129 VVG verlangt zum einen die Unwirksamkeit der beeinträchtigenden Bedingung und schließt zum anderen die hierdurch gerissene Vertragslücke durch den vom Gesetzgeber gewollten, zwingenden Vertragsinhalt der freien Anwaltswahl.[838]

3. *Besonderheiten einzelner Bedingungen*

Auf der Rechtsfolgenseite können freilich Besonderheiten auftreten – etwa wenn andere halbzwingende Vorschriften einen Anwendungsvorrang vor §§ 127, 129 VVG beanspruchen könnten (a.) oder sich die beeinträchtigende Bestimmung mit einem Federstrich beseitigen ließe (b.).

a. *Widerstreitende halbzwingende Vorschriften*

Schwierigkeiten können dann entstehen, wenn die halbzwingenden Vorschriften der §§ 127, 129 VVG in Widerstreit mit anderen halbzwingenden Vorschriften des VVG geraten, die einen Anwendungsvorrang beanspruchen.

aa. Die halbzwingende Schadensminderungspflicht nach §§ 82, 87 VVG

So wird im Schrifttum die Frage aufgeworfen, ob an die Stelle der unwirksamen Abstimmungsklausel nach Ziff. 4.1.1.3 ARB 2012 oder der unwirksamen Schadensminderungsobliegenheit nach Ziff. 4.1.1.4 ARB 2012 nicht die gesetzliche Schadensminderungsobliegenheit nach § 82 VVG zu treten hat.[839] § 82 VVG ist nach § 87 VVG ebenso wie § 127 VVG als halbzwingende Vorschrift ausgestaltet. § 82 VVG ist eine allgemeine Vorschrift für die Schadenversicherung. § 127 VVG ist eine Sondervorschrift für Rechtsschutzversicherungen. §§ 127, 129 VVG genießen als besondere Vorschriften für den Bereich der Rechtsschutzversicherung einen Anwendungsvorrang vor den allgemeinen Regelungen der §§ 82, 87 VVG zur Schadensversicherung.[840]

---

838 Roth JZ 1989, 411 (413); Uffmann Das Verbot der geltungserhaltenden Reduktion, 2010, 40.

839 Bauer VersR 2013, 661 (666); Will VersR 2012, 942 (946).

840 BGH Urt. v. 26.10.1989 – I ZR 242/87 –, BGHZ 109, 153 (159) = NJW 1990, 578; Bauer, in: Harbauer, ARB, 8. Aufl., 2010, ARB 2010 § 17 Rn. 2; Armbrüster, in: Prölss/Martin, VVG, 29. Aufl., 2015, § 127 Rn. 1.

An die Stelle der unwirksamen Abstimmungsklausel nach Ziff. 4.1.1.3 ARB 2012 und der unwirksamen Schadensminderungsobliegenheit nach Ziff. 4.1.1.4 ARB 2012 tritt die freie Anwaltswahl nach § 127 VVG, nicht aber die gesetzliche Schadenminderungsobliegenheit nach § 82 VVG.

bb. Die halbzwingenden Obliegenheitsvorschriften nach §§ 28, 32 VVG

Bei der verhüllten Obliegenheit der strengen Streitschlichtungsklausel könnte sich die Frage stellen, ob nicht die halbzwingenden Vorschriften der §§ 28 Abs. 2 und 3 VVG ergänzend zu der Verhaltensvorschrift der vergeblichen Mühe um eine außergerichtliche Streitschlichtung herangezogen werden müssen.

(1) Lehre von der Rechtsfolgenergänzung

Nach der Lehre von der Rechtsfolgenergänzung ist die anstößige Verhaltensvorschrift um die Rechtsfolgenregelungen der §§ 28 Abs. 2 und 3 VVG zu ergänzen.[841]

(2) Lehre von der Unteilbarkeit einer Obliegenheit

Nach der Gegenauffassung lässt sich eine Obliegenheit schon nicht in eine Verhaltensvorschrift und eine Rechtsfolgenseite teilen, geschweige denn eine unwirksame Verhaltensvorschrift um eine wirksame Rechtsfolgenregelung ergänzen.[842] Der Verstoß gegen halbzwingendes Recht führt zur Gesamtunwirksamkeit der Bedingung.

(3) Stellungnahme

Diese Auffassung überzeugt nicht. Sie verwechselt die Tatbestands- mit der Rechtsfolgenseite. Der Tatbestand des § 28 Abs. 2 bis 3 VVG ist Prüfungsmaßstab. Nachteilig ist die Abweichung von den Vorgaben der § 28 Abs. 2 bis 3 VVG für den Versicherungsnehmer bereits deshalb, weil sie ihm die gesetzlichen vorgesehenen Schutz- und Verteidigungsrechte vor dem Einwand des Obliegenheitsverstoßes abschneidet. Rechtsfolge einer Abweichung zum Nachteil des Versicherungsnehmers ist, dass das zwingende Recht an die Stelle der abweichenden Vertragsbestimmung tritt.[843]

---

841 OLG Naumburg Urt. v. 28.03.2014 – 10 U 5/13 (HS) –, VersR 2015, 102 = BeckRS 2014, 15043; Armbrüster, in: Prölss/Martin, VVG, 29. Aufl., 2015, § 28 Rn. 42, 284.

842 Wandt VersR 2015, 265 (267 f.); Rattay VersR 2015, 1075 (1079); s.a. Felsch, in: Rüffer/Halbach/Schimikowski, VVG, 3. Aufl. 2015, § 28 Rn. 26.

843 Roth JZ 1989, 411 (413); Ulmer FS Steindorff, 1990, 799 (804); Schapp Grundfragen der Rechtsgeschäftslehre, 1986, 93; Dorn, in: HKK BGB, Bd. 1, 1. Aufl., 2003, §§ 139-141 Rn. 8.

Der Gesetzgeber zwingt die Vertragsparteien zu einem bestimmten, von ihm gewollten Vertragsinhalt.[844] Das (halb-)zwingende Recht muss seinerseits dazu geeignet sein, den Vertragsinhalt zu bestimmen bzw. zu ergänzen. Diese Voraussetzung erfüllen § 28 Abs. 2 und 3 VVG nicht. Die Anwendbarkeit dieser Vorschriften setzt nach § 28 Abs. 1 VVG die Vereinbarung einer vertraglich vereinbarten Obliegenheit voraus.[845] Ohne eine solche Vereinbarung können § 28 Abs. 2 bis 3 VVG nicht zur Anwendung kommen. § 28 Abs. 2 VVG räumt dem Versicherer kein gesetzliches Kürzungsrecht ein, sondern begrenzt nur ein bereits bestehendes, vertraglich vereinbartes Kürzungsrecht.[846] Das Bestehen einer wirksamen vertraglichen Obliegenheit ist Voraussetzung dafür, dass der Versicherer kraft Gesetzes nach § 28 Abs. 2 VVG seine Leistungen zu kürzen vermag.[847] Einen unwirksamen vertraglichen Obliegenheitstatbestand vermögen die gesetzlichen Rechtsfolgenregelungen der § 28 Abs. 2, Abs. 3 VVG nicht zu ergänzen. §§ 28 Abs. 2 bis 4 VVG begründen keinen gesetzlichen Obliegenheitstatbestand. Der Gesetzgeber wollte nicht, dass eine den Anforderungen der §§ 28 Abs. 2 bis 4 VVG nicht genügende vertraglich vereinbarte Obliegenheit durch einen gesetzlichen Obliegenheitstatbestand geheilt wird. Die Rechtsfolge der Unwirksamkeit soll den Versicherer dazu anhalten, wirksame Obliegenheitsbedingungen zu schaffen.

Eine Lücke wird in die strenge Streitschlichtungsklausel ohnehin nicht gerissen. Sie verstößt nicht nur gegen die Vorgaben der §§ 28 Abs. 2 S. 2, Abs. 3 VVG, sondern auch gegen § 127 VVG. Mit §§127, 129 VVG gewährleistet der Gesetzgeber einen lückenlosen Rechtsschutzversicherungsvertrag, da die die durch den Verstoß gegen § 127 VVG gerissene Lücke inhaltlich durch die freie Anwaltswahl

---

844 Cziupka Dispositives Vertragsrecht, 2010, 36; krit. zu diesem „Rechtspaternalismus" Kötz JuS 2013, 289.

845 BGH Urt. v. 2.04.2014 – IV ZR 58/13 –, r + s 2015, 347 (349) Tz. 23; BGH Urt. v. 2.04.2014 – IV ZR 124/13 –, NJW 2014, 1813 (1814) Tz. 23; BGH Urt. v. 12.10.2011 – IV ZR 199/10 –, BGHZ 191, 159 (166) = NJW 2012, 217 Tz. 34. A.A., der VII. Zivilsenat des BGH: BGH Urt. v. 24.10.2012 – XII ZR 40/11 –, NZM 2013, 165 (166) Tz. 21 m. abl. Anm. Maier r + s 2013, 14; BGH Urt. v. 14.03.2012 – XII ZR 44/10 –, NJW 2012, 2501 (2503) Tz. 27.

846 BGH Urt. v. 2.04.2014 – IV ZR 58/13 –, r + s 2015, 347 (349) Tz. 23; BGH Urt. v. 2.04.2014 – IV ZR 124/13 –, NJW 2014, 1813 (1814) Tz. 23; BGH Urt. v. 12.10.2011 – IV ZR 199/10 –, BGHZ 191, 159 (166) = NJW 2012, 217 Tz. 34; Koch VersR 2014, 283 (288); Maier r + s 2013, 14 (15); Wittchen NJW 2012, 2480 (2481); Pohlmann NJW 2012, 188 (189); s a. Felsch r + s 2015, 53 (58); Rattay VersR 2015, 1075 (1079 f.); Piontek/Tschersich r + s 2015, 363.

847 Wandt VersR 2015, 265 (266); Koch VersR 2014, 283 (288).

gefüllt wird. Den besonderen halbzwingenden Vorschriften der §§ 127, 129 VVG, die auf die Rechtsschutzversicherung zugeschnitten sind, gebührt gegenüber den allgemeinen Vorschriften der §§ 28, 32 VVG, die für Obliegenheiten aller Versicherungszweige Geltung beanspruchen, der Anwendungsvorrang.

b. Der Strich mit dem Bleistift (blue pencil test)

Es bleibt daher dabei, dass an die Stelle der den Versicherungsnehmer benachteiligenden Vertragsbestimmungen zwingend die freie Anwaltswahl als Vertragsinhalt tritt.

Diese Rechtsfolge scheint für in sich abgeschlossene Vertragsbestimmungen eindeutig. Wie aber verhält es sich, wenn der Eindruck entsteht, die Unwirksamkeit der Vertragsbestimmung ließe sich mit einem Federstrich beseitigen, indem einfach einzelne Wörter, Halbsätze oder Sätze mit dem Bleistift aus der Vertragsbestimmung herausgestrichen werden (sog. blue pencil test)?

Greift man auf den Grundgedanken des § 139 BGB zurück, so geht das Gesetz von der Möglichkeit einer Teilnichtigkeit bzw. Teilunwirksamkeit aus.[848] Lässt sich die unwirksame Vertragsbestimmung mit einem Federstrich wegstreichen, ohne dass der restliche Vertragsbestandteil aus sich heraus unverständlich und sinnlos wird, so soll die Unwirksamkeit der (Teil-)Vertragsbestimmung nicht die Gesamtunwirksamkeit der mit ihr verbundenen Vertragsbestimmungen nach sich ziehen (sog. blue pencil test).[849] So ließe sich etwa die bedingungsmäßige Gleichsetzung der Beauftragung eines Anwaltes des eigenen Vertrauens mit einem Schadensfall mit einem Federstrich streichen ohne dass das Schadenfreiheitsrabattsystem des Rechtsschutzversicherers sinnlos würde.

Der Sache nach wird der Vertrag auf diese Weise in einen inhaltlich zulässigen und einen inhaltlich unzulässigen Teil zerlegt. Der Vertrag wird inhaltlich auf das zulässige Maß zurückgeschnitten. Dass dies mit dem gesetzgeberischen

---

848 Kötz NJW 1979, 785 (787); Canaris FS Steindorff, 1990, 519, 547 f., 555 f. Hellwege, in: HKK BGB, Bd. 2, Teilband 2, 1. Aufl., 2007, §§ 305 – 310 Rn. 31, 32, 33; s. a. Damm JZ 1986, 913 (922 f.); Canaris Gesetzliches Verbot und Rechtsgeschäft, 1983, 28 f.; a.A. v. Bernuth BB 1999, 1284 (1286); Uffmann Verbot der geltungserhaltenden Reduktion, 2010, 269 f m.w.N.

849 Zum Recht der AGB: BGH Urt. v. 14.01.2015 – XII ZR 176/13 –, NJW 2015, 928 Tz. 23; BGH Urt. v. 10.10.2013 – III ZR 325/12 –, NJW 2014, 141 (142) Tz. 14; BAG Urt. v. 30.09.2014 – 3 AZR 930/12 –, NZA 2015, 231 (235) Tz. 36; Pohlmann NJW 2012, 188 (189); Ulmer NJW 1981, 2025 (2028); Kötz NJW 1979, 785 (787); Grüneberg, in: Palandt, BGB, 75. Aufl., 2016, § 306 Rn. 7; Basedow, in: MünchKommBGB, Bd. 2, 6. Aufl., 2012, § 306 Rn. 17.

Willen, die Vertragsparteien zu der Anerkennung der freien Anwaltswahl zu zwingen, zu vereinbaren ist, wird von anderer Seite in Abrede gestellt.[850]

Die zuletzt genannte Auffassung ist vorzugswürdig. Es ist nicht zulässig, einen Teil der makelbehafteten Bedingung mit dem Bleistift herauszustreichen (blue pencil test), um die Bedingung insgesamt vor dem rechtlichen Schicksal zu bewahren durch den vom Gesetzgeber gewollten Vertragsinhalt ersetzt zu werden. Das (halb-)zwingende Recht hat ein eigenständiges Rechtsfolgengefüge. Es kann weder durch die Rechtsfolgen des AGB-Rechts nach § 306 BGB noch die Rechtsfolgen des Verbotsrechts nach §§ 134, 139 BGB ersetzt werden, sondern gilt vorrangig. Auf die Teilbarkeit einer Vertragsbestimmung i.S.d. § 139 BGB kommt es in Ansehung der §§ 127, 129 VVG nicht an.[851] Selbst wenn man den Strich mit dem Bleistift (blue pencil test) der Sache nach für eine einschränkende Auslegung außerhalb des Geltungsbereichs des § 139 BGB hält,[852] ändert dies am Ergebnis nichts. Das (halb-)zwingende Recht betrachtet den als frei ausgehandelten gedachten Vertrag aus der Sicht des Rechtsanwenders.[853] Der Gesetzgeber will dem (halb-)zwingenden Recht die unbesonnene und unaufmerksame Vertragsseite sich selbst vor den Folgen eines voreiligen Vertragsabschlusses schützen, indem ein bestimmter Vertragsinhalt als unabdingbar angeordnet wird.[854]

---

850 S. zum Verbot der Geltungserhaltung im Recht der AGB: LAG Hamm Urt. v. 25.11.2014 – 14 Sa 463/14 –, BeckRS 2015, 66355; LAG Hamm Urt. v. 25.09.2012 – Sa 280/12 –, BeckRS 2013, 69213; LAG Hamm Urt. v. 11.10.2011 – 11 Sa 543/11 –; v. Bernuth BB 1999, 1284 (1286); Boemke/Ulrici BGB AT, 1. Aufl., 2009, § 11 Rn. 89; Stadler, in: Jauernig, BGB, 15. Aufl., 2014, § 306 Rn. 1; a.A. Hager JZ 1996, 175; Ulmer NJW 1981, 2025 (2028); Thüsing, in: v. Westphalen, Vertragsrecht und AGB-Klauselwerke, Losebl., 38. Elf., Stand: Oktober 2013, Rechtsfolgen Rn. 15 a; Basedow, in: MünchKommBGB, Bd. 2, 6. Aufl., 2012, § 306 Rn. 12 f., 17, 18.

851 Wandt, in: MünchKommVVG, Bd. 1, 2. Aufl., 2016, § 32 Rn. 25, 20 m.w.N.

852 Der Sache nach handelt es sich um eine einschränkende Auslegung, nicht um eine Anwendung des gegenüber §§ 127, 129 VVG nachrangigen § 139 BGB. § 139 BGB sagt zu dem Begriff der Teilbarkeit nichts aus (Ulmer NJW 1981, 2025 (2028); Thüsing, in: v. Westphalen, Vertragsrecht und AGB-Klauselwerke, Losebl., 38. Elf., Stand: Oktober 2013, Rechtsfolgen Rn. 15 a). Vgl. a. zu § 305 c BGB: Roth WM 1991, 2125 (2131, 2130).

853 RG Urt. v. 19.12.1939 – VII 69/39 –, RGZ 162, 238 (242); Fausten, in: MünchKommVVG, Bd. 1, 1. Aufl., 2010, § 18 Rn. 24.

854 Motive zum VVG, Neudruck 1963, 63 f.; Ganster Die Prämienzahlung im Versicherungsrecht, 2008, 39, 40; Beckmann, in: Bruck/Möller, VVG, Bd. 2, 9. Aufl., 2010, § 42 Rn. 3; Brömmelmeyer, in: Rüffer/Halbach/Schimikowski, VVG, 3. Aufl., 2015, Einl. Rn. 14.

Über den Auslegungskniff der einschränkenden Auslegung des Vertrages würde dieser gesetzgeberische Wille hintertrieben.

Der Strich mit dem Bleistift (blue pencil test) vermag die betroffenen Versicherungsbedingungen nicht vor den Rechtsfolgen des (halb-)zwingenden Rechts nach §§ 127, 129 VVG zu bewahren. Er verbietet sich angesichts des Geltungsanspruchs (halb-)zwingenden Rechts.

c. *Ergänzende Vertragsauslegung*

Gleiches gilt für den Versuch, verpönte Bedingungen im Wege der ergänzenden Vertragsauslegung zu retten. Die Grundsätze der ergänzenden Vertragsauslegung nach §§ 133, 157 BGB kommen schon nicht zur Anwendung.[855] Es fehlt bereits an einer Regelungslücke. Das halbzwingende Recht nach §§ 127, 129 VVG reißt und schließt sie gleichzeitig wieder.

III. Zwischenergebnis

Die Vertragsbestimmungen der gestaltenden Schadenabwicklung halten der Nachteilsprüfung nach den halbzwingenden §§ 127, 129 VVG überwiegend nicht stand.

Die strengen Telefonie-, Streitschlichtungs- und Inkassoklauseln lassen keinen Raum für eine freie Anwaltswahl. Gleiches gilt für die erweiterte Telefonberatung. Dem Angebot von Wahltarifen steht entgegen, dass in jedem einzelnen Rechtsschutzversicherungsvertrag dem Versicherungsnehmer die freie Anwaltswahl zustehen muss. Der Versicherer kann das versicherte Wagnis auch nicht auf die Kostenerstattung für die Beauftragung von Vertragsanwälten oder Fachanwälten begrenzen. Ebenso wenig darf er den Willen der Versicherungsnehmer durch wirtschaftliche Anreize und Belohnungen – sei es der Verzicht auf den Selbstbehalt, ein Nachlass wegen Schadenfreiheit oder das Angebot von Wahltarifen – lenken.

Unbedenklich sind im Ergebnis die bloßen Anwaltsempfehlungen und -vermittlungen des Versicherers sowie die einfachen Telefonie- und Streitschlichtungsklauseln, mit denen der Versicherer die Kosten für einen außergerichtlichen Einigungsversuch oder einer ersten Telefonberatung durch einen Anwalt eigener Wahl übernimmt. Rechtlich unbedenklich sind auch die Kostenbegrenzungen auf einen ortsansässigen Anwalt und bei einem Anwaltswechsel.

---

855 Werber VersR 2010, 1253 (1258).

B. Besondere Grenzen der Gestaltungsmacht

Weder § 3 Abs. 3 BRAO noch § 127 VVG sind Verbotsgesetze i.S.d. § 134 BGB. Das (halb-)zwingende Recht nach § 127 VVG und das abdingbare Recht nach § 3 Abs. 3 BRAO, das sich nach § 306 Abs. 2 BGB im Rahmen der Angemessenheitsprüfung in zwingendes Recht verwandeln kann, sind nur wenige unter vielen Möglichkeiten, die Rechte des Versicherungsnehmers durch die Einschränkung der Gestaltungsmacht des Versicherers zu sichern.

I. Vertrag zulasten Dritter

Gelegentlich wird der Abschluss eines Rationalisierungsabkommens als Vertrag zulasten Dritter gewertet.[856] Der Versicherer verspreche, die Kosten der Rechtsverfolgung zu erstatten, zahle aber nur den in den Rationalisierungsabkommen vorgesehenen, ermäßigten Satz. Dies gehe zulasten der Güte der anwaltlichen Dienstleistung[857] und damit zulasten des Rechtsuchenden. Ein solcher Vertrag zulasten Dritter sei rechtlich unzulässig.

Gesetzlich ist der Rechtsschutzversicherer nach § 125 VVG dazu verpflichtet, die für die Wahrnehmung der rechtlichen Interessen des Versicherungsnehmers oder des Versicherten erforderlichen Leistungen im vereinbarten Umfang zu erbringen. Der Gesetzgeber hat sich damit begnügt Zweck und Ziel der Rechtsschutzversicherung festzulegen ohne dem Versicherer eine fest umrissene Hauptleistungspflicht vorzuschreiben.[858] Zu dem im nach Ziff. 2.3.1.2 ARB 2012 vereinbarten Umfang versicherten Kostenerstattungsanspruch zählt höchstens „die gesetzliche Vergütung eines Rechtsanwalts, der am Ort des zuständigen Gerichts ansässig ist oder wäre". Die Vorgaben des RVG sind kein gesetzliches Leitbild für die Leistungspflicht des Rechtsschutzversicherers.[859] Der Versicherer

---

856 Cornelius-Winkler SVR 2013, 201 (205); Cornelius-Winkler SpV 1/2012, 12 (13).

857 An der verminderten Güte zweifelnd: BVerfG Beschl. v. 12.12.2006 – 1 BvR 2576/04 –, BVerfGE 117, 163 (188)= NJW 2007, 979 Tz. 79; BGH Urt. v. 4.12.2013 – IV ZR 215/12 –, BGHZ 199, 170 (186) = NJW 2014, 630 = VersR 2014, 98 Tz. 46.

858 BT-Drs. 16/3945, 91; Wendt VersR 2014, 420 (422, 423); Wendt r + s 2014, 328 (331); Werber VersR 2006, 1010 (1013, 1014); Wendt, in: van Bühren/Plote, ARB, 3. Aufl., 2013, § 215 Rn. 2; Pfaffenholz, in: Looschelders/Pfaffenholz, ARB, 1. Aufl., 2014, § 125 Rn. 3.

859 Ebenso wenig wie das SGB V ein gesetzliches Leitbild für den „versicherten Umfang" in der Krankheitskostenversicherung i.S.d. § 192 Abs. 1 VVG abbildet [BGH Urt. v. 24.06.2015 – IV ZR 181/14 –, r + s 2015, 405 (407) Tz. 22]. A.A. wohl Wendenburg NJW 2011, 3064 (3066) – ohne Begründung.

dürfte – ohne sich dem Vorwurf der unangemessenen Benachteiligung (§ 307 Abs. 1 S. 1 BGB) auszusetzen – seine Kostenerstattungspflicht auf die in den Rationalisierungsabkommen vorgesehenen Sätze und Pauschalen beschränken. Wählt er den Umweg über den Abschluss eines Rationalisierungsabkommens mit einem Vertragsanwalt, liegt hierin kein Vertrag zulasten des Versicherten.

II. Verbotsgrenzen des Berufsrechts

Der über ein Rationalisierungsabkommen gebundene Vertragsanwalt sieht sich dem Vorwurf ausgesetzt, Diener zweier Herren zu sein. Die Interessen des Versicherungsnehmers soll er geradlinig vertreten, die Kosten seines Versicherers soll er senken. Das Interesse an einer geradlinigen Interessenvertretung des Versicherungsnehmers und das Kostendämpfungsinteresse des Versicherers sind gegenläufig. Ob sie sich i.S.d. § 43 Abs. 4 a BRAO widerstreiten und ob ein Verstoß gegen die öffentlich-rechtliche Berufspflichten der BRAO bürgerlich-rechtlich mit der Nichtigkeitsfolge nach § 134 BGB geahndet wird, steht im engen Zusammenhang mit den in Teil IV aufgeworfenen Fragen, sodass sie dort untersucht werden sollen.

III. Verbotsgrenzen für die gestaltende Schadensabwicklung durch das RDG

Das RDG zieht den Rechtsschutzversicherern auch hinsichtlich der Empfehlung, Vermittlung und Beauftragung der Vertragsanwälte in der gestaltenden Schadenabwicklung grundsätzlich keine engeren Grenzen als in der abwartenden Schadenabwicklung.

1. Empfehlung, Vermittlung und Beauftragung eines Vertragsanwaltes

Die Empfehlung, Vermittlung und Beauftragung von Rechtsanwälten durch die Rechtsschutzversicherer im Rahmen der gestaltenden Schadenabwicklung ist mit § 4 RDG vereinbar.[860] Eine Rumpfprüfung des Falles muss der Rechtsschutzversicherer durchführen können, um den Eintritt des Versicherungsfalles bestimmen zu können.[861] Der Versicherer vertritt keine rechtlichen Interessen

860 Fries, in: Behme/Fries/Stark Versicherungsmechanismen im Recht, 2016, 1 (8); Deckenbrock, in: Deckenbrock/Henssler, RDG, 4. Aufl., 2015, § 4 Rn. 23, 31; s. a. Bauer, in: Harbauer, ARB, 8. Aufl., 2010, ARB 2000 § 1 Rn. 5, 16.

861 BT-Drs. 16/3655, 51; Werber VersR 2006, 1010 (1011 f.) Bauer, in: Harbauer, ARB, 8. Aufl., 2010, ARB 2000 § 1 Rn. 5, 16; Deckenbrock, in: Deckenbrock/Henssler, RDG, 4. Aufl., 2015, § 4 Rn. 31, 23; Römermann, in: Grunewald/Römermann, RDG, 1. Aufl.,

des Versicherungsnehmers nach außen (Ziff. 4.1.3 S. 3 ARB 2012). Die Beauftragung des Anwalts erfolgt in dessen Namen. Im Außenverhältnis bleibt klar, dass der Versicherer nur Leistungen aus dem Versicherungsvertrag erbringt und der Anwalt daneben aus dem Anwaltsvertrag die vereinbarten Rechtsdienstleistungen zu erbringen hat.[862] Der Rechtsanwalt ist nicht als Erfüllungsgehilfe des Rechtsschutzversicherers in dessen gestaltende Schadenabwicklung eingebettet.

2. *Telefonieklauseln*

Im Gegensatz zur abwartenden Schadenabwicklung setzt die gestaltende Schadenabwicklung bei der Vermittlung der Vertragsanwälte auch Anwaltshotlines ein.

Gegen die Vermittlung einer anwaltlichen, telefonischen Erstberatung durch den Rechtsschutzversicherer sind verschiedentlich rechtliche Bedenken erhoben worden.[863] § 4 RDG untersagt dem Rechtsschutzversicherer, dem Versicherten eigene Rechtsdienstleistungen zu erbringen.[864]

Die Vermittlung einer Rechtsdienstleistung steht der Erbringung einer Rechtsdienstleistung gleich, wenn aus Sicht des Rechtsuchenden die Rechtsdienstleistung und die Vermittlungstätigkeit aus einer Hand erbracht werden.[865] Der Gesetzgeber will vermeiden, dass Rechtsanwälte als bloße Erfüllungsgehilfen[866] im Hinterzimmer anderer Dienstleister tätig werden.[867]

2008, § 2 Rn. 79; Hirtz in: Grunewald/Römermann, RDG, 1. Aufl., 2008 § 5 Rn. 182 f.; Grunewald, in: Grunewald/Römermann, RDG, 1. Aufl., 2008, § 4 Rn. 12; krit. Fries, in: Behme/Fries/Stark Versicherungsmechanismen im Recht, 2016, 1 (8,9).

862 BT-Drs. 16/6634, 113.

863 LG Bamberg Urt. v. 8.11.2011 – 1 O 336/10 –, VersR 2011, 1515 (1516); Riemer SpV 2017, 24 (26); Cornelius-Winkler NJW 2014, 588 (589 f.); Schons AnwBl 2008, 523 (524); van Bühren AnwBl 2007, 473 (476); Cornelius-Winkler, in: Harbauer, ARB, 8. Aufl., § 5 ARB 2000 Rn. 283.

864 Deckenbrock, in: Deckenbrock/Henssler, RDG, 4. Aufl., 2015, § 4 Rn. 30.

865 BT-Drs. 16/6634, 113; Deckenbrock, in: Deckenbrock/Henssler, RDG, 4. Aufl., 2015, § 4 Rn. 23, 31.

866 BGH Urt. v. 12.11.2015 – IZR 211/14 –, NJW 2016, 693 = AnwBl 2016, 363.

867 BT-Drs. 16/6634, 113; LG Aachen Urt. v. 27.04.2012 – 9 O 626/10 –, BeckRS 2013, 06585; BGH Urt. v. 12.11.2015 – IZR 211/14 –, NJW 2016, 693 = AnwBl 2016, 363; van Bühren r + s 2016, 53 (55, 56); Hirtz, in: Grunewald/Römermann, RDG, 1. Aufl., 2008, § 5 Rn. 69.

a. Einfache Telefonieklauseln

Einfache Telefonieklauseln werfen keine Rechtsfragen auf.[868] Der Versicherungsnehmer wählt einen Anwalt, ruft diesen an und lässt sich durch ihn telefonisch beraten. Der Rechtsschutzversicherer übernimmt hierfür die Kosten. Der Pflichten- und Rechtskreis des Rechtsanwaltes einerseits und des Rechtsschutzversicherers andererseits sind sauber getrennt. Dem Versicherungsnehmer ist klar, dass der Rechtsanwalt eigenständig die telefonische Rechtsberatung übernimmt und der Rechtsschutzversicherer allein für die Kosten aufkommt.

b. Strenge Telefonieklauseln

Schwierigkeiten bereiten die strengen Telefonieklauseln. Von einer eigenständigen Auftragsannahme durch die die Anwaltshotline betreibende Rechtsanwaltsgesellschaft kann in der Rechtswirklichkeit nicht die Rede sein.[869] Die Versicherungsnehmer werden durch die Mitarbeiter der Rechtsschutzversicherer telefonisch unmittelbar weiterverbunden.[870] Teilweise wird dem Versicherungsnehmer mit dem Bedingungswerk oder dem gewählten Tarif lediglich eine Hotline-Nummer an die Hand gegeben, sodass ihm keine andere Wahl bleibt, als diese zu wählen. Teilweise werden bedingungsgemäß nur die Kosten einer telefonischen Rechtsberatung durch Vertragsanwälte übernommen. Eine klare und saubere Trennung des Pflichtenkreises des Rechtsschutzversicherers einerseits und des Rechtsanwaltes andererseits ist so nicht möglich.[871]

Die strengen Telefonieklauseln der Rechtsschutzversicherer verstoßen daher gegen das Verbotsgesetz des § 4 RDG.[872]

---

868 Fries, in: Behme/Fries/Stark Versicherungsmechanismen im Recht, 2016, 1 (8); Obarowski, in: Beckmann/Matusche-Beckmann, VersR-Hdb, 3. Aufl., 2015, § 37 Rn. 18.

869 OLG Hamburg Urt. v. 25.02.2016 – 5 U 26/12 –, BRAK-Mitt 2016, 200 (204): Engel NJW 2015, 1633 (1636); Engel, in: Eidenmüller/Wagner, Mediationsrecht, 1. Aufl., 2015, Kap. 10 Rn. 55 f.

870 Cornelius-Winkler SVR 2013, 201 (202); Engel, in: Eidenmüller/Wagner, Mediationsrecht, 1. Aufl., 2015, Kap. 10 Rn. 55 f.

871 LG Düsseldorf Urt. v. 30.11.2011 – 12 O 499/10 –; LG Hamburg Urt. v. 5.01.2012 – 315 O 446/10 – Tz. 44 f.; Remmertz BRAK-Mitt 2015, 266 (270); Engel NJW 2015, 1633 (1636); Hirtz, in: Grunewald/Römermann, RDG, 1. Aufl., 2008, § 5 Rn. 70, 71; s. a. Krenzler, in: Krenzler, RDG, 1. Aufl. 2010, § 2 Rn. 44; a.A. Grunewald, in: Grunewald/Römermann, RDG, 1. Aufl., 2008, § 4 Rn. 22, 10.

872 Im Ergebnis ebenso: LG Bamberg Urt. v. 8.11.2011 – 1 O 336/10 –, VersR 2011, 1515 (1516); Cornelius-Winkler, in: Harbauer, ARB, 8. Aufl., § 5 ARB 2000 Rn. 283; s. a. Krenzler, in: Krenzler RDG, 1. Aufl. 2010, § 2 Rn. 45, 46.

3. *Inkassoklauseln*

Ebenso wie die Rechtsberatung und -vertretung stellt die Inkassodienstleistung nach § 2 Abs. 2 RDG eine Rechtsdienstleistung dar. Es ist nicht ausschließlich Rechtsanwälten vorbehalten, Inkassodienstleistungen zu erbringen. Wer Inkassodienstleistungen erbringen will, bedarf der Erlaubnis, §§ 3, 10 Abs. 1 Nr. 1 RDG. Zuverlässigen Unternehmen mit besonderer Sachkunde kann die Erlaubnis erteilt werden.

Rechtsschutzversicherer selbst dürfen keine Inkassodienstleistungen erbringen. Nach der hier vertretenen Rechtsauffassung dürfen Rechtsschutzversicherer Inkassodienstleistungen daher auch nicht auf Dritte übertragen oder an sie vermitteln, wenn aus Sicht des Versicherungsnehmers die Vermittlungstätigkeit und die Inkassodienstleistung aus einer Hand erfolgen. Aufgrund der marktgängigen Inkassoklauseln besteht kein Anlass dazu anzunehmen, der Versicherungsnehmer könne im Unklaren darüber gelassen werden, dass der Versicherer sich auf eine Vermittlungstätigkeit beschränkt und das Inkassounternehmen seine Rechtsdienstleistungen aus eigenem Auftrag erbringt.

Die Inkassodienstklauseln verstoßen nicht gegen das RDG.[873]

4. *Streitschlichtungsklauseln*

Im Gegensatz zur Rechtsberatung und Inkassodienstleistung handelt es sich bei der Streitschlichtung i.S.d. § 1 Abs. 1 MediationsG[874] nach § 2 Abs. 3 Nr. 4 RDG nicht um eine erlaubnispflichtige Rechtsdienstleistung.[875]

a. *Mediation*

Mit der Vermittlung von Mediatoren verstößt der Rechtsschutzversicherer nicht gegen die Vorgaben des § 4 RDG.[876]

---

873 Obarowski, in: MünchKommVVG, Bd. 2, 2. Aufl. 2017, § 125 Rn. 29.

874 V. 21.07.2012, BGBl I, 1577.

875 Zu den Grenzen: Henssler NJW 2003, 241; Römermann, in: Grunewald/Römermann, RDG, 1. Aufl., 2008, § 2 Rn. 135 f.; Hirtz, in: Grunewald/Römermann, RDG, 1. Aufl., 2008, § 5 Rn. 141 f.; Offerman-Burckart, in: Krenzler, RDG, 1. Aufl., 2010, § 2 Rn. 152 f.; s. a. Terriuolo Das rechtsschutzversicherte Mandat, 2014, 144.

876 Obarowski, in: MünchKommVVG, Bd. 2, 2. Aufl. 2017, § 125 Rn. 29; zweifelnd: Cornelius-Winkler SVR 2013, 201 (203); Burmann SpV 2013, 5.

b. Pendelmediation

Allerdings muss es sich bei der angebotenen Mediation um eine solche i.S.d. § 1 Abs. 1 MediationsG oder eine vergleichbare Form der alternativen Streitbeilegung[877] i.S.d. § 2 Abs. 3 Nr. 4 RDG handeln, die nicht durch rechtliche Regelungsvorschläge in die Gespräche der Beteiligten eingreift.

Die Mediation ist ein vertrauliches und strukturiertes Verfahren, bei dem Parteien mithilfe eines oder mehrerer Mediatoren freiwillig und eigenverantwortlich eine einvernehmliche Beilegung ihres Konflikts anstreben, § 1 Abs. 1 MediationsG.

Das tatsächliche Angebot der Rechtsschutzversicherer ist hingegen oftmals auf eine sog. Shuttle- oder Pendelmediation ausgerichtet.[878] Dabei handelt es sich um eine „teilweise mediative, teilweise konfliktberatende" Tätigkeit.[879] Ursprünglich handelt es sich um ein Teilelement aus dem Verfahren der Wirtschaftsmediation, bei dem die beteiligten Mediatoren vorab durch Hin- und Hertelefonieren die Zielvorstellungen der Parteien zu ergründen suchen.[880] Durch diese Pendeldiplomatie soll den Parteien selbst der Druck genommen werden, auf Vorschläge der Gegenpartei sofort antworten zu müssen. Ihnen soll Zeit gegeben werden, über die berechtigten fremden und eigenen Wünsche und Zielvorstellungen wohlüberlegt nachdenken zu können, bevor sie in die eigentlichen Verhandlungen eintreten.[881]

Die durch die Rechtsschutzversicherer vermittelte Pendelmediation kommt demgegenüber in kümmerlicher Gestalt daher.[882] Der Versicherte wendet sich wegen eines Rechtsschutzfalls an seinen Versicherer. Dieser regt an, vorab eine Mediation zu versuchen. Der vom Versicherer beauftragte Mediator wendet sich telefonisch zunächst an den Versicherungsnehmer, um die Streitlage zu ermitteln. Dann wendet er sich telefonisch an die Gegenseite und erfragt, ob diese mit

---

877 Nach den Vorgaben der alternative consumer dispute resolution (ADR-RL 2009/22/EG, ABl L 165, 63) oder der online dispute resolution (ODR-VO Nr. 524/20013/EG, ABl L 165, 1). S. hierzu Wendt VersR 2014, 420 (424 f.) m.w.N.

878 Riemer SpV 2017, 24 (26); Engel NJW 2015, 1633 (1636); Hellberg/Wendt VW 2009, 1336 (1337); Wendt, in: Klowait/Gläßer, MediationsG, 1. Aufl., 2014, Teil 3 Ab. 8 Rn. 10.

879 Wendt VersR 2014, 420 (425).

880 Risse NJW 2000, 1614 (1616); Cornelius-Winkler SVR 2013, 201 (203).

881 Risse NJW 2000, 1614 (1616); krit.: Engel NJW 2015, 1633 (1636).

882 Zum Folgenden: Riemer SpV 2017, 24 (26); Burmann SpV 2013, 5; Cornelius-Winkler SVR 2013, 201 (203); Engel NJW 2015, 1633 (1636).

einer Mediation einverstanden ist. Ist dies der Fall, versucht der Mediator durch ein Hin- und Hertelefonieren eine Einigung zwischen den Parteien zu erzielen.

Es wird in Zweifel gezogen, ob es sich bei dieser Art einer Pendelmediation um eine Mediation i.S.d. § 1 Abs. 1 MediationsG und § 2 Abs. 3 Nr. 4 RDG handelt.[883] Die außergerichtliche Streitbeilegung ist jedoch ureigenste Aufgabe der Rechtsanwälte.[884] Die Pendelmediation der Rechtsschutzversicherer widerstreite daher den Vorgaben des RDG und des MediationsG.

Weder das RDG noch das MediationsG dienen dem Schutz der Rechtsanwaltschaft vor Wettbewerb.[885] Ein ausschließliches Vorrecht der Rechtsanwälte, in Rechtsstreitigkeiten außergerichtlich vermittelnd tätig zu werden, kennt das Gesetz nicht.

Selbst wenn es sich bei der Pendelmediation um ein bloßes Vermittlungsverfahren handeln sollte, heißt dies noch lange nicht, dass es sich dann um einen rechtlich bedeutsamen Regelungsvorschlag i.S. einer Rechtsdienstleistung handelt.[886] Eine Rechtsdienstleistung setzt zumindest eine rechtliche Prüfung des Einzelfalls voraus, § 2 Abs. 1 RDG. Der Begriff der rechtlichen Prüfung verlangt dabei zumindest ein gewisses Maß an einer vertieften Prüfung, die über eine bloße Rechtsanwendung hinausgeht.[887] Mediation ist der Sache nach ein „Verhandeln unter Anleitung“[888]. Mediatoren prüfen nicht die Rechtslage, sondern die Streitlage. Selbst wenn die Pendelmediation den klassischen Vorgaben eines strukturierten Mediationsverfahrens nicht genügt, macht es sie noch lange nicht zu einer Rechtsdienstleistung, sondern allenfalls zu einer mangelhaften Mediationsleistung.

Ein Verstoß gegen das RDG liegt nicht vor.

---

883 Riemer SpV 2017, 24 (26); Burmann SpV 2013, 5; Cornelius-Winkler, in: Harbauer, ARB, 8. Aufl., § 5 ARB 2000 Rn. 277; s. a. Lauda NJW 2014, 2208 (2209).

884 Lauda NJW 2014, 2208 (2209).

885 Kleine-Cosack NJW 2010, 1553 (1554); Kleine-Cosack RDG, 3. Aufl., 2014, § 4 Rn. 42, 22.

886 So aber: Burmann SpV 2013, 5; Cornelius-Winkler, in: Harbauer, ARB, 8. Aufl., § 5 ARB 2000 Rn. 277. Wie hier wohl Wendt VersR 2014, 420 (425).

887 BR-Drs 623/06, 2; BGH Urt. v. 4.11.2010 – I ZR 118/09 –, GRUR 2011, 539 (542) Tz. 28; BSG Urt. v. 14.11.2013 – B 9 SB 512 R –, NJW 2014, 493 (494) Tz. 32; Römermann NJW 2014, 1777.

888 Risse NJW 2000, 1614 (1616).

IV. Verbotsgrenzen des MediationsG

Streitschlichtungsklauseln, die den Versicherungsnehmer dazu verpflichten, einen von dem Rechtsschutzversicherer vermittelten Mediator zu beauftragen, stellen die Unabhängigkeit und Freiwilligkeit des Mediationsverfahrens (§ 1 Abs. 1 MediationsG) und die freie Mediatorenwahl (§ 2 Abs. 1 MediationsG) in Frage. Ein Verstoß gegen das MediationsG bliebe angesichts der halbzwingenden Vorschriften der §§ 127, 129 VVG ebenso folgenlos. Voraussetzung ist, dass es sich bei §§ 1 Abs. 1 und 2 Abs. 1 MediationsG überhaupt um Verbotsgesetze i.S.d. § 134 BGB handelt. Dies ist nicht der Fall.[889] Diese Vorschriften als Verbotsgesetze zu lesen, hieße die Berufsfreiheit der Mediatoren über Gebühr einzuschränken. Die Rechte der streitenden Parteien werden zureichend über vertragliche Ansprüche (§§ 280, 241 Abs. 2 BGB) gewahrt.

V. Schriftform für Streitschlichtungsklauseln nach § 1031 ZPO

Noch eine Frage gilt es zu untersuchen. Schiedsvereinbarungen unterliegen nach § 1031 ZPO der gegenüber § 126 BGB abgeschwächten Schriftform.[890] Es stellt sich die Frage, ob Gleiches für die Streitschlichtungsklauseln in Rechtsschutzversicherungsverträgen gilt.

1. Abgeschwächte Schriftform in unmittelbarer Anwendung des § 1031 Abs. 1 ZPO

Mediationsverfahren sind schon begrifflich keine Schiedsvereinbarungen i.S.d. § 1029 ZPO. Eine unmittelbare Anwendung des § 1031 ZPO kommt nicht in Betracht.[891]

889 Ahrens NJW 2012, 2456 (2466); Engel, in: Eidenmüller/Wagner, Mediationsrecht, 1. Aufl., 2015, Kap. 10 Rn. 52; Ulrici, in: MünchKomm FamFG, 2. Aufl., 2013, MediationsG § 3 Rn. 10; a.A. Henssler/Deckenbrock DB 2012, 159 (165).

890 BGH Beschl. v. 24.07.2014 – III ZB 83/13 –, NZG 2014, 1155 (1157) Tz. 13 f. Ob ein Verstoß an § 125 BGB zu messen ist, ist umstritten. Bejahend: Voit, in: Musielak/Voit, ZPO, 12. Aufl., 2015, § 1031 Rn. 16; Prütting, in: Prütting/Gehrlein, ZPO, 4. Aufl., 2012, § 1031 Rn. 10 („Rechtsgedanke" des § 125 BGB). A.A. Münch, in: MünchKommZPO, Bd. 3, 4. Aufl., 2013, § 1031 Rn. 10, 11: eigenständige zwingende verfahrensrechtliche Vorschrift. Offen gelassen: BGH Urt. v. 19.05.2011 – III ZR 16/11 –, NJW 2011, 2976 (2977) Tz. 7. S. a.: BT-Drs. 13/5274, 36: „immer ungültig".

891 Töben RNotZ 2013, 321 (324); Unberath NJW 2011, 1320 (1322); Friedrich SchiedsVZ 2007, 31; Tochtermann ZKM 2008, 57 (58); Voit, in: Musielak/Voit, ZPO, 12. Aufl., 2015, § 1031 Rn. 2.

2. *Abgeschwächte Schriftform in entsprechender Anwendung des § 1031 Abs. 1 ZPO*

Ebenso wie die Schiedsklausel versperrt die Streitschlichtungsklausel aber den Weg zu den staatlichen Gerichten. Deshalb erwägt das Schrifttum eine entsprechende Anwendung des § 1031 Abs. 1 ZPO auf Streitschlichtungsklauseln.[892]

Eine entsprechende Anwendung des § 1031 ZPO setzt eine planwidrige Regelungslücke des MediationsG voraus. Das MediationsG weist keine planwidrige Regelungslücke auf.[893] Es stammt aus dem Jahre 2012.[894] Dem Erlass des MediationsG ist eine breite gesellschaftliche und rechtliche Diskussion vorausgegangen. Die letzte Änderung des § 1031 ZPO stammt aus dem Jahr 2013.[895] Hätte der Gesetzgeber einen Handlungsbedarf gesehen, hätte er handeln können und müssen. Für die Annahme einer unbewussten Regelungslücke gibt es keine Anhaltspunkte.

Es fehlt auch an einem allgemeinen Rechtsgedanken, der die entsprechende Anwendung des § 1031 Abs. 1 ZPO gebieten würde. Die Schriftform des § 1031 Abs. 1 ZPO schützt die Parteien vor einer übereilten Entscheidung. Sie warnt davor, sich einem bindenden Schiedsspruch zu unterwerfen und auf den Schutz durch staatliche Gerichte zu verzichten. Das Mediationsverfahren endet mit keiner Entscheidung, die einem rechtskräftigen Urteil gleichkäme. Es kann jederzeit abgebrochen werden (§ 2 Abs. 5 S. 1 MediationsG). Der Weg zu den staatlichen Gerichten ist den Parteien nicht dauerhaft verwehrt. Eine entsprechende Anwendung des § 1031 Abs. 1 ZPO ist daher nicht geboten.[896]

3. *Strenge Schriftform in Verbraucherverträgen nach § 1031 Abs. 5 ZPO*

Allerdings sieht § 1031 Abs. 5 ZPO im Vergleich zu § 1031 Abs. 1 ZPO bei Schiedsklauseln in Verbraucherverträgen strengere Anforderungen an die Schriftform vor. Die Schiedsabrede muss in einer gesonderten Urkunde eigenhändig unterzeichnet sein. Andere Vereinbarungen als die Schiedsabrede selbst darf die Urkunde nicht enthalten, es sei denn, sie ist notariell beurkundet. Diese strenge Schriftform will dem Verbraucher deutlich vor Augen führen, dass er

892 Wagner BB 2001, Beilage 2, 30; Risse Wirtschaftsmediation, 2003, § 3 Rn. 14, 15.

893 Friedrich SchiedsVZ 2007, 31; Töben RNotZ 2013, 321 (324).

894 MediationsG v. 21.07.2012, BGBl I, 1577.

895 Gesetz v. 25.04.2013, BGBl I, 831.

896 Töben RNotZ 2013, 321 (324); Unberath NJW 2011, 1320 (1322); Friedrich SchiedsVZ 2007, 31; Tochtermann ZKM 2008, 57 (58); Voit, in: Musielak/Voit, ZPO, ZPO, 12. Aufl., 2015, § 1031 Rn. 2.

mit der Schiedsabrede endgültig auf den Rechtsschutz durch staatliche Gerichte verzichtet.

Wohl aus diesem Grunde wird vereinzelt erwogen, zumindest die Formvorschrift des § 1031 Abs. 5 ZPO bei Verbraucherverträgen entsprechend anzuwenden.[897]

Auch insoweit fehlt es an einer planwidrigen Regelungslücke.[898] Es besteht auch keine erhöhte Schutzbedürftigkeit der Verbraucher vor Übereilung und Überrumpelung.[899] Der Verbraucher kann jederzeit eine Mediation abbrechen und sein Heil bei der staatlichen Gerichtsbarkeit suchen (§ 2 Abs. 5 S. 1 MediationsG).

Streitschlichtungsklauseln unterliegen keinem Schriftformerfordernis.

VI. Zwischenergebnis

Weder das Verbotsgesetz des § 4 RDG i.V.m. § 134 BGB noch etwaige Schriftformerfordernisse für Streitschlichtungsklauseln ziehen der gestaltenden Schadenabwicklung engere Grenzen als die halbzwingende Vorschrift des § 127 VVG. Die Prüfung anwaltlichen Berufsrechts bleibt Teil IV vorbehalten.

C. Unangemessene Benachteiligung des Versicherungsnehmers (§ 307 BGB)

In diesem III. Teil bleibt noch zu prüfen, ob der Gesetzgeber dem Bedingungswerk der Rechtsschutzversicherer zur gestaltenden Schadenabwicklung die Wirksamkeit versagt (§ 306 BGB), weil es die Interessen des Versicherungsnehmers entgegen den Geboten von Treu und Glauben unangemessen vernachlässigt (§ 307 Abs. 1 BGB).

Versicherungsprivatrecht ist Vertragsrecht. Der Versicherer gestaltet seine Versicherungsangebote durch Allgemeine Versicherungsbedingungen. Allgemeine Versicherungsbedingungen sind Allgemeine Geschäftsbedingungen i.S.d. § 305 Abs. 1 S. 1 BGB. Die Bedingungen der gestaltenden Schadenabwicklung unterliegen damit grundsätzlich der AGB-rechtlichen Klauselkontrolle.

---

897 Wagner BB 2001, Beilage 2, 30 (31).

898 Töben RNotZ 2013, 321 (324).

899 Tochtermann ZKM 2008, 57 (58).

I. Angemessenheitsprüfung neben Nachteilsprüfung

In Teil II unter B.IV zeigte sich, dass (halb-)zwingendes Recht möglicherweise kein taugliches gesetzliches Leitbild i.S.d. § 307 Abs. 2 Nr. 1 BGB darstellt. (Halb-)zwingendes Recht nimmt den Vertragsschließenden für bestimmte Vertragsinhalte die Gestaltungs- und Verfügungsmacht und zwingt ihnen den vom Gesetzgeber gewollten Vertragsinhalt auf.[900] Gegenüber dem Recht der AGB ist (halb-)zwingendes Recht eigenständig mit einem eigenständigen Rechtsfolgengefüge. Dieser Tatbestand spricht für die Annahme, die Angemessenheitsprüfung nach §§ 305 f. BGB fände neben der Nachteilsprüfung nach §§ 127, 129 VVG keine Anwendung.[901]

Diese Annahme könnte jedoch zu kurz gegriffen sein. Erst die Prüfung des Bedingungswerks nach AGB-rechtlichen Maßstaben und die Gegenüberstellung mit der Prüfung am Maßstab des halbzwingenden Rechts nach §§ 127, 129 VVG vermag Antwort auf die Frage zu geben, ob dem Anwendungsbefehl des halbzwingenden Rechts Vorrang vor der AGB-rechtlichen Prüfung gebührt. Es soll daher im Folgenden die Anwendbarkeit des AGB-Rechts neben der Angemessenheitsprüfung zunächst unterstellt werden, um das Bedingungswerk im Einzelnen zu prüfen und die Ergebnisse zu vergleichen und gegenüber zu stellen. Erst dann soll die Frage nach einem etwaigen Anwendungsvorrang des halbzwingenden Rechts endgültig entschieden werden.

II. Prüfung der wirksamen Einbeziehung

Um Inhalt des Rechtsschutzversicherungsvertrages zu werden, müssen die Versicherungsbedingungen zunächst wirksam in den Vertrag einbezogen worden sein. Dies setzt nicht nur einen ausdrücklichen Hinweis auf die Bedingungen bzw. die Möglichkeit der Kenntnisnahme derselben voraus (§ 305 Abs. 2 BGB), sondern das Gesetz verlangt, dass es sich inhaltlich nicht um überraschende und überrumpelnde Bestimmungen handelt (§ 305 c Abs. 1 BGB). Nach § 305 c Abs. 1 BGB werden Allgemeine Geschäftsbedingungen kein Vertragsbestandteil, die nach den Umständen so ungewöhnlich sind, dass der Vertragspartner des Verwenders mit ihnen nicht zu rechnen braucht.

---

900 Roth JZ 1989, 411 (413); Uffmann Das Verbot der geltungserhaltenden Reduktion, 2010, 40.

901 Vgl. Werber VersR 2010, 1253 (1256 f.); Armbrüster Privatversicherungsrecht, 1. Aufl., 2013, Rn. 528; Uffmann Das Verbot der geltungserhaltenden Reduktion, 2010, 45, 46; Klenk, in: Looschelders/Pohlmann, VVG, 3. Aufl., 2016, § 18 Rn. 6.

1. Ziff. 4.1.3 ARB 2012

Bereits unter Teil II B II. wurde dargetan, dass sich Ziff. 4.1.3 ARB 2012 (noch) als verständliche und klare Regelung verstehen lässt. Der Wortlaut der freien Anwaltswahl ist eindeutig genug, damit der um Verständnis bemühte durchschnittliche Versicherungsnehmer die Bedingung nicht als ihn treffende Obliegenheit (Ziff. 4.1 ARB 2012) missversteht.

2. Strenge Telefonieklauseln

Ob der Versicherungsnehmer mit den strengen Telefonieklauseln innerhalb der gestaltenden Schadenabwicklung zu rechnen braucht, ist fragwürdig. Hält der Versicherer tarifbedingt zur Schadenmeldung lediglich eine Anwaltshotline vor, an die der Versicherungsnehmer sich wenden kann, oder bedingt er sich aus, lediglich für die Kosten einer telefonischen Beratung durch seine Vertragsanwälte aufzukommen, so spricht man von strengen Telefonieklauseln.

Mit Ziff. 4.1.3. ARB 2012 räumt der Rechtsschutzversicherer vertraglich das Recht auf freie Anwaltswahl ein. Der Versicherte muss nicht damit rechnen, dass der Versicherer mit der einen Hand nimmt, was er mit der anderen Hand gibt. Wenn der Versicherer mit der Telefonieklausel die telefonische Erstberatung auf eine vorgegebene Anwaltshotline oder die Leistungserbringung auf den Kreis seiner Vertragsanwälte beschränkt, verbleibt dem Versicherten keine Wahlfreiheit mehr.

Für die Überraschungs- und Überrumpelungswirkung der Klausel kommt es nicht darauf an, ob diese ausdrücklich in den Versicherungsbedingungen oder in den Tarifbestimmungen aufgenommen ist. Tarifbestimmungen haben denselben Regelungsgehalt wie alle anderen vorformulierten Versicherungsbedingungen und stellen daher kontrollfähige Allgemeine Geschäftsbedingungen i.S.d. § 305 Abs. 1 S. 1 BGB dar.[902]

Eine Telefonie-Klausel, die dem Versicherten lediglich eine telefonische Beratung durch Vertragsanwälte des Versicherers gestattet, überrascht und überrumpelt den durchschnittlichen Versicherungsnehmer. Eine solche Klausel kann daher nach § 305 c Abs. 1 BGB nicht wirksam in den Versicherungsvertrag einbezogen werden.

---

902 BGH Urt. v. 18.02.2009 – IV ZR 11/07 –, NJW-RR 2009, 813 (814) Tz. 12; BGH Urt. v. 17.03.1999 – IV ZR 137/98 –, NJW 1999, 3411 (3412).

3. *Strenge Streitschlichtungsklauseln*

Gleiches gilt für strenge Streitschlichtungsklauseln. Allein der Umstand, dass der Rechtsschutzversicherer die Kostenübernahme für einen Streitschlichtungsversuch anbietet, ist nicht überraschend (§ 305 c Abs. 1 BGB). Streitschlichtung und Streitbeilegung außerhalb der Gerichte ist in aller Munde und erfreut sich zunehmender Beliebtheit.[903] Die Versicherten erwarten sogar, dass der Rechtsschutzversicherer die Kostenübernahme für Streitschlichtungsmodelle anbietet.[904] Der Versicherungsnehmer wird aber zum einen überrascht sein, wenn er im Rechtsschutzfall erfährt, dass das „vergebliche Bemühen" um eine Streitschlichtung mit Hilfe eines Mediators zwingende Voraussetzung dafür ist, dass der Versicherer die Kosten für die gerichtliche Verfolgung seiner Interessen übernimmt. Zum anderen wird er verblüfft zur Kenntnis nehmen müssen, dass der Rechtsschutzversicherer gleichzeitig nicht für die Kosten einer außergerichtlichen Beratung und Vertretung aufkommt. Gerade diese beiden Merkmale zeichnen strenge Streitschlichtungsklauseln aus.

Die Rechtsschutzversicherung dient dem Rechtsschutz, nicht dem Streitschutz. Sie will dem Bürger den Zugang zu den Gerichten erleichtern, nicht erschweren. Der Versicherer soll den Versicherten dabei unterstützen, seine rechtlichen Interessen wahrzunehmen (§ 125 VVG). Der Versicherer soll ihm also dabei helfen, seine rechtlichen Interessen durchzusetzen oder Ansprüche Dritter abzuwehren.[905] Streitschlichtung und Streitbeilegung außerhalb des Gerichts – wie die Mediation – sind vom Gesetzgeber lediglich als eine zusätzliche und ergänzende Wahlmöglichkeit neben dem Gang zu Gericht ausgestaltet.[906] Die Streitschlichtung zu einer zwingenden Voraussetzung für den gerichtlichen Rechtsschutz zu erheben, hieße den Zugang zu dem Gericht im Einzelfall nicht nur zu erschweren, sondern in Einzelfällen entweder rechtlich (etwa wegen der kurzen Fristen bei Kündigungsschutzklagen) oder wirtschaftlich (Mediation mit dem gegnerischen Haftpflichtversicherer) unmöglich zu machen.

---

903 Vgl. zu Streitschlichtungsklauseln in gängigen Schuldverträgen: Wagner, in: Eidenmüller/Wagner, Mediationsrecht, 1. Aufl., 2015, Kap. 2 Rn. 46; Hess, in: Haft/Schlieffen, Handbuch Mediation, 2. Aufl., 2009, § 43 Rn. 26.

904 Hellberg/Wendt VW 2009, 1336 (1337).

905 BGH Urt. v. 5.02.1992 – IV ZR 94/91 –, NJW 1992, 1511 (1512); Bauer, in: Harbauer, ARB 8. Aufl., § 1 ARB 2008 Rn. 6; Armbrüster, in: Prölss/Martin, VVG, 29. Aufl., 2015, ARB 2010 § 1 Rn. 6.

906 Allerdings mit der Ausnahme des zwingenden Güteverfahrens nach § 15 a EGZPO in Bagatellsachen.

Nach § 305 c Abs. 1 BGB werden Geschäftsbedingungen nicht Vertragsbestandteil, die nach den Umständen so ungewöhnlich sind, dass der Vertragspartner des Verwenders nicht mit ihnen zu rechnen braucht. Überraschend sind Klauseln dann, wenn sie den Versicherungsnehmer überrumpeln[907], also von den Erwartungen des Vertragspartners deutlich abweichen, und wenn dieser vernünftigerweise nicht mit ihnen rechnen muss.[908]

Der Versicherungsnehmer muss vernünftigerweise nicht damit rechnen, dass ihm eine Rechtsschutzversicherung verkauft wird, ihm tatsächlich aber nur die Kostenübernahme für eine Streitschlichtung geboten wird.[909] Rechtsschutz bedeutet mehr als die wirtschaftliche Unterstützung bei einer eigenverantwortlichen und einvernehmlichen Streitbeilegung (§ 1 Abs. 1 MediationsG). Der durchschnittliche Versicherungsnehmer erwartet zu Recht von seinem Rechtsschutzversicherer die Kostenübernahme für einen anwaltlichen Beistand und nicht das Angebot der Streitschlichtung durch rechtsunkundige Mediatoren. An seinem Leistungsversprechen muss der Versicherer sich festhalten lassen. Nach Ziff. 2.3.1.2 ARB hat sich der Rechtsschutzversicherer dazu verpflichtet, die Kosten eines Rechtsanwaltes nach Maßgabe des RVG zu übernehmen, damit der Versicherte seine rechtlichen Interessen wahrnehmen kann. Diesem Leistungsversprechen kann und darf der durchschnittliche Versicherungsnehmer entnehmen, dass die durch eine gerichtliche und außergerichtliche anwaltliche Vertretung anfallenden Kosten von dem Versicherer übernommen werden.[910] Damit, dass er seinen Kostenschutz für die anwaltliche Vertretung – sei sie vor Gericht oder außergerichtlich – verliert oder einschränkt, wenn ihm der Rechtsschutzversicherer die Kostenübernahme für einen Mediationsversuch verspricht, muss der Versicherungsnehmer vernünftigerweise nicht rechnen.

---

907 BGH Urt. v. 18.02.2009 – IV ZR 11/07 –, NJW-RR 2009, 813 (815) Tz. 18; Brömmelmeyer, in: Rüffer/Halbach/Schimikowski, VVG, 3. Aufl. 2015, Einl. Rn. 75.

908 BGH Urt. v. 28.05.2014 – VIII ZR 241/13 –, BeckRS 2014, 14310; BGH Urt. v. 17.03.1999 – IV ZR 137/98, NJW 1999, 3411 (3413); OLG Düsseldorf Urt. v. 20.01.2016 – I-27 U 16/14 –, BeckRS 2016, 975 (978).

909 Maier r + s 2015, 354 (355); Lauda NJW 2014, 2208 (2209). A.A. BGH Beschl. v. 14.01.2016 – I ZR 98/15, r + s 2016, 235 (237) Tz. 14, der meint, der Versicherungsnehmer dürfe keine „umfassende Rechtsschutzversicherung“ erwarten, und ihm zumutet, sich vorab über den Umfang des Versicherungsschutzes kundig zu machen.

910 BGH Urt. v. 10.11.2010 – IV ZR 188/08 –, NJW 2011, 232 (234) Tz. 21; BGH Beschl. v. 15.12.2010 – IV ZR 59/09 –, MDR 2011, 851; Wendt r + s 2012, 209 (221 f.); Wendt MDR 2012, 821 (822 f.).

Mit Ziff. 4.1.3. ARB 2012 räumt der Rechtsschutzversicherer vertraglich das Recht auf freie Anwaltswahl ein. Kraft Gesetzes gilt die freie Anwaltswahl auch für die außergerichtliche Beratung und Vertretung (§ 127 Abs. 1 S. 2 VVG). Der Versicherte muss nicht damit rechnen, dass der Versicherer mit der einen Hand nimmt, was er mit der anderen Hand gibt. Wenn der Versicherer mit der strengen Streitschlichtungsklausel die außergerichtliche Interessenwahrnehmung auf einen Mediationsversuch beschränkt, wird ihm die Möglichkeit der außergerichtlichen, anwaltlichen Interessenvertretung genommen.

Die den Versicherungsnehmer überrumpelnde Wirkung einer Klausel, die eine Streitschlichtung als zwingende Voraussetzung für den gerichtlichen Rechtsschutz vorsieht, wird ihr nicht dadurch genommen, dass der Versicherungsnehmer diese über einen Zusatztarif vereinbart hat.[911] Verkauft und angepriesen wird der Zusatztarif als zusätzliche Leistung, also eine zusätzliche Wahlmöglichkeit zu der klassischen Möglichkeit des gerichtlichen Rechtsschutzes, nicht als eine Einschränkung desselben. Für die Überraschungs- und Überrumpelungswirkung der Klausel kommt es nicht darauf an, ob diese ausdrücklich in den Versicherungsbedingungen oder in den Tarifbestimmungen aufgenommen ist. Tarifbestimmungen haben denselben Regelungsgehalt wie alle anderen vorformulierten Versicherungsbedingungen und stellen daher kontrollfähige Allgemeine Geschäftsbedingungen i.S.d. § 305 Abs. 1 S. 1 BGB dar.[912]

Die strenge Streitschlichtungsklausel ist überraschend und wird damit nicht Vertragsbestandteil (§ 305 c Abs. 1 BGB).

4. *Strenge Inkassoklauseln*

Insofern strenge Inkassoklauseln die Kostenübernahme für die außergerichtliche anwaltliche Interessenvertretung ausschließen, sind sie aus denselben Gründen wie die strengen Telefonie- und Streitschlichtungsklauseln überraschend und nach § 305 c Abs. 1 BGB nicht wirksamer Bestandteil des Rechtsschutzversicherungsvertrages geworden.

5. *Rechtsfolge: Einbeziehung und Nachteil*

Ob die strengen Telefonie-, Streitschlichtungs- und Inkassoklauseln nach § 305 c Abs. 1 BGB i.V.m. § 306 Abs. 1 BGB unwirksam sind oder ob dem Versicherer

911 LG Frankfurt am Main Urt. v. 07.05.2014 - 2 - 06 O 271/13, NJW 2014, 2204 (2207).
912 BGH Urt. v. 18.02.2009 - IV ZR 11/07 -, NJW-RR 2009, 813 (814) Tz. 12; BGH Urt. v. 17.03.1999 - IV ZR 137/98 -, NJW 1999, 3411 (3412).

von vorneherein die Gestaltungsmacht ob des halbzwingenden Rechts nach §§ 127, 129 VVG fehlt, diese Klauseln in sein Bedingungswerk aufzunehmen, ist ein Streit um des Kaisers Bart. In jedem Fall tritt die vom Gesetzgeber gewollte freie Anwaltswahl an die Stelle der verpönten Bedingungen – sei es nun aufgrund des Geltungsanspruchs des halbzwingenden Rechts oder AGB-rechtlich nach § 306 Abs. 2 BGB. Die Rechtsfolgen halbzwingenden Rechts und die AGB-rechtliche Einbeziehungsprüfung des Bedingungswerks der Rechtsschutzversicherer unterscheiden sich nicht. Die Frage nach dem Geltungsvorrang halbzwingenden Rechts muss an dieser Stelle nicht entschieden werden.

III. Reichweite der inhaltlichen Prüfung: abweichende oder ergänzende Regelung

Mit der AGB-rechtlichen Einbeziehungsprüfung ist der Schritt zur AGB-rechtlichen Angemessenheitsprüfung noch nicht getan. Nach § 307 Abs. 3 S. 1 BGB findet eine inhaltliche Überprüfung Allgemeiner Versicherungsbedingungen nur statt, wenn durch diese von Rechtsvorschriften abweichende oder ergänzende Regelungen vereinbart werden.

1. Erlaubnis zur Rechtsgestaltung als abweichende Regelung

Von dem Grundsatz der freien Anwaltswahl her kann der Rechtsschutzversicherer keine zum Nachteil des Versicherungsnehmers abweichenden Regelungen treffen. Er darf aber zum Vorteil des Versicherungsnehmers abweichende Regelungen treffen.[913] So gesehen stellen §§ 127, 129 VVG eine Erlaubnis zugunsten des Versicherers zu einer Rechtsgestaltung dar.

Wenn der Klauselverwender von einer gesetzlichen Gestaltungsbefugnis bzw. Erlaubnisvorschrift Gebrauch macht, so kann er damit nicht i.S.d. § 307 Abs. 3 S. 1 BGB von Rechtsvorschriften abweichen. Zugunsten des Versicherungsnehmers von halbzwingendem Recht abweichende Versicherungsbedingungen sollen deshalb einer inhaltlichen Überprüfung nach § 307 Abs. 1, 2 BGB sowie §§ 307, 308 BGB entzogen sein.[914]

---

913 Werber VersR 2010, 1253 (1254).

914 Werber VersR 2010, 1253 (1254 f.); Canaris NJW 1987, 2407 (2408); Canaris NJW 1987, 609 (611); Bauer VersR 1972, 15 (20); Werber FS Baumann, 1999, 359 (370 f.); Dylla-Krebs Schranken der Inhaltskontrolle allgemeiner Geschäftsbedingungen, 1990, 89 f.; Grüneberg, in: Palandt, BGB, 75. Aufl., 2016, § 307 Rn. 54. S. a. Klenk, in: Looschelders/Pohlmann, VVG, 3. Aufl., 2016, § 18 Rn. 6; zurückhaltend a. Klimke Die

Die Gegenauffassung erkennt zwar den dem Klauselverwender durch halbzwingende Vorschriften eingeräumten Gestaltungsspielraum grundsätzlich an, meint aber, dass gerade der Gebrauch des Spielraums der AGB-rechtlichen Inhaltskontrolle bedarf.[915]

Einen von § 127 VVG „abweichenden" Vorteil räumt der Rechtsschutzversicherer seinem Versicherten ein, wenn er etwa mit einfachen Telefonie- oder Streitschlichtungsklauseln dem versicherten neben der Kostenerstattung für eine außergerichtliche anwaltliche Beratung und Vertretung zusätzlich die Kostenerstattung für eine weitere telefonische Rechtsberatung durch Vertragsanwälte oder einen außergerichtlichen Streitschlichtungsversuch anbietet.

Auch diese vorteilhaften Bedingungen bedürfen der AGB-rechtlichen inhaltlichen Überprüfung. Ob und inwieweit der Klauselverwender von seinem Gestaltungsspielraum angemessenen Gebrauch gemacht hat, muss der inhaltlichen Überprüfung zugänglich sein.[916] Allgemeine Versicherungsbedingungen sind keine der nach §§ 133, 157 BGB zugänglichen Willenserklärungen des Versicherungsnehmers, sondern einseitige Vorgaben des Versicherers, die der AGB-rechtlichen Überprüfung nach §§ 305 f. BGB bedürfen.[917] Mag der Versicherer nicht von der halbzwingenden Vorschrift „abweichen", wenn er von der ihm erlaubten Gestaltungsbefugnis Gebrauch macht, so trifft er doch eine die halbzwingende Rechtsvorschrift „ergänzende" Regelung, sodass eine inhaltliche Überprüfung nach § 307 Abs. 3 S. 1 BGB geboten ist.[918]

2. *Gesetzeswiederholende Bedingung*

Versicherungsbedingungen der gestaltenden Schadenabwicklung, die wiederum allein die Gesetzeslage wiedergeben, unterliegen nicht der inhaltlichen Überprüfung. Nach § 307 Abs. 3 S. 1 BGB unterliegen Regelungen in Allgemeinen

---

halbzwingenden Vorschriften des VVG, 2004, 157 f.; Pfeiffer, in: Wolf/Lindacher/Pfeiffer, AGB-Recht, 6. Aufl. 2013, § 307 Rn. 340 f.

915 BAG Urt. v. 12.02.2015 - 6 AZR 831/13 -, NJW 2015, 2284 (2286) Tz. 37; Hansen VersR 1988, 1110 (1111); Löwe NJW 1987, 937 (938); van de Loo Die Angemessenheitskontrolle Allgemeiner Versicherungsbedingungen nach dem AGB-Gesetz, 1987, 77, 78.

916 BAG Urt. v. 12.02.2015 – 6 AZR 831/13 –, NJW 2015, 2284 (2286) Tz. 37; van de Loo Die Angemessenheitskontrolle Allgemeiner Versicherungsbedingungen nach dem AGB-Gesetz, 1987, 77, 78.

917 Hansen VersR 1988, 1110 (1111).

918 Löwe NJW 1987, 937 (938); a.A. Armbrüster Privatversicherungsrecht, 1. Aufl., 2013, Rn. 527, 528.

Geschäftsbedingungen nur dann einer Inhaltskontrolle nach den §§ 307 Abs. 1 S. 1, 308 f. BGB, wenn sie von Rechtsvorschriften abweichen oder diese ergänzen. Gesetzeswiederholende Klauseln, die gesetzliche Rechtsvorschriften nur wiedergeben und in jeder Hinsicht mit ihnen übereinstimmen, sind der inhaltlichen Überprüfung entzogen.[919] Die Inhaltskontrolle liefe im Ergebnis leer, da an Stelle einer unwirksamen Klausel nach § 306 Abs. 2 BGB ohnehin die inhaltsgleiche Gesetzesbestimmung treten würde.

In der gestaltenden Schadenabwicklung der Rechtsschutzversicherung nimmt die Schadenminderungsobliegenheit nach Ziff. 4.1.1.4 ARB 2012 für sich in Anspruch, die Gesetzeslage aufgrund der gesetzlichen Schadenminderungsobliegenheit nach § 82 VVG wiederzugeben.

Bei näherer Betrachtung stellt Ziff. 4.1.1.4 ARB 2012 freilich keine rein das Gesetz wiederholende Klausel i.S.d. § 307 Abs. 3 S. 1 BGB dar.[920] Zum einen gibt sie die Gesetzesvorschrift nicht zutreffend wieder; zum anderen sucht sie die Gesetzesvorschrift des § 82 VVG zu veranschaulichen, zu erläutern und zu ergänzen. Damit verschärft sie die Verhaltensanforderungen an den Versicherungsnehmer.

Die gesetzliche Schadenminderungsobliegenheit nach § 82 Abs. 1 VVG, dessen Wortlaut Ziff. 4.1.1.4 ARB 2012 in einem Klammerzusatz eins zu eins wiedergibt, stellt die zu treffenden Rettungsmaßnahmen in das pflichtgemäße Ermessen eines ordentlichen Versicherungsnehmers.[921] Dieser Maßstab lässt sich der Klausel der Ziff. 4.1.1.4 ARB 2012 nicht entnehmen. Vielmehr begründet die generell-abstrakt gefasste Generalklausel eine uneingeschränkte Kostenvermeidungs- und Kostenminderungspflicht, welche über den Regelungsgehalt der Gesetzesvorschrift des § 82 Abs. 1 VVG hinausschießt.[922]

Darüber hinaus werden – die gesetzliche Schadenminderungsobliegenheit des § 82 Abs. 1 VVG erläuternd und ergänzend – die zu mindernden Schadenskosten als Kosten der Rechtsverfolgung (Rechtsanwalts-, Gerichtskosten, Kosten der Gegenseite) bestimmt.

Dabei handelt es sich zunächst nur um eine das Hauptleistungsversprechen des Versicherers nach § 125 VVG inhaltlich bestimmende Klausel.[923] Nach § 125

919 Armbrüster, in: Prölss/Martin, VVG, 29. Aufl., 2015, Einl. I Rn. 101.

920 OLG Köln Urt. v. 17.04.2012 – 9 U 207/11 –, VersR 2012, 1385 (1387); OLG München Urt. v. 22.09.2011 – 29 U 1360/11 –, NJW 2012, 1664 (1666) = VersR 2012, 313; OLG Frankfurt a.M. Urt. v. 1.03.2012 – 3 U 119/11 –, VuR 2012, 492.

921 Will VersR 2012, 942 (946); Wendt MDR 2010, 1168 (1170) m.w.N.

922 OLG Köln Urt. v. 17.04.2012 – 9 U 207/11 –, VersR 2012, 1385 (1387); Plote, in: van Bühren/Plote, ARB, 3. Aufl., 2013, § 17 Rn. 22 f.

923 Will VersR 2012, 942 (944, 949).

VVG verpflichtet sich der Versicherer dazu, „die für die Wahrnehmung der rechtlichen Interessen des Versicherungsnehmers [...] erforderlichen Leistungen im vereinbarten Umfang zu erbringen." Füllt eine Allgemeine Geschäftsbedingung den gesetzlichen Rahmen eines Hauptleistungsversprechens aus, so unterliegt diese Vertragsbestimmung der inhaltlichen Überprüfung.[924] Es besteht die Gefahr einer unangemessenen Benachteiligung. Dies allein schon deshalb, weil Ziff. 4.1.1.4 ARB 2012 entgegen den Vorgaben des § 125 VVG nicht auf die erforderlichen Rechtsverfolgungskosten abhebt, sondern den Versicherungsnehmer anhält, alle Rechtsverfolgungskosten „so gering wie möglich" zu halten.[925] Ziff. 4.1.1.4 ARB 2012 füllt den gesetzlichen Rahmen des § 125 VVG aus und ergänzt diesen. Die Schadensminderungsobliegenheit unterliegt der inhaltlichen Angemessenheitsüberprüfung.

3. *Preisbestimmung*

Preisbestimmungen hingegen unterliegen keiner inhaltlichen Angemessenheitsüberprüfung. Den Preis einer Leistung festzulegen, ist Sache der Parteien und unterliegt der Vertragsfreiheit. § 307 BGB bezweckt eine inhaltliche Angemessenheitsüberprüfung, keine richterliche Preisüberprüfung.[926]

a. *Wahltarife*

Der Gesetzgeber will den Markt dem Preiswettbewerb überantworten. Unbedenklich erscheint es daher zunächst, wenn der Versicherer dem Versicherungsnehmer bei Vertragsabschluss die Wahl unter mehreren Tarifen anbietet – namentlich einen günstigeren Tarif unter Beschränkung der Anwaltswahl auf die vom Versicherer vorgeschlagenen Anwälte und einen Tarif mit unbeschränkter, freier Anwaltswahl. Dies scheint dem Preisbestimmungsrecht der Rechtsschutzversicherer zu unterliegen. Der inhaltlichen Überprüfung unterliegen aber nach § 307 Abs. 3 S. 1 BGB solche Tarif- und

---

924 BGH Urt. v. 9.05.2001 – IV ZR 121/00 –, BGHZ 147, 354 (361) = NJW 2001, 2014; Grüneberg, in: Palandt, BGB, 75. Aufl., 2016, § 307 Rn. 43, 45; vgl. a. BGH Urt. v. 13.05.2014 – XI ZR 405/12 –, NJW 2014, 2420 (2422) Tz. 24 f.

925 OLG Frankfurt a.M. Urt. v. 1.03.2012 – 3 U 119/11 –, VuR 2012, 492; OLG Karlsruhe Urt. v. 15.11.2011 – 12 U 104/11 –, BeckRS 2011, 26653 Tz. 38; OLG München Urt. v. 22.09.2011 – 29 U 1360/11 –, NJW 2012, 1664 (1666) = VersR 2012, 313; Herdter, in: Looschelders/Pfaffenholz, ARB, 1. Aufl., 2014, ARB 2010 § 17 Rn. 59; a.A. wohl Wendt VersR 2014, 420 (423 – ohne Begründung).

926 BGH Urt. v. 29.04.2010 – Xa ZR 5/09 –, NJW 2010, 1958 (1959) Tz. 20; Wurmnest, in: MünchKommBGB, Bd. 2, 7. Aufl., 2016, § 307 Rn. 16.

Versicherungsbedingungen, die von Rechtsvorschriften abweichen oder diese ergänzen. Nach Art. 4 Abs. 1 RSV-RL verlangt die freie Anwaltswahl Berücksichtigung „in jedem Rechtsschutz-Versicherungsvertrag" – also innerhalb eines jeden Vertrages.[927] Die Wahlmöglichkeit zwischen unterschiedlichen Vertragsangeboten – mit und ohne freie Anwaltswahl – entspricht nicht dem unionalen Freiheitsbegriff und weicht von europäischem Gesetzesrecht ab.[928] Gleiches gilt nach §§ 127, 129 VVG, die den Versicherer in der europarechtsgerechten Lesart dazu zwingen, die freie Anwaltswahl außergerichtlich und gerichtlich zum unbedingten und vorbehaltlosen Vertragsinhalt für jeden Rechtsschutzversicherungsvertrag zu machen. Wahltarife unterliegen der inhaltlichen Angemessenheitsüberprüfung.

b. Verzicht auf den Selbstbehalt

Anders verhält es sich mit Klauseln, mit denen der Rechtsschutzversicherer auf den vereinbarten Selbstbehalt für den Fall verzichtet, dass der Versicherungsnehmer einen von ihm vorgeschlagenen Vertragsanwalt beauftragt. Ein solcher Preisnachlass an und für sich unterliegt nicht der inhaltlichen Angemessenheitskontrolle.[929] Dies gilt freilich nur dann, wenn der Preisnachlass allein die Höhe des Versicherungsbeitrages bestimmt und betrifft.

Prüffrei sind nämlich nur Bedingungen, die sich unmittelbar auf das Entgelt auswirken. Preisnebenabreden, die das Hauptleistungsversprechen abweichend vom Gesetz abändern oder ausgestalten, unterliegen der inhaltlichen Angemessenheitsprüfung.[930] Solche Nebenabreden regeln nicht nur Höhe und Umfang des Leistungsentgelts, sondern regeln die Art und Weise der Leistungserbringung. Nur der eng zu bestimmende Bereich der Leistungsbeschreibungen, ohne die „mangels Bestimmtheit oder Bestimmbarkeit des wesentlichen Vertragsinhalts

---

927 Armbrüster AnwBl 2012, 218 (219); a.A. wohl Schilasky Einschränkungen der freien Anwaltswahl in der Rechtsschutzversicherung, 1998, 220, 221.

928 Terriuolo AnwBl 2015, 140 (142 f.); Armbrüster AnwBl 2012, 218 (219); Terriuolo Das rechtsschutzversicherte Mandat, 2014, 118; s. a. Armbrüster JZ 2014, 577 (581).

929 LG Köln Beschl. v. 15.11.2001 – 7 O 128/01 –, MDR 2002, 630; Wurmnest, in: MünchKommBGB, Bd. 2, 7. Aufl., 2016, § 307 Rn. 17.

930 BGH Urt. v. 13.05.2014 – XI ZR 405/12 – u. XI ZR 170/13 –, BGHZ 201, 168 (176) = NJW 2014, 2420 Tz. 24; BGH Urt. v. 15.04.2010 – Xa ZR 89/09 –, NJW 2010, 2942 (2943) Tz. 16; BGH Urt. v. 16.07.2008 – VIII ZR 348/06, BGHZ 177, 253 (263) = NJW 2008, 3055 Tz. 27; BGH Urt. v. 13.07.2005 – IV ZR 83/04 –, NJW-RR 2005, 1479.

ein wirksamer Vertrag nicht mehr angenommen werden kann“[931], ist der Klauselkontrolle entzogen.[932]

§§ 127, 129 VVG sowie Art. 4 Abs. 1 a RSRL[933] zwingen den Parteien eines Rechtsschutzversicherungsvertrags die freie Anwaltswahl des Versicherungsnehmers als Vertragsinhalt auf.

Eine Abweichung von den gesetzlichen Vorgaben i.S.d. § 307 Abs. 3 S. 1 BGB liegt nach der hier vertretenen Auffassung bereits dann vor, wenn in dem Verzicht auf den Selbstbehalt eine Willensbeeinflussung des Versicherungsnehmers zu sehen ist. Als Verfahrensrecht sucht § 127 VVG die Wahlentscheidung des Versicherungsnehmers vor einer Einflussnahme seitens des Rechtsschutzversicherers zu schützen. Der Verzicht auf die Wahlentscheidung im Gegenzug zu dem Verzicht auf den Selbstbehalt stellt eine solche, nicht gewollte Einflussnahme dar.

Folgt man dem BGH, kommt es darauf an, ob der Verzicht eine rechtlich unerwünschte Willensbeeinflussung darstellt. Der BGH fordert hierfür zumindest eine seelisch-geistige Zwangseinwirkung auf den Willen des Versicherungsnehmers, die er bei einem Verzicht auf einen Selbstbehalt in Höhe von 150,00 € „für sich genommen“ noch nicht sieht.[934] Fordert man mit dem BGH eine rechtlich unerwünschte Willensbeeinflussung, um einen Eingriff in die Wahlfreiheit annehmen zu können, wird diese nicht auf Fälle der Nötigung (§ 240 StGB) zu beschränken sein, sondern auch Fälle der arglistigen Täuschung (§ 123 BGB) erfassen müssen. Der Versicherer verschweigt seinem Versicherungsnehmer die wirtschaftliche Verflechtung mit dem Vertragsanwalt und täuscht ihn damit arglistig. In dieser Täuschung liegt eine vom BGH geforderte rechtlich unerwünschte Willensbeeinflussung.

931 BGH Urt. v. 26.03.2014 - IV ZR 422/12 -, NJW 2014, 2038 (2040) Tz. 34; BGH Urt. v. 9.05.2001 - IV ZR 121/00 -, BGHZ 147, 354 (360) = NJW 2001, 2014; BGH Urt. v. 13.07.1994 - IV ZR 107/93 -, BGHZ 127, 35 (41) = NJW 1994, 1049; Wurmnest, in: MünchKommBGB, Bd. 2, 7. Aufl., 2016, § 307 Rn. 16.

932 Brömmelmeyer, in: Rüffer/Halbach/Schimikowski, VVG, 3. Aufl., 2015, Einl. 80; Armbrüster, in: Prölss/Martin VVG, 29. Aufl., 2015, Einl. 91; Wurmnest, in: MünchKommBGB, Bd. 2, 7. Aufl., 2016, § 307 Rn. 12; s. a. EuGH Urt. v. 23.04.2015 - C-96/14 -, NJW 2015, 1811 (1813) Tz. 33 - Van Hove.

933 Heute: Art. 201 Abs. 1 a Solvabilität II-RL.

934 BGH Urt. v. 4.12.2013 - IV ZR 215/12 -, BGHZ 199, 170 (184) = NJW 2014, 630 Tz. 39.

So oder so weicht die Verzichtsklausel von den gesetzlichen Vorgaben i.S.d. § 307 Abs. 3 S. 1 BGB ab, sodass eine inhaltliche Angemessenheitsprüfung geboten ist.

c. Nachlass wegen Schadenfreiheit

Nichts anderes gilt im Grundsatz für den Nachlass wegen Schadenfreiheit. Im Kern handelt es sich bei dem Schadenfreiheitsrabatt um eine bloße Preisbestimmung, die der inhaltlichen Angemessenheitsüberprüfung nach § 307 Abs. 3 S. 1 BGB entzogen ist. Bestimmt ein Rabattsystem allein die Höhe des Versicherungsbeitrages, unterliegt es nicht der inhaltlichen Überprüfung.[935]

Ebenso wie die Verzichtsklausel unterliegt ein Schadenfreiheitsrabattsystem dann der AGB-rechtlichen Inhaltsüberprüfung, wenn es sich um eine Preisnebenabrede handelt. Sowohl die Verzichtsklausel als auch das Schadenfreiheitsrabattsystem bieten dem Versicherungsnehmer einen geldwerten Vorteil für den Fall, dass er auf seine freie Anwaltswahl verzichtet. In beiden Fällen weicht das Bedingungswerk von der gesetzlich zwingend vorgesehenen freien Anwaltswahl ab. Das Schadenfreiheitrabattsystem ist damit ebenso wie die Verzichtsklausel keine prüfungsfreie Preisbestimmung, sondern eine prüffähige Preisnebenabrede.

4. Rechtsfolge: Abweichung und Nachteil

Sowohl das Recht der AGB mit § 307 Abs. 3 S. 1 BGB als auch das halbzwingende Recht fordern für eine rechtliche Überprüfung des Bedingungswerks eine Abweichung von den gesetzlichen Vorgaben. Die Frage, ob dem halbzwingenden Recht der Vorrang vor dem Recht der AGB gebührt, kann an dieser Stelle offen gelassen werden.

IV. Inhaltliche Prüfung: Angemessenheit

Die Tarif- und Versicherungsbedingungen der gestaltenden Schadenabwicklung in der Rechtsschutzversicherung sind einer Angemessenheitsüberprüfung zugänglich. Damit ist aber noch nicht über die Frage entschieden, ob §§ 127, 129 VVG überhaupt als Prüfungsmaßstab innerhalb der AGB-rechtlichen Überprüfung herangezogen werden können.

---

935 BGH Urt. v. 13.07.2005 – IV ZR 83/04 –, NJW-RR 2005, 1479; Wurmnest, in: MünchKommBGB, Bd. 2, 7. Aufl., 2016, § 307 Rn. 17.

1. *Prüfungsmaßstab halbzwingendes Recht*

§ 307 Abs. 2 Nr. 1 BGB versagt es dem Versicherer, von dem wesentlichen Grundgedanken der gesetzlichen Vorschriften abzuweichen. Nach § 129 VVG kann der Versicherer bereits nicht von dem Grundsatz der freien Anwaltswahl (§ 127 VVG) abweichen.

Nach der in Rechtsprechung und Schrifttum überwiegend vertretenen Meinung gehören dennoch auch (halb-)zwingende Vorschriften zu den gesetzlichen Regelungen des § 307 Abs. 2 Nr. 1 BGB, die den Prüfungsmaßstab einer Inhaltskontrolle abbilden.[936] § 307 Abs. 2 Nr. 1 BGB unterscheidet hinsichtlich der gesetzlichen Regelungen nicht zwischen zwingendem, halbzwingendem und abdingbarem Recht.

Diese Auffassung greift – wie unter Teil II B III dargestellt – zu kurz. (Halb-)zwingendes Recht stellt eine abschließende Regelung dar, sodass daneben keine AGB-rechtlich Inhaltsüberprüfung nach demselben gesetzlichen Prüfungsmaßstab zum Tragen kommen kann.[937] Halbzwingendes Recht wirkt in zweifacher Hinsicht.[938] Eine Abweichung zum Nachteil der Vertragsgegenseite kann zum einen mangels fehlender Gestaltungs- und Vertragsmacht von vorneherein keine Wirksamkeit entfalten.[939] Zum anderen tritt an die Stelle der unwirksamen

---

936 BGH Urt. v. 20.10.2015 – XI ZR 166/14 –, NJW 2016, 560 (562) Tz. 31; BGH Urt. v. 27.01.2015 – XI ZR 174/13 –, NJW 2015, 1440 (1441) Tz. 17; BGH Urt. v. 17.12.2013 – XI ZR 66/13 –, BGHZ 199, 281 (284) = NJW 2014, 922 Tz. 13 f.; Felsch r + s 2015, 53 (57); Martin VersR 1984, 1107 (1111); Präve FS Baumann, 1999, 249 (261); Möslein Dispositives Recht, 2011, 207 f.; van de Loo Die Angemessenheitskontrolle Allgemeiner Versicherungsbedingungen nach dem AGB-Gesetz, 1987, 77, 78; Roth Vertragsänderung bei fehlgeschlagener Verwendung von Allgemeinen Geschäftsbedingungen, 1994, 17, 18; Armbrüster, in: Prölss/Martin VVG, 29. Aufl., 2015, Einl. Rn. 109, § 18 Rn. 11; Wandt, in: MünchKommVVG, Bd. 1, 2. Aufl., 2016, § 32 Rn. 15, 22; Filthuth, in: Marlow/Spuhl, BeckOK VVG, 1. Aufl., Stand: 30.06.2016, § 129 Rn. 3; Pfeiffer, in: Wolf/Lindacher/Pfeiffer, AGB-Recht, 6. Aufl., 2013, § 307 Rn. 14; Fuchs, in: Ulmer/Brandner/Hensen, AGB-Recht, 11. Aufl., 2011, vor § 307 Rn. 57.

937 BAG Urt. v. 12.02.2015 – 6 AZR 831/13 –, NJW 2015, 2284 (2285) Tz. 19; Werber VersR 2010, 1253 (1256 f.); Armbrüster Privatversicherungsrecht, 1. Aufl., 2013, Rn. 528; Uffmann Das Verbot der geltungserhaltenden Reduktion, 2010, 45, 46; Klenk, in: Looschelders/Pohlmann, VVG, 3. Aufl., 2016, § 18 Rn. 6; zurückhaltend s. a. Klimke Die halbzwingenden Vorschriften des VVG, 2004, 157 f.

938 Roth JZ 1989, 411 (413); Uffmann Das Verbot der geltungserhaltenden Reduktion, 2010, 40.

939 Ellenberger, in: Palandt, BGB, 75. Aufl., 2016, § 134 Rn. 5; Dorn, in: HKK BGB, Bd. 1, 1. Aufl., 2003, §§ 134 – 137 Rn. 12; Sack/Seibl, in: Staudinger, BGB, Teilband 4 a, 12. Aufl., Neubearbeitung 2011, § 134 Rn. 33.

Vertragsbestimmung inhaltlich das halbzwingende Recht, von dem abgewichen wird.[940] Sowohl auf Tatbestands- als auch auf Rechtsfolgenseite trifft halbzwingendes Recht eine abschließende Regelung.[941] Daneben bleibt an und für sich kein Raum für eine AGB-rechtliche Inhaltskontrolle.

§ 3 Abs. 3 BRAO kann nicht hilfs- und ersatzweise als gesetzliche Regelung i.S.d. § 307 Abs. 2 Nr. 1 BGB und Prüfungsmaßstab herangezogen werden. Als öffentlich-rechtliche Vorschrift zielt sie nicht auf eine vertragsrechtliche Inhaltsbestimmung ab (s. Teil II B.IV.2).

Da sich Prüfungsumfang und -maßstab der Angemessenheits- und der Nachteilsprüfung grundlegend unterscheiden und dem Versicherer nicht das Verwenderrisiko genommen werden soll, wurde zu Prüfungszwecken die Eignung des § 127 VVG als gesetzliches Leitbild unterstellt (s. Teil II B.I.3). Erst nach der Einzelfallprüfung in der Angemessenheits- neben der Nachteilsprüfung kann und muss gegebenenfalls die Frage eines Anwendungsvorrangs entschieden werden.

2. Unangemessene Benachteiligung

Wenn eine Versicherungsbedingung von dem wesentlichen Grundgedanken der gesetzlichen Regelung abweicht (§ 307 Abs. 2 Nr. 1 BGB), ist im Zweifel anzunehmen, dass der Versicherungsnehmer durch deren Verwendung unangemessen i.S.d. § 307 Abs. 1 S. 1 BGB benachteiligt wird.

a. Empfehlung und Vermittlung

Der Rechtsschutzversicherer hat im Rahmen der gestaltenden Schadensabwicklung ein reges Interesse daran, dem Versicherungsnehmer seine Vertragsanwälte zu empfehlen und zu vermitteln. Mit Ziff. 4.1.3. ARB 2012 räumt der Rechtsschutzversicherer dem Versicherungsnehmer vertraglich das Recht auf eine freie Anwaltswahl ein. Die Bestimmung stellt insoweit die Gesetzeslage dar und ist AGB-rechtlich unbedenklich.

---

940 Roth JZ 1989, 411 (413); Ulmer FS Steindorff, 1990, 799 (804); Schapp Grundfragen der Rechtsgeschäftslehre, 1986, 93; Cziupka Dispositives Vertragsrecht, 2010, 36; Dorn, in: HKK BGB, Bd. 1, 1. Aufl., 2003, §§ 139 – 141 Rn. 8.

941 Werber VersR 2010, 1253 (1256 f.); Armbrüster Privatversicherungsrecht, 1. Aufl., 2013, Rn. 528; Uffmann Das Verbot der geltungserhaltenden Reduktion, 2010, 45, 46; Klenk, in: Looschelders/Pohlmann, VVG, 3. Aufl., 2016, § 18 Rn. 6.

aa. Empfehlung eines Vertragsanwaltes

Die unverbindliche Empfehlung eines Vertragsanwaltes lässt das Recht auf die freie Anwaltswahl (§ 127 VVG) unberührt. Beschnitten wird es durch die verbindliche Vorgabe eines Rechtsanwaltes.[942] In einer unverbindlichen Empfehlung liegt weder das Verbot, einen eigenen Anwalt zu wählen, noch das Gebot, einen bestimmten Anwalt zu wählen.[943]

bb. Anwalt auf Verlangen

Dies gilt erst recht, wenn der Versicherungsnehmer selbst nach einer Anwaltsempfehlung durch den Rechtsschutzversicherer verlangt. Ziff. 4.1.3. ARB 2012 sieht für diesen Fall vor, dass der Versicherer für den Versicherungsnehmer den Rechtsanwalt auf dessen Geheiß und in dessen Namen (§ 164 BGB)[944] vermittelt und beauftragt. Das Wahlrecht des § 127 VVG ist weder ein höchstpersönliches[945] noch ein unverzichtbares Recht[946]. § 127 VVG schützt als Verfahrensrecht

---

942 BGH Urt. v. 26.10.1989 – I ZR 242/87 –, BGHZ 109, 153 (159) = NJW 1990, 578 unter II.3.

943 BGH Beschl. v. 20.06.2006 – VI ZR 75/05 –, NJW 2006, 2910 (2912) Tz. 25; OLG Hamm Urt. v. 13.12.2005 – 4 U 113/05 –, BeckRS 2006, 04706; LG Kassel Urt. v. 9.10.2008 – 1 S 132/08 –, BeckRS 2010, 04025; LG Bremen Urt. v. 4.09.1997 – 12 O 626/96 –, VersR 1998, 974; Terriuolo Das rechtsschutzversicherte Mandat, 2014, 116; Armbrüster, in: Prölss/Martin, VVG, 29. Aufl., 2015, ARB 2010 § 17 Rn. 2; Pfafenholz, in: Looschelders/Pohlmann, VVG, 3. Aufl., 2016, § 127 Rn. 2, 3; Bauer, in: Harbauer, ARB, 8. Aufl., 2010, § 127 Rn. 4.

944 Bauer, in: Harbauer, ARB, 8. Aufl., 2010, ARB 2010 § 17 Rn. 10.

945 So aber BGH Urt. v. 26.10.1989 – I ZR 242/87 –, BGHZ 109, 153 (159) = NJW 1990, 578 – Mieterverein.

946 Wie hier Verzichtsmöglichkeit bejahend: EGMR Urt. v. 27.11.2008 – 36391/02 –, NJW 2009, 3707 (3709) Tz. 59 – Salduz; EGMR Urt. v. 27.10.2011 – 25303/08 –, NJW 2012, 3709 – Stojkovic; Terriulo AnwBl 2015, 140 (142); Michalke/Römermann ZIP 1994, 433 (442); Terriuolo Das rechtsschutzversicherte Mandat, 2014, 113; Schilasky Einschränkungen der freien Anwaltswahl in der Rechtsschutzversicherung, 1998, 167, 171; Dörr Faires Verfahren, 1984, 85; Meyer-Ladewig, in: Meyer-Ladewig, EMRK, 3. Aufl., 2011, Art. 6 Rn. 99, 122, 123.
Verzicht verneinend: Pestke BRAK-Mitt 1988, 241 (244); Prunbauer-Glaser FS Hellwig, 2010, 69 (81); Henssler FS Geiß, 2000, 271 (280); Pestke Der Rechtsanwalt als Mitwirkender verwaltungsrechtlicher Verfahren einschließlich solcher des Sozial- und Steuerrechts, 1986, E/67, 68; Kalsbach BRAO, 1960, 1. Aufl., § 3 Rn. 9; Isele BRAO, 1. Aufl., 1976, § 3 Anm. IV.B.2.; Busse, in: Henssler/Prütting, BRAO, 4. Aufl., 2014, § 3 Rn. 29; Brüggemann, in: Feuerich/Weyland, BRAO, 9. Aufl., 2016, § 3 Rn. 46 f.; Wolf,

nicht die Entschließungsfreiheit des Rechtsuchenden[947], sondern dessen Selbstbehauptungsrecht. Will der Rechtsuchende seine Rechte nicht selbst verteidigen oder verfolgen, so kann er sich innerhalb der gesetzlichen Grenzen (§§ 78, 79 ZPO, 3 RDG) vertreten lassen. § 127 VVG hindert den Versicherungsnehmer nicht daran, die Beauftragung des Rechtsanwaltes an den Versicherer zu übertragen.[948]

cc. Notanwalt

Dies gilt auch und gerade in denjenigen Fällen, in denen Not am Mann ist. Nach Ziff. 4.1.3 ARB 2012 ist der Rechtsschutzversicherer ermächtigt, im Namen des Versicherungsnehmers einen Anwalt zu beauftragen, wenn der Versicherungsnehmer keinen Anwalt benennt und die umgehende Beauftragung eines Rechtsanwalts notwendig erscheint. In solchen Notfällen sieht das Verfahrensrecht ein Beiordnungsrecht des Gerichtes vor (§§ 140, 141 StPO, 78 b ZPO). Auch der Rechtsschutzversicherer muss sich nicht sehenden Auges in die Gefahr eines Schadenersatzanspruches wegen einer Fürsorgepflichtverletzung[949] begeben. Die Notgeschäftsführungsbefugnis des Versicherers nach Ziff. 4.1.3 ARB 2012 steht im Einklang mit § 127 VVG.[950]

b. Telefonieklauseln

Auf den ersten Blick scheinen auch die Telefonieklauseln des Versicherers keine rechtlichen Schwierigkeiten aufzuwerfen.

Der Versicherungsnehmer hat seinem Versicherer den Versicherungsfall unverzüglich anzuzeigen (§ 30 VVG). Ziff. 4.1.1.1 ARB 2012 ergänzt die gesetzliche Vorschrift des § 30 VVG dahin gehend, dass der Versicherungsfall

in: Gaier/Wolf/Göcken, Anwaltliches Berufsrecht, 2. Aufl., 2015, BRAO § 3 Rn. 64 f.; Greger, in: Zöller, ZPO, 31. Aufl., 2016, vor § 128 Rn. 7 a.

Offen gelassen: OLG München Urt. v. 22.03.2202 – 21 U 2386/01 –, NJW 2002, 3641 (3642).

947 So aber LG Bamberg Urt. v. 8.11.2011 – 1 O 336/10 –, VersR 2011, 1515; Armbrüster AnwBl 2012, 218 (220).

948 Münkel, in: Rüffer/Halbach/Schimikowski, VVG, 3. Aufl., 2015, ARB 2010 § 17 Rn. 21; Hillmer-Möbius, in: van Bühren/Plote, ARB, 3. Aufl., 2013, ARB 2010 § 17 Rn. 44.

949 Münkel, in: Rüffer/Halbach/Schimikowski, VVG, 3. Aufl., 2015, ARB 2010 § 17 Rn. 21.

950 Armbrüster VuR 2012, 167 (168); Armbrüster, in: Prölss/Martin, VVG, 29. Aufl., 2015, ARB 2010 § 17 Rn. 1 b; Hillmer-Möbius, in: van Bühren/Plote, ARB, 3. Aufl., 2013, ARB 2010 § 17 Rn. 44; Münkel, in: Rüffer/Halbach/Schimikowski, VVG, 3. Aufl., 2015, ARB 2010 § 17 Rn. 21.

„gegebenenfalls auch telefonisch" mitzuteilen ist.[951] Eine Schrift- oder Textform muss der Versicherungsnehmer nicht einhalten. Dies stellt die Klausel klar und ist damit AGB-rechtlich unbedenklich.

aa. Einfache Telefonieklauseln

Rechtlich unbedenklich sind auch einfache Telefonieklauseln, nach denen der Versicherer die Kosten einer telefonischen Rechtsberatung durch einen zugelassenen Anwalt übernimmt.[952] Solche Klauseln überlassen dem Versicherungsnehmer die Wahl, durch welchen Anwalt er sich beraten lassen will. Sie sind unter dem Blickwinkel des § 127 VVG genauso unbedenklich wie eine bloße Anwaltsempfehlung.

bb. Strenge Telefonieklauseln

Anders sieht es dann aus, wenn der Versicherer tariflich zur Schadenmeldung lediglich eine Anwaltshotline vorhält, an die der Versicherungsnehmer sich wenden kann, oder lediglich für die Kosten einer telefonischen Beratung durch seine Vertragsanwälte aufkommt (strenge Telefonieklausel). Von einer bloßen Anwaltsempfehlung kann dann keine Rede mehr sein.

Gängige strenge Telefonieklauseln lauten etwa:[953]

> „Juratel
> § 1 Gegenstand von ARAG JuraTel
> Die ARAG stellt dem Versicherungsnehmer eine Rufnummer für den schnellen und einfachen Zugang zu einer telefonischen Erstberatung (einem telefonischen ersten Beratungsgespräch) durch einen in Deutschland zugelassenen Rechtsanwalt in allen Rechtsangelegenheiten zur Verfügung, auf die deutsches Recht anwendbar ist."

> „§ 30 – HUK Coburg Rechtsberatung
> …
> (3) Der Versicherungsschutz umfasst telefonische Erstberatungsgespräche nach deutschem Recht durch einen Rechtsanwalt. …
> (6) Die Voraussetzungen für die telefonische Erstberatung werden nach telefonischer Anfrage des Versicherungsnehmers geprüft. Auf Wunsch des Versicherungsnehmers wird er auf Kosten des Versicherers mit einer unabhängigen Anwaltskanzlei verbunden."

951 Cornelius-Winkler NJW 2014, 588 (590); Maier r + s 2013, 105 (109); van Bühren BRAK-Mitt 2013, 255 (256).

952 Beispiele für Telefonieklauseln sind im Anhang abgedruckt.

953 Weitere Beispiele finden sich im Anhang.

Die Klauseln lassen dem Versicherungsnehmer keine Wahlmöglichkeiten und weichen daher von dem gesetzlichen Leitbild des § 127 VVG ab.[954] Strenge Telefonieklauseln sind nach § 307 Abs. 1 S. 1, Abs. 2 Nr. 1 BGB wegen einer unangemessenen Benachteiligung des Versicherungsnehmers unwirksam.

cc. Erweiterte Telefonberatung

Neben den strengen Telefonieklauseln verwenden Rechtsschutzversicherer auch Tarif- oder Versicherungsbedingungen zu einer erweiterten Telefonberatung. Auch diese Bestimmungen zu einer erweiterten Telefonberatung zielen auf die Beauftragung eines Vertragsanwaltes der Versicherer. Dieses Ziel wird etwa dadurch erreicht, dass der Versicherer nur eine telefonische Erstberatung durch seine Vertragsanwälte als Zusatzleistung zu der üblichen Kostenerstattung anbietet oder bei einer telefonischen Beratung durch seine Vertragsanwälte auf den Eintritt des Versicherungsfalls verzichtet. Marktgängig sind auch Klauseln, mit denen die Kosten für eine telefonische Beratung durch ungebundene Anwälte auf eine bestimmte Summe gedeckelt werden und wahlweise eine telefonische Beratung durch die Vertragsanwälte des Versicherers ohne diese Kostendeckelung angeboten wird.

Die Bedingungen der erweiterten Telefonberatung wurden bereits in diesem Teil unter A.I.2 einer Nachteilsprüfung nach §§ 127, 129 VVG unterzogen.

Dabei stellte sich heraus, dass der Rechtsschutzversicherer mit der erweiterten Telefonberatung die Entscheidung des Versicherten beeinflusst, durch wen er sich anwaltlich beraten lässt, und damit tatbestandlich den § 127 VVG beeinträchtigt. In der erweiterten Telefonberatung liegt eine im Interesse der unabhängigen Rechtspflege und Rechtsfindung von § 127 VVG unerwünschte Fremdbeeinflussung. Selbst wer mit dem BGH und Teilen des Schrifttums für den § 127 VVG eine mittelbare Verletzungshandlung fordert, muss zu demselben Ergebnis gelangen. Der Versicherer täuscht den Versicherungsnehmer arglistig über die Hintergründe einer telefonischen Beratung durch die Vertragsanwälte. Die wirtschaftliche Verflechtung und die Höhe seiner ersparten Aufwendungen offenbart er dem Versicherten nicht. Dem Versicherungsnehmer mangelt es an der für eine Wahlentscheidung erforderlichen Entscheidungsgrundlage. Damit greift der Versicherer zumindest mittelbar in die Wahlfreiheit des Versicherungsnehmers ein.[955]

---

954 LG Bamberg Urt. v. 8.11.2011 – 1 O 336/10 –, VersR 2011, 1515 (1516).

955 Die vom BGH geforderte seelisch-geistig vermittelte Zwangseinwirkung fehlt freilich, sodass dieser einen mittelbaren Eingriff in die Wahlfreiheit verneinen müsste.

Nichts anderes gilt, wenn die erweiterte Telefonberatung einer Angemessenheitsprüfung am Maßstab des § 307 Abs. 2 Nr. 1 BGB i.V.m. § 127 VVG unterzogen wird. Die erweiterte Telefonberatung ist mit dem gesetzlichen Leitbild der freien Anwaltswahl nicht vereinbar.

c. *Streitschlichtungsklauseln*

Auf einer weiteren Stufe der gestaltenden Schadenabwicklung versuchen Rechtsschutzversicherer den Versicherungsnehmer durch Streitschlichtungsklauseln abzufangen. Streitschlichtungsklauseln (Mediationsklauseln) werden ebenso wie Telefonie- und Inkassoklauseln von den Rechtsschutzversicherern im Rahmen der gestaltenden Schadenabwicklung dazu genutzt, sich einerseits um eine schnelle und kostengünstige Erledigung[956], andererseits um eine Lenkung zu den über Rationalisierungsabkommen gebundenen Vertragsanwälten zu bemühen.[957] Die Kosten einer Mediation werden entweder als Zusatzleistung angeboten (einfache Streitschlichtungsklauseln)[958] oder die „vergebliche Mühe" um eine Mediation zur Vorbedingung für den Gerichtsrechtsschutz erhoben (strenge Streitschlichtungsklausel).[959] Der Versicherer übernimmt die Kosten einer Mediation freilich nur dann, wenn er selbst den Mediator vermittelt hat (Ziff. 2.3.1.1 ARB 2012). Bei der strengen Klausel schließt der Versicherer zudem die Kostenübernahme für eine außergerichtliche anwaltliche Vertretung aus.

aa. Einfache Streitschlichtungsklauseln

Mit einfachen Streitschlichtungsklauseln bietet der Versicherer – zusätzlich zu der üblichen Erstattung der Rechtsverfolgungskosten – die Übernahme für die Kosten einer Mediation an, wenn der Versicherungsnehmer dies wünscht und der Mediator durch den Versicherer vermittelt wird (Ziff. 2.3.1.1 ARB 2012). Die verbindliche Vorgabe des Mediators verletzt das Recht des Versicherungsnehmers

---

956 Cornelius-Winkler SVR 2013, 201 (203): 75 % Erledigungsquote; Terriuolo Das rechtsschutzversicherte Mandat, 2014, 143: 80 % Erledigungsquote; Eberhardt ZKM 2014, 83 (85): 70 % Erledigungsquote.

957 Cornelius-Winkler NJW 2014, 588 (590); van Bühren BRAK-Mitt 2013, 255 (256).

958 Wendt, in: Klowait/Gläßer, MediationsG, 1. Aufl., 2014, Teil 3 Ab. 8 Rn. 13.

959 Cornelius-Winkler SVR 2013, 201 (204); s. a. Maier r + s 2015, 353 (354); Buschbell, in: Buschbell/Hering Hdb RSV, 6. Aufl., 2015 § 3 Rn. 9. Z. B. der M-Aktiv-Tarif der DEURAG in einer älteren Fassung, wie er der Entscheidung des LG Frankfurt am Main [Urt. v. 07.05.2014 – 2 – 06 O 271/13 –, NJW 2014, 2204] zugrunde lag, oder der Tarif Mediation-Pro der AUXILIA (im Anhang abgedruckt). Krit. Lauda NJW 2014, 2208; Sittig/Kuchelmeister AnwBl 2013, 517 (519).

auf eine freie Wahl des Mediators (§ 2 Abs. 1 MediationsG). Der Tatbestand des § 3 Abs. 3 BRAO ist insoweit nicht einschlägig. Die Mediatorentätigkeit ist nicht den sog. Anwaltsmediatoren (§ 7 a BORA) vorbehalten, also zugelassenen Anwälten, die gleichzeitig Mediatoren sind. Sie steht allen zertifizierten Mediatoren i.S.d. § 6 MediationsG frei und offen. Das gesetzliche Leitbild der freien Anwaltswahl nach § 127 VVG greift nicht.[960]

(1) Gesetzliches Leitbild des § 127 VVG: freie Anwaltswahl

§ 127 VVG schützt die Anwaltschaft nicht vor Mitbewerbern auf dem Markt der außergerichtlichen Streitbeilegung. Der Streitschlichtungsklausel kann nicht entgegengehalten werden, sie führe zu einem tatsächlichen Ausschluss der Rechtsanwaltschaft von diesem Markt.[961] Das Wahlrecht steht dem Rechtsuchenden zu, nicht dem Rechtsanwalt. Das Auftrittsrecht des Rechtsanwaltes folgt dem Auftrittsrecht des Rechtsuchenden – nicht umgekehrt.[962] Weder das RDG noch das MediationsG dienen dem Schutz der Rechtsanwaltschaft vor einem Wettbewerb.[963]

(2) Gesetzliches Leitbild des § 2 Abs. 1 MediationsG: freie Mediatorenwahl

Allerdings räumt § 2 Abs. 1 MediationsG den Parteien ein Wahlrecht in Hinblick auf den Mediator ein. Die Parteien wählen den Mediator aus, § 2 Abs. 1 MediationsG. Der Mediator ist eine unabhängige Person, § 1 Abs. 2 MediationsG. Dritte können nur mit Zustimmung aller Parteien in die Mediation miteinbezogen

960 OLG Frankfurt a. M. Urt. v. 9.04.2015 – 6 U 110/14 –, r + s 2015, 351 (353) = VersR 2016, 188 Tz. 32; LG Frankfurt a. M. Urt. v. 7.05.2014 – 2-06 O 271/13 –, NJW 2014, 2204 (2205 f.); Wendt VersR 2014, 420 (427); Cornelius-Winkler SVR 2013, 201 (204); Pfaffenholz, in: Looschelders/Pfaffenholz, ARB, 1. Aufl., 2014, § 125 Rn. 8; Wendt, in: van Bühren/Plote, ARB, 3. Aufl., 2013, § 5 a ARB 2010 Rn. 6; Stahl, in: Harbauer, ARB, 8. Aufl., § 5 a ARB 2000 Rn. 5; Cornelius-Winkler, in: Harbauer, ARB, 8. Aufl., § 5 ARB 2000 Rn. 277.

961 Wendt, in: Klowait/Gläßer, MediationsG, 1. Aufl., 2014, Teil 3 Ab. 8 Rn. 15; so aber Lauda NJW 2014, 2208 (2209); krit. a.: Maier r + s 2013, 105 (107); Cornelius-Winkler SVR 2013, 201 (203); Burmann SpV 2013, 5. Wie hier zu der gestaltenden Schadenabwicklung der Haftpflichtversicherer: OLG München Urt. v. 17.01.2013 – 29 U 2338/12 –, BeckRS 2014, 19008 – fairplay; LG München Urt. v. 26.04.2012 – 17 HK O 19193/11 –, NJW-RR 2012, 1184 (1185) – fairplay.

962 BVerwG Urt. v. 28.04.1981 – 2 C 51/78. NJW 1981, 2136; BVerwG Urt. v. 21.11.1980 – 7 C 49/78 –, NJW 1981, 1972 (1973); Schoch NJW 1982, 545 (550).

963 Kleine-Cosack NJW 2010, 1553 (1554); Kleine-Cosack RDG, 3. Aufl., 2014, § 4 Rn. 42, 22.

werden, § 2 Abs. 4 MediationsG. Umstände, die seine Unabhängigkeit[964] oder Unvoreingenommenheit beeinträchtigen könnten, hat der Mediator offen zu legen, § 3 Abs. 1 S. 1 MediationsG.

Das Benennungs- und Bestimmungsrecht des Versicherers in Hinblick auf den Mediator, welches er sich durch sein Bedingungswerk vorbehält (Ziff. 2.3.1.1. ARB 2012, § 5 a ARB 2009)[965], ist mit diesen gesetzlichen Vorgaben schlicht unverträglich.[966]

(3) Gesetzliches Leitbild des § 1 Abs. 1 MediationsG: Unabhängigkeit

Über die unangemessene Benachteiligung des Versicherungsnehmers vermag auch das gesetzliche Recht des Versicherungsnehmers nach § 3 Abs. 1 S. 2 MediationsG, auf die freie Mediatorenwahl zu verzichten, nicht hinwegzuhelfen.[967] Die Wahl des Mediators durch den Rechtsschutzversicherer - und nicht durch die Parteien - stellt nicht nur die Unabhängigkeit und Unvoreingenommenheit des Mediators i.S.d. § 3 Abs. 1 S. 1 MediationsG, sondern das gesamte Mediationsverfahren als unabhängiges Verfahren (§ 1 Abs. MediationsG) in Frage.

Das ausbedungene Benennungsrecht des Versicherers verstößt gegen das Benachteiligungsverbot des § 307 Abs. 1, Abs. 2 Nr. 1 BGB und ist daher unwirksam.

bb. Pendelmediation

Tatsächlich vermitteln die Rechtsschutzversicherer statt der versprochenen Mediation i.S.d. § 1 Abs. 1 MediationsG eine sog. Pendelmediation. Es wird in Zweifel gezogen, ob es sich bei dieser Art einer Pendelmediation noch um eine

---

964 Angesichts wohl marktüblicher Stundensätze zwischen 10 und 20 € werden Zweifel an der Güte der vermittelten Mediationsleistung genährt (Cornelius-Winkler NJW 2014, 588 (590); Cornelius-Winkler SVR 2013, 201 (205).

965 Im Anhang abgedruckt.

966 LG Frankfurt a. M. Urt. v. 7.05.2014 - 2-06 O 271/13 -, NJW 2014, 2204 (2205 f.); Lauda NJW 2014, 2208 f. A.A. Röthemeyer ZKM 2014, 203 (205, 206); Eberhardt ZKM 2014, 83 (87); Schneider Rechtsschutzversicherung für Anfänger, 2. Aufl., 2017, Rn. 270.; Richter, in: MünchKommVVG, Bd. 2, 2. Aufl., 2017, § 127 Rn. 16; wohl auch Bauer NJW 2015, 1651 (1652 m. Fn. 10), die unter Hinweis auf § 2 Abs. 5 S. 1 MediationsG das Selbstbestimmungsrecht der Parteien gewahrt sehen. Zwar steht es den Parteien frei, das Mediationsverfahren jederzeit zu beenden. Dies macht die verbindliche Vorgabe eines Mediators freilich nicht zu einer unverbindlichen Empfehlung.

967 A. a. Böhm/Fries VersR 2016, 1092 (1093); Röthemeyer ZKM 2014, 203 (205); Wendt VersR 2014, 420 (427); Richter, in: MünchKommVVG, Bd. 2, 2. Aufl., 2017, § 127 Rn. 16.

am gesetzlichen Leitbild der Mediation i.S.d. § 1 Abs. 1 MediationsG und des § 2 Abs. 3 Nr. 4 RDG ausgerichtete Mediation handelt.[968]

Selbst wenn die durch den Versicherer vermittelte Mediation auf ein bloßes Hin- und Hertelefonieren des Mediators hinausläuft, um eine Einigung zwischen den Parteien zu erzielen, vermag dies keinen AGB-rechtlichen Missbrauchsvorwurf zu rechtfertigen. Wer danach fragt, ob es sich bei der tatsächlich angebotenen Pendelmediation noch um eine Mediation i.S.d. § 1 Abs. 1 MediationsG und § 2 Abs. 3 Nr. 4 RDG handelt[969], der fragt nicht nach dem Machtmissbrauch durch die Verwendung unangemessener Vertragsbedingungen (§ 307 Abs. 1 S. 1 BGB), sondern danach, ob der Versicherer sein Vertragsversprechen pflichtgemäß erfüllt. Dies ist keine Frage der inhaltlichen Angemessenheitsüberprüfung, sondern allenfalls eine Frage der Haftung des Rechtsschutzversicherers auf Erfüllung oder Schadenersatz.

Einfache Streitschlichtungsklauseln benachteiligen den Versicherungsnehmer nicht schon deshalb unangemessen, weil der Versicherer lediglich eine sog. Pendelmediation anbietet. Allerdings verletzen sie den Grundsatz der freien Mediatorenwahl und der Unabhängigkeit des Streitschlichters und benachteiligen den Versicherungsnehmer aus diesen Gründen unangemessen i.S.d. § 307 Abs. 1 S. 1 BGB. Sie halten einer inhaltlichen Angemessenheitsüberprüfung nicht stand.

cc. Strenge Streitschlichtungsklauseln

Strenge Streitschlichtungsklauseln fordern dem Versicherungsnehmer mehr ab als einfache Streitschlichtungsklauseln.[970] Anstatt der Kosten für die außergerichtliche Vertretung durch einen Anwalt übernimmt der Versicherer nur die Kosten für einen von ihm vermittelten Mediator für einen Schlichtungsversuch. Die Kosten für die Wahrnehmung rechtlicher Interessen vor Gericht kann der Versicherungsnehmer erst verlangen, wenn er sich „vergeblich" um eine Konfliktlösung durch Mediation „bemüht" hat.[971]

---

968 Riemer SpV 2017, 24 (26); Burmann SpV 2013, 5; Cornelius-Winkler, in: Harbauer, ARB, 8. Aufl., § 5 ARB 2000 Rn. 277; s. a. Lauda NJW 2014, 2208 (2209) sowie Böhm/Fries VersR 2016, 1092 (1094).

969 Riemer SpV 2017, 24 (26); Burmann SpV 2013, 5; Cornelius-Winkler, in: Harbauer, ARB, 8. Aufl., § 5 ARB 2000 Rn. 277; s. a. Lauda NJW 2014, 2208 (2209).

970 Cornelius-Winkler SVR 2013, 201 (204); s. a. Maier r + s 2015, 353 (354); Buschbell, in: Buschbell/Hering Hdb RSV, 6. Aufl., 2015 § 3 Rn. 9. Z. B. der M-Aktiv-Tarif der DEURAG in einer älteren Fassung, wie er der Entscheidung des LG Frankfurt am Main [Urt. v. 07.05.2014 – 2 – 06 O 271/13 –, NJW 2014, 2204] zugrunde lag, oder der Tarif Mediation-Pro der AUXILIA (im Anhang abgedruckt). Krit. Lauda NJW 2014, 2208; Sittig/Kuchelmeister AnwBl 2013, 517 (519).

971 S. Tarif M-Aktiv der DEURAG, im Anhang abgedruckt.

(1) Verhüllte Obliegenheit

Inhaltlich fordert die strenge Streitschlichtungsklausel ein bestimmtes Verhalten des Versicherungsnehmers, von dem es abhängt, ob er einen zugesagten Versicherungsschutz behält oder ob er ihn verliert. Der Versicherer macht den Schlichtungsversuch nicht nur zur bloß objektiven Vorbedingung für die Kostenübernahme einer anwaltlichen Vertretung: Ohne außergerichtlichen Schlichtungsversuch kein Gerichtskostenschutz. Sondern vielmehr muss sich der Versicherungsnehmer um die Mediation „vergeblich bemüht" haben. So lange er dies nicht getan hat, bleibt ihm die Kostenübernahme für eine anwaltliche Vertretung und Beratung versagt. Diese an einen Verschuldensvorwurf anknüpfende Bedingung lässt sich im Kern nur als (un-)bestimmte Verhaltens- bzw. Unterlassungspflicht – mithin als Obliegenheit – verstehen. Bei der abverlangten Bemühung um eine außergerichtliche Streitbeilegung handelt es sich nicht um einen bloßen Wagnisausschluss, sondern um eine sog. verhüllte Obliegenheit.

(2) Klarheitsgebot des § 307 Abs. 1 S. 2 BGB

Diese muss nach § 307 Abs. 1 S. 2 BGB so klar und verständlich gefasst sein, dass der Versicherungsnehmer weiß, was er zu tun und zu lassen hat. Dem Klarheitsgebot des § 307 Abs. 1 S. 2 BGB genügen nur solche Versicherungsbedingungen, die die tatbestandlichen Voraussetzungen und ihre Rechtsfolgen so genau beschreiben, dass aus Sicht des durchschnittlichen Versicherungsnehmers hinreichend deutlich wird, in welchem Umfang Versicherungsschutz besteht.[972] Der Verwender Allgemeiner Versicherungsbedingungen ist gehalten, Rechte und Pflichten seines Vertragspartners möglichst klar und durchschaubar darzustellen.[973] Wirtschaftliche Belastungen und Nachteile müssen ihm klar vor Augen geführt werden.[974]

---

972 BGH Urt. v. 9.05.2001 – IV ZR 121/00 –, BGHZ 147, 354 (361) = NJW 2001, 2014.

973 Den Maßstab des Klarheitsgebotes legen – wie hier – Koch [VersR 2014, 283 (285 f.)] m.w.N. und Knappmann [in: Prölss/Martin, VVG, 29. Aufl., 2010, VHB 2000 § 5 Rn. 22] an. A.A. Armbrüster [in: Prölss/Martin, VVG, 29. Aufl., 2015, § 28 Rn. 43], der die Unterscheidung zwischen einer verhüllten Obliegenheit und einem Wagnisausschluss aus Sicht des durchschnittlichen Versicherungsnehmers für zu belanglos hält, als dass sie den Vorwurf einer unklaren Regelung rechtfertigen würde. Gerade wegen der einschneidenden Rechtsfolge des Verlustes des Versicherungsschutzes ist es für den Versicherungsnehmer entscheidend zu wissen, was er zu tun und zu lassen hat, um seinen Versicherungsschutz zu erhalten [BGH Urt. v. 16.09.2009 – IV ZR 246/08 –, NJW-RR 2010, 99 (102) Tz. 27; s.a. Felsch r + s 2015, 53 (57)].

974 Wendt r + s 2010, 221 (229).

Diesen Anforderungen genügt die strenge Streitschlichtungsklausel nicht.[975] Die strenge Streitschlichtungsklausel lässt den Versicherungsnehmer im Ungewissen darüber, was dieser getan haben muss, um eine gerichtliche Auseinandersetzung zu meiden. Wann ist ein Einigungsversuch „vergeblich"? Muss der Versicherungsnehmer eine Mediation mit dem gegnerischen Haftpflichtversicherer bei einem Verkehrsunfall versuchen, obwohl diese offenkundiger Unsinn ist? Ist der Versicherungsnehmer gehalten, einen außergerichtlichen Einigungsversuch mit seinem Arbeitgeber zu unternehmen, obgleich die Frist für eine Kündigungsschutzklage lediglich drei Wochen ab Zugang der Kündigung beträgt (§ 4 KSchG)? Ist die Mühe um eine Einigung vergeblich, wenn der Versicherungsnehmer dem Versicherer zwar seine Einigungsbereitschaft bestätigt, seinen Nachbarn aber im ersten Mediationstermin als unbelehrbaren Querulanten bezeichnet, woraufhin das Verfahren beendet wird? Welcher Verschuldensmaßstab soll im Fall einer Obliegenheitsverletzung zum Verlust des Versicherungsschutzes führen (§ 28 Abs. 2 S. 2 VVG)? Gilt dies schon für Fälle einfacher Fahrlässigkeit? Die strenge Streitschlichtungsklausel ist zu unbestimmt, um dem Versicherungsnehmer Klarheit darüber zu verschaffen, was er tun muss, um seinen Versicherungsschutz zu erhalten.

(a) Lehre von der Geringfügigkeit

Teilweise meint das Schrifttum indes eine geringfügige Unklarheit darf nicht die Unwirksamkeit einer Obliegenheitsbedingung nach sich ziehen.[976] Der durchschnittliche Versicherungsnehmer unterscheidet nicht zwischen einer unklar gefassten Verhaltenspflicht und einer und einem unverständlichen Ausschlusstatbestand. Wenn der Versicherungsnehmer die Bedingung denn liest, weiß er jedenfalls, dass ihm in bestimmten Fällen der Versicherungsschutz entzogen werden soll. Er ist auch nicht schutzwürdig. Der Versicherer muss sich vor dem unredlichen Versicherungsnehmer schützen können. Das Mittel erster Wahl hierzu sind Obliegenheitstatbestände. Versagt das Recht dem Versicherer den Schutz vor der Inanspruchnahme durch unredliche Versicherungsnehmer, muss er diesem Leistungen erbringen und kann u.U. redliche Versicherungsnehmer wegen der Unberechenbarkeit des erweiterten Wagnisses nicht mehr bedienen. Das Versicherungsgeschäft ist ein Massengeschäft. Der Versicherer ist auf den Schutz vor Obliegenheitsverletzungen durch die Versicherten angewiesen.[977]

975 Vgl. Cornelius-Winkler SVR 2013, 201 (204).

976 Armbrüster, in: Prölss/Martin, VVG, 29. Aufl., 2015, § 28 Rn. 43, 42, 284.

977 Armbrüster, in: Prölss/Martin, VVG, 29. Aufl., 2015, § 28 Rn. 284.

Das Verhalten unredlicher Versicherungsnehmer geht letzten Endes zu den wirtschaftlichen Lasten aller Versicherten.

(b) Lehre vom strengen Klarheitsgebot

Demgegenüber verlangt die Lehre von dem strengen Klarheitsgebot gerade in den Fällen der sog. verhüllten Obliegenheit eine unnachgiebige Beachtung des Klarheitsgebotes nach § 307 Abs. 1 S. 2 BGB mit der Folge der Unwirksamkeit nach § 307 Abs. 1 S. 1 BGB.[978]

(c) Stellungnahme

Die zuletzt genannte Auffassung ist vorzugswürdig. Es war dem Gesetzgeber bei der Neufassung des VVG 2008 ein Hauptanliegen, „die Stellung des Versicherungsnehmers zu stärken und die Transparenz von Versicherungsbedingungen zu verbessern".[979] Obliegenheitsverletzungen gehen mit der für den Versicherungsnehmer einschneidenden Folge des teilweisen oder vollständigen Verlustes seines Versicherungsschutzes einher. Im Vertrag selbst muss ihm deutlich muss ihm klar und deutlich vor Augen geführt werden, was er zu tun und zu lassen hat, um seinen Versicherungsschutz zu erhalten. Zu der Verständlichkeit der Bedingung gehört auch, dass er dem Vertrag selbst seine besonderen Verteidigungsmöglichkeiten nach §§ 28 Abs. 2, 3 VVG entnehmen können muss.[980] Dies stellt § 28 Abs. 4 VVG ausdrücklich klar.[981]

Eine Obliegenheit lässt sich zudem schon nicht in eine Verhaltensvorschrift und eine Rechtsfolgenseite aufteilen.[982] Ebenso wenig kann eine unwirksame Verhaltensvorschrift um eine wirksame Rechtsfolgenregelung ergänzt werden. §§ 28 Abs. 2, 3 VVG sind zur Lückenfüllung nach § 306 Abs. 2 BGB ungeeignet.[983] Die Anwendung des § 28 VVG setzt eine wirksame vertragliche Obliegenheit

978 BGH Urt. v. 12.10.2011 – IV ZR 199/10 –, BGHZ 191, 159 = r + s 2012, 9 Tz. 38; Marlow VersR 2017, 1500 (1501); Rattay VersR 2015, 1075 f.; Felsch r + s 2015, 53 (58); Felsch, in: Rüffer/Halbach/Schimikowski, VVG, 3. Aufl., 2015, § 28 Rn. 25, 26, 27; s.a. Wandt VersR 2015, 265; Koch VersR 2014, 283.

979 BT-Drs. 16/3945, 1.

980 Marlow VersR 2017, 1500 (1501).

981 LG Berlin Urt. v. 2.12.2016 – 42 O 199/16 –, r + s 2017, 344; Marlow VersR 2017, 1500 (1502); Marlow r + s 2015, 591 (593); a.A. OLG Hamm Urt. v. 9.08.2017 – 20 U 184/15 –, r + s 2017, 467; Schreiner r+s 2017, 345.

982 Wandt VersR 2015, 265 (267 f.); Rattay VersR 2015, 1075 (1079); s.a. Felsch, in: Rüffer/Halbach/Schimikowski, VVG, 3. Aufl. 2015, § 28 Rn. 26.

983 Wandt VersR 2015, 265 (266); Rattay VersR 2015, 1075 (1082); Felsch r + s 2015, 53 (58); Koch VersR 2014, 283 (288); Felsch, in: Rüffer/Halbach/Schimikowski, VVG, 3. Aufl. 2015, § 28 Rn. 25, 26.

voraus. Fehlt es hieran scheidet eine Ergänzung um die Rechtsfolgenregelungen des §§ 28 Abs. 2, 3 VVG aus.[984] Der Gesetzesbefehl nach dem halbzwingenden Recht der §§ 28, 32 VVG ist eindeutig. Die Lehre von der Geringfügigkeit stellt demgegenüber das vom Gesetzgeber Gewollte von den Füßen auf den Kopf. Anstatt Obliegenheitsverletzungen aufgrund unwirksamer Bedingungen rechtlich folgenlos zu lassen, will die Lehre von der Geringfügigkeit den Gesetzesverstoß des Versicherers, der in der Verwendung unwirksamer Bedingungen liegt, rechtlich folgenlos lassen. Dies ist weder mit dem Geltungsanspruch halbzwingenden Rechts[985] noch mit den gesteigerten Anforderungen an die Klarheit und Verständlichkeit von Versicherungsbedingungen[986] seitens des Gesetzgebers und der Rechtsprechung oder gar mit dem Verbot der geltungserhaltenden Einschränkung[987] vereinbar.

Der rechtliche Makel der unklaren und unverständlichen Versicherungsbestimmung kann auch nicht durch eine allgemeine Zumutbarkeitsklausel aufgefangen und beseitigt werden. So findet sich in der strengen Streitschlichtungsklausel z. T. eine zusätzliche Klausel, nach der kein Streitschlichtungsversuch unternommen werden muss, wenn „mit der Durchführung [...] der Mediation für den Versicherungsnehmer unmittelbare Rechtsnachteile verbunden sind oder unmittelbare Rechtsverluste drohen“[988]. Die Zumutbarkeitsklausel ist ihrerseits zu unbestimmt, um dem Versicherungsnehmer klar genug vor Augen zu führen, was er zu tun und zu lassen hat, um nicht seinen Versicherungsschutz zu verlieren.

(3) Gesetzliches Leitbild der §§ 28 Abs. 2 S. 2 Abs. 3 VVG: Teilweise Leistungsfreiheit

Inhaltlich weicht die fehlende Regelung zu den einzelnen Verschuldensgraden sowie zum sog. Kausalitätsgegenbeweis von dem gesetzlichen Leitbild der §§ 28 Abs. 2 S. 2, Abs. 3 VVG ab. Das VVG 2008 hat den Alles-oder-nichts-Grundsatz aufgegeben und durch einen Mehr-oder-weniger-Grundsatz abgelöst. Nach § 28 Abs. 2 S. 2 VVG führt eine Obliegenheitsverletzung je nach Verschuldensgrad nur zu einer teilweisen Leistungsfreiheit. § 28 Abs. 3 VVG gestattet dem Versicherungsnehmer zu seiner Verteidigung gegenüber dem Vorwurf einer

---

984 Wandt VersR 2015, 265 (266); Rattay VersR 2015, 1075 (1082); Koch VersR 2014, 283 (288).

985 Wandt, in: MünchKommVVG, Bd. 1, 2. Aufl., 2016, § 28 Rn. 55.

986 Felsch, in: Rüffer/Halbach/Schimikowski, VVG, 3. Aufl. 2015, § 28 Rn. 25.

987 Felsch, in: Rüffer/Halbach/Schimikowski, VVG, 3. Aufl. 2015, § 28 Rn. 25.

988 Klausel im Anhang abgedruckt.

Obliegenheitsverletzung den sog. Kausalitätsgegenbeweis zu führen. Von diesem gesetzlichen Leitbild weicht die strenge Streitschlichtungsklausel ab.

(4) Gesetzliches Leitbild: Begriff der Obliegenheit

In der Unbestimmtheit der Bedingung könnte zugleich ein Verstoß gegen das gesetzliche Leitbild des Obliegenheitsbegriffs insgesamt liegen.

Zu den wesentlichen Grundgedanken der gesetzlichen Regelung i.S.d. § 307 Abs. 2 Nr. 1 BGB zählen nicht nur die Gesetzesvorschriften des Bürgerlichen Vertragsrechts, sondern auch die ungeschriebenen Rechtsgrundsätze, die sich zu einem gesetzlichen Leitbild mit Gerechtigkeitsgehalt verdichten.[989] Zu diesen Rechtsgrundsätzen zählt die Rechtsprechung des IV. Zivilsenates des BGH den versicherungsrechtlichen Obliegenheitsbegriff des VVG, wie ihn §§ 19, 28, 82 VVG stillschweigend voraussetzen.[990] Begrifflich ist die Obliegenheit eine bestimmte Verhaltensanforderung des Versicherers an seinen Versicherungsnehmer, die bei einem schuldhaften Verstoß zu einem Verlust oder zu einer Kürzung der Versicherungsleistung führt. Die strenge Streitschlichtungsklausel ist zu unbestimmt für eine Obliegenheit.[991] Die strenge Streitschlichtungsklausel lässt den Versicherungsnehmer schlichtweg im Unklaren darüber, welche Mühe er walten lassen muss, um in den Genuss des Gerichtsrechtsschutzes zu gelangen. Die Obliegenheit schreibt dem Versicherten ein bestimmtes Verhalten vor, welches dieser zu beachten hat, wenn er seinen Versicherungsschutz erhalten will. Mit der Obliegenheitsverletzung steht und fällt der Versicherungsschutz.[992] Wegen der einschneidenden Wirkung des drohenden Leistungsverlustes muss klar und eindeutig bestimmt sein, welches Tun oder Unterlassen im Einzelnen verlangt wird.[993] Dies gilt insbesondere für die Vereinbarung von Obliegenheiten,

---

989 Wurmnest, in: MünchKommBGB, Bd. 2, 7. Aufl., 2016, § 307 Rn. 68, 66.

990 BGH Urt. v. 16.09.2009 – IV ZR 246/08 –, NJW-RR 2010, 99 (102) = VersR 2009, 1659 Tz. 27; BGH Urt. v. 21.04.1993 – IV ZR 33/92 –, NJW-RR 1993, 1049 = VersR 1993, 830; Wendt MDR 2010, 1168 (1170); Cornelius-Winkler r + s 2010, 89 (91).

991 Im Ergebnis ebenso: LG Frankfurt a. M. Urt. v. 7.05.2014 – 2-06 O 271/13 –, NJW 2014, 2204 (2206, 2207); Lauda NJW 2014, 2208 (2209); s. a. Cornelius-Winkler SVR 2013, 201 (204); a.A. Röthemeyer ZKM 2014, 203 (205, 206); Eberhardt ZKM 2014, 83 (87). Ob das Vorschalten eines Mediationsverfahrens vor ein Gerichtsverfahren „mediationsrechtlich“ zulässig ist oder nach § 2 Abs. 5 MediationsG aufgefangen werden kann, ist für die Frage nach der unangemessenen Benachteiligung des Versicherungsnehmers freilich unerheblich [a.A. Röthemeyer ZKM 2014, 203 (205, 206)].

992 BGH Urt. v. 16.09.2009 – IV ZR 246/08 –, NJW-RR 2010, 99 (102) = VersR 2009, 1659 Tz. 27.

993 BGH Urt. v. 16.09.2009 – IV ZR 246/08 –, NJW-RR 2010, 99 (102) = VersR 2009, 1659 Tz. 27.

welche auf die Verhütung einer Gefahr gerichtet sind.[994] Das Anknüpfen an ein Verschulden des Versicherungsnehmers gehört dabei zu dem unabdingbaren Kerngehalt der Obliegenheit.[995] Die strenge Streitschlichtungsklausel weicht zum Nachteil des Versicherungsnehmers von dem Obliegenheitsbegriff des VVG ab.

(5) Gesetzliches Leitbild des § 127 VVG: freie Anwaltswahl
Die strenge Streitschlichtungsklausel läuft zudem dem Grundgedanken der freien Anwaltswahl zuwider (§ 127 VVG). Sie nimmt dem Versicherungsnehmer den Kostenschutz für die außergerichtliche anwaltliche Vertretung.[996]

Die Rechtsanwälte sollen die Interessen des Versicherungsnehmers außergerichtlich und in Gerichts- und Verwaltungsverfahren vertreten (§ 127 Abs. 1 S. 2 VVG). Damit bestimmt § 127 Abs. 1 S. 2 VVG nicht nur den Gegenstand der freien Anwaltswahl, sondern auch den Gegenstand des Versicherungsvertrages.[997] § 127 Abs. 1 S. 2 VVG ist europarechtsgerecht nicht nur als halbzwingende (§ 129 VVG), sondern als zwingende Vorschrift zu verstehen. Nach Art. 4 RSV-RL ist das Recht auf freie Anwaltswahl vorbehaltslos und bedingungslos in „jedem“ Versicherungsvertrag „ausdrücklich anzuerkennen“.[998] Das europäische Wahlrecht der RSV-RL erstreckt sich auch auf die außergerichtliche anwaltliche Beratung und Vertretung.[999] Demnach ist die Kostenübernahme für die außergerichtliche anwaltliche Tätigkeit auch europarechtlich geboten.

Die strenge Streitschlichtungsklausel hingegen nimmt sie vom Deckungsschutz aus und verstößt damit gegen § 127 VVG.

(6) Gesetzliches Leitbild des § 2 Abs. 1 MediationsG: freie Mediatorenwahl
§ 2 Abs. 1 MediationsG räumt den Parteien ein Wahlrecht in Hinblick auf den Mediator ein. Die Parteien wählen den Mediator aus, § 2 Abs. 1 MediationsG.

994 BGH Urt. v. 12.06.1985 – IV a ZR 261/83 –, VersR 1985, 979.

995 Wendt MDR 2010, 1168 (1170); Bauer NJW 2011, 646 (647).

996 So ausdrücklich Art. 4 RSV-RL (nunmehr Art. 201 Solvabilität II-RL); Armbrüster AnwBl 2012, 218 (219); a.A. BGH Beschl. v. 14.01.2016 – I ZR 98/15 –, r + s 2016, 235 (236) Tz. 6; wohl a. Schilasky Einschränkungen der freien Anwaltswahl in der Rechtsschutzversicherung, 1998, 220, 221.

997 Armbrüster AnwBl 2012, 218 (219); a.A. BGH Beschl. v. 14.01.2016 – I ZR 98/15 –, r + s 2016, 235 (236) Tz. 6 ohne Begründung; wohl a. Schilasky Einschränkungen der freien Anwaltswahl in der Rechtsschutzversicherung, 1998, 220, 221.

998 Armbrüster AnwBl 2012, 218 (219); a.A. wohl Schilasky Einschränkungen der freien Anwaltswahl in der Rechtsschutzversicherung, 1998, 220, 221.

999 EuGH Urt. v. 7.11.2013 – C-442/12 –, NJW 2014, 373 (374) Tz. 20 f. – Sneller; EuGH Urt. v. 26.05.2011 – C-293/10 –, NJW 2011, 3077 (3078) Tz. 29 – Stark; EuGH Urt. v. 10.09.2009 – C-199/08 –, NJW 2010, 355 (357) Tz. 49 – Eschig.

Der Mediator ist eine unabhängige Person, § 1 Abs. 2 MediationsG. Dritte können nur mit Zustimmung aller Parteien in die Mediation miteinbezogen werden, § 2 Abs. 4 MediationsG. Umstände, die seine Unabhängigkeit[1000] oder Unvoreingenommenheit beeinträchtigen könnten, hat der Mediator offen zu legen, § 3 Abs. 1 S. 1 MediationsG.

Das Benennungs- und Bestimmungsrecht des Versicherers in Hinblick auf den Mediator, welches er sich durch sein Bedingungswerk vorbehält (Ziff. 2.3.1.1. ARB 2012, § 5 a ARB 2009)[1001], ist mit diesen gesetzlichen Vorgaben schlicht unverträglich.[1002]

(7) Gesetzliches Leitbild des § 1 Abs. 1 MediationsG: Unabhängigkeit

Der Versicherungsnehmer kann nach § 3 Abs. 1 S. 2 MediationsG auf die freie Mediatorenwahl zu verzichten. Das bedeutet aber nicht, dass der Versicherer dem Versicherungsnehmer den Verzicht mittels Versicherungsbedingungen aufzwingen darf.[1003] Die Wahl des Mediators durch den Rechtsschutzversicherer – und nicht durch die Parteien – stellt nicht nur die Unabhängigkeit und Unvoreingenommenheit des Mediators i.S.d. § 3 Abs. 1 S. 1 MediationsG, sondern das gesamte Mediationsverfahren in Frage.

§ 1 Abs. 1 MediationsG fordert ein unabhängiges Streitbeilegungsverfahren. Auch von diesem Leitbild weicht die strenge Streitschlichtungsklausel ab.[1004]

1000 Angesichts wohl marktüblicher Stundensätze zwischen 10 und 20 € werden Zweifel an der Güte der vermittelten Mediationsleistung genährt (Cornelius-Winkler NJW 2014, 588 (590); Cornelius-Winkler SVR 2013, 201 (205).

1001 Im Anhang abgedruckt.

1002 LG Frankfurt a. M. Urt. v. 7.05.2014 – 2-06 O 271/13 –, NJW 2014, 2204 (2205 f.); Lauda NJW 2014, 2208 f.; Engel, in: Eidenmüller/Wagner, Mediationsrecht, 1. Aufl., 2015, Kap. 10 Rn. 52. A.A. Röthemeyer ZKM 2014, 203 (205, 206); Eberhardt ZKM 2014, 83 (87); Schneider Rechtsschutzversicherung für Anfänger, 2. Aufl., 2017, Rn. 270; Richter, in: MünchKommVVG, Bd. 2, 2. Aufl., 2017, § 127 Rn. 16; wohl auch Bauer NJW 2015, 1651 (1652 m. Fn. 10), die unter Hinweis auf § 2 Abs. 5 S. 1 MediationsG das Selbstbestimmungsrecht der Parteien gewahrt sehen. Zwar steht es den Parteien frei, das Mediationsverfahren jederzeit zu beenden. Dies macht die verbindliche Vorgabe eines Mediators freilich nicht zu einer unverbindlichen Empfehlung.

1003 A.A. Röthemeyer ZKM 2014, 203 (205); Wendt VersR 2014, 420 (427).

1004 Vgl. Tochtermann ZKM 2008, 57 (59); v. Levinski, in: Klowait/Gläßer, MediationsG, 1. Aufl., 2014, Teil 2 Ab. 10 Rn. 88.

(8) Gesetzliches Leitbild des § 1 Abs. 1 MediationsG: Freiwilligkeit

Wenn der Versicherungsnehmer sich wegen der strengen Streitschlichtungsklausel um eine Mediation bemüht, so tut er dies nicht freiwillig (§ 1 Abs. 1 MediationsG), sondern notgedrungen. Freiwillig meint aus eigenem Antrieb. Wenn der Versicherer dem Versicherungsnehmer den Gerichtsrechtsschutz versagt, wenn dieser keinen außergerichtlichen Mediationsversuch unternimmt, so übt er Zwang aus.[1005] Der Versicherer lässt dem Versicherungsnehmer keinen Raum für eine freiwillige Entscheidung.

Der Verstoß gegen den Freiwilligkeitsgrundsatz lässt sich nicht damit rechtfertigen, dass der Versicherungsnehmer dem erfolglosen Mediationsversuch bereits mit Abschluss des Versicherungsvertrages zugestimmt habe.[1006] Die Versicherungsbedingungen und Tarife werden von dem Versicherer einseitig vorgegeben. Eine einseitige Vorgabe der einen Vertragsseite stellt gerade keine Zustimmung der anderen Vertragsseite dar. Ob der Klauselverwender seiner Pflicht, die Interessen seines Kunden hinreichend zu berücksichtigen, nachgekommen ist, ist gerade Gegenstand der Angemessenheitsüberprüfung.[1007] Der Hinweis auf den tatsächlich erfolgten Vertragsabschluss macht die Angemessenheitsprüfung nicht entbehrlich.

Die strenge Streitschlichtungsklausel weicht von dem gesetzlichen Leitbild der Freiwilligkeit nach § 1 Abs. 1 MediationsG ab.[1008]

1005 LG Frankfurt a. M. Urt. v. 7.05.2014 - 2-06 O 271/13 –, NJW 2014, 2204 (2207); Lauda NJW 2014, 2208 (2209).

1006 A. a. BGH Beschl. v. 14.01.2016 - I ZR 98/15 –, r + s 2016, 235 (237) Tz. 18; OLG Frankfurt a. M. Urt. v. 9.04.2015 - 6 U 110/14 –, r + s 2015, 351 (353) Tz. 37; Böhm/Fries VersR 2016, 1092 (1093); Richter, in: MünchKommVVG, Bd. 2, 2. Aufl., 2017, § 127 Rn. 17.

1007 BGH Urt. v. 17.09.2009 – III ZR 207/08 –, NJW 2010, 57 (58); v. Westphalen FS Kübler, 2015, 787 (791).

1008 LG Frankfurt a. M. Urt. v. 7.05.2014 - 2-06 O 271/13 –, NJW 2014, 2204 (2207); Lauda NJW 2014, 2208 (2209); vgl. Engel, in: Eidenmüller/Wagner, Mediationsrecht, 1. Aufl., 2015, Kap. 10 Rn. 53; a.A. zu Klauseln in allgemeinen Schuldverträgen: Loos/Brewitz SchiedVZ 2012, 305 (306 f.); Tochtermann ZKM 2008, 89 (90); Wagner BB 2001, Beilage 2, 30 (31); Risse Wirtschaftsmediation, 2003, § 3 Rn. 27; Hagel, in: Klowait/Gläßer, MediationsG, 1. Aufl., 2014, Teil 3 § 1 Rn. 14; s. a. Eidenmüller JZ 2015, 539 (542 f.).

(9) Gesetzliches Leitbild des Anhangs 1 q der Klausel-RL: Erschwerter Zugang zum Recht

Gerichtsrechtsschutz erhält der Versicherungsnehmer nur dann, wenn er sich erfolglos um eine Mediation bemüht hat. Der unmittelbare Weg zum Gericht ist ihm verwehrt, es sei denn, er kommt selbst für die Kosten auf.

Bei der Schlichtungsklausel handelt es sich um keine bloße Förmelei[1009], sondern um einen zeitweisen Klageverzicht.[1010] Dieser mag den Weg zum Gericht nur geringfügig verzögern, da die streitenden Parteien die Mediation jederzeit beenden können (§ 2 Abs. 5 S. 1 MediationsG).[1011] Gleichwohl erschwert die Klausel den Zugang zum Recht. Angesichts drohenden Zinsverlustes (§ 291 BGB), der Verjährungsfalle, drohender Rechtsvereitelung bei knapp bemessenen Ausschlussfristen oder einem erforderlichen einstweiligen Rechtsschutz darf dieses Erschwernis nicht zu gering bewertet werden.[1012]

Man mag dieses Erschwernis an dem Leitbild des Güteverfahrens nach § 15 a EGZPO ausrichten und auf eine höchstens dreimonatige Verfahrensdauer (§ 15 a Abs. 1 S. 3 EGZPO) und auf Bagatellsachen (§ 15 a Abs. 1 S. 1 EGZPO) begrenzen wollen[1013] – es bleibt ein Erschwernis. Anhang 1 q der Klausel-RL (93/13/EWG) sieht eine Klausel als missbräuchlich an, wenn dem Verbraucher die Möglichkeit, Rechtsbehelfe vor Gericht einzulegen oder sonstige Beschwerdemittel zu ergreifen, genommen oder erschwert wird.[1014] Mit dieser europarechtlichen Vorgabe ist die strenge Streitschlichtungsklausel jedenfalls nicht in Einklang zu bringen.[1015]

1009 Unberath NJW 2011, 1320 (1323); a.A. OLG Frankfurt a. Main Beschl. v. 12.05.2009 – 14 Sch 4/09 –, NJW-RR 2010,788 (789); LG Heilbronn Urt. v. 10.09.2010 – 4 O 259/09 Ko –, BeckRS 2011, 10902.

1010 Loos/Brewitz SchiedVZ 2012, 305 (309) m.w.N.

1011 Tochtermann ZKM 2008, 57 (59); Wagner, in: Eidenmüller/Wagner Mediationsrecht, 1. Aufl., 2015, Kap. 2 Rn. 37, 38, 49.

1012 Friedrich SchiedsVZ 2007, 31 (34 f.).

1013 So wohl Friedrich SchiedsVZ 2007, 31 (35).

1014 Die europarechtliche Vorgabe ist im Gegensatz zu der öffentlich-rechtlichen Vorschrift des § 3 Abs. 3 BRAO auf Vertragsinhalte zugeschnitten und daher taugliches gesetzliches Leitbild i.S.d. § 307 Abs. 2 Nr. 1 BGB.

1015 Vgl. Friedrich SchiedsVZ 2007, 31 (35); Wurmnest, in: MünchKommBGB, Bd. 2, 7. Aufl., 2016, § 307 Rn. 272.

(10) Gesetzliches Leitbild des § 125 VVG: Wahrnehmung rechtlicher Interessen

Die einfache Streitschlichtungsklausel lässt dem Versicherungsnehmer die Wahl, ob er sich außergerichtlich durch einen Anwalt vertreten lassen will oder einen Einigungsversuch mittels der Mediation unternimmt.

Die strenge Streitschlichtungsklausel wirft die Frage auf, ob es dem Versicherungsnehmer noch erlaubt ist, seine rechtlichen Interessen (§ 125 VVG) zu verfolgen, wenn das Streitschlichtungsverfahren zwingende Voraussetzung für den gerichtlichen Rechtsschutz ist, oder ob die Klausel von dem gesetzlichen Leitbild des § 125 VVG abweicht.[1016]

Nach § 125 VVG ist der Versicherer verpflichtet, die für die Wahrnehmung der rechtlichen Interessen des Versicherten erforderlichen Leistungen zu erbringen. Wenn ein Streitschlichtungsversuch nicht dazu diente, die rechtlichen Interessen des versicherten wahrzunehmen, dürfte der Versicherer die Kosten hierfür nicht übernehmen.

Nach einem engen Verständnis des Begriffes der Wahrnehmung der rechtlichen Interessen lehnt sich dieser an § 2 Abs. 1 RDG an und meint damit eine dem Rechtsschutzversicherer fremde Rechtsbesorgung.[1017] Die Wahrnehmung rechtlicher Interessen sind die Rechtsdurchsetzung und die Rechtsverteidigung.[1018] Im Übrigen darf der Rechtsschutzversicherer nur für die Interessenwahrnehmung Sorge tragen, wenn dies die rechtliche Interessenwahrnehmung unterstützt und fördert, mithin die Rechtslage des Versicherungsnehmers verbessert (z. B. Übersetzungen, Gutachten, Zahlung eines zinslosen Darlehens zur einstweiligen Verschonung von Strafverfolgungsmaßnahmen etc.[1019]).[1020] Eine Mediation ist wie

1016 OLG Frankfurt a. M. Urt. v. 9.04.2015 – 6 U 110/14 –, r + s 2015, 351 (352) = VersR 2016, 188 Tz. 21 f.; Maier r + s 2015, 353 f.; Cornelius-Winkler SVR 2013, 201 (204); s.a. Fries, in: Behme/Fries/Stark Versicherungsmechanismen im Recht, 2016, 1 f.

1017 BGH Urt. v. 5.02.1992 – IV ZR 94/91 –, NJW 1992, 1511 (1512); Lüth Rechtsberatung durch den Rechtsschutzversicherer, 1997, 54 f.; Bauer, in: Harbauer, ARB 8. Aufl., § 1 ARB 2008 Rn. 6; Armbrüster, in: Prölss/Martin, VVG, 29. Aufl., 2015, § 1 Rn. 6, 23, 24; Cornelius-Winkler, in: Harbauer, ARB, 8. Aufl., 2010, § 5 ARB 2000 Rn. 277; Pfaffenholz, in: Looschelders/Pfaffenholz, ARB, 1. Aufl., 2014, § 125 Rn. 5. S. a. Maier r + s 2015, 353 (354) unter Hinweis auf das europäische Leitbild des Art. 2 Abs. 1 S. 2 RSV-RL.

1018 BGH Urt. v. 5.02.1992 – IV ZR 94/91 –, NJW 1992, 1511 (1512); Armbrüster, in: Prölss/Martin, VVG, 29. Aufl., 2015, ARB 2010 § 1 Rn. 6.

1019 Bauer, in: Harbauer, ARB 8. Aufl., § 1 ARB 2008 Rn. 4, 5; s. a. Lüth Rechtsberatung durch den Rechtsschutzversicherer, 1997, 139 f.

1020 Bauer, in: Harbauer, ARB 8. Aufl., § 1 ARB 2008 Rn. 28; Armbrüster, in: Prölss/Martin, VVG, 29. Aufl., 2015, ARB 2010 § 1 Rn. 23, 24.

jeder andere gütliche Einigungsversuch im Erfolgsfall dazu geeignet, rechtliche Interessen zu befriedigen. Nach dem engen Begriffsverständnis dient die Vermittlung von Mediatoren noch der Wahrnehmung der rechtlichen Interessen des Versicherungsnehmers.[1021]

Ein weiter Begriff der rechtlichen Interessenwahrnehmung[1022] bejaht eine versicherte Interessenwahrnehmung auch dann, wenn im Schwerpunkt durch die Dienstleistungen des Versicherers allein wirtschaftliche Ziele und Zwecke verwirklicht werden. Danach fällt die Vermittlung von Mediatoren ebenfalls unter den Begriff der Wahrnehmung der rechtlichen Interessen des Versicherungsnehmers.

Sowohl das enge als auch das weite Begriffsverständnis erlauben dem Rechtsschutzversicherer die Übernahme des Kostenschutzes für einen gescheiterten Schlichtungsversuch. Die Grenzen des § 125 VVG werden insoweit durch die strenge Streitschlichtungsklausel gewahrt.

(11) Vertragszweckgefährdung nach § 307 Abs. 2 Nr. 2 BGB

Schließlich ist danach zu fragen, ob die strenge Streitschlichtungsklausel wegen einer Vertragszweckgefährdung nach § 307 Abs. 2 Nr. 2 BGB unwirksam ist.[1023]

Zweck des Rechtsschutzversicherungsvertrages ist es, dem Versicherungsnehmer die Wahrnehmung seiner rechtlichen Interessen durch Übernahme der Rechtsverfolgungskosten zu ermöglichen. Wird die Übernahme der Rechtsverfolgungskosten davon abhängig gemacht, dass der Versicherungsnehmer vor dem Gang zum Gericht ein Schlichtungsverfahren durchführt, so wird ihm die Wahrnehmung seiner rechtlichen Interessen unnötig erschwert.

Gleichwohl liegt nicht in jeder Leistungseinschränkung eine Vertragszweckgefährdung. Der Zweck des Vertrages wird durch eine Leistungseinschränkung erst dann gefährdet, wenn diese den Vertrag aushöhlt und ihn mit Blick auf das versicherte Wagnis zweck- und sinnlos macht.[1024] Dem Versicherungsnehmer wird der Zugang zum Recht durch die strenge Streitschlichtungsklausel unnötig

---

1021 Wohl a.A. Burmann SpV 2013, 5; Cornelius-Winkler NJW 2014, 588 (590); Cornelius-Winkler SVR 2013, 201 (204).

1022 Wendt VersR 2014, 420 (423); Wendt r + s 2014, 328 (331); Werber VersR 2006, 1010 (1013, 1014); Obarowski, in: MünchKommVVG, Bd. 2, 2. Aufl., 2017, § 125 Rn. 16; s. a. Eberhardt ZKM 2014, 83 (86, 87).

1023 Cornelius-Winkler SVR 2013, 201 (204).

1024 BGH Urt. v. 15.02.2006 – IV ZR 305/04 –, NJW-RR 2006, 895 (897); krit.: Armbrüster, in: Prölss/Martin, VVG, 29 Aufl., 2015, Einl. Rn. 117.

erschwert. Vereitelt wird der Gerichtsrechtsschutz nicht. Eine Vertragszweckgefährdung i.S.d. § 307 Abs. 2 Nr. 2 BGB liegt (noch) nicht vor.[1025]

d. Inkassoklauseln

Mit Inkassoklauseln versuchen Rechtsschutzversicherer ebenso wie mit Telefonie- und Streitschlichtungsklauseln, den Versicherten von der Beauftragung eines ungebundenen Anwaltes abzulenken.

Die Inkassoklausel verpflichtet den Versicherer dazu, die Kosten für die von ihm vermittelten Inkassounternehmen zu übernehmen (einfache Inkassoklausel).

Ein Recht auf die freie Wahl des Inkassodienstleisters kennt § 127 VVG nicht.

Es steht aber einer Kostenübernahme für die außergerichtliche anwaltliche Tätigkeit im Wege, wenn der Versicherer außergerichtlich nur für die Kosten der von ihm vermittelten Inkassounternehmen aufkommt (strenge Inkassoklausel). Inkassoklauseln weichen insoweit zum Nachteil des Versicherungsnehmers vom Leitbild der freien Anwaltswahl ab (§ 127 VVG), das auch für den Bereich der außergerichtlichen Beratung und Vertretung Geltung beansprucht.

e. Obliegenheiten

Bislang standen Vertragsbestimmungen im Mittelpunkt der Betrachtungen, mit denen der Versicherer den Versicherungsnehmer von einer eigenen Anwaltswahl bei der Vertragsanbahnung (Telefonieklauseln) oder im Bereich der außergerichtlichen Beratung und Vertretung (Streitschlichtungs- und Inkassoklauseln) abzulenken sucht (Ablenkungsklauseln). Für eine bewusste Lenkung und Steuerung des Versicherungsnehmers bieten Obliegenheitstatbestände, Wagnisausschlüsse und wirtschaftliche Belohnungsklauseln ebenfalls eine breite Fülle an Werkzeugen, die dem Versicherer zur Verfügung stehen. Diese Lenkungsklauseln sollen im Nachfolgenden am Maßstab des Rechts der Allgemeinen Geschäftsbedingungen untersucht werden.

Am einfachsten ist die Einflussnahme auf die Anwaltswahl des Versicherten, wenn der Versicherer dementsprechende Weisungen erteilen kann. Derartige Weisungsmöglichkeiten lassen sich vertraglich in das Gewand von vereinbarten Obliegenheiten kleiden.

1025 A. a. Cornelius-Winkler SVR 2013, 201 (204).

aa. Abstimmung Kosten verursachender Maßnahmen Ziff. 4.1.1.3 ARB 2012

So sieht die Abstimmungsklausel nach Ziff. 4.1.1.3 ARB 2012 vor, dass der Versicherte Kosten verursachende Maßnahmen nach Möglichkeit mit dem Versicherer abstimmen muss.[1026] Als Kosten verursachende Maßnahme wird beispielhaft und ausdrücklich die Beauftragung eines Rechtsanwaltes benannt.[1027]

(1) Klarheitsgebot des § 307 Abs. 1 S. 2 BGB

Dem Klarheitsgebot genügen nur solche Versicherungsbedingungen, welche die tatbestandlichen Voraussetzungen und ihre Rechtsfolgen so genau beschreiben, dass aus Sicht des durchschnittlichen Versicherungsnehmers hinreichend deutlich wird, in welchem Umfang Versicherungsschutz besteht.[1028] Der Verwender Allgemeiner Versicherungsbedingungen ist gehalten, Rechte und Pflichten seines Vertragspartners möglichst klar und durchschaubar darzustellen.

Die Abstimmungsklausel nach Ziff. 4.1.1.3 ARB 2012 ist in ihrem Kern eine unbestimmte Generalklausel.[1029] Darüber vermag der Regel-Beispiel-Katalog am Ende der Klausel nicht hinwegzutäuschen. Der durchschnittliche Versicherungsnehmer weiß nicht, welche Maßnahmen der Rechtsverfolgung Kosten verursachen. Schon gar nicht kennt er „alle" Kosten verursachenden Maßnahmen.[1030] Der durchschnittliche Versicherungsnehmer ist rechtsunkundig. Das gebührenrechtliche Fachwissen, das die Abstimmungsklausel nach Ziff. 4.1.1.3 ARB 2012 dem Versicherten abverlangt, setzt, wenn nicht gar ein Studium der Rechte, dann doch zumindest eine Rechtspflegerausbildung voraus.[1031] Lässt der Versicherer den Versicherungsnehmer im Dunkeln darüber, wann die Rechtsverfolgungskosten versichert sind oder nicht, verliert die Rechtsschutzversicherung ihren Sinn.

1026 Im Anhang abgedruckt; van Bühren (BRAK-Mitt 2013, 255) bezeichnet die ARB 2012 als „Danaergeschenk" und „Frontalangriff" auf die freie Anwaltswahl. Ebenso: Cornelius-Winkler NJW 2014, 588 (590).

1027 Maier r + s 2013, 105 (109); van Bühren BRAK-Mitt 2013, 255; Münkel, in: Rüffer/Halbach/Schimikowski, VVG, 3. Aufl. 2015, § 127 Rn. 6.

1028 BGH Urt. v. 9.05.2001 – IV ZR 121/00 –, BGHZ 147, 354 (361) = NJW 2001, 2014.

1029 van Bühren BRAK-Mitt 2013, 255 (256); Bauer VersR 2013, 661 (665).

1030 Bauer VersR 2013, 661 (665).

1031 Vgl. zu § 17 Abs. 5 c) cc) ARB 2000: Wendt MDR 2010, 1168 (1170); Wendt r + s 2010, 221 (229).

(2) Gesetzliches Leitbild: Begriff der Obliegenheit

In ihrer Unbestimmtheit weicht die Klausel zugleich von dem gesetzlichen Leitbild des versicherungsrechtlichen Obliegenheitsbegriffes – wie ihn §§ 19, 28, 82 VVG stillschweigend voraussetzen – ab.[1032] Die Obliegenheit schreibt dem Versicherten ein bestimmtes Verhalten vor, welches dieser zu beachten hat, wenn er seinen Versicherungsschutz erhalten will. Mit der Obliegenheitsverletzung steht und fällt der Versicherungsschutz.[1033] Wegen der einschneidenden Wirkung des drohenden Leistungsverlustes muss klar und eindeutig bestimmt sein, welches Tun oder Unterlassen im Einzelnen verlangt wird.[1034] Dies gilt insbesondere für die Vereinbarung von Obliegenheiten, welche auf die Verhütung einer Gefahr gerichtet sind.[1035] Dieser durch die Rechtsprechung geprägte Begriff der Obliegenheit gehört zu dem gesetzlichen Leitbild i.S.d. § 307 Abs. 2 Nr. 1 BGB.[1036] Die allgemeine Zielvorgabe der Ziff. 4.1.1.3 ARB 2012, Kosten verursachende Maßnahmen mit dem Versicherer abzustimmen, genügt diesem gesetzlichen Leitbild nicht.[1037] Die Versicherungsbedingung ist unbestimmt und gibt dem Versicherten keine klaren Handlungsanweisungen. Zu dem gesetzlichen Leitbild des Obliegenheitsbegriffes zählt das Verschulden.[1038] Ohne die erforderlichen Rechtskenntnisse im Kostenrecht kann den Versicherungsnehmer kein Verschulden treffen.[1039]

1032 Wendt MDR 2010, 1168 (1170); Cornelius-Winkler r + s 2010, 89 (91).

1033 BGH Urt. v. 16.09.2009 – IV ZR 246/08 –, NJW-RR 2010, 99 (102) Tz. 27.

1034 BGH Urt. v. 16.09.2009 – IV ZR 246/08 –, NJW-RR 2010, 99 (102) Tz. 27.

1035 BGH Urt. v. 12.06.1985 – IV a ZR 261/83 –, VersR 1985, 979 Tz. 14.

1036 BGH Urt. v. 16.09.2009 – IV ZR 246/08 –, NJW-RR 2010, 99 (102) Tz. 27; BGH Urt. v. 21.04.1993 – IV ZR 33/92 –, NJW-RR 1993, 1049 (1050) = VersR 1993, 830; Wendt MDR 2010, 1168 (1170 f.).

1037 Vgl. OLG Köln Urt. v. 17.04.2012 – 9 U 207/11 –, VersR 2012, 1385 (1387); OLG Frankfurt a. M. Urt. v. 1.03.2012 – 3 U 119/11 –, VuR 2012, 492; OLG Karlsruhe Urt. v. 15.11.2011 – 12 U 104/11 –, BeckRS 2011, 26653 Tz. 45 f.; OLG München Urt. v. 22.09.2011 – 29 U 1360/11 –, NJW 2012, 1664 (1667) = VersR 2012, 313; offen gelassen: OLG Celle Urt. v. 29.09.2011 – 8 U 144/11 –, r + s 2011, 515 (516).

1038 Wendt MDR 2010, 1168 (1170); Wendt MDR 2012, 821 (822).

1039 Wendt MDR 2010, 1168 (1170).

(3) Gesetzliches Leitbild des § 127 VVG: freie Anwaltswahl

Abstimmung verlangt nach Zustimmung.[1040] Wenn der Versicherer von dem Versicherten die Abstimmung der Beauftragung eines Anwalts verlangt, lässt er ihm nicht mehr die von § 127 VVG geforderte freie Wahl des Anwalts. Die Abstimmungsklausel nach Ziff. 4.1.1.3 ARB ist mit § 3 Abs. 3 BRAO schlechterdings unvereinbar und weicht damit von dem gesetzlichen Leitbild des § 127 VVG ab.[1041]

bb. Kostenminderungsobliegenheit nach Ziff. 4.1.1.4 ARB 2012

Ebenso unwirksam ist auch die Kostenminderungsobliegenheit nach Ziff. 4.1.1.4 ARB 2012.

Die Schadenminderungsobliegenheit nach Ziff. 4.1.1.4 ARB 2012 verfolgt das Ziel, die Anwaltswahl zu lenken.[1042] Die Abstimmungsklausel nach Ziff. 4.1.1.3 ARB 2012 ist Teil der allgemeinen Schadenminderungsobliegenheit, „die Kosten für die Rechtsverfolgung möglichst gering zu halten“ (Ziff. 4.1.1.4 ARB 2012). Bei beiden Klauseln handelt es sich um Versuche des Versicherers, die allgemeine, gesetzliche Schadenminderungsobliegenheit nach § 82 VVG zu veranschaulichen und in Vertragsrecht umzusetzen.[1043]

Ein um Verständnis bemühter, durchschnittlicher Versicherungsnehmer wird diese Verknüpfung der beiden Obliegenheitstatbestände dem Umstand entnehmen, dass Ziff. 4.1.1.3 ARB 2012 die Beauftragung des Rechtsanwalts zu den Kosten auslösenden Rechtsverfolgungsmaßnahmen zählt und er nach Ziff. 4.1.1.4 ARB 2012 dazu gehalten ist, diese Kosten möglichst gering zu halten und dementsprechende Weisungen des Versicherers einzuholen. Dies folgt zumindest aus der § 305 c Abs. 2 BGB zu entlehnenden Auslegungsregel, dass bei einer mehrdeutigen Klausel von den möglichen Auslegungen diejenige zugrunde zu legen ist, die zur Unwirksamkeit der Klausel führt.[1044] Auslegungszweifel gehen zulasten des Verwenders.

1040 A. a. wohl OLG Hamm Urt. v. 9.11.1990 – 20 U 215/89 –, NJW-RR 1991, 612.

1041 Bauer VersR 2013, 661 (665); Maier r + s 2013, 105 (109); Cornelius-Winkler, in: Veith/Gräfe/Gebert Der Versicherungsprozess, 3. Aufl., 2016, § 23 Rn. 181; zweifelnd: Münkel, in: Rüffer/Halbach/Schimikowski, VVG, 3. Aufl. 2015, § 127 Rn. 6.

1042 Vgl. Pfaffenholz, in: Looschelders/Pohlmann, VVG, 3. Aufl., 2016, § 127 Rn. 7.

1043 Maier r + s 2013, 105 (109); Bauer VersR 2013, 661 (665).

1044 BGH Urt. v. 17.02.2004 – XI ZR 140/2003 –, BGHZ 158, 149 (155) = NJW 2004, 1588; BGH Urt. v. 8.07.1998 – VIII ZR 1/98 –, BGHZ 139, 190 (199) = NJW 1998, 3119.

Die Neufassung der Schadenminderungsobliegenheit nach Ziff. 4.1.1.4 ARB 2012 hält einer inhaltlichen Angemessenheitsüberprüfung ebenso wenig stand wie die Vorgängerregelungen der § 17 Abs. 1 c) bb) ARB 2010[1045] und § 17 Abs. 5 c) cc) ARB 2008/2010[1046].[1047]

(1) Klarheitsgebot des § 307 Abs. 1 S. 2 BGB

Das Klarheitsgebot des § 307 Abs. 1 S. 2 BGB verlangt eine klare und durchschaubare Darstellung der Rechten und Pflichten des Versicherungsnehmers.

Die Wendung der Ziff. 4.1.1.4 ARB 2012, bei Eintritt des Versicherungsfalls habe der Versicherungsnehmer „- soweit möglich - dafür [zu] sorgen, dass Schaden vermieden bzw. verringert wird“, weist den durchschnittlichen Versicherungsnehmer ohne versicherungsrechtliche Vorkenntnisse, auf dessen Verständnismöglichkeiten es ankommt, nicht mit der gebotenen Klarheit und

1045 Veith r + s 2015, 432 (433); Wendt r + s 2012, 209 (213); Cornelius-Winkler VersR 2012, 1224; Lensing VuR 2011, 290; Cornelius-Winkler r + s 2011, 141; a.A. LG Mannheim Urt. v. 5.04.2011 - 2 O 200/10 -; Will VersR 2012, 942; Armbrüster, in: Prölss/Martin, VVG, 29. Aufl., 2015, ARB 2010 § 17 Rn. 26. Will und Armbrüster heben zu Unrecht darauf ab, dass der Anwalt bereits aus dem Mandatsvertrag verpflichtet ist, unnötige Kosten zu vermeiden. Diese Verpflichtung trifft den Anwalt allein gegenüber seinem Auftraggeber, nicht gegenüber dem hinter diesem stehenden Versicherer. Etwaige Anwaltshaftungsansprüche wegen überhöhter Rechtsverfolgungskosten können allenfalls nach § 86 VVG auf den Versicherer übergehen.

1046 OLG Köln Urt. v. 17.04.2012 - 9 U 207/11 -, VersR 2012, 1385 (1386 f.); OLG Frankfurt a. M. Urt. v. 1.03.2012 - 3 U 119/11 -, VuR 2012, 492; OLG Karlsruhe Urt. v. 15.11.2011 - 12 U 104/11 -, BeckRS 2011, 26653 Tz. 36 f.; OLG Celle Urt. v. 29.09.2011 - 8 U 144/11 -, r + s 2011, 515; OLG München Urt. v. 22.09.2011 - 29 U 1360/11 -, NJW 2012, 1664 = VersR 2012, 313; OLG Hamm Urt. v. 10.08.2011 - 20 U 31/11 -, NJW-RR 2012, 407 (410); LG Dortmund Urt. v. 30.06.2011 - 2 O 420/10 -, VuR 2011, 396; Wendt. r + s 2010, 221 (229); Bauer NJW 2010, 1337 (1340); Rixecker, in: Langheid/Rixecker, VVG, 5. Aufl., 2016, § 125 Rn. 16; Hillmer-Möbius, in: van Bühren/Plote, ARB, 3. Aufl., 2013, § 17 Rn. 5; Bauer, in: Harbauer, ARB, 8. Aufl., 2010, § 17 ARB 2000 Rn. 76 a; Pfaffenholz, in: Looschelders/Pfaffenholz, ARB, 1. Aufl., 2014, ARB 2010 § 17 Rn. 51 f.; offen gelassen: AG Rosenheim Urt. v. 27.06.2013 - 18 C 105/12 -, r + s 2013, 603 (604); a.A. LG Karlsruhe Urt. v. 18.11.2010 - 9 S 612/09 -, VersR 2011, 1044; Will VersR 2012, 942.

1047 Maier r + s 2013, 105 (109); Rixecker, in: Langheid Rixecker, VVG, 5. Aufl., 2016, § 125 Rn. 16; s. a. Lensing VuR 2011, 290; Wendt MDR 2010, 1168 (1170); zurückhaltend: Bauer VersR 2013, 661 (665). Anders zu dem Sonderfall der ausdrücklichen und bestimmten Pflicht zur Teilklage: OLG Köln Urt. v. 17.03.2015 - 9 U 152/14 -, VersR 2016, 113. S. a. Will VersR 2012, 942.

Deutlichkeit darauf hin, was er zu unterlassen hat, um sich keine Obliegenheitsverletzung vorhalten lassen zu müssen.[1048]

Wegen der einschneidenden Rechtsfolge des verminderten Versicherungsschutzes (§§ 19, 26, 28, 82 Abs. 3 VVG) muss der Versicherer klar, eindeutig und bestimmt in Worte fassen, was der Versicherungsnehmer zu tun und zu lassen hat, um seinen Versicherungsschutz zu erhalten.[1049]

Diesen Anforderungen vermag Ziff. 4.1.1.4 ARB 2012 nicht zu genügen. Der Versicherungsnehmer kann der Klausel gerade nicht entnehmen, was er genau zu tun und zu lassen hat. Ein durchschnittlicher Versicherungsnehmer verfügt nicht über die erforderlichen Kenntnisse kostenrechtlicher Art, die aber notwendig sind, um beurteilen zu können, in welchen Fällen durch sein Verhalten „Schaden vermieden bzw. verringert wird". Dies gilt umso mehr, als mit der unbestimmten Einschränkung „soweit möglich" nicht deutlich und klar zutage tritt, ob der Versicherungsnehmer mit der beabsichtigten Rechtsverfolgung gegen seine Obliegenheiten verstößt und hierdurch seinen Versicherungsschutz ganz oder teilweise gefährdet. Hierzu bedürfte er vertiefter Rechtskenntnisse des GKG, RVG und des materiellen als auch prozessualen Kostenerstattungsrechts, über die der durchschnittliche Versicherungsnehmer regelmäßig nicht verfügt.[1050] Auch bei verständiger Würdigung und aufmerksamer Durchsicht der vereinbarten ARB vermag der Versicherungsnehmer nicht zu erkennen, welche Obliegenheit Ziff. 4.1.1.4 ARB 2012 ihm auferlegen will.

Auf die Rechtskenntnisse eines durch den Versicherungsnehmer bereits beauftragten Rechtsanwaltes kommt es nicht an. Ausschlaggebend für die Auslegung der Versicherungsbedingungen sind ausschließlich die Verständnismöglichkeiten des Versicherungsnehmers, nicht des durch ihn beauftragten Anwalts.[1051] Für die Auslegung der Versicherungsbedingungen kommt es auf Auslegungsmaßstäbe,

---

1048 Münkel, in: Rüffer/Halbach/Schimikowski, VVG, 3. Aufl. 2015, ARB 2010 § 17 Rn. 10; vgl. zu den Vorgängerregelungen: OLG Köln Urt. v. 17.04.2012 – 9 U 207/11 –, VersR 2012, 1385 (1386); OLG Celle Urt. v. 29.09.2011 – 8 U 144/11 –, r + s 2011, 515 f.; OLG München Urt. v. 22.09.2011 – 29 U 1360/11 –, NJW 2012, 1664 (1665) = VersR 2012, 313; a.A. Bauer VersR 2013, 661 (665).

1049 BGH Urt. v. 16.09.2009 – IV ZR 246/08 –, NJW-RR 2010, 99 (102) Tz. 27; OLG Celle Urt. v. 29.09.2011 – 8 U 144/11 –, r + s 2011, 515; OLG Karlsruhe Urt. v. 15.11.2011 – 12 U 104/11 –, BeckRS 2011, 26653 Tz. 41; Felsch r + s 2015, 53 (57).

1050 Wendt MDR 2010, 1168 (1170); Münkel, in: Rüffer/Halbach/Schimikowski, VVG, 3. Aufl. 2015, ARB 2010 § 17 Rn. 10.

1051 OLG Köln Urt. v. 17.04.2012 – 9 U 207/11 –, VersR 2012, 1385 (1386); Bultmann, in: Terbille/Höra, MünchAnwHdb VersR, 3. Aufl., 2013, § 27 Rn. 356; a.A. Hillmer-Möbius, in: van Bühren/Plote, ARB, 3. Aufl., 2013, § 17 Rn. 14.

nicht auf Zurechnungsmaßstäbe an. Demnach kommt es auf die Verständnismöglichkeiten eines durchschnittlichen Versicherungsnehmers im Zeitpunkt des Vertragsabschlusses[1052] und nicht auf die durchschnittlichen Rechtskenntnisse eines Rechtsanwaltes im Zeitpunkt des Versicherungsfalles an.[1053]

Ziff. 4.1.1.4 ARB 2012 ist unklar und unverständlich i.S.d. § 307 Abs. 1 S. 2 BGB. Der Versicherungsnehmer wird durch die unklare Ausgestaltung der Klausel von einer erforderlichen Rechts- und Interessenverfolgung abgehalten und damit unangemessen benachteiligt.

(2) Gesetzliches Leitbild: Begriff der Obliegenheit

In ihrer Unbestimmtheit weicht die Klausel zugleich von dem gesetzlichen Leitbild des versicherungsrechtlichen Obliegenheitsbegriffes – wie ihn §§ 19, 28, 82 VVG stillschweigend voraussetzen – ab.[1054] Die Obliegenheit schreibt dem Versicherten ein bestimmtes Verhalten vor, welches dieser zu beachten hat, wenn er seinen Versicherungsschutz erhalten will. Mit der Obliegenheitsverletzung steht und fällt der Versicherungsschutz.[1055] Wegen der einschneidenden Wirkung des drohenden Leistungsverlustes muss klar und eindeutig bestimmt sein, welches Tun oder Unterlassen im Einzelnen verlangt wird.[1056] Dies gilt insbesondere für die Vereinbarung von Obliegenheiten, welche auf die Verhütung einer Gefahr gerichtet sind.[1057] Dieser durch die Rechtsprechung geprägte Begriff der Obliegenheit gehört zu dem gesetzlichen Leitbild i.S.d. § 307 Abs. 2 Nr. 1 BGB.[1058] Die

---

1052 Armbrüster, in: Prölss/Martin, VVG, 29. Aufl., 2015, Einl. I Rn. 260, 265.

1053 Dies vermögen die Rechtsschutzversicherer auch nicht mit der in Ziff. 4.1.6 ARB 2012 vorgesehenen Zurechnung des Wissens und Verhaltens des Rechtsanwalts zu überspielen. Der Rechtsanwalt ist weder Erfüllungsgehilfe, Repräsentant noch Wissensvertreter des Rechtsschutzversicherten [OLG München Urt. v. 22.09.2011 - 29 U 1360/11 –, NJW 2012, 1664 (1667) = VersR 2012, 313; OLG Frankfurt a. M. Urt. v. 1.03.2012 - 3 U 119/11 –, VuR 2012, 492; OLG Celle Urt. v. 29.09.2011 - 8 U 144/11 –, r + s 2011, 515 (516); OLG Karlsruhe Urt. v. 15.11.2011 - 12 U 104/11 –, BeckRS 2011, 26653 Tz. 43; Wendt r + s 2012, 209 (212 f.); Wendt MDR 2010, 1168 (1170); Rixecker, in: Langheid/Rixecker, VVG, 5. Aufl., 2016, § 125 Rn. 17]. Die Zurechnungsklausel nach Ziff. 4.1.6 ARB 2012 ist unwirksam [Bauer VersR 2013, 661 (665); Cornelius-Winkler r + s 2011, 141 (142); Maier r + s 2013, 105 (110)].

1054 Wendt MDR 2010, 1168 (1170); Cornelius-Winkler r + s 2010, 89 (91).

1055 BGH Urt. v. 16.09.2009 – IV ZR 246/08 –, NJW-RR 2010, 99 (102) Tz. 27.

1056 BGH Urt. v. 16.09.2009 – IV ZR 246/08 –, NJW-RR 2010, 99 (102) Tz. 27.

1057 BGH Urt. v. 12.06.1985 – IVa ZR 261/83 –, VersR 1985, 979 Tz. 14.

1058 BGH Urt. v. 16.09.2009 – IV ZR 246/08 –, NJW-RR 2010, 99 (102) Tz. 27; BGH Urt. v. 21.04.1993 – IV ZR 33/92 –, NJW-RR 1993, 1049 (1050) = VersR 1993, 830; Wendt MDR 2010, 1168 (1170 f.).

allgemeine Zielvorgabe der Ziff. 4.1.1.4 ARB 2012, den Schaden zu vermeiden und zu verringern, genügt diesem gesetzlichen Leitbild nicht.[1059] Sie ist unbestimmt und gibt dem Versicherten keine klaren Handlungsanweisungen.

Zu dem gesetzlichen Leitbild des Obliegenheitsbegriffes zählt auch das Verschulden.[1060] Ohne die erforderlichen Rechtskenntnisse im Kostenrecht kann den Versicherungsnehmer kein Verschulden treffen.[1061]

Der Versicherungsnehmer muss sich auch nicht das Wissen und Verhalten des beauftragten Rechtsanwalts nach Ziff. 4.1.6 ARB 2012 zurechnen lassen, sodass er sich so behandeln lassen müsste, als verfüge er über die zur Erfüllung der Schadenminderungsobliegenheit erforderlichen Kenntnisse des Kostenrechts. Der Rechtsanwalt ist weder Erfüllungsgehilfe (§ 278 BGB), Repräsentant, Wissenserklärungsvertreter noch Wissensvertreter des Rechtsschutzversicherten.[1062] § 278 Abs. 1 S. 2 BGB gilt nur für Verbindlichkeiten, also nur für Rechtspflichten, nicht für bloße vertragliche Obliegenheiten.[1063] Die Zurechnungsregel des § 85 Abs. 2 ZPO ist auf das Prozessrechtsverhältnis begrenzt, keineswegs aber auf vertragliche Schuldverhältnisse anwendbar.[1064] § 166 BGB betrifft die Zurechnung von Wissen, keine Zurechnung von Anwaltsverschulden.[1065] Eine Wissenserklärungsvertretung in entsprechender Anwendung des § 166 BGB

1059 Vgl. OLG Köln Urt. v. 17.04.2012 – 9 U 207/11 –, VersR 2012, 1385 (1387); OLG Frankfurt a. M. Urt. v. 1.03.2012 – 3 U 119/11 –, VuR 2012, 492; OLG Karlsruhe Urt. v. 15.11.2011 – 12 U 104/11 –, BeckRS 2011, 26653 Tz. 45 f.; OLG München Urt. v. 22.09.2011 – 29 U 1360/11 –, NJW 2012, 1664 (1667) = VersR 2012, 313; offen gelassen: OLG Celle Urt. v. 29.09.2011 – 8 U 144/11 –, r + s 2011, 515 (516).

1060 Wendt MDR 2010, 1168 (1170); Wendt MDR 2012, 821 (822).

1061 Wendt MDR 2010, 1168 (1170).

1062 OLG München Urt. v. 22.09.2011 – 29 U 1360/11 –, NJW 2012, 1664 (1667) = VersR 2012, 313; OLG Frankfurt a. M. Urt. v. 1.03.2012 – 3 U 119/11 –, VuR 2012, 492; OLG Celle Urt. v. 29.09.2011 – 8 U 144/11 –, r + s 2011, 515 (516); OLG Karlsruhe Urt. v. 15.11.2011 – 12 U 104/11 –, BeckRS 2011, 26653 Tz. 43; Wendt r + s 2012, 209 (212 f.); Wendt MDR 2010, 1168 (1170); Rixecker, in: Langheid/Rixecker, VVG, 5. Aufl., 2016, § 125 Rn. 17; a.A. Will VersR 2012, 942 (947 f.); Hillmer-Möbius, in: van Bühren/Plote, ARB, 3. Aufl., 2013, § 17 Rn. 12, 14; Bauer, in: Harbauer, ARB, 8. Aufl., 2010, ARB 2000 § 17 Rn. 122 f.

1063 Rixecker, in: Langheid/Rixecker, VVG, 5. Aufl., 2016, § 28 Rn. 37; Grüneberg, in: Palandt, BGB, 75. Aufl., 2016, § 278 Rn. 24; differenzierend: Grundmann MünchKommBGB, Bd. 2, 7. Aufl., 2016, § 278 Rn. 24; Armbrüster, in: Prölss/Martin, VVG, 29. Aufl., 2015, § 28 Rn. 93, 95.

1064 Toussaint, in: MünchKommZPO, Bd. 1, 5. Aufl., 2016, § 85 Rn. 9.

1065 Wendt r + s 2012, 209 (212); Wendt MDR 2010, 1168 (1170); s. a. BGH Urt. v. 10.12.1976 – V ZR 235/75 –, NJW 1977, 375.

setzt voraus, dass der Rechtsanwalt ausdrücklich oder stillschweigend mit der Abgabe von Kenntnissen oder der Abgabe von Wissenserklärungen gegenüber dem Rechtsschutzversicherer beauftragt ist.[1066] Eine Repräsentantenhaftung setzt voraus, dass der Rechtsanwalt mit der Risiko- und Vertragsverwaltung betraut ist.[1067] Der Rechtsbesorgungsauftrag des Auftraggebers, dessen rechtliche Interessen gegenüber dem Gegner wahrzunehmen, beinhaltet nicht die Beauftragung mit der Interessenwahrnehmung gegenüber dem Rechtsschutzversicherer.[1068] Die Zurechnungsklausel nach Ziff. 4.1.6 ARB 2012 ist unwirksam.[1069]

(3) Gesetzliches Leitbild des § 127 VVG: freie Anwaltswahl

Schließlich zählt Ziff. 4.1.1.3 ARB 2012 die Beauftragung des Anwalts zu den Kosten verursachenden Maßnahmen i.S.d. Ziff. 4.1.1.4 ARB 2012 und fordert dem Versicherungsnehmer insoweit ab, für die Rechtsverfolgung eine Weisung des Versicherers einzuholen. Eine Weisung zur Beauftragung eines Anwalts ist mit dem gesetzlichen Leitbild der freien Anwaltswahl unvereinbar (§ 127 VVG).

(4) Gesetzliches Leitbild des § 125 VVG: erforderliche Kosten

Ziff. 4.1.1.4 ARB 2012 weicht zudem zulasten des Versicherten von dem gesetzlichen Erforderlichkeitsmaßstab des § 125 VVG ab und sucht die Rechtsverfolgung und Prozessführung des Versicherungsnehmers allein unter reinen Wirtschaftlichkeits- und Kostengesichtspunkten zu lenken.[1070]

Die Schadensminderungsobliegenheit stellt nicht auf die Erforderlichkeit der Rechtsverfolgungsmaßnahmen ab, sondern allein auf die Kosten der Rechtsverfolgungsmaßnahmen.[1071] Der enge Kostenmaßstab der Ziff. 4.1.1.4 ARB 2012 ist aus der Sicht des Versicherungsnehmers ein strengerer

---

1066 Wendt r + s 2012, 209 (212); Wendt MDR 2010, 1168 (1170).

1067 OLG Hamm Urt. v. 10.08.2011 – 20 U 31/11 –, NJW-RR 2012, 407 (410); Wendt r + s 2012, 209 (212); Cornelius-Winkler VersR 2012, 1224 (1225); Wendt MDR 2010, 1168 (1170).

1068 A.A. Will VersR 2012, 942 (947 f.). Im Einzelfall mag eine gesonderte Beauftragung vorliegen, die rechtlichen Interessen gegenüber dem Rechtsschutzversicherer wahrzunehmen [OLG Frankfurt a. M. Urt. v. 1.03.2012 – 3 U 119/11 –, VuR 2012, 492; OLG Karlsruhe Urt. v. 15.11.2011 – 12 U 104/11 –, BeckRS 2011, 26653 Tz. 43; Maier r + s 2013, 105 (110) m. Fn. 39].

1069 Bauer VersR 2013, 661 (665); Cornelius-Winkler r + s 2011, 141 (142); Maier r + s 2013, 105 (110).

1070 OLG Frankfurt a. M. Urt. v. 1.03.2012 – 3 U 119/11 –, VuR 2012, 492; OLG Karlsruhe Urt. v. 15.11.2011 – 12 U 104/11 –, BeckRS 2011, 26653 Tz. 38.

1071 OLG Frankfurt a.M. Urt. v. 1.03.2012 – 3 U 119/11 –, VuR 2012, 492; OLG Karlsruhe Urt. v. 15.11.2011 – 12 U 104/11 –, BeckRS 2011, 26653 Tz. 38.

Maßstab als der der Erforderlichkeit nach § 125 VVG.[1072] § 125 VVG räumt dem Versicherer zudem keine Befugnis ein, eine vertragliche Obliegenheit auszugestalten.[1073]

Ziff. 4.1.1.4 ARB 2012 ist unklar und unverständlich i.S.d. § 307 Abs. 1 S. 2 BGB. Die Klausel weicht inhaltlich von wesentlichen Grundgedanken der gesetzlichen Regelungen der §§ 19, 28, 82, 125, 127 VVG ab. Der Versicherungsnehmer wird durch die unklare und unausgewogene Ausgestaltung der Klausel von einer erforderlichen Rechts- und Interessenverfolgung abgehalten und damit unangemessen benachteiligt. Ziff. 4.1.1.4 ARB 2012 ist nach § 307 Abs. 1 S. 1 BGB unwirksam.

f. Wagnisausschluss

Ausschlusstatbestände sind ein weiteres Werkzeug des Versicherers, um die Anwaltswahl des Versicherungsnehmers zu lenken und zu beeinflussen.

aa. Kreis der Rechtsanwälte

Entgegen § 127 Abs. 1 VVG kennt der Prüfungsmaßstab des § 3 Abs. 3 BRAO keine Vorgabe für den Rechtsschutzversicherer den „Kreis der Rechtsanwälte, deren Vergütung der Versicherer nach dem Versicherungsvertrag trägt“, zu bestimmen. Gleichwohl lässt sich auch § 3 Abs. 3 BRAO das Verbot entnehmen, den Gegenstandsbereich der Wahl so einzuschränken, dass von einer freien Wahl keine Rede mehr sein kann.

(1) Klarheitsgebot des § 307 Abs. 1 S. 2 BGB

Der Rechtsschutzversicherer ist nach § 127 Abs. 1 S. 1 VVG gehalten, den Kreis der Rechtsanwälte, deren Vergütung er übernimmt, durch Versicherungsbedingungen festzulegen. Allerdings muss bereits bei Vertragsabschluss die Leistungspflicht des Versicherers klar und eindeutig umrissen sein, § 307 Abs. 1 S. 2 BGB.

Dem Klarheitsgebot genügen nur solche Versicherungsbedingungen, welche die tatbestandlichen Voraussetzungen und ihre Rechtsfolgen so genau beschreiben, dass aus Sicht des durchschnittlichen Versicherungsnehmers hinreichend deutlich wird, in welchem Umfang Versicherungsschutz besteht.[1074] Der

---

1072 OLG München Urt. v. 22.09.2011 – 29 U 1360/11 –, NJW 2012, 1664 (1666) = VersR 2012, 313; Herdter, in: Looschelders/Pfaffenholz, ARB, 1. Aufl., 2014, ARB 2010 § 17 Rn. 59; a.A. wohl Wendt VersR 2014, 420 (423 – ohne Begründung).

1073 OLG München Urt. v. 22.09.2011 – 29 U 1360/11 –, NJW 2012, 1664 (1666) = VersR 2012, 313.

1074 BGH Urt. v. 9.05.2001 – IV ZR 121/00 –, BGHZ 147, 354 (361) = NJW 2001, 2014.

Verwender Allgemeiner Versicherungsbedingungen ist gehalten, Rechte und Pflichten seines Vertragspartners klar und durchschaubar darzustellen.

Beschränkt der Rechtsschutzversicherer kraft allgemeiner Geschäftsbedingungen seine Kostenübernahmepflicht auf den Kreis seiner Vertragsanwälte, so ist im maßgeblichen Zeitpunkt des Vertragsabschlusses für den Versicherungsnehmer ungewiss, welche Rechtsverfolgungskosten der Versicherer übernimmt und welche nicht.[1075] Eine derartige Klausel ist unklar und unverständlich i.S.d. § 307 Abs. 1 S. 2 BGB und daher unwirksam.

(2) Gesetzliches Leitbild des § 127 VVG: freie Anwaltswahl

Inhaltlich muss die Versicherungsbedingung, die den Kreis der Rechtsanwälte festlegt, dem gesetzlichen Leitbild der freien Anwaltswahl nach § 127 VVG genügen. Bereits bei der Nachteilsprüfung (Teil III unter A) trat zutage, dass der Vorbehalt auf den „Kreis der Rechtsanwälte" dem Versicherer nicht gestattet, seine Kostenerstattungspflicht auf den Kreis seiner Vertragsanwälte[1076] oder auf den Kreis von Fachanwälten[1077] zu beschränken. Zum einen vermag der Rechtsschutzversicherer den Kreis der Rechtsanwälte, deren Vergütung er übernimmt, allenfalls nach allgemeinen Wagnismerkmalen zu beschreiben und einzuschränken.[1078] Zum anderen vermag er auch nicht auf das Gütesiegel der Fachanwaltschaft zurückzugreifen. Eine Beeinträchtigung der freien Anwaltswahl kann verfassungsrechtlich aus dem Blickwinkel des vorbehaltlos gewährleisteten Art. 103 Abs. 1 GG nur aufgrund eines Gesetzes zum Schutze gegenläufiger, öffentlicher Interessen an einer unabhängigen Rechtspflege eingeschränkt werden.[1079] Eine Beschränkung auf Fachanwälte geben die einschlägigen §§ 4 f. BRAO, 3, 4 RDG, §§ 78, 79 ZPO nicht her.

bb. Ortsansässiger Rechtsanwalt und Anwaltswechsel

§ 91 Abs. 2 ZPO beschränkt die Erstattung der Anwaltskosten durch die unterlegene Partei auf die Kosten eines im Gerichtsbezirk ortsansässigen Anwalts und

---

1075 Armbrüster VuR 2012, 167 (171); Armbrüster AnwBl 2012, 218 (219); Bauer, in: Harbauer, ARB, 8. Aufl., 2010, § 17 ARB 2000 Rn. 3; Pfaffenholz, in: Looschelders/Pohlmann, VVG, 3. Aufl., 2016, § 127 Rn. 2, 3.

1076 So aber: Schilasky Einschränkungen der freien Anwaltswahl in der Rechtsschutzversicherung, 1998, 188 f.

1077 So aber: Eberhardt VersR 2013, 802 (807 f.); vgl. a. Heinsen VW 2010, 1530 (1532); Heinsen VW 2008, 595 (597).

1078 Armbrüster VersR 2011, 1518; Richter, in: MünchKommVVG, Bd. 2, 2. Aufl., 2017, § 127 Rn. 4, 6.

1079 BVerfG Beschl. v. 5.02.2004 – 2 BvR 1621/03 –, NJW 2004, 1519; Rüping, in: BK-GG, Stand: Februar 2015, Art. 103 Rn. 38, 80 f.

auf die Vertretung durch einen Anwalt. Ziff. 2.1.3.2 ARB 2012 greift diese gesetzliche Wertung auf und beschränkt die Kostenerstattungspflicht des Rechtsschutzversicherers ebenfalls auf die Kosten eines einzigen, ortsansässigen Anwalts. Die Kosten für einen Anwaltswechsel werden nicht übernommen. Die Beschränkungen sind unter dem Blickwinkel der freien Anwaltswahl i.S.d. § 127 VVG – wie bereits die Nachteilsprüfung nach § 127 VVG gezeigt hat – unbedenklich.[1080]

Die Einschränkung der Kostenerstattungspflicht auf den Kreis der Vertragsanwälte oder auf den Kreis von Fachanwälten hingegen ist AGB-rechtlich unzulässig.

g. Belohnungsklauseln

Es verbleiben als Mittel der Wahl, um den Versicherungsnehmer in Richtung Beauftragung eines Vertragsanwaltes zu steuern, wirtschaftliche Belohnungsklauseln. Der formularmäßige Verzicht auf den vereinbarten Selbstbehalt ist einer inhaltlichen Angemessenheitsüberprüfung nach § 307 Abs. 3 S. 1 BGB entzogen.

aa. Wahltarife

Wahltarife sind mit dem gesetzlichen Leitbild des § 127 VVG nicht zu vereinbaren. Die freie Anwaltswahl nach Art. 4 Abs. 1 RSV-RL verlangt die Berücksichtigung der freien Anwaltswahl „in jedem Rechtsschutz-Versicherungsvertrag“ – also innerhalb eines jeden Vertrages.[1081] Die Wahlmöglichkeit zwischen unterschiedlichen Vertragsangeboten – mit oder ohne freie Anwaltswahl – entspricht dem nicht und ist daher unzulässig.[1082]

bb. Nachlass wegen Schadenfreiheit

Eine weitere Möglichkeit einer Belohnungsklausel ist der Beitragsnachlass. Dieser wird für den Fall der Beauftragung eines Vertragsanwaltes vereinbart. Die Klausel ist in ein Schadenfreiheitsrabattsystem eingebettet. Der Fall der Beauftragung eines Vertragsanwaltes wird dabei einem schadenfreien Verlauf des Rechtsschutzversicherungsvertrages gleichgestellt.[1083]

1080 Urt. v. 26.05.2011 – C-293/10 –, NJW 2011, 3077 – Stark/D.A.S.

1081 Armbrüster AnwBl 2012, 218 (219); a.A. wohl Schilasky Einschränkungen der freien Anwaltswahl in der Rechtsschutzversicherung, 1998, 220, 221.

1082 Terriuolo AnwBl 2015, 140 (142 f.); Armbrüster AnwBl 2012, 218 (219); Terriuolo Das rechtsschutzversicherte Mandat, 2014, 118; s. a. Armbrüster JZ 2014, 577 (581).

1083 Im Anhang abgedruckt; s. a. die ausführliche Tatbestandsschilderung des BGH Urt. v. 4.12.2013 – IV ZR 215/12 –, BGHZ 199, 170 (170 f.) = NJW 2014, 630 Tz. 1 – 7.

Eine solche Willensbeeinflussung des Versicherungsnehmers durch den Rechtsschutzversicherer ist von § 127 VVG im Interesse einer unabhängigen Rechtspflege nicht gewollt.[1084] Die Rechtsfindung soll unabhängig und unbeeinflusst von unbeteiligten Dritten bleiben.

Wer mit dem BGH[1085] und Teilen des Schrifttums[1086] darüber hinaus für eine Beeinträchtigung der freien Anwaltswahl eine mittelbare Verletzungshandlung fordert, muss zu demselben Ergebnis gelangen. Der Versicherer verschweigt dem Versicherungsnehmer arglistig seine wirtschaftliche Verflechtung mit den Vertragsanwälten. Er enthält ihm damit das für eine rationale Wahlentscheidung erforderliche Wissen vor.

cc. Verzicht auf den Selbstbehalt

Gleiches gilt für den Fall, dass der Rechtsschutzversicherer bedingungsgemäß auf den Selbstbehalt verzichtet, wenn der Versicherungsnehmer einen vom Versicherer vorgeschlagenen Vertragsanwalt beauftragt.

3. Rechtsfolgen der unwirksamen Versicherungsbedingungen

Versicherungsbedingungen, die den Versicherungsnehmer unangemessen benachteiligen, sind nach § 307 Abs. 1 S. 1 BGB unwirksam.

1084 OLG Bamberg Urt. v. 20.06.2012 – 3 U 236/11 –, NJW 2012, 2282 (2284 f.); AG Ebersberg Urt. v. 15.11.2013 – 7 C 450/13 –, NJW 2014, 1461 (1462); Purnhagen NJW 2014, 374 (375); Lensing NJW 2012, 2285; Lensing VuR 2012, 97 (98 f.); Lensing VersWissStud 2015, 113 (122 f.); Herdter, in: Looschelders/Pfaffenholz, ARB, 1. Aufl., 2014, § 17 ARB Rn. 98; Cornelius-Winkler, in: Harbauer, ARB, 8. Aufl., 2010, § 5 ARB 2000 Rn. 283.

1085 BGH Urt. v. 4.12.2013 – IV ZR 215/12 –, BGHZ 199, 170 (183) = NJW 2014, 630 Tz. 36 f.

1086 Terriuolo AnwBl 2015, 140 (144 f.); Armbrüster JZ 2014, 577 f.; Wendt r + s 2014, 328 (330 f.); Maier r + s 2014, 73; Römermann BB 2014, 80; Reiff LMK 2014, 355656; Grams FD-VersR 2014, 353922; Nowak-Over GRUR-Prax 2014, 19; Buschbell, in: Buschbell/Hering Hdb RSV, 6. Aufl., 2015 § 3 Rn. 9; Obarowski, in: Beckmann/Matusche-Beckmann, VersR-Hdb, 3. Aufl., 2015, § 37 Rn. 599; Wolf, in: Gaier/Wolf/Göcken, Anwaltliches Berufsrecht, 2. Aufl., 2014, BRAO § 3 Rn. 65; Armbrüster, in: Prölss/Martin, VVG, 29. Aufl., 2015, ARB 2010 § 17 Rn. 1 a; Münkel, in: Rüffer/Halbach/Schimikowski, VVG, 3. Aufl. 2015, § 127 Rn. 3, 4; krit.: Cornelius-Winkler NJW 2014, 588; Bauer NJW 2014, 1488; Reckels SVR 2014, 129; Schneider, in: van Bühren, Hdb VersR, 6. Aufl., 2014, § 13 Rn. 100.

a. *Die Rechtsfolgenregelung des § 306 BGB*

Im Übrigen bleibt der Vertrag nach § 306 Abs. 1 BGB wirksam.

b. *Vertragsinhalt nach § 306 Abs. 2 BGB*

Soweit Versicherungsbedingungen nicht Vertragsinhalt geworden oder unwirksam sind, richtet sich der Inhalt des Vertrages nach den gesetzlichen Vorschriften (§ 306 Abs. 2 BGB).

aa. Gesetzliche Vorschrift des § 127 VVG als Vertragsinhalt

Wenn die unwirksame Bedingung dem Versicherungsnehmer die freie Anwaltswahl nimmt, so rückt die gesetzliche Vorschrift des § 127 VVG i.d.R. als Vertragsinhalt nach. Dies bedeutet, dass das gesetzliche Recht auf eine freie Anwaltswahl nach § 127 VVG zum Vertragsinhalt wird.

Dies gilt bei folgenden von § 127 VVG abweichenden Bedingungen:

- strenge Telefonieklauseln,
- erweiterte Telefonieklauseln,
- strenge Inkassoklauseln,
- die Beschränkung der Anwaltswahl auf den Kreis der Vertragsanwälte und
- Belohnungsklauseln (Wahltarife, Verzicht auf Selbstbehalt, Nachlass wegen Schadenfreiheit).

bb. Gesetzliche Vorschriften des MediationsG

Eine Besonderheit weisen die einfachen Streitschlichtungsklauseln auf. Sie greifen nicht in die Anwaltswahl ein. Die einfachen Streitschlichtungsklauseln sehen die Kostenübernahme für eine oder mehrere Mediationen vor. Die Mediation muss nicht durch einen Anwaltsmediator durchgeführt werden. Allerdings behält sich der Versicherer vor, den Mediator selbst zu benennen. Dies weicht von den Grundsätzen der freien Mediatorenwahl und der Unabhängigkeit des Mediationsverfahrens ab. An die Stelle der unwirksamen einfachen Streitschlichtungsklauseln treten daher die gesetzlichen Vorschriften der § 2 Abs. 1 und § 1 Abs. 1 MediationsG.

cc. Gesetzliche Vorschriften für Obliegenheiten

Schwierigkeiten bereitet die Frage, welche gesetzlichen Vorschriften i.S.d. § 306 Abs. 2 BGB an die Stelle unwirksamer Obliegenheiten wie der strengen Streitschlichtungsklausel, der Abstimmungs- und der Kostenminderungsobliegenheit treten. § 127 VVG begründet ein Wahlrecht. Eine gesetzliche Vorschrift zur

Regelung von Obliegenheiten stellt § 127 VVG nicht dar. Das VVG hält hingegen etwa in §§ 19, 28, 32, 82, 87 VVG grundlegende gesetzliche Vorschriften zur Regelung von Obliegenheiten vor.

Obliegenheiten sind das klassische Werkzeug des Versicherers, das Verhalten des Versicherten zu steuern, um das Kostenwagnis berechenbar und überschaubar zu halten. Aus Sicht der Versicherer führt die Unwirksamkeit der strengen Streitschlichtungsklausel sowie der Abstimmungs- und Kostenminderungsobliegenheit zu unerträglichen Gerechtigkeitslücken im Gefüge des Versicherungsvertrages. Versicherer müssen sich vor unlauteren Versicherungsnehmern schützen können. Sie sind daher auf das Werkzeug der Obliegenheiten angewiesen.[1087] Ihr Kostendämpfungsinteresse betrachten sie als berechtigt. Es kann nicht angehen, dass einzelne Versicherungsnehmer zulasten der übrigen Versicherten aufwändige und kostenträchtige, gegebenenfalls sogar aussichtlose Gerichtsverfahren führen. Im Schrifttum wird daher erörtert, ob anstelle der unwirksamen Obliegenheiten nicht nach § 306 Abs. 2 BGB etwa die gesetzliche Bestimmung des § 28 VVG oder § 82 VVG treten könnte.[1088]

(1) Vertragliche Obliegenheit nach § 28 VVG

Von einem Mangel der Rechtfolgenseite ist nur die verhüllte, strenge Streitschlichtungsklausel betroffen. Die Abstimmungs- und Kostenminderungsobliegenheit genügen mit Ziff. 4.1.5 ARB 2012 den Anforderungen des § 28 VVG.

Ob die Verhaltensforderung der strengen Streitschlichtungsklausel um die Rechtsfolgenseite der §§ 28 Abs. 2 und 3 VVG ergänzt werden kann, ist zweifelhaft. Einen gesetzlichen Obliegenheitstatbestand kennt § 28 VVG nicht. An die Stelle einer unwirksamen vertraglichen Obliegenheit vermag keine Obliegenheit mit dem Gesetzesinhalt des § 28 VVG treten. § 28 VVG setzt vielmehr eine wirksam vereinbarte vertragliche Obliegenheit voraus.[1089] Fehlt es an einer solchen, ist § 28 VVG nicht anwendbar. § 28 Abs. 2 bis 4 VVG begründen keinen gesetzlichen Obliegenheitstatbestand, sondern stellen nur sicher, dass dem Versicherungsnehmer bei dem Einwand des Obliegenheitsverstoßes vonseiten des

---

1087 Armbrüster, in: Prölss/Martin, VVG, 29. Aufl., 2015, § 28 Rn. 284.

1088 Bauer VersR 2013, 661 (666); Will VersR 2012, 942 (946).

1089 BGH Urt. v. 2.04.2014 – IV ZR 58/13 –, r + s 2015, 347 (349) Tz. 23; BGH Urt. v. 2.04.2014 – IV ZR 124/13 –, NJW 2014, 1813 (1814) Tz. 23; BGH Urt. v. 12.10.2011 – IV ZR 199/10 –, BGHZ 191, 159 (166) = NJW 2012, 217 Tz. 34. A.A., der VII. Zivilsenat des BGH: BGH Urt. v. 24.10.2012 – XII ZR 40/11 –, NZM 2013, 165 (166) Tz. 21 m. abl. Anm. Maier r + s 2013, 14; BGH Urt. v. 14.03.2012 – XII ZR 44/10 –, NJW 2012, 2501 (2503) Tz. 27.

Versicherers die ihm zustehenden Schutz- und Verteidigungsrechte nicht abgeschnitten werden. § 28 Abs. 2 und Abs. 3 VVG räumen dem Versicherer kein gesetzliches Kürzungsrecht ein, sondern begrenzen nur ein bereits bestehendes, vertraglich vereinbartes Kürzungsrecht.[1090] Das Bestehen einer wirksamen vertraglichen Obliegenheit ist Voraussetzung dafür, dass der Versicherer kraft Gesetzes nach § 28 Abs. 2, Abs. 3 VVG seine Leistungen zu kürzen vermag. An die Stelle einer unwirksamen oder nicht einbezogenen, vertraglichen Obliegenheit vermögen § 28 Abs. 2 und Abs. 3 VVG nicht zu treten. § 28 Abs. 2 bis 4 VVG begründen keinen gesetzlichen Obliegenheitstatbestand. Der Gesetzgeber wollte nicht, dass eine den Anforderungen der § 28 Abs. 2 bis 4 VVG nicht genügende vertraglich vereinbarte Obliegenheit durch einen gesetzlichen Obliegenheitstatbestand geheilt wird.

(2) Schadensabwendung und -minderung nach § 82 VVG

An die Stelle unwirksamer vertraglicher Obliegenheiten vermag auch keine gesetzliche Schadensabwendungs- und -minderungspflicht nach § 82 VVG zu treten.

Die Bezugnahme auf § 82 VVG in Ziff. 4.1.1.4 ARB 2012 sucht dies zwar nahe zu legen. Dies wird auch im Schrifttum aufgegriffen. Teilweise wird die Auffassung vertreten, dass an die Stelle der unwirksamen Abstimmungsklausel nach Ziff. 4.1.1.3 ARB 2012 bzw. der unwirksamen Schadensminderungsobliegenheit nach Ziff. 4.1.1.4 ARB 2012 die gesetzliche Schadensminderungsobliegenheit nach § 82 VVG zu treten hat.[1091] Gleiches ließe sich für die verhüllte Obliegenheit der strengen Streitschlichtungsklausel vertreten. Sie sucht den Versicherer vor den Kosten unnötiger Gerichtsverfahren zu schützen, die sich durch eine einfache außergerichtliche Streitschlichtung vermeiden lassen.

§ 82 VVG begründet eine gesetzliche Obliegenheit des Versicherungsnehmers zur Schadensabwendung und -minderung.[1092] Sie trifft den Versicherungsnehmer unabhängig davon, ob sie ihn nach § 306 Abs. 2 BGB an Stelle der unwirksamen vertraglichen Obliegenheiten trifft oder ihn als gesetzliche

---

1090 BGH Urt. v. 2.04.2014 – IV ZR 58/13 –, r + s 2015, 347 (349) Tz. 23; BGH Urt. v. 2.04.2014 – IV ZR 124/13 –, NJW 2014, 1813 (1814) Tz. 23; BGH Urt. v. 12.10.2011 – IV ZR 199/10 –, BGHZ 191, 159 (166) = NJW 2012, 217 Tz. 34; Koch VersR 2014, 283 (288); Maier r + s 2013, 14 (15); Wittchen NJW 2012, 2480 (2481); Pohlmann NJW 2012, 188 (189); s. a. Felsch r + s 2015, 53 (58); Rattay VersR 2015, 1075 (1079 f.).

1091 Bauer VersR 2013, 661 (666); Will VersR 2012, 942 (946).

1092 Voit, in: Prölss/Martin, VVG, 29. Aufl., 2015, § 82 Rn. 1.

Verhaltensregel neben den übrigen Vertragsbestimmungen zu einem bestimmten verhalten anhält.

Aus Sicht des Versicherers vermag § 82 VVG die unwirksamen strengen Streitschlichtungsklauseln sowie die Abstimmungs- und Kostenminderungsobliegenheit nur dann zu retten, wenn § 82 VVG die vom Versicherer abverlangten Verhaltensweisen dem Versicherungsnehmer ebenso – allerdings von Gesetzes wegen – vorschreibt.

§ 82 Abs. 1 VVG verlangt von dem Versicherungsnehmer nichts Unmögliches. Der Versicherungsnehmer hat die Rechtsverfolgungskosten im Rechtsschutzfall nach § 82 Abs. 1 VVG lediglich „nach Möglichkeit" abzuwenden und zu mindern. Die Rettungsmaßnahme muss dem Versicherungsnehmer zumutbar sein.[1093] Ein Verzicht auf berechtigte Interessen ist dem Versicherungsnehmer nicht zumutbar.[1094]

Die strenge Streitschlichtungsklausel verlangt von dem Versicherungsnehmer – ohne außergerichtliche anwaltliche Beratung und Vertretung – zunächst einen – gesetzlich nicht zwingend vorgesehenen – außergerichtlichen Einigungsversuch zu unternehmen, bevor er den gesetzlichen Rechtsweg einschlägt. Diese Rechtsbeschneidung ist dem Versicherungsnehmer unzumutbar und beschneidet seine Rechte aus § 127 VVG.

Die Schadensminderungsobliegenheit nach Ziff. 4.1.1.4 ARB 2012 verlangt von dem Versicherungsnehmer Unmögliches, indem sie fordert „die Kosten für die Rechtsverfolgung möglichst gering zu halten". Um dieser Verhaltensanforderung zu genügen, bedürfte der Versicherungsnehmer vertiefter Rechtskenntnisse im Kosten- und Verfahrensrecht, über die der durchschnittliche Versicherungsnehmer regelmäßig gerade nicht verfügt.[1095] § 82 Abs. 1 VVG vermag dem Versicherungsnehmer diese Rechtskenntnisse ebenso wenig abzuverlangen wie die unwirksame vertragliche Bedingung.

§ 82 Abs. 1 VVG verlangt von dem Versicherungsnehmer auch nicht, die Beauftragung des Rechtsanwalts mit dem Versicherer abzustimmen, wie dies die Abstimmungsobliegenheit nach Ziff. 4.1.1.3 ARB 2012 verlangt. Die freie Anwaltswahl zählt nach § 127 VVG zu den berechtigten Interessen des Versicherungsnehmers, auf das er nicht zugunsten des Versicherers verzichten muss.

1093 Voit, in: Prölss/Martin, VVG, 29. Aufl., 2015, § 82 Rn. 15 f.

1094 Voit, in: Prölss/Martin, VVG, 29. Aufl., 2015, § 82 Rn. 25.

1095 Wendt MDR 2010, 1168 (1170); Münkel, in: Rüffer/Halbach/Schimikowski, VVG, 3. Aufl. 2015, ARB 2010 § 17 Rn. 10.

Festzuhalten bleibt, dass die gesetzliche Schadenabwendungs- und Schadenminderungsobliegenheit nach § 82 VVG die unwirksamen vertraglichen Obliegenheitstatbestände der strengen Streitschlichtungsklausel sowie der Abstimmungs- und Schadenminderungsobliegenheit zu retten vermag.

dd. Ergänzende Vertragsauslegung nach §§ 133, 157 BGB

Schließlich könnte noch erwogen werden, ob nicht die Obliegenheitstatbestände im Wege der ergänzenden Vertragsauslegung wieder Eingang in den Versicherungsvertrag finden müssen.

(1) §§ 133, 157 BGB als gesetzliche Vorschriften

Teilweise wird in Rechtsprechung[1096] und Schrifttum[1097] erwogen, dass auch §§ 133, 157 BGB zu den gesetzlichen Bestimmungen i.S.d. § 306 Abs. 2 BGB zählen, die den Vertragsinhalt bestimmen. Dann käme eine ergänzende Vertragsauslegung in Betracht.

(2) Verbot der Geltungserhaltung

Von anderer Seite wird eine ergänzende Vertragsauslegung im Rahmen der AGB-rechtlichen Angemessenheitsprüfung in Abrede gestellt.[1098]

Letztere Auffassung erscheint vorzugswürdig. Es stellt sich bereits die Frage, ob eine zu schließende unerträgliche Vertragslücke angesichts der zahlreichen gesetzlichen Auffangregelungen – etwa zu der Gefahrerhöhung nach §§ 23 f. VVG und der Herbeiführung des Versicherungsfalls nach § 81 VVG – besteht, welche nach § 306 Abs. 2 BGB i.V.m. § 133, 157 BGB im Wege einer ergänzenden Vertragsauslegung zu schließen wäre.[1099] Vieles spricht dagegen. Selbst wer eine Vertragslücke bejaht, muss jedoch begründen, warum die Auslegungsregeln der §§ 133, 157 BGB zu den gesetzlichen Bestimmungen i.S.d. § 306 Abs. 2 BGB zählen sollen. Die gesetzlichen Bestimmungen des § 306 Abs. 2 BGB sollen den Inhalt

---

1096 BGH Urt. v. 28.10.2015 – VIII ZR 13712 –, BeckRS 2015, 18142 Tz. 73; BGH Urt. v. 23.01.2013 – VIII ZR 80/12 –, NJW 2013, 991 (993) Tz. 30 f. – RWE; BGH Urt. v. 14.03.2012 – XII ZR 44/10 –, NJW 2012, 2501 (2503) Tz. 25; BGH Urt. v. 11.10.2011 – VI ZR 46/10 –, NJW 2012, 222 (224) Tz. 17.

1097 Seybold VersR 1989, 784 (787 f.); Ulmer NJW 1981, 2025 (2030 f.); Thüsing, in: v. Westphalen, Vertragsrecht und AGB-Klauselwerke, 37. Elf., Stand: 2016, Rechtsfolgen Rn. 27.

1098 Kühne NJW 2015 2546 (2548); Thüsing VersR 2015, 927 (930 f.); Roth WM 1991, 2125 (2130); Hönn Kompensation gestörter Vertragsparität, 1982, 152.

1099 BGH Urt. v. 12.10.2011 – IV ZR 199/10 –, NJW 2012, 217 (221) Tz. 52; LG Berlin Urt. v. 2.12.2016 – 42 O 199/16 –, r + s 2017, 344 (345).

des Vertrages festlegen. Sie sind mit dem gesetzlichen Leitbild des § 307 Abs. 2 Nr. 1 BGB deckungsgleich. Als gesetzliche Bestimmungen i.S.d. § 306 Abs. 2 BGB kommen daher nur sachlich-inhaltliche Gesetze, nicht hingegen Auslegungsregeln in Betracht.[1100] § 306 Abs. 2 BGB beschränkt den Richter auf die Gesetzesanwendung und erlaubt ihm keine Vertragsergänzung nach §§ 133, 157 BGB.[1101] Wegen der Unklarheitenregel nach § 305 c Abs. 2 BGB sind die Auslegungsmöglichkeiten der Vertragsbedingungen ohnehin vor einer inhaltlichen Prüfung auszuloten und keineswegs auf der Rechtsfolgenseite.[1102] An diesem Ergebnis vermag auch § 306 Abs. 3 BGB nichts zu ändern. Nach § 306 Abs. 3 BGB ist der Vertrag unwirksam, wenn das Festhalten an ihm auch nach der Inhaltsbestimmung nach § 306 Abs. 2 BGB eine unzumutbare Härte darstellen würde. Selbst in Ansehung des § 306 Abs. 3 BGB bleibt es den Gerichten verboten, den Inhalt der missbräuchlichen Bedingungen und damit den Vertragsinhalt abzuändern anstatt die Anwendung missbräuchlicher Klauseln schlicht auszuschließen.[1103]

(3) § 127 VVG als Lückenbüßer

Letztlich kann die Frage nach der Zulässigkeit einer ergänzenden Vertragsauslegung dahinstehen. Es fehlt an einer Regelungslücke. Die makelbehafteten Obliegenheitsbedingungen verstoßen allesamt gegen § 127 VVG. § 127 VVG ist eine besondere Vorschrift für den Bereich der Rechtsschutzversicherung. § 28 VVG gilt für sämtliche Versicherungszweige; § 82 VVG gilt für die Schadenversicherung. Als besondere Vorschrift verlangt § 127 VVG Geltungsvorrang vor §§ 28, 82 VVG. Die freie Anwaltswahl i.S.d. § 127 VVG füllt die Vertragslücke, die sie als – unterstelltes – gesetzliches Leitbild nach §§ 307 Abs. 2 Nr. 1, Abs. 1 S. 1 BGB reißt. Letztlich schimmert hier wieder der Geltungs- und Anwendungsvorrang des halbzwingenden Rechts durch.

c. *Der Strich mit dem Bleistift (blue pencil test)*

In der Nachteilsprüfung nach dem halbzwingenden Recht der §§ 127, 129 VVG ließen sich makelbehaftete Vertragsbestimmungen nicht noch durch einen

---

1100 Löwe BB 1983, 2015; Trinkner BB 1983, 1875.

1101 Hönn Kompensation gestörter Vertragsparität, 1982, 152; krit. a. Schinkels NJW 2015, 1473 (1476).

1102 Roth WM 1991, 2125 (2130).

1103 EuGH Urt. v. 14.06.2012 – C-618/10 –, NJW 2012, 2257 Tz. 65, 69, 71, 73 – Banco Espanól de Crédito; EuGH Urt. v. 15.03.2012 – C-453/10 –, NJW 2012, 1781 – Perenicová; v. Westphalen NJW 2012, 1770; Säcker/Mengering BB 2013, 1859 (1861, 1862); a.A. BGH Urt. v. 23.01.2013 – VIII ZR 80/12 –, NJW 2013, 991 Tz. 29 f. m.w.N.

Federstrich retten. Streicht man Teilregelungen aus einer Vertragsbedingung heraus, um die Bedingung insgesamt zu retten, läuft dies vom Gesetzgeber gewollten, zwingenden Vertragsinhalt nach §§ 127, 129 VVG zuwider.

aa. Teilunwirksamkeit

Anderes könnte für die AGB-rechtliche Angemessenheitsprüfung gelten. Jedenfalls halten weite Teile von Rechtsprechung und Schrifttum diesen sog. blue pencil test auch und gerade bei der Angemessenheitsprüfung von Allgemeinen Geschäftsbedingungen für zulässig.[1104] Lässt sich die unwirksame Vertragsbestimmung mit einem Federstrich wegstreichen ohne dass der restliche Vertragsbestandteil aus sich heraus unverständlich und sinnlos wird, so soll die Unwirksamkeit der (Teil-)Vertragsbestimmung nicht die Gesamtunwirksamkeit der mit ihr verbundenen Vertragsbestimmungen nach sich ziehen (sog. blue pencil test).[1105]

bb. Gesamtunwirksamkeit

Andere fragen sich, ob dem Verwender nicht unnötigerweise das ihn nach § 305 c Abs. 2 BGB treffende Verwenderrisiko genommen wird.[1106] Der Sache nach wird der Vertrag auf diese Weise in einen inhaltlich zulässigen und einen inhaltlich unzulässigen Teil zerlegt. Der Vertrag wird inhaltlich auf das gerade noch zulässige

---

1104 BGH Urt. v. 14.01.2015 – XII ZR 176/13 –, NJW 2015, 928 Tz. 23; BGH Urt. v. 10.10.2013 – III ZR 325/12 –, NJW 2014, 141 (142) Tz. 14; BAG Urt. v. 30.09.2014 – 3 AZR 930/12 –, NZA 2015, 231 (235) Tz. 36; Pohlmann NJW 2012, 188 (189); Ulmer NJW 1981, 2025 (2028); Kötz NJW 1979, 785 (787); Grüneberg, in: Palandt, BGB, 75. Aufl., 2016, § 306 Rn. 7; Basedow, in: MünchKommBGB, Bd. 2, 6. Aufl., 2012, § 306 Rn. 17; s. a. Damm JZ 1986, 913 (922).

1105 BGH Urt. v. 14.01.2015 – XII ZR 176/13 –, NJW 2015, 928 Tz. 23; BGH Urt. v. 10.10.2013 – III ZR 325/12 –, NJW 2014, 141 (142) Tz. 14; Pohlmann NJW 2012, 188 (189); Ulmer NJW 1981, 2025 (2028); Grüneberg, in: Palandt, BGB, 75. Aufl., 2016, § 306 Rn. 7; Basedow, in: MünchKommBGB, Bd. 2, 6. Aufl., 2012, § 306 Rn. 17.

1106 LAG Hamm Urt. v. 25.11.2014 – 14 Sa 463/14 –, BeckRS 2015, 66355; LAG Hamm Urt. v. 25.09.2012 – Sa 280/12 –, BeckRS 2013, 69213; LAG Hamm Urt. v. 11.10.2011 – 11 Sa 543/11 –; v. Bernuth BB 1999, 1284 (1286); Uffmann Verbot der geltungserhaltenden Reduktion, 2010, 269 f.; Boemke/Ulrici BGB AT, 1. Aufl., 2009, § 11 Rn. 89; Hönn Kompensation gestörter Vertragsparität, 1982, 152; Stadler, in: Jauernig, BGB, 15. Aufl., 2014, § 306 Rn. 1; a.A. Hager JZ 1996, 175; Ulmer NJW 1981, 2025 (2028); Thüsing, in: v. Westphalen, Vertragsrecht und AGB-Klauselwerke, Losebl., 38. Elf., Stand: Oktober 2013, Rechtsfolgen Rn. 15 a; Basedow, in: MünchKommBGB, Bd. 2, 6. Aufl., 2012, § 306 Rn. 12 f., 17, 18.

Maß zurückgeschnitten. Ob dies mit dem gesetzgeberischen Willen, Unternehmer von der Verwendung unangemessener Allgemeiner Geschäftsbedingungen abzuhalten, noch zu vereinbaren ist, wird von dieser Auffassung in Abrede gestellt.

Die Streitfrage muss nur dann entschieden werden, wenn sie zu unterschiedlichen Ergebnissen führt. Rettungsfähig erscheinen die strenge Streitschlichtungsklausel durch das Wegstreichen des Merkmals „bemühen", die Abstimmungs- und Kostenminderungsobliegenheit durch das Wegstreichen des Regelbeispiels „kostenträchtige Anwaltswahl" und der Nachlass wegen Schadenfreiheit durch Wegstreichendes Merkmals „freie Anwaltswahl als Schadenfaktor". Diese Bedingungen gilt es mit dem Bleistifttest (blue pencil test) zu prüfen.

(1) Strenge Streitschlichtungsklausel

Die strenge Streitschlichtungsklausel lässt sich durch das Wegstreichen von Teilbestimmungen nicht retten. Die strenge Streitschlichtungsklausel setzt die vergebliche Mühe um eine Mediation zur Voraussetzung für den Gerichtsrechtsschutz. Streicht man die Voraussetzung der vergeblichen Mühe aus der Vertragsbestimmung heraus, verbleibt kein sinnvoller Regelungsgehalt der Bedingung.

(2) Abstimmungs- und Kostenminderungsobliegenheit

Der nach dem Wegstreichen des Regelbeispiels der Anwaltsbeauftragung verbleibende Rest der Abstimmungs- und Kostenminderungsobliegenheit ist zwar aus sich heraus sinnvoll und verständlich, hält aber auch im Übrigen einer AGB-rechtlichen Angemessenheitsüberprüfung nicht stand. Die Klauseln sind u. a. unklar und unverständlich (§ 307 Abs. 1 S. 2 BGB) und für einen Obliegenheitstatbestand zu unbestimmt. Die Obliegenheitsklauseln lassen sich nicht durch ein Wegstreichen von Teilen der Klausel retten.

(3) Verzicht auf Selbstbehalt

Gleiches gilt für die Bedingungen zu dem Verzicht auf den Selbstbehalt für den Fall, dass ein Vertragsanwalt des Versicherers beauftragt wird. Verzicht und Beauftragung sind aneinander gekoppelt, sodass das Wegstreichen einer Teilregelung den Sinngehalt der Gesamtregelung entfallen lässt.

(4) Nachlass wegen Schadenfreiheit

Allerdings lässt sich die in das Schadenfreiheitsrabattsystem eingebettete Vertragsbestimmung, nach der die Beauftragung eines Vertragsanwaltes einem schadenfreien Verlauf gleichsteht, aus dem übrigen Schadenfreiheitsrabattsystem herauslösen, ohne den Nachlass auf den Versicherungsbeitrag grundsätzlich in Frage zu stellen.

Die Freiheit des Versicherers, seinem Versicherungsnehmer einen Nachlass auf den Versicherungsbeitrag zu gewähren, stellt niemand ernsthaft in Abrede.

Das Gebot der freien Anwaltswahl i.S.d. § 127 VVG spricht ebenfalls nicht dagegen, das übrige Schadenfreiheitsrabattsystem der Rechtsschutzversicherer bestehen zu lassen. § 127 VVG sucht die Unabhängigkeit der Rechtsfindung vor verfahrensfremden Einflüssen zu schützen. Deshalb soll der Rechtsschutzversicherte bei seiner Anwaltswahl durch den Rechtsschutzversicherer nicht beeinflusst werden. Gewährt der Versicherer seinem Versicherungsnehmer bei einem schadenfreien Verlauf seines Versicherungsvertrages einen Nachlass auf seine Versicherungsbeiträge, so liegt hierin grundsätzlich keine Einflussnahme auf die Anwaltswahl. Ein Schadenfreiheitsrabattsystem ist in Ansehung der freien Anwaltswahl an sich rechtlich unbedenklich.[1107] Allein die an sich wesensfremde Verknüpfung der Nachlassgewährung für einen schadenfreien Versicherungsverlauf mit der Einflussnahme auf die Anwaltswahl zieht den Verstoß gegen § 127 VVG nach sich. Die wesensfremde Verknüpfung lässt sich ohne weiteres wieder rückgängig machen, ohne die vom Gesetzgeber nicht gewollte Einflussnahme auf die Wahlentscheidung seines Versicherungsnehmers gleichwohl zu verhindern. Um diesen Gesetzeszweck zu erreichen, ist es notwendig, aber auch hinreichend, der (Teil-)Vertragsbestimmung, mit der der schadenfreie Verlauf der Versicherung mit der fremdbestimmten Anwaltswahl gleichgestellt wird, die Wirksamkeit zu versagen und an ihre Stelle die freie Anwaltswahl nach § 127 VVG zu setzen. Die Unwirksamkeit dieser (Teil-)Vertragsbestimmung zieht – hält man den Bleistifttest für zulässig – nicht die Unwirksamkeit des gesamten Schadenfreiheitsrabattsystems der Rechtsschutzversicherer nach sich.

cc. Stellungnahme

Es kommt daher darauf an, ob der Bleistifttest zulässig ist oder nicht. Die Befürworter des Bleistifttests führen für sich die gesetzliche Wertung des § 139 BGB ins Feld. Danach wären abtrennbare Teilbestimmungen der Vertragsbedingungen in das Blickfeld der AGB-rechtlichen Inhaltsprüfung zu nehmen. § 139 BGB ist Teil des Verbotsrechts i.S.d. § 134 BGB mit der Rechtsfolge der (Teil-) Nichtigkeit. Das AGB-Recht hält mit § 306 BGB ein eigenständiges Rechtsfolgengefüge vor, das gegenüber §§ 134, 139 BGB vorrangig ist.[1108] Unangemessen

1107 Vgl. grundsätzlich zum Schadenfreiheitsrabattsystem: BGH Urt. v. 13.07.2005 – IV ZR 83/04 –, NJW-RR 2005, 1479; Wurmnest, in: MünchKommBGB, Bd. 2, 7. Aufl., 2016, § 307 Rn. 17.

1108 LAG Hamm Urt. v. 25.11.2014 – 14 Sa 463/14 –, BeckRS 2015, 66355; LAG Hamm Urt. v. 25.09.2012 – Sa 280/12 –, BeckRS 2013, 69213; LAG Hamm Urt. v. 11.10.2011 – 11 Sa 543/11 -

Bedingungen sind unwirksam (§§ 307 Abs. 1 S. 1, 306 Abs. 1 BGB). Vertragslücken werden durch die gesetzlichen Bestimmungen geschlossen (§ 306 Abs. 2 BGB). Bei dem Bleistifttest handelt es sich der Sache nach auch nicht um eine zulässige einschränkende Auslegung der Vertragsbedingung. Die Auslegung der Allgemeinen Vertragsbedingungen ist wegen § 305 c Abs. 2 BGB eine Vorfrage der Inhaltsprüfung und deren Rechtsfolgen.[1109] Der Bleistifttest vermag Versicherungsbedingungen nicht vom Makel der Unwirksamkeit nach §§ 307 Abs. 1 S. 1, 306 Abs. 1 BGB zu befreien.

4. Umgehungsgeschäfte § 306 a BGB

Für Umgehungsgeschäfte ordnet § 306 a BGB die entsprechende Anwendung der Vorschriften über die Gestaltung rechtsgeschäftlicher Schuldverhältnisse durch Allgemeine Geschäftsbedingungen nach §§ 305 f. BGB an.

In der Vergangenheit haben solche Umgehungsgeschäfte die Gerichte allein im Zusammenhang mit Inkassoklauseln beschäftigt.[1110]

So empfahl in der Vergangenheit ein Rechtsschutzversicherer ein bestimmtes Inkassodienstleistungsunternehmen, dessen Allgemeine Geschäftsbedingungen wiederum im Falle des erfolglosen Inkassos vorsahen, dass der Versicherungsnehmer Vertragsanwälte des Inkassounternehmens bevollmächtigen musste.[1111]

Die im Streit stehende Bedingung lautete wie folgt:

> „§ 4 Vollmachtserteilung für Beauftragung eines Anwalts
>
> (1) Für die Fälle, in denen die außergerichtlichen Maßnahmen von advaro nicht zur vollständigen Bezahlung der Haupt- und Nebenforderungen durch den Schuldner führen, erteilen Sie advaro ausdrücklich Vollmacht, in Ihrem Namen einen aus dem Kreise, der mit advaro zusammenarbeitenden Rechtsanwälte, mit der Durchführung des außergerichtlichen und/oder Mahnverfahren, der Einholung von Bonitätsauskünften nach Widerspruch oder Einspruch im gerichtlichen Mahnverfahren sowie vor Zwangsvollstreckungsmaßnahmen und der Zwangsvollstreckung an sich zu beauftragen. Die Rechtsanwälte dürfen x jederzeit Auskunft über den Fortgang eines Verfahrens geben.
>
> (2) Sie können jederzeit für den Einzelfall oder grundsätzlich einer solchen Beauftragung widersprechen. Für den Fall, dass Sie das gerichtliche Mahnverfahren selbst oder durch Dritte betreiben wollen, sind Sie verpflichtet, uns die geltend gemachten Inkassokosten zu erstatten."

1109 Roth WM 1991, 2125 (2131, 2130).

1110 AG Ebersberg Urt. v. 15.11.2013 – 7 C 450/13 –, NJW 2014, 1461; zustimmend Armbrüster, in: Prölss/Martin, VVG, 29. Aufl., 2015, § 127 Rn. 1; zurückhaltend Bauer NJW 2014, 1488 (1489).

1111 AG Ebersberg Urt. v. 15.11.2013 – 7 C 450/13 –, NJW 2014, 1461. Klauseln im Anhang abgedruckt.

Der Rechtsschutzversicherer selbst verlangte keineswegs von seinem Versicherungsnehmer, seine Vertragsanwälte zu bevollmächtigen. Dies wäre ein offenkundiger und unmittelbarer Eingriff in die freie Anwaltswahl des § 3 Abs. 3 BRAO. Er verwandte und stellte auch nicht die Allgemeinen Geschäftsbedingungen des Inkassounternehmens. Gestellt und verwandt wurde die Vollmachtsklausel durch das Inkassounternehmen.

Stellen zwei Unternehmen – und nicht ein Verwender (§ 305 Abs. 1 S. 1 BGB) – Allgemeine Geschäftsbedingungen, so ist fraglich, ob die AGB-rechtliche Angemessenheitsprüfung zum Tragen kommt.[1112] Dies gilt zumindest für Unternehmergeschäfte. Eindeutig ist die Rechtslage bei Verbrauchergeschäften. Hier kommt es nicht darauf an, ob ein Verwender die Klausel gestellt hat (§ 305 Abs. 1 S. 1 BGB), sondern allein darauf, dass der Verbraucher sie nicht selbst eingeführt hat (§ 310 Abs. 3 Nr. 1 BGB).

Rechtsschutzversicherer bieten Inkassoklauseln allerdings i.d.R. allein im unternehmerischen Rechtsverkehr an. Der Rechtsschutzversicherer muss sich aber die Vollmachtsklausel des Inkassounternehmens wegen der wirtschaftlichen Verflechtung und Zusammenarbeit entweder nach § 242 BGB zurechnen lassen[1113], oder aber das Umgehungsverbot des § 306 a BGB[1114] kommt zum Tragen. In beiden Fällen muss sich der Rechtsschutzversicherer so behandeln lassen, als hätte er die unwirksame Vollmachtsklausel selbst verwandt und den Eingriff in die freie Anwaltswahl selbst zu verantworten.

5. *Zwischenergebnis*

Die Vertragsbestimmungen der gestaltenden Schadenabwicklung halten der AGB-rechtlichen Angemessenheitsprüfung überwiegend ebenso wenig Stand wie der Nachteilsprüfung nach dem halbzwingenden Recht der §§ 127, 129 VVG.

a. *Unangemessene Bedingungen*

Die strengen Telefonie-, Streitschlichtungs- und Inkassoklauseln lassen keinen Raum für eine freie Anwaltswahl. Gleiches gilt für die erweiterte Telefonberatung. Dem Angebot von Wahltarifen steht entgegen, dass in jedem einzelnen

---

1112 Basedow, in: MünchKommBGB, Bd. 2, 7. Aufl., 2016, § 305 Rn. 22 f.

1113 Vgl. Basedow, in: MünchKommBGB, Bd. 2, 7. Aufl., 2016, § 305 Rn. 24. §§ 278, 166 BGB greifen nicht.

1114 Basedow, in: MünchKommBGB, Bd. 2, 7. Aufl., 2016, § 306 a Rn. 3. Im Ergebnis ebenso: AG Ebersberg Urt. v. 15.11.2013 – 7 C 450/13 –, NJW 2014, 1461 unter Bezugnahme auf § 134 BGB.

Rechtsschutzversicherungsvertrag dem Versicherungsnehmer die freie Anwaltswahl zustehen muss. Der Versicherer kann das versicherte Wagnis auch nicht auf die Kostenerstattung für die Beauftragung von Vertragsanwälten oder Fachanwälten begrenzen. Ebenso wenig darf er den Willen der Versicherungsnehmer durch wirtschaftliche Anreize und Belohnungen – etwa eines Nachlasses wegen „Schadenfreiheit" oder des Verzichtes auf den Selbstbehalt – lenken.

Einfache Streitschlichtungsklauseln scheitern nicht an § 127 VVG, sondern an den Vorgaben der §§ 1, 2 MediationsG zur freien und unabhängigen Mediatorenwahl.

Die Abstimmungs- und Kostenminderungsobliegenheit sowie die verhüllte Obliegenheit der strengen Streitschlichtungsklausel sind unwirksam. Sie fallen ersatzlos weg. An ihre Stelle können nach § 306 Abs. 2 BGB nicht die gesetzlichen Regelungen nach § 28 Abs. 2, 3 VVG bzw. § 82 VVG treten.

b. Geltungsvorrang halbzwingenden Rechts

Die Angemessenheitsprüfung wurde hier nur vorsorglich und hilfsweise neben der Nachteilsprüfung nach §§ 127, 129 VVG geprüft. Der Geltungsanspruch des (halb-)zwingenden Rechts verlangt einen Geltungsvorrang desselben (Teil II B.I.3). Durch die vorsorgliche Prüfung sollte vermieden werden, vorschnell dem Klauselverwender das ihm überbürdete Verwenderrisiko (§ 305 c Abs. 2 BGB) zu nehmen. Die Unternehmen dürfen es nicht in der Hand haben, durch eine geschickte Klauselgestaltung das gerade noch Vertretbare im Wege eines vorformulierten Vertrages einseitig vorzugeben.

Vorderhand erscheint der Prüfungsmaßstab des AGB-Rechts mit seiner Einbeziehungsprüfung, dem Schutz vor überraschenden Bedingungen und den besonderen Auslegungsregeln engmaschiger als die Nachteilsprüfung nach (halb-)zwingendem Recht. Im Ergebnis scheinen sich die Angemessenheits- und die Nachteilsprüfung in Hinblick auf die freie Anwaltswahl zunächst kaum zu unterscheiden. Zum Teil scheint die Nachteilsprüfung milder, zum Teil strenger als die Angemessenheitsprüfung. Im Ergebnis gebührt freilich dem unbedingten Geltungsanspruch (halb-)zwingenden Rechts i.V.m. mit dem gesetzgeberischen Willen, den Parteien einen bestimmten Vertragsinhalt aufzuzwingen, der Anwendungs- und Geltungsvorrang vor der AGB-rechtlichen Angemessenheitsprüfung.[1115]

§ 307 Abs. 3 S. 1 BGB nimmt unternehmerische Entscheidungen über die Preisgestaltung von der AGB-rechtlichen Prüfung aus. Der Verzicht auf den

---

1115 Werber VersR 2010, 1253 (1257).

vereinbarten Selbstbehalt und das Schadenfreiheitsrabattsystem der Rechtsschutzversicherer unterliegen gleichwohl der Inhaltsprüfung, da die Versicherer die geldwerten Vorteile an die Beauftragung der Vertragsanwälte koppeln. Über den Umweg dieser wertenden Betrachtung setzt sich auch hier der Geltungsanspruch des (halb-)zwingenden § 127 VVG durch.

Für den Versicherungsnehmer überraschend nehmen die strengen Telefonie-, Streitschlichtungs- und Inkassoklauseln diesem unbemerkt die freie Anwaltswahl. Nach § 305 c Abs. 1 BGB werden diese überraschenden Bedingungen schon nicht wirksam in den Vertrag einbezogen. Im Ergebnis führt diese besondere AGB-rechtliche Wertung im Vergleich mit der Nachteilsprüfung nach dem (halb-)zwingenden Recht der §§ 127, 129 VVG zu keiner anderen Rechtsfolge. Nach § 306 Abs. 2 BGB gilt als lückenfüllende gesetzliche Vorschrift § 127 VVG. Der Geltungsanspruch des halbzwingenden Rechts verlangt dasselbe.

Soweit die einfachen Streitschlichtungsklauseln am Leitbild der §§ 1 Abs. 1, 2 Abs. 1 MediationsG scheitern, besteht kein Widerstreit zu dem (halb-)zwingenden Recht nach §§ 127, 129 VVG.

Bis hierhin scheint nichts gegen ein Nebeneinander von Angemessenheits- und Nachteilsprüfung zu sprechen. Vielmehr scheint der in der Rechtsprechung beliebte Schluss von einem Verstoß gegen halbzwingendes Recht auf eine Unwirksamkeit nach §§ 307 Abs. 1 S. 1, Abs. 2 Nr. 1 BGB zu tragen.[1116]

Bei näherer Betrachtung erweist sich der Schluss freilich als zu vorschnell gezogen.

Das BGB denkt und sieht den ausgehandelten Vertrag als frei ausgehandelten Vertrag auf gleicher Augenhöhe. Frei ausgehandelte Verträge sind daher vermutlich gerecht. Tatsächlich besteht häufig ein Wissens- und Könnensgefälle zwischen den am Vertrag Beteiligten. Der Gesetzgeber des VVG 1908 griff zu dem scharfen Schwert des (halb-)zwingenden Rechts, um das Vertragsgleichgewicht wieder herzustellen.[1117] Um die unbesonnene und unaufmerksame Vertragsseite sich selbst vor den Folgen eines voreiligen Vertragsabschlusses zu schützen, ordnete der Gesetzgeber einen bestimmten Vertragsinhalt als unabdingbar an.[1118]

1116 Vgl. Fuchs, in: Ulmer/Brandner/Hensen, AGB-Recht, 11. Aufl., 2011, § 307 Rn. 208 m.w.N.

1117 Vgl. RG Urt. v. 19.12.1939 – VII 69/39 –, RGZ 162, 238 (242); Fausten, in: MünchKommVVG, Bd. 1, 1. Aufl., 2010, § 18 Rn. 24.

1118 Motive zum VVG, Neudruck 1963, 63 f.; Ganster Die Prämienzahlung im Versicherungsrecht, 2008, 39, 40; Beckmann, in: Bruck/Möller, VVG, Bd. 2, 9. Aufl., 2010, § 42 Rn. 3; Brömmelmeyer, in: Rüffer/Halbach/Schimikowski, VVG, 3. Aufl., 2015, Einl. Rn. 14.

Zu diesem elterlich wohlwollenden – aber auch bevormundenden – Eingriff in die Vertragsfreiheit kommt das AGB-Recht erst dann, wenn eine Bedingung mit dem wesentlichen Grundgedanken einer gesetzlichen Regelung unvereinbar ist (§ 307 Abs. 2 Nr. 1 BGB) und sich deshalb das nachgiebige, verhandelbare Gesetzesrecht über den Umweg des § 306 Abs. 2 BGB in zwingendes Recht verwandelt.[1119] Der umfassende und vorrangige Geltungsanspruch (halb-) zwingenden Rechts zeigt sich auch darin, dass er nicht zwischen Verträgen mit Verbrauchern und Unternehmern unterscheidet, wie dies das AGB-Recht nach § 310 Abs. 1 S. 1 BGB tut. Selbst der unüberlegte Kauffmann ist aus der Sicht des halbzwingenden Rechts schutzbedürftig und schutzwürdig.[1120] Deshalb betrachtet das (halb-)zwingende Recht einen Vertrag auch weiterhin als frei ausgehandelt und verlangt nach einer Auslegung nach dem subjektiven Parteiwillen (§§ 133, 157 BGB),[1121] während das AGB-Recht der Prüfung einen objektivierten Auslegungsmaßstab aus Sicht eines durchschnittlichen Versicherungsnehmers zugrunde legt. Aus Sicht des (halb-)zwingenden Rechts ist es unerheblich, ob eine Vertragsbestimmung für die unbesonnene Partei überraschend ist (§ 305 c Abs. 1 BGB) oder ob diese unklar und unverständlich gefasst ist (§ 307 Abs. 1 S. 2 BGB). Letzteres führt nach den Vorgaben des AGB-Rechts i.d.R. zu einem ersatzlosen Wegfall der Bedingung wegen eines Verstoßes gegen das Klarheitsgebot nach § 307 Abs. 1 S. 2 BGB ohne dem Geltungsanspruch des (halb-)zwingenden Rechts zu genügen.[1122] Der Gesetzgeber will die freie Anwaltswahl als zwingenden Vertragsinhalt eines jeden Rechtsschutzversicherungsvertrages unbedingt. Ob Obliegenheitstatbestände, die der Versicherer entwickelt, um die Anwaltswahl des Versicherungsnehmers zu lenken, unklar und unverständlich gefasst sind, fällt demgegenüber nicht ins Gewicht.

Ähnliche Wertungswidersprüche treten auf Rechtsfolgenseite auf, wenn nach der AGB-rechtlichen Vorschrift des § 306 Abs. 2 BGB verschiedene halbzwingende Vorschriften zur Lückenfüllung in Betracht kommen. Dies zeigte sich in

---

1119 Kötz JuS 2013, 289 (292); v. Westphalen NJW 2010, 2254 (2262); Kähler Begriff und Rechtfertigung abdingbaren Rechts, 2012, 198; s.a. v. Westphalen FS Kübler, 2015, 787.

1120 Ausgenommen vom Schutz durch halbzwingendes Recht werden nur Verträge über Großrisiken i.S.d. § 210 VVG (bzw. Art. 10 EGVVG a.F.).

1121 RG Urt. v. 19.12.1939 – VII 69/39 –, RGZ 162, 238 (242); Fausten, in: MünchKommVVG, Bd. 1, 1. Aufl., 2010, § 18 Rn. 24.

1122 Vgl. LG Berlin Urt. v. 2.12.2016 – 42 O 199/16 –, r + s 2017, 344; Marlow VersR 2017, 1500 (1502); Marlow r + s 2015, 591 (593); a.A. OLG Hamm Urt. v. 9.08.2017 – 20 U 184/15 –, r + s 2017, 467; Schreiner r+s 2017, 345.

Hinblick auf das Bedingungswerk der Rechtsschutzversicherer bei der Prüfung der Abstimmungs- und Kostenminderungsobliegenheit sowie insbesondere der verhüllten Obliegenheit der strengen Streitschlichtungsklausel. Nach AGB-Recht fallen sie ersatzlos weg. §§ 127, 129 VVG verlangen die freie Anwaltswahl als zwingenden Vertragsinhalt. Der unabdingbare Geltungsanspruch des halbzwingenden Rechts kennt keine „verhüllten" Obliegenheiten. §§ 28 Abs. 2, Abs. 3 BGB verlangen nach § 32 VVG bei einem Verstoß unmittelbare Geltung, sofern die dem Versicherungsnehmer obliegende Verhaltenspflicht wirksam ist (§ 28 Abs. 1 VVG). Deshalb bedarf es – entgegen der Auffassung des BGH – auch nicht der Annahme eines gesetzlichen Obliegenheitsbegriffes zu AGB-rechtlichen Prüfungszwecken.[1123] Es stellt sich auch nicht die Frage, ob nach § 306 Abs. 2 BGB die halbzwingende Vorschrift des § 28 VVG oder die halbzwingende Vorschrift des § 127 VVG heranzuziehen ist. Als Sondervorschrift für den Bereich der Rechtsschutzversicherung verlangt § 127 VVG gegenüber der allgemeinen Vorschrift des § 28 VVG nach einer vorrangigen Anwendung. Die Scheinprobleme in der AGB-rechtlichen Prüfung bei der Behandlung sog. verhüllter Obliegenheiten lösen sich in Luft auf, wenn das halbzwingende Recht ernst genommen wird und in den vorrangigen Blick der Prüfung genommen wird.

Insgesamt räumt das AGB-Recht dem Rechtsanwender einen größeren Wertungsspielraum als das (halb-)zwingende Recht ein. Das am Maßstab des § 242 BGB entwickelte AGB-Recht verlangt bis heute, die wechselseitigen Interessen des AGB-Verwenders und der Vertragsgegenseite nach Treu und Glauben angemessen zu berücksichtigen und abzuwägen. Das (halb-)zwingende Recht des VVG erlaubt dem Versicherer zwar eine Abweichung zum Vorteil des Versicherungsnehmers. So kann er dem Versicherungsnehmer mit den einfachen Streitschlichtungsklauseln neben der Anwaltswahl die Kostenerstattung für einen Streitschlichtungsversuch übernehmen. Den Rechtsanwender berechtigt dies nicht zu einer Interessenabwägung. Ein Vorteil ist denknotwendig kein Nachteil. Die Abgrenzung von Vor- und Nachteil gebietet keine Interessenabwägung. Das (halb-)zwingende Recht ist als einfache Rechtsregel ausgestaltet, die nach keiner Abwägung verlangt. Wenn ein Verstoß gegen das (halb-)zwingende Recht vorliegt, so gilt der vom Gesetzgeber gewollte zwingende Vertragsinhalt.

Der Gesetzgeber hat mit der Neufassung des VVG 2008 klargestellt, dass er von einem Anwendungs- und Geltungsvorrang der eigenständigen Nachteilsprüfung

---

1123 A. a. BGH Urt. v. 16.09.2009 – IV ZR 246/08 –, NJW-RR 2010, 99 (102) = VersR 2009, 1659 Tz. 27; BGH Urt. v. 21.04.1993 – IV ZR 33/92 –, NJW-RR 1993, 1049 = VersR 1993, 830; Wendt MDR 2010, 1168 (1170); Cornelius-Winkler r + s 2010, 89 (91).

nach halbzwingenden Recht vor der AGB-rechtlichen Angemessenheitsprüfung ausgeht.[1124] Die im VVG 1908 benutzte Wendung des „Nicht-Berufen-Könnens" hat er zugunsten der Wendung des „Nicht-Abweichen-Könnens" aufgegeben. Damit ist die Rechtsfolge halbzwingenden Rechts i.S. einer „Beschränkung der Vertragsfreiheit" (§ 210 Abs. 1 VVG) klar umschrieben. Die fehlende Gestaltungsmacht des Versicherers führt zur Unwirksamkeit der Versicherungsbedingung. Die im Vertrag aufgerissene Lücke wird unmittelbar durch den vom Gesetzgeber zwingend angeordneten Vertragsinhalt geschlossen. Der Gesetzgeber hat das halbzwingende recht des VVG 2008 in Kenntnis der bestehenden AGB-rechtlichen Angemessenheitsprüfung neu geordnet und gefasst. Hätte er neben dem eigenständigen Rechtsfolgengefüge des halbzwingenden Rechts eine AGB-rechtliche Angemessenheitsprüfung gewollt, hätte er dies zum Ausdruck bringen müssen. Dies hat er nicht getan.

So überrascht es nicht, dass der in Rechtsprechung und Schrifttum hitzig geführte Streit, ob und wie Allgemeine Geschäftsbedingungen gegebenenfalls über eine wertende Betrachtung zu erhalten und zu retten sind, bei der Anwendung (halb-)zwingenden Rechts keine größere Rolle spielt. Ob etwa einzelne Versicherungsbedingungen vor dem rechtlichen Schicksal der Unwirksamkeit bewahrt werden können, indem Teilbestimmungen mit einem bloßen Strich des Bleistifts aus der Bedingung herausgestrichen werden (blue pencil test), wird bei der Anwendung (halb-)zwingenden Rechts i.d.R. nicht gefragt. Mit dem unbedingten Geltungsanspruch (halb-)zwingenden Rechts ist die Aufteilung einer Vertragsbestimmung in einen wirksamen und einen unwirksamen Teil schlichtweg nicht vereinbar.[1125] Die aus dem Recht der Verbotsgesetze stammende Wertung des § 139 BGB vermag sich zwar – nach der hier vertretenen Auffassung – in der AGB-rechtlichen Angemessenheitsprüfung ebenfalls nicht durchzusetzen.[1126] Hält man hingegen mit weiten Teilen der Rechtsprechung den Bleistifttest im Bereich des AGB-Rechts für zulässig, lässt sich aber das Schadenfreiheitsrabattsystem der Rechtsschutzversicherer vor der Unwirksamkeit retten. Es ist den Versicherern unbenommen, für den Fall der Schadenfreiheit des Vertrags einen Nachlass auf den Beitrag zu gewähren. Mit der freien Anwaltswahl unvereinbar ist allein, die freie Anwaltswahl selbst zum Schadenfall zu erklären.

1124 Werber VersR 2010, 1253 (1257).

1125 Wandt VersR 2015, 265 (267); Rattay VersR 2015, 1075 (1079); Felsch, in: Rüffer/Halbach/Schimikowski, VVG, 3. Aufl., 2015, § 28 Rn. 26.

1126 Wandt, in: MünchKommVVG, Bd. 1, 2. Aufl., 2016, § 28 Rn. 20, 21, 25 m.w.N.

Löst man diese Teilbestimmung aus dem Schadenfreiheitrabattsystem heraus, ist es AGB-rechtlich unbedenklich.

Insgesamt zeigt sich, dass die ursprüngliche Annahme, der (halb-)zwingenden Nachteilsprüfung gebühre der Vorrang vor der AGB-rechtlichen Angemessenheitsprüfung, sich als richtig erweist. Für die Anwendung der AGB-rechtlichen Prüfung bleibt kein Raum, wenn bereits ein Verstoß gegen (halb-)zwingendes Recht zu verzeichnen ist. Der unabdingbare Geltungsanspruch (halb-)zwingenden Rechts beansprucht dann einen Geltungsvorrang. Neben (halb-)zwingendem Recht kann die AGB-rechtliche Prüfung etwa nur dann zum Tragen kommen, wenn das nachgiebige Recht ein zusätzliches gesetzliches Leitbild i.S.d. § 307 Abs. 2 Nr. 1 BGB bereit hält. Dies ist in Hinblick auf das Bedingungswerk der Rechtsschutzversicherer bei den einfachen Streitschlichtungsklauseln, für die das Leitbild der §§ 1 Abs. 1, 2 Abs. 1 MediationsG gilt, anzunehmen.

Damit sind die rechtlichen Grenzen aufgedeckt, die §§ 127, 129 VVG der rechtlichen Gestaltungsmacht des Versicherers bei der gestaltenden Schadenabwicklung im Interesse einer unabhängigen Rechtspflege und Rechtsfindung ziehen.

Teil IV: Gestaltungsmacht des Versicherers in der abwartenden Schadenabwicklung

Das klassische Modell der abwartenden Schadenabwicklung beschränkt sich im Wesentlichen auf die Bindung des Vertragsanwalts an den Rechtsschutzversicherer über ein Rationalisierungsabkommen. Der Versicherer vertraut darauf, dass sein Versicherungsnehmer von sich aus den Weg zu den über ein Rationalisierungsabkommen gebundenen Anwälten findet.

A. Bedingungswerk der abwartenden Schadenabwicklung

Der Versicherungsnehmer bedarf daher keiner eingehenden Lenkung und Steuerung. Dementsprechend schlank ist das Bedingungswerk der abwartenden Schadenabwicklung. Es beschränkt sich auf Ziff. 4.1.3 ARB 2012, also der Regelung zu der Empfehlung und Vermittlung auf Verlangen sowie der Regelung zum Notanwalt. Diese Bedingung ist unter dem Gesichtspunkt des § 127 VVG unbedenklich (Teil III unter A.I.1). Neben der Nachteilsprüfung nach halbzwingendem Recht kommt eine AGB-rechtliche Angemessenheitsprüfung nicht zum Tragen. Die Empfehlung und Vermittlung von Vertragsanwälten nach Ziff. 4.1.3 ARB birgt auch keinen Zündstoff in Hinblick auf §§ 3, 4 RDG (Teil III unter B.III).

B. Rationalisierungsabkommen und anwaltliches Berufsrecht

Berufsrechtlich wird die Wirksamkeit von Rationalisierungsabkommen in Frage gestellt.[1127] Die Gradlinigkeit und Unabhängigkeit des Rechtsanwalts sei gefährdet, wenn er sich durch die Bindung an einen Rechtsschutzversicherer wirtschaftlich abhängig mache.[1128] Eine sorgfältige Mandatsbearbeitung sei nicht gewährleistet, wenn die pauschalierten Gebühren wirtschaftlich keinen angemessenen Zeitaufwand mehr zuließen.[1129]

1127 Cornelius-Winkler SVR 2013, 201; Kilian, AnwBl 2012, 209; Henssler NJW 2005, 1537 (1540); Schons, in: Hartung/Schons/Enders, RVG, 2. Aufl., 2013, Nr. 2300 VV Rn. 43; Schilasky Einschränkungen der freien Anwaltswahl in der Rechtsschutzversicherung, 1998, 131, 135.

1128 Cornelius-Winkler SVR 2013, 201 (206); Burmann DV 1/2012, 3; Risch SpV 2011, 41; Cornelius-Winkler, in: Harbauer, ARB, 8. Aufl., § 5 ARB 2000 Rn. 280; s.a. van Bühren BRAK-Magazin 2/2012, 3; van Bühren zfs 1992, 362.

1129 Samimi/Liedtke NZV 2013, 20 (21); Burmann DV 1/2012, 3.

Das Mandatsverhältnis des Rechtanwaltes zu seinem Auftraggeber einerseits und das Rationalisierungsabkommen zwischen Rechtsanwalt und Rechtsschutzversicherer andererseits sind rechtlich getrennt voneinander zu betrachten. Grundsätzlich teilen sie nicht dasselbe rechtliche Schicksal.[1130]

Auf das Mandatsverhältnis kann ein rechtlicher Makel des Rationalisierungsabkommen allenfalls dann durchschlagen, wenn ein Verstoß gegen ein gesetzliches Verbot (§ 134 BGB) oder die guten Sitten (§ 138 BGB) vorliegt.[1131] Besonderes Augenmerk ist hierbei auf den Umstand zu richten, dass der Versicherungsnehmer von der rechtlichen Bindung des Anwaltes über das Rationalisierungsabkommen nichts erfährt. Versicherer und Anwalt handeln hinter dem Rücken des Versicherungsnehmers, sodass der Versicherte ein wirtschaftliches Interesse an der Anwaltsempfehlung seitens seines Versicherers nicht erkennen kann.

Dies gilt es, im Nachfolgenden zu untersuchen.

I. Gebührenunterschreitung § 49 b Abs. 1 BRAO, § 21 BORA

Besonders heftig umstritten ist die Frage, ob in der Gebührenpauschalierung durch die Rationalisierungsabkommen eine unzulässige Gebührenunterschreitung liegt, welche sich in der Mandatsbearbeitung zum Nachteil des Auftraggebers auswirkt.[1132]

Nach § 49 b Abs. 1 BRAO ist es unzulässig, geringere Gebühren und Auslagen zu vereinbaren oder zu fordern, als das Rechtsanwaltsvergütungsgesetz vorsieht, soweit dieses nichts anderes bestimmt.

1. Gebührenunterschreitung im Dreiecksverhältnis (§ 21 BORA)

Dieses Verbot gilt nach § 21 BORA auch im Verhältnis zu Dritten, welche es anstelle des Mandanten oder neben diesem übernehmen, die Gebühren zu bezahlen, oder die sich gegenüber dem Mandanten verpflichten, diesen von anfallenden Gebühren freizustellen.

1130 BGH Urt. v. 4.12.2013 - IV ZR 215/12 -, BGHZ 199, 170 (186) = NJW 2014, 630 = VersR 2014, 98 Tz. 46.

1131 Vgl. BGH Urt. v. 18.03.2003 - XI ZR 188/02 -, NJW 2003, 2088; BGH Urt. v. 28.09.2000 - IX ZR 279/99 -, BGHZ 145, 265 (269) = NJW 2001, 70.

1132 Cornelius-Winkler SVR 2013, 201 (205); Kilian, AnwBl 2012, 209 (210 f.); Henssler NJW 2005, 1537 (1540); Schons NJW 2004, 2952 (2953); a.A. Terriuolo Das rechtsschutzversicherte Mandat, 2014, 171 f. 179, 195.

Das Rationalisierungsabkommen wird zwischen dem Versicherer und dem Anwalt abgeschlossen. Auftraggeber und Gebührenschuldner des Rechtsanwaltes ist der Versicherungsnehmer als Auftraggeber des Anwalts. Dritte i. S. d. § 21 BORA sind insbesondere Rechtsschutzversicherer oder Gewerkschaften.[1133]

2. *Geringere Gebühren vereinbaren oder fordern*

Der Rechtsanwalt „fordert" (§ 49 b Abs. 1 BRAO) die vereinbarten Gebühren daher nicht nur dann, wenn er sie aufgrund einer Gebührenvereinbarung (§ 34 RVG) oder einer Vergütungsvereinbarung (§ 4 Abs. 1 RVG) von seinem Auftraggeber verlangt. Er vereinbart und fordert sie auch dann i.S.d. § 49 b Abs. 1 BRAO, wenn er ein Rationalisierungsabkommen mit dem zur Kostenerstattung verpflichteten Rechtsschutzversicherer abgeschlossen hat und dem Versicherer eine dementsprechende Honorarrechnung legt.[1134] Dies ist notwendige Folge daraus, dass § 21 BORA auch Dreiecksverhältnisse erfasst.

3. *Unterschreitung gesetzlicher Gebühren*

Das Gebührenunterschreitungsverbot des § 49 b Abs. 1 BRAO setzt auf die gesetzlichen Gebühren und Auslagen des RVG auf. Voraussetzung für einen Verstoß gegen das Gebührenunterschreitungsverbot ist also, dass das RVG klare und bestimmte Gebühren für die anwaltliche Tätigkeit vorsieht.

a. *Gerichtliche Vertretung § 3 RVG*

Für die gerichtliche Vertretung kennt das RVG Wertgebühren (§ 13 RVG) und Rahmengebühren (§ 14 RVG). Für den Regelfall der gerichtlichen Vertretung vor Zivil- und Verwaltungsgerichten bestimmt das RVG nach § 3 Abs. 1 S. 2 RVG Wertgebühren. Für die Vertretung vor Sozialgerichten sieht das RVG nach § 3 Abs. 1 S. 1 RVG Betragsrahmengebühren vor. Gleiches gilt für den Verteidiger in Straf- und Bußgeldsachen.

aa. Wertgebühren im klassischen Rechtsschutz

Das RVG sieht für den Regelfall der gerichtlichen Vertretung vor Zivil- und Verwaltungsgerichten nach § 3 Abs. 1 S. 2. RVG i.V.m. § 13 RVG i.V.m. § 2 Abs. 2

1133 Hartung, in: Hartung BORA, 5. Aufl., 2012, § 21 BORA Rn. 15.

1134 Kilian AnwBl 2012, 209 (210); Nerlich, in: Hartung, BORA, 5. Aufl., 2012, § 21 BORA Rn. 22, 24.

RVG i.V.m. Teil 3 VV RVG bestimmte streitwertabhängige Gebührensätze für die Anwälte vor.[1135]

Bei dieser eindeutigen Rechtslage sehen die Rationalisierungsabkommen mit den Rechtsschutzversicherungen, soweit sie öffentlich bekannt sind[1136], für die klassischen Bereiche des Rechtsschutzes (etwa den Vertrags- und Deliktsrechtsschutz nach Ziff. 2.2.1, 2.2.4 ARB 2012) keine Abweichung von den Vorgaben des RVG vor.[1137]

bb. Betragsrahmengebühren

(1) Ordnungswidrigkeiten- und Strafrechtsschutz Ziff. 2.2.9, 2.2.10 ARB 2012

Die Gebühren des Verteidigers sind hingegen Betragsrahmengebühren und richten sich nach §§ 2 Abs. 2, 14 RVG i.V.m. Teil 4 und 5 VV RVG.

Rechtsschutzversicherer nutzen die Einsparmöglichkeit, die Rahmengebühren durch Fallpauschalen im Rationalisierungsabkommen zu ersetzen.[1138] Teilweise richten sich die Pauschalen danach, ob ein Termin zur Hauptverhandlung stattfindet. Teilweise wird nach der Höhe des zu erwartenden Bußgelds bzw. der zu erwartenden Strafe unterschieden oder gar die gesetzlichen Gebühren des RVG mit einem bestimmten prozentualen Abschlag vereinbart.[1139] Häufig wird vereinbart, dass die Grundgebühr nicht anfallen soll.[1140] Die Rationalisierungsabkommen halten sich im rechtlichen Rahmen.

(2) Sozialgerichtsrechtsschutz Ziff. 2.2.6 ARB 2012

Ähnlich stellt sich die gebührenrechtliche Rechtslage im Sozialgerichtsrechtsschutz nach Ziff. 2.2.6 ARB 2012 dar. Auch hier sieht das RVG Rahmengebühren

---

1135 So schon zu BRAGO-Zeiten: Schilasky Einschränkungen der freien Anwaltswahl in der Rechtsschutzversicherung, 1998, 123.

1136 Der Verfasser hat sämtliche Rechtsschutzversicherungen mit der Bitte um Zusendung der von Ihnen verwandten Rationalisierungsabkommen angeschrieben. Rückäußerungen waren nur von der HUK-Rechtsschutzversicherung und der DAS zu verzeichnen. Die öffentlich bekannten Rationalisierungsabkommen sind im Anhang unter II. abgedruckt. Die DAS gibt an, die Abrechnungsabkommen individuell mit den jeweiligen Kanzleien auszuhandeln.

1137 Kilian, AnwBl 2012, 209 (210); s. aber a. Terriuolo AnwBl 2016, 468 f.

1138 Fromm JurBüro 2015, 507.

1139 Fromm JurBüro 2015, 507; Fromm NJW 2013, 3498; Mock RVG-B 2004, 117 f. mit Berechnungsbeispielen; krit.: Burmann DV 1/2012, 3.

1140 Fromm JurBüro 2015, 507.

vor, § 3 Abs. 1 S. 1 RVG i.V.m. Nr. 3102, 3106, 3204, 3205, 3212, 3213 VV RVG, die durch eine Pauschalierung begrenzbar scheinen.[1141]

(3) Verbot der Vorabbindung nach § 14 Abs. 1 S. 1 RVG

Ob Betragsrahmengebühren einer Pauschalierung vor Beendigung des Auftrages zugänglich sind, liegt nicht ohne weiteres auf der Hand.

§ 14 Abs. 1 S. 1 RVG sieht vor, dass der Rechtsanwalt bei Rahmengebühren die gesetzliche Gebühr im Einzelfall nach billigem Ermessen bestimmt. Fraglich ist, welche gesetzliche Gebühr nun die Gebührenuntergrenze i.S.d. Gebührenunterschreitungsverbotes nach § 49 b Abs. 1 S. 1 BRAO bildet.

Zum einen könnte es sich um die vom Rechtsanwalt im Einzelfall bestimmte billige Gebühr handeln[1142], zum anderen um die gesetzliche Rahmenuntergrenze.

Der Rechtsanwalt muss die gesetzliche Gebühr im Einzelfall nach billigem Ermessen bestimmen, § 14 Abs. 1 S. 1 RVG. Bei der Ermessensausübung hat er dem Umfang, der Schwierigkeit und dem Haftungsrisiko Rechnung zu tragen, § 14 Abs. 1 S. 1 RVG. Eine Vorabbindung durch eine generelle Pauschalierung unabhängig vom Einzelfall scheint damit unverträglich.[1143] Zudem ist das anwaltliche Ermessen bei der Billigkeitsbestimmung gerichtlich überprüfbar, § 14 Abs. 2 S. 1 RVG, § 315 Abs. 3 S. 2 BGB.[1144] Bei der gerichtlichen Überprüfung stellt die Rahmenuntergrenze der Rahmengebühren lediglich die Grenze des billigen Ermessens dar.[1145] Die anwaltliche Ermessensausübung bleibt damit Voraussetzung für das Entstehen der gesetzlichen Gebühr, § 315 Abs. 3 S. 1 BGB.

Andererseits bewegt sich ein Pauschalpreis innerhalb der gesetzlichen Betragsrahmengebühr innerhalb der zulässigen Bandbreite des anwaltlichen Ermessens nach § 14 Abs. 1 S. 1 RVG – selbst wenn der Vergütungsrahmen dabei nach unten hin ausgeschöpft wird.[1146] Eine Vergütungsvereinbarung nach § 3 a

1141 Kritisch: Schons NJW 2004, 2952 (2953); Schons, in: Hartung/Schons/Enders, RVG, 2. Aufl., 2013, § 3a Rn. 123.

1142 BGH Beschl. v. 9.06.2008 – AnwSt (R) 5/05 –, NJW 2009, 534 Tz. 20 zu § 4 Abs. 2 S. 3 RVG a.F.; Schons NJW 2004, 2952 (2953); von Seltmann, in: Seltmann, BeckOK RVG, 32. Aufl., Stand: 1.06.2016, § 4 Rn. 6, 7; Schons, in: Hartung/Schons/Enders RVG, 2. Aufl., 2013, § 3 a Rn. 123; von Seltmann, in: Gaier/Wolf/Göcken, Anwaltliches Berufsrecht, 2. Aufl., 2014, BRAO § 49 b Rn. 20 c; Kilian, in: Henssler/Prütting, BRAO, 4. Aufl., 2014, § 49 b Rn. 26.

1143 BGH Beschl. v. 9.06.2008 – AnwSt (R) 5/05 –, NJW 2009, 534 Tz. 20 zu § 4 Abs. 2 S. 3 RVG a.F.; Schons NJW 2004, 2952 (2953).

1144 Winkler, in: Mayer/Kroiß, RVG, 6. Aufl., 2013, § 14 Rn. 52; krit. zu § 315 BGB: Kilian MDR 2008, 780 (781).

1145 Von Seltmann, in: Seltmann, BeckOK RVG, 32. Aufl., Stand: 1.06.2016, § 4 Rn. 6, 7.

1146 OLG Düsseldorf Beschl. v. 2.01.2012 – VII Verg 70/11 –, NZBau 2012, 318 (320).

RVG über eine Rahmengebühr ist zulässig.[1147] Die Bemessungskriterien des § 14 Abs. 1 S. 1 RVG finden auf eine derartige Vergütungsvereinbarung keine Anwendung.[1148] Der Gesetzgeber bezweckte mit der Überarbeitung und Lockerung des § 3 a RVG, dass vermehrt Vergütungsvereinbarungen getroffen werden. Für Vergütungsvereinbarungen in Form von Zeithonoraren, Streitwertvereinbarungen oder Pauschalhonoraren ist es geradezu charakteristisch, dass Vergütungen aufgrund einer generalisierenden Kalkulation unabhängig von den Bemessungskriterien des § 14 Abs. 1 S. 1 RVG vereinbart werden. So ist eine Zeitvergütung, wie sie in der anwaltlichen Praxis üblich ist, sowohl vom Gegenstandswert als auch vom Haftungsrisiko losgelöst.[1149]

Die Vereinbarung eines Pauschalsatzes innerhalb des gesetzlichen Betragsrahmens begegnet dabei ebenso wenig wie die Vereinbarung einer Zeitvergütung berufs- oder gebührenrechtlichen Bedenken.[1150]

b. Außergerichtliche Beratung (§ 34 RVG) und Vertretung (Nr. 2300 VV RVG)

In außergerichtlichen Angelegenheiten kann eine niedrigere als die gesetzliche Vergütung vereinbart werden, § 4 Abs. 1 S. 1 RVG.

aa. Keine Gebühren – keine Gebührenunterschreitung

Es stellt sich daher die Frage, ob für die außergerichtliche Beratung und Vertretung gedanklich überhaupt eine Gebührenunterschreitung i. S. d. § 49 b Abs. 1 BRAO in Betracht kommt. Nach § 49 b Abs. 1 S. 1 BRAO liegt ein Fall der Gebührenunterschreitung dann vor, wenn das RVG zum einen bestimmte gesetzliche Gebühren vorsieht und – so im zweiten Halbsatz – das RVG nichts anderes bestimmt.

1147 OLG Düsseldorf Beschl. v. 2.01.2012 – VII Verg 70/11 –, NZBau 2012, 318 (320).

1148 BGH Beschl. v. 3.05.2007 – I ZR 137/05 –, BRAK-Mitt 2008, 38 = AnwBl 2007, 870 Tz. 7 f.; BGH Urt. v. 9.06.2005 – I ZR 135/02 –, NJW-RR 2006, 215 (216) zu StbGebV; BGH Urt. v. 30.09.2004 – I ZR 89/02 –, NJW 2005, 1268 (1270) zu StbGebV; BGH Urt. v. 30.09.2004 – I ZR 261/02, GRUR 2005, 433 (435) = VersR 2005, 1708; BGH Urt. v. 26.09.2002 – I ZR 44/00 –, BGHZ 152, 153 (161) = NJW 2003, 819 – Anwaltshotline.

1149 BGH Urt. v. 30.09.2004 – I ZR 261/02, GRUR 2005, 433 (435) = AnwBl 2005, 359; BGH Urt. v. 26.09.2002 – I ZR 44/00 –, BGHZ 152, 153 (161) = NJW 2003, 819 – Anwaltshotline.

1150 BGH Beschl. v. 3.05.2007 – I ZR 137/05 –, BRAK-Mitt 2008, 38 = AnwBl 2007, 870 Tz. 8; Terriuolo AnwBl 2016, 468 (469).

Die Erlaubnis des § 4 Abs. 1 S. 1 RVG, im außergerichtlichen Bereich niedrigere als die gesetzlichen Gebühren zu vereinbaren, könnte eine derartige Ausnahmevorschrift i.S.d. § 49 b Abs. 1 S. 1 Hbs. 2 BRAO sein.

bb. Verbot der Vorabbindung § 4 Abs. 1 S. 2 RVG

Aus dem Angemessenheitsgebot des § 4 Abs. 1 S. 2 RVG wird zum Teil das Verbot einer Vorabbindung für die Gebührenfestsetzung geschlussfolgert.[1151] Selbst wenn niedrigere als die gesetzlichen Gebühren im außergerichtlichen Bereich vereinbart werden, müssen diese nach § 4 Abs. 1 S. 2 in einem angemessenen Verhältnis zu Leistung, Verantwortung und Haftungsrisiko des Anwalts stehen.[1152]

Die gesetzlich nicht zu unterschreitende Gebühr könnte dann in Hinblick auf die Leistung, die Verantwortung und das Haftungsrisiko des Anwalts die angemessene Gebühr sein.[1153]

(1) Angemessenheitskontrolle bei außergerichtlicher Vertretung

Die angemessene Gebühr für eine außergerichtliche Vertretung läge dann nach den Vorgaben der Nr. 2300 VV RVG innerhalb des Korridors eines Gebührensatzes von 0,5 bis zu einem Gebührensatz von 2,5.

Zum Teil wird in der 1,5 Mittelgebühr eine Art gesetzliches Leitbild für die anwaltliche Ermessensausübung gesehen mit der Folge, dass eine Gebührenunterschreitung jedenfalls bei einem Unterschreiten der Mittelgebühr anzunehmen ist[1154]. Andererseits wird die Auffassung vertreten, dass ein Rationalisierungsabkommen, welches sich gleichsam als „Rahmenausschöpfungsvereinbarung“ innerhalb des gesetzlichen Rahmens von einer 0,5 Gebühr bis einer 2,5 Gebühr bewegt, keine Gebührenunterschreitung i. S. d. § 49 b Abs. 1 BRAO begründen kann.[1155]

1151 BGH Beschl. v. 9.06.2008 – AnwSt (R) 5/05 –, NJW 2009, 534 Tz. 20; Teubel, in: Mayer/Kroiß, RVG, 6. Aufl. 2013, § 4 Rn. 10.

1152 Mayer, in: Gerold/Schmidt, RVG, 21. Aufl., 2013, § 4 Rn. 6.

1153 Schons AnwBl 2012, 221 (222); Schons NJW 2004, 2952 (2953); Schons, in: Hartung/Schons/Enders, RVG, 2. Aufl., 2013, § 3 a Rn. 124, Nr. 2300 VV Rn. 40; Kilian, in: Henssler/Prütting, BRAO, 4. Aufl., 2014, § 49 b Rn. 36.

1154 Schons, in: Hartung/Schons/Enders, RVG, 3. Aufl., 2013, Nr. 2300 VV Rn. 40.

1155 Kilian AnwBl 2012, 209 (212); Terriuolo Das rechtsschutzversicherte Mandat, 2014, 172 f.

(2) Angemessenheitskontrolle bei außergerichtlicher Beratung

In Hinblick auf die außergerichtliche Beratung stellt sich zusätzlich die Frage, ob eine Angemessenheitskontrolle nach § 4 Abs. 1 S. 2 RVG überhaupt stattfindet. Die Regelung des § 4 Abs. 1 S. 2 RVG knüpft an die Regelung des § 4 Abs. 1 S. 1 RVG an, setzt also voraus, dass für die außergerichtliche Beratung überhaupt eine gesetzliche Gebühr besteht.

Nach § 34 Abs. 1 S. 1 RVG soll der Anwalt für eine Beratung auf eine Gebührenvereinbarung hinwirken. Wegen der unterschiedlichen Begrifflichkeit der Vergütungsvereinbarung (§ 3 a RVG) und der Gebührenvereinbarung (§ 34 Abs. 1 S. 1 RVG) wurde im Schrifttum die Frage erörtert, ob, wenn eine Vergütungsvereinbarung an die Stelle der gesetzlichen Gebühr tritt, eine Gebührenvereinbarung i. S. d. § 34 Abs. 1 S. 1 RVG nicht eine gesetzliche Gebühr darstellt.[1156] Durch die Neufassung des § 3 a Abs. 1 S. 4 RVG hat der Gesetzgeber zwischenzeitlich klargestellt, dass die Gebührenvereinbarung einen Unterfall der Vergütungsvereinbarung darstellt.[1157] Bis zum Inkrafttreten des durch das 1. Kostenrechtsmodernisierungsgesetz[1158] überarbeiteten § 34 RVG zum 1.07.2006 sah Nr. 2100 VV RVG eine Rahmengebühr für die außergerichtliche Beratung mit einem Gebührensatz zwischen 0,1 bis 1,0 vor.[1159] Diese gesetzliche Gebühr hat der Gesetzgeber bewusst und gewollt ersatzlos gestrichen: „Vom Gesetzgeber sollte nicht mehr reguliert werden, als im Hinblick auf die Prozesskostenerstattung und zur Sicherstellung einer ordnungsgemäß funktionierenden Rechtspflege erforderlich ist.“[1160]

Zumindest für die außergerichtliche Beratung gibt es keine gesetzlichen Gebühren mehr.[1161] Eine Angemessenheitskontrolle nach § 4 Abs. 1 S. 2 RVG

1156 Mayer, in: Gerold/Schmidt, RVG, 21. Aufl., 2013, § 34 Rn. 2 – 5; a.A. Kilian AnwBl 2012, 209 (211 f.); Bauer, in: Harbauer, ARB, ARB 2000, § 5 Rn. 77.

1157 Teubel/Winkler, in: Mayer/Kroiß, RVG, 6. Aufl., 2013, § 34 Rn. 52; a.A. immer noch: Mayer, in: Gerold/Schmidt, RVG, 21. Aufl., 2013, § 34 Rn. 4.

1158 V. 5.05.2004, BGBl I, 718.

1159 Zur Angemessenheitsprüfung nach § 4 Abs. 2 1, 3 RVG a.F.: OLG Köln Urt. v. 18.11.2005 – 6 U 149/05 –, NJW 2006, 923 (924); zur Angemessenheitsprüfung nach § 3 Abs. 5 S. 3 BRAGO: OLG Hamm Urt. v. 3.08.2004 – 4 U 94/04 –, NJW 2006, 3269.

1160 BT-Drs. 15/1971, 238.

1161 AnwGH Hamm Urt. v. 9.05.2014 – 1 AGH 3/14 –, NJW-RR 2014, 1335 (1336); Hartung, in: Hartung/Schons/Enders, RVG, 2. Aufl., 2013 § 34 Rn. 45; Kleine-Cosack, BRAO, 6. Aufl., 2009, § 49 b Rn. 9; Teubel, in: Mayer/Kroiß, RVG, 6. Aufl., 2013, § 4 Rn. 12; Mayer, in: Gerold/Schmidt, RVG, 21. Aufl., 2013, § 34 Rn. 5; Onderka, in: AnwKommRVG, 7. Aufl., 2014, § 4 Rn. 17, § 34 Rn. 11; a.A. ohne

findet nicht statt.[1162] Eine berufsrechtswidrige Gebührenunterschreitung (§ 49 b Abs. 1 BRAO) ist nicht denkmöglich.

Gleiches gilt, um die Ausgangsfrage zu beantworten, für die außergerichtliche Vertretung.[1163] Wegen § 4 Abs. 1 S. 1 RVG gibt es keine i.S.d. § 43 b Abs. 1 S. 1 BRAO unterschreitbare Gebühr mehr. Wenn nach § 4 Abs. 1 S. 1 RVG von den an sich im RVG vorgesehenen Gebühren abgesehen werden kann, macht es schon sprachlich keinen Sinn mehr, von gesetzlichen Gebühren zu sprechen. Erkennbares Ziel des Gesetzgebers anlässlich des 1. Kostenrechtsmodernisierungsgesetzes[1164] war die Deregulierung des Gebührenrechtes im gesamten außergerichtlichen Bereich. Lediglich zur Absicherung des gerichtlichen Kostenerstattungsverfahrens sollten die gerichtlichen Anwaltsgebühren als gesetzlich tarifiertes Rumpfsystem aufrechterhalten bleiben.[1165] Ohne Gebühr freilich keine Gebührenunterschreitung. Weder die Leistungskriterien des § 4 Abs. 1 S. 2 RVG noch die Leistungskriterien des § 14 Abs. 1 S. 2 RVG finden auf eine Vergütungsvereinbarung nach § 3 a RVG Anwendung.[1166]

In der vorweggenommenen Pauschalierung von Rahmengebühren durch Rationalisierungsabkommen liegt keine unzulässige Gebührenunterschreitung i.S.d. § 49 b Abs. 1 BRAO.

II. Verbot der Vorteilsgewährung für eine Mandatsvermittlung § 49 b Abs. 3 S. 1 BRAO, § 27 BORA

Es könnte aber gegen das Verbot der Vorteilsgewährung nach § 49 b Abs. 3 S. 1 BRAO i.V.m. § 27 BORA verstoßen. Nach § 49 b Abs. 3 BRAO ist die Abgabe

---

Begründung: Bälz/Moelle/Zeidler NJW 2008, 3383 (3385); krit: Brüggemann, in: Feuerich/Weyland, BRAO, 9. Aufl. 2016, § 49 b Rn. 11.

1162 OLG Stuttgart Urt. v. 28.12.2006 – 2 U 134/06 –, NJW 2007, 924 (925); LG Essen Urt. v. 10.10.2013 – 4 O 226/13 –, NJW-RR 2014, 379 (380); Teubel/Winkler, in: Mayer/Kroiß, RVG, 6. Aufl., 2013, § 34 Rn. 52.

1163 BVerfG Beschl. v. 19.02.2008 – 1 BvR 1886/06 –, NJW 2008, 1298 (1299); Touissant AnwBl 2007, 67 (68); Onderka, in: AnwKommRVG, 7. Aufl., 2014,§ 4 Rn. 17, § 34 Rn. 11; Kleine-Cosack, BRAO, 6. Aufl., 2009, § 49 b Rn. 9; krit. Brüggemann, in: Feuerich/Weyland, BRAO, 9. Aufl., 2016, § 49 b Rn. 11; zurückhaltend: Teubel, in: Mayer/Kroiß, RVG, 6. Aufl., 2013, § 4 Rn. 14: Mindeststandard im weiten Ermessen des Rechtsanwaltes.

1164 V. 05.05.2004, BGBl I, 718.

1165 BT-Drs. 15/1971, 238.

1166 BVerfG Beschl. v. 19.02.2008 – 1 BvR 1886/06 –, NJW 2008, 1298 (1299) Tz. 23 – eBay-Auktion.

und Entgegennahme eines Teils der Gebühren oder sonstiger Vorteile für die Vermittlung von Aufträgen, sei es im Verhältnis zu einem Rechtsanwalt oder einem Dritten, unzulässig. Dem Anwalt sind Provisionszahlungen für ein konkret vermitteltes Mandat verboten. Der Rechtsanwalt übt kein Gewerbe aus, § 2 Abs. 2 BRAO. Das Verbot soll verhindern, dass Mandate gewerblich „gekauft" oder „verkauft" werden.[1167] Der Gesetzgeber missbilligt einen Wettbewerb der Anwälte um einen Ankauf von Mandaten.[1168]

Die seitens der Rechtsschutzversicherer angebotenen Rationalisierungsabkommen formulieren i.d.R. keine ausdrückliche Gegenleistung des Versicherers für den wirtschaftlich in der Pauschalierung liegenden Gebührenverzicht auf Anwaltsseite.[1169] In den Anschreiben der Versicherer an die Anwaltschaft bewerben die Unternehmen den Abschluss eines Rationalisierungsabkommens mehr oder weniger offen mit einer „Intensivierung der Geschäftsbeziehungen", d.h. sie stellen den Vertragsanwälten in Aussicht, ihnen die sog. „freien Mandate" zuzuführen.[1170] Bei den sog. „freien" Mandaten handelt es sich um diejenigen Kunden, die ihren Versicherer ausdrücklich um die Benennung eines Anwaltes ersuchen oder bei denen der Versicherer wegen Zeitablaufs dazu gehalten ist, für den Versicherten einen Anwalt zu beauftragen (Ziff. 4.1.3 ARB 2012)[1171].

1. Vermittlung von Aufträgen

Ob es für die Vermittlung von Mandaten i.S.d. § 49 b Abs. 3 BRAO ausreicht, wenn der Versicherer bloß in Aussicht stellt, dem Vertragsanwalt sog. „freien Mandate" zuzuführen, ist nicht von vornherein klar.

1167 BT-Drs. 12/4993, 31; BVerfG Beschl. v. 19.02.2008 - 1 BvR 1886/06 -, NJW 2008, 1298 (1299) - Tz. 24 - eBay; BGH Beschl. v. 5.12.2014 - AnwZ (Brfg) 26/14 -, BeckRS 2015, 01261 Tz. 3.

1168 BT-Drs. 12/4993, 31; Kilian, in: Henssler/Prütting, BRAO, 4. Aufl., 2014, § 49 b Rn. 159 f.

1169 Bohnenkamp KammerReport Hamm 3/2013, 16 (17); Schons KammMitt Düsseldorf 2013, 264: Auf Geheiß und zwecks Meidung berufsrechtlicher Bedenken der Rechtsanwaltskammern Köln, Düsseldorf und Hamm hat die HUK Rechtsschutzversicherung folgenden Passus in ihr Rationalisierungsabkommen aufgenommen:

„Zusagen über Umsatz- oder Mandatszahlen erfolgen nicht." S. Anhang II.1.b

1170 Henssler NJW 2005, 1537 (1540).

1171 Im Anhang abgedruckt.

Das Schrifttum sieht in Rationalisierungsabkommen z.T. grundsätzlich einen offenkundigen Verstoß gegen das Verbot der Vorteilsgewährung.[1172]

Z.T. fordert das Schrifttum für die Vermittlung zumindest ein tatsächliches Tun des Versicherers und fordert, dass dieser einen „aktiven und erfolgreichen Einfluss auf die Anwaltswahl durch den Versicherungsnehmer nimmt"[1173].

Schließlich nimmt ein Teil des Schrifttums eine Vermittlung i.S.d. § 49 b Abs. 3 BRAO nur dann an, wenn eine verbindliche, vertragliche Verpflichtung zur Mandatsvermittlung eingegangen wurde.[1174] Eine solche Vertragsbindung geht der Versicherer i.d.R. nicht ein.

Sowohl die pauschale Annahme, in jedwedem Abschluss eines Rationalisierungsabkommens liege eine verbotswidrige Vorteilsgewährung für eine Mandatsvermittlung, als auch die Ansicht, lediglich bei einer ausdrücklichen, vertraglichen Verpflichtung des Versicherers zu einer Mandatsvermittlung sei eine solche anzunehmen, überzeugen nicht.

Nicht jeder Rechtsschutzversicherer lenkt seine Versicherten gezielt zu seinen über Rationalisierungsabkommen gebundenen Anwälten. Das klassische Modell des Rationalisierungsabkommen (abwartende Schadenabwicklung bzw. passives Schadenmanagement) – in Zeiten vor der gestaltenden Schadenabwicklung (aktives Schadenmanagement)[1175] – vertraute darauf, dass die Versicherten selbst den Weg zu den gebundenen Vertragsanwälten, häufig renommierte Kanzleien vor Ort, finden. Von einer klassischen Mandatsvermittlung kann insoweit keine Rede sein.[1176] Allerdings stellt der Versicherer dem Vertragsanwalt auch bei der abwartenden Schadenabwicklung in Aussicht, ihm die sog. „freien" Mandate

---

1172 Cornelius-Winkler SVR 2013, 201 (206); Cornelius-Winkler r + s 2012, 390 (391); Cornelius-Winkler SpV 1/2012, 12 (13); Schons, in: Hartung/Schons/Enders, RVG, 2. Aufl., 2013, Nr. 2300 VV Rn. 43. Samimi/Liedtke [NZV 2013, 20 (21)] sprechen hingegen von einer „rechtlichen Grauzone".

1173 Kilian AnwBl 2012, 209 (214); Terriuolo AnwBl 2016, 468 (471). Vgl. a. AnwGH München Urt. v. 17.02.2014 – BayAGH III – 4-7/13 –, BRAK-Mitt 2014, 160 (163) = AnwBl 2014, 756: Vertrag entbehrlich, tatsächliche Zusammenarbeit zureichend; s.a. Terriuolo Das rechtsschutzversicherte Mandat, 2014, 182 f., 198.

1174 Henssler NJW 2005, 1537 (1541).

1175 Dazu unten B.II.3.

1176 Kilian AnwBl 2012, 209 (215). Diese klassische Form des Rationalisierungsabkommens ist berufsrechtlich ebenso unbedenklich wie andere mit den herkömmlichen Werbemedien vergleichbaren Angebotsplattformen, BVerfG Beschl. v. 19.02.2008 – 1 BvR 1886/06 –, NJW 2008, 1298 (1300) – Versteigerung über eBay; OLG Karlsruhe Urt. v. 5.04.2013 – 4 U 18/13 –, NJW 2013, 1614; vgl. a. BGH Urt. v. 26.09.2002 – I ZR 44/00 –, BGHZ 152, 153 (158 f.) = NJW 2003, 819 – Anwaltshotline.

zuzuführen. Ansonsten hätte der Vertragsanwalt keinerlei Beweggrund, ein Rationalisierungsabkommen gegenzuzeichnen.[1177] Ein einseitiger Gebührenverzicht wäre schlichtweg wirtschaftlich unvernünftig.

Dementsprechend wäre es wirklichkeitsfremd, einen Verstoß gegen § 49 b Abs. 3 S. 1 BRAO erst dann anzunehmen, wenn Versicherer und Vertragsanwalt die Mandatsvermittlung ausdrücklich und schriftlich die Mandatsvermittlung als Leistungspflicht vereinbart wird.[1178] Das Geschäftsmodell des Rationalisierungsabkommens beruht auf einem Gebührenverzicht des Anwalts in Erwartung eines erhöhten Mandatsaufkommens aufgrund der vermittelten sog. freien Mandate.[1179] So stellt es die Versicherungswirtschaft selbst in Veröffentlichungen dar.[1180] In der vom Gesamtverband der deutschen Versicherungswirtschaft empfohlenen Ziff. 2.3 ARB 2012 heißt es zu dem Leistungsumfang der Rechtsschutzversicherer:

> „Wir erbringen und vermitteln Dienstleistungen, damit sie ihre Interessen im nachfolgend erläuterten Umfang wahrnehmen können."

Neben der Vermittlung von Mediations- und Inkassodienstleistungen bleibt allein die Vermittlung von Rechtsdienstleistungen durch Rechtsanwälte. Von den Versicherern zu fordern, einen entsprechenden Passus in ihren Rationalisierungsabkommen aufzunehmen, damit von einem Verstoß gegen das Verbot der Vorteilsgewährung nach § 49 b Abs. 3 BRAO die Rede sein kann, hieße der Umgehung des Verbotes Tür und Tor zu öffnen. Es ist den Versicherern ein Leichtes, auf einen solchen Passus zu verzichten. Dem Sinn und Zweck des § 49 b Abs. 3 BRAO, einen Maklermarkt für Rechtsdienstleistungen zu verhindern, wäre nicht Genüge getan.

Erforderlich aber auch zureichend für eine Mandatsvermittlung i.S.d. § 49 b Abs. 3 BRAO ist der gezielte Einfluss auf die Anwaltswahl des Versicherten durch Empfehlungen von Vertragsanwälten oder die Vermittlung über hauseigene Telefondienste, wie sie in der Schadenabwicklung durch die Rechtsschutzversicherer üblich sind.

1177 Buschbell, in: Buschbell/Hering Hdb RSV, 6. Aufl., 2015 § 27 Rn. 5.

1178 Samimi/Liedtke BlnAnwBl 2011, 153 (154).

1179 Dommer AnwBl 2012, 251 (253); Richter VW 2007, 1310; Schilasky Einschränkungen der freien Anwaltswahl in der Rechtsschutzversicherung, 1998, 135.

1180 Eberhardt VersR 2013, 802; Heinsen VW 2010, 1530; Germann VW 2009, 510; Müller VW 2008, 1759; Obarowski VersR 2006, 1178; Heinsen Kundenorientiertes Schadenmanagement am Beispiel der Rechtsschutzversicherung, 1997.

2. *Abgabe oder Entgegennahme eines Teils der Gebühren § 49 b Abs. 3 S. 1 Fall 1 BRAO*

Im Gegenzug für die Vermittlung des Auftrags darf der Rechtsanwalt keinen Teil der Gebühren abgeben oder entgegennehmen, § 49 b Abs. 3 S. 1 Fall 1 BRAO.

Die Gebührenabschläge durch Rationalisierungsabkommen bewegen sich je nach Versicherer in einem Rahmen zwischen 20 bis 40 %.[1181]

In den Gebührenabschlägen könnte eine Abgabe eines Teils der Gebühren i.S.v. § 49 b Abs. 3 S. 1 Fall 1 BRAO zu sehen sein.

Für den klassischen Fall des § 49 b Abs. 3 BRAO der Gebührenteilung unter Anwälten[1182] hebt § 43 b Abs. 3 S. 2, 3 BRAO auf die klassischen gebührenrechtlichen Bemessungskriterien (§ 4 Abs. 1 S. 2 RVG) der Angemessenheit der Gebühr sowie der Verantwortlichkeit und des Haftungsrisikos des Anwalts ab. Aus dieser Wertung ließe sich der Schluss ziehen, dass ein Gebührenverzicht nur dann tatbestandserheblich ist, wenn er die gesetzlichen Mindestgebühren nach dem RVG unterschreitet.

Im Schrifttum wird überwiegend die Meinung vertreten, jeder auch nur mittelbare Vorteil reiche aus, um den Verbotstatbestand des § 49 b Abs. 3 BRAO auszulösen.[1183] Ein Gebührenverzicht i.S.d. § 49 b Abs. 3 S. 1 BRAO liege deshalb auch dann vor, wenn die gesetzlichen Mindestgebühren nach dem RVG nicht unterschritten werden.[1184]

Ein wirtschaftlicher Vorteil kommt dem Mandatsmittler auch dann zu, wenn sich der Gebührenabschlag nach den gebührenrechtlichen Vorschriften im Bereich außerhalb der Gebührenunterschreitung nach § 49 b Abs. 1 BRAO bewegt. § 49 b Abs. 3 BRAO will verhindern, dass Mandatsverhältnisse gewerblich gemakelt werden. Ob der wirtschaftliche Vorteil gleichzeitig einen Verstoß gegen gebührenrechtliche Vorschriften darstellt oder nicht, ist für die Erfüllung

---

1181 Samimi/Liedtke NZV 2013, 20 (21); Hommerich/Kilian/Jackmuth/Wolf AnwBl 2006, 262 (263); Terriuolo Das rechtsschutzversicherte Mandat, 2014, 169. S.a. Risch SpV 2011, 41.

1182 Krit.: Kleine-Cosack BRAO, 6. Aufl., 2009, § 43 b Rn. 52 f.

1183 Terriuolo AnwBl 2016, 468 (472); Kilian AnwBl 2012, 209 (215); Schautes Anwaltliche Unabhängigkeit, 2005, 204 (Fn. 965); Hartung, in: Hartung BORA/FAO, 5. Aufl., 2012, BRAO § 49 b Rn. 54; Kilian, in: Henssler/Prütting, BRAO, 4. Aufl., 2014, § 49 b Rn. 162.

1184 Kilian AnwBl 2012, 209 (215); Kilian, in: Henssler/Prütting, BRAO, 4. Aufl., 2014, § 49 b Rn. 162.

des Tatbestandes der Vorteilsgewährung i.S.d. § 49 b Abs. 3 S. 1 BRAO unerheblich.[1185]

In den Gebührenabschlägen, die die Rationalisierungsabkommen vorsehen, liegt demnach – unabhängig davon, ob gesetzliche Mindestgebühren nach dem RVG unterschritten werden oder nicht – die Abgabe eines Teils der Gebühren i.S.v. § 49 b Abs. 3 S. 1 Fall 1 BRAO.

3. *oder sonstiger Vorteile § 49 b Abs. 3 S. 1 Fall 2 BRAO*

Fall 2 der Tathandlungen des § 49 b Abs. 3 S. 1 BRAO stellt neben dem Fall der Gebührenabgabe auf die Gewährung sonstiger Vorteile ab. In der Gebührenabgabe muss daher in Dreiecksverhältnissen für den Vermittler rechtlich ein unmittelbarer Vorteil liegen. Teilweise wird daher gefordert, dem Vermittler müsse vonseiten des Rechtsanwaltes rechtlich ein unmittelbarer Vorteil zufließen, um den berufsrechtlichen Verbotstatbestand zu erfüllen.[1186] Ein mittelbarer Vorteil des Vermittlers reiche in einem Dreiecksverhältnis für die Annahme einer Berufsrechtswidrigkeit nicht aus. Unmittelbar werde durch den Gebührenabschlag nicht der Versicherer, sondern der versicherte Auftraggeber als Gebührenschuldner begünstigt.

Ob der Vorteil rechtlicher oder wirtschaftlicher Natur sein muss, lässt sich dem Wortlaut der Vorschrift nicht entnehmen.

Gebührenschuldner des Rechtsanwaltes bleibt und ist, sei er nun durch einen Rechtsschutzversicherer vermittelt oder nicht, der Mandant. Rechtlich betrachtet kommt also dem Mandanten der mit dem Versicherer vereinbarte Gebührenabschlag zu Gute. Der Versicherer hat nur mittelbar am wirtschaftlichen Erfolg des Gebührenabschlags teil, da er als Schadenversicherer seinem Versicherten die Kosten für die bezahlte Gebührennote zu erstatten hat.

Ob ein derartig reflexartiger, mittelbar wirtschaftlicher Vorteil für den Mandatsmittler ausreicht, um den Verbotstatbestand des § 49 b Abs. 3 S. 1 BRAO zu erfüllen, wird in Frage gestellt.[1187] Einem Rechtsuchenden zu einem günstigen Anwaltstarif oder – allgemeiner formuliert – einem Dritten zu einem günstigen Vertrag zu verhelfen, sei kein rechtlich verurteilenswertes Verhalten.[1188]

1185 A. a. Kilian [AnwBl 2012, 209 (215) und in: Henssler/Prütting, BRAO, 4. Aufl., 2014, § 49 b Rn. 162], der meint der Gebührenabschlag sei wegen eines in der Pauschalierung liegenden Verstoßes gegen § 14 RVG rechtlich zu verurteilen.

1186 Kilian AnwBl 2012, 209 (215).

1187 Kilian AnwBl 2012, 209 (215); a.A. AnwGH München Urt. v. 17.02.2014 – BayAGH III – 4-7/13 –, BeckRS 2014, 68082.

1188 Kilian AnwBl 2012, 209 (215).

Das ist richtig. § 49 b Abs. 3 S. 1 BRAO zielt auch nicht darauf ab, eine fremdnützige Maklertätigkeit zu verdammen. Verhindert werden soll eine gewerbsmäßige Mandatsvermittlung, um die Unabhängigkeit der Rechtspflege abzusichern. Aus dem Blickwinkel dieses Gesetzeszweckes betrachtet kommt es allein auf eine wirtschaftliche Sichtweise an, namentlich darauf, ob ein Zahlungsstrom von dem Rechtsanwalt, dem das Mandat vermittelt wurde, an den Mittler zu verzeichnen ist.[1189] Ob der wirtschaftliche Vorteil für den Mittler mittelbarer oder unmittelbarer Natur ist, ist nicht entscheidungserheblich. Ausschlaggebend ist allein, dass dem Mittler im Ergebnis der wirtschaftliche Vorteil zu Gute kommt.

Dies ist bei Rationalisierungsabkommen der Fall. Als Kostenerstatter zieht der Rechtsschutzversicherer schlussendlich aus den Gebührenabschlägen einen eigenen Nutzen und Vorteil.[1190] Der Ausgleich der anwaltlichen Kostennote ist für die Versicherten lediglich ein durchlaufender Posten. In der Praxis rechnen die Anwälte ohnehin nicht selten unmittelbar mit dem Rechtsschutzversicherer ab.

4. *Funktioneller Vergleich mit Werbeplattformen*

Schließlich wird unter Hinweis auf die Anwaltshotline-Entscheidung des BGH[1191] gefordert, die Zahlungsströme an den Mittler dürften einem funktionellen Vergleich mit gängigen Werbeplattformen nicht standhalten[1192] – sprich: sie müssen über die erfolgsunabhängige Art einer Vermittlung hinausgehen, die etwa auch durch das Schalten von Anzeigen in überregionalen Blättern oder über eine herkömmliche Internetplattform möglich wäre.[1193] Die Anwaltshotline in dem BGH-Fall zeichnete sich dadurch aus, dass sich die Kosten für den Hotline-Betreiber nicht nach der Anzahl der nachfragenden Ratsuchenden richtete und als erfolgsunabhängige Vergütung mit den Kosten für einen Anwaltssuchdienst im

1189 AGH München Urt. v. 17.02.2014 – BayAGH III 4 – 7/13 –, NJW-Spezial 2014, 287 = AnwBl 2014, 756 = BRAK-Mitt 2014, 160.

1190 So wohl a. Terriuolo Das rechtsschutzversicherte Mandat, 2014, 199, 201.

1191 BGH Urt. v. 26.09.2002 – I ZR 44/00 –, BGHZ 152, 153 (158 f.) = NJW 2003, 819; s.a. BVerfG Beschl. v. 19.02.2008 – 1 BvR 1886/06 –, NJW 2008, 1298 (1299 f.) – Tz. 24 f. – eBay. Sehr weitgehend: BGH Beschl. v. 5.12.2014 – AnwZ (Brfg) 26/14 –, BeckRS 2015, 01261 Tz. 3.

1192 Schautes Anwaltliche Unabhängigkeit, 2005, 231.

1193 Verneinend für die entgeltliche Vermittlung von Terminsvertretern: OLG Karlsruhe Urt. v. 5.04.2013 – 4 U 18/13 –, NJW 2013, 1614 unter Hinweis auf BVerfG Beschl. v. 19.02.2008 – 1 BvR 1886/06 –, NJW 2008, 1298 (1300) – eBay. A.A. LG Berlin Urt. v. 7.11.2000 – 102 O 152/00 –, NJW-RR 2001, 1143 (1144).

Internet oder mit pauschalen Kosten für Werbeanzeigen vergleichbar war. Mit Blick auf den Zweck des § 49 b Abs. 3 S. 1 BRAO hielt der BGH die Anwaltshotline daher für berufsrechtlich unbedenklich.[1194] In Hinblick auf Rationalisierungsabkommen liegt der Fall anders. Der Gebührenabschlag zugunsten des Versicherers fällt umso höher aus, je mehr Mandate er an den Vertragsanwalt vermittelt. Der Vertragsanwalt bietet den Gebührenabschlag auch nicht allen Mandanten an, sondern nur den durch die Versicherten vermittelten.[1195] Damit liegt ein Fall der gewerbsmäßigen, gewinnorientierten Vermittlung von Rechtsdienstleistungen vor, die § 49 b Abs. 3 S. 1 BRAO gerade verhindern will.

Zusammenfassend lässt sich festhalten: Sofern der Rechtsschutzversicherer i.S.d. gestaltenden Schadenabwicklung im Gegenzug für die Gewährung eines Gebührenabschlags – bewege sich dieser nun über oder unter den gesetzlichen Mindestgebühren – seine Vertragsanwälte empfiehlt oder sonst wie an seine Versicherten vermittelt, liegt hierin eine dem Rechtsanwalt verbotene Vorteilsgewährung i.S.d. § 49 b Abs. 3 S. 1 BRAO.[1196]

5. *Rechtsfolgen des Verstoßes*

a. *Berufsrechtlich*

Berufsrechtlich drohen allein dem betroffenen Einzelanwalt Maßnahmen anwaltsgerichtliche Maßnahmen, § 113 Abs. 1 BRAO.[1197] Anwaltsgerichtliche Maßnahmen sind die Warnung, der Verweis, eine Geldbuße, das Vertretungsverbot und als ultima ratio der Ausschluss aus der Rechtsanwaltschaft, § 114 Abs. 1 BRAO. Maßstab ist der Grad des Verschuldens. Bereits fahrlässige Verstöße können geahndet werden, § 113 Abs. 1 BRAO.

b. *Verfahrensrechtlich*

Verfahrensrechtlich bleibt ein Verstoß gegen § 49 b Abs. 3 S. 1 BRAO folgenlos. Unabhängig davon, ob der Anwaltsvertrag wirksam bleibt oder nicht, sind die Verfahrenshandlungen des gegen § 49 b Abs. 3 S. 1 BRAO verstoßenden Rechtsanwalts weiterhin wirksam. Dies ist bereits ein Gebot der Rechtssicherheit.[1198]

1194 BGH Urt. v. 26.09.2002 – I ZR 44/00 –, BGHZ 152, 153 (165) = NJW 2003, 819.

1195 Vgl. BGH Beschl. v. 5.12.2014 – AnwZ (Brfg) 26/14 –, BeckRS 2015, 01261 Tz. 3; AGH München Urt. v. 17.02.2014 – BayAGH III 4 – 7/13 –, NJW-Spezial 2014, 287 = AnwBl 2014, 756 = BRAK-Mitt 2014, 160.

1196 Im Ergebnis ebenso: Terriuolo Das rechtsschutzversicherte Mandat, 2014, 198 f.

1197 Deckenbrock AnwBl 2010, 221 (222 m.w.N.).

1198 BGH Urt. v. 14.05.2009 – IX ZR 60/08 –, NJW-RR 2010, 67.

Der Verstoß gegen eine Schutzvorschrift zugunsten des Rechtsuchenden darf zudem für diesen keine nachteiligen verfahrensrechtlichen Folgen haben.[1199] Selbst wenn gegenüber dem berufsrechtswidrig handelnden Rechtsanwalt ein Vertretungsverbot ausgesprochen wird, lässt dies die Wirksamkeit der Rechtshandlungen des Rechtsanwalts unberührt, § 114 a Abs. 2 S. 1 BRAO. Dies gilt erst Recht für Berufsrechtsverstöße unterhalb der Unrechtsschwelle, welches ein Vertretungsverbot auslöst.[1200]

c. *Bürgerlich-rechtlich*

Zweifelhaft ist das rechtliche Schicksal des Anwaltsvertrages. Die berufsrechtlichen Regelungen des § 49 b Abs. 3 S. 1 BRAO und des § 27 BORA schweigen sich hierzu aus.

Anwaltliches Berufsrecht ist öffentliches Aufsichts- und Disziplinarrecht. Als öffentliches Recht vermittelt es dem Rechtsuchenden grundsätzlich keinen Individualrechtsschutz.[1201] Die berufsrechtlichen Pflichten nach §§ 43, 43 a BRAO stellen keine Schutzgesetze i.S.d. § 823 Abs. 2 BGB dar.[1202] Ob in einem öffentlich-rechtlich zu beurteilendem Berufsrechtsverstoß gleichzeitig ein privatrechtlicher Verstoß gegen ein Verbotsgesetz i.S.d. § 134 BGB zu sehen ist, ist zweifelhaft.[1203] Das scharfe Schwert der Nichtigkeitsfolge nach § 134 BGB fällt jedenfalls nicht bei jedwedem Berufsrechtsverstoß. Selbst bei einem Verstoß gegen das Verbot, widerstreitende Interessen zu vertreten (§ 43 a Abs. 4 BRAO), hat der BGH jahrelang offen gelassen, ob § 134 BGB zur Anwendung kommt.[1204]

§ 134 BGB ordnet für ein Rechtsgeschäft, welches gegen ein gesetzliches Verbot verstößt, nicht ausnahmslos die Nichtigkeit an. Während die Sittenwidrigkeit eines Rechtsgeschäfts nach § 138 BGB ohne weiteres dessen Nichtigkeit nach sich zieht, macht § 134 BGB die Nichtigkeit davon abhängig, dass sich aus

1199 BVerfG Beschl. v. 23.12.2003 – 2 BvR 917/03 –, NJW 2004, 1373; BGH Beschl. v. 29.09.1970 – IV ZB 10/70 –, BGHZ 54, 275 (282) = NJW 1971, 42.

1200 Deckenbrock AnwBl 2010, 221 (224).

1201 Prütting, in: Henssler/Prütting, BRAO, 4. Aufl., 2014, § 43 Rn. 36.

1202 Prütting, in: Henssler/Prütting, BRAO, 4. Aufl., 2014, § 43 Rn. 36.

1203 Ellenberger, in: Palandt, BGB, 75. Aufl., 2016, § 134 Rn. 20; krit: Kleine-Cosack, BRAO, 7. Aufl., 2015, Einl. Rn. 114; Prütting, in: Henssler/Prütting, BRAO, 4. Aufl., 2014, § 43 Rn. 34, 36.

1204 BGH Urt. v. 14.05.2009 – IX ZR 60/08 –, NJW-RR 2010, 67 Tz. 7; BGH Urt. v. 23.04.2009 – IX ZR 167/07 –, NJW 2009, 3297 (3299) Tz. 30, 31; BGH Urt. v. 23.10.2003 – IX ZR 270/02 –, NJW 2004, 1169 (1171). Nunmehr bejahend: BGH Urt. v. 12.05.2016 – IX ZR 241/14 –, AnwBl 2016, 472.

dem Gesetz nichts anderes ergibt. § 134 BGB vermag daher nicht ohne Rückgriff auf das verletzte Verbot zur Anwendung kommen. Ordnet das Verbot selbst eine Rechtsfolge an, ist diese maßgeblich. Ordnet das Verbot keine Rechtsfolge an, sind Sinn und Zweck des verletzten Verbotes ausschlaggebend.[1205]

aa. Nichtigkeit des Rationalisierungsabkommens nach § 134 BGB

§ 49 b Abs. 3 S. 1 BRAO will eine gewerbsmäßige Mäkelei von Rechtsdienstleistungen verhindern.[1206] Die Vorschrift zielt damit darauf ab, die Gradlinigkeit und Unabhängigkeit des Rechtsanwalts als unabdingbare Voraussetzung für eine geordnete, rechtsstaatliche Rechtspflege abzusichern.[1207]

Adressat des § 49 b Abs. 1 BRAO ist allein der Rechtsanwalt.[1208] Die Adressatenanzahl allein spricht nichts dagegen, einen berufsrechtlichen Verbotstatbestand als Verbotsgesetz i.S.d. § 134 BGB zu werten.[1209] Allein ein Blick auf die Rechtsprechung des BGH zu Rechtsdienstleistungsverträgen, welche nicht im Einklang mit den Anforderungen des RDG stehen, lehrt, dass auch einseitige Verbote an die Adresse des Dienstleisters zur Nichtigkeit des Geschäftsbesorgungsvertrages führen.[1210] Ausschlaggebend ist der Zweck des Verbotes.[1211]

Es muss mit dem Sinn und Zweck eines Verbotsgesetzes i.S.d. § 134 BGB schlechterdings unvereinbar sein, die durch das Rechtsgeschäft getroffene Regelung hinzunehmen und bestehen zu lassen.[1212] Dem Anwalt, der sich von der entgeltlichen Vermittlung von Aufträgen abhängig macht, fehlt es an der erforderlichen Eignung zu einer unvoreingenommenen und allein dem Mandanten verpflichteten Interessenwahrnehmung. § 49 b Abs. 3 S. 1 BRAO will deshalb gerade seinem Inhalt nach verhindern, dass Abreden über eine entgeltliche Vermittlung von Rechtsdienstleistungen getroffen werden. Rationalisierungsabkommen sind mit diesem Regelungszweck schlechterdings unvereinbar und damit nach § 134 BGB nichtig.

1205 BGH Urt. v. 5.12.2012 – I ZR 92/11 –, BGHZ 196, 254 (265) = EuZW 2013, 753 Tz. 45; BGH Urt. v. 14.12.1999 – X ZR 34/98 –, BGHZ 143, 283 (286) = NJW 2000, 1186; BGH Urt. v. 10.07.1991 – VIII ZR 296/90 –, BGHZ 115, 123 (125) = NJW 1991, 2955.

1206 BT-Drs. 12/4993, 31.

1207 BT-Drs. 12/4993, 31.

1208 BGH Urt. v. 17.10.2003 – V ZR 429/02 –, NJW 2003, 3692 Tz. 8.

1209 Armbrüster, in: MünchKommBGB, Bd. 1, 7. Aufl., 2015, § 134 Rn. 48.

1210 Deckenbrock AnwBl 2010, 221 (225).

1211 Deckenbrock AnwBl 2010, 221 (225); Armbrüster, in: MünchKommBGB, Bd. 1, 7. Aufl., 2015, § 134 Rn. 41 f.

1212 Ellenberger, in: Palandt, 75. Aufl., 2016, § 134 Rn. 5.

bb. Nichtigkeit des vermittelten Anwaltsvertrages nach § 134 BGB

Mit der Nichtigkeit des Rationalisierungsabkommens ist freilich das rechtliche Schicksal des vermittelten Mandatsverhältnisses nicht besiegelt. Das Rationalisierungsabkommen zwischen Anwalt und Versicherer und das Mandatsverhältnis zwischen Anwalt und Auftraggeber teilen nicht ohne weiteres dasselbe rechtliche Schicksal.

Mit dem Sinn und Zweck des Vermittlungsverbotes nach § 49 b Abs. 3 S. 1 BRAO müsste auch der Inhalt des vermittelten Mandatsverhältnisses schlechterdings unvereinbar sein, um die Nichtigkeitsfolge des § 134 BGB herbeizuführen. Bezweckt das Verbot es nicht schlechterdings, das Geschäft als solches zu untersagen, sondern wendet sich gegen die Art und Weise seines Zustandekommens, so handelt es sich um eine bloße Ordnungsvorschrift und nicht um ein Verbotsgesetz.[1213] § 49 b Abs. 3 S. 1 BRAO richtet sich nicht gegen den Inhalt des vermittelten Auftragsverhältnisses, sondern allein gegen die Umstände des Abschlusses, namentlich die entgeltliche Mandatsvermittlung. Bei Abschluss des Rationalisierungsabkommens handelt der Anwalt nicht als Vertreter seines (künftigen) Auftraggebers, sondern führt ein eigenes Geschäft (§ 164 Abs. 1 S. 2 BGB).[1214] Die Interessen des Rechtsuchenden werden durch das Rationalisierungsabkommen nur mittelbar berührt. Ein Verstoß gegen das Vermittlungsverbot des § 49 b Abs. 3 S. 1 BRAO betrifft allein den an dem Vermittlungsvertrag bzw. Rationalisierungsabkommen beteiligten Anwalt und den jeweiligen Rechtsschutzversicherer, nicht hingegen den nichts ahnenden Auftraggeber. Rationalisierungsabkommen und Mandatsauftrag eignen jeweils ein eigenes rechtliches Schicksal. Rechtliche Mängel des Rationalisierungsabkommens schlagen nicht auf den Mandatsauftrag durch. Dem Rechtsuchenden die Fortführung des Mandatsverhältnisses zu versagen, weil sein Anwalt hinter seinem Rücken mit dem Rechtsschutzversicherer ein Rationalisierungsabkommen getroffen hat, ist mit dem Schutzzweck des § 49 b Abs. 3 S. 1 BRAO schlichtweg unvereinbar und würde über das Ziel hinausschießen.

cc. Nichtigkeit des vermittelten Anwaltsvertrages nach § 138 BGB

Das vermittelte Mandatsverhältnis ist auch nicht wegen eines Verstoßes gegen die guten Sitten nach § 138 BGB nichtig. Wenn § 134 BGB nicht greift, heißt dies nicht, dass ein Rechtsgeschäft einer Überprüfung am Maßstab des § 138

1213 Armbrüster, in: MünchKommBGB, Bd. 1, 7. Aufl., 2015, § 134 Rn. 42; vgl. BGH Urt. v. 17.10.2003 – V ZR 429/02 –, NJW 2003, 3692 (3693) zu § 12 BORA.

1214 Vgl. OLG München Urt. v. 31.05.1990 – 24 U 808/89 –, NJW-RR 1991, 1460 (1461).

BGB standhält.[1215] Eine Überprüfung nach § 138 BGB zielt allein auf den Inhalt des Rechtsgeschäftes. Der Makel der Sittenwidrigkeit hebt weder auf das Handeln der Beteiligten noch auf die Umstände des Vertragsabschlusses ab. Die Umstände des Vertragsabschlusses können allein dann den Ausschlag geben, wenn sie dem Vertrag – trotz makellosen Inhalts – ein sittenwidriges Gesamtgepräge geben.[1216] Dies würde aber zumindest voraussetzen, dass der Rechtsschutzversicherte um das Rationalisierungsabkommen weiß. Dies ist allerdings regelmäßig nicht der Fall.

dd. Treuwidrige Berufung auf das Rationalisierungsabkommen

Erfährt der Auftraggeber hingegen von dem Rationalisierungsabkommen, so kann er von seinem Anwalt nicht verlangen, von dem Rechtsschutzversicherer die gesetzlichen Gebühren nach Maßgabe des RVG als Versicherungsleistung zu verlangen, ihm selbst gegenüber aber nach den kostengünstigeren Vorgaben des Rationalisierungsabkommens abzurechnen, um die Überschüsse einzustreichen. Ein derartiges Vorgehen wäre nicht nur strafrechtlich bedeutsam (§ 263 StGB), sondern auch treuwidrig (§ 242 BGB).[1217]

III. Vertretung widerstreitender Interessen § 43 a Abs. 4 BRAO

Gegen den Abschluss von Rationalisierungsabkommen wird im Schrifttum zudem häufig ins Feld geführt, der Rechtsanwalt mache sich zum Diener zweier Herren[1218], und zwar zum einen seines Auftraggebers und zum anderen zu dem des Rechtsschutzversicherers.[1219]

Aufgrund des Abkommens bestehe die Gefahr, dass der Anwalt die Interessen des ihn ständig empfehlenden Versicherers über die Interessen des Rechtsuchenden stelle, mit dem ihn ein einziges Mandat verbinde.[1220] § 4 RDG untersage dem Rechtsschutzversicherer die Eigenregulierung, da sein Interesse an der Verringerung der Rechtsverfolgungskosten dem Interesse des Versicherten, sein Recht

---

1215 BGH Urt. v. 17.10.2003 – V ZR 429/02 –, NJW 2003, 3692 (3693); Armbrüster, in: MünchKommBGB, Bd. 1, 7. Aufl., 2015, § 134 Rn. 4.

1216 BGH Urt. v. 17.10.2003 – V ZR 429/02 –, NJW 2003, 3692 (3693 m.w.N.).

1217 Vgl. Kleine-Cosack BRAO, 6. Aufl., 2009, § 49 b Rn. 50; Kilian, in: Henssler/Prütting, BRAO, 4. Aufl., 2014, § 49 b Rn. 194.

1218 van Bühren r + s 2016, 53 (55 f.); Samimi/Liedtke NZV 2013, 20 (21).

1219 Cornelius-Winkler SVR 2013, 201 (206); Cornelius-Winkler r + s 2012, 390 (391); van Bühren BRAK-Mitt 2013, 255 (256); Samimi/Liedtke BlnAnwBl 2011, 153 (154); Cornelius-Winkler, in: Harbauer, ARB, 8. Aufl., 2010, § 5 ARB 2000 Rn. 280 f.

1220 Cornelius-Winkler SVR 2013, 201 (206).

um jeden Preis durchzusetzen, zuwiderlaufe. Werde der Rechtsanwalt über das Rationalisierungsabkommen in die Schadenabwicklung durch den Versicherer – gleichsam als „Scheinselbständiger“[1221] – eingegliedert, befände er sich in demselben Interessenwiderstreit. Wirtschaftlich mache er sich von der Mandatszuführung durch den Rechtsschutzversicherer abhängig.[1222] Sein Interesse sei auf die Mandatsmehrung und nicht auf das Interesse an der Durchsetzung der Rechte des einzelnen Mandanten gerichtet. Er sei auf das Wohlwollen des Versicherers angewiesen, um den Mandatsbestand nicht zu gefährden und nicht mehr unabhängig genug, um im Falle einer Deckungsablehnung, die Rechte des einzelnen Mandanten auch gegenüber dem eigenen Vertragspartner, dem Versicherer, durchzusetzen.[1223]

Rechtlich stellt sich die Frage, ob sich dieses Gemengelage gegenläufiger Interessen als berufsrechtlich unzulässiger Interessenwiderstreit i.S.d. § 43 a Abs. 4 BRAO darstellt. Nach § 43 a Abs. 4 BRAO darf der Rechtsanwalt keine widerstreitenden Interessen vertreten. Vertretung meint die Vertretung widerstreitender rechtlicher Interessen in derselben Rechtsangelegenheit.[1224] § 356 StGB (Parteiverrat) verbietet dem Rechtsanwalt, in einer ihm anvertrauten Angelegenheit in derselben Rechtssache beiden Parteien durch Rat und Beistand pflichtwidrig zu dienen. § 3 Abs. 1 Fall 1 BORA drückt es so aus: „Der Rechtsanwalt darf nicht tätig werden, wenn er eine andere Partei in derselben Rechtssache im widerstreitenden Interesse bereits beraten oder vertreten hat.“

Der Vertragsanwalt berät oder vertritt die rechtlichen Interessen des Rechtsschutzversicherers nicht.[1225] Die vertragliche Bindung des Vertragsanwaltes über das Rationalisierungsabkommen verpflichtet ihn zu einer bestimmten Art der Abrechnung seiner Gebühren in dem Auftragsverhältnis mit seinem Mandanten. Er vertritt damit nicht die rechtlichen Interessen des Rechtsschutzversicherers, sondern allenfalls dessen wirtschaftliche Interessen. Von einer Vertretung

1221 Cornelius-Winkler SVR 2013, 201 (207).

1222 Cornelius-Winkler SVR 2013, 201 (206, 207).

1223 van Bühren BRAK-Mitt 2013, 255 (256).

1224 Kleine-Cosack BRAO, 6. Aufl., 2009 § 43 a Rn. 97, 98; Henssler, in: Henssler/Prütting, BRAO, 4. Aufl., 2014, § 43 a Rn. 186; Hartung, in: Hartung BORA/FAO, 5. Aufl., 2012, § 3 BORA Rn. 64 f., 68; Träger, in: Feuerich/Weyland BRAO, 9. Aufl., 2016, § 43 a Rn. 66.

1225 Terriuolo AnwBl 2016, 468 (473); Kilian AnwBl 2012, 209 (216); Terriuolo Das rechtsschutzversicherte Mandat, 2014, 203.

im Sinne einer Rechtsbesorgung[1226] zugunsten des Versicherers kann keine Rede sein.

Die Besorgung des wirtschaftlichen Kosteneinsparinteresses über das Rationalisierungsabkommen reicht nicht aus, um einen Interessenwiderstreit i.S.d. § 43 a Abs. 4 BRAO auszulösen. § 43 Abs. 4 BRAO setzt widerstreitende rechtliche Interessen voraus. Widerstreitende wirtschaftliche Interessen stellen keinen Interessenwiderstreit i.S.d. § 43 a Abs. 4 BRAO dar. Wirtschaftliche Interessen werden dem Rechtsanwalt zwar in einer anwaltlich „anvertrauten Angelegenheit" (§ 356 StGB) übertragen und berühren damit den Schutzzweck des § 43 Abs. 4 BRAO, das Vertrauensverhältnis zwischen Anwalt und Mandant zu wahren. Der Schutz der Wahrung wirtschaftlich sensiblen Wissens ist aber der Verschwiegenheitsverpflichtung nach § 43 a Abs. 2 BRAO als Sondervorschrift (lex specialis) vorbehalten.[1227]

Der Abschluss eines Rationalisierungsabkommens zwischen Anwalt und Versicherer begründet keinen Interessenwiderstreit i.S.d. § 43 a Abs. 4 BRAO.[1228]

IV. Anwaltliche Unabhängigkeit § 43 a Abs. 1 BRAO

Der Rechtsschutzversicherer könnte den Anwalt freilich wirtschaftlich über das ihm durch den Versicherer zugewiesene Mandatsaufkommen abhängig machen, also die anwaltliche Unabhängigkeit nach § 43 a Abs. 1 BRAO gefährden.[1229]

1226 Henssler NJW 2001, 1521 (1524); Deckenbrock Strafrechtlicher Parteiverrat und berufsrechtliches Verbot der Vertretung widerstreitender Interessen, 2009, 85; Schramm Das Verbot der Vertretung widerstreitender Interessen, 2004, 90 f.; vgl. a. BGH Beschl. v. 6.11.200 – AnwZ (B) 3/00 –, NJW 2001, 1572 (1573); a.A. van Bühren r + s 2016, 53 (55 f.).

1227 Henssler NJW 2001, 1521 (1523); Kilian AnwBl 2012, 209 (216); Deckenbrock Strafrechtlicher Parteiverrat und berufsrechtliches Verbot der Vertretung widerstreitender Interessen, 2009, 162 f., 97 f., 52 f.; Henssler, in: in: Henssler/Prütting, BRAO, 4. Aufl., 2014, § 43 a Rn. 170; vgl. a. BVerfG Beschl. v. 3.07.2003 – 1 BvR 238/01 –, BVerfG Beschl. v. 3.07.2003 – 1 BvR 238/01 –, BVerfGE 108, 150 (153) = NJW 2003, 2520 unter B.I.3. S. a. Hartung, in: Hartung BORA/FAO, 5. Aufl., 2012, § 3 BORA Rn. 168: Vorrang der Verschwiegenheitspflicht vor dem Verbot der Vertretung widerstreitender Interessen. Krit. Kleine-Cosack BRAO, 6. Aufl., 2009, § 43 a Rn. 105, 123: „fließender" Übergang von wirtschaftlichen und rechtlichen Interessen.

1228 Kilian AnwBl 2012, 209 (216).

1229 Cornelius-Winkler NJW 2014, 588 (590); Cornelius-Winkler SVR 2013, 201 (206); Cornelius-Winkler r + s 2012, 390 (391); Cornelius-Winkler SpV 1/2012, 12 (14); Samimi/Liedtke BlnAnwBl 2011, 153 (154); Risch SpV 2011, 41; Cornelius-Winkler, in: Harbauer, ARB, 8. Aufl., 2010, § 5 ARB 2000 Rn. 280.

Nach § 43 a Abs. 1 BRAO darf der Rechtsanwalt keine Bindungen eingehen, die seine berufliche Unabhängigkeit gefährden. Die Wahrung der anwaltlichen Unabhängigkeit ist unabdingbare Voraussetzung dafür, dass Anwälte als berufene Berater und Vertreter der Rechtsuchenden (§ 3 Abs. 1 BRAO) eine rechtsstaatlich arbeitende Rechtspflege mitgestalten können.[1230] Die Rechtspflege ist auf die Gradlinigkeit und Zuverlässigkeit des Rechtsanwaltes angewiesen[1231], der Rechtsuchende auf das Vertrauen in eine unparteiliche, frei von sachfremden Erwägungen beeinflusste Beratung und Interessenvertretung[1232]. Die anwaltliche Unabhängigkeit ist dabei sowohl im Verhältnis zu Sozien und anderen Dritten zu wahren.[1233]

Rationalisierungsabkommen können dazu führen, dass der Rechtsanwalt die Bindung an den Rechtsschutzversicherer und sein eigenes Interesse an dem erwarteten Mehraufkommen an Mandaten über das Interesse des einzelnen Mandanten stellt, mit welchem ihn i.d.R. lediglich ein einziger Auftrag verbindet.[1234] Diese Art der Bindung untergräbt – so einige Stimmen im Schrifttum – die anwaltliche Unabhängigkeit.[1235]

§ 43 a Abs. 1 BRAO untersagt dem Rechtsanwalt nicht jedwede Bindung. Allein in dem Mandatsauftrag liegt eine Bindung des Anwalts an die Weisungen des Auftraggebers, §§ 675, 665 BGB.[1236] Der angestellte Anwalt und der Anwalt

---

1230 EuGH Urt. v. 6.09.2012 – C-422/11 P – /C-423/11 P –, AnwBl 2012, 1003 Tz. 23 – PUKE; BVerfG Beschl. v. 12.12.2006 – 1 BvR 2576/04 –, BVerfGE 117, 163 (182) = NJW 2007, 979 Tz. 63; BVerfG Beschl. v. 3.07.2003 – 1 BvR 238/01 –, BVerfGE 108, 150 (161) = NJW 2003, 2520.

1231 BVerfG Beschl. v. 12.12.2006 – 1 BvR 2576/04 –, BVerfGE 117, 163 (182) = NJW 2007, 979 Tz. 63; BVerfG Beschl. v. 3.07.2003 – 1 BvR 238/01 –, BVerfGE 108, 150 (161) = NJW 2003, 2520.

1232 BGH Urt. v. 23.04.2009 – IX ZR 167/07 –, NJW 2009, 3297 Tz. 22; Hamacher AnwBl 2011, 42 (45).

1233 BVerfG Beschl. v. 14.01.2014 – 1 BvR 2998/11 – u. 1 BvR 236/12 –, NJW 2014, 613 (615) = BRAK-Mitt 2014, 87 Tz. 68; Jaeger NJW 2004, 1 (5); Gaier BRAK-Mitt 2006, 2 (6).

1234 Cornelius-Winkler SVR 2013, 201 (206); Cornelius-Winkler, in: Harbauer, ARB, 8. Aufl., 2010, § 5 ARB 2000 Rn. 280; vgl. a. van Bühren BRAK-Mitt 2013, 255 (256).

1235 Cornelius-Winkler NJW 2014, 588 (590); Cornelius-Winkler SVR 2013, 201 (206); Samimi/Liedtke BlnAnwBl 2011, 153 (154); Cornelius-Winkler, in: Harbauer, ARB, 8. Aufl., 2010, § 5 ARB 2000 Rn. 280.

1236 Prütting AnwBl 2013, 683 (685); Hartung, in: Hartung BORA/FAO, 5. Aufl., 2012, § 43 a BRAO Rn. 5; Träger, in: Feuerich/Weyland, BRAO, 9. Aufl., 2016, § 43 a Rn. 6; Henssler, in: in: Henssler/Prütting, BRAO, 4. Aufl., 2014, § 43 a Rn. 27; Schautes Anwaltliche Unabhängigkeit, 2005, 137.

als freier Mitarbeiter, von § 26 BORA gebilligt, sind ebenfalls weisungsgebunden. Niemand bezweifelt die berufsrechtliche Unabhängigkeit des angestellten Rechtsanwalts.[1237]

Es ist schwer eine trennscharfe Grenze zwischen hinnehmbaren Bindungen des Anwalts einerseits und nicht hinnehmbaren Bindungen des Anwalts im Interesse der unabhängigen Rechtspflege andererseits zu ziehen. Der Begriff der Unabhängigkeit entzieht sich einer trennscharfen Verrechtlichung.[1238] Unabhängigkeit in Rat, Tat und Urteil lassen sich weder verordnen noch anordnen.[1239]

1. Unabhängigkeit vom Staat

Teilweise wird unter Hinweis um den Kampf um die freie Advokatur die Auffassung vertreten, die anwaltliche Unabhängigkeit meine die rechtliche Unabhängigkeit der Anwaltschaft vom Staat und damit in erster Linie die Unabhängigkeit von staatlichen Weisungen.[1240] § 43 a Abs. 1 BRAO sichere nur die rechtliche, nicht die wirtschaftliche Unabhängigkeit des Anwalts.[1241] Dann wäre das Rationalisierungsabkommen unter dem Gesichtspunkt des § 43 a Abs. 1 BRAO unbedenklich.

2. Wirtschaftliche Unabhängigkeit

Sinn und Zweck des § 43 a Abs. 1 BRAO liefen indes leer, wenn die Vorschrift sich auf den Schutz der rechtlichen Unabhängigkeit des Anwalts beschränkte.[1242] Staatliche Eingliederungsversuche oder gar Verbeamtungsversuche stellen heutzutage keine ernstlich zu erwartende Gefährdung der anwaltlichen Unabhängigkeit dar, sondern es sind wirtschaftliche Verflechtungen und Abhängigkeiten, welche die anwaltliche Unabhängigkeit bedrohen.[1243] Die anwaltliche

---

1237 Schautes Anwaltliche Unabhängigkeit, 2005, 252 f., 262 m.w.N.

1238 Redeker NJW 1987, 2610 (2615).

1239 von Westphalen AnwBl 2003, 125 (130).

1240 Hamacher Anwbl 2011, 42 (45); Busse, in: Henssler/Prütting, BRAO, 4. Aufl., 2014, § 1 Rn. 52, Einl. Rn. 55, 56, 60; Prütting, in: Henssler/Prütting, BRAO, 4. Aufl., 2014, § 43 Rn. 55, 60; Kleine-Cosack BRAO, 6. Aufl., 2009, § 1 Rn. 15, 20.

1241 Prütting AnwBl 2013, 683 (685); Kilian AnwBl 2012, 209 (216); Terriuolo Das rechtsschutzversicherte Mandat, 2014, 204 f.; vgl. a. Kleine-Cosack AnwBl 2008, 278 (279).

1242 Singer BRAK-Mitt 2012, 145 (150); Ewer AnwBl 2009, 657 (658 f.); Brüggemann, in: Feuerich/Weyland, BRAO, 9. Aufl., 2016, § 1 Rn. 14.

1243 BVerfG Beschl. v. 12.01.2016 – 1 BvL 6/13 –, NJW 2016, 700 (707) Tz. 83; BVerfG Beschl. v. 14.01.2014 – 1 BvR 236/12 –, BVerfGE 135, 90 (113 = NJW 2014), 613 Tz. 68; Stürner/Bormann NJW 2004, 1481 (1482); Jaeger NJW 2004, 1 (5); Redeker NJW 1987, 2610 (2615); Henssler, in: in: Henssler/Prütting, BRAO, 4. Aufl., 2014, § 43 a

Unabhängigkeit verbietet dem Anwalt, sich gesellschaftsrechtlich zu eng an Sozien zu binden (§ 43 a Abs. 1 BRAO)[1244] oder beruflich mit nicht sozietätsfähigen Dritten zusammen zu arbeiten (§ 59 a BRAO)[1245]. Andererseits besteht Einigkeit, dass § 43 a Abs. 1 BRAO nicht die wirtschaftliche Abhängigkeit einer Kanzlei oder eines Einzelanwalts von Großmandaten zu hindern weiß.[1246] Aus § 43 a Abs. 1 BRAO lässt sich keine Verpflichtung des Anwalts ableiten, die Mandatsstruktur breiter aufzufächern, um Abhängigkeiten von Großmandaten zu verhindern.[1247]

a. § 43 a Abs. 1 BRAO als Leerformel ohne Anwendungsbereich

Fehle es an einer trennscharfen Begriffsbildung, um eine zulässige Bindung des Anwalts an den Auftraggeber von einer nicht hinnehmbaren Beeinträchtigung der anwaltlichen Unabhängigkeit zu scheiden, stelle § 43 a Abs. 1 BRAO – so wird z.T. angenommen – im Ergebnis eine Leerformel ohne tatsächlichen Anwendungsbereich dar.[1248]

b. Pflicht, mandatsstörende Abhängigkeiten zu meiden

Auf eine Leerformel läuft auch die Meinung[1249] hinaus, § 43 a Abs. 1 BRAO verpflichte den Anwalt dazu, mandatsstörende Abhängigkeiten zu meiden – zumindest dann, wenn mandatsstörende Abhängigkeiten mit den widerstreitenden

---

Rn. 7; Hartung, in: Hartung BORA/FAO, 5. Aufl., 2012, § 43 a BRAO Rn. 5; Träger, in: Feuerich/Weyland, BRAO, 9. Aufl., 2016, § 43 a Rn. 4, 7.

1244 BVerfG Beschl. v. 12.01.2016 – 1 BvL 6/13 –, NJW 2016, 700 (707) Tz. 83; BVerfG Beschl. v. 14.01.2014 – 1 BvR 236/12 –, BVerfGE 135, 90 (113 = NJW 2014), 613 Tz. 68.

1245 Krit. BVerfG Beschl. v. 12.01.2016 – 1 BvL 6/13 –, NJW 2016, 700 (707) Tz. 83; ganz ablehnend: Kleine-Cosack AnwBl 2016, 311 (315).

1246 Henssler/Deckenbrock NJW 2008, 1275 (1277); Träger, in: Feuerich/Weyland, BRAO, 9. Aufl., 2016, § 43 a Rn. 11; Henssler, in: Henssler/Prütting, BRAO, 4. Aufl., 2014, § 43 a Rn. 34.

1247 Henssler, in: in: Henssler/Prütting, BRAO, 4. Aufl., 2014, § 43 a Rn. 34; krit: Jaeger NJW 2004, 1 (5); a.A. Mayen AnwBl 2011, 405 (412).

1248 Kleine-Cosack AnwBl 2014, 891 (894); Kleine-Cosack BRAO, 6. Aufl., 2009, § 1 Rn. 15, 18, 20. Im Ergebnis ähnlich Hartung, (in: Hartung BORA/FAO, 5. Aufl., 2012, § 43 a BRAO Rn. 8), der die Grenzen der anwaltlichen Unabhängigkeit durch die Bindung an Recht und Gesetz gezogen sieht. Dagegen: Henssler, in: Henssler/Prütting, BRAO, 4. Aufl., 2014, § 43 a Rn. 8. S.a. BVerfG Beschl. v. 12.12.2006 – 1 BvR 2576/04 –, BVerfGE 117, 163 (190) = NJW 2007, 979 Tz. 85.

1249 Schautes Anwaltliche Unabhängigkeit, 2005, 137.

Interessen i.S.d. § 43 a Abs. 4 BRAO gleichgesetzt[1250] werden. § 43 a Abs. 1 BRAO und § 43 a Abs. 4 BRAO wären dann hinsichtlich Tatbestand und Rechtsfolge deckungsgleich.

c. Anwendungsvorrang besonderer berufsrechtlicher Regeln zum Schutz der anwaltlichen Unabhängigkeit

Ähnlich argumentieren andere Stimmen im Schrifttum, die meinen, der Anwendungsvorrang besonderer berufsrechtlicher Pflichten, die ebenfalls dem Schutz der anwaltlichen Unabhängigkeit dienten, ließen für die allgemeine Vorschrift des § 43 a Abs. 1 BRAO keinen Anwendungsbereich. Ausfluss des Unabhängigkeitsgebotes nach §§ 1, 43 a Abs. 1 BRAO sind etwa das Fremdbeteiligungsverbot nach § 59 a, e BRAO, die Beschränkungen zur Ausübung eines Zweitberufes nach § 7 Nr. 8, 14 Abs. 2 Nr. 8 BRAO und die Sonderbestimmungen für Unternehmensjuristen nach § 46 BRAO.[1251] So soll das besondere Verbot der Vorteilsgewährung für eine Mandatsvermittlung nach § 49 b Abs. 3 BRAO als Ausprägung des allgemeinen Unabhängigkeitsgebotes nach § 43 a Abs. 1 BRAO Anwendungsvorrang haben.[1252] Insoweit Rationalisierungsabkommen mit Rechtsschutzversicherern bereits gegen § 49 b Abs. 3 BRAO verstoßen, käme ein weiterer Verstoß gegen die anwaltliche Unabhängigkeit nach § 43 a Abs. 1 BRAO nicht in Betracht.[1253]

d. Die 20%-Regel des § 319 Abs. 3 Nr. 1 HGB

Außerhalb des Berufsrechts sticht die Vorschrift § 319 Abs. 3 Nr. 1 HGB in das Auge. Nach dieser Vorschrift dürfen Wirtschaftsprüfer nicht als Abschlussprüfer für eine Kapitalgesellschaft tätig werden, wenn sie 20% der Anteile an ihr halten oder nicht unwesentliche finanzielle Interessen an ihr verfolgen. Diese gesetzliche Wertung könnte auf die Frage nach den Rationalisierungsabkommen zwischen Anwälten und Rechtsschutzversicherern dergestalt übertragen werden, dass bei einer 20%igen rationalisierungsbedingtem Umsatzsteigerung die Befangenheit und Abhängigkeit des Vertragsanwalts von dem Versicherer

---

1250 Schautes Anwaltliche Unabhängigkeit, 2005, 137; ebenso de lege ferenda: Schautes Anwaltliche Unabhängigkeit, 2005, 282.

1251 Singer BRAK-Mitt 2012, 145 (150).

1252 Kilian AnwBl 2012, 209 (216); Schautes Anwaltliche Unabhängigkeit, 2005, 207.

1253 Kilian AnwBl 2012, 209 (216).

vermutet wird.[1254] Eine Übertragung der gesetzgeberischen Wertung scheitert indes einerseits daran, dass § 319 Abs. 3 Nr. 1 HGB an die Abhängigkeit von dem eigenen Auftraggeber und nicht an die Abhängigkeit von einem Dritten anknüpft, und andererseits daran, dass § 27 BORA für die Fälle einer Drittbeteiligung eine abschließende Regelung trifft.[1255]

Die 20%-Regel des § 319 Abs. 3 Nr. 1 HGB vermag zur Klärung der Frage, ob der Anwalt durch die Bindung an einen Rationalisierungsabkommen in einer unabhängigen Berufsausübung gehindert ist, nichts beizutragen.

e. § 43 a Abs. 1 BRAO als Auffangtatbestand

Schließlich wird § 43 a Abs. 1 BRAO noch als Auffangtatbestand angesehen.[1256] Sieht man die Vorschrift als Auffangtatbestand, kommt berufsrechtlich neben dem Verstoß der Vorteilsgewährung für eine Mandatsvermittlung nach § 49 b Abs. 3 BRAO auch ein Verstoß gegen das Unabhängigkeitsgebot des § 43 a Abs. 1 BRAO in Betracht.

f. Stellungnahme

Nur wer § 43 a BRAO als Auffangtatbestand mit einem eigenständigen Anwendungsbereich neben den anderweitigen Sondervorschriften der BRAO zum Schutz der anwaltlichen Unabhängigkeit versteht, könnte zu der Auffassung gelangen, dass die Bindung durch ein Rationalisierungsabkommen der anwaltlichen Unabhängigkeit schadet. Alle anderen Lesarten des § 43 a Abs. 1 BRAO kommen zu einem gegenteiligen Ergebnis. Es stellt sich daher die Frage, ob § 43 a Abs. 1 BRAO eine Leerformel ohne tatbestandlichen Anwendungsbereich oder einen – neben den besonderen berufsrechtlichen Ausprägungen des Unabhängigkeitsgebotes – einen Auffangtatbestand darstellt.

Grundsätzlich spricht nichts dafür, dass der Gesetzgeber eine Vorschrift erlässt, die keinen Anwendungsbereich hat. Dies ergibt sich bereits aus dem Begriff der Geltung des Gesetzes. Das Gesetz beinhaltet einen Anwendungsbefehl des Gesetzgebers. Ein Befehl ohne Inhalt ist sinnlos. Ein Gesetz ohne Anwendungsbereich ebenso.

1254 Prütting AnwBl 2013, 683 (685). Vgl. zu § 29 Abs. 2 WpÜG und Prozessfinanzierungsverträgen: Henssler NJW 2005, 1537 (1540); Gleußner FG Vollkommer, 2006, 25 (42).

1255 Im Ergebnis ebenso: Prütting AnwBl 2013, 683 (685).

1256 BVerfG Beschl. v. 12.12.2006 – 1 BvR 2576/04 –, BVerfGE 117, 163 (190) = NJW 2007, 979 Tz. 85; Träger, in: Feuerich/Weyland, BRAO, 9. Aufl., 2016, § 43 a Rn. 7.

Die Verwendung von Auffangtatbeständen unter Rückgriff auf unbestimmte Begriffe mit einem sittlichen Gehalt ist, wie etwa §§ 242, 138 BGB zeigen, ein anerkanntes Steuerungsmittel des Gesetzgebers, um gesellschaftliche Veränderungen rechtlich aufzufangen. Die höchstrichterliche Rechtsprechung wendet daher auch ohne größere Erläuterungen § 43 a Abs. 1 BRAO unbeanstandet als eigenständigen Tatbestand an.[1257]

Andererseits trägt § 43 a Abs. 1 BRAO wie alle anderen berufsrechtlichen Grundpflichten nach §§ 43, 43 a BRAO einen strafbewehrten Charakter. Nach § 113 Abs. 1 BRAO wird gegen denjenigen Anwalt, „der schuldhaft gegen Pflichten verstößt, die in diesem Gesetz oder in der Berufsordnung bestimmt sind", eine anwaltsgerichtliche Maßnahme verhängt. Das Unabhängigkeitsgebot des § 43 a Abs. 1 BRAO muss dem Bestimmtheitsgebot (Art. 103 Abs. 2 GG) Genüge tun. Dabei ist es dem Gesetzgeber vorbehalten, Verbote und Gebote zum Schutze der anwaltlichen Unabhängigkeit zu konkretisieren.[1258] Eine strafbewehrte Berufspflicht stellt sich nämlich als Eingriff in die anwaltliche Berufsfreiheit dar.[1259]

Der Begriff der anwaltlichen Unabhängigkeit selbst genügt dem Bestimmtheitsgebot des Art. 103 Abs. 2 GG nicht.[1260] Der Freiheitseingriff muss in seinen Voraussetzungen und in seinem Inhalt so klar gestaltet sein, dass die hiervon Betroffenen die Rechtslage leicht erkennen und ihr Verhalten danach ausrichten können. Gegen den pauschalen Vorwurf, seine „berufliche Unabhängigkeit zu gefährden" (§ 43 a Abs. 1 BRAO), kann der Anwalt sich nicht verteidigen.[1261] Der Begriff der Unabhängigkeit ist zu unbestimmt und darüber hinaus – auch nach jahrzehntelanger Forschung und Auseinandersetzung – nicht bestimmbar.[1262]

1257 BVerfG Beschl. v. 12.12.2006 – 1 BvR 2576/04 –, BVerfGE 117, 163 (190) = NJW 2007, 979 Tz. 85; BGH Urt. v. 23.04.2009 – IX ZR 167/07 –, NJW 2009, 3297 Tz. 22; vgl. zu § 43 BRAO: BGH Urt. v. 30.11.2009 – AnwZ (B) 11/08 –, NJW 2010, 1972 (1973) Tz. 10.

1258 Singer FG Czybulka, 2012, 327 (335); s. a. Singer BRAK-Mitt 2012, 145 (150, 151 m. Fn. 58); vgl. a. Hartung AnwBl 2008, 782 (783) zu der gewissenhaften Berufsausübung nach § 43 BRAO.

1259 Singer FG Czybulka, 2012, 327 (335); vgl. a. Hartung AnwBl 2008, 782 (783) zu der gewissenhaften Berufsausübung nach § 43 BRAO.

1260 BVerfG Beschl. v. 14.02.1973 – 2 BvR 667/72 –, BVerfGE 34, 293 (300) = NJW 1973, 696; BVerfG Beschl. v. 28.06.1967 – 2 BvR 134/61 –, BVerfGE 22, 114 (120) = NJW 1967, 2051; Brüggemann, in: Feuerich/Weyland, BRAO, 9. Aufl., 2016, § 1 Rn. 15.

1261 Vgl. Teichmann AnwBl 2011, 829 zu § 43 BRAO.

1262 Henssler, in: Henssler/Prütting, BRAO, 4. Aufl., 2014, § 43 a Rn. 7, 9; Kleine-Cosack BRAO, 6. Aufl., 2009, § 1 Rn. 15; vgl. a. Grunewald AnwBl 2004, 463; Kleine-Cosack AnwBl 2008, 278 (279, 280).

Demnach genügt § 43 a Abs. 1 BRAO selbst dem Bestimmtheitserfordernis (Art. 103 Abs. 2 GG) und dem Gesetzesvorbehalt (Art. 12 Abs. 1 S. 2 GG) nur dann, wenn und soweit sich der Verstoß gegen das Unabhängigkeitsgebot aus einer anderweitigen berufsrechtlichen Sonderbestimmung oder gar aus einer außerberufsrechtlichen Gebots- oder Verbotsvorschrift (etwa dem Straf- oder Ordnungswidrigkeitenrecht) ergibt.[1263] Die besonderen Bestimmungen zur Absicherung der anwaltlichen Unabhängigkeit müssen ihrerseits dem Bestimmtheitsgebot Rechnung tragen. Umgekehrt füllen die besonderen Bestimmungen die Generalklausel des § 43 a Abs. 1 BRAO inhaltlich aus. Nur wenn eine die Generalklausel des § 43 a Abs. 1 BRAO ausfüllende Sondervorschrift dem Anwalt hinreichend klar vor Augen, was er zu tun und zu lassen hat, vermag dies den Vorwurf eines zu ahndenden Berufsrechtsverstoßes zu rechtfertigen.

Ob man nun einem Anwendungsvorrang der Sondervorschriften das Wort redet oder den § 43 a Abs. 1 BRAO als Leerformel ohne Tatbestand abtut, mag dahinstehen. Jedenfalls sind keine rechtlichen Ansatzpunkte dafür erkennbar, dass die Bindung an ein Rationalisierungsabkommen die anwaltliche Unabhängigkeit i.S.d. § 43 a Abs. 1 BRAO gefährdet.

V. Zwischenergebnis

Die Rationalisierungsabkommen mit Rechtsschutzversicherern werfen – gemessen an der Schärfe der Auseinandersetzung zwischen Anwaltschaft und Versicherungswirtschaft – im Ergebnis wenige berufsrechtliche Schwierigkeiten auf.[1264]

Obwohl das Geschäftsmodell des Rationalisierungsabkommens dem Anwalt einen Gebührenabschlag abverlangt, liegt berufsrechtlich kein Fall der Gebührenunterschreitung (§ 49 b Abs. 1 BRAO) vor. Der Gesetzgeber hat gebührenrechtlich den Bereich der außergerichtlichen Beratung und Vertretung im Wettbewerbsinteresse weitestgehend freigegeben. Eine gesetzliche Gebühr im Sinne einer „angemessenen" Gebühr gibt es nicht mehr. Dem Rechtsanwalt ist es auch nicht untersagt, auf die ihm zustehende Ermessensausübung bei der Gebührenfestsetzung vorab durch Gebührenpauschalierungen zu verzichten.

Ebenso wenig liegt berufsrechtlich ein Fall widerstreitender Interessen (§ 43 a Abs. 4 BRAO) vor. Der Rechtsanwalt vertritt allein die rechtlichen Interessen seines Auftraggebers, nicht diejenigen des Rechtsschutzversicherers. Dass er

1263 Vgl. zu der gewissenhaften Berufsausübung nach § 43 BRAO: BGH Urt. v. 14.08.2012 – WpSt(R) 1/12 –, BGHSt 57, 289 (291) = NJW 2012, 3251 Tz. 6.

1264 Kilian AnwBl 2012, 209 f.

zugleich den wirtschaftlichen Interessen des Versicherers dient, ist berufsrechtlich unerheblich.

Der Anwalt begibt sich durch die Bindung an den Rechtsschutzversicherer berufsrechtlich auch nicht seiner anwaltlichen Unabhängigkeit i.S.d. § 43 a Abs. 1 BRAO. Die allgemeine Bestimmung des § 43 a Abs. 1 BRAO kommt im Ergebnis nicht zur Anwendung, wenn eine bestimmtere, besondere Vorschrift zum Schutze der anwaltlichen Unabhängigkeit zum Tragen kommt.

Es verbleibt der Vorwurf, dem Rechtsschutzversicherer unzulässigerweise Vorteile im Gegenzug für die Zuführung von Mandaten zu gewähren (§ 49 b Abs. 3 BRAO). Der berufsrechtliche Verstoß gegen § 49 b Abs. 3 BRAO bleibt indes weitestgehend folgenlos. Zwar setzt sich der Anwalt der Gefahr einer anwaltsgerichtlichen Maßnahme nach § 113 Abs. 1, 114 Abs. 1 BRAO aus. Das Rationalisierungsabkommen ist zudem nach § 134 BGB nichtig. Dies schlägt aber nicht auf den Versicherungsvertrag durch.

Teil V: Interessenwiderstreit und uneigennützige Besorgung fremder Geschäfte

In Teil IV gilt es nun, zu erkunden, wie sich der dem Versicherungsnehmer verheimlichte Umstand, dass der Versicherer und sein Vertragsanwalt über ein Rationalisierungsabkommen wirtschaftlich verbunden sind, rechtlich auf die vertraglichen Pflichten des Versicherers und seines Vertragsanwalts gegenüber dem Versicherungsnehmer auswirken.

A. Rechtsbesorgung des Anwalts

Zu den anwaltlichen Kerntugenden zählt § 43 a BRAO die anwaltliche Unabhängigkeit, Verschwiegenheit, Sachlichkeit und das Verbot, widerstreitende Interessen zu vertreten.

I. Vertretung widerstreitender Interessen § 43 a Abs. 4 BRAO

Das Verbot nach § 43 a Abs. 4 BRAO nimmt unter diesen Kerntugenden eine herausragende Stellung ein. Der Rechtsanwalt kann kein geradliniger und unabhängiger Interessenvertreter seines Auftraggebers sein, wenn er gleichzeitig die widerstreitenden Interessen eines anderen wahrnimmt.

Über die Bindung des Vertragsanwalts durch ein Rationalisierungsabkommen an seinen Rechtsschutzversicherer verfolgt der Anwalt das eigene Interesse, sein Auftragsaufkommen durch Empfehlungen des Versicherers zu mehren. Das Rationalisierungsabkommen dient durch die vereinbarten Gebührenabschläge dem Kostendämpfungsinteresse des Rechtsschutzversicherers. Gegen den Abschluss von Rationalisierungsabkommen wird im Schrifttum daher häufig ins Feld geführt, der Rechtsanwalt mache sich zum Diener zweier Herren[1265], und zwar zum einen seines Auftraggebers und zum anderen zu dem des Rechtsschutzversicherers.[1266]

1265 van Bühren r + s 2016, 53 (55 f.); Samimi/Liedtke NZV 2013, 20 (21).

1266 Cornelius-Winkler SVR 2013, 201 (206); Cornelius-Winkler r + s 2012, 390 (391); van Bühren BRAK-Mitt 2013, 255 (256); Samimi/Liedtke BlnAnwBl 2011, 153 (154); Cornelius-Winkler, in: Harbauer, ARB, 8. Aufl., 2010, § 5 ARB 2000 Rn. 280 f.

Aufgrund des Abkommens bestehe die Gefahr, dass der Anwalt die Interessen des ihn ständig empfehlenden Versicherers über die Interessen des Rechtsuchenden stelle, mit dem ihn ein einziges Auftragsverhältnis verbinde.[1267] § 4 RDG untersage dem Rechtsschutzversicherer die Eigenregulierung, da sein Interesse an der Verringerung der Rechtsverfolgungskosten dem Interesse des Versicherten, sein Recht um jeden Preis durchzusetzen, zuwiderlaufe. Werde der Rechtsanwalt über das Rationalisierungsabkommen in die Schadenabwicklung durch den Versicherer – gleichsam als „Scheinselbständiger“[1268] – eingegliedert, befände er sich in demselben Interessenwiderstreit. Wirtschaftlich mache er sich von der Mandatszuführung durch den Rechtsschutzversicherer abhängig.[1269] Sein Interesse sei auf die Auftragsmehrung und nicht auf das Interesse an der Rechtsdurchsetzung für den einzelnen Auftraggeber gerichtet. Er sei auf das Wohlwollen des Versicherers angewiesen, um den Auftragsbestand nicht zu gefährden und nicht mehr unabhängig genug, um im Falle einer Deckungsablehnung die Rechte des einzelnen Mandanten auch gegenüber dem eigenen Vertragspartner, dem Versicherer, durchzusetzen.[1270] Eine sorgfältige Mandatsbearbeitung sei nicht gewährleistet, wenn die pauschalierten Gebühren wirtschaftlich keinen angemessenen Zeitaufwand mehr zuließen.[1271]

Rechtlich stellt sich die Frage, ob sich diese Gemengelage gegenläufiger Interessen als berufsrechtlich unzulässiger Interessenwiderstreit i.S.d. § 43 a Abs. 4 BRAO darstellt. Nach § 43 a Abs. 4 BRAO darf der Rechtsanwalt keine widerstreitenden Interessen vertreten. Vertretung meint die Vertretung widerstreitender rechtlicher Interessen in derselben Rechtsangelegenheit.[1272] Der Parteiverrat i.S.d. § 356 StGB verbietet dem Rechtsanwalt, in einer ihm anvertrauten Angelegenheit in derselben Rechtssache beiden Parteien durch Rat und Beistand pflichtwidrig zu dienen. § 3 Abs. 1 Fall 1 BORA drückt es so aus: „Der Rechtsanwalt darf nicht tätig werden, wenn er eine andere Partei in derselben Rechtssache im widerstreitenden Interesse bereits beraten oder vertreten hat.“ Die Vertretung widerstreitender Interessen meint daher die Vertretung widerstreitender

1267 Cornelius-Winkler SVR 2013, 201 (206).

1268 Cornelius-Winkler SVR 2013, 201 (207).

1269 Cornelius-Winkler SVR 2013, 201 (206, 207).

1270 van Bühren BRAK-Mitt 2013, 255 (256).

1271 Samimi/Liedtke NZV 2013, 20 (21); Burmann DV 1/2012, 3.

1272 Kleine-Cosack BRAO, 6. Aufl., 2009 § 43 a Rn. 97, 98; Henssler, in: Henssler/Prütting, BRAO, 4. Aufl., 2014, § 43 a Rn. 186; Hartung, in: Hartung BORA/FAO, 5. Aufl., 2012, § 3 BORA Rn. 64 f., 68; Träger, in: Feuerich/Weyland BRAO, 9. Aufl., 2016, § 43 a Rn. 66.

rechtlicher Interessen. Bloß wirtschaftlich widerstreitende Interessen reichen nicht aus, um deren Vertretung berufs- und aufsichtsrechtlich zu ahnden.

Der Vertragsanwalt vertritt keine rechtlichen Interessen des Rechtsschutzversicherers, sondern allenfalls wirtschaftliche.[1273] Die vertragliche Bindung des Vertragsanwaltes über das Rationalisierungsabkommen verpflichtet ihn zu einer bestimmten Art der Abrechnung seiner Gebühren in dem Auftragsverhältnis mit seinem Auftraggeber. Er vertritt damit nicht die rechtlichen Interessen des Rechtsschutzversicherers, sondern allenfalls dessen wirtschaftliche Interessen. Von einer Vertretung im Sinne einer Rechtsbesorgung[1274] zugunsten des Versicherers kann keine Rede sein.

Die Besorgung des wirtschaftlichen Interesses an einer Kosteneinsparung reicht nicht aus, um einen Interessenwiderstreit i.S.d. § 43 a Abs. 4 BRAO auszulösen. § 43 Abs. 4 BRAO setzt widerstreitende rechtliche Interessen voraus. Widerstreitende wirtschaftliche Interessen stellen keinen Interessenwiderstreit i.S.d. § 43 a Abs. 4 BRAO dar. Wirtschaftliche Interessen werden dem Rechtsanwalt zwar in einer anwaltlich „anvertrauten Angelegenheit" (§ 356 StGB) übertragen und berühren damit einen Schutzzweck des § 43 Abs. 4 BRAO, das Vertrauensverhältnis zwischen Anwalt und Mandant zu wahren. Wirtschaftlich bedeutsames Wissen vor dem Zugriff Dritter zu wahren, ist aber der Verschwiegenheitspflicht nach § 43 a Abs. 2 BRAO als Sondervorschrift (lex specialis) vorbehalten.[1275]

Der Abschluss eines Rationalisierungsabkommens zwischen Anwalt und Versicherer begründet keinen Interessenwiderstreit i.S.d. § 43 a Abs. 4 BRAO.[1276]

1273 Terriuolo AnwBl 2016, 468 (473); Kilian AnwBl 2012, 209 (216); Terriuolo Das rechtsschutzversicherte Mandat, 2014, 203.

1274 Henssler NJW 2001, 1521 (1524); Deckenbrock Strafrechtlicher Parteiverrat und berufsrechtliches Verbot der Vertretung widerstreitender Interessen, 2009, 85; Schramm Das Verbot der Vertretung widerstreitender Interessen, 2004, 90 f.; vgl. a. BGH Beschl. v. 6.11.200 – AnwZ (B) 3/00 –, NJW 2001, 1572 (1573); a.A. van Bühren r + s 2016, 53 (55 f.).

1275 Henssler NJW 2001, 1521 (1523); Kilian AnwBl 2012, 209 (216); Deckenbrock Strafrechtlicher Parteiverrat und berufsrechtliches Verbot der Vertretung widerstreitender Interessen, 2009, 162 f., 97 f., 52 f.; Henssler, in: in: Henssler/Prütting, BRAO, 4. Aufl., 2014, § 43 a Rn. 170; vgl. a. BVerfG Beschl. v. 3.07.2003 – 1 BvR 238/01 –, BVerfG Beschl. v. 3.07.2003 – 1 BvR 238/01 –, BVerfGE 108, 150 (153) = NJW 2003, 2520 unter B.I.3. S. a. Hartung, in: Hartung BORA/FAO, 5. Aufl., 2012, § 3 BORA Rn. 168: Vorrang der Verschwiegenheitspflicht vor dem Verbot der Vertretung widerstreitender Interessen. Krit. Kleine-Cosack BRAO, 6. Aufl., 2009, § 43 a Rn. 105, 123: „fließender" Übergang von wirtschaftlichen und rechtlichen Interessen.

1276 Kilian AnwBl 2012, 209 (216).

II. Pflicht zur uneigennützigen Rechtsbesorgung

Ein öffentlich- und berufsrechtliches Verbot zu verneinen, heißt noch lange nicht, dass der Vertragsanwalt wegen des verheimlichten Rationalisierungsabkommens keinen besonderen schuldrechtlichen Pflichten gegenüber seinem Auftraggeber ausgesetzt ist.

1. Offenbarungspflicht des Vertragsanwalts

Mit dem Anwaltsvertrag verpflichtet sich der Rechtsanwalt, seinem Auftraggeber als Rechtsbeistand mit Rat und Tat zur Seite zu stehen. Es handelt sich um einen Dienstvertrag (§ 611 BGB), der eine Geschäftsbesorgung zum Gegenstand hat (§ 675 BGB).[1277] Der Anwaltsvertrag verpflichtet nicht nur zu einer geradlinigen Interessenvertretung, sondern zu einer umfassenden und uneigennützigen Wahrung der Interessen des Auftraggebers. Rechtsbesorgung ist die Wahrnehmung fremder Interessen. Sie ist fremdnützig.

Es stellt sich daher die Frage, ob der Vertragsanwalt aufgrund der Verheimlichung seiner Bindung an den Rechtsschutzversicherer wegen der Verletzung einer (vor-)vertraglichen Offenbarungspflicht nach §§ 675, 611, 280, 311 Abs. 2, 241 Abs. 2, 280 Abs. 1, 249 BGB auf Ersatz des Vertrauensschadens haftet.

a. Anwendungsbereich

Wenn der Vertrag durch Arglistanfechtung (§ 123 BGB) oder Kündigung (§§ 627, 628 BGB) entfällt, fehlt es an einer Grundlage für vertragliche Schadenersatzansprüche. Sind die Arglistanfechtungsregeln (§ 123 BGB) oder die Kündigungsregeln (§§ 627, 628 BGB) vorrangig anwendbar, scheiden vertragliche Schadenersatzansprüche aus. Gleiches gilt für vorrangiges Berufsrecht.

aa. Vorrang der Arglistanfechtung nach § 123 BGB

Das BGB kennt keinen allgemeinen Anwendungsvorrang des Anfechtungsrechts vor dem Schadenersatzrecht.[1278] Dabei macht es keinen Unterschied, ob

---

1277 Heermann, in: MünchKommBGB, Bd. 4, 6. Aufl., 2012, § 675 Rn. 26; Roth, in: MünchKommBGB, Bd. 4, 6. Aufl. 2012, § 652 Rn. 121, 124.

1278 BGH Urt. v. 18.09.2001 – X ZR 107/00 –, NJW-RR 2002, 308 (309 f.); BGH Urt. v. 3.02.1999 – VIII ZR 14/98 –, NJW 1999, 1404 (1405); BGH Urt. v. 26.09.1997 – V ZR 29/96 –, NJW 1998, 302 (303 f.); BGH Urt. v. 31.01.1962 – VIII ZR 120/60 –, NJW 1962, 1196 (1198); Lorenz NJW 2006, 1925 (1926); Grüneberg, in Palandt, BGB, 75. Aufl., 2016, § 311 Rn. 13; Gehrlein/Sutschet, in: Bamberger/Roth, BeckOK BGB, 39. Aufl., Stand: 1.05.2016, § 311 Rn. 76, 77, 43. A.A. Grigoleit NJW 1999, 900 (902 f.);

der Getäuschte innerhalb der Ausschlussfrist des § 124 BGB seine Rechte geltend macht und ob er fahrlässig oder vorsätzlich in die Irre geleitet wurde.[1279] Anfechtungsrecht und Schadenersatzrecht unterscheiden sich in ihren Tatbestandsvoraussetzungen und ihren Rechtsfolgen, obgleich sie dasselbe Ziel verfolgen. Sowohl das Anfechtungsrecht als auch das Schadenersatzrecht schützen die Entschließungsfreiheit des Getäuschten vor unerlaubten Mitteln der Willensbeeinflussung.[1280] Für das Schadenersatzrecht hat der Gesetzgeber dies ausdrücklich klargestellt, indem er die bislang richterrechtlich geprägten Grundsätze der culpa in contrahendo in Gesetzesform (§§ 311 Abs. 2, 241 Abs. 2 BGB) gegossen hat. Das Schadenersatzrecht schützt zudem vor dem Eintritt eines Vermögensschadens. Das Vorliegen eines Vermögensschadens ist daher – im Gegensatz zum Anfechtungsrecht – Tatbestandsvoraussetzung.[1281] Auf der Rechtsfolgenseite kommt der Anfechtung nach § 142 BGB gleichsam eine dingliche (Dritt-) Wirkung zu, da sie eine unmittelbare Nichtigkeit des Vertrages nach sich zieht.[1282] Der auf Schuldbefreiung gerichtete Schadenersatzanspruch beinhaltet lediglich die schuldrechtliche Pflicht, den Vertrag rückgängig zu machen.[1283]

bb. Vorrang der Kündigungsregeln nach §§ 627, 628 BGB

Wegen der Vertrauensstellung, die der Rechtsanwalt für sich in Anspruch nimmt, ist das Mandatsverhältnis nach § 627 Abs. 1 BGB jederzeit ohne weiteres fristlos kündbar. Veranlasst er durch sein vertragswidriges Verhalten die Kündigung durch den Mandanten, so verliert er seinen Gebührenanspruch, wenn seine bisherigen Leistungen infolge der Kündigung für den Mandanten kein Interesse

---

Armbrüster, in: MünchKommBGB, Bd. 1, 7. Aufl., 2015, § 123 Rn. 91; Emmerich, in: MünchKommBGB, Bd. 2, 6. Aufl., 2012, § 311 Rn. 70, 71, 89, 90 [nunmehr in der 7. Aufl., 2015, wohl anders: § 311 Rn. 77, 78]. Zurückhaltender: Canaris AcP 2000, 273 (319 f.); Fleischer AcP 2000, 91 (119 f).

1279 Lorenz NJW 2006, 1925 (1926); Grüneberg, in Palandt, BGB, 75. Aufl., 2016, § 311 Rn. 13; Gehrlein/Sutschet, in: Bamberger/Roth, BeckOK BGB, 39. Aufl., Stand: 1.05.2016, § 311 Rn. 76, 77, 43.

1280 BGH Urt. v. 18.09.2001 – X ZR 107/00 –, NJW-RR 2002, 308 (309); BGH Urt. v. 26.09.1997 – V ZR 29/96 –, NJW 1998, 302 (304).

1281 BGH Urt. v. 18.09.2001 – X ZR 107/00 –, NJW-RR 2002, 308 (309); BGH Urt. v. 26.09.1997 – V ZR 29/96 –, NJW 1998, 302 (304 f.). Krit.: Emmerich, in: MünchKommBGB, Bd. 2, 7. Aufl., 2015, § 311 Rn. 78 m.w.N.

1282 BGH Urt. v. 26.09.1997 – V ZR 29/96 –, NJW 1998, 302 (304); BGH Urt. v. 31.01.1962 – VIII ZR 120/60 –, NJW 1962, 1196 (1198).

1283 BGH Urt. v. 26.09.1997 – V ZR 29/96 –, NJW 1998, 302 (304); BGH Urt. v. 31.01.1962 – VIII ZR 120/60 –, NJW 1962, 1196 (1198).

haben, § 628 Abs. 1 S. 2 BGB. Kostenvorschüsse kann er nur unter bestimmten Voraussetzungen nach § 628 Abs. 1 S. 3 BGB zurückfordern.

Die Kündigungsregeln stehen einer Anwendung der Grundsätze des Verschuldens bei Vertragsabschluss nicht im Wege.[1284] Sie kommen nebeneinander zur Anwendung.[1285] Sie knüpfen bereits zeitlich an unterschiedliche Tatbestände an.[1286] Das Verschulden bei Vertragsabschluss meint eine Pflichtverletzung vor Mandatsannahme. § 628 Abs. 1 S. 2 BGB zielt hingegen auf eine Pflichtverletzung im laufenden Mandat.

cc. Vorrang der Berufspflichten der BRAO

Das Berufsrecht der Rechtsanwälte kennt in § 44 S. 2 BRAO lediglich eine Schadensersatzpflicht des Rechtsanwaltes für den Fall der unzeitigen Ablehnung der Auftragsannahme. Ein Verstoß gegen das Verbot, widerstreitende Interessen zu vertreten (§ 43 a Abs. 4 BRAO), wurde oben verneint.[1287] Insoweit scheidet ein Vorrang der BRAO vor schuldrechtlichen Pflichten aus.

Allerdings könnte die Bindung des Vertragsanwaltes an ein Rationalisierungsabkommen noch weitere berufsrechtlichen Verstöße nach sich ziehen: etwa eine berufsrechtswidrige Gebührenunterschreitung (§ 49 b Abs. 1 BRAO), eine unzulässige Vorteilsgewährung (§ 49 b Abs. 3 BRAO) oder eine Gefährdung der anwaltlichen Unabhängigkeit (§ 43 a Abs. 1 BRAO).

Wenn die öffentlich-rechtlichen Vorgaben der BRAO die Pflichten des Anwalts gegenüber seinem Mandanten abschließend regeln, bleibt für eine weitergehende bürgerlich-rechtliche Pflichtenstellung kein Raum. Ob dies der Fall ist, ist umstritten.

(1) Lehre von dem einheitlichen Pflichtenkreis

Zum Teil wird die Auffassung vertreten, die öffentlich-rechtlichen Berufspflichten aus der BRAO und die bürgerlich-rechtlichen Vertragspflichten aus dem Mandatsverhältnis seien deckungsgleich und bildeten einen einheitlichen

---

1284 So aber Kleine-Cosack AnwBl 2008, 278 (279, 281); wohl a. Henssler/Deckenbrock NJW 2008, 1275 (1278).

1285 BGH Urt. v. 8.11.2007 – IX ZR 5/06 –, BGHZ 174, 186 (194) = NJW 2008, 1307 Tz. 21 f.

1286 BGH Urt. v. 8.11.2007 – IX ZR 5/06 –, BGHZ 174, 186 (190) = NJW 2008, 1307 Tz. 21; zweifelnd: Henssler/Deckenbrock NJW 2008, 1275 (1278).

1287 Kilian AnwBl 2012, 209 (216); Terriuolo Das rechtsschutzversicherte Mandat, 2014, 203.

Pflichtenkreis.[1288] Sie unterscheiden sich bloß im Rechtsfolgengefüge. Die Berufspflichten der BRAO tragen gleichsam zwei Gesichter – ein öffentlich-rechtliches und ein bürgerlich-rechtliches. Sie gestalten das Mandatsverhältnis unmittelbar. Der Mandant kann von dem Rechtsanwalt nicht mehr, aber auch nicht weniger verlangen, als die BRAO diesem abverlangt.[1289]

(2) Lehre von der Ausstrahlungswirkung des Berufsrechts

Nach einer anderen Auffassung strahlt das öffentliche Recht in das Bürgerliche Recht hinein.[1290] Über die Einbruchstellen der §§ 134[1291], 138[1292] BGB, der Schutzgesetze i.S.d. § 823 Abs. 2 BGB[1293] und der Auslegungsregeln der §§ 133,

---

1288 Kleine-Cosack AnwBl 2008, 278 (280); Völz BRAK-Mitt 2004, 103 (104); vgl. a. Kleine-Cosack, BRAO, 7. Aufl., 2015, Einl. Rn. 114. Vgl. zu der gleichgelagerten Fragestellung der aufsichtsrechtlichen Wohlverhaltensregeln des § 31 d WpHG im privaten Kapitalanlagerecht: Krüger NJW 2013, 1845 (1847); Köndgen JZ 2012, 260 (261). Für eine Doppelnatur der öffentlich-rechtlichen Regeln als zeitgleiche bürgerlich-rechtliche Rücksichtnahmepflichten i.S.d. § 241 Abs. 2 BGB: Schumacher WM 2011, 678 (681); Herresthal ZBB 2009, 348 (350); Nittel/Knöpfel BKR 2009, 411 (414); Veil WM 2007, 1821 (1825); Schwintowski VuR 1997, 83 (85); Schwintowski Bankrecht, 4. Aufl., 2014, § 18 Rn. 10, 11; Leisch Informationspflichten nach § 31 WpHG, 2004, 68 f., 85, 124 f.; Koller, in: WpHG, 6. Aufl., 2012, vor § 31 Rn. 3; Möllers, in: Hirte/Möllers, KölnKommWpHG, 2. Aufl., 2014 § 31 Rn. 24. Ähnlich: Gleichlauf von Aufsichts- und Vertragsrecht: Einsele JZ 2014, 703 (713); Mülbert ZHR 2008, 170. Ablehnend: Buck-Heeb BKR 2014, 221 (223 f.) m.w.N.

1289 Kleine-Cosack AnwBl 2008, 278 (280).

1290 BGH Urt. v. 8.11.2007 – IX ZR 5/06 –, BGHZ 174, 186 (190) = NJW 2008, 1307 (1308) Tz. 12; BGH Urt. v. 24.05.2007 – IX ZR 89/06 –, NJW 2007, 2332 (2334) Tz. 19; Henssler/Deckenbrock NJW 2008, 1275 (1279); Ellenberger, in: Palandt, BGB, 75. Aufl., 2016, § 134 Rn. 20.

1291 BGH Urt. v. 12.05.2016 – IX ZR 241/14 –, AnwBl 2016, 472 (475); BGH Urt. v. 31.10.1991 – IX ZR 303/90 –, NJW 1992, 681 (682).

1292 Arnold, in: Erman, BGB, Bd. 1, 14. Aufl., 2014, § 134 Rn. 8, 54. Ablehnend: Prütting, in: Henssler/Prütting, BRAO, 4. Aufl., 2014, § 43 Rn. 38; s.na. Sack/Seibl, in: Staudinger, BGB, Teilband 4 a, 12. Aufl., Neubearbeitung 2011, § 134 Rn. 29.

1293 Zu dem umgekehrten Weg der Wandlung bürgerlich-rechtlicher Pflichten nach §§ 667, 666 BGB über § 43 BRAO in berufsrechtliche Pflichten: BGH Urt. v. 3.11.2014 – AnwZ (Brfg) 72/13 –, NJW-RR 2015, 186 (187) Tz. 13; BGH Urt. v. 3.11.2014 – AnwSt (R) 5/14 –, NJOZ 2015, 501 Tz. 8. Ablehnend: Prütting [in: Henssler/Prütting, BRAO, 4. Aufl., 2014, § 43 Rn. 36], da das öffentlich-rechtliche Disziplinarrecht der BRAO grundsätzlich keinen Individualrechtsschutz vermittelt. Für § 31 d WpHG verneinend: BGH Urt. v. 17.09.2013 – XI ZR 332/12 –, BKR 2014, 32 (34) Tz. 21; BGH Urt. v. 19.02.2008 – XI ZR 170/07 –, NJW 2008, 1734 (1735) Tz. 14; BGH Urt. v. 19.12.2006 – XI ZR 56/05 –, BGHZ 170, 226 (234) = NJW 2007,

157 BGB[1294] finden die öffentlich-rechtlichen Pflichten Eingang in das Privatrecht.[1295] Die öffentlich-rechtlichen Vorgaben bilden die Untergrenze dessen, was das Bürgerliche Recht an Pflichten verlangen kann.[1296] Öffentlich-rechtliche Pflichten und bürgerlich-rechtliche Pflichten bilden keinen einheitlichen Pflichtenkreis, sondern eine Schnittmenge.

Nach dieser Auffassung trifft die BRAO keine abschließende Regelung für die Pflichten des Anwalts gegenüber seinem Mandanten.

(3) Lehre von dem zweigleisigen Pflichtenkreis

Schließlich werden die öffentlich-rechtlichen Berufspflichten und die bürgerlichrechtlichen als zwei geschlossene nebeneinander bestehende Pflichtenkreise

---

1876; Uffmann JZ 2015, 282 (288); Günther MDR 2014, 61 (65 f.); Schäfer WM 2007, 1872 (1876); Vortmann Aufklärungs- und Beratungspflichten der Banken, 9. Aufl., 2009, Rn. 285. Für die Wohlverhaltenspflichten nach § 31 f. WpHG bejahend: Einsele JZ 2014, 703 (710, 711); Köndgen JZ 2012, 260 (261); Schwintowski VuR 1997, 83 (98); Fuchs, in: Fuchs, WpHG, 1. Aufl., 2009, § 31 d Rn. 60; Koch, in: Schwark/Zimmer, Kapitalmarktrechts-Komm, 4. Aufl., 2010, WpHG § 31 d Rn. 105, 106; Spindler, in: Langenbucher/Bliesener/Spindler, Bankrechts-Komm, 1. Aufl., 2013, 33. Kap Rn. 66, 67. Offen gelassen: Koller, in: WpHG, 6. Aufl., 2012, vor § 31 Rn. 7; Buck-Heeb Kapitalmarktrecht, 7. Aufl., 2014, Rn. 616; krit.: Assmann ZBB 2008, 21 (30).

1294 BGH Urt. v. 8.11.2007 – IX ZR 5/06 –, BGHZ 174, 186 (190) = NJW 2008, 1307 (1308) Tz. 12. Vgl. a. BGH [Urt. v. 3.06.2014 – XI ZR 147/12 –, NJW 2014, 2947 (2949) Tz. 36, 38] zu dem „nahezu flächendeckenden" Rechtsgrundsatz der Kostenklarheit nach § 31 d WpHG im privaten Kapitalanlagerecht. Krit.: Heuhn-Rehn/Lang/Ruf NJW 2014, 2909 (2912); Balzer/Lang BKR 2014, 377 (379); Buck-Heeb WM 2014, 1601 (1604 f.).

1295 Oder umgekehrt: Zivilrechtliche Pflichten nach §§ 667, 666 BGB finden über den Auffangtatbestand des § 43 BRAO Eingang in das öffentliche Berufsrecht, BGH Urt. v. 3.11.2014 – AnwZ (Brfg) 72/13 –, NJW-RR 2015, 186 (187) Tz. 13; BGH Urt. v. 3.11.2014 – AnwSt 5/14 –, NJOZ 2015, 501 (502) Tz. 8; AnwGH Hamm Urt. v. 29.05.2015 – 1 AGH 1/15 –, BeckRS 2015, 15437; Träger, in Feuerich/Weyland, BRAO, 9. Aufl., 2016, § 50 Rn. 17. Vgl. zu § 31 d WpHG: Assmann ZBB 2008, 21 (30); Koch, in: Schwark/Zimmer, Kapitalmarktrechts-Komm, 4. Aufl., 2010, WpHG § 31 d Rn. 92, 93. Wohl auch BGH [Urt. v. 03.06.2014 – XI ZR 147/12 – NJW 2014, 2947 (2950) Tz. 35, 37] obgleich derselbe Senat [BGH Urt. v. 17.09.2013 – XI ZR 332/12 –, BKR 2014, 32; Ellenberger FS Nobbe, 2009, 523 (535, 537); s. a. Schwintowski Bankrecht, 4. Aufl., 2014, § 18 Rn. 10, 11] kurz zuvor ausdrücklich eine Ausstrahlungswirkung des öffentlichen Aufsichtsrechts verneint hatte [Heuhn-Rehn/Lang/Ruf NJW 2014, 2909 (2911)].

1296 Zu § 31 d WpHG: Voß, in: Just/Voß/Ritz/Becker, WpHG, 1. Aufl., 2015, § 31 Rn. 38 f.

angesehen.[1297] Diese sind streng voneinander zu trennen. Pflichten gegenüber dem Mandanten können allein aus dem Mandatsverhältnis heraus entstehen.[1298] Sie sind einzig und allein am Maßstab des Bürgerlichen Rechts zu messen.[1299] Nach dieser Auffassung steht die BRAO einem bürgerlich-rechtlichen Pflichtenkreis des Rechtsanwaltes, der über seine Berufspflichten nach der BRAO hinausreicht, nicht im Wege.

(4) Stellungnahme

Allein die Lehre von dem einheitlichen Pflichtenkreis redet einer abschließenden Regelung zum anwaltlichen Pflichtenkreis das Wort. Sie betont das berufsbezogene Wesen der Anwaltspflichten. Es sei allein dem Gesetzgeber vorbehalten, das anwaltliche Berufsbild zu prägen und Eingriffe in die anwaltliche Berufsfreiheit (Art. 12 Abs. 1 GG) zu rechtfertigen.[1300] Art. 20 Abs. 3 GG untersage es dem Richter daher, den Pflichtenkreis der BRAO im Wege der richterlichen Rechtsfortbildung zu erweitern und das Berufsfreiheitsrecht der Anwaltschaft zu beschneiden.[1301]

Die BRAO ist aufgrund der in Art. 74 Nr. 1, 72 GG geregelten, konkurrierenden Gesetzgebungsbefugnis des Bundes zur Regelung der Rechtsanwaltschaft erlassen worden. Die Gesetzgebungsbefugnis des Bundes erstreckt und beschränkt sich dabei auf die Regelung des anwaltlichen Berufsrechtes, namentlich die Regelung der Zulassung zur Anwaltschaft und die Regelung der

---

1297 BGH Urt. v. 30.11.1989 – III ZR 112/88 –, BGHZ 109, 260 (264) = NJW 1990, 510; OLG München Urt. v. 31.03.2015 – 15 U 2227/14 –, AnwBl 2015, 898 (900); OLG Düsseldorf Urt. v. 22.05.2007 – 24 U 12/07 –, BeckRS 2008, 10704; AnwGH Hamm Urt. v. 7.02.2014 – 2 AGH 17/13 –, BeckRS 2014, 17180; AnwGH Celle Urt. v. 24.06.2013 – AGH 1/13 (I 1) –, BRAK-Mitt 2014, 31 (33 f.); AnwG Frankfurt a. M. Urt. v. 17.03.2010 – IV AG 01/09 –, 4 EV 335/08 –, AnwBl 2010, 716; AnwG Düsseldorf Beschl. v. 24.07.2008 – IV A 1623/07-9 –; Jung AnwBl 2015, 724 (730); Prütting, in: Henssler/Prütting, BRAO, 4. Aufl., 2014, § 43 Rn. 36; Scharmer, in: Hartung, BORA/FAO, 5. Aufl., 2012, BRAO § 50 Rn. 77 f. Vgl. zum öffentlichen Preisrecht der HOAI: Urt. v. 24.06.2004 – VII ZR 259/02 –, BGHZ 159, 376 (381, 382) = NJW 2004, 2588; BGH Urt. v. 24.10.1996 – VII ZR 283/95 –, BGHZ 133, 389 = NJW 1997, 586 (587); Vgl. zum Zahlungsplan nach § 3 Abs. 2 MaBV: BGH Urt. 22.11.2000 – VII ZR 310/99 –, BGHZ 146, 250 (259) = NJW 2001, 818. Vgl. zu § 31 d WpHG: Podewils/Reisich NJW 2009, 116 (120); Koller FS Huber, 2006, 821 (840); Vortmann Aufklärungs- und Beratungspflichten der Banken, 9. Aufl., 2009, Rn. 285 m.w.N.

1298 Prütting, in: Henssler/Prütting, BRAO, 4. Aufl., 2014, § 43 Rn. 36.

1299 Prütting, in: Henssler/Prütting, BRAO, 4. Aufl., 2014, § 43 Rn. 36.

1300 Kleine-Cosack AnwBl 2008, 278 (280).

1301 Kleine-Cosack AnwBl 2008, 278 (280).

Berufsausübung.[1302] Von der Gesetzgebungsbefugnis des Bundes werden daher zunächst nur Rechte der beratenden Rechtsanwälte, nicht Rechte der Beratenen umfasst.[1303]

Das anwaltliche Berufsrecht der BRAO ist einzig und allein öffentliches Aufsichtsrecht im Interesse der unabhängigen Rechtspflege. Das anwaltliche Berufsrecht ist kein Vertragsrecht. Folge eines Berufsrechtsverstoßes ist eine anwaltsgerichtliche Disziplinarmaßnahme, die bis zum Ausschluss aus der Anwaltschaft zu reichen vermag (§§ 113 BRAO). Wenn eine anwaltliche Berufspflicht auch dem Schutz des Rechtsuchenden dient, so gibt ihm dies nur das Recht auf Einschreiten der Rechtsanwaltskammer im Wege der Aufsicht. Bürgerlich-rechtlich bleibt dies folgenlos.

Folgte man der Lehre vom einheitlichen Pflichtenkreis, so hätte der Versicherungsnehmer allein die Möglichkeit, die Kammer zu veranlassen, den Berufsrechtsverstoß der Vorteilsgewährung ahnden zu lassen. Auf seinem Schaden bliebe er sitzen.

Das Anwaltsrecht gabelt sich in das öffentliches Disziplinar- und Aufsichtsrecht der BRAO und das private Vertragsrecht der Geschäfts- bzw. Rechtsbesorgung (§§ 675, 611 BGB). Dieser Zweiteilung des materiellen Rechtes entspricht auch die verfahrensrechtliche Zweiteilung der Rechtswegzuständigkeit nach § 13 GVG für bürgerlich-rechtliche Streitigkeiten einerseits und nach § 40 VwGO für öffentlich-rechtliche Streitigkeiten andererseits.[1304] Dies scheint für die Annahme der Lehre von dem zweigleisigen Pflichtenkreis zu sprechen, es treffe den Rechtsanwalt entweder eine öffentlich-rechtliche Berufspflicht, die in der BRAO gründe, oder eine bürgerlich-rechtliche Beratungs- und Offenbarungspflichten, die im Bürgerlichen Recht gründe, und dazwischen gebe es nichts (tertium non datur).[1305]

1302 BVerwG Beschl. v. 18.12.1973 – 1 C 70/77 –, NJW 1974, 715 (716). Jedenfalls die Regelungen der BORA vermögen keine bürgerlich-rechtlichen Wirkungen zu entfalten. Die Satzungskompetenz der Rechtsanwaltskammern nach § 59 b BRAO reicht nur für den Erlass von öffentlich-rechtlichem Disziplinarrecht, Taupitz JZ 1994, 221 (224 f.).

1303 BVerwG Beschl. v. 18.12.1973 – 1 C 70/77 –, NJW 1974, 715 (716); Brüggemann, in: Feuerich/Weyland, BRAO, 9. Aufl., 2016, § 3 Rn. 23.

1304 Ehlers Verwaltung in Privatrechtsform, 1984, 42 f.; Ehlers, in: Schoch/Schneider/Bier, VwGO, Losebl., 26. Elf., Stand: 2013, § 40 Rn. 18 f.

1305 Podewils/Reisich NJW 2009, 116 (120); Koller FS Huber, 2006, 821 (840); Vortmann Aufklärungs- und Beratungspflichten der Banken, 9. Aufl., 2009, Rn. 285 m.w.N.

Diese schneidige Sichtweise hält einer näheren Überprüfung nicht stand. Richtig an der Lehre von dem zweigleisigen Pflichtenkreis ist nur, dass öffentlich-rechtliche Berufspflichten im öffentlichen Aufsichtsrecht (BRAO) und schuldrechtliche Pflichten aus dem Anwaltsvertrag im Bürgerlichen Recht gründen müssen. Damit ist eine Schnittmenge zwischen diesen beiden Pflichtenkreisen aber keineswegs ausgeschlossen. Es wäre widersinnig anzunehmen, der Rechtsanwalt sei seinem Auftraggeber schuldrechtlich nicht zu einer geradlinigen, unabhängigen und sachlichen Rechtsdurchsetzung unter Wahrung der Verschwiegenheit verpflichtet, nur weil dies dem öffentlich-rechtlichen Berufsbild des Anwalts nach der BRAO entspricht.

Entscheidend für die Annahme einer schuldrechtlichen Verpflichtung des Anwalts aus dem Rechtsbesorgungsvertrag ist der Schutzzweck desselben. Zweck des Anwaltsvertrages ist die Rechtsdurchsetzung zugunsten des Auftraggebers. Dabei darf der Rechtsuchende erwarten, dass sich der Rechtsanwalt zumindest nicht berufsrechtswidrig verhält.[1306] Der Rechtsuchende ist darauf angewiesen, dass sein Anwalts ihm den sichersten und gefahrlosesten Weg zur Durchsetzung seiner Rechte weist.[1307] Er selbst kann dies mangels Rechtskenntnissen nicht beurteilen. Wegen des unüberbrückbaren Wissensgefälles zwischen Anwalt und Rechtsuchendem muss der Auftraggeber auf Rat und Tat seines Anwalts rückhaltlos und blind vertrauen können. Dieses schutzwürdige Vertrauen bildet die bürgerlich-rechtliche Grundlage für Umfang und Grenzen der anwaltlichen Pflichten aus dem Rechtsbesorgungsvertrag. Dabei kann das öffentlich-rechtliche Berufsrecht der BRAO über die Auslegung des Rechtsbesorgungsvertrages die schuldrechtliche Untergrenze der anwaltlichen Pflichtenstellung abbilden. Insoweit ist der Lehre von der Ausstrahlungswirkung des Berufsrechts zu folgen.

Die BRAO entfaltet keine Sperrwirkung für die Annahme einer schuldrechtlichen Anwaltspflicht.

b. Tatbestand

Eine Schadenersatzpflicht des Rechtsuchenden setzt eine Verletzung einer (vor-) vertraglichen Aufklärungs- und Offenbarungspflicht aus dem Rechtsbesorgungsvertrag nach §§ 675, 611, 280 Abs. 1, 241 Abs. 2, 311 Abs. 2, 249 BGB voraus.

1306 Vgl. BGH Urt. v. 03.06.2014 – XI ZR 147/12 –, NJW 2014, 2947 (2950) Tz. 37 zu § 31 d WpHG im Bankenrecht.

1307 BGH Urt. v. 1.03.2007 - IX ZR 261/03 -, BGHZ 171, 261 = NJW 2007, 2485.

aa. Vorvertragliches Schuldverhältnis

Bereits während der Vertragsverhandlungen (§ 311 Abs. 2 Nr. 1 BGB) und Vertragsanbahnungen (§ 311 Abs. 2 Nr. 2 BGB) ist der Rechtsanwalt verpflichtet, auf die Rechte, Rechtsgüter und Interessen seines künftigen Auftraggebers Rücksicht zu nehmen (§ 241 Abs. 2 BGB).

bb. Pflichtverletzung

Der Rechtsanwalt müsste bereits vorvertraglich verpflichtet sein, dem künftigen Auftraggeber seine Bindung an den Rechtsschutzversicherer über das Rationalisierungsabkommen zu offenbaren.

(1) Aufklärungs- und Offenbarungspflicht

Das Rationalisierungsabkommen verpflichtet den Vertragsanwalt zu Gebührenabschlägen. Ob dieser Umstand offenbarungspflichtig ist, liegt nicht ohne weiteres auf der Hand. Der Anwalt schuldet dem Rechtsuchenden aus dem Rechtsbesorgungsvertrag, den sichersten und gefahrlosesten Weg zur Rechtdurchsetzung zu weisen.[1308] Dies gilt auch für den schlecht bezahlten Anwalt. Auch ein schlecht bezahlter Anwalt schuldet eine ordentliche Rechtsdienstleistung. Der Anwalt bleibt berufsrechtlich weiterhin zur geradlinigen und unabhängigen Interessenvertretung verpflichtet.[1309]

(a) Wissensvorsprung

Ein bloßer Wissensvorsprung des Anwalts gegenüber dem Rechtsuchenden allein vermag keine Offenbarungspflicht zu begründen. Der Anwalt weiß stets mehr als sein Auftraggeber. Der Anwalt ist rechtskundig; der Auftraggeber ist dies nicht.

Es zeichnet den geschäftstüchtigen Kaufmann aus, einen Wissensvorsprung gewinnbringend für sich einzusetzen. Dies ist in einer Markt- und Wettbewerbsgesellschaft gewollt und anerkannt. Jeder will beim Vertragsabschluss am besten abschneiden und vertritt eigennützig seine Interessen.[1310] Den Nachteil eines Geschäftsabschlusses muss der künftige Vertragspartner nicht ohne weiteres offen legen. Es ist Sache der Gegenseite, sich über Vor- und Nachteile des Vertragsabschlusses Gewissheit zu verschaffen.[1311] Vorvertragliche Aufklärungs- und Offenbarungspflichten sind daher die Ausnahme, nicht die Regel.

1308 BGH Urt. v. 1.03.2007 – IX ZR 261/03 –, BGHZ 171, 261 = NJW 2007, 2485.

1309 Armbrüster JZ 2014, 577 (579); Armbrüster AnwBl 2012, 218 (220).

1310 Bachmann, in: MünchKommBGB, Bd. 2., 7. Aufl., 2016, § 241 Rn. 123, 124.

1311 BGH Urt. v. 12.02.2004 – III ZR 359/02 –, NJW 2004, 1732 (1734); Bachmann, in: MünchKommBGB, Bd. 2., 7. Aufl., 2016, § 241 Rn. 123, 124.

(b) Grenze des Berufsrechts

Der Rechtsuchende darf allenfalls erwarten, dass sein Anwalt ihm Umstände offenbart, die von offenkundig und von vorneherein gegen eine Beauftragung sprechen. Dies wäre etwa bei einer Vertretung der gegnerischen Interessen der Fall. Der Vertragsanwalt vertritt weder die rechtlichen Interessen des Gegners noch die des Rechtsschutzversicherers. Ein Fall des Interessenwiderstreits liegt nicht vor (§ 43 a Abs. 4 BRAO).[1312]

Das öffentliche Berufsrecht der BRAO dient der Gefahrenabwehr im Interesse einer unabhängigen und reibungslos arbeitenden Rechtspflege. Die Annahme einer widerstreitenden Interessenvertretung i.S.d. § 43 a Abs. 4 BRAO mit der einschneidenden Rechtsfolge einer anwaltsgerichtlichen Ahndung ist nur gerechtfertigt, wenn ein konkreter Interessenwiderstreit tatsächlich vorliegt.[1313] Eine abstrakte Interessengefährdung oder der bloße böse Anschein einer Interessengefährdung reichen nicht aus, um einen Berufsrechtsverstoß anzunehmen ohne in die verfassungsrechtlich verbürgte, anwaltliche Berufsfreiheit (Art. 12 Abs. 1 GG) einzugreifen.[1314] Wer eine über § 43 a Abs. 4 BRAO hinausgehende Pflicht, nicht nur widerstreitende Interessen, sondern auch die Auftragsdurchführung nur anscheinend gefährdende, bloß gegenläufige Interessen, zu offenbaren, fordert, steht in der Begründungspflicht.[1315] Die Messlatte liegt hoch.

(c) Sachwalter (§ 311 Abs. 3 S. 2 BGB)

Als Sachwalter seines Auftraggebers nimmt der Rechtsanwalt ein besonderes Vertrauen in seine Rechts- und Fachkunde in Anspruch. Wer „in besonderem Maße Vertrauen" (§ 311 Abs. 3 S. 2 BGB) für sich in Anspruch nimmt, muss sich dessen als würdig erweisen.[1316] Von einem Sachwalter darf der Geschäfts- und Rechtsverkehr mehr erwarten als von einem durchschnittlichen Kaufmann. Wer das persönliche Vertrauen in die eigene Rechtskunde für sich in Anspruch nimmt, übernimmt die persönliche Gewähr, den übernommenen Rechtsfall ordentlich und gewissenhaft zu erledigen. Der Abschluss eines

---

1312 Kilian AnwBl 2012, 209 (216); Terriuolo Das rechtsschutzversicherte Mandat, 2014, 203.

1313 BVerfG Beschl. v. 3.07.2003 – 1 BvR 238/01 –, BVerfGE 108, 150 (161 f.) = NJW 2003, 2520; BGH Urt. v. 29.04.2012 – AnwZ (Brfg) 35/11 –, NJW 2012, 3039 (3041) Tz. 14.

1314 BGH Beschl. v. 16.01.2013 – IV ZB 32/12 – NJW 2013, 1247 = VersR 2013, 733 Tz. 7.

1315 Krit. Henssler/Deckenbrock NJW 2008, 1275 f.; Kleine-Cosack AnwBl 2008, 278 (280).

1316 Heermann JZ 1983, 422 (425 f.); Grunewald JZ 1982, 627 (630); krit.: Damm JZ 1991, 373 (376 f.).

Rationalisierungsabkommens hindert den Vertragsanwalt nicht daran, die versprochene Rechtsdienstleistung ordnungsgemäß zu erbringen.[1317] Auch ein schlecht bezahlter Anwalt schuldet eine ordentliche Rechtsdienstleistung. Der Anwalt bleibt berufsrechtlich weiterhin zur geradlinigen und unabhängigen Interessenvertretung verpflichtet.[1318]

(d) Fremdnützige Rechtsbesorgung

Der Rechtsanwalt schuldet freilich mehr als die vereinbarte Rechtsdienstleistung ordentlich zu erbringen. Eine Rechtsdienstleistung heißt in fremden Angelegenheiten tätig zu werden Geschäfte (§ 1 Abs. 1 RDG). Rechtsbesorgung ist Geschäftsbesorgung (§ 675 BGB).[1319] Die Besorgung fremder Geschäfte erfolgt im ausschließlichen Interesse des Geschäftsherrn (§ 675 BGB). Der Geschäftsführer schuldet nicht nur eine sorgfältige und sachkundige Rechtsdurchsetzung, sondern in besonderem Maße eine geradlinige Interessenwahrnehmung und unbedingte Treue und Redlichkeit gegenüber dem Geschäftsherrn.[1320] § 664 Abs. 1 S. 1 BGB fordert von dem Auftragnehmer, dass er die Geschäfte persönlich wahrnehmen muss. Alles, was der Beauftragte zu der Ausführung erhält oder aus der Geschäftsbesorgung erlangt, hat er herauszugeben. § 667 BGB stellt klar, dass dem Geschäftsführer – mit Ausnahme von Aufwendungsersatz (§ 670 BGB) und Vergütung (§§ 611 Abs. 1, 612, 631 Abs. 1, 632 BGB) – kein Vorteil aus der Geschäftsführung zustehen soll. Vorteile aus der Fremdgeschäftsführung stehen allein dem Auftraggeber zu.[1321] All dies unterstreicht die Uneigennützigkeit der Geschäftsbesorgung und verleiht ihr ein treuhänderisches Gepräge.[1322]

Der fremdnützig tätige Rechtsanwalt hat nicht nur fachlich die versprochene Rechtsdienstleistung ordentlich und sorgfältig zu erbringen, sondern muss in seiner Person dafür Sorge tragen, dass eine unabhängige und unvoreingenommene Rechtsdurchsetzung gewährleistet ist.

Der Besorger fremder Geschäfte hat das Beste zu tun, um den Interessen seines Geschäftsherrn zu dienen. Die Pflicht, die Interessen seines Geschäftsherrn

---

1317 BGH Urt. v. 4.12.2013 – IV ZR 215/12 –, BGHZ 199, 170 (186) = NJW 2014, 630 Tz. 46.

1318 Armbrüster JZ 2014, 577 (579); Armbrüster AnwBl 2012, 218 (220).

1319 BGH Urt. v. 10.06.1985 – III ZR 73/84 –, NJW 1985, 2642; Heermann, in: MünchKommBGB, Bd. 4, 6. Aufl., 2012, § 675 Rn. 26.

1320 Mülbert WM 2009, 481 (484, 485); Seiler, in: MünchKommBGB, Bd. 4, 6. Aufl., 2012, § 662 Rn. 33, 36, 37.

1321 Mülbert WM 2009, 481 (484, 485); Seiler, in: MünchKommBGB, Bd. 4, 6. Aufl., 2012, § 667 Rn. 1.

1322 Heermann, in: MünchKommBGB, Bd. 4, 6. Aufl., 2012, § 675 Rn. 18.

umfassend wahrzunehmen, erfordert ein Handeln. Geschuldet ist die unbedingte traue und redliche Interessenwahrnehmung.[1323] Der Rechtsbesorger hat es demnach nicht bloß zu unterlassen, zugleich für den Gegner seiner Geschäftsherrn aufzutreten (§ 43 a Abs. 4 BRAO). Dies macht ihn noch nicht zu einem unabhängigen Rechtsberater (§ 3 Abs. 1 BRAO). Er hat vielmehr geradlinig und mit Nachdruck dessen Rechtswahrnehmung durch bestmögliches Handeln zu fördern. Weil er fremdnützig tätig ist und allein die Interessen seines Geschäftsherrn wahrzunehmen hat, hat er alle Umstände offen zu legen, die ihn persönlich an der gewissenhaften Durchführung seines Auftrags und der umfassenden Interessenwahrnehmung hindern könnten.[1324]

Die Fremdnützigkeit der Geschäftsbesorgung spricht für eine vorvertragliche Pflicht des Vertragsanwalts, seine Bindung über ein Rationalisierungsabkommen offen zu legen. Die Offenlegung der Bindung vermag die gegenläufigen Interessen des Rechtsschutzversicherers an einer möglichst kostengünstigen Schadenabwicklung einerseits und dem Interesse des Rechtsuchenden an einer unbedingten Rechtsdurchsetzung – koste sie, was sie wolle – andererseits weder zu verhindern noch zu beseitigen.[1325] Darauf zielt die Offenbarungspflicht auch nicht ab. Ziel der Offenbarungspflicht ist es, dem Rechtsuchenden eine hinreichende Entscheidungsgrundlage dafür zu bieten, ob er den durch ein Rationalisierungsabkommen gebundenen Vertragsanwalt für unabhängig und unvoreingenommen genug hält, um seine Rechte geradlinig und mit Nachdruck zu vertreten.[1326] Nur wenn der Versicherungsnehmer um die Bindung

---

1323 Allgemeiner zivilrechtlicher Rechtsgrundsatz: BGH Urt. v. 22.03.2011 – XI ZR 33/10 –, BGHZ 189, 13 (27) = NJW 2011, 1949 Tz. 32; BGH Urt. v. 12.05.2009 – XI ZR 586/07 –, NJW 2009, 2298 (2299) Tz. 15 (unter Verweis auf §§ 675, 666, 667 BGB sowie §§ 383, 384 Abs. 2 HGB); BGH Beschl. v. 20.01.2009 – XI ZR 510/07 –, NJW 2009, 1416 (1417) Tz. 12; KG Urt. v. 26.05.2010 – 26 U 127/09 –, BeckRS 2013, 05926; Geßner BKR 2010, 89 (92); Zingel/Rieck BKR 2009, 353 (355); Nittel/Knöpfel BKR 2009, 411 (412); Ellenberger FS Nobbe, 2009, 523 (526); Sprau, in: Palandt, BGB, 75. Aufl., 2016, § 654 Rn. 4 a, 5; Möllers, in: Hirte/Möllers, KölnKommWpHG, 2. Aufl., 2014 § 31 Rn. 23. Krit. Reifner VuR 2011, 83 (88).

1324 BGH Urt. v. 10.02.2015 – VI ZR 569/13 –, NJW-RR 2015, 675 (677) Tz. 21; Seiler, in: MünchKommBGB, Bd. 4, 6. Aufl., 2012, § 662 Rn. 48.

1325 Vgl. zu der ähnlichen Gemengelage gegenläufiger Interessen bei Zuwendungen anlässlich der Kapitalanlageberatung: Buck-Heeb BKR 2010, 1 (7); Rößler NJW 2008, 554 (555); Sethe FS Nobbe, 2009, 769 (773); Spindler, in: Langenbucher/Bliesener/Spindler, Bankrechts-Komm, 1. Aufl., 2013, 33. Kap. Rn. 158.

1326 Vgl. zu Zuwendungen im Kapitalanlagerecht: Sethe FS Nobbe, 2009, 669 (773, 777, 781).

des Vertragsanwalts an seinen Rechtsschutzversicherer weiß, vermag er dessen Eigeninteresse und dessen (Un-)Abhängigkeit zu beurteilen.[1327]

Da diese Offenbarungspflicht in der Fremdnützigkeit der Geschäftsbesorgung und der damit einhergehenden gesteigerten Redlichkeitspflicht gründet, kommt es im Gegensatz zum öffentlichen Berufsrecht nicht darauf an, ob im konkreten Einzelfall tatsächlich ein Interessenwiderstreit besteht. Der Rechtsanwalt erschwert und vereitelt dem Rechtsuchenden bereits dann die sachgerechte Entscheidung über eine Auftragserteilung, wenn er ihm mögliche, noch nicht offen zutage getretene gegenläufige Interessen verschweigt. Der Anwalt muss vorvertraglich darüber aufklären, wenn gegenläufige Interessen ihn auch nur daran hindern könnten, die Interessen des Rechtsuchenden mit dem erforderlichen Nachdruck zu vertreten – und zwar auch dann, wenn diese gegenläufigen Interessen noch unterhalb der Schwelle eines Interessenwiderstreits i.S.d. § 43 a Abs. 4 BRAO liegen.[1328]

So muss der Anwalt unabhängig vom Vorliegen eines Interessenwiderstreits i.S.d. § 43 a Abs. 4 BRAO offen legen, dass die Sozietät häufig den Gegner des Auftraggebers vertritt[1329], und er zwar bereit sei, außergerichtlich zu beraten, nicht aber die gerichtliche Vertretung zu übernehmen.[1330] Ebenso muss der Anwalt bei der Beratung eines zunächst um eine einvernehmliche Scheidung bemühten Paares darauf hinweisen, dass die Auseinandersetzungsbemühungen in einen Interessenwiderstreit einmünden und zu einer kostenträchtigen Niederlegung des Mandats führen können.[1331] Aufklärungspflichtig ist auch eine Beteiligung des Anwalts an einem Prozessfinanzierer.[1332]

Der Vertragsanwalt hat dem versicherten Rechtsuchenden seine Verflechtung mit dessen Versicherer offen zu legen. Tut er dies nicht, handelt er pflichtwidrig.

1327 Ellenberger FS Nobbe, 2009, 523 (526); Sethe FS Nobbe, 2009, 669 (782 f.).

1328 Im Ergebnis ebenso: BGH Urt. v. 19.09.2013 – IX ZR 322/12 –, NJW 2013, 3725 (3727) Tz. 11; BGH Urt. v. 8.11.2007 – IX ZR 5/06 –, BGHZ 174, 186 (190) = NJW 2008, 1307 Tz. 13 f.; s. a. OLG München Urt. v. 31.03.2015 – 15 U 2227/14 –, NJW-RR 2015, 1333 (1337) Tz. 57 f.

1329 BGH Urt. v. 8.11.2007 – IX ZR 5/06 –, BGHZ 174, 186 (190) = NJW 2008, 1307 (1308) Tz. 13; Hartung/Weberstaedt AnwBl 2015, 840 (844).

1330 BGH Urt. v. 8.11.2007 – IX ZR 5/06 –, BGHZ 174, 186 (191) = NJW 2008, 1307 (1308) Tz. 14.

1331 BGH Urt. v. 19.09.2013 – IX ZR 322/12 –, NJW 2013, 3725 (3727) Tz. 11, 12.

1332 OLG München Urt. v. 31.03.2015 – 15 U 2227/14 –, AnwBl 2015, 898 (900).

(2) Verschwiegenheit

Die anwaltliche Verschwiegenheitspflicht nach § 43 a Abs. 2 S. 1 BRAO enthebt den Vertragsanwalt nicht von dieser Offenbarungspflicht.[1333] Der Vertragsanwalt hat keine Rechtsbesorgung für den Rechtsschutzversicherer übernommen. Der Abschluss des Rationalisierungsabkommens ist ihm nicht bei seiner Berufsausübung (§ 43 a Abs. 2 S. 2 BRAO) bekannt geworden und unterliegt nicht dem Anwaltsgeheimnis.

Auf eine Verschwiegenheitsklausel im Rationalisierungsabkommen vermag sich der Anwalt ebenso wenig zu berufen. Versicherer und Anwalt haben es nicht in der Hand, zulasten des rechtsuchenden Versicherungsnehmers eine Aufklärungspflicht abzubedingen.

(3) Anwaltliche Eigenverantwortung

Die vorvertragliche Offenbarungspflicht des Vertragsanwalts entfällt auch nicht deshalb, weil es seine eigene Angelegenheit ist, selbst einzuschätzen, ob ein berufsrechtswidriger Interessenwiderstreit besteht.[1334] Es geht nicht darum, ob der Vertragsanwalt sich berufsrechtswidrig verhält, sondern darum, ob er sich gegenüber dem Rechtsuchenden pflichtwidrig verhält.

Es mag ureigene Sache des Anwalts sein, zunächst selbst einzuschätzen, ob er sich der Auftragsabwicklung ungeachtet bestehender, gegenläufiger Interessen gewachsen sieht.[1335] Die Entscheidung, ob gegenläufige Interessen eine geradlinige Interessenvertretung gefährden, gebührt dem Rechtsuchenden (§ 3 Abs. 2 S. 2 BORA).[1336]

Offenbart der Vertragsanwalt dem versicherten Rechtsuchenden vor der Auftragserteilung seine Verflechtung mit dessen Versicherer nicht, so handelt er pflichtwidrig.

cc. Verantwortung

Die vorvertragliche Pflichtverletzung hat er zu vertreten. § 280 Abs. 1 S. 2 BGB vermutet dies zu seinen Lasten.

1333 A.A. wohl: Henssler/Deckenbrock NJW 2008, 1275 (1278); Kleine-Cosack AnwBl 2008, 278 (280).

1334 So aber: Henssler/Deckenbrock NJW 2008, 1275 (1276).

1335 BVerfG Beschl. v. 12.12.2006 – 1 BvR 2576/04 –, BVerfGE 117, 163 (190) = NJW 2007, 979 Tz. 85; BVerfG Beschl. v. 3.07.2003 – 1 BvR 238/01 –, BVerfGE 108, 150 (163) = NJW 2003, 2520.

1336 BVerfG Beschl. v. 3.07.2003 – 1 BvR 238/01 –, BVerfGE 108, 150 (163) = NJW 2003, 2520; Hartung/Weberstaedt AnwBl 2015, 840 (844).

Der Rechtsanwalt kann sich nicht mit dem Hinweis entlasten, ihm sei wegen der jahrelangen unbeanstandeten Übung der Rationalisierungsabkommen verborgen geblieben, dass er seinem Auftraggeber eine Bindung über Rationalisierungsabkommen offen legen muss.

Der Rechtsirrtum eines Rechtsanwaltes entlastet diesen i.d.R. nicht.[1337] Der Rechtsanwalt muss die Gesetze und deren Auslegung kennen. Eine irrige Gesetzesauslegung kann ihn nur entlasten, wenn er alles getan hat, um zu einer richtigen Rechtsauffassung zu gelangen. Dabei ist ein strenger Maßstab anzulegen. Die Frage nach der anwaltlichen Pflicht, dem Auftraggeber gegenläufige Interessen – auch unterhalb der Schwelle des Interessenwiderstreits (§ 43 a Abs. 4 BRAO) – offen zu legen, ist höchstrichterlich geklärt[1338] und in Fachkreisen und einschlägigen Fachzeitschriften umfassend erörtert[1339] worden. Auf einen Rechtsirrtum vermag der Rechtsanwalt sich nicht zu berufen.

dd. Schaden

Mit der Auftragsannahme entsteht der Anspruch des Anwaltes auf einen Gebührenvorschuss (§ 9 RVG). Der Versicherungsschutz umfasst nur die gesetzlichen Gebühren eines Rechtsanwaltes (Ziff. 2.3.1.2 ARB 2012). Ein Anwaltswechsel zieht weitere Gebührenansprüche des neuen Anwaltes nach sich. Für die Mehrkosten eines Anwaltswechsels hat der Rechtsschutzversicherer bedingungsgemäß nicht einzustehen (Ziff. 2.3.1.2 ARB 2012).

c. Rechtsfolge

Der Versicherte hat wegen der schuldhaften Verletzung vorvertraglicher Pflichten einen Anspruch auf Ersatz seines Vertrauensschadens, §§ 675, 611, 280 Abs. 1, 241 Abs. 2, 311 Abs. 2, 249 BGB. Er ist so zu stellen, wie er bei Offenbarung der für die Mandatserteilung maßgeblichen Umstände gestanden hätte.[1340]

Hätte der Vertragsanwalt den versicherten Rechtsuchenden pflichtgemäß über seine Verflechtung mit dessen Versicherer aufgeklärt, hätte dieser einen ungebundenen Anwalt beauftragt. Für diesen Umstand streitet die Vermutung

1337 BGH Beschl. v. 3.10.2010 – XII ZB 10 –, NJW 2011, 386 (387) Tz. 14, 19.

1338 BGH Urt. v. 19.09.2013 – IX ZR 322/12 –, NJW 2013, 3725 (3727) Tz. 11; BGH Urt. v. 8.11.2007 – IX ZR 5/06 –, BGHZ 174, 186 (190) = NJW 2008, 1307 Tz. 13 f.; s.a. Hennig VersR 2014, 922; Schwab NJW 2012, 3274; vgl. ferner Henssler/Deckenbrock NJW 2008, 1275 f.; Kleine-Cosack AnwBl 2008, 278 (280).

1339 S. nur. Henssler/Deckenbrock NJW 2008, 1275 m.w.N.

1340 BGH Urt. v. 19.05.2006 – V ZR 264/05 –, BGHZ 168, 35 (39) = NJW 2006, 3139 Tz. 21.

aufklärungsgerechten Verhaltens.[1341] Diese Beweislastregel greift auch dann, wenn der Geschädigte mehrere Handlungs- und Entscheidungsmöglichkeiten hat. Dies verlangt der Schutzzweck der verletzten Offenbarungspflicht.[1342] Es war der Versicherer, der durch die Verletzung der Offenbarungspflicht dem Versicherungsnehmer vorgegaukelt hat, er müsse weder bei der Anwaltswahl noch bei der Gebührenabwicklung etwas selbst entscheiden. Der Einwand, der Versicherungsnehmer hätte sich bei pflichtwidrigem Verhalten in einem Entscheidungskonflikt befunden, vermag ihn daher nicht zu entlasten.

Der Vertragsanwalt hat daher für sämtliche Mehrkosten des Anwaltswechsels einzustehen.[1343] Erlangt der Versicherungsnehmer z. B. erst im laufenden Gerichtsverfahren Kenntnis von der Verflechtung, so entfällt bei einem Anwaltswechsel nach Teil 3 Vorbemerkung 3 Abs. 4 VV RVG die Möglichkeit, die Geschäftsgebühr für die außergerichtliche Vertretung nach Ziff. 2300 VV RVG auf die Verfahrensgebühr nach Ziff. 3100 VV RVG anzurechnen. Auch für solche Mehrkosten hat der Vertragsanwalt aufzukommen.[1344] Die verfahrensrechtliche Kostenerstattung ist nach § 91 Abs. 2 S. 2 ZPO auf die Kosten eines Anwaltes begrenzt. Auch dies kann einen Schaden darstellen.[1345]

Der Vertragsanwalt kann sich den Wert seiner bereits erbrachten Rechtsdienstleistungen nicht auf den Schadenersatzanspruch des Versicherten anrechnen lassen, wenn der das Mandat übernehmende Anwalt sie erneut erbringen muss.[1346] Die bereits erbrachten Rechtsdienstleistungen sind dann für den Versicherten wertlos geworden (§ 628 Abs. 1 S. 2 BGB).[1347]

1341 BGH Beschl. v. 15.05.2014 – IX ZR 267/12 –, NJW 2014, 2795 Tz. 2 f. m.w.N.; BGH Urt. v. 19.09.2013 – IX ZR 322/12 –, NJW 2013, 3725 (3727) Tz. 13.

1342 BGH Beschl. v. 15.05.2014 – IX ZR 267/12 –, NJW 2014, 2795 Tz. 3, 4; BGH Urt. v. 8.05.2012 – XI ZR 262/10 –, BGHZ 193, 159 (169) = NJW 2012, 2497 Tz. 31; Schwab NJW 2012, 3274 (3276 – Schutz vor Beweisnot).

1343 BGH Urt. v. 19.09.2013 – IX ZR 322/12 –, NJW 2013, 3725 (3727) Tz. 13; BGH Urt. v. 8.11.2007 – IX ZR 5/06 –, BGHZ 174, 186 (191) = NJW 2008, 1307 Tz. 14.

1344 BGH Urt. v. 8.11.2007 – IX ZR 5/06 –, BGHZ 174, 186 (191) = NJW 2008, 1307 Tz. 14.

1345 Henssler, in: MünchKommBGB, Bd. 4, 6. Aufl., 2012, § 628 Rn. 26.

1346 BGH Urt. v. 19.09.2013 – IX ZR 322/12 –, NJW 2013, 3725 (3727) Tz. 13; BGH Urt. v. 8.11.2007 – IX ZR 5/06 –, BGHZ 174, 186 (192) = NJW 2008, 1307 Tz. 17.

1347 BGH Urt. v. 19.09.2013 – IX ZR 322/12 –, NJW 2013, 3725 (3727) Tz. 13; BGH Urt. v. 8.11.2007 – IX ZR 5/06 –, BGHZ 174, 186 (192) = NJW 2008, 1307 Tz. 17; Grüneberg, in: Palandt, BGB, 75. Aufl., 2016, § 280 Rn. 66; Henssler, in: MünchKommBGB, Bd. 4, 6. Aufl., 2012, § 628 Rn. 26.

Der Vertragsanwalt kann daher im Gegenzug nicht verlangen, dass der Versicherungsnehmer ihm seinerseits die etwa noch bestehenden eigenen Freistellungsansprüche gegenüber dem Rechtsschutzversicherer abtritt (§ 255 BGB). Die vertraglichen Ansprüche des Versicherungsnehmers auf Kostenübernahme (Ziff. 2.3.1.2. ARB 2012) gehen ins Leere. Die Gebührenansprüche sind erloschen. Zudem steht Ziff. 4.1.7 ARB 2012 einer Abtretung der Freistellungsansprüche ohne vorherige Zustimmung des Versicherers im Wege.[1348]

2. *Herausgabepflicht nach § 667 BGB*

Neben dem Schadenersatzbegehren kann der Auftraggeber von seinem Anwalt kraft Gesetzes verlangen, das herauszugeben, was dieser aus der Geschäftsbesorgung erlangt hat, § 667 BGB i.V.m. §§ 675, 611 BGB.

Gebührenvorteile hat der Anwalt nicht erlangt. Die Gebührenansprüche des Vertragsanwalts nach dem Rationalisierungsabkommen liegen unter denjenigen, die der Anwalt nach dem RVG erwirtschaften kann.

Der Rechtsanwalt ist aber nach §§ 4 Abs. 1 S. 2, 14 Abs. 1 S. 1 RVG bei der Festsetzung und der Abrechnung der gesetzlichen Gebühren (§§ 10 RVG, 23 BORA) gehalten, sein Ermessen auszuüben. Bei der Ermessensausübung hat er dem Umfang, der Schwierigkeit und dem Haftungsrisiko der Sache Rechnung zu tragen. Von dieser Verbindlichkeit der Ermessensausübung stellt den Vertragsanwalt das Rationalisierungsabkommen mit dem Rechtsschutzversicherer frei. Die Befreiung von der Verbindlichkeit, sein Ermessen ausüben zu müssen, hat der Vertragsanwalt aus der Auftragsannahme erlangt.

Diese Befreiung von einer Verbindlichkeit vermag der Vertragsanwalt freilich nicht herauszugeben. Das Rationalisierungsabkommen ist nach § 49 b Abs. 3 BRAO i.V.m. § 134 BGB nichtig. Der Anwalt muss sein Ermessen nach §§ 4 Abs. 1 S. 2, 14 Abs. 1 S. 1 RVG bei der Gebührenfestsetzung (§§ 23 BORA, 10 RVG) ohnehin ausüben. Der Herausgabeanspruch des § 667 BGB geht ins Leere.

3. *Rechenschaftspflicht nach § 666 BGB*

Der Rechtsanwalt ist dem Versicherungsnehmer zudem kraft Gesetzes verpflichtet, Rechenschaft zu legen §§ 666, 259 BGB i.V.m. §§ 675, 611 BGB.

Zwar ist er ohnehin aus dem Rechtsanwaltsvertrag dazu verpflichtet, ordentlich und rechtzeitig abzurechnen (§§ 23 BORA, 10 RVG). Der Versicherungsnehmer, der seinen Versicherer wegen etwaiger Pflichtverstöße in Anspruch

1348 Cornelius-Winkler, in: Harbauer, ARB, 8. Aufl., 2010, ARB 75 Rn. 2.

nehmen will, ist aber auf die Mithilfe seines Vertragsanwaltes angewiesen. Nur der Vertragsanwalt kann beurteilen, welche Gebühren nach Maßgabe der §§ 4 Abs. 1 S. 2, 14 Abs. 1 S. 1 RVG festzusetzen gewesen wären (§§ 10 RVG, 23 BORA). Dieses Wissen benötigt der Versicherungsnehmer, um den Gebührenvorteil beziffern zu können, den der Rechtsschutzversicherer aus dem Abschluss des Rationalisierungsabkommens gezogen hat.

Mit dem Abschluss eines Rationalisierungsabkommens übernimmt der Vertragsanwalt das Geschäft des Rechtsschutzversicherers, die Kosten zu mindern. Rechtsgeschäfte des Versicherers besorgt er nicht. Ein Fall des berufsrechtlich verbotenen Interessenwiderstreits liegt nicht vor (§ 43 a Abs. 4 BRAO). Ob der Vertragsanwalt unabhängig genug ist, die Rechte des Versicherten geradlinig genug angesichts der gegenläufigen Interessen des Versicherers (Kostensenkung) und des eigenen Vertragsanwalt (Auftragsmehrung) zu vertreten, kann nur der Versicherungsnehmer selbst beantworten. Der Vertragsanwalt hat ihm die Bindung über an Rationalisierungsabkommen offen zu legen, um ihm eine hinreichende Entscheidungsgrundlage zu bieten.

B. Geschäftsbesorgung des Versicherers

Die Rechtsbesorgung des Rechtsanwalts ist die Besorgung fremder Rechtsangelegenheiten. Als unabhängiges Organ der Rechtspflege hat er den Rechtsuchenden unabhängig zu beraten (§§ 1, 3 Abs. 1 BRAO). Dem Rechtsuchenden steht die freie Anwaltswahl im Interesse der unabhängigen Rechtspflege und Rechtsfindung zu. Umstände, die den Anwalt aus Sicht des Rechtsuchenden an einer unabhängigen und geradlinigen Rechtsdurchsetzung hindern könnten, hat er offen zu legen. Zieht er Vorteile aus dem Rechtsdienstleistungsvertrag, hat er diese herauszugeben (§ 667 BGB). Dem Rechtsuchenden ist er rechenschaftspflichtig (§ 666 BGB).

I. Zahlungen hinter dem Rücken des Kunden

Dass der Rechtsanwalt uneigennützig und unabhängig für die Rechte seines Auftraggebers einzutreten hat, ist eingängig. Gilt aber gleiches auch für den Rechtsschutzversicherer, der den Versicherungsnehmer durch den Rechtsschutzfall lotst? Der Rechtanwalt ist unabhängiges Organ der Rechtspflege und Freiberufler (§§ 1, 2 Abs. 1 BRAO). Der Versicherer ist Kaufmann im Wettbewerb. Er verkauft seine Versicherungen. Das Ziel, den Gewinn möglichst zu erhöhen, ist er sich und seinen Anteilseignern schuldig. Weshalb sollte er unabhängig und uneigennützig für den Versicherungsnehmer tätig werden? Was sollte ihn anhalten, erzielte Vorteile aus dem Versicherungsvertrag an den Versicherungsnehmer herauszugeben? Weshalb sollte er ihm rechenschaftspflichtig sein? Warum sollte er Zweifel an seiner Unabhängigkeit bei dem Versicherungsnehmer ausräumen? Warum sollt er offen legen sollen, dass er seine empfohlenen Vertragsanwälte über Rationalisierungsabkommen gebunden hat und hieraus Gebührenvorteile zieht?

Hinter dem Rücken des Kunden fließen im Geschäftsverkehr häufig Gelder, von denen er nichts erfährt. Das ist in einer Markt- und Wettbewerbswirtschaft so lange nicht zu beanstanden, so lange nicht rechtlich schutzwürdige Belange des Kunden beeinträchtigt werden.

Im Bankenrecht beschäftigen sich die Gerichte seit Jahrzehnten mit der Frage, wie mit Beutelschneiderei der Berater (churning)[1349] und Rückvergütungen an den Vermittler (kick-backs)[1350] umzugehen ist. Die Interessenlage bei den Rückvergütungen ähnelt der bei den Rationalisierungsabkommen im Recht der Rechtsschutzversicherung. Die Bank erhält hinter dem Rücken des Kunden von dem Kapitalsuchenden Rückvergütungen von dem Kapitalsuchenden, damit gerade dessen Kapitalanlage empfohlen wird. Der Anleger vertraut auf einen sachkundigen und unabhängigen Rat seiner Bank. Der Rechtsschutzversicherer zieht seinen Vorteil aus dem mit dem empfohlenen Vertragsanwalt zugesagten Gebührenabschlag. Hiervon erfährt der Versicherte nichts. Auch er vertraut auf einen sachkundigen und unabhängigen Rat seines Versicherers.

Es könnte daher zu erwägen sein[1351], die Grundsätze aus der Kapitalanlageberatung auf das Versicherungsrecht zu übertragen.[1352] Der provisionsgestützte

---

1349 BGH Urt. v. 13.07.2004 – XI ZR 136/03 –, NJW 2004, 3423. To churn bedeutet etwa „den Rahm abschöpfen". Es handelt sich um einen Begriff, der aus dem Umkreis der Herstellung von Butter herrührt.

1350 BGH Beschl. v. 20.01.2009 – XI ZR 510/07 –, NJW 2009, 1416 – Kick-Back III; BGH Urt. v. 19.12.2006 – XI ZR 56/05 –, BGHZ 170, 226 (234) = NJW 2007, 1876 – Kick-Back II; BGH Urt. v. 19.12.2000 – XI ZR 349/99 –, BGHZ 146, 235 (239) = NJW 2001, 962 – Kick-Back I; vgl. a. BGH Urt. v. 27.09.2011 – XI ZR 182/10 –, BGHZ 191, 119 (131) = NJW 2012, 66 Tz. 38 f. m.w.N.

1351 Witte/Weber VersR 2011, 1103 f.; a.A. Thiel SpV 2009, 64.

1352 LG Heidelberg Urt. v. 13.07.2010 – 2 O 444/09 –, BeckRS 2010, 17632 = VuR 2010, 462; LG Bochum Urt. v. 21.08.2008 – 1 O 36/07 –, VuR 2008, 428 = BeckRS 2008, 21405; Witte/Weber VersR 2011, 1103 (1107); Schwintowski VuR 2010, 181; Maier VuR 2010, 25 (30); Zingel/Rieck BKR 2009, 353 (356); Geßner VuR 2009, 243; Metz BKR 2007, 401 (403); Geßner VuR 2008, 84 (90); Derleder VuR 2007, 241; Kieninger NversZ 1999, 188 f.; Kieninger AcP 199, 190 f.; zurückhaltend: OLG Hamm Beschl. v. 19.12.2007 – I 31 W 38/07 –, VuR 2008, 104 (106); krit. a. Reifner WM 2008, 2329

Vertrieb birgt hier wie dort die Gefahr der Fehlsteuerung und damit die Gefahr in sich, die Grundsätze einer kundengerechten Beratung zu hintertreiben.[1353] Die Rechtsprechung begegnet dieser Gefahr im Bankenrecht mit der Verpflichtung der Anlageberater, Vertriebsvergütungen wie verdeckte Innenprovisionen und Rückvergütungen (sog. Kick-Backs) zu offenbaren.[1354] Wenn die Gebührenabschläge, die der Versicherer mit dem Rationalisierungsabkommen erzielt, rechtlich ebenso wie Zuwendungen in der Kapitalanlageberatung zu behandeln sind, wären sie ebenso offenbarungspflichtig.

Im Folgenden sollen drei klassische Dreiecksverhältnisse ins Auge gefasst werden, um zu ergründen, ob die Regeln der Geschäftsbesorgung Anwendung auf die Schadenabwicklung der Rechtsschutzversicherer finden müssen.

1. Rückvergütungen im Bankenrecht

Die Rechtsprechung zu den Rückvergütungen an den Kapitalanlageberater wurde bereits gestreift.

a. Offenbarung, Rechenschaft und Herausgabe

Danach müssen Banken offen legen, ob und in welcher Höhe sie hinter dem Rücken des Anlegers Zuwendungen vonseiten des Kapitalsuchenden erhalten haben, und müssen diese an den Anleger auskehren.[1355] Die Rechtsprechung des

---

(2331 f.); ders. BKR 2009, 51 (62) Mülbert WM 2007, 1149 (1158); s. a. bereits zur anlage- und anlegergerechten Beratung in der Lebensversicherung: Schwintowski VuR 1997, 83 f.; Rixecker, in: Langheid/Rixecker, VVG, 5. Aufl., 2016, § 6 Rn. 11; BGH Urt. v. 11.07.2012 – IV ZR 164/11 –, BGHZ 194, 39 (52) = NJW 2012, 3647 Tz. 53 – Wealthmaster Noble; LG Itzehoe Urt. v. 29.10.2009 – 7 O 27/09 –, BeckRS 2010, 05092.

1353 Sethe FS Nobbe, 2009, 769 (771, 773). Zum Verkaufsdruck im Vertrieb: Uffmann JZ 2015, 282 (283 m.w.N.).

1354 BGH Beschl. v. 20.01.2009 – XI ZR 510/07 –, NJW 2009, 1416 – Kick-Back III; BGH Urt. v. 19.12.2006 – XI ZR 56/05 –, BGHZ 170, 226 (234) = NJW 2007, 1876 – Kick-Back II; BGH Urt. v. 19.12.2000 – XI ZR 349/99 –, BGHZ 146, 235 (239) = NJW 2001, 962 – Kick-Back I; vgl. a. BGH Urt. v. 27.09.2011 – XI ZR 182/10 –, BGHZ 191, 119 (131) = NJW 2012, 66 Tz. 38 f. m.w.N.

1355 BGH Beschl. v. 20.01.2009 – XI ZR 510/07 –, NJW 2009, 1416 – Kick-Back III; BGH Urt. v. 19.12.2006 – XI ZR 56/05 –, BGHZ 170, 226 (234) = NJW 2007, 1876 – Kick-Back II; BGH Urt. v. 19.12.2000 – XI ZR 349/99 –, BGHZ 146, 235 (239) = NJW 2001, 962 – Kick-Back I; vgl. a. BGH Urt. v. 27.09.2011 – XI ZR 182/10 –, BGHZ 191, 119 (131) = NJW 2012, 66 Tz. 38 f. m.w.N. Mittlerweile stützt der BGH seine

BGH zur Begründung dieser Pflichten ist schwankend und widersprüchlich. Das Schrifttum ist zerstritten.

aa. Lehre vom Interessengegensatz

Die Lehre vom Interessengegensatz (XI. Senat des BGH) beruft sich auf einen allgemein anerkannten Rechtsgrundsatz, dass Vertragspartner einen vertragswidrigen Interessenwiderstreit zu meiden haben.[1356] Die beratende Bank darf ihr eigenes Interesse, Vertriebsvergütungen zu mehren, nicht vor das berechtigte Anlegerinteresse an einer unbefangenen Beratung stellen. Ein solcher Interessengegensatz sei offenbarungspflichtig. In der ersten Rückvergütungsentscheidung[1357] führte der BGH die Offenbarungspflicht zunächst auf eine allgemeine vertragliche Pflicht der Bank, die Kundeninteressen möglichst umfassend zu wahren bzw. nicht die eigenen Gewinninteressen vor das Kundeninteresse zu stellen, zurück. In der zweiten Rückvergütungsentscheidung[1358] hob der BGH auf die aufsichtsrechtliche Vorschrift des § 31 Abs. 1 Nr. 2 WpHG ab. Nach dieser öffentlich-rechtlichen Wohlverhaltensregel ist die Bank gehalten, sich darum zu bemühen, den Widerstreit von Interessen zu meiden.

Rechtsprechung zu Zuwendungen an den Kapitalanlageberater auf ein „nahezu flächendeckendes", aufsichtsrechtliches „Transparenzprinzip", das auf das gesamte private Kapitalanlagerecht über §§ 133, 157 BGB ausstrahlt [BGH Urt. v. 3.06.2014 – XI ZR 147/12 –, NJW 2014, 2947 (2949) Tz. 32 f. Krit.: Heuhn-Rehn/Lang/Ruf NJW 2014, 2909 (2912); Balzer/Lang BKR 2014, 377 (379); Buck-Heeb WM 2014, 1601 (1604 f.)].

1356 BGH Beschl. v. 20.01.2009 – XI ZR 510/07 –, NJW 2009, 1416 (1417) Tz. 12. Ähnlich BGH Urt. v. 12.05.2009 – XI ZR 586/07 –, NJW 2009, 2298 (2299) Tz. 15 unter Verweis auf §§ 675, 666, 667 BGB sowie §§ 383, 384 Abs. 2 HGB; BGH Urt. v. 19.12.2000 – XI ZR 349/99 –, BGHZ 146, 235 (239) = NJW 2001, 962; Hoffmann/Bartlitz ZIP 2014, 1505 (1510); Weck BKR 2014, 374 (377); Geßner BKR 2010, 89 (92); Zingel/Rieck BKR 2009, 353 (355); Nittel/Knöpfel BKR 2009, 411 (412); Ellenberger FS Nobbe, 2009, 523 (526); Sprau, in: Palandt, BGB, 74. Aufl., 2015, § 654 Rn. 4 a, 5; Möllers, in: KölnKommWpHG, 2. Aufl., 2014, § 31 Rn. 23.

1357 BGH Urt. v. 19.12.2000 – XI ZR 349/99 –, BGHZ 146, 235 (239) = NJW 2001, 962.

1358 BGH Urt. v. 19.12.2006 – XI ZR 56/05 –, BGHZ 170, 226 (234) = NJW 2007, 1876 Tz. 23.

bb. Lehre von den versteckten Innenprovisionen

Der III. Senat des BGH hingegen führte mit einer Grundsatzentscheidung vom 12.02.2004[1359] einen 15%-Schwellenwert zur Bewertung der sog. versteckten Innenprovisionen ein. 15% der Kapitalanlage seien als Vertriebsvergütung marktgängig.[1360] Vertriebsvergütungen, die oberhalb dieses Schwellenwertes lägen, drohten die Werthaltigkeit und Wirtschaftlichkeit der Kapitalanlage zu beeinträchtigen.[1361] Die Wirtschaftlichkeit der Kapitalanlage werde allein durch die Höhe der Innenprovision in Frage gestellt. Dieser Umstand sei so bedeutsam für die Anlageentscheidung, dass er eine Offenbarungspflicht der Bank auslöse.[1362] Insoweit dürfe die Bank ebenso wenig den sittenwidrig überhöhten Preis (§§ 138, 826 BGB) einer Kapitalanlage wie den eines Grundstücks verschweigen.[1363]

Der XI. Senat hat die Rechtsprechung des III. Senates zu der 15 % – Schwellengrenze zunächst gebilligt.[1364] Hinter dem Rücken des Anlegers fließende Rückvergütungen seien offen zu legen, da sie – für den Anleger nicht erkennbar – gegenläufige Interessen des Beraters mit sich bringen, die dessen Unbefangenheit gefährden.[1365] Die über dem 15 % Schwellenwert liegende versteckte Innenprovision gefährde hingegen die eigenverantwortliche Anlageentscheidung, da sie

---

1359 BGH Urt. v. 12.02.2004 – III ZR 359/02 –, BGHZ 158, 110 (121) = NJW 2004, 1732; Schäfer FS Nobbe, 2009, 725 (728); Bruchwitz/Voß, in: Just/Voß/Ritz/Becker, WpHG, 1. Aufl., 2015, § 31 d Rn. 84.

1360 BGH Urt. v. 12.02.2004 – III ZR 359/02 –, BGHZ 158, 110 (121) = NJW 2004, 1732.

1361 BGH Urt. v. 3.03.2011 – III ZR 170/10 –, NJW-RR 2011, 913 Tz. 16; BGH Urt. v. 28.07.2005 – III ZR 290/04 –, NJW 2005, 3208 (3210); BGH Urt. v. 12.02.2004 – III ZR 359/02 –, BGHZ 158, 110 (121) = NJW 2004, 1732; Hoffmann/Bartlitz ZIP 2014, 1505; Jäger MDR 2010, 903 (905); Spindler, in: Langenbucher/Bliesener/Spindler, Bankrechts-Komm, 1. Aufl., 2013, 33. Kap Rn. 175; krit. Heße MDR 2012, 1142 (1143).

1362 BGH Urt. v. 3.03.2011 – III ZR 170/10 –, NJW-RR 2011, 913 Tz. 16.

1363 BGH Urt. v. 12.02.2004 – III ZR 359/02 –, BGHZ 158, 110 (121) = NJW 2004, 1732.

1364 BGH Beschl. v. 9.03.2011 – XI ZR 191/10 –, NJW 2011, 3227 (3228) Tz. 22; BGH Urt. v. 25.09.2007 – XI ZR 320/06 –, BKR 2008, 199 (200) = VuR 2008, 25 Tz. 14; Wiechers WM 2012, 477 (481 – „zumindest 15 %“).

1365 BGH Urt. v. 3.06.2014 – XI ZR 147/12 –, NJW 2014, 2947 (2948) Tz. 17; BGH Urt. v. 8.05.2012 – XI ZR 262/10 –, BGHZ 193, 159 (164) = NJW 2012, 2427 Tz. 17; BGH Beschl. v. 9.03.2011 – XI ZR 191/10 –, NJW 2011, 3227 (3228) Tz. 20; Fullenkamp NJW 2011, 421 (423); Wiechers WM 2012, 477 (481).

Fehlvorstellungen des Anlegers über die wirtschaftliche Tragfähigkeit der Kapitalanlage wecke, sodass sie offen zu legen sei.[1366]

cc. Lehre vom Schutzgesetz

Nach der Lehre vom Schutzgesetz sind anlegerschützende Vorschriften des Aufsichtsrecht (WpHG) drittschützend und als Schutzgesetze i.S.d. § 823 Abs. 2 BGB einzuordnen. Wer dies für die Wohlverhaltenspflichten nach § 31 f. WpHG bejaht, hält einen Schadenersatzanspruch aus dem Recht der unerlaubten Handlung wegen der Verletzung einer Offenbarungspflicht begründet.[1367]

dd. Lehre von der Kostenklarheit

Einen anderen Begründungsstrang verfolgt nunmehr der XI. Senat des BGH unter Berufung auf ein „nahezu flächendeckendes", aufsichtsrechtliches „Transparenzprinzip" im Kapitalanlagerecht.[1368] Dreh-, Angel- und Ausgangspunkt dieses aufsichtsrechtlichen Gebotes der Kostenklarheit sind die öffentlich-rechtlichen Verhaltens-, Organisations- und Klarheitspflichten der §§ 31 f. WpHG, insbesondere nach § 31 d WpHG.[1369] Nach § 31 d Abs. 1 S. 1 WpHG[1370] ist

---

1366 BGH Urt. v. 3.06.2014 - XI ZR 147/12 -, NJW 2014, 2947 (2948) Tz. 17; BGH Beschl. v. 9.03.2011 - XI ZR 191/10 -, NJW 2011, 3227 (3228) Tz. 22; Winter WM 2014, 1606; Buck-Heeb WM 2014, 1601; Wiechers WM 2012, 477 (481); Bruchwitz/Voß, in: Just/Voß/Ritz/Becker, WpHG, 1. Aufl., 2015, § 31 d Rn. 85.

1367 Einsele JZ 2014, 703 (710, 711); Köndgen JZ 2012, 260 (261); Schwintowski VuR 1997, 83 (98); Fuchs, in: Fuchs, WpHG, 1. Aufl., 2009, § 31 d Rn. 60; Koch, in: Schwark/Zimmer, Kapitalmarktrechts-Komm, 4. Aufl., 2010, WpHG § 31 d Rn. 105, 106; Spindler, in: Langenbucher/Bliesener/Spindler, Bankrechts-Komm, 1. Aufl., 2013, 33. Kap Rn. 66, 67; a.A. BGH Urt. v. 19.02.2008 - XI ZR 170/07 -, NJW 2008, 1734 (1735) Tz. 14; BGH Urt. v. 19.12.2006 - XI ZR 56/05 -, BGHZ 170, 226 (234) = NJW 2007, 1876; Uffmann JZ 2015, 282 (288); Günther MDR 2014, 61 (65 f.); Schäfer WM 2007, 1872 (1876); Vortmann Aufklärungs- und Beratungspflichten der Banken, 9. Aufl., 2009, Rn. 285; offen gelassen: Koller, in: WpHG, 6. Aufl., 2012, vor § 31 Rn. 7; Buck-Heeb Kapitalmarktrecht, 7. Aufl., 2014, Rn. 616; krit.: Assmann ZBB 2008, 21 (30).

1368 BGH Urt. v. 3.06.2014 - XI ZR 147/12 -, NJW 2014, 2947 (2949) Tz. 32 f.

1369 BGH Urt. v. 03.06.2014 - XI ZR 147/12 -, NJW 2014, 2947 (2949) Tz. 32 ff.

1370 § 31 d WpHG ist mit dem Finanzmarktrichtlinien-Umsetzungsgesetz (FRUG) vom 16.07.2007 (BGB L I, 1330) am 01.11.2007 in Kraft getreten. Ferner gilt seit dem 01.01.2013 aufgrund Artikel 26 Abs. 4 des Gesetzes zur Novellierung des Finanzanlagenvermittler- und Vermögensanlagenrechts nach § 34 f Abs. 1 Satz 1 GewO und § 34 g GewO i.V.m. § 17 FinVermV dem § 31 DWPAG vergleichbares Annahmeverbot im Hinblick auf Zuwendung Dritter.

beratenden Banken – insbesondere bei der Kapitalanlageberatung (§ 2 Abs. 3 Satz 1 Nr. 9 WpHG) – die Annahme von Zuwendungen Dritter aufsichtsrechtlich untersagt. Etwas anderes gilt im Grundsatz nur dann, wenn die Zuwendung des Dritten dem Kunden nach Art und Umfang in umfassender, zutreffender und verständlicher Weise deutlich offen gelegt wird, § 31 d Abs. 1 Satz 1 Nr. 2 WpHG.[1371] Das WpHG bestimmt Zuwendungen in § 31 d Abs. 2 WpHG als Provisionen, Gebühren oder sonstige Geldleistungen sowie alle geldwerten Vorteile. Die dem Aufsichtsrecht unterworfene Kapitalanlageberatung erfasst auch die Vermittlung von Anlagen auf dem grauen Kapitalmarkt.[1372] Bei der Vertragsanbahnung hat die beratende Bank offen zu legen, ob die Beratung auf Honorarbasis erfolgt oder durch Vertriebsvergütungen bezahlt wird, § 31 Abs. 4 b WpHG. Erfolgt sie auf Honorarbasis darf die beratende Bank keinerlei Vertriebsvergütungen von dritter Seite entgegennehmen, § 31 Abs. 4 c S. 1 Nr. 2 WpHG.

Mit den aufsichtsrechtlichen Neuerungen im Kapitalanlagebereich verfolgt der Gesetzgeber insgesamt das Ziel, mehr Kostenklarheit in der Kapitalanlageberatung zu schaffen und Fehlsteuerungen und -beratungen durch einen zuwendungsgesteuerten Vertrieb entgegenzusteuern.[1373] Der vorläufige Schlusspunkt dieser gesetzgeberischen Tätigkeit liegt – aus Sicht des XI. Senats – im

---

1371 Und der Verbesserung der Beratungsgüte dient sowie den Kundeninteressen nicht gegenläufig ist § 31 d Abs. 1 S. 1 Nr. 1 WpHG. Diese Zusatzanforderungen des § 31 d Abs. 1 S. 1 Nr. 1 WpHG spielen in der Praxis keine Rolle [Ellenberger FS Nobbe, 2009, 523 (529 – kein „denkbarer Gesichtspunkt einer Qualitätsverbesserung"; 533 –„alles andere als ehrlich und redlich")].

1372 Mit Wirkung zum 01.06.2012 sind aufgrund von Artikel 26 Abs. 3 des Gesetzes zur Novellierung des Finanzanlagenvermittler- und Vermögensanlagerechts vom 06.12.2011 (BGB L I 2011, 2481) auch die Vermögensanlagen des grauen Kapitalmarktes dem Regelungsbereich des § 31 d unterworfen (vgl. auch § 1 Abs. 1 KAGB sowie den Gesetzesentwurf der Bundesregierung zum AIFM-Umsetzungsgesetz BT-Drs 17/12294, 310) sowie § 2 Abs. 2 b WpHG. Bereits mit Wirkung zum 01.07.2005 musste die Gesamthöhe der Provisionen für die Vermittlung von Anteilen an geschlossenen Fonds aufgrund des Anlegerschutzverbesserungsgesetzes (v. 28.10.2004, BGBl I, 2630) nach § 8 f VerkaufsProspG (v. 09.09.1998, BGBl I, 2701, i.d.F. v. 16.07.2007, BGBl I, 1330) i.V.m. § 4 S. 1 Nr. 12 VermVerkProspV offen gelegt werden [Heuhn-Rehn/Lang/Ruf NJW 2014, 2909; Loritz/Wagner NZG 2013, 367 (367, 368); Schäfer FS Nobbe, 2009, 724 (733)]. Für offene Wertpapierfonds galt diese Offenlegungspflicht nach § 41 Abs. 1, Abs. 5 InvG (v. 15.12.2003, BGBl I, 2676 i.d.F. v. 21.12.2007, BGBl I, 3089) sogar schon seit dem 1.01.2004 [Schäfer FS Nobbe, 2009, 724 (733)].

1373 BT-Drs. 17/12295, 1.

Honorar-Anlageberatungsgesetz, das am 01.08.2014 in Kraft getreten ist.[1374] Die gesetzgeberischen Maßnahmen verdichten sich zu einem „nahezu flächendeckenden" Rechtsgrundsatz[1375] eines aufsichtsrechtlichen Zuwendungsverbotes und eines aufsichtsrechtlichen Gebotes der Kostenklarheit im Kapitalanlagerecht („Prinzip der Kostentransparenz"). Aus diesem Rechtsgrundsatz schlussfolgert der XI. Senat des BGH, dass Zuwendungen und Vertriebsvergütungen im Kapitalanlagerecht „grundsätzlich verboten und allenfalls dann erlaubt sind, wenn diese offengelegt werden"[1376]. Dieser das Kapitalmarktaufsichtsrecht „tragende"[1377] und „prägende"[1378] Rechtsgrundsatz soll selbst dann zur Anwendung kommen, wenn die vermittelte Kapitalanlage nicht dem Aufsichtsrecht unterliegt.[1379]

Die öffentlich-rechtlichen Aufsichtsregeln des WpHG ziehen zwar keine unmittelbar geltenden bürgerlich-rechtlichen Pflichten der Bank gegenüber ihrem Kunden nach sich; der Kunde darf freilich erwarten, dass die beratende Bank sich an die zu seinem Schutz erlassenen Aufsichtsregeln hält (§§ 133, 157 BGB). Wegen ihres drittschützenden Charakters können die Aufsichtsregeln für den Inhalt und die Reichweite (vor-)vertraglicher Aufklärungs- und Beratungspflichten von Bedeutung sein (Ausstrahlungswirkung).[1380]

ee. Lehre von der Geschäftsbesorgung

Nach der Lehre von der Geschäftsbesorgung schließlich sind Rückvergütungen im Kapitalanlagerecht nach den Regeln der Geschäftsbesorgung zu behandeln.[1381] Im Kern geht es dabei um drei Pflichten aus dem Recht der Geschäftsbesorgung: die Offenbarungspflicht des redlichen Geschäftsführers,

---

1374 Artikel 5 Abs. 2, 4 des Honoraranlageberatungsgesetzes.

1375 BGH Urt. v. 03.06.2014 – XI ZR 147/12 –, NJW 2014, 2947 (2949, 2950) Tz. 32, 37.

1376 BGH Urt. v. 03.06.2014 – XI ZR 147/12 –, NJW 2014, 2947 (2950) Tz. 37.

1377 BGH Urt. v. 03.06.2014 – XI ZR 147/12 –, NJW 2014, 2947 (2950) Tz. 37.

1378 BGH Urt. v. 03.06.2014 – XI ZR 147/12 –, NJW 2014, 2947 (2950) Tz. 38.

1379 BGH Urt. v. 03.06.2014 – XI ZR 147/12 –, NJW 2014, 2947 (2950) Tz. 38: etwa die Empfehlung einer Bank, Grundstücke zu erwerben.

1380 BGH Urt. v. 19.12.2006 – XI ZR 56/05 –, BGHZ 170, 226 (234) = NJW 2007, 1876 Tz. 18, 23; Barta BKR 2004, 433 (435); Günther MDR 2014, 61 (64 f.).

1381 BGH Urt. v. 12.05.2009 – XI ZR 586/07 –, NJW 2009, 2298 (2299) Tz. 15; LG Heidelberg Urt. v. 13.10.2010 – 2 O 444/09 –, BeckRS 2010, 17632 Tz. 69; Sethe FS Nobbe, 2009, 669 (773, 777, 781); Fischer, in: Bamberger/Roth, BeckOK BGB, 39. Aufl., Stand: 1.05.2016, § 667 Rn. 10. Im Ansatz ebenso, aber krit.: Hadding ZIP 2008, 529.

die Rechenschaftspflicht über die Höhe der geflossenen Vergütungen (§§ 666, 259 BGB) und die Pflicht zur Herausgabe der geflossenen Rückvergütungen (§ 667 BGB).

ff. Stellungnahme

Die Lehre vom Interessengegensatz überzeugt nicht. Vertragspartner verfolgen in einer Markt- und Wettbewerbsgesellschaft stets gegenläufige Interessen. Dies ist von der Rechtsordnung gewollt und gebilligt. Im Allgemeinen geht die Rechtsordnung vom Grundsatz eines natürlichen Interessenwiderstreits der Parteien eines Austauschvertrages aus. Jeder will beim Vertragsabschluss am besten abschneiden und vertritt eigennützig seine Interessen.[1382] Einen Wissensvorsprung gewinnbringend für sich auszunutzen, zeichnet den geschäftstüchtigen Kaufmann aus. Den Nachteil eines Geschäftsabschlusses muss der künftige Vertragspartner nicht ohne weiteres offen legen. Es ist Sache der Gegenseite sich über Vor- und Nachteile des Vertragsabschlusses Gewissheit zu verschaffen.[1383] Die Grenze des rechtlich einwandfreien Verhaltens eines Marktteilnehmers verläuft dort, wo sein berechtigtes Gewinnstreben endet und der andere Vertragsteil redlicherweise erwarten darf, dass die für seine Willensbildung offenkundig maßgeblichen Umstände rückhaltlos offen gelegt werden.[1384] § 241 Abs. 2 BGB bringt dies durch das Wort „kann" zum Ausdruck. Schutz- und Rücksichtspflichten auf die Rechtsgüter der anderen Vertragsseite sind begründungsbedürftig.[1385] Sie sind die Ausnahme, nicht die Regel. Keine Vertragsseite ist ohne weiteres dazu gehalten, ihr eigenes Gewinninteresse hinter gleich- oder höherrangige Interessen der anderen Seite zurückzustellen.[1386] Wenn der XI. Senat des BGH sich mit seiner Lehre vom Interessengegensatz auf einen allgemein anerkannten Rechtsgrundsatz beruft, dass Vertragspartner einen vertragswidrigen Interessenwiderstreit zu meiden haben, so ist dies nichtssagend.[1387] Die maßgebliche Frage,

---

1382 Bachmann, in: MünchKommBGB, Bd. 2., 7. Aufl., 2016, § 241 Rn. 123, 124.

1383 BGH Urt. v. 12.02.2004 – III ZR 359/02 –, NJW 2004, 1732 (1734); Bachmann, in: MünchKommBGB, Bd. 2., 7. Aufl., 2016, § 241 Rn. 123, 124.

1384 Bachmann, in: MünchKommBGB, Bd. 2, 7. Aufl. 2016, § 241 Rn. 123, 124 m.w.N.

1385 BGH Urt. v. 14.03.2012 – VIII ZR 220/11 –, NJW 2012, 2184 (2185) Tz. 23; Witt NJW 2012, 3130.

1386 Heermann, in: MünchKommBGB, Bd. 4, 6. Aufl., 2012, § 675 Rn. 59.

1387 BGH Beschl. v. 20.01.2009 – XI ZR 510/07 –, NJW 2009, 1416 (1417) Tz. 12. Ähnlich BGH Urt. v. 12.05.2009 – XI ZR 586/07 –, NJW 2009, 2298 (2299) Tz. 15 unter Verweis auf §§ 675, 666, 667 BGB sowie §§ 383, 384 Abs. 2 HGB; BGH Urt. v. 19.12.2000 – XI ZR 349/99 –, BGHZ 146, 235 (239) = NJW 2001, 962; Hoffmann/Bartlitz ZIP 2014, 1505 (1510); Weck BKR 2014, 374 (377); Geßner BKR 2010, 89

wann ein vertragswidriger Interessengegensatz vorliegt bleibt unbeantwortet. Die Pflicht, einen Interessengegensatz offen zu legen, beseitigt den Interessengegensatz nicht. Warum die Höhe der Rückvergütungen offenbarungspflichtig sein soll, lässt dieser Ansatz unbeantwortet.[1388] Ein Herausgabeanspruch hinsichtlich der Rückvergütungen lässt sich mit diesem Ansatz nicht rechtfertigen.

Die Lehre vom Schutzgesetz und von den verdeckten Innenprovisionen knüpfen an die Wertungen des Rechts der unerlaubten Handlung an. Gesucht wird aber die Grundlage für eine (vor-)vertragliche Offenbarungspflicht (§ 241 Abs. 2 BGB).

Diese vermag die Lehre von der Kostenklarheit ebenso wenig befriedigend zu erklären. Sie knüpft maßgeblich an die aufsichtsrechtliche Vorschrift des § 31 d Abs. 1 Satz 1 Nr. 2 WpHG an. Der BGH selbst betont aber, dass die in das WpHG aufgenommenen Wohlverhaltensregeln ausschließlich öffentlich-rechtlicher Natur sind.[1389] Nach dem Willen des Gesetzgebers[1390] tragen sie auch keine bürgerlich-rechtliche Doppelnatur.[1391] Eine (vor-)vertragliche Aufklärungs- und Beratungspflicht[1392] vermögen sie ebenso wenig zu begründen wie eine Haftung aus unerlaubter Handlung wegen der Verletzung eines Schutzgesetzes i.S.d. § 823 Abs. 2 BGB[1393]. Die europarechtlichen Vorgaben der Finanzmarktrichtlinie

---

(92); Zingel/Rieck BKR 2009, 353 (355); Nittel/Knöpfel BKR 2009, 411 (412); Ellenberger FS Nobbe, 2009, 523 (526); Sprau, in: Palandt, BGB, 74. Aufl., 2015, § 654 Rn. 4 a, 5; Möllers, in: KölnKommWpHG, 2. Aufl., 2014, § 31 Rn. 23.

1388 Vgl. OLG Hamm Urt. v. 25.01.2010 – 31 U 128/09 –, BeckRS 2010, 07729; OLG Düsseldorf Urt. v. 21.10.2010 – I-6 U 61/09 –, BeckRS 2010, 12146; OLG Hamm Urt. v. 25.11.2009 – 31 U 70/09 –, BeckRS 2010, 00031; OLG Stuttgart Urt. v. 29.10.2010 – 6 U 208/09 –, BKR 2012, 33 (35); OLG Stuttgart Urt. v. 24.02.2010 – 9 U 58/09 –, BKR 2010, 169 (172); Tilp/Wegner BKR 2014, 27 (28 f.); Buck-Heeb BKR 2010, 309 (311 f.); Schwab NJW 2012, 3274 (3277); Mülbert WM 2007, 1149 (1160); Maier VuR 2011, 297; Schwab BKR 2011, 450 f.

1389 Urt. v. 17.09.2013 – XI ZR 332/12 –, BKR 2014, 32 (33) Tz. 16; bestätigt durch BGH Urt. v. 3.06.2014 – XI ZR 147/12 –, DB 2014, 1610 = ZIP 2014, 1418 = WM 2014, 1382 Tz. 35; Sethe FS Nobbe, 2009, 569 (586 f.). Harnos [BKR 2014, 1 (5)] sieht hierin einen unmittelbaren Widerspruch zu der Entscheidung des BGH v. 19.12.2006 – XI ZR 56/05 –, BGHZ 170, 226 (234) = NJW 2007, 1876 Tz. 18, 23. Vgl. aber a. BGH Urt. v. 8.05.2001 – XI ZR 192/00 – NJW 2002, 62 (63).

1390 BT-Drs. 16/4899, 12; BT-Drs. 16/4028, 65.

1391 Urt. v. 17.09.2013 – XI ZR 332/12 –, BKR 2014, 32 (34) Tz. 17, 18.

1392 Urt. v. 17.09.2013 – XI ZR 332/12 –, BKR 2014, 32 (34) Tz. 20; krit: Harnos BKR 2014, 1 (5 f.).

1393 Urt. v. 17.09.2013 – XI ZR 332/12 –, BKR 2014, 32 (34) Tz. 21.

gebieten auch keine Erweiterung der schuldrechtlichen Aufklärungspflichten.[1394] Der dogmatische Geltungsgrund der Rückvergütungsrechtsprechung bleibt damit im Dunkeln.[1395] Insbesondere vermag die Lehre von der Kostenklarheit nicht zu erklären, warum die Bank ihrem Anleger die geflossenen Rückvergütungen auch dann herausgeben muss, wenn sie die Rückvergütungen dem Grunde und der Höhe nach offen gelegt hat.[1396] Einem Herausgabeanspruch steht dann § 31 d WpHG entgegen.[1397]

Was der Geschäftsführer aus der Geschäftsbesorgung erlangt hat, gebührt aber dem Geschäftsherrn (§ 667 BGB), nicht der Bank. Im Kern geht es bei der Frage nach Rückvergütungen im Kapitalanlagerecht um die Pflichten aus dem Recht der Geschäftsbesorgung.[1398] Nur die besondere persönliche Bindung des Geschäftsführers an seinen Geschäftsherrn, die aus der Wahrnehmung fremder Interessen herrührt, vermag das besondere Maß an die Pflicht zur Redlichkeit und rückhaltlosen Interessenvertretung zu rechtfertigen, die der Rechtsprechung zu den Rückvergütungen im Kapitalanlagerecht zugrunde liegt.

Ziel der Anlageberatung ist es, dem Anleger eine selbstbestimmte und eigenverantwortliche Anlageentscheidung zu ermöglichen.[1399] Zuwendungen und Vertriebsvergütungen aus dritter Hand, welche eine unabhängige Anlageempfehlung gefährden könnten, sind daher kraft Bürgerlichen Rechts offenbarungspflichtig, §§ 675, 280 Abs. 1, 241 Abs. 2, 311 Abs. 2 BGB. Über die Höhe der Zuwendungen Dritter muss er dem Anleger Rechenschaft legen, §§ 675, 666, 259 BGB. Nur wenn der Anleger die Höhe der Zuwendungen kennt, vermag er das Umsatzinteresse seines Beraters und dessen (Un-)Abhängigkeit zu beurteilen.[1400] Empfangene Zuwendungen darf der Anlageberater nicht behalten, sondern

---

1394 Urt. v. 17.09.2013 – XI ZR 332/12 –, BKR 2014, 32 (34) Tz. 25 f.

1395 Unklar auch insoweit BGH Urt. v. 27.09.2011 – XI ZR 182/10 –, BGHZ 191, 119 (131) = NJW 2012, 66 Tz. 38 f.

1396 Vgl. nur Mülbert WM 2007, 1149 (1159).

1397 Mülbert WM 2009, 481 (485); Assmann ZBB 2008, 21 (31); Sprau, in: Palandt, 76. Aufl., 2016, § 667 Rn. 3.

1398 Sehr str. Wie hier: BGH Urt. v. 12.05.2009 – XI ZR 586/07 –, NJW 2009, 2298 (2299) Tz. 15; LG Heidelberg Urt. v. 13.10.2010 – 2 O 444/09 –, BeckRS 2010, 17632 Tz. 69; Sethe FS Nobbe, 2009, 669 (773, 777, 781); Fischer, in: Bamberger/Roth, BeckOK BGB, 39. Aufl., Stand: 1.05.2016, § 667 Rn. 10. Im Ansatz ebenso, aber krit.: Hadding ZIP 2008, 529. A.A. Seiler, in: MünchKommBGB, Bd. 4, 6. Aufl., 2012, § 667 Rn. 17.

1399 Sethe FS Nobbe, 2009, 669 (773, 777, 781).

1400 Ellenberger FS Nobbe, 2009, 523 (526); Sethe FS Nobbe, 2009, 669 (782 f.).

muss sie an den Anleger herausgeben, §§ 675, 667 BGB.[1401] Dem Geschäftsführer sollen aus der Besorgung des ihm fremden Geschäfts weder Vorteile (§ 667 BGB) noch Nachteile (§ 670 BGB) erwachsen.

Der Lehre von der Geschäftsbesorgung gebührt in Hinblick auf die Begründung der Offenbarungs-, Rechenschafts- und Herausgabepflichten des Anlageberaters der Vorzug.

b. Zuwendungen und Gebührenabschläge

So gesehen sind die Fälle der zuwendungsgestützten Kapitalanlageberatung und der Gebührenabschläge im Rahmen der Rechtsschutzversicherung vergleichbar.

Eine Anlageberatung verfehlt ihr Ziel, für den Anleger eine eigenverantwortliche Anlageentscheidung zu treffen, wenn er nicht das auf Zuwendungen des Kapitalsuchenden beruhende Umsatzinteresse seines Beraters kennt.

Eine Anwaltsempfehlung verfehlt ihr Ziel, dem Versicherten eine eigenverantwortliche Anwaltswahl zu treffen, wenn er nicht um die zwischen Vertragsanwalt und Versicherer vereinbarten Gebührenabschläge weiß.

Die hinter dem Rücken fließenden Zuwendungen gebühren in beiden Fällen dem Geschäftsherrn und nicht dem Geschäftsführer (§ 667 BGB).

In beiden Fällen ist der Versicherte auf das Wissen um die Höhe der Zuwendungen angewiesen, um das Umsatzinteresse seines Vertragspartners einschätzen zu können. Erst dieses Wissen ermöglicht es ihm zu beurteilen, ob der Auftrag für ihn sinnvoll ist oder nicht.

2. Einkaufsvorteile im Franchiseverbund

Der Franchiseverbund bildet ebenso wie die Kapitalanlageberatungsfälle ein klassisches Dreiecksverhältnis ab, in dem sich die Frage stellt, wem aus dem Geschäftsverhältnis erwachsende Sondervorteile zustehen.

a. Einsammeln von Einkaufsvorteilen

Der Franchisegeber kann über die gebündelte Marktmacht der Franchisenehmer im Einkauf Vorteile erzielen. Diese Einkaufsvorteile werden im Interesse

---

1401 BGH Urt. v. 29.06. 2010 – XI ZR 308/09 –, NJW 2010, 2338 (340) Tz. 5 unter Verweis auf § 384 HGB; OLG Frankfurt a. Main Urt. v. 29.02.2012 – 19 U 188/1 –, NJW-RR 2012, 1075 (1076); OLG Düsseldorf Beschl. v. 20.10.2011 – 14 U 18/11 –, BeckRS 2012, 03726; OLG Hamm Urt. v. 23.09.31 U 31/09 –, BeckRS 2009, 89366; LG München Urt. v. 20.02.2010 – 34 S 9960/09 –, BKR 2010, 427; a.A. Regenfus WM 2015, 209 (201 f.); Hadding ZIP 2008, 529 (534 f.).

aller Franchisenehmer eingesammelt und erzielt. Der Franchisenehmer soll sich auf seine Absatzaufgaben beschränken.[1402]

Das Schrifttum betrachtet den Franchiseverbund unter dem Blickwinkel des Rechts der Geschäftsbesorgung und billigt dem Franchisenehmer nach § 667 BGB die Einkaufsvorteile zu.[1403] Die Rechtsprechung übt sich in vornehmer Zurückhaltung und stellt sich auf den Standpunkt, es bedürfe einer Vertragsgrundlage, wenn die Einkaufsvorteile an den Franchisenehmer durchgereicht werden sollen.[1404] Dies wird zum Teil damit begründet, der Franchisegeber nehme mit dem Aushandeln von Preisvorteilen ein eigenes Geschäft wahr[1405], oder damit, dass der Aufgabenkreis des Franchisegebers erst mit Hilfe des Franchiseverbunds geschaffen werde[1406].

Das Einsammeln von Einkaufsvorteilen ist weder Ausdruck der eigenen Marktmacht noch ein eigenes Geschäft des Franchisegebers. Er sammelt die Einkaufsvorteile nur im Interesse der Franchisenehmer ein. Verdient werden sie durch die Umsatzsteigerungen der Franchisenehmer. Der Lieferant gewährt dem Franchisegeber nur dann Nachlässe, Werbekostenzuschüsse und sonstige

---

1402 Giesler, in: Giesler/Nauschütt, Franchiserecht, 2. Aufl., 2007, Kap. 5 Rn. 140.

1403 Giesler/Güntzel ZIP 2006, 1792 f.; Flohr BB 2007, 6 f.; Flohr DStR 2004, 93 (95); Teubner ZHR 2004, 78 (93); Prasse MDR 2004, 256 (257); Giesler ZIP 2004, 744 (745); Böhner BB 2004, 119 (123); Böhner NJW 1998, 109 (111); Sprau, in: Palandt, BGB, 75. Aufl., 2016, § 667 Rn. 3; Giesler, in: Giesler/Nauschütt, Franchiserecht, 2. Aufl., 2007, Kap. 5 Rn. 140, 140 a; Metzlaff, in: Metzlaff, Praxishandbuch Franchising, 1. Aufl., 2003, § 8 Rn. 173; Sprau, in: Palandt, BGB, 75. Aufl., 2016, § 667 Rn. 3; Fischer, in: Bamberger/Roth, BeckOK BGB, 39. Aufl., Stand: 1.05.2016, § 667 Rn. 10; Seiler, in: MünchKommBGB, Bd. 4, 6. Aufl., 2012, § 667 Rn. 7.

1404 BGH Beschl. v. 11.11.2008 – KVR 17/08 –, NJW 2009, 1753 (1755) Tz. 20 – Praktiker; BGH Urt. v. 22.02.2006 – VIII ZR 40/04 –, NJW-RR 2006, 776 (778) Tz. 20 – Sixt; BGH Urt. v. 20.05.2003 – KZR 19/02 –, NJW-RR 2003, 1635 (1637) – Apollo; BGH Urt. v. 20.05.2003 – KZR 27/02 –, NJW-RR 2003, 1624 (1625) – Apollo; BGH Urt. v. 02.02.1999 – KZR 11/97 –, BGHZ 140, 342 = NJW 1999, 2671 (2675) – Sixt; OLG Düsseldorf Urt. v. 6.04.2011 – U (Kart) 28/10 –, BeckRS 2011, 23603; OLG Celle Beschl. v. 29.01.2008 – 13 U 127/07 –; OLG Düsseldorf Beschl. v. 16.01.2008 – VI-Kart 11/06 –, NJOZ 2008, 3218 (3225); OLG Düsseldorf Urt. v. 13.12.2006, VI-U (Kart) 36/05 –, OLGReport Hamm 2008, 165 = BB 2007, 738; Rafsendjani DB 2015, 2007 (2010); Flohr Franchise-Vertrag, 4. Aufl., 2010, 197; Flohr/Petsche Franchiserecht – Deutschland und Österreich, 2. Aufl., 2008, Rn. 143; wohl a. Seiler, in: MünchKommBGB, Bd. 4, 6. Aufl., 2012, § 667 Rn. 7.

1405 OLG Koblenz Urt. v. 13.06. 2002 – U 449/01 Kart –

1406 OLG Düsseldorf Urt. v. 6.04.2011 – U (Kart) 28/10 –, BeckRS 2011, 23603; a.A. Heermann, in: MünchKommBGB, Bd. 4., 6. Aufl., 2012, § 675 Rn. 8.

Rückvergütungen (sog. Kick-Backs), wenn die Nachfrage auf der Seite der Franchisenehmer steigt.[1407] Die Warenbestellung ist dem Rechtskreis des Franchisenehmers zuzuordnen. Beruht die Vorteilsgewährung des Lieferanten auf den Warenbestellungen des Franchisenehmers, so nimmt der Franchisegeber mit dem Einsammeln der Einkaufsvorteile lediglich ein Geschäft des Franchisenehmers wahr.[1408] Der Sammeltätigkeit des Franchisegebers die Fremdnützigkeit abzusprechen, da der Aufgabenkreis des Franchisegebers erst aus dem Franchiseverbund erwächst, hieße den Begriff der fremdnützigen Tätigkeit ungebührlich zu verkürzen.[1409] §§ 675, 666, 667 BGB kommen zur Anwendung.

b. Gebührenabschläge für die Versichertengemeinschaft

Übertragen auf die abwartende Schadenabwicklung bedeutet dies Folgendes: Der Rechtsschutzversicherer mag im Interesse der Versichertengemeinschaft mit den Rationalisierungsabkommen die Kosten und damit auch die Versicherungsbeiträge senken wollen, die Schadenabwicklung unterfällt gleichwohl den Regel der Geschäftsbesorgung, wenn die Tätigkeit der Rechtsschutzversicherer die Besorgung eines fremden Geschäfts der Versicherten darstellt. Die erzielten Gebührenabschläge gebühren dann dem Versicherungsnehmer (§§ 675, 667 BGB).

3. Schmiergelder

Ungeschmiertes Rad quietscht. So mag mancher Geschäftsführer denken, der sich schmieren lässt.

a. Im Zusammenhang mit der Geschäftsbesorgung

Der BGH[1410] spricht dem Geschäftsherrn uneingeschränkt einen Anspruch auf Herausgabe der Schmiergelder nach § 667 BGB zu. Einzelne Stimmen im Schrifttum[1411] sehen keinen inneren Zusammenhang zwischen den Schmiergeldern

---

1407 Flohr DStR 2004, 93 (95); Giesler, in: Giesler/Nauschütt, Franchiserecht, 2. Aufl., 2007, Kap. 5 Rn. 140.

1408 Giesler, in: Giesler/Nauschütt, Franchiserecht, 2. Aufl., 2007, Kap. 5 Rn. 140 m.w.N.

1409 Heermann, in: MünchKommBGB, Bd. 4., 6. Aufl., 2012, § 675 Rn. 8.

1410 BGH Urt. v. 18.12.1990 – XI ZR 176/89 –, NJW 1991, 1224 – Schmiergelder II; BGH Urt. v. 7.01.1963 – VII ZR 149/61 –, BGHZ 39, 1 (4 f.) = NJW 1963, 649 – Schmiergelder I; Sprau, in: Palandt, BGB, 75. Aufl., 2016, § 667 Rn. 3; Mansel, in: Jauernig, BGB, 15. Aufl., 2014, § 667 Rn. 4; Lammel, in: HKK BGB, Bd. 3, 2013, Bd. 3, Teilband 2, 1. Aufl., 2013, § 662–675 b Rn. 33; Fischer, in: Bamberger/Roth, BeckOK BGB, 39. Aufl., Stand: 1.05.2016, § 667 Rn. 10.

1411 Seiler, in: MünchKommBGB, Bd. 4, 6. Aufl., 2012, § 667 Rn. 17.

und der Geschäftsbesorgung. Diese seien nur aus Anlass der Geschäftsbesorgung geflossen, nicht aber „aus der Geschäftsbesorgung erlangt“ (§ 667 BGB).

Der BGH betont zu Recht, dass Schmiergelder sich nachteilig auf die Willensbildung des Geschäftsführers auswirken können.[1412] Der Geschäftsherr hat bei der Geschäftsbesorgung den Hut auf. Auch wenn er den Geschäftsführer betraut, so ist es doch an ihm, die Geschicke der Geschäftsbesorgung zu bestimmen. Der Geschäftsführer ist weisungsgebunden. Weil er fremdnützig tätig ist, hat er in besonderem Maße die Interessen seines Geschäftsherrn treu und redlich zu wahren. Ihm gebühren weder Vorteile (§ 667 BGB) noch Nachteile (§ 670 BGB) aus der Geschäftsbesorgung. Das Geschäftsergebnis gebührt allein dem Geschäftsherrn.

b. Geld stinkt nicht

Für die Schadenabwicklung der Rechtsschutzversicherer bedeutet dies, dass der Makel der Berufsrechtswidrigkeit und Nichtigkeit der Rationalisierungsabkommen keine Rolle dafür spielt, ob der Rechtsschutzversicherer dem Versicherten aus der Geschäftsbesorgung erlangte Gebührenabschläge nach § 667 BGB herauszugeben hat. Geld stinkt nicht.

Zuwendungen an den Kapitalanlageberater, das Sammeln von Einkaufsvorteilen durch den Franchisegeber und das Fließen von Schmiergeldern an den Geschäftsführer lösen Offenbarungs-, Rechenschafts- und Herausgabepflichten aus. Auch der Vertragsanwalt ist, weil er fremde Rechte und Geschäfte besorgt, offenbarungs-, rechenschafts- und herausgabepflichtig (§§ 675, 611, 666, 667 BGB).

Die vorgenannten Fallgruppen setzen den Rechtsanwender mit Blick auf die Geschäftstätigkeit des Rechtsschutzversicherers in der Schadenabwicklung auf die Fährte des Geschäftsbesorgungsrechts. Die Berechtigung dieser Fährte gilt es im Folgenden zu prüfen.

II. Fremdnützige Geschäftsbesorgung des Versicherers

Wenn der Rechtsschutzversicherer in der Schadenabwicklung ihm fremde Geschäfte seines Versicherungsnehmer wahrnimmt, könnte ihn dies dazu verpflichten, dem Versicherungsnehmer gegenläufige Rationalisierungs- und

1412 BGH Urt. v. 18.12.1990 – XI ZR 176/89 –, NJW 1991, 1224 – Schmiergelder II; BGH Urt. v. 7.01.1963 – VII ZR 149/61 –, BGHZ 39, 1 (4 f.) = NJW 1963, 649 – Schmiergelder I.

Kostendämpfungsinteressen zu offenbaren, also seine wirtschaftliche Verflechtung mit dem Vertragsanwalt über ein Rationalisierungsabkommen offen zu legen.

1. Offenbarungspflicht des Versicherers

Denkmöglich ist dann eine Haftung des Versicherers auf Schadenersatz wegen Verletzung seiner (vor-)vertraglichen Aufklärungs- und Offenbarungspflichten §§ 675, 280 Abs. 1, 241 Abs. 2, 311 Abs. 2, 249 BGB.

a. Anwendungsbereich

Die Rücksichtnahme auf die Belange des Versicherungsnehmers könnte dem Versicherer bereits vorvertraglich abverlangen, seine wirtschaftliche Verflechtung mit den an ihn über Rationalisierungsabkommen gebundenen Vertragsanwälten zu offenbaren.

aa. Vorrang der Beratungspflicht nach §§ 6 Abs. 1 VVG

Eine Haftung des Versicherers nach den Grundsätzen des Verschuldens bei Vertragsabschluss ist aber dann ausgeschlossen, wenn §§ 6 Abs. 1, 7 VVG die vorvertraglichen Pflichten des Versicherers abschließend regelt.[1413]

Die produkt- und anlassbezogene Beratungspflicht des Versicherers nach § 6 Abs. 1 VVG ist nicht deckungsgleich mit seinen vorvertraglichen Aufklärungs- und Offenbarungspflichten aus den §§ 241 Abs. 2, 311 Abs. 2 BGB.

Der Gesetzgeber hat die vorvertraglichen Beratungs- und Informationspflichten des Versicherers in drei Stufen gestaffelt. Auf der ersten Stufe hat der Versicherer dem Versicherungsinteressenten vor Vertragsabschluss die Vertragsbedingungen sowie die Produktinformationsblätter nach § 7 VVG i.V.m. der VVG-InfoV auszuhändigen. Daneben ist der Versicherer nach § 6 Abs. 1 VVG verpflichtet, den Versicherungsinteressenten bedarfsgerecht zu beraten.[1414] Ziel dieser vorvertraglichen Beratungs- und Informationspflicht ist es, dem Interessenten eine hinreichende Entscheidungsgrundlage für eine bedarfsgerechte Eindeckung zu bieten (Erfüllungsinteresse).[1415] Das Vertrauen in die Redlichkeit des Vertragspartners (Vertrauensinteresse)[1416] wird hingegen durch

1413 Rudy, in: Prölss/Martin, VVG, 29. Aufl., 2015, § 6 Rn. 74.

1414 Vgl. Schwintowski, in: Bruck/Möller, VVG, Bd. 1, 9. Aufl., 2008, § 6 Rn. 41 f.

1415 BT-Drs. 16/3945, 47, 48; Münkel, in: Rüffer/Halbach/Schimikowski, VVG, 3. Aufl. 2015, § 6 Rn. 2; Rudy, in: Prölss/Martin, VVG, 29. Aufl., 2015, § 6 Rn. 2.

1416 S. § 122 Abs. 1 BGB.

die vorvertraglichen Rücksichtnahmepflichten nach § 241 Abs. 2, 311 Abs. 2 BGB abgedeckt. Neben § 6 Abs. 1 VVG können sich daher für den Versicherer vorvertragliche Aufklärungs- und Offenbarungspflichten aus den allgemeinen bürgerlich-rechtlichen Grundsätzen nach §§ 280 Abs. 1, 241 Abs. 2, 311 BGB ergeben.[1417]

bb. Offenlegung der Vertriebskosten nach § 7 VVG

Diese könnten wiederum hinter den Offenlegungspflichten des Versicherers nach § 7 VVG zurücktreten. Im Versicherungsrecht fordert der Gesetzgeber nach § 7 Abs. 2 VVG i.V.m. § 2 Abs. 1 Nr. 1, Abs. 4 und § 3 Abs. 1 Nr. 1 VVG-InfoV für einzelne Versicherungszweige, die Abschluss-, Vertriebs- und Verwaltungskosten vor Vertragsabschluss offen zu legen. Vertriebsvergütungen müssen nicht gesondert ausgewiesen werden.[1418] Die in dem Rationalisierungsabkommen vereinbarten Gebührenabschläge sind weder Vertriebs- noch Verwaltungskosten i.S.d. § 7 VVG. Der Vertragsanwalt ist und bleibt selbstständig handelnder Freiberufler (§ 2 Abs. 1 BRAO). Er ist weder in den Vertrieb noch die Verwaltung des Versicherers eingegliedert. Die Vermittlung freier Mandate kostet den Versicherer ohnehin nichts. Dass der Versicherer an den Vertragsanwalt offene Mandate vermittelt, um in den Genuss von Gebührenabschlägen zu gelangen, ist nach § 7 nicht offenbarungspflichtig. Es handelt sich um eine reine Produktinformationspflicht, die dem Interessenten eine hinreichende Entscheidungsgrundlage für seine Eindeckung bieten soll.

1417 BGH Urt. v. 29.05.2013 – IV ZR 165/12 –, NJW 2013, 2354 (2355) Tz. 9 f.; Pohlmann, in: Looschelders/Pohlmann, VVG, 3. Aufl., 2016, § 6 Rn. 8; Schwintowski, in: Bruck/Möller, VVG, Bd. 1, 9. Aufl., 2008, § 6 Rn. 41 f.; Armbrüster, in: MünchKommVVG, Bd. 1, 2. Aufl., 2016, § 6 Rn. 374; a.A. Rudy, in: Prölss/Martin, VVG, 29. Aufl., 2015, § 6 Rn. 74.

1418 Knappmann, in: Prölss/Martin, VVG, 29. Aufl., 2015, § 2 InfoV Rn. 3; Baroch-Castellvi, in: Rüffer/Halbach/Schimikowski, VVG, 3. Aufl. 2015, § 2 InfoV Rn. 7; Armbrüster, in: MünchKommVVG, Bd. 1, 2. Aufl., 2016, § 2 InfoV Rn. 11. Schon aus diesem Grunde soll die Rückvergütungsrechtsprechung nicht auf das Versicherungsrecht übertragbar sein, Witte/Weber VersR 2011, 1103 (1105). S. a. OLG München Urt. v. 25.09.2012 – 25 U 1828/12 –, BeckRS 2012, 20982; OLG Hamm Beschl. v. 14.11.2011 – 31 U 70/11 –, BeckRS 2013, 13672; OLG Stuttgart Urt. v. 23.12.2010 – 7 U 187/10 –, BeckRS 2011, 02562; OLG Oldenburg Urt. v. 15.01.2009 – 8 U 122/08 –, BKR 2009, 115 (119); LG Bielefeld Urt. v. 31.03.2011 – 7 O 329/10-, BeckRS 2011, 24818.

cc. Vorrang der Arglistanfechtung

Einen Anwendungsvorrang des Anfechtungsrechts vor den Grundsätzen des Verschuldens bei Vertragsabschluss kennt das BGB nicht.[1419] Dies wurde bereits unter A.II.1.2.a.aa dargetan. §§ 123 f. BGB stellen keine abschließenden Sonderregeln dar, die die Anwendung der Grundsätze des Verschuldens bei Vertragsabschluss ausschließen.

b. Tatbestand

Der Rechtsschutzversicherer müsste aus einem Geschäftsbesorgungsverhältnis verpflichtet sein, seinem Versicherungsnehmer den Abschluss der Rationalisierungsabkommen offen zu legen und diese (vor-)vertragliche Offenbarungspflicht in der Schadenabwicklung verletzen, um Schadenersatzansprüche des Versicherten auszulösen.

aa. Dienst- oder Werkvertrag

Ein Geschäftsbesorgungsvertrag ist ein Dienst- oder Werkvertrag, der eine Geschäftsbesorgung zum Gegenstand hat (§ 675 BGB). Es handelt sich um einen gemischten Vertrag. Der Begriff des Dienst- und Werkvertrages ist weit aufzufassen. Entscheidend ist, dass die Art des Geschäftes die Anwendung der §§ 663, 666 bis 670 BGB sowie §§ 672 bis 674 BGB rechtfertigt.[1420] Erfasst werden daher auch z.B. bestimmte Formen des Factoringvertrages, Gebrauchtwagenkaufs oder Versteigerungsvertrages.[1421] Allein der von dem Rechtsschutzversicherer in Ziff. 1 ARB 2012 geäußerte Wille, für den Versicherungsnehmer alle Dienstleistungen zu erbringen, die erforderlich sind, damit dieser seine rechtlichen Interessen wahrnehmen kann, rechtfertigt die Anwendung der §§ 666 bis 670 BGB und damit die Einordnung als gemischter Dienstleistungsvertrag i.S.d. § 675 BGB.

1419 BGH Urt. v. 18.09.2001 – X ZR 107/00 –, NJW-RR 2002, 308 (309 f.); BGH Urt. v. 3.02.1999 – VIII ZR 14/98 –, NJW 1999, 1404 (1405); BGH Urt. v. 26.09.1997 – V ZR 29/96 –, NJW 1998, 302 (303 f.); BGH Urt. v. 31.01.1962 – VIII ZR 120/60 –, NJW 1962, 1196 (1198); Lorenz NJW 2006, 1925 (1926); Grüneberg, in Palandt, BGB, 75. Aufl., 2016, § 311 Rn. 13; Gehrlein/Sutschet, in: Bamberger/Roth, BeckOK BGB, 39. Aufl., Stand: 1.05.2016, § 311 Rn. 76, 77, 43.

1420 Vgl. Seiler, in: MünchKommBGB, Bd. 4, 6. Aufl., 2012, § 662 Rn. 14.

1421 Sprau, in: Palandt, BGB, 75. Aufl., 2016, § 675 Rn. 28 f. m.w.N.

bb. Geschäftsbesorgung

Dieser müsste eine Geschäftsbesorgung zum Gegenstand haben. Geschäftsbesorgung i.S.d. § 675 BGB ist eine selbstständige Tätigkeit wirtschaftlicher Art, für die ursprünglich der Geschäftsherr selbst zu sorgen hatte, die ihm aber durch einen anderen, nämlich den Geschäftsführer, abgenommen wird.[1422]

cc. Für einen anderen

Der Rechtsschutzversicherer ist selbstständig wirtschaftlich für einen anderen tätig, wenn er für den Versicherungsnehmer den gebundenen Vertragsanwalt aussucht und die Gebührenhöhe für den abzuwickelnden Versicherungsfall bereits mit dem Abschluss eines Rationalisierungsabkommens ausgehandelt hat.

(1) Fremdes Geschäft

Dieses Geschäft muss für den Rechtsschutzversicherer fremd. Fremd ist ein Geschäft dann, wenn es bereits dem äußeren Anschein nach dem Rechtskreis eines anderen zuzuordnen ist (sog. objektiv fremdes Geschäft).

(a) Versicherung und Geschäftsbesorgung

Mit dem Abschluss der Versicherung nimmt der Versicherer zunächst ein eigenes und kein fremdes Geschäft wahr (§ 1 VVG). Der Versicherungsvertrag an sich ist kein Geschäftsbesorgungsvertrag.[1423] Beim gemeinen Versicherungsvertrag obliegt es dem Versicherer nicht, ungefragt und ohne Anlass die Wünsche und Bedürfnisse des Versicherungsnehmers zu ergründen.[1424] Eine solche Pflicht gibt auch § 6 Abs. 4 VVG nicht her.[1425] Eine allgemeine Pflicht, die Interessen

---

1422 BGH Urt. v. 25.04.1966 – VII ZR 120/65 –, BGHZ 45, 223 (229) = NJW 1966, 1452.

1423 BVerfG Beschl. v. 29.05.2006 – 1 BvR 240/98 –, r + s 2006, 426 Tz. 31 (Unfallversicherung); BGH Urt. v. 12.10.2005 – IV ZR 162/03 –, BGHZ 164 297 (301 f.) = NJW 2005, 3559 Tz. 22 (Lebensversicherung); Schimikowski Versicherungsvertragsrecht, 5. Aufl., 2014, Rn. 289; Armbrüster, in: Prölss/Martin, VVG, 29. Aufl., 2015, § 1 Rn. 126, 131; Römer, in: Römer/Langheid, VVG, 4. Aufl., 2014, § 1 Rn. 8; Brömmelmeyer, in: Rüffer/Halbach/Schimikowski, VVG, 3. Aufl. 2015, § 1 Rn. 40; Looschelders, in: MünchKommVVG, Bd. 1, 2. Aufl., 2016, § 1 Rn. 82 f.; a.A. zur Lebensversicherung: Schüneman JZ 1995, 430 f.; Schwintowski VuR 1997, 83 (87 f.); Schwintowski JZ 1996, 702 (704 f. – dem Hedge-Geschäft nahestehender Sicherungsvertrag mit Geschäftsbesorgungselementen); s.a. Brömmelmeyer, in: Rüffer/Halbach/Schimikowski, VVG, 3. Aufl. 2015, § 1 Rn. 39 u. Schwintowski VuR 2015, 24.

1424 Rudy, in: Prölss/Martin, VVG, 29. Aufl., 2015, § 6 Rn. 44 m.w.N.

1425 Rudy, in: Prölss/Martin, VVG, 29. Aufl., 2015, § 6 Rn. 44; Rixecker, in: Römer/Langheid, VVG, 4. Aufl., 2014, § 6 Rn. 26; Münkel, in: Rüffer/Halbach/Schimikowski, VVG, 3. Aufl. 2015, § 6 Rn. 35.

der anderen Vertragsseite ungefragt und ohne Anlass wahrzunehmen, ist dem Bürgerlichen Recht fremd.[1426] Anerkannt ist aber auch, dass Versicherungsverträge – je nach ihrer Ausgestaltung durch die vereinbarten Versicherungsbedingungen – ein treuhänderisches Gepräge bzw. Züge der Geschäftsbesorgung erhalten können.[1427] So ordnet die Rechtsprechung etwa die Kautionsversicherung als Geschäftsbesorgungsvertrag ein.[1428] Ob dies auch für das Bedingungswerk der Schadenabwicklung in der Rechtsschutzversicherung gilt, ist zu prüfen.

(b) Gestaltende Schadenabwicklung und Geschäftsbesorgung

Mit dem Bedingungswerk zu seiner gestaltenden Schadenabwicklung sucht der Rechtsschutzversicherer sein Versprechen nach Ziff. 1 ARB 2012 einzulösen, für den Versicherungsnehmer alle Dienstleistungen zu erbringen, die erforderlich sind, damit dieser seine rechtlichen Interessen wahrnehmen kann.

Die Auswahl des Anwaltes bleibt gleichwohl Sache des Rechtsschutzversicherten. Dies sehen Art. 4 Abs. 1 a RSV-RL (nunmehr Art. 201 Art. 1 a Solvabilität II-RL) und §§ 127, 129 VVG als zwingenden Inhalt jedes Rechtsschutzversicherungsvertrages vor.[1429] Das zwingende Recht weist die Anwaltswahl zwingend dem Rechtskreis des Versicherungsnehmers zu. Soweit das Bedingungswerk des Versicherers dem entgegensteht, nimmt er fremde Geschäfte seines Versicherungsnehmers wahr.

Der Rechtsschutzversicherer greift mit der gestaltenden Schadenabwicklung weit und tief in den Rechtskreis seines Versicherungsnehmers ein und übernimmt dessen Geschäfte (§ 675 BGB). Er macht die Auswahl des Rechtsanwalts entgegen der ausdrücklichen Regelung des § 127 VVG zu seiner eigenen, wenn er diese mit Ziff. 4.1.1.3 ARB 2012 zu einer abstimmungspflichtigen Maßnahme

---

1426 BGH Urt. v. 14.03.2012 – VIII ZR 220/11 –, NJW 2012, 2184 (2185) Tz. 23; Bachmann, in: MünchKommBGB, Bd. 2, 7. Aufl., 2016, § 241 Rn. 123, 124.

1427 Rixecker, in: Römer/Langheid, VVG, 4. Aufl., 2014, § 6 Rn. 2; Brömmelmeyer, in: Rüffer/Halbach/Schimikowski, VVG, 3. Aufl. 2015, § 1 Rn. 42.

1428 BGH Urt. v. 13.03.2008 – IX ZR 14/07 –, NJW-RR 2008, 1007 (1008) Tz. 7; BGH Urt. v. 6.07.2006 – IX ZR 121/05 –, BGHZ 168, 276 (278) = NJW-RR 2007, 50 Tz. 8; OLG Koblenz Beschl. v. 5.05.2014 – 3 U 1543/13 –, NJW-RR 2014, 1062.

1429 EuGH Urt. v. 7.04.2016 – C-460/14 –, EuZW 2016, 399 = VersR 2016, 657 Tz. 23 – Massar; EuGH Urt. v. 7.04.2016 – C-5/15 –; BeckRS 2016, 80578 Tz. 21 – Büyüktipi; EuGH Urt. v. 7.11.2013 – C-442/12 –, NJW 2014, 373 Tz. 27, 28 – Sneller; EuGH Urt. v. 26.05.2011 – C 293/10 –, NJW 2011, 3077 – Stark; EuGH Urt. v. 10.09.2010 – C-199/08 –, NJW 2010, 3055 – Eschig; Armbrüster AnwBl 2012, 218 (219); a.A. wohl Schilasky Einschränkungen der freien Anwaltswahl in der Rechtsschutzversicherung, 1998, 220, 221.

erklärt. Er droht ihm mit Ziff. 4.1.1.4 ARB mit Leistungskürzungen, falls der Versicherungsnehmer nicht – und ohne Absprache mit ihm zu halten – die Rechtsverfolgungskosten so gering wie möglich hält. Die strengen Telefonie-, Streitschlichtungs- und Inkassoklauseln lassen keinen Raum für eine freie Anwaltswahl. Gleiches gilt für die erweiterte Telefonberatung. Dem Angebot von Wahltarifen steht entgegen, dass in jedem einzelnen Rechtsschutzversicherungsvertrag dem Versicherungsnehmer die freie Anwaltswahl zustehen muss. Der Versicherer kann das versicherte Wagnis auch nicht auf die Kostenerstattung für die Beauftragung von Vertragsanwälten oder Fachanwälten begrenzen. Ebenso wenig darf er den Willen der Versicherungsnehmer durch wirtschaftliche Anreize und Belohnungen – etwa eines Nachlasses wegen „Schadenfreiheit" – lenken.

Kurzum: Der Versicherer übernimmt Aufgaben und Entscheidungen die an sich dem Versicherungsnehmer als Herrn des Rechtsstreits (dominus litis) gebühren. Dies wurde in Teil III aufgezeigt.

Mit den vorbenannten, makelbehafteten Bedingungen in der gestaltenden Schadenabwicklung sucht der Versicherer den Gang des Rechtsstreits zu lenken und zu steuern und übernimmt damit die ihm fremden Geschäfte seines Versicherungsnehmers.

(c) Abwartende Schadenabwicklung und Geschäftsbesorgung

Die abwartende Schadenabwicklung des Rechtsschutzversicherers zeichnet sich demgegenüber dadurch aus, dass er kein besonderes Bedingungswerk vorhält, sondern darauf hofft, dass der Versicherte von sich aus die (empfohlenen) Vertragsanwälte beauftragt.

Der Rechtsschutzversicherer beschränkt sich bei der abwartenden Schadenabwicklung beschränkt darauf, seine Versicherungen zu verkaufen und an den Mann zu bringen. Wie bei jedem anderen Kauf gilt: Wer die Augen nicht aufmacht, macht den Beutel auf. Es ist im Grundsatz die Sache jedes einzelnen Versicherungsnehmers, sich zu überlegen, ob ein Geschäft gut oder schlecht für ihn ist.[1430]

Daran ändert auch nichts, dass der Versicherer auf Verlangen seines Versicherungsnehmers auf dessen Rechtskreis zugreift und für ihn die Auswahl und die Vermittlung des Anwaltes übernimmt (Ziff. 4.1.3 ARB 2012). Mit dieser Verbindlichkeit übernimmt er nur die Pflicht, einen zur Fallbearbeitung geeigneten

1430 BGH Urt. v. 14.03.2012 – VIII ZR 220/11 –, NJW 2012, 2184 (2185) Tz. 23; Witt NJW 2012, 3130 (3131); Bachmann, in: MünchKommBGB, Bd. 2, 7. Aufl., 2016, § 241 Rn. 123, 124.

Rechtsanwalt auszuwählen und zu vermitteln. Diese Eignung wird dem Vertragsanwalt durch das Rationalisierungsabkommen nicht genommen. Er ist weiterhin berufsrechtlich gehalten, die Interessen des Versicherungsnehmers geradlinig und vorbehaltlos zu vertreten.[1431]

In dieser Form der bloßen Anwaltsvermittlung und -auswahl liegt keine Besorgung fremder Geschäfte. Der Rechtsschutzversicherer tut in der abwartenden Schadenabwicklung jedoch mehr als dies. Er übernimmt für den Versicherten die Gebührenabsprache und Gebührenabwicklung und damit eine Geschäftsbesorgung. Der Versicherte, der sich in der Regel gerade nicht hierum kümmern will, willigt stillschweigend in diese Gebührenabrechnungsabrede ein.

Nach Ziff. 2.3.1. ARB 2012 hat der Rechtsschutzversicherer die vereinbarten Rechtsverfolgungskosten zu übernehmen. Diese Verpflichtung räumt dem Versicherungsnehmer einen Kostenbefreiungs- bzw. Schuldbefreiungsanspruch, aber keinen unmittelbaren Zahlungsanspruch ein.[1432] Es liegt im Ermessen des Versicherers, ob er das Versprechen der Kostenübernahme dadurch erfüllt, dass er schuldbefreiend an den Rechtsanwalt zahlt (§ 267 BGB) oder dem Versicherungsnehmer die Kosten erstattet (§ 100 VVG) oder an andere Kostengläubiger und deren Bevollmächtigte zahlt.[1433] Mit dem Abschluss des Rationalisierungsabkommens hat der Versicherer sein Ermessen bereits ausgeübt. Er rechnet unmittelbar mit dem Rechtsanwalt nach den vereinbarten Sätzen ab.

Im Versicherungsfall greift der Versicherer bei der abwartenden Schadenversicherung erneut in den Rechtskreis des Versicherungsnehmers ein. Es ist alleinige Sache des Versicherungsnehmers, mit seinem Rechtsanwalt über eine Gebührenvereinbarung (§ 34 Abs. 1 S. 1 RVG) oder Vergütungsvereinbarung (§ 3 a RVG) zu verhandeln.

Die Preisabrede ist Hauptabrede. Es ist ureigene Sache der Parteien eines Rechtsdienstleistungsvertrages, sich hierüber selbst zu verständigen. Nimmt der Versicherer dem Versicherungsnehmer die Gebührenabrede mit dem Anwalt ab, so übernimmt er für diesen eine wirtschaftlich bedeutsame Entscheidungs- und Verhandlungsmacht. Allein für sich genommen rechtfertigt die Bedeutung dieser Geschäftsübernahme die Anwendung der Regeln der Geschäftsbesorgung. Der Versicherungsnehmer darf erwarten, dass der Versicherer in seinem Sinne

---

1431 Armbrüster JZ 2014, 577 (579); Armbrüster AnwBl 2012, 218 (220).

1432 Bauer NJW 2015, 1329; Wendt r + s 2014, 328 (329); Bauer, in: Harbauer, ARB, 8. Aufl., 2010, ARB 2000 § 5 Rn. 10.

1433 Bauer NJW 2015, 1329; Bauer, in: Harbauer, ARB, 8. Aufl., 2010, ARB 2000 § 5 Rn. 10.

handelt und eine angemessene Vergütung aushandelt, die eine gewissenhafte Fallbearbeitung gewährleistet. Guter Lohn macht hurtige Hände und umgekehrt. Der Versicherungsnehmer muss nicht damit rechnen, dass der Versicherer nicht seine Interessen wahrnimmt und eine auf den Fall bezogene, angemessene Anwaltsgebühr vereinbart, sondern stattdessen im Eigeninteresse ein pauschalisierendes Rationalisierungsabkommen trifft.

Ob der unterdurchschnittlich vergütete Vertragsanwalt weiterhin zur Fallbearbeitung geeignet ist oder nicht,[1434] fällt nicht ins Gewicht. Entscheidend ist, dass es alleinige Sache des Versicherungsnehmers ist, darüber zu befinden, ob die Vergütung seines Rechtsanwaltes angemessen ist und nicht Sache des Rechtsschutzversicherers. Die Wertungen des Vertrags- und Anwaltvergütungsrechtes sind eindeutig.

§ 34 Abs. 1 S. 1 RVG ordnet ausdrücklich an, dass sich der Rechtsuchende und der Rechtsanwalt im Wege einer Gebührenvereinbarung auf die Entlohnung für die außergerichtliche Beratung verständigen. Die Begründung der Gebührenfestsetzung (§ 14 RVG) schuldet der Rechtsanwalt seinem Auftraggeber, nicht dem Versicherer. Wenn der Versicherungsnehmer vom Versicherer verlangt, er solle für ihn Auswahl und Vermittlung des Rechtsanwalts übernehmen, so liegt hierein das stillschweigende Angebot einer Kostenabwicklungsvereinbarung, die sich ihrerseits als Geschäftsbesorgung darstellt. Nimmt der Versicherer dieses Angebot an, so übernimmt er für seinen Versicherungsnehmer das ihm fremde Geschäft des Gebührenaushandelns. Dass er dieses Geschäft bereits weit vor Eintritt des Versicherungsfalls durch Abschluss des Rationalisierungsabkommens im Sinne einer

„Rahmenausschöpfungsvereinbarung“[1435] übernommen hat, ahnt der Versicherungsnehmer nicht. Die Kostenausschöpfungsvereinbarung hat mit dem Leistungsversprechen des Rechtsschutzversicherers nichts zu tun und weist über dieses hinaus. Es ist nicht deckungsgleich mit dem Ermessen, das der vereinbarte Schuldbefreiungsanspruch dem Versicherer einräumt. Es handelt sich um eine eigenständige Vereinbarung neben dem Versicherungsvertrag. Gleiches gilt auch, wenn der Versicherungsnehmer nur zufällig einen Vertragsanwalt beauftragt, mit dem der Versicherer die Gebühren bereits ausgehandelt hat.

Aushandeln und Abrechnen der Gebühren ist ebenfalls eine dem Anwalt und seinem Auftraggeber zugewiesene Angelegenheit und damit für den Versicherer fremd. Bei der abwartenden Schadenabwicklung übernimmt der Versicherer

1434 Armbrüster JZ 2014, 577 (579); Armbrüster AnwBl 2012, 218 (220).
1435 Kilian AnwBl 2012, 209 (212).

diese ihm fremde Angelegenheit nicht im Rahmen des Versicherungsvertrages, sondern in einer (stillschweigend) geschlossenen Nebenabrede: der Gebührenabrechnungsvereinbarung.

(2) Fremdgeschäftsführungswille

Der Fremdgeschäftsführungswille des Geschäftsführers wird bei objektiv fremden Geschäften vermutet.

dd. Vorvertragliches Schuldverhältnis

Bereits während der Vertragsverhandlungen (§ 311 Abs. 2 Nr. 1 BGB) und Vertragsanbahnungen (§ 311 Abs. 2 Nr. 2 BGB) ist der Versicherer verpflichtet, auf die Rechte, Rechtsgüter und Interessen seines künftigen Versicherungsnehmers Rücksicht zu nehmen (§ 241 Abs. 2 BGB).

ee. Pflichtverletzung

Wer fremde Geschäfte führt, darf hieraus weder für sich eigene Vorteile erzielen (§ 667 BGB) noch Nachteile erleiden (§ 670 BGB).

Der Geschäftsführer hat uneigennützig, geradlinig und mit Nachdruck die Interessen seines Geschäftsherrn zu wahren und zu fördern. Dieses treuhänderische Gepräge des Geschäftsbesorgungsverhältnisses verlangt von dem Geschäftsführer ein besonderes, gesteigertes Maß an Vertragstreue und Redlichkeit. Daher ist der Geschäftsführer seinem Geschäftsherrn dazu verpflichtet, Umstände zu offenbaren, die Zweifel an seiner Uneigennützigkeit und Redlichkeit nähren könnten. Entscheidend ist dabei die Sicht des Geschäftsherrn. Ihm obliegt es schlussendlich darüber zu entscheiden, wie seine Geschäfte geführt werden sollen und dementsprechende Weisungen zu erteilen. Um seine Geschäfte und Geschicke lenken zu können, bedarf der Geschäftsherr einer hinreichenden Entscheidungsgrundlage. Der Rechtsschutzversicherer muss seine wirtschaftliche Verflechtung mit den Vertragsanwälten offenbaren und den Abschluss des Rationalisierungsabkommens offen legen.

Geltungsgrund der Offenbarungspflicht des Rechtsschutzversicherers ist also weder, dass er dem eigenen Versicherungsnehmer gegenläufige Kostendämpfungsinteressen verfolgt, noch das dem Versicherungsnehmer überlegene Wissen (Gedanke des Sachwalters). Ausschlaggebend ist, dass der Rechtsschutzversicherer mit seinem Bedingungswerk in der gestaltenden Schadenabwicklung und dem Abschluss der Rationalisierungsabkommen ihm fremde Geschäfte des Versicherungsnehmers wahrnimmt und ihm daher an gesteigertes Maß an Uneigennützigkeit und Redlichkeit schuldet. Der Versicherer muss das Rechtsdurchsetzungsinteresse seines Versicherungsnehmers vorne an stellen und sein eigenes Kostendämpfungsinteresse zurückstellen. Der Versicherungsnehmer selbst muss entscheiden können, wie seine Geschäfte geführt werden.

Mit dem makelbehaften Bedingungswerk der gestaltenden Schadenabwicklung und der (stillschweigend) abgeschlossenen Gebührenabwicklungsabrede in der abwartenden Schadenabwicklung verletzt der Rechtsschutzversicherer die ihm obliegende Offenbarungspflicht, seine wirtschaftliche Verflechtung mit den Vertragsanwälten offen zu legen.

ff. Schaden

Ein Vermögensschaden ist dem Versicherungsnehmer bereits durch den Abschluss des Versicherungsvertrages entstanden. Selbst wenn die versprochene Leistung und die Gegenleistung eines Vertrages gleichwertig und werthaltig sind, ist ein Schaden i.S.d. § 249 BGB bereits dann anzunehmen, wenn die versprochene Leistung für die Zwecke des Geschädigten nicht voll brauchbar ist.[1436] Der unterdurchschnittlich vergütete Vertragsanwalt mag zur Rechtsdurchsetzung weiterhin geeignet sein,[1437] die Brauchbarkeit des Vertragsanwalts für den Versicherungsnehmer steht aber bereits dadurch in Frage, dass der Versicherungsnehmer dessen Vergütung nicht selbst aushandeln konnte.

gg. Verantwortung

Die Pflichtverletzung hat der Versicherer zu vertreten. Eine Entlastungsmöglichkeit ist nicht ersichtlich (§ 280 Abs. 1 S. 2 BGB).

c. Rechtsfolge

Der Versicherungsnehmer ist so zu stellen, wie er stehen würde, wenn der Rechtsschutzversicherer ihm die mit dem Vertragsanwalt vereinbarten Gebührenabschläge offenbart hätte (§ 249 BGB). Der Versicherungsnehmer hätte vielmehr einen ungebundenen Anwalt beauftragt, der allein nach den gebührenrechtlichen Vorgaben seine Vergütung abrechnet.

Bei beratungsgerechtem Verhalten hätte der Versicherungsnehmer weder einen gebundenen Vertragsanwalt beauftragt noch hätte sich stillschweigend auf

---

1436 BGH Urt. v. 8.03.2005 – XI ZR 170/04 –, BGHZ 163, 306 (309 f.) = NJW 2005, 1579; BGH Urt. v. 19.07.2004 – II ZR 402/02 –, BGHZ 160, 149 (153 f.) = NJW 2004, 2971 (2972); BGH Urt. v. 18.09.2001 – X ZR 107/00 –, NJW-RR 2002, 308 (310); BGH Urt. v. 26.09.1997 – V ZR 29/96 –, NJW 1998, 302 (304 f.).

1437 So Armbrüster JZ 2014, 577 (579); Armbrüster AnwBl 2012, 218 (220).

eine Gebührenabwicklungsabrede nach Maßgabe des Rationalisierungsabkommens eingelassen. Der Versicherungsnehmer hätte vielmehr einen ungebundenen Anwalt beauftragt, der allein nach den gebührenrechtlichen Vorgaben seine Vergütung abrechnet. Hierfür spricht ein Beweis des ersten Anscheins.[1438]

Der Versicherer wird nicht widerlegen können, dass der Versicherungsnehmer von einer Beauftragung des Vertragsanwalts abgesehen und einen ungebundenen Anwalt mit seiner Rechtsangelegenheit betraut. Die Gleichgültigkeit, mit der der Versicherungsnehmer die Anwaltswahl mitunter auf den Versicherer überträgt, mag Zweifel daran schüren, dass ihm an der Beauftragung eines ungebundenen Anwaltes wirklich gelegen ist.

Allerdings muss der Versicherer beweisen, dass der Versicherungsnehmer den Vertragsanwalt auch im Wissen um das Rationalisierungsabkommen beauftragt hätte. Dagegen streitet eine zur Beweislastumkehr führende widerlegliche Vermutung.[1439] Diese Beweislastregel greift auch dann, wenn der Geschädigte mehrere Handlungs- und Entscheidungsmöglichkeiten hat. Dies verlangt der Schutzzweck der verletzten Offenbarungspflicht.[1440] Es war der Versicherer, der durch die Verletzung der Offenbarungspflicht dem Versicherungsnehmer vorgegaukelt hat, er müsse bei der Gebühren- und Kostenabwicklung nichts entscheiden. Der Einwand, der Versicherungsnehmer hätte sich bei pflichtwidrigem Verhalten in einem Entscheidungskonflikt befunden, vermag ihn daher nicht zu entlasten.

Der Versicherer haftet dem Versicherungsnehmer daher ebenso wie der Anwalt und in demselben Umfang für sämtliche Kosten eines schadensbedingt notwendigen Anwaltswechsels.

2. *Herausgabepflicht nach § 667 BGB*

Daneben kann der Versicherungsnehmer von dem Versicherer kraft Gesetzes nach § 667 BGB dasjenige herausverlangen, was dieser aus der Geschäftsbesorgung erlangt hat.

1438 BGH Beschl. v. 15.05.2014 – IX ZR 267/12 –, NJW 2014, 2795 Tz. 2 f. m.w.N.

1439 BGH Beschl. v. 15.05.2014 – IX ZR 267/12 –, NJW 2014, 2795 Tz. 3, 4; BGH Urt. v. 8.05.2012 – XI ZR 262/10 –, BGHZ 193, 159 (168, 169) = NJW 2012, 2497 Tz. 29, 30, 31; Schwab NJW 2012, 3274 (3276).

1440 BGH Beschl. v. 15.05.2014 – IX ZR 267/12 –, NJW 2014, 2795 Tz. 3, 4; BGH Urt. v. 8.05.2012 – XI ZR 262/10 –, BGHZ 193, 159 (169) = NJW 2012, 2497 Tz. 31; Schwab NJW 2012, 3274 (3276 – Schutz vor Beweisnot).

Zum einen hat der Versicherer die im Rationalisierungsabkommen vereinbarten Gebührenabschläge aus der Geschäftsbesorgung erlangt. Die Gebührenabschläge errechnen sich aus dem Unterschied zwischen den vereinbarten Pauschalen und Gebührensätzen einerseits und der nach anwaltlichem Ermessen (§§ 14 Abs. 1, 4 Abs. 1 S. 1 RVG) festzusetzenden Gebühr andererseits.

Um seinen Herausgabeanspruch beziffern zu können, ist der Versicherungsnehmer auf seine gesetzlichen Ansprüche gegen den Vertragsanwalt nach §§ 667, 666 BGB angewiesen. Dieser muss ordentlich abrechnen und die Gebühren nach billigem Ermessen festsetzen.

Zum anderen hat der Versicherer durch das Rationalisierungsabkommen Personalkosten eingespart. Rationalisierung meint auch Vereinfachung der Verfahrensabläufe. Die Mitarbeiter des Versicherers mussten eingehende Kostennoten nicht nach Maßgabe des RVG auf ihre inhaltliche Richtigkeit prüfen. Durch die Rationalisierungsabkommen werden die Arbeitsabläufe rationalisiert und beschleunigt.

3. *Rechenschaftspflicht nach § 666 BGB*

Über die eingesparten Personalkosten und Gebührenabschläge muss der Versicherer dem Versicherungsnehmer Rechenschaft nach §§ 666, 259 BGB legen und diese beziffern. Der Versicherer hat dem Versicherungsnehmer nach § 259 Abs. 1 BGB eine die geordnete Zusammenstellung der Einnahmen oder der Ausgaben enthaltende Rechnung mitzuteilen und, soweit Belege erteilt zu werden pflegen, Belege vorzulegen. Die Pflicht zur Rechnungslegung nach § 259 BGB geht über einen auf Treu und Glauben (§ 242 BGB) gerichteten Auskunftsanspruch weit hinaus.[1441] §§ 666, 259 BGB bieten eine hinreichende Ermächtigungsgrundlage für den Eingriff in das verfassungsrechtlich geschützte Geheimhaltungsinteresse, der in der Pflicht zur Rechnungslegung liegt.

1441 BGH Urt. v. 26.06.2013 – IV ZR 39/10 –, r + s 2014, 295 (296) Tz. 26.

Teil VI: Wiederherstellung des Vertragsgleichgewichts

In Teil II, III und IV wurden die Grenzen, die der Grundsatz der freien Anwaltswahl dem Versicherer bei seinem Bedingungswerk zieht, aufgezeigt. Das Selbstbehauptungsrecht des Rechtsuchenden wird durch § 3 RDG sowie §§ 78, 79 ZPO im Interesse einer geordneten Rechtspflege eingeschränkt. Er wird zur anwaltlichen Vertretung und damit zur Wahl eines Anwalts gezwungen. Das Recht der freien Anwaltswahl ist der kümmerliche Rest des Selbstbehauptungsrechts, das dem Rechtsuchenden verbleibt. Es dient vornehmlich dem Schutz der unabhängigen Rechtspflege und Rechtsfindung. Weite Teile des Bedingungswerks der gestaltenden Schadenabwicklung – insbesondere die strengen Lenkungsklauseln (strengen Telefonie-, Streitschlichtungs- und Inkassoklauseln) sowie die Abstimmungs- und Kostenminderungsobliegenheit – sind daher mit dem Grundsatz der freien Anwaltswahl nicht vereinbar. Grund hierfür ist das hohe Schutzgut der unabhängigen Rechtspflege und Rechtsfindung, das bis in das vertragliche Bedingungswerk des Versicherers hin ausstrahlt.

Rechtsbesorgung ist die Besorgung fremder Angelegenheiten. Der Rechtsanwalt hat die versprochenen Rechtsdienstleistungen daher uneigennützig, unabhängig und geradlinig zu erbringen. Zweifel an seiner Uneigennützigkeit gehen zu seinen Lasten. Umstände, die aus Sicht des Rechtsuchenden seine Unabhängigkeit in Frage stellen, muss er offen legen. Grund dafür ist, dass der Rechtsuchenden erwarten darf, dass der Rechtsanwalt fremde Rechtsangelegenheiten uneigennützig und unabhängig wahrnimmt (§§ 675, 611 BGB). Auch der Rechtsschutzversicherer nimmt die ihm fremden Angelegenheiten des Versicherungsnehmers wahr, wenn er den Versicherungsnehmer bewusst und gezielt dazu veranlasst, die an ihn über Rationalisierungsabkommen gebundenen Vertragsanwälte zu beauftragen (gestaltende Schadenabwicklung) und die Gebührenabrechnung mit den Vertragsanwälten übernimmt (abwartende Schadenabwicklung). Dem Versicherungsnehmer stehen die aus dem Rationalisierungsabkommen erzielten Gebührenvorteile zu (§ 667 BGB). Ihm ist eine dementsprechende Rechenschaft zu legen (§ 666 BGB). Grund hierfür ist weder ein bestehender oder drohender Interessenwiderstreit noch die Unabhängigkeit der Rechtspflege, sondern die unbedingte Treue und Redlichkeit, die eine Besorgung fremder Geschäfte erfordert (§§ 675, 611 BGB). Dies hat Teil IV gezeigt.

In Teil VI gilt es zu untersuchen, ob die rechtlichen Grenzen der Gestaltungsmacht des Versicherers ob des Grundsatzes der freien Anwaltswahl (Teil II und

III) sowie die besonderen Treuepflichten, die sich aus der Besorgung fremder Geschäfte herrühren, genügen, um das vom Gesetz gewollte Vertragsgleichgewicht zwischen dem Rechtsschutzversicherer und seinem Versicherungsnehmer wieder herzustellen. Setzt sich der Versicherungsnehmer gegen das Bedingungswerk der gestaltenden Schadenabwicklung zur Wehr, hat er hierfür Aufwendungen. Es stellt sich die Frage, ob dem Versicherungsnehmer ein dementsprechender Schadenersatzanspruch wegen der Verwendung unwirksamer Versicherungsbedingungen zusteht (A). Ein Urteil in einem solchen Gerichtsverfahren wirkt nur zwischen den Parteien (§ 325 ZPO) und gilt nicht etwa für alle Versicherungsnehmer. Der Sache nach hat der Versicherer es in der Hand, sein makelbehaftetes Bedingungswerk weiter zu verwenden und so im Geschäftsverkehr den bösen Schein der Wirksamkeit aufrechtzuerhalten. Nach Art 6 Abs. 1 der Klausel-RL müssen die Mitgliedstaaten aber sicherstellen, dass missbräuchliche Klauseln „für den Verbraucher unverbindlich" sind. Art. 7 Abs. 1 der Klausel-RL verlangt von dem Gesetzgeber, dem Verbraucher ein angemessenes und wirksames Mittel an die Hand zu geben, um der Verwendung missbräuchlicher Klauseln „ein Ende" zu setzen. Es ist daher zu untersuchen, ob und welches verfahrensrechtliche Mittel der deutsche Gesetzgeber dem Versicherungsnehmer an die Hand gegeben hat (B).

A. Schadenersatz bei Verwendung makelbehafteter Bedingungen

Ob das Bedingungswerk des Versicherers unwirksam ist oder nicht, ist eine Frage nach den Grenzen der Gestaltungmacht des Versicherers (Teil II). Ob der Versicherungsnehmer die außergerichtlichen Anwaltskosten, die er für die Auseinandersetzung mit dem Versicherer aufwenden musste, ersetzt erhält, ist damit nicht gesagt.

I. Keine Sperrwirkung des UKlaG

Der Gesetzgeber hat bestimmten Verbänden im Verbandsklageverfahren nach § 1, 3 UKlaG die Aufgabe zugewiesen, die Unwirksamkeit von Allgemeinen Geschäftsbedingungen gerichtlich feststellen zu lassen. Der Unterlassungsanspruch im Verbandsklageverfahren nach §§ 1, 3 UKlaG trifft freilich keine abschließende Regelung zu den Rechtsfolgen unwirksamer Bedingungswerke.[1442]

1442 OLG Köln Urt. v. 30.03.2007 – 6 U 249/06 –, NJW 2007, 3647; KG Beschl. v. 3.04.2007 . 5 W 73/07 – NJW 2007, 2266; OLG Karlsruhe Urt. v. 21.05.1980 – 6 U 81/79 [Kart] –; WRP 1980, 640 (641); Bassenge, in: Palandt, BGB. 75. Aufl., 2016, UKlaG

Das Verbandsklageverfahren hat abschreckenden Charakter für die Zukunft. Die inhaltlichen Rechtsfolgen für in der Vergangenheit liegende Pflichtverstöße regelt das bürgerlich-rechtliche Schuldrecht.

II. Schadenersatz wegen Verschulden bei Vertragsabschluss

Neben der Unwirksamkeit der makelbehaften Bedingungen können schuldrechtlich weitere Rechtsfolgen eintreten. Den Versicherer kann wegen seiner Verantwortung für die Fassung seiner Versicherungsbedingungen die Last einer Schadenersatzpflicht treffen. So haftet der Verwender unwirksamer Allgemeiner Geschäftsbedingungen der anderen Vertragsseite nach §§ 311 Abs. 2, 241 Abs. 2, 280 Abs. 1, 249 BGB auf den Ersatz des Vertrauensschadens.[1443]

1. Tatbestand

Die Tatbestandsvoraussetzungen der §§ 311 Abs. 2, 241 Abs. 2, 280 Abs. 1 BGB müssen vorliegen.

a. Vorvertragliches Schuldverhältnis

Bereits während der Vertragsverhandlungen (§ 311 Abs. 2 Nr. 1 BGB) und Vertragsanbahnungen (§ 311 Abs. 2 Nr. 2 BGB) ist der Versicherer verpflichtet, auf die Rechte, Rechtsgüter und Interessen des Versicherungsinteressenten Rücksicht zu nehmen (§ 241 Abs. 2 BGB).

b. Pflichtverletzung

Unwirksame Versicherungsbedingungen zeichnen sich gerade dadurch aus, dass sie die Interessen des Versicherungsnehmers nicht angemessen (§ 307 Abs. 1 S. 1 BGB) berücksichtigen. Durch das Angebot der unwirksamen Bedingungen

---

§ 3 Rn. 1; Micklitz, in: MünchKommZPO, Bd. 3, 4. Aufl., 2013, UKlaG § 1 Rn. 60; Witt, in: Ulmer/Brandner/Hensen, AGB-Recht, 11. Aufl., Köln 2011, UKlaG § 5 Rn. 24.

1443 BGH Urt. v. 11.06.2010 – V ZR 85/09 –, NJW 2010, 2873 (2875) Tz. 24; BGH Urt. v. 27.05. 2009 – VIII ZR 302/07 –, BGHZ 181, 188 (192) = NJW 2009, 2590 Tz. 10; BGH Urt. v. 12.11.1986 – VIII ZR 280/85 –, BGHZ 99, 101 (106) = NJW 1987, 639 (640); BGH Urt. v. 25.05.1984 – III ZR 63/83 –, NJW 1984, 2816 (2817); v. Westphalen ZIP 2012, 2469 (2474 f.); Schmidt WuM 2010, 191; Lindacher, in: Wolf/Lindacher/Pfeiffer, AGB-Recht, 6. Aufl. 2013, § 306 Rn. 66; Fuchs, in: Ulmer/Brandner/Hensen, AGB-Recht, 11. Aufl., 2011, vor § 307 Rn. 104; Schmidt, in: Bamberger/Roth, BeckOK BGB, 39. Aufl., Stand: 1.05.2016, § 306 Rn. 27.

in der gestaltenden Schadenabwicklung verletzt. der Versicherer seine Rücksichtnahme- und Aufklärungspflichten.[1444] Nichts anderes gilt für Versicherungsbedingungen, die nicht AGB-rechtlich unwirksam sind, sondern denen die Wirksamkeit aufgrund von zwingendem, halbzwingendem Recht oder sonstigem Gesetzesrecht – etwa wegen Sittenwidrigkeit (§ 138 BGB) – versagt ist.[1445] Wer den Grund der Unwirksamkeit gesetzt hat, hat für die Folgen der Unwirksamkeit einzustehen.[1446] Der Versicherer verletzt durch die Verwendung unwirksamer Bedingungen in der gestaltenden Schadenabwicklung seine (vor-) vertraglichen Rücksichtnahme- und Aufklärungspflichten. Gleiches gilt für den stillschweigenden Abschluss einer hinfälligen Gebührenabrechnungsabrede in der abwartenden Schadenabwicklung.

c. *Verantwortung*

Die Verantwortung für die Fassung seiner Versicherungsbedingungen trägt der Versicherer.[1447] Er hat die Unwirksamkeit der Bedingungen zu vertreten. § 280 Abs. 1 S. 2 BGB vermutet dies zu seinen Lasten.

Ein Recht auf Irrtum bei der Gestaltung seiner Versicherungsbedingungen steht dem Versicherer nicht zu.[1448] Er hat seine Mitarbeiter so auszuwählen und seine Fach- und Rechtsabteilung so einzurichten, dass Rechtsfehler vermieden werden.[1449]

Gleichwohl kann ein Rechtsirrtum den Versicherer entlasten. Er verletzt die im Verkehr erforderliche Sorgfalt (§ 276 BGB) nicht, wenn er im Rahmen seiner Möglichkeiten den eigenen Rechtsstandpunkt sorgfältig geprüft hat.[1450] Bei unklarer Rechtslage soll die rechtliche Beurteilung bereits dann vertretbar sein, wenn die rechtliche Prüfung mangels höchstrichterlicher Rechtsprechung zu keinem gewissen Ergebnis führt.[1451] Der Versicherer kann sich also nur dann

---

1444 Vgl. Schmidt WuM 2010, 191 (192 f.).

1445 BGH Urt. v. 12.11.1986 – VIII ZR 280/85 –, NJW 1987, 639 (640) m.w.N.

1446 BGH Urt. v. 12.11.1986 – VIII ZR 280/85 –, NJW 1987, 639 (640) m.w.N.

1447 Schmidt WuM 2010, 191 (193); Basedow, in: MünchKommBGB, Bd. 2, 7. Aufl., 2016, § 306 Rn. 32; Schmidt, in: Bamberger/Roth, BeckOK BGB, 39. Aufl., Stand: 1.05.2016, § 306 Rn. 5.

1448 BGH Urt. v. 16.01.2009 – V ZR 133/08 –, BGHZ 179, 238 (244) = NJW 2009, 1262 Tz. 15; v. Westphalen ZIP 2012, 2469 (2475).

1449 BGH Urt. v. 12.05.2009 – XI ZR 586/07 –, NJW 2009, 2298 (2299) Tz. 14 zu Banken.

1450 BGH Urt. v. 18.01.2011 – XI ZR 356/09 –, NJW 2011, 1063 (1065) Tz. 31; BGH Urt. v. 16.01.2009 – V ZR 133/08 –, BGHZ 179, 238 (246) = NJW 2009, 1262 Tz. 20.

1451 BGH Urt. v. 18.01.2011 – XI ZR 356/09 –, NJW 2011, 1063 (1065) Tz. 31; Basedow, in: MünchKommBGB, Bd. 2, 7. Aufl., 2016, § 306 Rn. 36. Krit.: Schmidt WuM 2010,

entlasten, wenn er mangels einer gefestigten Rechtsprechung bei Vertragsabschluss gutgläubig von der Wirksamkeit der Klauseln ausgehen konnte und durfte.[1452]

Die Urteile zu der gestaltenden Schadenabwicklung der Rechtsschutzversicherer scheinen rar gesät. Es gibt lediglich zwei höchstrichterliche BGH-Entscheidungen[1453], zwei obergerichtliche Entscheidungen[1454] und zwei Landgerichtsurteile[1455], die sich mit Fragen der gestaltenden Schadenabwicklung beschäftigen sowie ein Amtsgerichtsurteil[1456] zu der Frage von Umgehungsgeschäften bei Inkassoklauseln. Nicht einmal ein Bruchteil der Rechtsfragen, die die gestaltende Schadenabwicklung der Rechtsschutzversicherer aufwirft, scheint geklärt. Gleichwohl hat der EuGH mit fünf Entscheidungen zu der freien Anwaltswahl in der Rechtsschutzversicherung[1457] den rechtlichen Rahmen genau abgesteckt. Der IV. Versicherungssenat des BGH sieht sich aufgrund dessen ausdrücklich dazu in der Lage, die verbleibenden Entscheidungsspielräume, die das deutsche Recht lässt, auszufüllen und durchzuentscheiden.[1458]

Die Rechtslage ist daher keineswegs unklar. Es ist zudem das ureigenste Geschäft der Versicherer, Bedingungswerke zu entwerfen und zu gestalten. Versicherungsprodukte sind Rechtsprodukte. Wirksame Bedingungswerke zu gestalten, gehört zum Kerngeschäft der Versicherer. Dementsprechende Sorgfalt wird man erwarten dürfen. Es waren gerade die Rechtsschutzversicherer, die

---

191 (194); Deckenbrock NJW 2012, 1247 (1248), der befürchtet, die Beweislastumkehr nach § 280 Abs. 1 S. 2 BGB liefe leer.

1452 Basedow, in: MünchKommBGB, Bd. 2, 7. Aufl., 2016, § 306 Rn. 36; strenger: v. Westphalen ZIP 2012, 2469 (2475); Deckenbrock NJW 2012, 1247 (1248); Schmidt WuM 2010, 191 (194); Thüsing, in: v. Westphalen, Vertragsrecht und AGB-Klauselwerke, Losebl., 38. Elf., Stand: Oktober 2013, Rechtsfolgen Rn. 47.

1453 BGH Beschl. v. 14.01.2016 – I ZR 98/15 –, r + s 2016, 235; BGH Urt. v. 4.12.2013 – IV ZR 215/12 –, BGHZ 199, 170 = NJW 2014, 630.

1454 OLG Frankfurt a. M. Urt. v. 09.04.2015 – 6 U 110/14 –, r + s 2015, 351 = VersR 2016, 188; OLG Bamberg Urt. v. 20.06.2012 – 3 U 236/11 –, NJW 2012, 2282.

1455 LG Frankfurt a.M. Urt. v. 7.05.2014 – 2-06 O 271/13 –, NJW 2014, 2204; LG Bamberg Urt. v. 8.11.2011 – 1 O 336/10 –, VersR 2011, 1515.

1456 AG Ebersberg Urt. v. 15.11.2013 – 7 C 450/13 –, NJW 2014, 1461.

1457 EuGH Urt. v. 7.04.2016 – C-460/14 –, EuZW 2016, 399 = VersR 2016, 657 Tz. 23 – Massar; EuGH Urt. v. 7.04.2016 – C-5/15 –; BeckRS 2016, 80578 Tz. 21 – Büyüktipi; EuGH Urt. v. 7.11.2013 – C-442/12 –, NJW 2014, 373 Tz. 27, 28 – Sneller; EuGH Urt. v. 26.05.2011 – C 293/10 –, NJW 2011, 3077 – Stark; EuGH Urt. v. 10.09.2010 – C-199/08 –, NJW 2010, 3055 – Eschig.

1458 BGH Urt. v. 4.12.2013 – IV ZR 215/12 –, BGHZ 199, 170 = NJW 2014, 630.

sich anlässlich der Neuordnung des VVG im Jahre 2008 einen möglichst weiten Gestaltungsrahmen zur Entwicklung neuer Versicherungsprodukte ausbedungen haben.

Ein Rechtsirrtum vermag den Versicherer nicht zu entlasten.

d. Schaden

Ein Vermögensschaden ist dem Versicherungsnehmer bereits durch den Abschluss des makelbehafteten und mit unwirksamen Bedingungen durchsetzten Rechtsschutzversicherungsvertrages entstanden. Der Schaden ist aus der Sicht des Geschädigten zu bestimmen. Selbst wenn die versprochene Leistung und die Gegenleistung eines Vertrages gleichwertig und werthaltig sind, ist ein Schaden i.S.d. § 249 BGB bereits dann anzunehmen, wenn die versprochen Leistung für die Zwecke des Geschädigten nicht voll brauchbar ist.[1459] Ein Rechtsschutzversicherungsvertrag ist für die Zwecke des Versicherungsnehmers, Deckungsschutz für seine Rechtsdurchsetzung zu erhalten, nicht voll geeignet, wenn ihn unwirksame Klauseln an seiner Rechtswahrnehmung hindern.

2. Rechtsfolge

Der Versicherer haftet dem Versicherungsnehmer auf Schadenersatz. Der Versicherungsnehmer ist so zu stellen, wie er stehen würde, wenn er nicht auf den Bestand der unwirksamen Klauseln vertraut hätte (§ 249 Abs. 1 BGB).

Ersatzfähig sind die Rechtsverfolgungskosten, die erforderlich sind, um den Rechtsschein der unwirksamen Versicherungsbedingungen zu beseitigen.[1460] Aus Sicht des rechtsunkundigen Versicherungsnehmers ist es erforderlich (§ 249 Abs. 2 S. 1 BGB), sich anwaltlichen Rechtsrat einzuholen, um sich der Auseinandersetzung mit dem fachkundigen Versicherer zu stellen.

B. Beseitigung des bösen Scheins für alle Versicherungsnehmer

Streiten sich der Versicherer und sein Versicherungsnehmer über die Wirksamkeit einzelner Versicherungsbedingungen vor Gericht, so wirkt ein Urteil

1459 BGH Urt. v. 8.03.2005 – XI ZR 170/04 –, BGHZ 163, 306 (309 f.) = NJW 2005, 1579; BGH Urt. v. 19.07.2004 – II ZR 402/02 –, BGHZ 160, 149 (153 f.) = NJW 2004, 2971; BGH Urt. v. 18.09.2001 – X ZR 107/00 –, NJW-RR 2002, 308 (310); BGH Urt. v. 26.09.1997 – V ZR 29/96 –, NJW 1998, 302 (304 f.).

1460 v. Westphalen ZIP 2012, 2469 (2475); Thüsing, in: v. Westphalen, Vertragsrecht und AGB-Klauselwerke, Losebl., 38. Elf., Stand: Oktober 2013, Rechtsfolgen Rn. 48.

in einem solchen Verfahren wirkt nur zwischen den Parteien (§ 325 ZPO) und gilt nicht etwa für alle Versicherungsnehmer. Der einzelne Versicherungsnehmer kann nur sein Recht geltend machen, nicht im eigenen Namen die Rechte aller Versicherungsnehmer. Der Sache nach hat der Versicherer es daher in der Hand, sein makelbehaftetes Bedingungswerk weiter zu verwenden und so im Geschäftsverkehr den bösen Schein der Wirksamkeit aufrechtzuerhalten.

I. Unterlassungsklage nach UKlaG

Um dieser Gefahr zu begegnen hat der Gesetzgeber bestimmten Verbänden im Verbandsklageverfahren nach § 1, 3 UKlaG die Aufgabe zugewiesen, die Unwirksamkeit von Allgemeinen Geschäftsbedingungen gerichtlich feststellen zu lassen. Einzelnen Verbraucherschutzverbänden wird damit das Verbandsklagerecht eingeräumt, die Verwender unlauterer, unwirksamer Bedingungen auf Unterlassung in Anspruch zu nehmen. Verstößt ein verurteilter Versicherer gegen das ihn ergangene Unterlassungsgebot, kann der Versicherungsnehmer sich im Wege der Einrede nach § 11 S. 1 UKlaG auf das ergangene Urteil berufen.[1461] Voraussetzung ist, dass der Versicherungsnehmer um das ergangene Urteil weiß. Dies ist häufig nicht der Fall oder der Versicherer lässt es durch Klaglosstellung gar nicht erst zu einem Urteil kommen. Das Einrede-Modell nach § 11 UKlaG ist deshalb im Ergebnis weitestgehend ebenso folgenlos wie die schuldrechtliche Hinweispflicht des Versicherers auf unwirksame Bedingungen[1462].

Ohnehin findet das Verbandsverfahren nach § 1 UKlaG nur auf Versicherungsbedingungen Anwendung, wenn sie nach §§ 307 bis 309 BGB unwirksam sind. Im Zusammenhang mit der freien Anwaltswahl in der Rechtsschutzversicherung ist dies der Fall, wenn das halbzwingende Recht nach §§ 127, 129 VVG zu gesetzlichen Regelungen nach § 307 Abs. 2 Nr. 1 BGB als Prüfungsmaßstab zählt. Diese Frage ist – wie bereits im Teil II unter B.III dargestellt – umstritten.

1. Halbzwingendes Recht als taugliches Leitbild

Nach der in Rechtsprechung und in Schrifttum überwiegend vertretenen Meinung gehören auch halbzwingende Vorschriften zu den gesetzlichen Regelungen des § 307 Abs. 2 Nr. 1 BGB, die den Prüfungsmaßstab einer AGB-rechtlichen

1461 v. Westphalen ZIP 2012, 2469 (2470 f.).

1462 BGH Urt. v. 13.01.2010 – VIII ZR 351/08 –, NJW 2010, 1877; v. Westphalen ZIP 2012, 2469 (2474 f.).

Inhaltskontrolle abbilden.[1463] Danach stellt § 127 VVG ein taugliches gesetzliches Leitbild i.S.d. § 307 Abs. 2 Nr. 1 BGB dar.

2. *Halbzwingendes Recht als eigenständiger Prüfungsmaßstab*

Nach der Gegenmeinung stellt halbzwingendes Recht eine eigenständige und abschließende Regelung dar, sodass daneben eine AGB-rechtliche Inhaltskontrolle nicht zum Tragen kommen kann.[1464] Danach stellt § 127 VVG kein taugliches gesetzliches Leitbild i.S.d. § 307 Abs. 2 Nr. 1 BGB dar.

3. *Stellungnahme*

§ 307 Abs. 2 Nr. 1 BGB unterscheidet hinsichtlich der gesetzlichen Regelungen nicht zwischen zwingendem, halbzwingendem und abdingbarem Recht. Insoweit scheint das halbzwingende Recht nach § 127 VVG als taugliches gesetzliches Leitbild i.S.d. § 307 Abs. 2 Nr. 1 BGB in Betracht zu kommen.

Dies zuzulassen hieße aber den Geltungsanspruch und -umfang halbzwingenden Rechts zu verkennen. Halbzwingendes Recht wirkt in zweifacher Hinsicht.[1465] Eine Abweichung zum Nachteil der Vertragsgegenseite kann zum einen mangels fehlender Gestaltungs- und Vertragsmacht von vorneherein keine

---

1463 BGH Urt. v. 20.10.2015 – XI ZR 166/14 –, NJW 2016, 560 (562) Tz. 31; BGH Urt. v. 27.01.2015 – XI ZR 174/13 –, NJW 2015, 1440 (1441) Tz. 17; BGH Urt. v. 17.12.2013 – XI ZR 66/13 –, BGHZ 199, 281 (284) = NJW 2014, 922 Tz. 13 f.; BGH Urt. v. 8.05.2007 – KZR 14/04 –, NJW 2007, 3568 (3569) Tz. 12; Felsch r + s 2015, 53 (57); Wandt VersR 2015, 263 (267); Rattay VersR 2015, 1075 (1078); Martin VersR 1984, 1107 (1111); Präve FS Baumann, 1999, 249 (261); Möslein Dispositives Recht, 2011, 207 f.; van de Loo Die Angemessenheitskontrolle Allgemeiner Versicherungsbedingungen nach dem AGB-Gesetz, 1987, 77, 78; Roth Vertragsänderung bei fehlgeschlagener Verwendung von Allgemeinen Geschäftsbedingungen, 1994, 17, 18; Armbrüster, in: Prölss/Martin VVG, 29. Aufl., 2015, Einl. Rn. 109, § 18 Rn. 11; Wandt, in: MünchKommVVG, Bd. 1, 1. Aufl., 2010, § 32 Rn. 15, 22; Pfeiffer, in: Wolf/Lindacher/Pfeiffer, AGB-Recht, 6. Aufl., 2013, § 307 Rn. 14; Fuchs, in: Ulmer/Brandner/Hensen, AGB-Recht, 11. Aufl., 2011, vor § 307 Rn. 57.

1464 BAG Urt. v. 12.02.2015 – 6 AZR 831/13 –, NJW 2015, 2284 (2285) Tz. 19; Werber VersR 2010, 1253 (1256 f.); Armbrüster Privatversicherungsrecht, 1. Aufl., 2013, Rn. 528; Uffmann Das Verbot der geltungserhaltenden Reduktion, 2010, 45, 46; Klenk, in: Looschelders/Pohlmann, VVG, 2. Aufl., 2011, § 18 Rn. 6; zurückhaltend s.a. Klimke Die halbzwingenden Vorschriften des VVG, 2004, 157 f.

1465 Roth JZ 1989, 411 (413); Uffmann Das Verbot der geltungserhaltenden Reduktion, 2010, 40.

Wirksamkeit entfalten.[1466] Zum anderen tritt an die Stelle der unwirksamen Vertragsbestimmung inhaltlich das halbzwingende Recht, von dem abgewichen wird.[1467] Sowohl auf Tatbestands- als auch auf Rechtsfolgenseite trifft halbzwingendes Recht eine eigenständige und abschließende Regelung.[1468] Daneben bleibt kein Raum für eine AGB-rechtliche Inhaltskontrolle. Wenn der Gesetzgeber unlautere Verstöße gegen (halb-)zwingendes Recht im Verbandsklageverfahren hätte ahnden wollen, so hätte er dies in dem Prüfungsmaßstab nach § 1 UKlaG klarstellend aufnehmen müssen.[1469]

§ 127 VVG ist kein taugliches gesetzliches Leitbild i.S.d. § 307 Abs. 2 Nr. 1 BGB. Das Verbandsklageverfahren ist damit kein taugliches Mittel, um Verstöße des Bedingungswerks der Versicherer gegen §§ 127, 129 VVG zu verfolgen.

II. Feststellungsklage des Versicherungsnehmers

Wenn der Versicherungsnehmer es mittels einer Klage in der Hand hätte, die Unwirksamkeit der Versicherungsbedingungen feststellen zu lassen, könnte dies eine wirksames Mittel sein, um die Rechte der Versicherungsnehmer wirksam durchzusetzen.

1. Keine Sperrwirkung des UKlaG

Der Gesetzgeber hat bestimmten Verbänden im Verbandsklageverfahren nach § 1, 3 UKlaG die Aufgabe zugewiesen, die Unwirksamkeit von Allgemeinen Geschäftsbedingungen gerichtlich feststellen zu lassen. Der Unterlassungsanspruch im Verbandsklageverfahren nach §§ 1, 3 UKlaG trifft freilich keine abschließende verfahrensrechtliche Regelung zu den Folgen unwirksamer

1466 Sack/Seibl, in: Staudinger, BGB, Teilband 4 a, 12. Aufl., Neubearbeitung 2011, § 134 Rn. 33.

1467 Roth JZ 1989, 411 (413); Ulmer FS Steindorff, 1990, 799 (804); Schapp Grundfragen der Rechtsgeschäftslehre, 1986, 93; Cziupka Dispositives Vertragsrecht, 2010, 36; Dorn, in: HKK BGB, Bd. 1, 1. Aufl., 2003, §§ 139 – 141 Rn. 8.

1468 Werber VersR 2010, 1253 (1256 f.); Armbrüster Privatversicherungsrecht, 1. Aufl., 2013, Rn. 528; Uffmann Das Verbot der geltungserhaltenden Reduktion, 2010, 45, 46; Klenk, in: Looschelders/Pohlmann, VVG, 2. Aufl., 2011, § 18 Rn. 6.

1469 BAG Urt. v. 12.02.2015 – 6 AZR 831/13 –, NJW 2015, 2284 (2285) Tz. 20; Werber VersR 2010, 1253 (1258); Coester FS Löwisch, 2007, 57 (64); Uffmann Das Verbot der geltungserhaltenden Reduktion, 2010, 46; Fuchs, in: Ulmer/Brandner/Hensen, AGB-Recht, 11. Aufl., 2011, § 307 Rn. 208.

AGB.[1470] Das Verbandsklageverfahren hat abschreckenden Charakter. Das Verfahren des einzelnen Rechtsuchenden nicht. Das Feststellungsurteil bindet nur die Parteien (§ 322 ZPO). Auf die drittwirkende Rechtskraft des Urteils im Verbandsklageverfahren (§ 11 UKlaG) kann sich jede Gegenseite des Klauselverwenders einredeweise berufen.[1471] Das Verfahren des einzelnen Rechtsuchenden und das Verbandsklageverfahren verfolgen unterschiedliche Zwecke. Sie bestehen nebeneinander und schließen sich nicht wechselseitig aus.

2. *Feststellungsfähiges Rechtsverhältnis*

Ob die Wirksamkeit einzelner Versicherungsbedingungen ein feststellungsfähiges Rechtsverhältnis i.S.d. § 256 Abs. 1 ZPO darstellt, ist allerdings fragwürdig.[1472] Nach § 256 Abs. 1 ZPO kann nur eine Klage auf Feststellung des Bestehens oder Nichtbestehens eines Rechtsverhältnisses erhoben werden. Allein das Rechtsverhältnis selbst kann Gegenstand der Klage sein, nicht einzelne Vorfragen oder einzelne Elemente des Rechtsverhältnisses.[1473] Mit dem Feststellungsantrag geht es dem Versicherungsnehmer nicht darum, das Rechtsschutzverhältnis insgesamt in Frage zu stellen, sondern einzig und allein um die Unwirksamkeit einzelner Versicherungsbedingungen. Es könnte also bereits an einem feststellungsfähigen Rechtsverhältnis i.S.d. § 256 Abs. 1 ZPO fehlen.

3. *Feststellungsinteresse*

Darauf käme es nicht an, wenn es dem Versicherungsnehmer ohnehin an einem rechtlichen Feststellungsinteresse mangelt (§ 256 Abs. 1 ZPO).

1470 OLG Köln Urt. v. 30.03.2007 - 6 U 249/06 -, NJW 2007, 3647; KG Beschl. v. 3.04.2007 . 5 W 73/07 - NJW 2007, 2266; OLG Karlsruhe Urt. v. 21.05.1980 - 6 U 81/79 [Kart] -; WRP 1980, 640 (641); Bassenge, in: Palandt, BGB. 75. Aufl., 2016, UKlaG § 3 Rn. 1; Micklitz, in: MünchKommZPO, Bd. 3, 4. Aufl., 2013, UKlaG § 1 Rn. 60; Witt, in: Ulmer/Brandner/Hensen, AGB-Recht, 11. Aufl., Köln 2011, UKlaG § 5 Rn. 24.

1471 Micklitz, in: MünchKommZPO, Bd. 3, 4. Aufl., 2013, UKlaG § 11 Rn. 1.

1472 Verneinend BGH Urt. v. 16.10.1985 - Iva ZR 49/84 -, NJW-RR 1986, 104 (105); Wendt r + s 2006, 45 (50).

1473 BGH Urt. v. 3.05.1977 - VI ZR 36/74 -, BGHZ 68, 332 (333) = NJW 1977, 1288; Greger, in: Zöller, ZPO, 31. Aufl., 2016, § 256 Rn. 3; s. aber a. BGH Urt. v. 24.03.2010 - VIII ZR 304/08 -, NJW 2010, 2793 (2794) Tz. 16 f.

a. Kein Normenkontrollverfahren

Ein solches Feststellungsinteresse wird in Bezug auf unwirksame Allgemeine Geschäftsbedingungen teilweise verneint.[1474] Die Rechtsfolge der Unwirksamkeit der Versicherungsbedingungen ergebe sich bereits nach §§ 306, 307 BGB kraft Gesetzes und bedürfe keiner gesonderten richterlichen Feststellung. Nach der hier vertretenen Auffassung gilt gleiches für die aus der unmittelbar aus dem Geltungsanspruch des (halb-)zwingenden Rechts nach §§ 127, 129 VVG folgenden Unwirksamkeit der betroffenen Bedingungen aufgrund der von vorneherein fehlenden Gestaltungsmacht des Versicherers. Einen Anspruch auf Klärung allgemeiner Rechtsfragen – losgelöst vom Einzelfall – räumt das Gesetz dem Rechtsuchenden nicht ein. Ein Normenkontrollverfahren des einzelnen Rechtsuchenden kennt die ZPO nicht.

b. Art. 6 und 7 der Klausel-RL

Die Vorgaben des Europarechts für das AGB-Recht könnten dem Richter freilich für den Fall unwirksamer AGB abverlangen, § 256 ZPO europarechtsgerecht auszulegen. Nach Art 6 Abs. 1 der Klausel-RL müssen die Mitgliedstaaten sicherstellen, dass missbräuchliche Klauseln „für den Verbraucher unverbindlich" sind. Art. 7 Abs. 1 der Klausel-RL verlangt von dem Gesetzgeber, dem Verbraucher ein angemessenes und wirksames Mittel an die Hand zu geben, um der Verwendung missbräuchlicher Klauseln „ein Ende" zu setzen. Die inhaltliche Rechtsfolgenregelung des § 306 BGB dürfte hierzu kaum genügen.[1475] Sie setzt allenfalls gegenüber dem einzelnen klagenden Versicherungsnehmer der Verwendung der missbräuchlichen Versicherungsbedingung ein Ende, nicht aber insgesamt gegenüber den Verbrauchern. Dem Versicherer bleibt es unbenommen, das unwirksame Bedingungswerk weiterhin zu verwenden. Die Rechtskraft eines Urteils (§ 322 ZPO) im Verfahren gegen einen einzelnen Versicherungsnehmer steht dem nicht entgegen. Eine europarechtsgerechte Auslegung des § 256 Abs. 1 ZPO könnte für ein rechtlich erhebliches Interesse sprechen, für alle Versicherten die Unwirksamkeit der Versicherungsbedingungen feststellen zu lassen.

Die Frage nach der europarechtsgerechten Auslegung stellt sich dann nicht, wenn – wie hier – der eigenständige Geltungs- und Rechtsfolgenanspruch (halb-) zwingenden Rechts ernst genommen wird. Die betroffenen Bedingungen sind

---

1474 Vgl. LG Köln Urt. v. 4.04.2001 – 26 O 130/00 –, NJW-RR 2002, 703.

1475 v. Westphalen ZIP 2012, 2469 (2472); v. Westphalen FS Kübler, 2015, 787 (794, 795 – „gewisses Defizit").

wegen des Verstoßes gegen (halb-)zwingendes Recht von vorneherein unwirksam und werden innerhalb einer juristischen Sekunde durch den vom Gesetzgeber gewollten Vertragsinhalt ersetzt. Die Bedingungen sind für den Verbraucher von vorneherein unverbindlich.

III. Zwischenfeststellungsklage

Allerdings muss die Frage nach der Zulässigkeit einer Feststellungsklage aus europarechtlichen Gründen an dieser Stelle ohnehin nicht entschieden werden, wenn der Versicherungsnehmer auf das verfahrensrechtliche Werkzeug der Zwischenfeststellungsklage nach § 256 Abs. 2 ZPO zurückgreifen kann.

Im Schadenersatzverfahren wegen des Ersatzes der außergerichtlichen Rechtsverfolgungskosten oder der gerichtlichen Auseinandersetzung über das Bedingungswerk des Rechtsschutzversicherers kann der Versicherungsnehmer im Wege einer Zwischenfeststellungsklage die Unwirksamkeit einzelner Bedingungen feststellen lassen, wenn die Voraussetzungen des § 256 Abs. 2 ZPO vorliegen.[1476]

Nach § 256 Abs. 2 ZPO kann eine Partei beantragen, dass ein im Laufe des Prozesses streitig gewordenes Rechtsverhältnis, von dessen Bestehen oder Nichtbestehen die Entscheidung des Rechtsstreits ganz oder zum Teil abhängt, durch richterliche Entscheidung festgestellt werde. Auf diesem Wege werden bereits vorgreifliche Vorfragen der rechtskräftigen Entscheidung durch ein Zwischenfeststellungsurteil zugänglich. Streiten sich die Parteien um Leistungsansprüche im Zusammenhang mit der freien Anwaltswahl, muss das Gericht Verstöße gegen §§ 127, 129 VVG entgegenstehender Versicherungsbedingungen prüfen. Macht der Versicherungsnehmer außergerichtliche Anwaltskosten geltend, so sind diese nur erforderlich i.S.d. § 249 Abs. 2 S. 1 BGB, wenn die angegriffenen Versicherungsbedingungen gegen §§ 127, 129 VVG verstoßen. In beiden Fällen ist die Unwirksamkeit der streitgegenständlichen Bedingungen vorgreiflich für die gerichtliche Entscheidung. Die damit nach § 256 Abs. 2 ZPO zulässige Zwischenfeststellungsklage ermöglicht es, die tragenden Entscheidungsgründe, die an der Rechtskraft des Urteils nach § 322 Abs. 1 ZPO nicht teilnehmen, rechtskräftig feststellen zu lassen.[1477]

1476 OLG Karlsruhe Urt. v. 21.05.1980 – 6 U 81/79 [Kart] –; WRP 1980, 640 (641); a.A. wohl Micklitz, in: MünchKommZPO, Bd. 3, 4. Aufl., 2013, UKlaG § 5 Rn. 8.

1477 Becker-Eberhard, in: MünchKommZPO, 4. Aufl., 2013, § 256 Rn. 75; Foerste, in: Musielak/Voit, ZPO, 12. Aufl., 2015, § 256 Rn. 41.

Die unselbstständige Zwischenfeststellungsklage nach § 256 Abs. 2 ZPO verlangt kein Feststellungsinteresse. Die Vorgreiflichkeit der Frage macht das Feststellungsinteresse entbehrlich.[1478]

Der Versicherungsnehmer hat es auf diesem Wege in Hand, sein Recht zu wahren ohne ein Unterlassungsurteil im Verbandsklageverfahren abwarten zu müssen.

1478 OLG Hamm Urt. v. 10.02.2000 – 6 U 208/99 –, r + s 2000, 194.

Teil VII: Ergebnis

Das Recht auf eine freie Anwaltswahl ist ein Verfahrensgrundrecht zum Schutz der unabhängigen Rechtspflege. Das Wissen um das Wesen dieses Verfahrensgrundrechtes ist verschüttet. Die gesetzliche Verankerung in der bürgerlich-rechtlichen Vorschrift der §§ 127, 129 VVG einerseits und der öffentlich-rechtlichen Berufsvorschrift des § 3 Abs. 3 BRAO andererseits haben die Rechtsanwender vergessen lassen, dass es sich bei dem Recht auf eine freie Anwaltswahl um ein Stück Gerichtsverfassung handelt. Unabhängige Rechtsfindung bedarf der Beteiligung unabhängiger Richter (§ 1 GVG) und unabhängiger Rechtsanwälte (§ 3 Abs. 1 BRAO). Vergünstigungen und die Einflussnahme verfahrensfremder Dritter machen die Verfahrensbeteiligten voreingenommen. Eine solche Einflussnahme sucht der Gefährdungstatbestand der freien Anwaltswahl zu verhindern. Dabei geht es nicht um die Entschließungsfreiheit des Versicherungsnehmers, sondern um den Schutz der unabhängigen Rechtspflege. Die freie Anwaltswahl ist ein Gefährdungstatbestand, kein Eingriffstatbestand. Eine Verletzung der Wahlfreiheit setzt keinen Eingriff voraus. Eine rechtlich bedeutsame Beeinträchtigung der freien Anwaltswahl liegt bereits in jedweder Einflussnahme auf den Rechtsuchenden, sofern sie geeignet ist die unabhängige Rechtspflege zu gefährden. Will man § 127 VVG hingegen als Eingriffstatbestand lesen, so liegt der Eingriff in die freie Anwaltswahl in einer rechtlich unerwünschten Willensbeeinflussung. Entgegen der Rechtsauffassung des BGH[1479] kann es dabei nicht auf die nötigende Wirkung eines geistig-seelisch vermittelten Zwangs ankommen. Versicherer sind Kaufleute. Der kluge Kaufmann nötigt seine Kunden nicht, sondern umwirbt sie. Die rechtlich unerwünschte Willensbeeinflussung, die in das Wahlrecht eingreift, kann vielmehr allenfalls in einer arglistigen Täuschung (§ 123 BGB) zu sehen sein. Indem der Versicherer dem Versicherten seine wirtschaftliche Verflechtung mit den empfohlenen Vertragsanwälten arglistig verschweigt, täuscht er ihn.

§§ 127, 129 VVG zwingen dem Rechtsschutzversicherer die freie Anwaltswahl als notwendigen Vertragsinhalt auf. Die Gestaltungsfreiheit des Versicherers nach § 125 VVG findet hier ihre Grenze.[1480]

1479 BGH Urt. v. 4.12.2013 – IV ZR 215/12 –, BGHZ 199, 170 (183) = NJW 2014, 630 Tz. 36.

1480 A. a. BGH Beschl. v. 14.01.2016 – I ZR 98/15 –, r + s 2016, 235.

Folgende Bedingungen der gestaltenden Schadenabwicklung sind unbedenklich:

- Empfehlung und Vermittlung von Rechtsanwälten (Ziff. 4.1.3 ARB 2012),
- Vermittlung eine Notanwaltes (Ziff. 4.1.3 ARB 2012),
- einfache Telefonieklauseln (vgl. Ziff. 4.1.1.1 ARB 2012),
- einfache Streitschlichtungsklauseln (Ziff. 2.3.1.1 ARB 2012),
- einfache Inkassoklauseln,
- Kostenbegrenzung auf ortsansässigen Rechtsanwalt (Ziff. 2.3.1.2 ARB 2012) sowie die
- Kostenbegrenzung bei Anwaltswechsel (Ziff. 2.3.1.2 ARB 2012).

Folgende Bedingungen der gestaltenden Schadenabwicklung scheitern am (halb-)zwingenden Recht nach §§ 127, 129 VVG:

- strenge und erweiterte Telefonieklauseln,
- strenge Streitschlichtungsklauseln,
- strenge Inkassoklauseln,
- Abstimmungsobliegenheiten (Ziff. 4.1.1.3 ARB 2012),
- Kostenminderungsobliegenheiten (Ziff. 4.1.1.4 ARB 2012),
- Begrenzung der Kostenerstattung auf Fach- oder Vertragsanwälte

sowie

- Belohnungsklauseln (Wahltarife, Verzicht auf Selbstbehalt, Schadenfreiheitsrabatt etc.).

Eine AGB-rechtliche Angemessenheitsprüfung nach §§ 305 f. BGB kommt wegen des unbedingten Geltungsanspruchs und dem eigenen Rechtsfolgensystem neben der (halb-)zwingenden Nachteilsprüfung nach § 127, 129 VVG nicht zum Tragen.

In der abwartenden Schadenabwicklung verlässt sich der Versicherer darauf, dass sein Versicherter von allein den Weg zu dem über ein Rationalisierungsabkommen gebundenen Vertragsanwalt findet. Das Rationalisierungsabkommen ist zwar wegen eines Verstoßes gegen das Verbot der Vorteilsannahme i.S.d. § 49 b Abs. 3 BRAO nichtig. Die Nichtigkeit schlägt aber weder auf den Rechtsschutzversicherungsvertrag noch auf den Rechtsdienstleistungsvertrag durch.

Allerdings machen sich der Rechtsschutzversicherer und sein Vertragsanwalt schadenersatzpflichtig. Schließen der Rechtsschutzversicherer und der Vertragsanwalt hinter dem Rücken des Versicherungsnehmers ein Rationalisierungsabkommen ab, so nehmen sie damit ein ihnen fremdes Geschäft des Versicherungsnehmers wahr. Der Abschluss von Gebühren- und Vergütungsvereinbarungen ist ureigene Sache des Auftraggebers. Die Besorgung fremder

Geschäfte verlangt von dem Geschäftsführer, eigene Interessen hinter die des Geschäftsherrn zu stellen. Diese besondere Pflicht zur uneigennützigen Redlichkeit gebietet es sowohl dem Rechtsschutzversicherer als auch seinem Vertragsanwalt, dem Versicherungsnehmer die wirtschaftliche Verflechtung über das abgeschlossene Rationalisierungsabkommen offen zu legen. Nur so ist gewährleistet, dass der Rechtsuchende auf einer hinreichend klaren Entscheidungsgrundlage darüber befinden kann, ob er einen voreingenommenen – und gegebenenfalls schlecht bezahlten – Vertragsanwalt mit seiner Rechtsangelegenheit betrauen will. Die Verletzung der Offenbarungspflicht verpflichtet zum Schadenersatz. Der Versicherungsnehmer kann die Kosten für den Wechsel von einem Vertragsanwalt zu einem ungebundenen Anwalt ersetzt verlangen. Daneben treffen den Rechtsschutzversicherer und seinen Vertragsanwalt Rechenschafts- und Herausgabepflichten nach §§ 666, 667 BGB. Das aus dem Rationalisierungsabkommen erzielte Kostenersparnis gebührt dem Versicherungsnehmer.

Nimmt der Versicherungsnehmer mit seinem Rechtsschutzversicherer den Rechtsstreit über die freie Anwaltswahl auf, so kann er im Wege der Zwischenfeststellungsklage nach § 256 Abs. 2 ZPO die vorgreifliche Unwirksamkeit einzelner Bedingungen des versichererseits verwandten ARB-Werks feststellen lassen.

Der Kampf um die freie Anwaltswahl wird in einer Zeit geführt, in der der Staat die rechtsprechende Gewalt zunehmend aus der Hand gibt. Schiedsgerichte entscheiden über länderübergreifende Unternehmensstreitigkeiten. Schiedsstellen entscheiden über Verbraucherstreitigkeiten mit geringem Gegenstandswert. Befürworter dieser Entwicklung sehen hierin zwei „Spuren der Streitbeilegung“[1481], Kritiker die Aufgabe der zwangsweisen Rechtsdurchsetzung in einer „Zeit nach dem staatlichen Gewaltmonopol“[1482]. Der Niedergang von Rechtsstaaten beginnt selten mit einem offenen Angriff. Rechtskulturen gehen langsam und lautlos unter. Überlässt die Gesellschaft die Wahrung rechtsstaatlicher Grundsätze dem freien Spiel wirtschaftlicher Marktkräfte, ist es um die Zukunft des Rechtsstaates schlecht bestellt.

1481 Hess JZ 2015, 548 (554).

1482 Oestmann Wege zur Rechtsgeschichte: Gerichtsbarkeit und Verfahren, 2015, 283, 285.

Thesen

I. Die freie Anwaltswahl als Rechtsgrundsatz

1.1. Das Recht auf freie Anwaltswahl ist ein Verfahrensrecht des Rechtsuchenden. Es ist kein Freiheitsrecht i.e.S. Die Entschließungsfreiheit des Rechtsuchenden wird nicht geschützt. Die freie Anwaltswahl schützt einerseits das Selbstbehauptungsrecht des Rechtsuchenden, andererseits die unabhängige Rechtsfindung und Rechtspflege. Sie zielt darauf ab, die unabhängige Rechtsfindung und Rechtspflege vor den Einflüssen verfahrensfremder Dritter zu schützen. Der Rechtsuchende muss sich im Interesse einer unabhängigen Rechtspflege durch einen unabhängigen Rechtsanwalt vertreten lassen.

1.2.1. Verfassungsrechtlich ist die freie Anwaltswahl in dem Anspruch auf rechtliches Gehör (Art. 103 Abs. 1 GG) verankert. Inhalt und Schranken hat der Gesetzgeber durch §§ 3 RDG, 78, 79 ZPO bestimmt. Der diesen Vorschriften innewohnende Anwaltszwang bzw. Anwaltsvorbehalt macht eine Beauftragung und Wahl eines Rechtsanwalts durch den Rechtsuchenden erst erforderlich. Das Selbstbehauptungsrecht des Rechtsuchenden, sich bei Gericht Gehör zu verschaffen, verkümmert im Interesse einer unabhängigen Rechtspflege zu dem Recht, sich seinen anwaltlichen Vertreter selbst auszusuchen.

1.2.2. Eine Anwaltswahl ist frei, wenn sie unbeeinflusst ist. Die freie Anwaltswahl ist beeinträchtigt, wenn die Einflussnahme Dritter die Unabhängigkeit der Rechtspflege gefährdet. Je stärker die Einflussnahme ist, desto schwerwiegender ist der Schaden, den die Rechtspflege nimmt.

1.2.3. Beeinträchtigungen der freien Anwaltswahl lassen sich allenfalls durch gegenläufige öffentliche Interessen an einer unabhängig und reibungslos arbeitenden Rechtspflege rechtfertigen.

1.2.4. Es ist alleinige Aufgabe des Gesetzgebers, die Grenzen des anwaltlich vermittelten Gehörs zu ziehen. Er darf dies nur zum Schutze einer unabhängigen und geordneten Rechtspflege.

1.3. Völker- und europarechtlich ist der Grundsatz der freien Anwaltswahl in dem Recht auf ein faires Verfahren nach Art. 6 Abs. 1 EMRK und Art. 47 GRCh verankert. Es steht in dem angloamerikanischen Überlieferungsstrang des Rechtes auf ein faires Verfahren („fair trial“) und eine faire Anhörung („fair hearing“).

1.4.1. Einfachgesetzlich ist die freie Anwaltswahl in § 3 Abs. 3 BRAO und § 127 VVG geregelt.

1.4.2. §§ 3 Abs. 3 BRAO ist eine öffentlich-rechtliche Vorschrift. Die Vorschrift ist inhaltlich Gerichtsverfassungsrecht. Der Rechtsanwalt ist ebenso wie der Richter (§ 1 GVG) ein unabhängiges Organ der Rechtspflege (§ 1 BRAO). Unabhängige Rechtspflege verlangt nicht nur nach dem unabhängigen Richter, sondern auch nach dem unabhängigen Anwalt. Als öffentlich-rechtliches Verfahrensrecht schützt es vor dem Zugriff durch die rechtsprechende Gewalt (s. z.B. §§ 78 b, c ZPO, §§ 140, 141 StPO).

1.4.3 Die bürgerlich-rechtliche Vorschrift des § 127 VVG hat der deutsche Gesetzgeber mit § 129 VVG als halbzwingendes Recht ausgestaltet. Europarechtsgerecht ist es als zwingendes Recht zu verstehen. Die RSV-RL bzw. Art. 198 f. der Solvabilität II-RL kennen nur ein bedingungs- und vorbehaltloses Wahlrecht. Der Versicherungsnehmer muss keinen Nachteil i.S.d. § 129 VGG erleiden, um in den Genuss des Wahlrechtes zu gelangen.

1.4.4 Die freie Anwaltswahl nach § 127 VVG ist zwingender Vertragsinhalt eines jeden Rechtsschutzversicherungsvertrages. Die Gestaltungsfreiheit des Versicherers nach § 125 VVG findet hier seine Grenzen.

1.4.5. Mit der bürgerlich-rechtlichen Vorschrift des § 127 VVG ergänzt der Gesetzgeber den Schutz der Wahlfreiheit durch die öffentlich-rechtliche Vorschrift des § 3 Abs. 3 BRAO um den Schutz vor der Einflussnahme durch verfahrensfremde, private Dritte zu gewährleisten (mittelbare Drittwirkung).
1.5 Das Recht auf eine freie Anwaltswahl ist weder ein unverzichtbares noch ein höchstpersönliches Recht. Die Grenzen des Rechtes zum Verzicht werden durch §§ 78, 79 ZPO sowie §§ 3, 4 RDG abgesteckt.

II. Bedingungswerk und Schadenabwicklung der Rechtsschutzversicherer

1. Abwartende Schadenabwicklung

1.1. Bei der abwartenden Schadenabwicklung (passives Schadenmanagement) hofft der Rechtsschutzversicherer auf Kostenersparnisse durch den Abschluss von Rationalisierungsabkommen. Mit Rationalisierungsabkommen verpflichten sich die Vertragsanwälte der Rechtsschutzversicherer in der Erwartung vermehrten Mandatsaufkommens zu Gebührenabschlägen in einem Bereich zwischen 20 und 40 %. Bei der abwartenden Schadenabwicklung führt der Versicherer seine

Versicherten dem Vertragsanwalt nicht gezielt durch eine entsprechende Vertragsgestaltung zu, sondern wartet ab, dass die Versicherten ihren Weg selbst zu dem Vertragsanwalt finden.

1.2.1 Das Bedingungswerk der abwartenden Schadenabwicklung beschränkt sich auf die Empfehlung und Vermittlung von Vertrags- und Notanwälten nach Ziff. 4.1.3 ARB 2012. Die Bedingung der Ziff. 4.1.3 ARB 2012 weicht nicht zum Nachteil des Versicherungsnehmers von der freien Anwaltswahl i.S.d. § 127 VVG ab.

1.2.2 Neben der Nachteilsprüfung nach halbzwingendem Recht findet keine AGB-rechtliche Angemessenheitsprüfung statt. Dies verbietet der unbedingte Geltungsanspruch halbzwingenden Rechts. Halbzwingendes Recht nimmt dem Versicherer die Gestaltungs- und Verfügungsmacht, eine gegenläufige Bedingung zu schaffen. Die Vertragslücke wird geschlossen, indem den Parteien der vom Gesetzgeber gewollte Vertragsinhalt aufgezwungen wird. Für eine AGB-rechtliche Prüfung verbleibt kein Raum.

1.3.1 Rationalisierungsabkommen zwischen Versicherer und Vertragsanwalt sind berufsrechtlich weitestgehend unbedenklich.

1.3.2 Obwohl das Geschäftsmodell des Rationalisierungsabkommens dem Anwalt einen Gebührenabschlag abverlangt, liegt berufsrechtlich kein Fall der Gebührenunterschreitung vor (§ 49 b Abs. 1 BRAO). Der Gesetzgeber hat gebührenrechtlich den Bereich der außergerichtlichen Beratung und Vertretung im Wettbewerbsinteresse weitestgehend freigegeben. Eine gesetzliche Gebühr im Sinne einer „angemessenen" Gebühr gibt es nicht mehr (§ 4 Abs. 1 S. 2 RVG). Dem Rechtsanwalt ist es auch nicht untersagt, auf die ihm zustehende Ermessensausübung bei der Gebührenfestsetzung vorab durch Gebührenpauschalierungen zu verzichten.

1.3.3 Ebenso wenig liegt berufsrechtlich ein Fall widerstreitender Interessen vor (§ 43 a Abs. 4 BRAO). Der Rechtsanwalt vertritt allein die rechtlichen Interessen seines Auftraggebers, nicht diejenigen des Rechtsschutzversicherers. Dass er möglicherweise die wirtschaftlichen Interessen des Versicherers (mit-)bedient, ist berufsrechtlich nicht von Belang.

1.3.4 Der Anwalt darf nach § 49 b Abs. 3 BRAO keine Vorteile für die Vermittlung von Aufträgen gewähren oder entgegennehmen. Genau dies tut er aber mit dem Abschluss eines Rationalisierungsabkommens.

1.3.5 Der Anwalt begibt sich durch die Bindung an den Rechtsschutzversicherer berufsrechtlich aber nicht seiner anwaltlichen Unabhängigkeit i.S.d. § 43 a Abs. 1 BRAO. Die allgemeine Bestimmung des § 43 a Abs. 1 BRAO kommt im Ergebnis nicht zur Anwendung, wenn eine besondere Vorschrift zum Schutze der anwaltlichen Unabhängigkeit – wie § 49 b Abs. 3 BRAO – zum Tragen kommt.

1.3.6 Rationalisierungsabkommen zwischen Vertragsanwalt und Rechtsschutzversicherer sind wegen eines Verstoßes gegen § 49 b Abs. 3 BRAO nach § 134 BGB nichtig. Dem Rechtsanwalt ist es berufsrechtlich untersagt, dem Versicherer Gebührenabschläge zu gewähren, damit er sein Auftragsaufkommen mehren kann.
1.3.7 Die Nichtigkeit des Rationalisierungsabkommens schlägt weder auf den Rechtsschutzversicherungsvertrag noch auf den Rechtsdienstleistungsvertrag durch.

2. Gestaltende Schadenabwicklung

2.1. Bei der gestaltenden Schadenabwicklung (aktives Schadenmanagement) wartet der Rechtsschutzversicherer nicht einfach ab, ob der Versicherte den Weg von allein zu dem über ein Rationalisierungsabkommen gebundenen Vertragsanwalt findet oder ausdrücklich nach einer Anwaltsempfehlung verlangt. Er greift gestaltend in die Abwicklung des Versicherungsfalles ein, um ihn in seinem Kosteninteresse zu lenken und zu steuern. Über entsprechende Bedingungswerke soll der Kunde den telefonischen Erstkontakt mit seinem Versicherer suchen, welcher ihn fortan lenkt. Über eine durch Vertragsanwälte durchgeführte telefonische Erstberatung werden die Fälle nach ihren Erfolgsaussichten und der Möglichkeit einer außergerichtlichen Einigung vorsortiert. Mediationsmöglichkeiten – ebenfalls durch gebundene Dienstleister durchgeführt – werden angeboten. Wenn der Versicherte dann noch anwaltliche Hilfe benötigt, werden Vertragsanwälte empfohlen. Z.T. werden dem Versicherten wirtschaftliche Anreize geboten, um der Empfehlung des Versicherers zu folgen.

2.2 Die gestaltende Schadenabwicklung weicht mit ihrem Bedingungswerk z.T. zum Nachteil des Versicherungsnehmers von der halbzwingenden Vorschrift des § 127 VVG ab.

2.2.1. In jeder Einflussnahme durch den Versicherer liegt eine tatbestandsmäßige Beeinträchtigung der Wahlentscheidung des Versicherungsnehmers i.S.d. § 127 VVG. § 127 VVG ist kein Freiheitsrecht, das dem Schutz der Entschließungsfreiheit dient, sondern ein Verfahrensrecht, das dem Schutz der unabhängigen Rechtspflege dient. Allein die beteiligten Parteien und die Organe der Rechtspflege sollen den Verfahrensgang bestimmen. Unbeteiligte Dritte sollen weder auf den Verfahrensgang noch auf die Rechtsfindung Einfluss nehmen können. § 127

VVG ist ein Gefährdungstatbestand, kein Eingriffstatbestand. Daher genügt jede Einflussnahme des Rechtsschutzversicherers auf die Wahl des Anwalts durch den Versicherungsnehmer, sofern er geeignet ist die Unabhängigkeit der Rechtspflege zu gefährden, um den Tatbestand des § 127 VVG zu erfüllen.

2.2.2. Der BGH hingegen fragt nach einem mittelbaren Eingriff in das Wahlrecht nach § 127 VVG. Im Anschluss an die Entscheidungspraxis des EuGH liegt nach Auffassung des BGH ein mittelbarer Eingriff in das Wahlrecht dann vor, wenn es tatsächlich ausgehöhlt wird. Dem Versicherungsnehmer wird die Ausübung seines Wahlrechtes dann tatsächlich unmöglich gemacht, wenn der Versicherer mit seinem Bedingungswerk einen seelisch-geistig vermittelten Zwang auf den Versicherten ausübt, der dem Versicherungsnehmer keinen Entscheidungsspielraum mehr lässt. Inhaltlich hebt der BGH damit auf den vergeistigten Nötigungsbegriff im Strafrecht ab (§ 240 StGB). Drei Merkmale sind aus seiner Sicht für die Unzulässigkeit der Zwangseinwirkung maßgeblich: Zunächst fragt er danach, ob sich ein wirtschaftliche Anreiz auf einen gegenwärtigen oder künftigen Rechtsschutzfall des Versicherten auswirkt (Gegenwärtigkeitsmoment), dann wie lange die Entscheidung des Versicherten nachwirkt (Dauermoment) und schließlich nach der Höhe des wirtschaftlichen Anreizes (Anreizmoment).

2.2.3. Nicht nur die Nötigung oder Drohung stellt eine Form der rechtlich missbilligten Willensbeeinflussung dar, sondern eben auch die arglistige Täuschung (§ 123 BGB). Der getäuschte Versicherungsnehmer trifft keine freie Anwaltswahl. Entscheidend für die Frage nach dem mittelbaren Eingriff in die freie Anwaltswahl ist, ob der Versicherer dem Versicherungsnehmer eine hinreichende Entscheidungsgrundlage belässt oder ihm das hierfür erforderliche Wissen vorenthält.

2.3.1. Bloße Empfehlungen eines Anwaltes auf Verlangen des Versicherungsnehmers oder die Vermittlung eines Notanwaltes stellen keine Beeinträchtigung der freien Anwaltswahl dar.

2.3.2. Vermittelt der Versicherer bedingungsgemäß ausschließlich Vertragsanwälte für eine telefonische Erstberatung (strenge Telefonieklausel), weicht dies zum Nachteil des Versicherungsnehmers von § 127 VVG ab.

2.3.3. Gleiches gilt, wenn der Versicherer die telefonische Erstberatung nur als Zusatzangebot unterbreitet (erweiterte Telefonberatung).

2.3.4.1 Mit einfachen Streitschlichtungsklauseln übernimmt der Versicherer die Kosten für einen außergerichtlichen Schlichtungsversuch. Sie sind unbedenklich.

2.3.4.2. Schließt der Versicherer gleichzeitig die Kostenübernahme für eine außergerichtliche anwaltliche Beratung und Vertretung aus und macht den Schlichtungsversuch zur Vorbedingung für den Gerichtsrechtsschutz (strenge Streitschlichtungsklausel), ist dies mit §§ 127, 129 VVG unvereinbar. Die Kostenübernahme für die außergerichtliche anwaltliche Vertretung ist nach § 127 Abs. 1 S. 2 VVG zwingender Vertragsinhalt eines jeden Rechtsschutzversicherungsvertrages.

2.3.5. Die Obliegenheit, die Beauftragung des Anwaltes mit dem Versicherer abzustimmen, ist mit § 127 VVG unvereinbar.

2.3.6. Die Obliegenheit vor der Beauftragung des Anwaltes die Weisung des Versicherers einzuholen, um die Rechtsverfolgungskosten zu mindern, ist mit § 127 VVG unvereinbar.

2.3.7. Der Versicherer kann den Kreis der Rechtsanwälte, deren Kosten er übernimmt, weder auf Vertragsanwälte noch auf Fachanwälte, allerdings auf ortsansässige Rechtsanwälte beschränken.

2.3.8. Belohnt der Versicherer seinen Versicherungsnehmer für die Beauftragung eines Vertragsanwaltes, ist dies mit §§ 127, 129 VVG unvereinbar.

2.3.8.1 Dies gilt für Wahltarife: Die freie Anwaltswahl nach Art. 4 Abs. 1 RSV-RL verlangt die Berücksichtigung der freien Anwaltswahl „in jedem Rechtsschutz-Versicherungsvertrag" – also innerhalb eines jeden Vertrages. Die Wahlmöglichkeit zwischen unterschiedlichen Vertragsangeboten – mit oder ohne freie Anwaltswahl (Wahltarife)– entspricht dem nicht und ist daher unzulässig.

2.3.8.2.1 Die vertraglich vereinbarte Gewährung eines geldwerten Vorteils, um den Versicherungsnehmer dazu zu bewegen, einen Vertragsanwalt zu beauftragen, weicht zum Nachteil des Versicherungsnehmers von § 127 VVG ab. Der geldwerte Vorteil kann in dem Verzicht auf den Selbstbehalt liegen.

2.3.8.2.2.1 Der Verzicht auf den Selbstbehalt beeinträchtigt die freie Anwaltswahl. Nach § 127 VVG ist jedwede Einflussnahme des Rechtsschutzversicherer auf die Auswahlentscheidung des Versicherungsnehmers rechtlich unerwünscht. Das Verfahrensrecht des § 127 VVG schützt die unabhängige Rechtspflege und will eine Einflussnahme unbeteiligter Dritter auf den Verfahrensgang und die Rechtsfindung verhindern.

2.3.8.2.2.2 Selbst wenn man mit Rechtsprechung und weiten Teilen des Schrifttums für den Tatbestand des § 127 VVG eine mittelbare Verletzungshandlung fordert, so ist dieses Merkmal erfüllt. Der Versicherer hindert den Versicherungsnehmer an der freien Anwaltswahl, indem er ihn über die wirtschaftlichen Verflechtungen innerhalb der gestaltenden Schadenabwicklung täuscht. Unabhängig von der Höhe des versprochenen wirtschaftlichen Vorteils stellt der Verzicht auf den vereinbarten Selbstbehalt jedenfalls einen unzulässigen, mittelbaren Eingriff in die freie Anwaltswahl nach § 127 VVG dar.

2.3.9.1 Der geldwerte Vorteil kann in einem vereinbarten Nachlass für einen schadenfreien Versicherungsverlauf liegen. Schadenfrei ist ein Vertrag auch dann, wenn der Versicherte einen Vertragsanwalt beauftragt.

2.3.9.2.1 Der Nachlass für die schadenfreie Beauftragung eines Vertragsanwaltes beeinträchtigt die freie Anwaltswahl. Nach § 127 VVG ist jedwede Einflussnahme des Rechtsschutzversicherer auf die Auswahlentscheidung des Versicherungsnehmers rechtlich unerwünscht. Das Verfahrensrecht des § 127 VVG schützt die unabhängige Rechtspflege und will eine Einflussnahme unbeteiligter Dritter auf den Verfahrensgang und die Rechtsfindung verhindern.

2.3.9.2.2. Der BGH stellt in seiner Beurteilung dieses Schadenfreiheitsrabattsystems allein auf seelisch-geistig vermittelte Zwangswirkung des versprochenen Vorteils auf den Willen des Versicherungsnehmers ab. Entscheidend sei, dass sich eine Besserstufung nicht im gegenwärtigen Rechtsschutzfall, sondern erst im Folgejahr auswirke. Der Versicherungsnehmer, der der Anwaltsempfehlung des Versicherers nicht folge, werde bei sonstiger Schadenfreiheit des Vertrages langfristig ebenso günstig eingestuft wie derjenige Versicherungsnehmer, der den Vertragsanwalt des Versicherers beauftrage. Schließlich sei die Höhe des zu erzielenden wirtschaftlichen Vorteils „für sich genommen" nicht geeignet, einen gewichtigen Einfluss auf die Willensbildung des Versicherten zu nehmen. Gegenwärtigkeit, Dauer und Anreizhöhe des Schadenfreiheitsrabattsystems vermöchten insgesamt kein Gewicht des ausgeübten, seelisch-geistig vermittelten Zwangs zu entfalten, der die Annahme eines mittelbaren Eingriffs in die freie Anwaltswahl des § 127 VVG rechtfertigen würde.

2.3.9.2.3. Auf die Zwangswirkung eines Schadenfreiheitsrabattsystems kommt es freilich nicht an. Allenfalls ist ausschlaggebend, ob der Versicherungsnehmer über die maßgeblichen Umstände des Schadenfreiheitsrabattsystems Kenntnis erhält oder aber hierüber durch den Versicherer im Dunkeln und Unklaren gelassen wird. Enthält ihm der Versicherer das Wissen über den Abschluss von Rationalisierungsabkommen mit den Vertragsanwälten, die Auswahlmerkmale der Vertragsanwälte und die Höhe der durch die Rationalisierungsabkommen erzielten Einsparmöglichkeiten vor, so liegt zumindest in dieser arglistigen Täuschung ein mittelbarer Eingriff in die freie Anwaltswahl des Versicherten nach § 127 VVG.

2.4.1 Rechtsfolge des Verstoßes der Vertragsbestimmungen der gestaltenden Schadenabwicklung gegen das halbzwingende Recht der §§ 127, 129 VVG ist, dass an die Stelle der unwirksamen Vertragsbestimmung der zwingende Vertragsinhalt der freien Anwaltswahl tritt und der Vertrag im Übrigen wirksam bleibt.

2.4.2 Dem Versicherungsnehmer steht es nicht frei, ob er sich auf die Unwirksamkeit der Vertragsbestimmung beruft. § 129 VVG versagt sowohl dem Versicherer als auch dem Versicherungsnehmer insoweit die Vertrags- und Gestaltungsmacht gleichermaßen.

2.4.3 Der Gesetzgeber hat mit §§ 127, 129 VVG zwingend die freie Anwaltswahl vorgesehen, weder eine gesetzliche Schadenminderungsobliegenheit nach § 82 VVG noch eine um die gesetzlichen Rechtsfolgen der §§ 28 Abs. 2 und 3 VVG ergänzte, unwirksame Verhaltensanordnung. Die Sondervorschrift des § 127 VVG für den Bereich der Rechtsschutzversicherung kommt vor den allgemeinen Vorschriften der §§ 28, 82 VVG vorrangig zur Anwendung.
2.4.4 Eine AGB-rechtliche Angemessenheitsprüfung nach §§ 305 f. BGB kommt wegen des unbedingten Geltungsanspruchs und dem eigenen Rechtsfolgensystem neben der (halb-)zwingenden Nachteilsprüfung nicht zum Tragen.

III. Interessenwiderstreit und uneigennützige Besorgung fremder Geschäfte

1. Den Rechtsschutzversicherer und seinen Vertragsanwalt treffen (vor-)vertragliche Aufklärungs- und Offenbarungspflichten nach §§ 675, 280, 241 Abs. 2, 311 Abs. 2, 249 BGB. Sie müssen ihre wirtschaftliche Verflechtung über das Rationalisierungsabkommen offen legen.

2.1 Rechtsbesorgung ist die Besorgung fremder Geschäfte.

2.2. Der Rechtsanwalt darf schon aufgrund des öffentlichen Berufsrechtes keine seinem Auftraggeber widerstreitenden rechtlichen Interessen wahrnehmen (§ 43 a Abs. 4 BRAO). Der Rechtsuchende darf erwarten, dass sein Anwalt sich nicht berufsrechtswidrig verhält. Durch den Abschluss des Rationalisierungsabkommens macht sich der Rechtsanwalt aber nicht zum Diener zweier Herren. Er nimmt keine rechtlichen Interessen des Rechtsschutzversicherers, sondern allenfalls dessen wirtschaftlichen Interessen wahr.

2.3 Die Pflicht, die gegenläufigen wirtschaftlichen Kostendämpfungsinteressen des Rechtsschutzversicherers offen zu legen, folgt bürgerlich-rechtlich aus der Pflicht zur uneigennützigen Geschäftsführung aufgrund des

Geschäftsbesorgungsvertrages. Die Besorgung fremder Rechtsgeschäfte verlangt von dem Anwalt, eigene Interessen hinter die des Rechtsuchenden zu stellen. Das öffentlich-rechtliche Berufsrecht nach § 43 a Abs. 4 BRAO begrenzt den bürgerlich-rechtlichen Pflichtenkreis des Rechtsanwalts dabei nicht abschließend. Der Anwalt muss auch unterhalb der berufsrechtlichen Schwelle der widerstreitenden Interessen liegende, den Interessen des Auftraggebers bloß gegenläufige Interessen offen legen, wenn dies seine Pflicht zur uneigennützigen und geradlinigen Rechtsdurchsetzung gebietet.

2.4 Die Verletzung der Offenbarungspflicht führt zu einem Schadenersatzanspruch des Versicherungsnehmers. Die Kosten für einem Wechsel von dem empfohlenen Vertragsanwalt zu einem ungebundenen Anwalt sind dem Versicherungsnehmer zu ersetzen.

3.1 Daneben haftet auch der Rechtsschutzversicherer wegen der Verletzung einer (vor-)vertraglichen Offenbarungspflicht nach §§ 675, 280, 241 Abs. 2, 311 Abs. 2, 249 BGB auf Schadenersatz.

3.2. Geltungsgrund der Offenbarungspflicht ist die Pflicht zur uneigennützigen Redlichkeit, die aus der Besorgung fremder Geschäfte folgt. Mit dem Rationalisierungsabkommen wird dem Versicherungsnehmer das Geschäft des Abschlusses einer Gebühren- oder Vergütungsvereinbarung mit seinem Anwalt genommen. Die Besorgung fremder Geschäfte verlangt von dem Geschäftsführer, eigene Interessen hinter die des Geschäftsherrn zu stellen. Diese besondere Pflicht zur uneigennützigen Redlichkeit gebietet es dem Rechtsschutzversicherer, dem Versicherungsnehmer die wirtschaftliche Verflechtung mit dem Vertragsanwalt über das abgeschlossene Rationalisierungsabkommen offen zu legen. Nur so ist gewährleistet, dass der Rechtsuchende auf einer hinreichend klaren Entscheidungsgrundlage darüber befinden kann, ob er einen voreingenommenen – und gegebenenfalls schlecht bezahlten – Vertragsanwalt mit seiner Rechtsangelegenheit betrauen will.

4.1 Daneben treffen den Rechtsschutzversicherer und seinen Vertragsanwalt Rechenschafts- und Herausgabepflichten nach §§ 666, 667 BGB.

4.2 Das aus dem Rationalisierungsabkommen erzielte Kostenersparnis gebührt dem Versicherungsnehmer (§ 667 BGB).

4.3 Der Vertragsanwalt muss dem Versicherten eine den Vorgaben des RVG genügende Kostennote legen. Nur der Vertragsanwalt kann beurteilen, welche Gebühren nach Maßgabe der §§ 4 Abs. 1 S. 2, 14 Abs. 1 S. 1 RVG – unabhängig von den Gebührenpauschalen des Rationalisierungsabkommens – festzusetzen gewesen

wären (§§ 10 RVG, 23 BORA). Dieses Wissen benötigt der Versicherungsnehmer, um den Gebührenvorteil beziffern zu können, den der Rechtsschutzversicherer aus dem Abschluss des Rationalisierungsabkommens gezogen hat.
4.4 Über die eingesparten Personalkosten und Gebührenabschläge muss der Versicherer dem Versicherungsnehmer Rechenschaft nach §§ 666, 259 BGB legen und diese beziffern. Der Versicherer hat dem Versicherungsnehmer nach § 259 Abs. 1 BGB eine die geordnete Zusammenstellung der Einnahmen oder der Ausgaben enthaltende Rechnung mitzuteilen und, soweit Belege erteilt zu werden pflegen, Belege vorzulegen. Die Pflicht zur Rechnungslegung nach § 259 BGB geht über einen auf Treu und Glauben (§ 242 BGB) gerichteten Auskunftsanspruch weit hinaus.

IV. Wiederherstellung des Vertragsgleichgewichts.

1.1 Der Rechtsschutzversicherer macht sich wegen der Verwendung unwirksamer Versicherungsbedingungen nach §§ 311 Abs. 2, 241 Abs. 2, 280 Abs. 1, 249 BGB schadenersatzpflichtig. Er haftet auf die außergerichtlichen Rechtsverfolgungskosten, die der Versicherungsnehmer aufwenden muss, um den bösen Schein der Wirksamkeit einer Dienstleistungsversicherung zu beseitigen.
1.2 Im Wege der Zwischenfeststellungsklage kann der Versicherungsnehmer bei dem Streit um den Ersatz der Rechtsverfolgungskosten die Unwirksamkeit der Versicherungsbedingungen feststellen lassen.

Anhang

Vertrags- und Bedingungswerk

I. Rationalisierungsabkommen

1. HUK-Rationalisierungsabkommen (Auszug)

a. Ursprungsfassung[1483]

„Präambel

Die nachfolgende Vereinbarung legt die Rahmenbedingungen für eine Zusammenarbeit zwischen der Kanzlei und der HCR fest. Sie dient dem gemeinsamen Interesse an einer qualitativ hochwertigen, effizienten und gleichzeitig kundenorientierten Mandatsbearbeitung und folgt der gemeinsamen Überzeugung, dass Qualität die oberste Maxime bei der Bearbeitung von Mandaten darstellt.

[…]

II. Abrechnungsvereinbarung für außergerichtliche Tätigkeiten

Die gesetzlichen Gebühren für die gerichtliche Tätigkeit der Kanzlei bleiben von dieser Vereinbarung unberührt. Soweit im Einzelfall die Vergütung nicht in einem unangemessenen Verhältnis zu Leistung, Verantwortung oder Haftungsrisiko der Kanzlei steht, gilt für die Vergütung im außergerichtlichen Bereich Folgendes:

1. Die Kanzlei wird im Regelfall keine Vorschüsse auf die bei ihr entstehenden Gebühren anfordern. Eine Ausnahme gilt für Deckungszusagen, die unter Vorsatz-Vorbehalt erteilt wurden.
2. Erstberatungen werden mit einer Pauschale in Höhe von 80,00 €, alle weiteren Beratungen unter Anrechnung der Erstberatungsgebühr mit einer Pauschale in Höhe von 120,00 € abgerechnet. Eine Erhöhung wegen der Beratung mehrerer Mandanten in gleicher Sache erfolgt nicht. Die Beratung zeigt Möglichkeiten konsensualer oder kontradiktorischer Verfahren

1483 Einsehbar unter www.lawyerslife.de. S. hierzu Teubel KammerReport Hamm 3/2012, 9; Samimi AnwaltFormulare Rechtsschutzversicherung, 3. Aufl. 2013, § 1 Rn. 29 f.

auf, kann dem Mandanten aber auch lediglich als erste rechtliche Orientierung dienen.

3. Die Geschäftsgebühr wird mit einem Satz von 1,0 aus Anlage 2 zu § 13 Abs. 1 RVG abgerechnet. Erhöhungen für mehrere Auftraggeber (Nr. 1008 VV) werden nicht in Ansatz gebracht. Besonders schwierige oder/und umfangreiche Angelegenheiten können nach vorheriger Absprache individuell abgerechnet werden.
4. In außergerichtlichen arbeitsrechtlichen Bestandsschutzangelegenheiten wird als Gegenstandswertobergrenze die Zugrundelegung dreier Bruttomonatsgehälter vereinbart. Alle weiter geltend gemachten Ansprüche (Zeugnis, Weiterbeschäftigungsanspruch, Lohnansprüche ab dem Zeitpunkt der Kündigung, Arbeitspapiere, Urlaubsabgeltung, Überstunden u. Ä.) erhöhen die Gegenstandswertobergrenze nicht, es sei denn die Komplexität der Sache erfordert dies. Der Rechtsanwalt wird in Erfüllung seiner von der Rechtsprechung auferlegten Hinweis- und Beratungspflichten im wohlverstandenen Interesse des Mandanten diesem die Erteilung eines unbedingten Klageauftrags empfehlen, sofern gesetzliche Notwendigkeiten nicht entgegenstehen. Im Falle eines Vergleichs, dessen Wert höher ist als drei Bruttomonatsgehälter, soll nur die Einigungsgebühr aus einem Wert von vier Bruttomonatsgehältern berechnet werden. Von diesem Vorgehen kann in begründeten Einzelfällen in gemeinsamer Absprache der Parteien abgewichen werden, wenn die sich so errechnende Einigungsgebühr der Angelegenheit nicht gerecht wird.
5. Betragsrahmengebühren werden im außergerichtlichen Bereich mit der Mittelgebühr abzüglich eines Nachlasses von 19 % abgerechnet."

b. überarbeitete Fassung[1484]

„Präambel [unverändert]

Die nachfolgende Vereinbarung legt die Rahmenbedingungen für eine Zusammenarbeit zwischen der Kanzlei und der HCR fest. Sie dient dem gemeinsamen Interesse an einer qualitativ hochwertigen, effizienten und gleichzeitig kundenorientierten Mandatsbearbeitung und folgt der gemeinsamen Überzeugung, dass Qualität die oberste Maxime bei der Bearbeitung von Mandaten darstellt. Zusagen über Umsatz- oder Mandatszahlen erfolgen nicht.

[...]

1484 Einsehbar unter www.lawyerslife.de, s. a. KammerForum Köln 2/2103, 56. Die Überarbeitung erfolgte in Absprache mit den Rechtsanwaltskammern Düsseldorf, Hamm und Köln, Schons KammMitt Düsseldorf 2013, 264; Bohnenkamp KammerReport Hamm 3/2013, 16.

II. Abrechnungsvereinbarung für außergerichtliche Tätigkeiten

Die gesetzlichen Gebühren für die gerichtliche Tätigkeit der Kanzlei bleiben von dieser Vereinbarung unberührt.

Die Kanzlei wird im Regelfall keine Vorschüsse auf die bei ihr entstehenden außergerichtlichen Gebühren anfordern. Eine Ausnahme gilt für Deckungszusagen, die unter Vorsatz-Vorbehalt erteilt wurden.

Die Höhe der außergerichtlichen Rahmengebühren ist in einem Begleitschreiben zur Abrechnung unter Gewichtung aller Bewertungskriterien i.S.d. § 14 RVG dezidiert zu begründen (insbesondere hinsichtlich des Umfangs, der Schwierigkeit und/oder der Bedeutung der Angelegenheit und evtl. des Haftungsrisikos des Anwalts).

Soweit erforderlich, sind darüber hinaus weitere Belege beizufügen.

Verzichtet die Kanzlei ganz oder teilweise auf eine derartige Darstellung der Bewertungskriterien, ist die Abrechnung entsprechend den nachfolgenden Ziffern 1–4 in einem vereinfachten Verfahren zu erstellen, wobei auch dann im Einzelfall die Vergütung nicht in einem unangemessenen Verhältnis zu Leistung, Verantwortung oder Haftungsrisiko der Kanzlei stehen darf.

- Erstberatungen werden mit einer Pauschale in Höhe von 80,00 €, alle weiteren Beratungen unter Anrechnung der Erstberatungsgebühr mit einer Pauschale in Höhe von 120,00 € abgerechnet. [~~Eine Erhöhung wegen der Beratung mehrerer Mandanten in gleicher Sache erfolgt nicht.~~] Die Beratung soll grds. auch im Sinne der §§ 253, 278a ZPO Möglichkeiten konsensualer [~~oder kontradiktorischer~~] Verfahren aufzeigen, kann dem Mandanten aber auch lediglich als erste rechtliche Orientierung dienen.
- Die Geschäftsgebühr wird mit einem Satz von 1,0 aus Anlage 2 zu § 13 Abs. 1 RVG abgerechnet. [~~Erhöhungen für mehrere Auftraggeber (Nr. 1008 VV) werden nicht in Ansatz gebracht. Besonders schwierige oder/und umfangreiche Angelegenheiten können nach vorheriger Absprache individuell abgerechnet werden.~~]
- In außergerichtlichen arbeitsrechtlichen Bestandsschutzangelegenheiten wird als Gegenstandswertobergrenze die Zugrundelegung dreier Bruttomonatsgehälter vereinbart. Alle weiter geltend gemachten Ansprüche (Zeugnis, Weiterbeschäftigungsanspruch, Lohnansprüche ab dem Zeitpunkt der Kündigung, Arbeitspapiere, Urlaubsabgeltung, Überstunden u. Ä.) erhöhen die Gegenstandswertobergrenze nicht, es sei denn die Komplexität der

Sache oder die Streitwertpraxis bzw. die Gepflogenheiten des (hypothetisch) zuständigen Gerichts erfordern dies. Der Rechtsanwalt wird in Erfüllung seiner von der Rechtsprechung auferlegten Hinweis- und Beratungspflichten im wohlverstandenen Interesse des Mandanten diesem die Erteilung eines unbedingten Klageauftrags empfehlen, sofern gesetzliche Notwendigkeiten nicht entgegenstehen. Im Falle eines Vergleichs, dessen Wert höher ist als drei Bruttomonatsgehälter, soll nur die Einigungsgebühr aus einem Wert von vier Bruttomonatsgehältern berechnet werden. Von diesem Vorgehen kann in begründeten Einzelfällen in gemeinsamer Absprache der Parteien abgewichen werden, wenn die sich so errechnende Einigungsgebühr der Angelegenheit nicht gerecht wird.

- Betragsrahmengebühren werden im außergerichtlichen Bereich mit der Mittelgebühr abzüglich eines Nachlasses von 19 % abgerechnet."

2. ARAG-Rationalisierungsabkommen (Auszug)[1485]

„Rationalisierungsabkommen
zwischen ARAG SE und der Rechtsanwaltskanzlei
wird vereinbart, dass durch die ARAG SE keine Prüfung der Angemessenheit des Honorars erfolgt, wenn nachfolgend aufgeführte Ansätze und Beträge den Kostenabrechnungen zugrunde gelegt werden:

1. Rechtsberatungen
2. Geschäftsgebühr (VV 2300), Erhöhungen für **einen** weiteren Auftrag-geber (VV 1008) sind in dem Ansatz berücksichtigt, ab **drei** Auftrag-gebern gilt wieder VV 1008.
3. Anrechnungsvorschrift: Soweit sich ein gerichtliches Verfahren wegen desselben Gegenstandes anschließt, wird die außergerichtliche Geschäftsgebühr auf die Verfahrensgebühr des gerichtlichen Verfahrens angerechnet zu:
4. Einigungsgebühr: (VV 1000)
5. Arbeitsrecht: In außergerichtlichen arbeitsrechtlichen Angelegenheiten wegen Kündigung werden 3 Bruttomonatsgehälter als Streitwertobergrenze vereinbart.
6. Ordnungswidrigkeiten und Strafsachen:
   A Verfahren bis zum Eingang der Akte bei Gericht oder isolierte Tätigkeit im gerichtlich anhängigen Verfahren ohne Haupt-verhandlung

1485 Zitiert nach Schons KammMitt Düsseldorf 2013, 352. Die genauen Gebührenpauschalen und Gebührensätze hat die ARAG SE nicht offen gelegt.

B Vorverfahren und gerichtlich anhängiges Verfahren ohne Haupt-verhandlung
C Hauptverhandlung ohne Hauptverfahren
D Hauptverhandlung mit Vorverfahren
E Weiterer Hauptverhandlungstermin
F Rechtsmittel ohne Hauptverhandlung (bloßes Einlegen u. Rücknahme kostenfrei)
G Rechtsmittel mit Hauptverhandlung
H Gesuche

7. Nach Einstellung durch die Staatsanwaltschaft und Weiterverfolgung durch die Bußgeldbehörde ist von zwei Angelegenheiten auszugehen. Von den oben vereinbarten Beträgen für die Owisache wird jedoch ein Betrag von 50,- € in Abzug gebracht, da die Grundgebühr nicht nochmals entsteht (VV 5100, Nr. 2).

Anwendungsbereich: alle derzeit laufenden, noch nicht endgültig abgerechneten Mandate sowie alle neuen Mandate

Nebenkosten: zu den oben genannten Beträgen können die notwendigen, gesetzlichen Auslagen nebst MWSt hinzugerechnet werden

Ort, Datum Unterschrift"

3. ÖRAG-Rationalisierungsabkommen (Auszug)[1486]

„§ 3 Kostengarantie und Abrechnung

[...]

(3) Grundlage für die Abrechnung der Mandate gegenüber den zuständigen Auftraggebern der D.R.S. ist die gesetzliche Gebührenregelung des RVG.

(4) Erstellt der D.R.S.-Partneranwalt seine Kostennoten entsprechend der als Anlage 1 beigefügten Abrechnungsempfehlung in einem vereinfachten Verfahren, wird dies als Verzicht auf eine Abrechnung unter Berücksichtigung der Bewertungskriterien des § 14 RVG gewertet. Die Vergütung hat im Einzelfall im Verhältnis zur Leistung, Verantwortung oder zum Haftungsrisiko des D.R.S.-Partneranwalts zu stehen.

1486 Zitiert nach Schons KammMitt Düsseldorf 2014, 233. Die genauen Gebührenpauschalen und Gebührensätze nach Anlage 1 hat die ÖRAG nicht offen gelegt.

(5) Erstellt der D.R.S.-Partneranwalt seine Kostennote nicht nach der als Anlage 1 beigefügten Abrechnungsempfehlung in einem vereinfachten Verfahren, so hat der D.R.S.-Partneranwalt die abzurechnenden Gebühren unter Gewichtung der Bewertungskriterien im Sinne des § 14 RVG dezidiert telefonisch zu begründen, insbesondere hinsichtlich des Umfangs, der Schwierigkeit und/oder der Bedeutung der Angelegenheit und eventuell hinsichtlich des Haftungsrisikos des Anwaltes.

[...]"

II. GDV ARB 2012 (Auszug)[1487]

„2.3 Leistungsumfang

Wir erbringen und vermitteln Dienstleistungen, damit Sie Ihre Interessen im nachfolgend erläuterten Umfang wahrnehmen können.
[...]
2.3.1 Leistungsumfang im Inland
Wir übernehmen folgende Kosten:

2.3.1.1 Um Ihnen eine einvernehmliche Konfliktbeilegung zu ermöglichen, tragen wir die Kosten einer Mediation bis zu xxx € je Mediation für den von uns vermittelten Mediator (Mediation ist ein vertrauliches und strukturiertes Verfahren, bei dem Parteien mit Hilfe eines Mediators freiwillig und eigenverantwortlich eine einvernehmliche Beilegung ihres Konflikt anstreben).

Sind am Mediationsverfahren auch nicht versicherte Personen beteiligt, übernehmen wir anteilig die Kosten für Sie und die versicherten Personen.

Die Kosten übernehmen wir in folgenden Leistungsarten:
- [...]
- [...]

Für die Tätigkeit des Mediators sind wir nicht verantwortlich.
2.3.1.2 Die Vergütung eines Rechtsanwalts, der Ihre Interessen vertritt (Wenn Sie mehr als einen Rechtsanwalt beauftragen, tragen wir die dadurch entstehenden Mehrkosten nicht. Auch Mehrkosten aufgrund eines Anwaltswechsels tragen wir nicht).

1487 Empfehlung des Gesamtverbandes der deutschen Versicherungswirtschaft (GDV), abrufbar unter www.gdv.de.

Wir erstatten maximal die gesetzliche Vergütung eines Rechtsanwalts, der am Ort des zuständigen Gerichts ansässig ist oder wäre. Die gesetzliche Vergütung richtet sich nach dem Rechtsanwaltsvergütungsgesetz.

[...]

4. Was müssen Sie beachten?

4. Verhalten im Versicherungsfall/Erfüllung von Obliegenheiten
Obliegenheiten bezeichnen sämtliche Verhaltensregeln, die Sie und die versicherten Personen beachten müssen, um den Anspruch auf den Versicherungsschutz zu erhalten.
[...]
4.1.1.1 Sie müssen uns den Versicherungsfall unverzüglich mitteilen, gegebenenfalls auch telefonisch.
4.1.1.2 Sie müssen uns

- vollständig und wahrheitsgemäß über sämtliche Umstände des Versicherungsfalls unterrichten [...]
- [...]

4.1.1.3 Kosten verursachende Maßnahmen müssen Sie nach Möglichkeit mit uns abstimmen, soweit dies für Sie zumutbar ist. *(Beispiele für kostenverursachende Maßnahmen: die Beauftragung eines Rechtsanwalts, Erhebung einer Klage oder Einlegung eines Rechtsmittels)*
4.1.1.4 Bei Eintritt des Versicherungsfalls müssen Sie – soweit möglich – dafür sorgen, dass Schaden vermieden bzw. verringert wird *(entsprechend § 82 Versicherungsvertragsgesetz. § 82 bestimmt zum Beispiel in Absatz 1: „Der Versicherungsnehmer hat bei Eintritt des Versicherungsfalles nach Möglichkeit für die Abwendung und Minderung des Schadens zu sorgen").*

Das heißt, Sie müssen die Kosten für die Rechtsverfolgung (zum Beispiel Rechtsanwalts-, Gerichtskosten, Kosten der Gegenseite) so **gering wie möglich** halten. Hierzu sollten Sie uns oder Ihren Rechtsanwalt fragen.

Sie müssen Weisungen von uns befolgen, soweit das für Sie zumutbar ist. Außerdem müssen Sie Weisungen von uns einholen, wenn die Umstände dies gestatten.
[...]

4.1.3 Den Rechtsanwalt können Sie auswählen.

Wir wählen den Rechtsanwalt aus,

- wenn Sie das verlangen oder
- wenn Sie keinen Rechtsanwalt benennen und uns die umgehende Beauftragung eines Rechtsanwalts notwendig erscheint.

[...]

4.1.6 Sie müssen sich bei der Erfüllung der Obliegenheiten die Kenntnis und das Verhalten des von Ihnen beauftragten Rechtsanwalts zurechnen lassen. *(Beispiel: Ihr Anwalt unterrichtet uns nicht rechtzeitig. Dann behandeln wir Sie so, als hätten Sie selbst uns nicht rechtzeitig informiert.)*

Dies gilt, wenn Ihr Rechtsanwalt die Abwicklung des Versicherungsfalls uns gegenüber übernimmt."

III. Wirtschaftliche Anreize

1. Verzicht auf Selbstbehalt

a. Tarif „SB-Vario" (DEURAG)

„**SB-vario**: Vertraglich vereinbart ist eine Selbstbeteiligung von 300,- EUR.
Die Selbstbeteiligung ermäßigt sich auf 150,- EUR, wenn ein Rechtsanwalt aus dem Kreis der von der DEURAG vorgeschlagenen Rechtsanwälte beauftragt wird."

b. Tarif „Sorglos-Rechtsschutz" (Concordia)

„Selbstbeteiligung: 300 EUR je Rechtsschutzfall (§ 5 Abs. 3 c);
wenn Sie sich für eine Kanzlei entscheiden, die Mitglied in dem Anwaltsnetzwerk APRAXA eG (www.apraxa.de) ist, beträgt die Selbstbeteiligung 150 EUR. Die Selbstbeteiligung reduziert sich einmalig um 150 EUR für den ersten nach Ablauf von fünf schadenfreien Jahren seit Beginn des Sorglos-Rechtsschutzes gemeldeten Rechtsschutzfall, für den der Rechtsschutzversicherer seine Eintrittspflicht bestätigt hat."

c. Auxilia ARB 2012

„AUXILIA allgemeine Tarifbestimmungen 01.01.2012

Informationsblatt

[...]

7. Welche Pflichten haben Sie im Rechtsschutzfall, was müssen Sie beachten, wenn Sie rechtliche Hilfe benötigen und welche Folgen können Verletzungen dieser Pflichten haben?

Bitte setzen Sie sich sofort mit uns telefonisch (089/539 81-333 – Der direkte Draht) oder schriftlich in Verbindung, um den Umfang des Versicherungsschutzes zu klären.

Sie können einen Rechtsanwalt Ihrer Wahl beauftragen. Gerne sind wir Ihnen bei der Auswahl eines geeigneten Rechtsanwaltes behilflich.

[…]

Allgemeine Rechtsschutz-Versicherungsbedingungen (AUXILIA ARB/2012)
[…]
§ 17 Verhalten nach Eintritt eines Rechtsschutzfalles
(1) Wird die Wahrnehmung rechtlicher Interessen des Versicherungsnehmers nach Eintritt eines Rechtsschutzfalles erforderlich, hat er
a) der AUXILIA den Rechtsschutzfall unverzüglich – ggf. auch mündlich oder telefonisch – anzuzeigen;
[…]

AUXILIA allgemeine Tarifbestimmungen 01.01.2012

[…]

Selbstbeteiligungsvarianten

Flexible Selbstbeteiligung

Im Verkehrs-Rechtsschutz flex (§ 21 b) ARB/2012) ermäßigt sich die vertraglich vereinbarte Selbstbeteiligung je Rechtsschutzfall von 300,00 € auf 150,00 € bzw. von 150,00 € auf 0,00 €, wenn ein von der AUXILIA empfohlener Rechtsanwalt beauftragt wird."

d. DAS ARB 2011

„§ 5 Leistungsumfang

[…]

(3) Der Versicherer trägt nicht
[…]
c) die im Versicherungsschein vereinbarte Selbstbeteiligung je Rechtsschutzfall. […]

Eine etwaige Selbstbeteiligung, deren Höhe nicht prozentual vereinbart worden ist und die 1.000 € je Rechtsschutzfall nicht übersteigt, entfällt unter den nachfolgend bestimmten Voraussetzungen ganz oder teilweise:
Die Selbstbeteiligung entfällt einmalig, sobald der Vertrag fünf Jahre schadenfrei ist. Sie fällt einmalig lediglich hälftig an, sobald der Vertrag drei Jahre schadenfrei ist.
Der Vertrag ist schadenfrei, bis der Versicherungsnehmer Rechtsschutz beansprucht, für den der Versicherer kraft ARB [...] Versicherungsschutz bestätigt oder zu Gunsten des Versicherungsnehmers Kosten, Gebühren oder Auslagen trägt, es sei denn, dass der Versicherungsnehmer ausschließlich die telefonische Erstberatung in Anspruch nimmt, einen von dem Versicherer empfohlenen Rechtsanwalt mit der Wahrnehmung seiner rechtlichen Interessen beauftragt [...]"

2. Sonstige wirtschaftliche Vorteile

„Roland ARB 2012

Allgemeine Tarifbestimmungen

[...]

Bonus-Rechtsberatung als Service-Leistung

(Für Verträge ab ARB 2000)

Versicherungsnehmern, deren Roland Rechtsschutz-Vertrag seit mind. drei Jahren schadenfrei verläuft, vermitteln wir auf Wunsch einmal im Jahr ein kostenfreies erstes Rechtsberatungsgespräch mit einem Roland-Partner-Rechtsanwalt, z. B. bei Problemen mit dem Sozialamt in Fragen der Unterhaltspflicht.

Der Vertrag ist so lange schadenfrei, bis ein Rechtsschutzfall gemeldet wird. Danach beginnt die Frist gem. Abs. 1 neu zu laufen."

3. Schadenfreiheitsrabattsystem[1488]

a. HUK ARB 2013 (Stand. 1.10.2013)[1489]

„**§ 5 a** – Welche Kosten für außergerichtliche Konfliktbeilegungen (z. B. Mediation) übernehmen wir?

1488 Tarife mit Schadenfreiheitsrabattsystem bieten auch die Concordia (Allrisk-Deckung „Sorglos Rechtsschutz für Privtkunden"), die Deurag (Tarf „SB-Vario") und die NRV (Tarif „ECO") an. S. hierzu: Lier VersicherungsJournal Extrablatt 2/2014, 9 f.

1489 Gleichlautend: HUK24 ARB 2013.

(1) Möchten Sie nach Eintritt des Rechtsschutzfalls (§ 4) im Vorfeld einer rechtlichen Interessenwahrnehmung in Deutschland eine außergerichtliche Konfliktbeilegung versuchen? Wir unterstützen Sie auf Ihren Wunsch bei der Beantwortung der Frage, ob Ihr konkretes Anliegen ein sinnvolles außergerichtliches Konfliktbeilegungspotential aufweist. […]

(2) In nach Abs. 1 geeigneten Fällen

- unterstützen wir Sie auf Ihren Wunsch bei Ihrer Auswahl eines Verfahrens der außergerichtlichen Konfliktbeilegung, das Ihrem konkreten Anliegen am besten gerecht wird (vgl. hierzu nachfolgend Unterabs. 3),
- vermitteln wir Ihnen auf Ihren Wunsch hin einen geeigneten Dienstleister (z. B. Schlichter, Schiedsperson, Mediator usw.).

  […]

(3) Es gibt eine Vielzahl von Verfahren zur außergerichtlichen Konfliktbeilegung (z. B. Schieds- oder Schlichtungsverfahren, alternative Konfliktlösungsunterstützung, außergerichtliche oder gerichtsnahe Mediation usw.).

[…]

(5) […]

Wir tragen während einer außergerichtlichen Konfliktbeilegung auf Ihren Wunsch zusätzlich die Kosten einer von uns vermittelten **telefonischen anwaltlichen Beratung.**

[…]

§ 5 b – Wie wirkt sich Schadenfreiheit auf Ihre Selbstbeteiligung aus?

(1) Einstufen in Schadenfreiheitsklassen (SF-Klassen)

Die Einstufung des Vertrags und die sich daraus ergebende Selbstbeteiligung richten sich nach dem Schadenverlauf. Siehe dazu die Tabellen in Abs. 6.

[…]

(3) Besserstufung bei schadenfreiem Verlauf

a) Jährliche Besserstufung

Ist der Vertrag während eines Versicherungsjahres schadenfrei verlaufen und hat der Versicherungsschutz während dieser Zeit ununterbrochen bestanden, wird der Vertrag in die nächstbessere SF-Klasse (nach der Tabelle in Abs. 6 a) eingestuft.

b) Wirksamwerden

Die Besserstufung gilt ab Beginn des neuen Versicherungsjahres.

[…]

(5) Schadenfreier oder schadenbelasteter Verlauf i. S. d. Schadenfreiheitssystems

a) Schadenfreier Verlauf

[…]

bb) Der Vertrag gilt auch als schadenfrei, wenn
- der Rechtsschutzfall durch eine Erstberatung abgeschlossen ist,
- der Interessenwahrnehmung in geeigneten Fällen (d. h. regelmäßig in den unter § 2 a) bis d) genannten Leistungsarten) der Versuch einer außergerichtlichen Konfliktbeilegung durch einen von uns vermittelten Dienstleister/Mediator vorausgegangen ist.
b) Schadenbelasteter Verlauf
[...]
bb) Ein schadenbelasteter Verlauf des Vertrags liegt nicht vor, wenn
- der Rechtsschutzfall durch eine Erstberatung abgeschlossen ist,
- der Interessenwahrnehmung in geeigneten Fällen (d. h. regelmäßig in den unter 2 a) bis d) genannten Leistungsarten) der Versuch einer außergerichtlichen Konfliktbeilegung durch einen von uns vermittelten Dienstleister/Mediator gem. § 5 a vorausgegangen ist."

b. HUK ARB 2011 (Stand: 1.10.2011)[1490]

„§ 5 - Leistungsumfang
(1) Der Versicherer bringt und vermittelt Dienstleistungen zur Wahrnehmung rechtlicher Interessen und trägt
a) bei Eintritt des Rechtschutzfalls im Inland eines für den Versicherungsnehmer tätigen Rechtsanwalts bis zur Höhe der gesetzlichen Vergütung eines am Ort des zuständigen Gerichts ansässigen Rechtsanwalts. Der Versicherer übernimmt unabhängig vom Grund des Wechsels die Kosten für einen weiteren Rechtsanwalt, wenn

aa) der erstberatende Rechtsanwalt vom Versicherer empfohlen worden war

und

bb) der Rechtsanwaltswechsel spätestens nach der Erstberatung erfolgt ist.

Der Versicherer trägt für einen mündlichen oder schriftlichen Rat oder eine Auskunft (Beratung oder Erstberatung), die nicht mit einer anderen gebührenpflichtigen Tätigkeit zusammenhängen, und für die Ausarbeitung eines schriftlichen Gutachtens im Rechtsschutzfall eine Vergütung in den für die Beratung eines Verbrauchers geltenden Obergrenzen in der zur Zeit des Eintritts des Rechtschutzfalls gültigen Fassung des Rechtsanwaltsvergütungsgesetzes (derzeit: § 34 Abs. 1 S. 3 RVG). [...] Der Versicherer trägt nach Eintritt eines Rechtschutzfalls

1490 Gleichlautend: HUK24 ARB 2011.

auf Wunsch des Versicherungsnehmers zusätzlich die Kosten einer von ihm vermittelten telefonischen Erstberatung. Die Beratung erstreckt sich auf den jeweiligen versicherten Deckungsumfang des Vertrags und setzt den Eintritt eines Rechtschutzfalls (§ 4) voraus.

[…] Der Versicherer trägt nach Eintritt eines Rechtsschutzfalls auf Wunsch des Versicherungsnehmers zusätzlich die Kosten einer von ihm vermittelten telefonischen Erstberatung.

[…]

§ 5 b – Schadenfreiheitssystem mit variabler Selbstbeteiligung

(1) Einstufung in Schadenfreiheitsklassen (SF – Klassen)

Die Einstufung des Vertrags und die sich daraus ergebende Selbstbeteiligung richtet sich nach dem Schadenverlauf. […]

[…]

(5) Schadenfreier oder schadenbelasteter Verlauf im Sinne des Schadenfreiheitssystems
a) Schadenfreier Verlauf
[…]

bb) Der Vertrag gilt auch als schadenfrei, wenn

– […]
– ein Rechtsanwalt aus dem Kreis der aktuell vom Versicherer empfohlenen Rechtsanwälte beauftragt wird.

b) Schadenbelasteter Verlauf

[…]

bb) Ein schadenbelasteter Verlauf des Vertrags liegt nicht vor, wenn der Rechtsschutzfall durch eine Erstberatung abgeschlossen ist oder wenn in geeigneten Fällen der Versuch einer Streitbeilegung durch ein außergerichtliches Mediationsverfahren gem. § 5 a vorangegangen ist oder wenn ein Rechtsanwalt aus dem Kreis der aktuell vom Versicherer empfohlenen Rechtsanwälte beauftragt wird; […][sonst müßte hier Punkt statt Semikolon stehen]“

c. HUK24 ARB 2008 (Stand: 1.10.2008)

„§ 5 a) Schadenfreiheitssystem mit variabler Selbstbeteiligung
(1) Einstufen in Schadenfreiheitsklassen (SF-Klassen)

Die Einstufung des Vertrags und die sich daraus ergebende Selbstbeteiligung richtet sich nach dem Schadenverlauf. Siehe dazu die Tabellen in Abs. 6.
[…]
(3) Besserstufung bei schadenfreiem Verlauf
[…]
c) Wirksamwerden
Die Besserstufung gilt ab Beginn des neuen Versicherungsjahrs.
[…]
(5) Schadenfreier oder schadenbelasteter Verlauf i. S. d. Schadenfreiheitssystems
a) Schadenfreier Verlauf
aa) […]
bb) Der Vertrag gilt auch als schadenfrei, wenn der Rechtsschutzfall durch eine Erstberatung abgeschlossen ist oder wenn ein Rechtsanwalt aus dem Kreis der aktuell vom Versicherer empfohlenen Rechtsanwälte beauftragt wird.
b) Schadenbelasteter Verlauf
aa) […]
bb) Ein schadenbelasteter Verlauf des Vertrags liegt nicht vor, wenn der Rechtsschutzfall durch eine Erstberatung abgeschlossen ist oder wenn ein Rechtsanwalt aus dem Kreis der aktuell vom Versicherer empfohlenen Rechtsanwälte beauftragt wird.

[…]“

IV. Telefonieklauseln

1. Roland ARB – JurWay

„§ 2 Leistungsarten

[…]

o) Rechtsservices

A. Im privaten Lebensbereich

JurWay – Ihr Weg zum Recht

aa) JurLine – telefonische Rechtsberatung für einen telefonischen Rat oder eine erste telefonische Auskunft durch einen in Deutschland zugelassenen Rechtsanwalt mit privaten Rechtsangelegenheiten […];

bb) Juronline – Onlinerechtsberatung

Für einen ersten Rat oder eine erste Auskunft durch einen in Deutschland zugelassenen Rechtsanwalt in privaten Rechtsangelegenheiten, auf die deutsches Recht anwendbar ist, wenn diese Rechtsberatung nicht mit einer anderen gebührenpflichtigen Tätigkeit des Rechtsanwaltes zusammenhängt. Die Beratung erfolgt über das Roland-Beratungsportal im Internet;

cc) Jurcheck – Präventive Vertragsprüfung

Für eine allgemeine anwaltliche Prüfung von Verbraucherverträgen [...] die Beratung erfolgt über das Roland-Beratungsportal im Internet durch einen in Deutschland zugelassenen Rechtsanwalt;

[...]

q) Beratungs-Rechtschutz in privaten Verbraucherinsolvenz– und Restschuldbefreiungsverfahren

Für Rat oder Auskunft eines in Deutschland zugelassenen Roland-Partner-Rechtsanwaltes in privaten Verbraucherinsolvenz- und Restschuldbefreiungsverfahren, [...]

r) Beratungs-Rechtsschutz bei beantragtem Insolvenzverfahren des Arbeitgebers für versicherte Personen in ihrer Eigenschaft als Arbeitnehmer

Für Rat oder Auskunft eines in Deutschland zugelassenen Roland-Partner-Rechtsanwaltes bei beantragtem Insolvenzverfahren des Arbeitgebers und dadurch drohender Aufhebung des Arbeitsverhältnisses [...]“

2. ARAG – JuraTel

„Sonderbedingungen 10 zu den ARB 2011:

Juratel

§ 1 Gegenstand von ARAG JuraTel

Die ARAG stellt dem Versicherungsnehmer eine Rufnummer für den schnellen und einfachen Zugang zu einer telefonischen Erstberatung (einem telefonischen ersten Beratungsgespräch) durch einen in Deutschland zugelassenen Rechtsanwalt in allen Rechtsangelegenheiten zur Verfügung, auf die deutsches Recht anwendbar ist.“

3. HUK ARB 2011

„§ 30 – HUK Coburg Rechtsberatung

[...]

(3) Der Versicherungsschutz umfasst telefonische Erstberatungsgespräche nach deutschem Recht durch einen Rechtsanwalt. [...]

(6) Die Voraussetzungen für die telefonische Erstberatung werden nach telefonischer Anfrage des Versicherungsnehmers geprüft. Auf Wunsch des Versicherungsnehmers wird er auf Kosten des Versicherers mit einer unabhängigen Anwaltskanzlei verbunden."

4. ÖRAG ARB 2011

„§ 2 Leistungsarten

[...]

n) Telefonische Erstberatung durch einen in Deutschland zugelassenen Rechtsanwalt für Rechtsangelegenheiten, bei denen die Erstberatung ohne Prüfung von Unterlagen durchgeführt werden kann und deutsches Recht anwendbar ist."

5. DAS ARB 2011

„§ 2 Leistungsarten

Der Umfang des Versicherungsschutzes kann in den Formen des § 21 bis § 29 vereinbart werden. Je nach Vereinbarung umfasst der Versicherungsschutz einschließlich telefonischer Rechtserstberatung sowie auf Wunsch Empfehlung eines geeigneten Rechtsanwaltes/Fachanwaltes

a) Schadenseratz-Rechtsschutz

[...]

b) Arbeits-Rechtsschutz

[...]

o) Erweiterte Telefonberatung

Die erweiterte Telefonberatung beinhaltet die telefonische Erstberatung ohne Eintritt eines Rechtsschutzfalles durch eine vom Versicherer vermittelte Anwaltskanzlei während der Dauer des Vertrages. [...]"

6. Allianz ARB RS 20/29 (Fassung 10/2010)

„Klausel 01/06 zu § 26 (9), 28 (8) und 27 (6) ARB 2008

Erweiterter Beratungs-Rechtschutz im Privatbereich

[…]

(2) Gegenstand

Wir stellen Ihnen für den schnellen und einfachen Zugang zu einer telefonischen Erstberatung durch einen in Deutschland zugelassenen Rechtsanwalt eine Service-Telefonnummer zur Verfügung. Versichert ist eine telefonische Erstberatung in allen privaten Angelegenheiten. […] Als Rechtschutzfall gilt das Vorliegen eines Beratungsbedürfnisses gem. Ziff. 3. Die Vergütung regelt sich gem. Ziff. 4.

(3) Voraussetzung für den Anspruch auf Rechtschutz

Ein Anspruch auf Rechtschutz besteht für die unter Ziff. 1 genannten Personen bei Vorliegen eines Beratungsbedürfnisses in eigenen Rechtsangelegenheiten.

(4) Leistungsumfang

Wir tragen die Kosten der telefonischen Erstberatung bis zur Höhe von 250,00 € je Beratungsfall. Eine vereinbarte Selbstbeteiligung bleibt unberücksichtigt."

7. R + V ARB 2014 für Firmenkunden

„2.2.18 **R+V Anwaltstelefon** (Serviceleistung)

Wir vermitteln Ihnen über das R+V-Anwaltstelefon telefonische Beratungen in allen Rechtsfragen:

- im Privat-Bereich
- im Verkehrs-Bereich
- im Immobilien-Bereich
- im LeistungspaketPLUS im Firmenbereich

Es gelten keine Risikoausschlüsse. Das Vorliegen eines Rechtsschutzfalls ist nicht notwendig. Die vereinbarte Selbstbeteiligung entfällt."

8. KS/AUXILIA ARB 2012 (Stand: 1.01.2012)

„AUXILIA Allgemeine Tarifbestimmungen 01.01.2012

[…]

Telefonische Rechtsberatung

Für den Versicherungsnehmer und die mitversicherten Personen gem. Familiendefinition steht die telefonische Erstberatung der AUXILIA unter der Telefonnummer 089/539 81-333 in versicherten, in nicht versicherten und in nicht versicherbaren Angelegenheiten kostenfrei zur Verfügung.

[...]

Informationsblatt

[...]

7. Welche Pflichten haben Sie im Rechtsschutzfall, was müssen Sie beachten, wenn Sie rechtliche Hilfe benötigen, und welche Folgen können Verletzungen dieser Pflichten haben?

Bitte setzen Sie sich sofort mit uns telefonisch (089/539 81-333 – Der direkte Draht) oder schriftlich in Verbindung, um den Umfang des Versicherungsschutzes zu klären.

Sie können einen Rechtsanwalt Ihrer Wahl beauftragen. Gerne sind wir Ihnen bei der Auswahl eines geeigneten Rechtsanwaltes behilflich.

[...]

Allgemeine Rechtsschutz-Versicherungsbedingungen (AUXILIA ARB/2012)
[...]

§ 17 Verhalten nach Eintritt eines Rechtsschutzfalles

(1) Wird die Wahrnehmung rechtlicher Interessen des Versicherungsnehmers nach Eintritt eines Rechtsschutzfalles erforderlich, hat er
a) der AUXILIA den Rechtsschutzfall unverzüglich – ggf. auch mündlich oder telefonisch – anzuzeigen;

[...]“

9. DEURAG-Service (ARB DEURAG 2014)

„V. DEURAG-Service

[...]

Unabhängige anwaltliche Beratung

Sie können telefonisch den Rat oder die Empfehlung eines Rechtsanwaltes einholen, ohne dass ein Versicherungsfall eingetreten oder der betroffene Lebensbereich bei uns versichert ist.

Diesen Service können Sie ausschließlich über die von uns mit dem Versicherungsschein zur Verfügung gestellte Telefonnummer in Anspruch nehmen. Sie zahlen für diesen Service nur die Telefonkosten. Für die Serviceleistung Unabhängige anwaltliche Beratung richtet sich die Höhe der Telefonkosten nach den Preisangaben des Telekommunikationsanbieters."

V. Inkassodienstklauseln

1. R + V ARB 2014 für Firmenkunden

„2.2.17 **InkassoPLUS**

um ihre Forderungen aus der versicherten Tätigkeit durch ein von uns benanntes Inkasso-Unternehmen **außergerichtlich oder im gerichtlichen Mahnverfahren** geltend zu machen."

2 KS/AUXILIA ARB 2012

„D. Sonderbedingungen für den Inkasso-Rechtsschutz

§ 1 Aufgaben der Versicherung

Die AUXILIA sorgt dafür, dass der Versicherungsnehmer durch ein von der AUXILIA benanntes Inkassounternehmen vertragliche Forderungen aus einer gewerblichen, freiberuflichen oder sonstigen selbständigen Tätigkeit außergerichtlich und im gerichtlichen Mahnverfahren beitreiben kann, und trägt im Falle der Uneinbringlichkeit der Hauptforderung die hierfür angefallenen Kosten gemäß § 3.

[...]

§ 3 Leistungsumfang

a) Die Versicherung trägt die Vergütung, die der Versicherungsnehmer dem durch die AUXILIA benannten Inkassounternehmen auf Grund des Inkassovertrags schuldet (Inkassokosten).

[...]

e) Enden die Beitreibungsbemühungen des Inkassounternehmens, da die Forderung strittig wird, empfiehlt die AUXILIA auf Wunsch des Versicherungsnehmers einen Rechtsanwalt für die gerichtliche Durchsetzung der Forderung.

[…]"

2. advaro (Vollmachtsklausel des Inkassounternehmens)[1491]

„§ 4 Vollmachtserteilung für Beauftragung eines Anwalts

(1) Für die Fälle, in denen die außergerichtlichen Maßnahmen von advaro nicht zur vollständigen Bezahlung der Haupt- und Nebenforderungen durch den Schuldner führen, erteilen Sie advaro ausdrücklich Vollmacht, in Ihrem Namen einen aus dem Kreise der mit advaro zusammenarbeitenden Rechtsanwälte mit der Durchführung des außergerichtlichen und/oder Mahnverfahrens, der Einholung von Bonitätsauskünften nach Widerspruch oder Einspruch im gerichtlichen Mahnverfahren sowie vor Zwangsvollstreckungsmaßnahmen und der Zwangsvollstreckung an sich zu beauftragen. Die Rechtsanwälte dürfen x jederzeit Auskunft über den Fortgang eines Verfahrens geben.

(2) Sie können jederzeit für den Einzelfall oder grundsätzlich einer solchen Beauftragung widersprechen. Für den Fall, dass Sie das gerichtliche Mahnverfahren selbst oder durch Dritte betreiben wollen, sind Sie verpflichtet, uns die geltend gemachten Inkassokosten zu erstatten."

VI. Streitschlichtungsklauseln

1. GDV ARB 2012

„2.3.1.1

Um Ihnen eine einvernehmliche Konfliktbeilegung zu ermöglichen, tragen wir die Kosten bis zu … € je Mediation für den von uns vermittelten Mediator (Mediation ist ein vertrauliches und strukturiertes Verfahren, bei dem Parteien mithilfe eines Mediators freiwillig und eigenverantwortlich eine einvernehmliche Beilegung ihres Konflikts anstreben)."

1491 AG Ebersberg Urt. v. 15.11.2013 – 7 C 450/13 –, NJW 2014, 1461.

2. GDV ARB 2009

„§ 5 a Einbeziehung des außergerichtlichen Mediationsverfahrens
(1) Mediation ist ein Verfahren zur freiwilligen, außergerichtlichen Streitbeilegung, bei dem die Parteien mithilfe der Moderation eines neutralen Dritten, des Mediators, eine eigenverantwortliche Problemlösung erarbeiten. Der Versicherer vermittelt dem VN einen Mediator zur Durchführung des Mediationsverfahrens in Deutschland und trägt dessen Kosten im Rahmen von Absatz 3.

(2) Der Rechtsschutz für Mediation erstreckt sich auf [...] [Aufzählung der unter die Mediation fallenden Leistungsarten].

(3) Der Versicherer trägt den auf den VN entfallenden Anteil an den Kosten des vom Versicherer vermittelten Mediators bis zu ... Euro je Mediation. Sind am Mediationsverfahren auch nicht versicherte Personen beteiligt, übernimmt der Versicherer die Kosten anteilig im Verhältnis Versicherter zu nicht versicherten Personen.

(4) Für die Tätigkeit des Mediators ist der Versicherer nicht verantwortlich. Soweit vorstehend nicht ausdrücklich etwas anderes vereinbart ist, gelten die Bestimmungen der §§ 1, 3, 4, 7 bis 14, 16, 17 und 20 ARB 09 entsprechend.

Notwendige Ergänzung zu § 5 Abs. 1 d bei Verwendung des § 5 a:

§ 5 Abs. 1 d:

Die Gebühren eines Schieds- oder Schlichtungsverfahrens bis zur Höhe der Gebühren, die im Fall der Anrufung eines zuständigen Gerichts erster Instanz entstehen;

Ergänzung:

Die Kosten für Mediationsverfahren richten sich hingegen ausschließlich nach der Klausel [...]"

3. DEURAG ARB 2014

„§ 5 Leistungsumfang

(1) Wir erbringen und vermitteln Dienstleistungen, damit Sie Ihre Interessen im nachfolgenden erläuterten Umfang wahrnehmen können.

[...]

c) Um Ihnen eine einvernehmliche Konfliktbeilegung zu ermöglichen, tragen wir die Kosten bis zu 1.500,00 € je Mediationsverfahren. Die Kosten übernehmen wir nur für einen von uns empfohlenen oder einen gem. § 5 Abs. 2 Mediationsgesetz zertifizierten Mediator. (Mediation ist ein vertrauliches und strukturiertes Verfahren, bei dem Parteien mithilfe eines Mediators freiwillig und eigenverantwortlich eine einvernehmliche Beilegung ihres Konfliktes anstreben).

Für die Tätigkeit des Mediators sind wir nicht verantwortlich.

[...]"

a. § 32 M-AKTIV

„Sie haben den Rechtsschutz nach §§ 25, 26, 28 oder 29 (hier selbstgenutzte Wohnung) als M-AKTIV vereinbart?
Dann gilt abweichend von § 5 Abs. 1 folgendes:

(1) Bei den Leistungsarten

Schadensersatz-Rechtsschutz (§ 2 a)),

Arbeits-Rechtsschutz (§ 2 b)),

Wohnungs- und Grundstücks-Rechtsschutz (§ 2 c)),

Rechtsschutz in Vertrags- und Sachenrecht (§ 2 d))

übernehmen wir für die außergerichtliche Wahrnehmung Ihrer Interessen die in § 5 Abs. 1 c) genannten Kosten eines von uns empfohlenen oder nach § 5 Abs. 2 Mediationsgesetz zertifizierten Mediators. Sofern Sie einen anderen Mediator beauftragen, tragen wir die Kosten einer Mediation im Rahmen des § 5 Abs. 1 c).

(2) Bei den in Abs. 1 genannten Leistungsarten tragen wir die Kosten gem. § 5 ergänzend für die gerichtliche Wahrnehmung rechtlicher Interessen. Die außergerichtlichen Kosten eines Rechtsanwalts erstatten wir in den in Abs. 1 genannten Leistungsarten nicht.

(3) Abweichend von § 28 Abs. 3 haben Sie Rechtsschutz im Vertrags- und Sachenrecht nach § 2 d) nur für die außergerichtliche Wahrnehmung Ihrer Interessen durch einen von uns empfohlenen oder einen nach § 5 Abs. 2 Mediationsgesetz zertifizierten Mediator, wenn sie im Zusammenhang mit Ihrer nach § 28 Abs. 1 a) versicherten Tätigkeit erfolgt.

Die außergerichtlichen Kosten eines Rechtsanwalts erstatten wir in den in Abs. 1 genannten Leistungsarten nicht. Ebenso übernehmen wir keine Kosten für die gerichtliche Wahrnehmung Ihrer Interessen.

(4) Wenn Sie eine Konfliktlösung durch Mediation anstreben, übernehmen wir die Kosten wie in § 5 Abs. 1 c) beschrieben zusätzlich in allen Leistungsarten, die Sie versichert haben."

b. Vorgängerregelung M-Aktiv[1492]

„§ 24 ARB

(1) Bei den Leistungsarten Schadensersatz-Rechtsschutz (§ 2 a)), Arbeits-Rechtsschutz (§ 2 b)), Wohnungs- und Grundstücks-Rechtsschutz (§ 2 c)), Rechtsschutz im Vertrags- und Sachenrecht (§ 2 d)) übernimmt der Versicherer für die außergerichtliche Wahrnehmung von Interessen nur die in § 5 Abs. 1 c)) ARB genannten Kosten eines von ihm ausgewählten Mediators.

(2) Bei den in Abs. 1 genannten Leistungsarten besteht Anspruch auf Rechtsschutz für die gerichtliche Wahrnehmung rechtlicher Interessen erst dann, wenn zusätzlich zu den in § 4.1 ARB genannten Voraussetzungen sich der Versicherungsnehmer um eine Konfliktlösung durch Mediation vergeblich bemüht hat.

(3) Abweichend von § 5 Abs. 2 a ARB kann der Versicherungsnehmer die Übernahme der vom Versicherer zu tragenden Kosten für die Wahrnehmung rechtlicher Interessen vor Gerichten erst verlangen, wenn auch die in Abs. 2 genannten Voraussetzungen vorliegen."

4. AUXILIA ARB 2012

a. § 5 a) Mediations-Rechtsschutz

„(1) Mediation ist ein Verfahren zur freiwilligen, außergerichtlichen Streitbeilegung, bei dem die Parteien mithilfe der Moderation eines neutralen Dritten, des Mediators, eine eigenverantwortliche Problemlösung erarbeiten. Die AUXILIA benennt dem Versicherungsnehmer einen Mediator zur Durchführung des Mediationsverfahrens in Deutschland und trägt dessen Kosten im Rahmen von Abs. 4.

[...]

1492 Siehe hierzu LG Frankfurt am Main, Urt. v. 07.05.2014 - 2 - 06 O 271/13, NJW 2014, 2204.

(4)

a) Die AUXILIA trägt den auf den Versicherungsnehmer entfallenden Anteil an den Kosten des von ihr benannten Mediators für die Durchführung des Mediationsverfahrens in Deutschland bis zu einem Höchstbetrag von 3.000,00 € je Mediationsverfahren, jedoch nicht mehr als 6.000,00 € für alle in einem Kalenderjahr eingeleiteten Mediationsverfahren. Sind am Mediationsverfahren auch nicht versicherte Personen beteiligt, übernimmt die AUXILIA die Kosten anteilig im Verhältnis Versicherter zu nicht versicherten Personen.

[…]“

b. § 23 Mediation-Pro

„[…]

(3b) Die AUXILIA übernimmt bei den Leistungsarten

- Schadenersatz-Rechtschutz (§ 2 a)),
- Arbeits-Rechtsschutz (§2 b)),
- Rechtsschutz im Vertrags- und Sachenrecht (§ 2 d)),
- Altersvorsorge- und Sparer-Rechtsschutz (§ 2 n))

für die außergerichtliche Wahrnehmung rechtlicher Interessen nur die in § 5 a) Abs. 4 genannten Kosten eines von der AUXILIA benannten Mediators. Bei den hier genannten Leistungsarten besteht Rechtsschutz für die gerichtliche Wahrnehmung rechtlicher Interessen erst dann, wenn sich der Versicherungsnehmer vergeblich um eine Konfliktlösung durch Mediation bemüht hat. Dies gilt nicht für den Fall, dass mit der Durchführung der Mediation für den Versicherungsnehmer unmittelbare Rechtsnachteile verbunden sind oder unmittelbare Rechtsverluste drohen.“

5. ARAG ARB 2014 1.0

a) § 5 a Außergerichtliches Mediationsverfahren

„Um Ihnen eine einvernehmliche Konfliktbeilegung zu ermöglichen, tragen wir in Deutschland für den von uns vermittelten Mediator die Kosten bis zu 1.500,00 € je Mediation, für alle in einem Kalenderjahr eingeleiteten Mediationen jedoch nicht mehr als 3.000,00 € (Mediation ist ein vertrauliches und strukturiertes Verfahren, bei dem Parteien mithilfe eines Mediators freiwillig und eigenverantwortlich eine einvernehmliche Beilegung ihres Konflikts anstreben).

Sind am Mediationsverfahren auch nicht versicherte Personen beteiligt, übernehmen wir anteilig die Kosten für sie und die versicherten Personen."

b) § 26 b Aktiv-Rechtsschutz-Basis

„[…]

(3) Der Versicherungsschutz umfasst die Wahrnehmung rechtlicher Interessen **vor Gerichten** in den Leistungsarten

[…]

(4) Der Versicherungsschutz umfasst außerdem

- ARAG JuraTel (Sonderbedingungen 10)
- Rechtsschutz für Mediationsverfahren (§ 5 a)"

Schrifttumsverzeichnis

Ahrens, Martin, Mediationsgesetz und Güterichter – Neue gesetzliche Regelungen der gerichtlichen und außergerichtlichen Mediation, NJW 2012, 2465

Akerlof, George Arthur, The Market for „Lemons": Quality Uncertainty and the Market Mechanism, Quarterly Journal for Economics 1970 (84), 488

Albrecht, Frauke, Rechtsdienstleistung und kein Ende – zur Verfassungswidrigkeit des RDG, GewArch 2013, 7

Albrecht, Frauke, Rechtsberatung und Verfassungsrecht, Berlin 2011

Alexy, Robert, Begriff und Geltung des Rechts, Freiburg u. München, 1992

Alexy, Robert, Theorie der Grundrechte, 6. Aufl., Frankfurt am Main, 1986

Ariely, Dan, Predictibly irrational. The hidden forces that shape our decisions, New York 2010

Armbrüster, Christian, Die jüngere Entwicklung des europäischen Privatversicherungsrechts bis Mitte 2017, EuZW 2017, 709

Armbrüster, Christian, Anm. zu BGH Urt. v. 4.12.2013 - IV ZR 215/12 –, JZ 2014, 577

Armbrüster, Christian, Freie Anwaltswahl und Rechtsschutzversicherung, VuR 2012, 167

Armbrüster, Christian, Freie Anwaltswahl für rechtsschutzversicherte Mandanten in Deutschland? Rechtliche Bewertung von Empfehlungen, Selbstbehalten und gespaltenen Tarifen, AnwBl 2012, 218

Armbrüster, Christian, Anm. zu LG Bamberg Urt. v. 8.11.2011 – 1 O 336/10 –, VersR 2011, 1518

Armbrüster, Christian, Privatversicherungsrecht, 1. Aufl., Tübingen 2013

Arndt, Adolf, Anm. zu BGH Urt. v. 16.01.1967 – AnwSt (R) 10/66 –, NJW 1967, 1331

Arndt, Adolf, Die Verfassungsbeschwerde wegen Verletzung des rechtlichen Gehörs, NJW 1959, 1297

Arndt, Adolf, Das rechtliche Gehör, NJW 1959, 6

Assmann, Heinz-Dieter, Interessenkonflikte aufgrund von Zuwendungen, ZBB 2008, 21

Auer, Marietta, Der privatrechtliche Diskurs der Moderne, Tübingen 2014

Balke, Rüdiger/Reisert, Gesine/Quarch, Matthias, Regulierung von Verkehrsunfällen, 1. Aufl., Baden-Baden 2011

Balzer, Peter/Lang, Volker, Anm. zu BGH Urt. v. 3.06.2014 - XI ZR 147/12 -, BKR 2014, 377

Bälz, Kilian/Moelle, Henning/Zeidler, Finn, Rechtsberatung pro bono publico in Deutschland - eine Bestandsaufnahme, NJW 2008, 3383

Bamberger, Heinz-Georg/Roth, Herbert, Beck'scher Online-Kommentar BGB, 39. Aufl., München Stand: 01.05.2016

Bauer, Günter, Entwicklung bei den Allgemeinen Bedingungen für die Rechtsschutzversicherung bis Anfang 2015, NJW 2015, 1651

Bauer, Günter, Deckungsprozesse in der Rechtsschutzversicherung, NJW 2015, 1329

Bauer, Günter, Entwicklung bei den Allgemeinen Bedingungen für die Rechtsschutzversicherung bis Anfang 2014, NJW 2014, 1488

Bauer, Günter, Anm. zu AG München Urt. v. 7.11.2012 - 281 C 10621/12 -, r + s 2013, 131

Bauer, Günter, Allgemeine Bedingungen für die Rechtsschutzversicherung (ARB 2012), VersR 2013, 661

Bauer, Günter, Anm. zu OLG Bamberg Urt. v. 20.06.2012 - 3 U 236/11 -, VersR 2012, 1170

Bauer, Günter, Obliegenheiten des Versicherungsnehmers in der Rechtsschutzversicherung, NJW 2011, 646

Bauer, Günter, Rechtsentwicklung bei den Allgemeinen Bedingungen für die Rechtsschutzversicherung bis Anfang 2010, NJW 2010, 1337

Bauer, Günter, Das AGB-Gesetz und seine Auswirkungen auf das Recht der Allgemeinen Versicherungsbedingungen (AVB), BB 1978, 476

Bauer, Günter, Die Rechtsprechung des Bundesgerichthofs zum Verlust des Versicherungsschutzes wegen vorsätzlicher Verletzung von Obliegenheiten nach dem Versicherungsfall in der Kraftfahrtversicherung, VersR 1972, 15

Bärenz, Christian, Die Auslegung der überschießenden Umsetzung von Richtlinien am Beispiel des Gesetzes zur Modernisierung des Schuldrechts, DB 2003, 375

Beckmann, Roland/Matusche-Beckmann, Annemarie, Versicherungsrechts-Handbuch, 3. Aufl., München 2015

Behme, Caspar/Fries, Martin/Stark, Johanna, Versicherungsmechanismen im Recht, Tübingen 2016

Benda, Ernst/Weber, Albrecht, Der Einfluß der Verfassung im Prozeßrecht, ZZP 1983 (96), 285

Bern, Michael, Verfahrensrechtliche und verfassungsrechtliche Probleme anwaltlicher Vertretung im Zivilprozess, Bonn 1992

Bernstorff, Christoph Graf von, Einführung in das englische Recht, 4. Aufl., München 2011

Bernuth, von Wolf H, Die Bindung des AGB-Verwenders an unwirksame Klauseln – Grund und Grenzen, BB 1999, 1284

Bohnenkamp, Peter, Rationalisierungsabkommen mit Rechtsschutzversicherungen, KammerReport Hamm 3/2013, 16

Boemke, Burkhard/Ulrici, Bernhard, BGB. Allgemeiner Teil, 2. Aufl., Berlin 2014

Böhner, Reinhard, Vom Franchisevertrags- zum Franchisenetzwerkrecht, BB 2004, 119

Böhner, Reinhard, Werbekostenzuschüsse und sonstige Einkaufsvorteile in Franchisesystemen, NJW 1998, 109

Böhm, Domenic C./Fries, Martin, Streitbeilegungstarife in der Rechtsschutzversicherung, VersR 2016, 1092

Boin, Kai T., Die Allgegenwarth des Advocaten, AnwBl 2000, 168

Bolt, Jan, Der Zugang zum Recht in den Vereinigten Staaten, Frankfurt am Main 2012

Bonner Kommentar zum Grundgesetz, Losebl., Heidelberg, Elf. 178, Stand: August 2016

Bruck, Ernst/Möller, Hans, VVG – Großkommentar zum Versicherungsvertragsgesetz, Bd. 1 (§§ 1–32), 9. Aufl., Berlin 2008, Bd. 2 (§§ 33–73), 9. Aufl., Berlin 2010, Bd. 4 (§§ 100–124), 9. Aufl., Berlin 2013

Brunner, Maximilian, Die freie Anwaltswahl in der Rechtsschutzversicherung, Wien 2017

Buck-Heeb, Petra, Aufklärung über Innenprovisionen, unvermeidbarer Rechtsirrtum und die Überlagerung durch Aufsichtsrecht, WM 2014, 1601

Buck-Heeb, Petra, Kreditberatung, Finanzierungsberatung, BKR 2014, 221

Buck-Heeb, Petra, Aufklärung über Rückvergütungen – Die Haftung von Banken und Anlageberatern, BKR 2010, 309

Buck-Heeb, Petra, Zur Aufklärungspflicht von Banken bezüglich Gewinnmargen, BKR 2010, 1

Buck-Heeb, Petra, Kapitalmarktrecht, 7. Aufl., Heidelberg 2014

Bühren, Hubert van, Rechtsanwälte – Partner der Rechtsschutzversicherer?, r + s 2016, 53

Bühren, Hubert van, Die ARB 2012 – ein Danaer-Geschenk?, BRAK-Mitt 2013, 255

Bühren, Hubert van, Prozessführungsbefugnis des Haftpflichtversicherers: Freie Anwaltswahl in Gefahr?, AnwBl 2013, 797

Bühren, Hubert van, Rechtsschutzversicherungen – Partner der Anwaltschaft?, BRAK-Magazin 2/2012, 3

Bühren, Hubert van, Rechtliche Probleme in der Zusammenarbeit mit Rechtsschutzversicherern, NJW 2007, 3606

Bühren, Hubert van, Rechtsschutz – aktuelle Entwicklung des Bedingungsmarktes, AnwBl 2007, 473

Bühren, Hubert van, Das Danaer-Geschenk des Prof. Blankenburg, zfs 1992, 362

Bühren, Hubert van, Handbuch Versicherungsrecht, 6. Aufl., Bonn 2014

Bühren, Hubert van/Plote, Helmut, Rechtsschutzversicherung. Kommentar, 3. Aufl., München 2013

Bühren, Hubert van/Plote, Helmut, Rechtsschutzversicherung. Kommentar, 2. Aufl., München 2008

Burmann, Michael, Shuttle-Mediation der Rechtsschutzversicherer – seriöse Mediation oder Mogelpackung, SpV 1/2013, 5

Burmann, Michael, Schadenssteuerung durch Rechtsschutzversicherer, DV 1/2012, 3

Buschbell, Hans/Hering, Manfred, Handbuch Rechtsschutzversicherung, 6. Aufl., Bonn 2015

Buschbell, Hans, Münchener Anwaltshandbuch Straßenverkehrsrecht, 3. Aufl., München 2009

Busse, Felix, Die Wiederbegründung oder Anwaltsverbände nach der Befreiung, AnwBl 2015, 917

Busse, Felix, Standesinteressen und Berufsfreiheit: 50 Jahre Bundesrechtsanwaltsordnung, AnwBl 2009, 663

Cahn, Andreas, Zum Begriff der Nichtigkeit im Bürgerlichen Recht, JZ 1997, 8

Calliess, Christian/Ruffert, Matthias, EUV/AEUV. Kommentar, 4. Aufl., München 2011

Canaris, Claus-Wilhelm, Wandlungen des Schuldvertragsrechts – Tendenzen zu einer „Materialisierung", AcP 2000 (200), 275

Canaris, Claus-Wilhelm, Gesamtunwirksamkeit und Teilgültigkeit rechtsgeschäftlicher Regelungen, FS Steindorff, 1990, 519

Canaris, Claus-Wilhelm, Noch einmal: Zinsberechnungsklauseln beim Annuitätendarlehen, NJW 1987, 2407

Canaris, Claus-Wilhelm, Zinsberechnungs- und Tilgungsverrechnungsklauseln beim Annuitätendarlehen – zugleich ein Beitrag zur Abgrenzung von § 8 und § 9 AGB-Gesetz, NJW 1987, 609

Canaris, Claus-Wilhelm, Gesetzliches Verbot und Rechtsgeschäft, Heidelberg 1983

Cierniak, Jürgen/Niehaus, Holger, Akteneinsichts- und Offenlegungsrechte im Bußgeldverfahren, DAR 2014, 2

Clayton, Richard/Tomlinson, Hugh, Fair Trial Rights, 2. Aufl., Oxford 2006

Coester, Michael, Das AGB-Recht in den Händen des BAG, FS Löwisch, München 2007, 57

Coke, Edward Sir, Institutes of the Lawes of England, London 1797

Collier, Dieter, Nichtigkeit und Unwirksamkeit im System der Bürgerlichen Rechtsordnung, Hamburg 1967

Cornelius-Winkler, Joachim, Schadenfreiheitsrabatte und „aktives Schadenmanagement" – Paradigmenwechsel in der Rechtsschutzversicherung?, NJW 2014, 588

Cornelius-Winkler, Joachim, Schadenmanagement der Rechtsschutzversicherer im Verkehrsrecht, SVR 2013, 201

Cornelius-Winkler, Joachim, Nochmals: Die Schadensminderungspflicht des Versicherungsnehmers in der Rechtsschutzversicherung, VersR 2012, 1224

Cornelius-Winkler, Joachim, Anm. zu OLG Bamberg Urt. v. 20.06.2012 – 3 U 236/11 –, r + s 2012, 389

Cornelius-Winkler, Joachim, Kooperationsanwaltsnetzwerke – Vergünstigungen für VN bei Partneranwaltswahl und sonstige Maßnahmen der Schadenssteuerung, SpV 2012, 12

Cornelius-Winkler, Joachim, Zur Neufassung der Obliegenheiten nach Eintritt des Versicherungsfalls in den ARB 2010, r + s 2011, 141

Cornelius-Winkler, Joachim, Ist die in § 17 Abs. 5 c) cc) ARB 2000 geregelte Obliegenheit intransparent und damit unwirksam?, r + s 2010, 89

Cüppers, Josef, Anm. zu OLG Braunschweig Beschl. v. 15.09.1950 – I W 105/50 –, JZ 1951, 142

Cüppers, Josef, Rechtsanwaltsordnung für die britische Zone. Kommentar, München-Biederstein 1949

Cziupka, Johannes, Dispositives Vertragsrecht, Tübingen 2010

Damm, Reinhard, Entwicklungstendenzen der Expertenhaftung, JZ 1991, 373

Damm, Reinhard, Kontrolle von Vertragsgerechtigkeit durch Rechtsfolgenbestimmung – Nichtigkeit bei Gesetzes- und Sittenverstoß, JZ 1986, 913

DAV (Hrsg.), Anwälte und ihre Geschichte, Tübingen 2011

Deckenbrock, Christian, Tätigkeitsverbote des Anwalts: Rechtsfolgen beim Verstoß, AnwBl 2010, 221

Deckenbrock, Christian, Strafrechtlicher Parteiverrat und berufsrechtliches Verbot der Vertretung widerstreitender Interessen, Bonn 2009

Deckenbrock, Christian/Henssler, Martin, Rechtsdienstleistungsgesetz. Kommentar, 4. Aufl., München 2015

Deinert, Olaf, Zwingendes Recht. Grenzen rechtsgeschäftlicher Gestaltungsmacht und Verbotsgesetz, Köln 2002

de Paoli, Nicola, Ein Anwalt zum Festpreis von 7,99 britischen Pfund, AnwBl 2014, 329

Derleder, Peter, Die Restschuldversicherung zwischen Inhalts- und Äquivalenzkontrolle, VuR 2007, 241

Derleder, Peter, Die Struktur halbzwingender Normen, GS Jürgen Sonnenschein, Berlin 2003, 97

Dölemeyer, Barbara, Gleichschaltung und Anpassung der Anwaltschaft, AnwBl 2011, 425

Dölemeyer, Barbara, Anwaltschaft im Nationalsozialismus: auf der Seite der Freiheit?, AnwBl 2008, 853

Dombek, Bernhard, „Rationalisierungsabkommen" der Rechtsschutzversicherer – Gefahr der Gebührenunterschreitung, BRAK-Mitt 2004, 162

Dombek, Bernhard, „Rechtsberatungsmonopol" der Anwaltschaft – Berechtigung und Grenzen, BRAK-Mitt 2001, 99

Dommer, Martin, Lotsen im Rechtsschutzfall, AnwBl 2012, 251

Dommer, Martin, Knatsch mit Rechtsschutzversicherungen: Das Kreuz mit Anwalts Liebling, AnwBl 2011, 924

Dörr, Dieter, Faires Verfahren. Gewährleistung im Grundgesetz der Bundesrepublik Deutschland, Kehl/Straßburg 1984

Dreier, Ralf, Der Begriff des Rechts, NJW 1986, 890

Drexl, Josef, Die gemeinschaftsrechtliche Pflicht zur einheitlichen richtlinienkonformen Auslegung hybrider Rechtsnormen und deren Grenzen, FS Heldrich, München 2005, 67

Dworkin, Ronald, Law's Empire, London 1986

Dworkin, Ronald, Taking Rights Seriously, Harvard 1978

Dylla-Krebs, Corinna, Schranken der Inhaltskontrolle allgemeiner Geschäftsbedingungen, Baden-Baden 1990

Eberhardt, Ulrich, Rechtsschutzversicherung und außergerichtliche Konfliktlösung, ZKM 2014, 83

Eberhardt, Ulrich, Rechtsschutzversicherung im Wandel – Mit der Anwaltschaft gemeinsam in schwierigem Gelände, VersR 2013, 802

Eberhardt, Ulrich, Rechtsschutzversicherung im Wandel. Mit der Anwaltschaft gemeinsam in schwierigem Gelände, GS Ulrich Hübner, Heidelberg 2012, 63

Ehlers, Dirk, Europäische Grundrechte und Grundfreiheiten, 4. Aufl., Berlin 2014

Ehlers, Dirk, Verwaltung in Privatrechtsform, Berlin 1984

Ehrlich, Eugen, Das zwingende und das nichtzwingende Recht im Bürgerlichen Gesetzbuch für das Deutsche Reich, Jena 1899

Eidenmüller, Horst, Obligatorische außergerichtliche Streitbeilegung: Eine contradictio in adiecto?, JZ 2015, 539

Eidenmüller, Horst, Der homo oeconomicus und das Schuldrecht: Herausforderungen durch Behavioural Law and Economics, JZ 2005, 216

Eidenmüller, Horst/Wagner, Gerhard, Mediationsrecht, 1. Aufl., Köln 2015

Eike von Repgow, Sachsenspiegel, überarbeitete Auflage, Stuttgart 1999

Einsele, Dorothee, Kapitalmarktrecht und Privatrecht, JZ 2014, 703

Eisenhardt, Ulrich, Deutsche Rechtsgeschichte, 6. Aufl., München 2013

Ellenberger, Jürgen, MiFID FRUG: Was wird aus Bond?, FS Nobbe, Köln 2009, 523

Engel, Martin, Außergerichtliche Streitbeilegung in Verbraucherangelegenheiten – Mehr Zugang zu weniger Recht, NJW 2015, 1633

Engelke, Dierk, Schadenmanagement durch Versicherer – Mehr als nur ein Mittel zur Kostendämpfung?, NZV 1999, 225

Epping, Volker/Hillgruber, Christian, Grundgesetz. Kommentar, 2. Aufl., München 2013

Ercman, Secline, The right to Counsel in the Practice of the U.S. Supreme Court and the European Organs of Human Rights, FS Ermacora, Kehl-Strasbourg-Arlington 1988, 151

Ewer, Wolfgang, Anwaltliche Unabhängigkeit zwischen Interessenvertretung und Gemeinwohlorientierung, AnwBl 2009, 657

Friedrich, Fabian M., Schlichtungs- und Mediationsklauseln in Allgemeinen Geschäftsbedingungen Schieds VZ 2007, 31

Felsch, Joachim, Verhüllte Obliegenheiten – ein Nachruf, r + s 2015, 53

Feuerbach, Anselm von, Betrachtungen über die Öffentlichkeit und Mündlichkeit der Gerechtigkeitspflege, Gießen 1821

Feuerich, Wilhelm/Weyland, Dag, Bundesrechtsanwaltsordnung, 9. Aufl., München 2016

Feyock, Hans/Jacobsen, Peter/Lemor, Ulf D., Kraftfahrtversicherung. Kommentar, 3. Aufl., München 2009

Fisahn, Andreas, Die Saat des Kadmos. Staat, Demokratie und Kapitalismus, Münster, 2016

Fleischer, Holger, Konkurrenzprobleme um die culpa in contrahendo – Fahrlässige Irreführung versus arglistige Täuschung, AcP 2000 (200), 91

Flohr, Eckhard, Franchising – Einkaufsvorteile und Kartellrecht, BB 2007, 6

Flohr, Eckhard, Der Franchisevertrag – Überlegungen vor dem Hintergrund der Apollo-Optik-Entscheidungen des BGH, DStR 2004, 93

Flohr, Eckhard, Franchise-Vertrag, 4. Aufl., München 2010

Flohr, Eckhard/Petsche, Alexander, Franchiserecht – Deutschland und Österreich, 2. Aufl., Münster 2008

Flume, Werner, Allgemeiner Teil des Bürgerlichen Rechts, Zweiter Band: Das Rechtsgeschäft, 4. Aufl., Berlin u. Heidelberg 1992

Friedrich, Fabian, Schlichtungs- und Mediationsklauseln in Allgemeinen Geschäftsbedingungen, SchiedsVZ 2007, 31

Fromm, Ingo E., „Rationalisierungsabkommen“ mit Rechtsschutzversicherungen über das Rechtsanwaltshonorar in Verkehrsstrafsachen, JurBüro 2015, 507

Fromm, Ingo E., Pauschalierte Vergütungsvereinbarungen in rechtsschutzversicherten Bußgeldmandaten, NJW 2013, 3498

Gaede, Karsten, Minimalistischer EU-Grundrechtsschutz bei der Kooperation im Strafverfahren, NJW 2013, 1279

Gaier, Reinhard, Die Rolle der Anwaltschaft bei der Sicherung des Zugangs zum Recht, BRAK-Mitt 2015, 114

Gaier, Reinhard, Berufsrechtliche Perspektiven der Anwaltstätigkeit unter verfassungsrechtlichen Gesichtspunkten, BRAK-Mitt 2006, 2

Gaier, Reinhard/Wolf, Christian/Göcken, Stephan, Anwaltliches Berufsrecht. Kommentar, 2. Aufl., Köln 2014

Ganster, Bastian, Die Prämienzahlung im Versicherungsrecht, Karlsruhe 2008

Gebauer, Christoph, Grenzen der Ausgestaltung weicher Tarifmerkmale, NVersZ 2000, 7

Gerlach, Jürgen von, Ein Königtum für das Recht. Zum 200. Todesjahre Friedrich des Großen, NJW 1986, 2292

Germann, Ulrike, Gute Ergebnisse mit dem Anwalt via Telefon, VW 2009, 510

Gerold, Wilhelm/Schmidt, Herbert, Rechtsanwaltsvergütungsgesetz: RVG. Kommentar, 21. Aufl., München 2013

Geßner, Timm, Retrozessionen im Fokus der neueren Judikatur, BKR 2010, 89

Geßner, Timm, Aufklärungspflichten über Kick-Backs bei der Distribution von Restschuldversicherungsverträgen, VuR 2009, 243

Geßner, Timm, Die Restschuldversicherung in der Äquivalenzprüfung des Darlehensvertrages, VuR 2008, 84

Giesler, Jan Patrick/Güntzel, Volker, Anm. zu BKartA Beschl. v. 8.05.2006 – B 9 – 149/04 –, ZIP 2006, 1792

Giesler, Jan Patrick, Die Bedeutung der „Apollo"-Rechtsprechung für Franchise-Verträge, ZIP 2004, 744

Giesler, JanPatrick/Nauschütt, Jürgen, Franchiserecht, 2. Aufl., Köln 2007

Gleußner, Irmgard, Prozessfinanzierung, FG Vollkommer, Köln 2006, 25

Gneist, Rudolf von, Freie Advocatur. Die erste Forderung aller Justizreform in Preussen, Berlin 1867, Nachdruck 1911

Göppinger, Horst, Juristen jüdischer Abstammung im „Dritten Reich". Entrechtung und Verfolgung, 2. Aufl., 1990

Gsell, Beate/Schellhase, Martin, Vollharmonisiertes Verbraucherkreditrecht – Ein Vorbild für die weitere europäische Angleichung des Verbrauchervertragsrechts?, JZ 2009, 20

Grahl, Christian, Die Abschaffung der Advokatur unter Friedrich dem Großen, Göttingen 1994

Grams, Holger, Anm. zu BGH Urt. v. 21.10.2015 – IV ZR 266/14 –, FD-VersR 2015, 374017

Grams, Holger, Anm. zu BGH Urt. v. 4.12.2013 – IV ZR 215/12 –, FD-VersR 2014, 353922

Granderath, Reinhard, Vertretungszwang und Grundgesetz, MDR 1972, 828

Grassl-Palten, Eva, Rechtsschutzversicherung: Darf die freie Anwaltswahl etwas kosten?, RdW 2002, 646

Grigoleit, Christoph, Neue Tendenzen zur schadensrechtlichen Vertragsaufhebung, NJW 1999, 900

Grimm, Dieter, Der Datenschutz vor einer Neuorientierung, JZ 2013, 585

Groeben, von der Hans/Schwarze, Jürgen/Hatje, Armin, Europäisches Unionsrecht. Kommen, Bd. 1, 7. Aufl., Baden-Baden 2015

Grunewald, Barbara, Die Unabhängigkeit des Rechtsanwalts, AnwBl 2004, 463

Grunewald, Barbara, Zur Haftung von Fachleuten im Zivilrechtsverkehr, JZ 1982, 627

Grunewald, Barbara/Römermann, Volker, RDG. Kommentar, 1. Aufl., Köln 2008

Günther, Thomas, Die Aufklärungspflicht der Bank über Zuwendungen gem. § 31 d WpHG, MDR 2014, 61

Gundel, Jörg, Die Krombach-Entscheidung des EGMR: Europäischer Menschenrechtsschutz mit (Durchsetzungs-)Schwächen, NJW 2001, 2380

Habermas, Jürgen, Faktizität und Geltung. Beiträge zur Diskurstheorie des Rechts und des demokratischen Rechtsstaats, Frankfurt a. M. 1992

Habermas, Jürgen, Der philosophische Diskurs der Moderne: Zwölf Vorlesungen, Frankfurt a.M. 1985

Habersack, Mathias/Mayer, Christian, Die überschießende Umsetzung von Richtlinien, JZ 1999, 913

Habscheid, Walther J., Die Unabhängigkeit des Rechtsanwalts, NJW 1985, 1985

Hadding, Walther, Sind Vertriebsvergütungen von Emittenten an Kreditinstitute geschäftsbesorgungsrechtlich an den Kunden herauszugeben?, ZIP 2008, 529

Haft, Frijof/Schlieffen Katharina Gräfin von, Handbuch Mediation, 2. Aufl., München 2009

Hager, Johannes, Der lange Abschied vom Verbot der geltungserhaltenden Reduktion, JZ 1996, 175

Halm, Wolfgang E./Engelbrecht, Andreas/Krahe, Frank, Handbuch des Fachanwalts Versicherungsrecht, 5. Aufl., Köln 2015

Hamacher, Peter, Der Syndikusanwalt ist kein Anwalt 2. Klasse, AnwBl 2011, 42

Hamacher, Peter, Die Maxime audiatur et altera pars im Völkerrecht, Wien u.a., 1986

Hansen, Udo, Die Bedeutung der Klauselverbote des AGBG (§§ 10, 11) für AVB, VersR 1988, 1110

Harbauer, Walter, Rechtsschutzversicherung, ARB-Kommentar, 8. Aufl., München 2010

Harris; David/O'Boyle, Michael/Warbrick, Colin, Law of the European Convention on Human Rights, 2. Aufl., New York 2009

Hartstang, Gerhard, Der deutsche Rechtsanwalt. Rechtsstellung und Funktion in Gegenwart und Zukunft, Heidelberg 1986

Hartung, Wolfgang/Weberstaedt, Jakob, Die Beteiligung von Rechtsanwälten an Prozessfinanzierern, AnwBl 2015, 840

Hartung, Wolfgang, Sanktionsfähige Berufspflichten aus einer Generalklausel?, AnwBl 2008, 782

Hartung, Wolfgang, Der Anwaltsberuf im Wandel, MDR 1999, 1301

Hartung, Wolfgang, Berufs- und Fachanwaltsordnung, 5. Aufl., München 2012

Hartung, Wolfgang/Schons, Herbert/Enders, Horst-Reiner, Rechtsanwaltsvergütungsgesetz. Kommentar, 2. Aufl., München, 2013

Hartwig, Roland, Zugang zum Recht: Europäische und US-amerikanische Wege, in: Mansel, Heinz-Peter (Hrsg.), Zugang zum Recht: Europäische und US-amerikanische Wege der privaten Rechtsdurchsetzung, Baden-Baden, 2008

16. Hauptgutachten der Monopolkommission 2004/2005: Mehr Wettbewerb auch im Dienstleistungssektor!, BT-Drs. 16/2460

Heermann, Harald, Die Sachwalterhaftung vermögenssorgender Berufe, JZ 1983, 422

Heinsen, Andreas, Komposit: Rechtsschutz 3.0: Service als Wachstumsstrategie, VW 2010, 1530

Heinsen, Andreas, Mit dem Rechtsservice-Center Kunden begeistern, VW 2008, 595

Heinsen, Andreas, Rechtsschutz: Ist der Kundenschwund noch zu stoppen?, VW 2008, 457

Heinsen, Andreas, Rechtsschutz auf dem Weg zur Rechtsdienstleistungsversicherung, VW 2003, 1801

Heinsen, Andreas, Kundenorientiertes Schadenmanagement am Beispiel der Rechtsschutzversicherung, Karlsruhe 1997

Hellberg, Nils/Wendt, Domenik, Die Mediation in der Versicherungspraxis, VW 2009, 1336

Hennig, Thomas, Die Vermutung beratungsgerechten Verhaltens – mehr als eine Erleichterung zum Kausalitätsnachweis?, VersR 2014, 922

Henssler, Martin/Deckenbrock, Christian, Das neue Mediationsgesetz: Mediation ist und bleibt Anwaltssache!, DB 2012, 159

Henssler, Martin/Deckenbrock, Christian, Neue anwaltliche Betätigungsverbote bei Interessenkonflikten, NJW 2008, 1275

Henssler, Martin, Aktuelle Praxisfragen anwaltlicher Vergütungsvereinbarungen, NJW 2005, 1537

Henssler, Martin, Mediation und Rechtsberatung, NJW 2003, 241

Henssler, Martin/Kilian, Matthias, Europäische Wettbewerbspolitik und die freien Berufe, AnwBl 2005, 1

Henssler, Martin, Das Verbot der Vertretung widerstreitender Interessen, NJW 2001, 1521

Henssler, Martin, Mandatsschutzklausel in Sozietätsverträgen, FS Geiß, Köln 2000, 271

Henssler, Martin, Die Zukunft des Rechtsberatungsgesetzes, AnwBl 2001, 525

Henssler, Martin/Prütting, Hanns, Bundesrechtsanwaltsordnung. Kommentar, 4. Aufl., München 2014

Hepple, Bob A., Natural Justice, Cambridge Law Journal 1969 (27), 13

Herresthal, Carsten, Grundrechtscharta und Privatrecht, ZEuP 2014, 238

Herresthal, Carsten, Die Pflicht zur Aufklärung über Rückvergütungen und die Folgen ihrer Verletzung, ZBB 2009, 348

Hertel, Peter, Der Anwaltszwang, Hamburg 1979

Hess, Burkhard, Prozessuale Mindestgarantien in der Verbraucherschlichtung, JZ 2015, 548

Heße, Manfred, Anlagevermittlungs- und Anlageberatungsvertrag – Aktuelle BGH-Rechtsprechung zu offenbarungspflichtigen Rückvergütungen, MDR 2012, 1142

Heuhn-Rehn, Stefan/Lang, Sonja/Ruf, Isabelle, Neue (Un-)Klarheiten bezüglich Innenprovisionen und Rückvergütungen bei Kapitalanlagen, NJW 2014, 2909

Himmelreich, Klaus/Halm, Wolfgang E./Staab, Ulrich, Handbuch der Kfz-Schadensregulierung, 2. Aufl., Köln 2012

Historisch-Kritischer Kommentar zum BGB, Bd. 1, 1. Aufl., Tübingen 2003, Bd. 2, Teilband 2, 1. Aufl., Tübingen 2007, Bd. 3, Teilband 2, 1. Aufl., Tübingen 2013

Hirte, Heribert/Möllers, Thomas, KölnKommWpHG, 2. Aufl., Köln 2014

Hömig, Dieter, GG. Kommentar, 10. Aufl., Baden-Baden 2013

Hönn, Günther, Kompensation gestörter Vertragsparität, München 1982

Höpfner, Clemens/Rüthers, Bernd, Grundlagen einer europäischen Methodenlehre, AcP 2009 (209), 1

Hommerich, Christoph/Kilian, Matthias/Jackmuth, Heike/Wolf, Thomas, Rationalisierungsabkommen der Versicherungswirtschaft, AnwBl 2006, 262

Hommerich, Christoph/Kilian, Matthias, Rechtsschutzversicherungen und Anwaltschaft, Essen 2010

Huber, Peter M., Auslegung und Anwendung der Charta der Grundrechte, NJW 2011, 2385

Hüffer, Uwe, Die Leistungsfreiheit des Versicherers bei vorsätzlicher Verletzung von Obliegenheiten nach dem Versicherungsfall, VersR 1974, 617

Husmann, Johannes H., Nochmals: Postulationsfähigkeit und Grundgesetz, DRiZ 1971, 311

Husmann, Johannes H., Zum Dienstleistungszwang des Rechtsanwalts ohne sozialadäquate Vergütung, DB 1970, 2305

Ignor, Alexander, Der rechtliche Schutz des Vertrauensverhältnisses zwischen Rechtsanwalt und Mandant im Visier des Gesetzgebers, NJW 2007, 3403

Isele, Walter, Bundesrechtsanwaltsordnung v. 1.08.1959 nach dem Stande v. 15.09.1975. Kommentar, 1. Aufl., Essen 1976

Jackson, Paul, Natural Justice, London, 2. Aufl., 1979

Jaeger, Renate, Rechtsanwälte als Organ der Rechtspflege – Notwendig oder überflüssig? Bürde oder Schutz?, NJW 2004, 1

Jäger, Torsten, Überschießende Richtlinienumsetzungen im Privatrecht, Baden-Baden 2006

Janis, Mark W./Kay, Richard S./Bradley, Anthony W., European Human Rights Law, 3. Aufl., Oxford, 2008

Jarass, Hans D., Bedeutung der EU-Rechtsschutzgewährleistung für nationale und EU-Gerichte, NJW 2011, 1393

Jarass, Hans D./Pieroth, Bodo, Grundgesetz für die Bundesrepublik Deutschland. Kommentar, 12. Aufl., München, 2012

Jarass, Hans D., Charta der Grundrechte der Europäischen Union. Kommentar, 1. Aufl., München, 2010

Jauernig, Othmar, BGB. Kommentar, 15. Aufl., München 2014

Jung, Anne-Sophie, Vorvertragliche Informationspflichten des Rechtsanwalts, AnwBl 2015, 724

Just, Clemens/Voß, Thorsten/Ritz, Corinna/Becker, Ralf, WpHG. Kommentar, 1. Aufl., München 2015

Kähler, Lorenz, Begriff und Rechtfertigung abdingbaren Rechts, Tübingen 2012

Kalsbach, Werner, Bundesrechtsanwaltsordnung und Richtlinien für die Ausübung des Rechtsanwaltsberufs. Kommentar, 1. Aufl., Köln 1960

Kalsbach, Werner, Standesrecht des Rechtsanwalts, Köln 1956

Kannowski, Bernd, Anwaltstaktik und Anwaltsethik im Mittelalter, NJW 2008, 713

Kaser, Max, Das römische Zivilprozessrecht, München 1966

Kern, Eduard, Geschichte des Gerichtsverfassungsrechts, München 1954

Kieninger, Eva-Maria, Aufklärungspflichten bei fremdfinanzierter Lebensversicherung als Kapitalanlage, NVersZ 1999, 118

Kieninger, Eva-Maria, Informations-, Aufklärungs- und Beratungspflichten beim Abschluss von Versicherungsverträgen, AcP 199 (1999), 190

Kilian, Matthias, Anm. zu BGH Urt. v. 3.07.2017 - AnwZ [Brfg] 42/16 -, NJW 2017, 2555

Kilian, Matthias, Die Anwaltsgerichtsbarkeit: eine Standortbestimmung – historisch und vergleichend, AnwBl 2015, 278

Kilian, Matthias, „Berufsethische Regeln" – ein Modell für die deutsche Anwaltschaft, AnwBl 2013, 688

Kilian, Matthias, Berufsrecht im Dreipersonenverhältnis: Abrechnungsvereinbarung. „Rationalisierungsabkommen“ mit Rechtsschutzversicherungen berufsrechtlich wenig problematisch, AnwBl 2012, 209

Kilian, Matthias/Terriuolo, Giannina, Anwälte, Rechtsschutzversicherungen, Mandanten – die Wirklichkeit. Empirische Erkenntnisse zur Bedeutung der Rechtsschutzversicherung in Deutschland, AnwBl 2012, 226

Kilian, Matthias, Die übliche Vergütung von Rechtsanwälten i.S.v. §§ 612 Abs. 2, 632 Abs. 2 BGB, MDR 2008, 780

Kilian, Matthias/Wielgosz, Joanna, Der Rechtsanwalt und Rechtsberater in Polen, WiRO 2006, 257

Kilian, Matthias, Rechtsschutzversicherungen in England, VersRAI 2003, 38

Kilian, Matthias, Determinanten des Europäischen Rechtsschutzversicherungs-Marktes. Beratungsmonopole, Anwaltsgebühren und Kostenerstattung, ZVersWiss 1999, 23

Kirchhof, Ferdinand, Grundrechtsschutz durch europäische und nationale Gerichte, NJW 2011, 3681

Kirchhof, Gregor, Nudging – zu den rechtlichen Grenzen informalen Verwaltens, ZRP 2015, 136

Kirchhof, Paul, Die Aufgaben des Bundesverfassungsgerichts in Zeiten des Umbruchs, NJW 1996, 1497

Kleine-Cosack, Michael, Anwaltsspezifisches Sozietätsrecht vor dem „Aus“, AnwBl 2016, 311

Kleine-Cosack, Michael, Versorgungswerk – Aus für Syndikus: BSG erliegt Unabhängigkeitsmythos, AnwBl 2014, 891

Kleine-Cosack, Michael, Zulässigkeit des Masseninkassos durch Rechtsanwälte, NJW 2011, 2251

Kleine-Cosack, Michael, Syndikusanwälte ante portas?, AnwBl 2011, 467

Kleine-Cosack, Michael, Rechtsanwälte als Subunternehmer. Zur Zulässigkeit der Beauftragung durch Dritte am Maßstab des RDG, NJW 2010, 1553

Kleine-Cosack, Michael, Haftungsrisiko bei vorzeitiger Mandatsbeendigung. Offenlegungspflicht für Rechtsanwälte bei Mandatsübernahme?, AnwBl 2008, 278

Kleine-Cosack, Michael, Vom Rechtsberatungsmonopol zum freien Wettbewerb – Erosion des Rechtsberatungsgesetzes, NJW 2000, 1593

Kleine-Cosack, Michael, Rechtsdienstleistungsgesetz. Kommentar, 3. Aufl., Heidelberg 2014

Kleine-Cosack, Michael, Bundesrechtsanwaltsordnung, 6. Aufl., München 2009

Klimke, Dominik, Die Folgen einer unterlassenen Anpassung Allgemeiner Versicherungsbedingungen an das neue VVG, Liber Amicorum Prölss, München 2009, 101

Klimke, Dominik, Die halbzwingenden Vorschriften des VVG, Berlin 2004

Klowait, Jürgen/Gläßer, Ulla, Mediationsgesetz. Handkommentar, 1. Aufl., Baden-Baden 2014

Kluth, Wifried, Legitimation und Reichweite des modifizierten Rechtsdienstleistungsprivilegs der Rechtsanwälte nach dem Rechtsdienstleistungsgesetz, GewArch 2013, 12

Knappmann, Ulrich, Anm. zu OLG Bamberg Urt. v. 20.06.2012 - 3 U 236/11 -, VRR 2012, 422

Koch, Christian, Anm. zu OLG Bamberg Urt. v. 20.06.2012 - 3 U 236/11 -, GRUR-Prax 2012, 333

Koch, Robert, Abschied von der Rechtsfigur der verhüllten Obliegenheit, VersR 2014, 283

Köhler, Helmut, Einschränkungen der Nichtigkeit von Rechtsgeschäften, JuS 2010, 665

Köndgen, Johannes, Anm. zu BGH Urt. v. 27.09.2011 - XI ZR 182/10 -, JZ 2012, 260

Kötz, Hein, Dispositives Recht und ergänzende Vertragsauslegung, JuS 2013, 289

Kötz, Hein, Die Teilunwirksamkeit von AGB-Klauseln, NJW 1979, 785

Koller, Ingo, Die Abdingbarkeit des Anlegerschutzes durch Information im europäischen Kapitalmarktrecht, FS Huber, Tübingen 2006, 821

Kopp, Ferdinand O., Das Rechtliche Gehör in der Rechtsprechung des Bundesverfassungsgerichts, AöR 1981 (106), 604

Krach, Tillmann, 130 Jahre „Grundgesetz der Anwaltschaft", NJOZ 2008, 2628

Krach, Tillmann, Strafverteidigung durch jüdische Rechtsanwälte in der NS-Zeit, NJW 1995, 1384

Krach, Tillmann, Jüdische Rechtsanwälte in Preussen. Über die Bedeutung der freien Advokatur und ihre Zerstörung durch den Nationalsozialismus, München 1991

Krämer, Achim, Die verfassungsrechtliche Stellung des Rechtsanwalts, NJW 1995, 2313

Krenzler, Michael, Rechtsdienstleistungsgesetz. Handkommentar, 1. Aufl., Baden-Baden 2010

Krüger, Ulrich, Aufklärung und Beratung bei Kapitalanlagen – Nebenpflicht statt Beratungsvertrag, NJW 2013, 1845

Krusche, Sebastian, Die Bundesrechtsanwaltsordnung vom 1. August 1959. Entstehung und Vorgeschichte, Frankfurt am Main 2011

Kuhn, Paul, Schadenmanagement durch Versicherer – Gefahr für den Geschädigten?, NZV 1999, 229

Kuhn, Tomas, Überschießende Umsetzung bei mindest- und vollharmonisierenden Richtlinien: Einheitliche oder gespaltene Anwendung?, EuR 2015, 216

Kühne, Gunther, Rechtsfolgen unwirksamer Preisanpassungsklauseln in Energielieferungsverträgen, NJW 2015, 2546

Lange, Frederike, Verschiebungen im europäischen Grundrechtssystem?, NVwZ 2014, 169

Langenbucher, Katja/Bliesener, Dirk H./Spindler, Gerald, Bankrechts-Kommentar, 1. Aufl., München 2013

Langheid, Theo/Rixecker, Roland, Versicherungsvertragsgesetz: VVG. Kommentar, 5. Aufl., München 2016

Lauda, Rudolf, Anm. zu LG Frankfurt a.M. Urt. v. 7.05.2014 – 2-06 O 271/13 –, NJW 2014, 2208

Lehmann-Richter, Arnold, Zur individualvertraglichen Abweichung von halbzwingenden Normen des Mietrechts, WuM 2010, 3

Leisch, Franz, Informationspflichten nach § 31 WpHG, München 2004

Lenaerts, Koen, Grundrechte-Charta im System eines pluralistischen Grundrechtsschutzes, AnwBl 2014, 772

Lensing, Burkard, Anm. zu BGH Urt. v. 14.01.2016 – I ZR 98/15 –, VuR 2016, 228

Lensing, Burkard, Anm. zu BGH Urt. v. 21.10.2015 – IV ZR 266/14 –, NJW 2016, 65

Lensing, Burkard, Die freie Anwaltswahl in der Rechtsschutzversicherung, VersWissStud 47, Baden-Baden 2015, 113

Lensing, Burkard, Anm. zu OLG Bamberg Urt. v. 20.06.2012 – 3 U 236/11 –, NJW 2012, 2285

Lensing, Burkard, Schadenfreiheitsrabatt in der Rechtsschutzversicherung bei Verzicht auf die freie Anwaltswahl, VuR 2012, 97, wieder abgedruckt in: SpV 2012, 6

Lensing, Burkard, Die Obliegenheit, die Rechtsverfolgungskosten möglichst gering zu halten (ARB 2010) – neue Hürde für den Rechtsuchenden oder unzumutbare Entscheidungslast des Versicherungsnehmers?, VuR 2011, 290

Lerche, Peter, Zum „Anspruch auf rechtliches Gehör“, ZZP 1965 (78), 1–31

Levin, Louis, Die rechtliche und wirtschaftliche Bedeutung des Anwaltszwangs, Berlin 1916

Lier, Monika, Ein (Teil-)Überblick über die Rechtsschutzangebote - Viel Rüstzeug für einen Streit, VersicherungsJournal Extrablatt 2/2014, 9

Löhr, Silke, Prozessgrundrechte in Deutschland, Frankreich und England, Berlin 2012

Loo, Oswald van de, Die Angemessenheitskontrolle Allgemeiner Versicherungsbedingungen nach dem AGB-Gesetz, Karlsruhe 1987

Loos, Alexander/Brewitz, Marit, Hindert eine Mediationsvereinbarung an der Klage? – Wie lange?, SchiedsVZ 2012, 305

Looschelders, Dirk, Aktuelle Probleme der Rechtsschutzversicherung im deutschen und österreichischen Recht, VersR 2017, 1237

Looschelders, Dirk, Probleme der Rechtsschutzversicherung, in: Düsseldorfer Vorträge zum Versicherungsrecht 2014, Karlsruhe 2015, 35

Looschelders, Dirk, Ausschluss der Klagebefugnis des Mitversicherten und Teilklageobliegenheit des Versicherungsnehmers in der Rechtsschutzversicherung nach ARB 75, VersR 2000, 23

Looschelders, Dirk/Pfaffenholz, Christina, Allgemeine Bedingungen für die Rechtsschutzversicherung. Kommentar, 1. Aufl., Köln 2014

Looschelders, Dirk/Pohlmann, Petra, Versicherungsvertragsgesetz. Kommentar, 3. Aufl., Köln 2016

Lorenz, Stephan, Arglist und Sachmangel – Zum Begriff der Pflichtverletzung in § 323 V 2 BGB, NJW 2006, 1925

Loveland, Ian, Constitutional Law. Administrative Law and Human Rights, 5. Aufl., Oxford, 2012

Löwe, Walter, Keine Inhaltskontrolle von Tilgungsverrechnungsklauseln bei Annuitätendarlehen?, NJW 1987, 937

Lühn, Hans C., Rechtsberatungsmonopol der Anwaltschaft in einem zusammenwachsenden Europa, AnwBl 2001, 319

Lüth, Marc-Alexander, Rechtsberatung durch den Rechtsschutzversicherer, Frankfurt a.M., 1997

Luhmann, Niklas, Ausdifferenzierung des Rechts, Frankfurt a. M. 1981

Maier, Arne, Anm. zu BGH Beschl. v. 9.03.2011 – XI ZR 191/10 –, VuR 2011, 297

Maier, Arne, Die Aufklärungspflicht des Anlageberaters über vereinnahmte Provisionen, VuR 2010, 25

Maier, Karl, Anm. zu OLG Frankfurt a. M. Urt. v. 9.04.2015 – 6 U 110/14 –, r + s 2015, 353

Maier, Karl, Anm. zu BGH Urt. v. 4.12.2013 – IV ZR 215/12 –, r + s 2014, 67

Maier, Karl, Anm. zu BGH Urt. v. 12.10.2011 – IV ZR 199/10 –, r + s 2013, 14

Maier, Karl, Neue Bedingungen in der Rechtsschutzversicherung (ARB 2012), r + s 2013, 105

Mangoldt, Herrmann von/Klein, Friedrich/Starck, Christian, Grundgesetz. Kommentar, Bd. 3, 6. Aufl., München 2010

Marlow, Sven, Das besondere Transparenzgebot bei vertraglichen Obliegenheiten – Sanktionslose Obliegenheiten in den AKB 08/15, MBKK 09, MBKT 09 u.a., VersR 2017, 1500

Marlow, Sven, Unwirksame Rechtsfolgenregelungen in Alt- und Neuverträgen – Einige Anmerkungen, r + s 2015, 591

Marlow, Sven/Spuhl, Udo, Beck'scher Online-Kommentar VVG, 1. Aufl., Stand: 30.06.2016

Martin, Anton, Inhaltskontrolle von Allgemeinen Versicherungsbedingungen (AVB) nach dem AGBG, VersR 1984, 1107

Masing, Johannes, Einheit und Vielfalt des Europäischen Grundrechtsschutzes, JZ 2015, 477

Mauder, Johannes, Der Anspruch auf rechtliches Gehör, seine Stellung im System der Grundrechte und seine Auswirkung auf die Abgrenzung von Verfassungs- und Fachgerichtsbarkeit, München 1986

Maunz, Theodor/Dürig, Günter/Herzog/Scholz, Grundgesetz. Kommentar, Losebl., München, Elf. 76, Stand: Dezember 2015

Mayen, Thomas, Die Freiheit der Advokatur im Spiegel des Verfassungsrechts, AnwBl 2011, 405

Mayer, Christian/Schürnbrand, Jan, Einheitlich oder gespalten? – Zur Auslegung nationalen Rechts bei überschießenden Umsetzung von Richtlinien, JZ 2004, 545

Mayer, Hans-Jochem, Anm. zu BGH Beschl. v. 14.01.2016 – I ZR 98/15 –, FD-RVG 2016, 376579

Mayer, Hans-Jochem/Kroiß, Ludwig, Rechtsanwaltsvergütungsgesetz. Handkommentar, 6. Aufl., Baden-Baden 2013

Menke, Christoph, Kritik der Rechte, Frankfurt a.M. 2015

Metz, Rainer, Restschuldversicherungen bei Konsumentenkrediten: Die Rückkehr der Sittenwidrigkeit, BKR 2007, 401

Metzlaff, Karsten, Praxishandbuch Franchising, 1. Aufl., München 2003

Meyer-Ladewig, Jens, Europäische Menschenrechtskonvention. Ein Handkommentar, 3. Aufl., Baden-Baden 2011

Michaelis, Stephan, Die Unwirksamkeit von Vertragsstrafenregelungen in den Tarifbestimmungen der Kraftfahrtversicherung, DAR 1997, 433

Michalski, Lutz/Römermann, Volker, Wettbewerbsbeschränkungen zwischen Rechtsanwälten, ZIP 1994, 433

Mitteilung der Kommission v. 05.09.2005 „Über freiberufliche Dienstleistungen – Raum für weitere Reformen“, KOM/2005/405 endg.

Mitteilung der Kommission v. 09.02.2004 über den Wettbewerb bei freiberuflichen Dienstleistungen der Kommission, KOM/2004/83 endg.

Mittwoch Anne-Christin, Vollharmonisierung und Europäisches Privatrecht – Methode, Implikationen und Durchführung, Berlin 2013

Mock, Peter, Vorsicht bei Rationalisierungsabkommen mit Rechtsschutzversicherungen, RVG-B 2004, 97, 117

Mock, Sebastian, Die Heilung fehlerhafter Rechtsgeschäfte, Tübingen 2014

Möbius, Simon, Das Prinzip der Rechtsschutzgleichheit im Recht der Prozesskostenhilfe, Tübingen 2014

Möllers, Thomas/Möhring, Alexandra, Recht und Pflicht zur richtlinienkonformen Rechtsfortbildung bei generellem Umsetzungswillen des Gesetzgebers, JZ 2008, 919

Möslein, Florian, Dispositives Recht. Zwecke, Strukturen und Methoden, Tübingen 2011

Motive zum VVG, Neudruck, Berlin 1963

Mülbert, Peter O., Behaltensklauseln für Vertriebsvergütungen in der institutsinternen Vermögensverwaltung, WM 2009, 481

Mülbert, Peter O., Auswirkungen der MiFID-Rechtsakte für Vertriebsvergütungen im Effektengeschäft der Kreditinstitute, ZHR 172 (2008), 170

Mülbert, Peter O., Anlegerschutz bei Zertifikaten- Beratungspflichten, Offenbarungspflichten bei Interessenkonflikten und die Änderungen des Finanzmarkt-Richtlinien-Umsetzungsgesetzes (FRUG), WM 2007, 1149

Münchener Kommentar zum BGB, Bd. 1 (§§ 1–240), 7. Aufl., München 2015, Bd. 2 (§§ 241–432), 7. Aufl., München 2016, Bd. 2 (§§ 241–432), 6. Aufl., München 2012, Bd. 2 (§§ 241–432), 5. Aufl., München 2007, Bd. 3 (§§ 433–610), 7. Aufl., München 2016, Bd. 4 (§§ 611–704), 6. Aufl., München 2012, Bd. 5 (§§ 705–853), 6. Aufl., München 2013, Bd. 7 (§§ 1297–1588), 6. Aufl., München 2013

Münchener Kommentar zum FamFG, 2. Aufl., München 2013

Münchener Anwaltshandbuch Versicherungsrecht, 3. Aufl., München 2013

Münchener Kommentar zum Versicherungsvertragsgesetz, Bd. 1 (§§ 1–99), 2. Aufl., München 2016, Bd. 2 (§§ 100–191), 2. Aufl., München 2017

Münchener Kommentar zur ZPO, Bd. 1, 5. Aufl., München 2016, Bd. 3, 4. Aufl., München 2013

Müller, Reinhold, Juristische contra ökonomische Gesetze – Rechtsschutzversicherer im Spannungsfeld zwischen Verbraucherinteresse und reguliertem Zugang zum Recht, VW 2008, 1759

Münch, Ingo von/Kunig, Philip, Grundgesetz. Kommentar, Bd. 2, 6. Aufl., München 2012

Musielak, Hans Joachim/Voit, Wolfgang, Zivilprozessordnung. Kommentar, 13. Aufl., München 2016

Myagkov, Mikhail/Plott, Charles R., Exchange Economics and Loss Exposure: Experiments Exploring Prospect Theory and Competitive Equilibria in Market Environments, The American Economic Review, 1997 (98), 801

Nassall, Wendt, Die Rechtsanwaltschaft beim BGH aus rechtshistorischer Sicht, JZ 2009, 1086

Nittel, Mathias/Knöpfel, Tamara, Die Haftung des Anlageberaters wegen Nichtaufklärung über Zuwendungen – die gar nicht so neue Rechtsprechung des BGH, BKR 2009, 411

Nobbe, Julia, Das Günstigkeitsprinzip im Verbrauchervertragsrecht, München 2007

Nowak-Over, Andrea, Anwaltsempfehlung verletzt nicht freie Anwaltswahl, GRUR-Prax 2014, 19

Obarowski, Rüdiger, Rechtsschutzversicherung: Hinweise für die anwaltliche Praxis – Unter besonderer Berücksichtigung des Arbeitsrechts, VersR 2006, 1178

Oestmann, Peter, Wege zur Rechtsgeschichte: Gerichtsbarkeit und Verfahren, Köln 2015

Ohler, Christoph, Grundrechtliche Bindungen der Mitgliedstaaten nach Art. 51 GRCh, NVwZ 2013, 1433

Ostler, Fritz, Die deutschen Rechtsanwälte: 1871–1971, Essen 1971

Oswald, Ralf/Tietz, Ralf, Mietwagenrechtsprechung des BGH – Kritik aus der Praxis, NJW 2006, 1483

Otting, Joachim, Fünf Jahre Rechtsdienstleistungsgesetz, SVR 2013, 241

Palandt, Otto, Bürgerliches Gesetzbuch, 75. Aufl., München 2016

Paterson, Iain/Fink, Marcel/Ogus, Anthony, Economic impact of regulation in the field of liberal professions in different Member States. Regulation of Professional Services, Wien 2003

Peers, Steve/Hervey, Tamara/Kenner, Jeff/Ward, Angela, The EU Charter of Fundamental Rights, 1. Aufl., Oxford 2014

Pestke, Axel, Die Mitwirkung des Rechtsanwalts an öffentlich-rechtlichen Verfahren – Prozedurale und berufsrechtliche Aspekte, BRAK-Mitt 1988, 241

Pestke, Axel, Der Rechtsanwalt als Mitwirkender verwaltungsrechtlicher Verfahren einschließlich solcher des Sozial- und Steuerrechts, Berlin 1986

Pichler, Clemens, Rechtsschutzversicherung und (un-)freie Anwaltswahl, ÖstAnwBl 2008, 199

Podewils, Felix/Reisich, Dennis, Haftung für „Schrott"-Zertifikate? – Aufklärungs- und Beratungspflichten nach BGB und WpHG beim Erwerb von Zertifikaten, NJW 2009, 116

Pohlmann, Petra, Keine Sanktion bei Verletzung von Obliegenheiten aus Alt-AVB? NJW 2012, 188

Prasse Christian, Franchiserecht – Differenzrabatte und Kick-Backs im Rahmen von Franchiseverträgen, MDR 2004, 256

Präve, Peter, Reichweite und Funktion der Inhaltskontrolle von Allgemeinen Versicherungsbedingungen, FS Baumann, Karlsruhe 1999, 271

Pree, Helmuth, Die Rechtsstellung des advocatus und des procurator im kanonischen Prozessrecht, FS Schmitz, Regensburg 1994

Prox, Michael, Rechtsdienstleistungsgesetz und Unfallschadenregulierung, zfs 2008, 363

Prölss, Erich R./Martin, Anton, Versicherungsvertragsgesetz, 29. Aufl., München, 2015

Prunbauer-Glaser, Marcella, Die freie Anwaltswahl – ein fundamentales rechtsstaatliches Prinzip auch in der Rechtsschutzversicherung – Gedanken zum Urteil Eschig des EuGH und seinen Folgen, FS Hellwig, Köln 2010, 69

Prütting, Hanns, Die Unabhängigkeit als konstitutives Merkmal rechtsberatender Berufe, AnwBl 2013, 683

Prütting, Hanns/Gehrlein, Markus, ZPO. Kommentar, 4. Aufl., Köln 2012

Purnhagen, Kai, Anm. zu EuGH Urt. v. 7.11.2013 – C-442/12 – Sneller, NJW 2014, 373

Rattay, Pierre, Die verhüllte Obliegenheit – das Ende der akzeptierten Verhüllung, VersR 2015, 1075

Rechenberg, Wolff von, Rationalisierungsabkommen – Wie bedroht ist die freie Anwaltswahl?, BerlAnwBl 2012, 229

Reckels, Matthias, Variable Selbstbeteiligung und Schadenfreiheitsrabattsystem bei Anwaltsempfehlung durch Rechtsschutzversicherung – Quo vadis BGH?, SVR 2014, 129

Redeker, Konrad, Freiheit der Advokatur – heute, NJW 1987, 2610

Redeker, Konrad, BRAO mit amtlicher Begründung. Textausgabe mit Sachverzeichnis, 2. Aufl., München 1973

Regenfus, Thomas, Auskunft und Herausgabe von Rückvergütungen – zwei allenfalls selten begründete Klageanträge, WM 2015, 169, 209

Reiff, Peter, Anm. zu BGH Urt. v. 4.12.2013 – IV ZR 215/12 –, LMK 2014, 355656

Reifner, Udo, Erfolgsprovisionen bei Finanzdienstleistungen – zur rechtlichen Bewältigung der Finanzkrise, VuR 2011, 83

Reifner, Udo, Verbraucherschutz und Neo-Liberalismus, VuR 2009, 3

Reifner, Udo, Neue Sittenwidrigkeit von Ratenkrediten?, BKR 2009, 51

Reifner, Udo, Die Restschuldversicherung im Ratenkredit, WM 2008, 2329

Reifner, Udo, Die freie Advokatur und das Bundesverfassungsgericht, NJW 1984, 1151

Reinhard, Wolfgang, Geschichte der Staatsgewalt, 3. Aufl., München, 2002

Reischl, Klaus, Der Umfang der richterlichen Instruktionstätigkeit – ein Beitrag zu § 139 Abs. 1 ZPO, ZZP 2003 (116), 81

Remmertz, Frank, Aktuelle Entwicklungen im RDG – Rechtsdienstleistungen im Umbruch, BRAK-Mitt 2017, 219

Remmertz, Frank, Aktuelle Entwicklungen im RDG – Neue Geschäftsmodelle auf dem Prüfstand, BRAK-Mitt 2015, 266

Richter, Gerhard, Rechtsschutzversicherer und Rechtsanwalt: Anmerkungen zu einer Beziehung, in der sich derzeit viel verändert, VW 2007, 1310

Rick, Markus B., Die verfassungsrechtliche Stellung des Rechtsanwaltes, Bonn 1988

Riehm, Thomas, Die überschießende Umsetzung vollharmonisierender EG-Richtlinien im Privatrecht, JZ 2006, 1035

Riemer, Martin, Warum und wie Rechtsschutzversicherungen Datenbanken für ein „Partnernetzwerk“ mit sog. Vertrauensanwälten unterhalten?, SpV 2017, 24

Riesenhuber, Karl, Europäische Methodenlehre, 3. Aufl., Berlin 2015

Risch, Monika, Se in manum dare – ein Plädoyer für die freie Anwaltswahl des rechtsschutzversicherten Mandanten, SpV 3/2011, 41

Risse, Jörg, Wirtschaftsmediation, NJW 2000, 1614

Risse, Jörg, Wirtschaftsmediation, 2. Aufl., München 2011

Ritter, Thomas, Europarechtsneutralität mitgliedstaatlicher Generalklauseln?, NJW 2012, 1549

Rosenberg, Leo/Schwab, Karl Heinz/Gottwald, Peter, Zivilprozessrecht, 17. Aufl., München 2010

Rosenberg, Leo, Stellvertretung im Prozeß, Leipzig 1908

Roth, Herbert, Funktion und Anwendungsbereich der Unklarheitenregel des § 5 AGBG, WM 1991, 2085, 2125

Roth, Herbert, Geltungserhaltende Reduktion im Privatrecht, JZ 1989, 411

Roth, Herbert, Vertragsänderung bei fehlgeschlagener Verwendung von Allgemeinen Geschäftsbedingungen, Tübingen 1994

Rottleuthner, Hubert, Rechtsberatung und Rechtsschutzversicherung, FS Helmut Schirmer, Karlsruhe 2005, 527

Römermann, Volker, Rechtsschutzversicherungen können Anreize zur Anwaltswahl setzen und damit das Verhalten des Versicherten steuern, BB 2014, 80

Römermann, Volker, Rechtsanwendung ohne rechtliche Prüfung?, NJW 2014, 1777

Rößler, Gernot J., „Kick back"– quo vadis? NJW 2008, 554

Röthemeyer, Peter, Anm. zu LG Frankfurt a.M. Urt. v. 7.05.2014 - 2-06 O 271/139 –, ZKM 2014, 203

Rücker, Simone, Das Ende der Rechtsberatung durch jüdische Juristen, AnwBl 2007, 801

Rücker, Simone, Rechtsberatung, Tübingen 2007

Rückert, Joachim, Die deutsche Nationalversammlung 1848/49 und die Advokaten, AnwBl 2014, 982

Rüffer, Wilfried/Halbach, Dirk/Schimikowski, Peter, Versicherungsvertragsgesetz: VVG, Handkommentar, 3. Aufl., Baden-Baden 2015

Rüping, Hinrich, Die Beseitigung der freien Advokatur im Nationalsozialismus, AnwBl 2002, 615

Rüping, Hinrich, Der Grundsatz des rechtlichen Gehörs und seine Bedeutung im Strafverfahren, Berlin 1976

Rüthers, Bernd, Diskurs als Motor juristischen Erkenntnisfortschritts, JZ 2015, 240

Sachs, Michael, Grundgesetz. Kommentar, 7. Aufl., München, 2014

Samimi, Gregor/Liedtke, Cornelia, Auf dem Prüfstand: Das Schadenmanagement der Rechtsschutzversicherer im Verkehrsrecht, NZV 2013, 20

Samimi, Gregor, Rechtsschutzversicherer und Anwaltschaft: Wie entwickelt sich ein Wirbelsturm, VRR 2011, 413

Samimi, Gregor/Liedtke, Cornelia, Rechtsschutzversicherungen: Im Visier der Verbraucherschützer, BlnAnwBl 2011, 152, wiederabgedruckt in zfs 2011, 303

Samimi, Gregor, Die Rechtsschutzversicherung: Konfliktpotentiale und Kommunikationschance in der Praxis, BlnAnwBl 2006, 361

Samimi, Gregor, AnwaltFormulare Rechtsschutzversicherung, 3. Aufl., Bonn 2013

Sasse, Jürgen, Die halbzwingenden Vorschriften des VVG, VersWissArch 1956, 162

Sauer, Gisbert, Postulationsfähigkeit und Grundgesetz, DRiZ 1970, 293

Schäfer, Frank A., Sind die §§ 31 ff. WpHG Schutzgesetze i.S.v. § 823 Abs. 2 BGB?, WM 2007, 1872

Schapp, Jan, Grundfragen der Rechtsgeschäftslehre, Tübingen 1986

Schautes, Dirk Christoph, Anwaltliche Unabhängigkeit – eine rechtsvergleichende Untersuchung des deutschen und US-amerikanischen Berufsrechts, Bonn 2005

Schier, Wolfgang, Die Stellung des Rechtsanwalts in der Rechtsprechung der Verfassungsgerichte, AnwBl 1984, 410

Schimikowski, Peter, Versicherungsvertragsrecht, 5. Aufl., München 2014

Schilasky, Olaf, Einschränkungen der freien Anwaltswahl in der Rechtsschutzversicherung, Karlsruhe 1998

Schirmer, Helmut, Vom Direktanspruch zur Direktregulierung?, VersR 2003, 401

Schirmer, Helmut/Marlow, Sven, Die versicherungsrechtliche Behandlung sogenannter weicher Tarifmerkmale, VersR 1997, 782

Schmeinzl, Bernhard, Rechtsschutz ist nicht Anwalts Liebling, BlnAnwBl 2009, 345

Schmid, Michael J., Die abweichende Vereinbarung zu Lasten des Mieters, MDR 2014, 189

Schmid, Michael J., Abweichung von „halbzwingenden" Normen des Mietrechts auch zu Lasten des Mieters?, NZM 2012, 193

Schmidt-Bleibtreu, Bruno/Klein, Hans, Grundgesetz. Kommentar, 12. Aufl., Köln 2011

Schmidt, Hubert, Die Haftung für die Verwendung unwirksamer Allgemeiner Geschäftsbedingungen, WuM 2010, 191

Schmidt, Wolfgang, Prozessuale Fürsorgepflicht und fair trial, Hamburg 2010

Schneider, Klaus, Rechtsschutzversicherung für Anfänger, 2. Aufl., München 2017

Schneider, Rolf, Verfassungsrechtliche Grundlagen des Anwaltsberufs, NJW 1977, 873

Schneider, Rolf, Der Rechtsanwalt, ein unabhängiges Organ der Rechtspflege, Berlin 1976

Schoch, Friedrich, Rechtsbeistand beim Einstellungsgespräch von Beamtenbewerbern, NJW 1982, 545

Schoch, Friedrich/Schneider, Jens-Peter/Bier, Wolfgang, VwGO. Kommentar, München, Losebl., 26. Elf., Stand: September 2013

Schons, Herbert P., Fluch und/oder Segen der Rechtsschutzversicherung, SpV 1/2016, 5

Schons, Herbert P., Anm. zu BGH Urt. v. 21.10.2015 - IV ZR 266/14 -, AnwBl 2016, 76

Schons, Herbert P., Rechtsschutzversicherungen und ihre Rationalisierungsabkommen, KammMitt Düsseldorf 2013, 264, 352/2014, 233

Schons, Herbert P., Die freie Wahl des Anwalts - Vorzug der Rechtsschutzversicherung. Ist das Verhältnis zwischen Anwaltschaft und Versicherer schon zerrüttet?, AnwBl 2012, 221

Schons, Herbert P., Rechtsschutzversicherer - Partner, Kontrolleure oder des Anwalts Konkurrent?, AnwBl 2010, 861

Schons, Herbert P., Beziehungskrise ohne Happy-End? - Die Anwaltschaft und die Rechtsschutzversicherungen, AnwBl 2008, 523

Schons, Herbert P., Das RVG und die Rechtsschutzversicherer, Der dritte Grad: Ende der entente cordiale, BRAKMagazin 2007, 8

Schons, Herbert P., Das RVG und die Rechtsschutzversicherer oder: Das Imperium schlägt zurück!, NJW 2004, 2952

Schramm, Wibke, Das Verbot der Vertretung widerstreitender Interessen, Bonn 2004

Schreiner, Martin, Anm. zu LG Berlin Urt. v. 2.12.2016 - 42 O 199/16 -, r + s 2017, 345

Schröder-Frerkes, Alexander J. H., Konfliktbeilegungsmechanismen in der Rechtsschutzversicherung. Ein europäischer Ländervergleich und ein Vorschlag eines Schiedsverfahrens, Karlsruhe 1991

Schulze, Reiner, BGB. Handkommentar, 8. Aufl., Baden-Baden 2014

Schumacher, Florian, Zur Anwendbarkeit des § 31 d WpHG auf Gewinnmargen im Finanzinstrumentenvertrieb, WM 2011, 678

Schürnbrand, Jan, Zwingender Verbraucherschutz und das Verbot unzulässiger Rechtsausübung, JZ 2009, 133

Schwab, Martin, Die Vermutung aufklärungsrichtigen Verhaltens bei mehreren hypothetischen Entscheidungsmöglichkeiten, NJW 2012, 3274

Schwab, Martin/Gottwald, Peter, Verfassung und Zivilprozess, Bielefeld 1984

Schwark, Eberhard/Zimmer, Daniel, Kapitalmarktrechts-Kommentar, 4. Aufl., München 2010

Schwartz, Harald, Gewährung und Gewährleistung des rechtlichen Gehörs durch einzelne Vorschriften des der Zivilprozessordnung, Berlin 1977

Schwenker, Christian, Boni für Wahl des vorgeschlagenen Anwalts sind zulässig!, IBR 2014, 2092

Schwintowski, Hans-Peter, Anm. zu BGH Urt. v. 1.07.2014 - XI ZR 247/12 -, VuR 2015, 24

Schwintowski, Hans-Peter, Standardisierung auf den Versicherungsmärkten - Zurück in die Zukunft?, VuR 2014, 251

Schwintowski, Hans-Peter, Anm. zu OLG München Urt. v. 8.02.2010 - 17 U 2893/09 -, VuR 2010, 181

Schwintowski, Hans-Peter, Anleger- und objektgerechte Beratung in der Lebensversicherung, VuR 1997, 83

Schwintowski, Hans-Peter, Die Rechtsnatur des Versicherungsvertrages, JZ 1996, 702

Schwintowski, Hans-Peter, Bankrecht, 4. Aufl., Köln 2014

Schwintowski, Hans-Peter/Brömmelmeyer, Christoph, Praxiskommentar zum Versicherungsvertragsgesetz, 2. Aufl., Münster 2010

Seltmann, Julia von, Beck'scher Online-Kommentar RVG, 33. Aufl., München Stand: 1.09.2016

Sen, Amartya K., Rational Fools: A Critique of the Behavioural Foundations of Economic Theory, PAPA 1977, 317

Sethe, Rolf, Die Zulässigkeit von Zuwendungen bei Wertpapierdienstleistungen, FS Nobbe, Köln 2009, 769

Seybold, Eberhard, Geltungserhaltende Reduktion. Teilunwirksamkeit und ergänzende Vertragsauslegung bei Versicherungsbedingungen, VersR 1989, 784

Siegrist, Hannes, Advokat, Bürger und Staat: Sozialgeschichte der Rechtsanwälte in Deutschland, Italien und der Schweiz, Frankfurt am Main 1996

Singer, Reinhard, Urknall Bastille-Beschlüsse - Auswirkungen auf die Unabhängigkeit der Anwaltschaft, BRAK-Mitt 2012, 145

Singer, Reinhard, Der Rechtsanwalt als unabhängiges Organ der Rechtspflege. Zu aktuellen Tendenzen in der Rechtsprechung des Europäischen Gerichtshofes zum anwaltlichen Berufsrecht, FG Czybulka, 2012, 327

Sittig, Michael/Kuchelmeister, Karin, Finanzierer der Mediation: Die Rechtsschutzversicherer, AnwBl 2013, 517

Smend, Rudolf, Das Reichskammergericht. Geschichte und Verfassung, Nachdruck der Ausgabe Weimar 1911, Aalen 1965

Sodan, Helge, Grundgesetz. Kommentar, 2. Aufl., München 2011

Staehlin, Sven J., Regulierungsverhalten der KfZ-Versicherer in Sachen Unfallersatz – zulässige Steuerung der Verbraucher oder wettbewerbswidriges Verhalten?, NZV 2007, 396

Staudinger, Ansgar/Halm, Wolfgang/Wendt, Domenik, Versicherungsrecht. Kommentar, 2. Aufl., Köln 2017

Staudinger Julius von, BGB. Kommentar, Teilband 4 a, 12. Aufl., Berlin Neubearbeitung 2011 Bd. 7, 16. Aufl., Berlin 2009

Stein, Friedrich/Jonas, Martin, ZPO. Kommentar, Bd. 3, 22. Aufl., Tübingen 2005

Stobbe, Ulrich, Das Recht auf freie Anwaltswahl, AnwBl 1991, 500

Streinz, Rudolf/Michl, Walther, Die Drittwirkung des europäischen Datenschutzgrundrechts (Art. 8 GRCh) im deutschen Privatrecht, EuZW 2011, 384

Streinz, Rudolf, EUV/AEUV. Kommentar, 2. Aufl., München 2012

Stürner, Rolf/Bormann, Jens, Der Anwalt – vom freien Beruf zum dienstleistenden Gewerbe? – Kritische Anmerkungen zur Deregulierung des Berufsrechts und zur Aushöhlung der anwaltlichen Unabhängigkeit, NJW 2004, 1481

Stürner, Rolf, Die Stellung des Anwalts im Zivilprozess, JZ 1986, 1089

Supperstone, Michael/Goudie, James, Judicial Review, London Dublin Edinburgh, 2. Aufl., 1997

Tamm, Marina/Tonner, Klaus, Verbraucherrecht, 2. Aufl., Baden-Baden, 2016

Taupitz, Jochen, Berufsständische Satzungen als Verbotsgesetze im Sinne des § 134 BGB, JZ 1994, 221

Teichmann, Eghard, Sehnsucht nach Standesrichtlinien, AnwBl 2011, 829

Terno, Wilfried, Wirksamkeit von Kostenanrechnungsklauseln, r + s 2013, 577

Terno, Wilfried, Gerichtliche Inhaltskontrolle Allgemeiner Versicherungsbedingungen, r + s 2004, 45

Terriuolo, Giannina, Rationalisierungsabkommen und ihre berufsrechtliche Zulässigkeit, AnwBl 2016, 468

Terriuolo, Giannina, Rechtsschutzversichertes Mandat und die freie Anwaltswahl, AnwBl 2015, 140

Terriuolo, Giannina, Das rechtsschutzversicherte Mandat: eine berufsrechtliche und versicherungsrechtliche Analyse eines besonderen Dreiecksverhältnisses, Bonn 2014

Teubel, Joachim, Die Problematik von Rationalisierungsabkommen mit Rechtsschutzversicherungen am Beispiel des aktuellen Rahmenabkommens der HUK-Coburg-Rechtsschutz-Versicherungs-AG, KammerReport Hamm 3/2012, 9

Teubner, Gunther, Profit Sharing als Verbundpflicht? Zur Weiterleitung von Netzvorteilen in Franchise-Systemen, ZHR 2004 (168), 78

Thaler, Richard H./Sunstein, Cass R, Nudge. Improving decisions about health, wealth and happiness, New Haven u. London 2009

Thiel, Rolf O., Keine Offenlegungspflicht von Provisionen für freie Vertriebe, SpV 2009, 64

Thüsing, Gregor, Rechtsfolgen unwirksamer AGB – Zur Möglichkeit einseitiger Nachbesserung durch den Verwender und richtigere Wege, VersR 2015, 927

Thym, Daniel, Vereinigt die Grundrechte!, JZ 2015, 53

Thym, Daniel, Die Reichweite der EU-Grundrechte-Charta – Zu viel Grundrechtsschutz?, NVwZ 2013, 889

Tochtermann, Peter, Mediationsklauseln in Allgemeinen Geschäftsbedingungen, ZKM 2008, 57–60, 89–92

Töben, Jan, Mediationsklauseln, RNotZ 2013, 321

Toussaint, Guido, Formbedürftigkeit der Gebührenvereinbarung für anwaltliche Beratung, AnwBl 2007, 67

Trittmacher, Jens/Köster, Hajo, Welchen Wert hat die freie Anwaltswahl bei der Rechtsschutzversicherung für den Verbraucher?, VuR 2012, 165

Uffmann, Katharina, Fehlanreize in der Anlagenberatung durch interne Vertriebsvorgaben, JZ 2015, 282

Uffmann, Katharina, Das Verbot der geltungserhaltenden Reduktion, Tübingen 2010

Ule, Carl Hermann, Verfassungsrecht und Verwaltungsprozeßrecht, DVBl 1959, 537

Ulmer, Peter, Offene Fragen zu § 139 BGB, FS Steindorff, Berlin 1990, 799

Ulmer, Peter, Teilunwirksamkeit von teilweise unangemessenen AGB-Klauseln? – Zum Verhältnis von geltungserhaltender Reduktion und ergänzender Vertragsauslegung, NJW 1981, 2025

Ulmer, Peter/Brandner, Hans-Erich/Hensen, Horst-Diether, AGB-Recht. Kommentar, 11. Aufl., Köln 2011

Ulrici, Bernhard, Verbotsgesetz und zwingendes Gesetz, JuS 2005, 1073

Umbach, Dieter C./Clemens, Thomas, Grundgesetz. Mitarbeiterkommentar, Bd. 2, Heidelberg 2002

Unberath, Hannes, Mediationsklauseln in der Vertragsgestaltung, NJW 2011, 1320

Urbanczyk, Reinhard, Probleme der Postulationsfähigkeit und Stellvertretung, ZZP 1982 (95), 339

Veil, Rüdiger, Anlageberatung im Zeitalter der MiFID, WM 2007, 1821

Veith, Julian, Der Rechtsschutzversicherer und die „Sammelklage“ in Kapitalanlageprozessen – Traumpaar oder verbotene Liebe?, r + s 2015, 432

Veith, Jürgen/Gräfe, Jürgen/Gebert, Yvonne, Der Versicherungsprozess. Ansprüche und Verfahren. Praxishandbuch, 3. Auflage, Baden-Baden 2016

Völz, Jürgen, § 49 b BRAO – Eine vergessene Reform?, BRAK-Mitt 2004, 103

Vortmann, Jürgen, Aufklärungs- und Beratungspflichten der Banken, 9. Aufl., Köln 2009

Voßkuhle, Andreas, Der Rechtsanwalt und das Bundesverfassungsgericht – Aktuelle Herausforderungen der Verfassungsrechtsprechung, NJW 2013, 1329

Wagner, Matthias, Das Konzept der Mindestharmonisierung, Berlin 2001

Wagner, Volkmar, Mediationsklauseln in Allgemeinen Geschäftsbedingungen, BB 2001, Beilage 2, 30

Waldner, Wolfram, Zum Anspruch auf rechtliches Gehör, 2. Aufl., Köln 2000

Wandt, Manfred, Zur dogmatisch gebotenen Enthüllung von „verhüllten“ Obliegenheiten, VersR 2015, 265

Wassermann, Rudolf, Zur Bedeutung, zum Inhalt und zum Umfang des Rechts auf Gehör (Art. 103 Abs. 1 GG), DRiZ 1984, 425

Weber, Albrecht, Menschenrechte. Texte und Fallpraxis, München 2004

Weber, Thomas, Die „Entnazifizierung“ des Rechtsberatungsmißbrauchsgesetzes, AnwBl 2010, 809

Weber, Thomas, Die Ordnung der Rechtsberatung in Deutschland nach 1945, Tübingen 2010

Weißler, Adolf, Geschichte dar Rechtsanwaltschaft, Leipzig 1905

Weller, Matthias/Althammer, Christoph, Mindeststandards im europäischen Zivilprozessrecht, Tübingen 2015

Wendenburg, Albrecht, Europarechtskonformität der Begrenzung für Kostenübernahme von auswärtigen Anwälten durch Rechtsschutzversicherer, NJW 2011, 3 64

Wendt, Domenik, Leistungspflichten des Rechtsschutzversicherers nach § 125 VVG, VersR 2014, 420

Wendt, Roland, Die Rechtsprechung des IV. Zivilsenats des Bundesgerichtshofs zur Rechtsschutzversicherung, r + s 2014, 328

Wendt, Roland, Der Rechtsschutzversicherer und sein „durchschnittlicher Versicherungsnehmer“, MDR 2012, 821

Wendt, Roland, Die Rechtsprechung des Bundesgerichtshofes zur Rechtsschutzversicherung – Der Rechtsschutzversicherer und sein durchschnittlicher Versicherungsnehmer, r + s 2012, 209

Wendt, Roland, Die Rechtsprechung des Bundesgerichtshofes zum Versicherungsrecht: Rechtsschutzversicherung, r + s 2010, 221

Wendt, Roland, Risikobegrenzungen, Obliegenheitsverletzungen und die neuere Rechtsprechung des BGH zur Rechtsschutzversicherung, MDR 2010, 1168

Wendt, Roland, Strukturen der neuen Rechtsprechung des Bundesgerichtshofs zur Rechtsschutzversicherung, r + s 2006, 45

Werber, Manfred, Halbzwingende Vorschriften des neuen VVG und Inhaltskontrolle, VersR 2010, 1253

Werber, Manfred, Rechtsdienstleistungen und Versicherung, VersR 2006, 1010

Werber, Manfred, Differenzierung nach Schutzbedürftigkeit des Versicherungsnehmers im Versicherungsrecht, FS Baumann, Karlsruhe 1999, 359

Werner, Jürgen, Die Rechtsschutzversicherung in Europa. Eine Studie über die geschichtlichen und wirtschaftlichen Entwicklung sowie die Versicherungsbedingungen der Rechtsschutzversicherungen in Europa, Karlsruhe 1984

Wesel, Uwe, Geschichte des Rechts. Von den Frühformen bis zur Gegenwart, 4. Aufl., München 2014

Wesel, Uwe, Geschichte des Rechts in Europa, 1. Aufl., München 2010

Westphalen, Friedrich Graf von, Einige Überlegungen zu Grundlagen und Zielen der richterlichen Inhaltskontrolle von AGB-Klauseln, FS Kübler, München 2015, 787

Westphalen, Friedrich Graf von, Hinreichende nationale Sanktionen gegen unwirksame Klauseln in Verbraucherverträgen?, ZIP 2012, 2469

Westphalen, Friedrich Graf von, Unionsrechtliche Folgen des AGB-Mißgriffs – Zum Bestehenbleiben „skelettierter“ Verträge, NJW 2012, 1770

Westphalen, Friedrich Graf von, AGB-Recht im Jahre 2009, NJW 2010, 2254

Westphalen, Friedrich von, Fragmentarisches zur Ethik anwaltlichen Handelns, AnwBl 2003, 125

Westphalen, Friedrich Graf von, Schadensmanagement durch Versicherer – Rechtliche Grenzen, DAR 1999, 295

Westphalen, Friedrich Graf von, Vertragsrecht und AGB-Klauselwerke, Losebl., 38. Elf., München, Stand: April 2016

Wiedemann, Herbert/Wank, Ralf, Begrenzte Rationalität: gestörte Willensbildung im Privatrecht, JZ 2013, 340

Wieler, Frank, Die beeinflusste Willenserklärung, Bielefeld 2002

Wilde, Lutz, Rechtsschutzversicherer: Näher ran an den Versicherten, AnwBl 2006, 174

Will, Wolfgang, Die Schadensminderungsobliegenheit des Versicherungsnehmers in der Rechtsschutzversicherung, VersR 2012, 942

Windscheid, Bernhard, Lehrbuch des Pandektenrechts, Bd. 1, 5. Aufl., Stuttgart 1879

Witt, Carl-Heinz, Aktive Wahrnehmung der Interessen des anderen Teils als Schuldnerpflicht, NJW 2012, 3130

Wittchen, Volkhard, Die Wirksamkeit der Sanktionsregelung bei vertraglich vereinbarten Obliegenheiten, NJW 2012, 2480

Witte, Jürgen/Weber, Susanne, Zur Übertragbarkeit der Kick-Back-Rechtsprechung auf den Versicherungsbereich, VersR 2011, 1103

Woitkewitsch, Christopher, Anmietung eines Unfallersatzwagens und Erstattung der anfallenden Kosten, MDR 2013, 437

Wolf, Christian, Freiheit des Rechtsanwalts – Grundrecht des rechtlichen Gehörs, FS Schneider, Baden-Baden 2008, 413

Wolf, Manfred/Neuner, Jörg, Allgemeiner Teil des Bürgerlichen Rechts, 10. Aufl., München 2012

Wolf, Manfred/Lindacher, Walter/Pfeiffer, Thomas, AGB-Recht. Kommentar, 6. Aufl., München 2013

Ziegenhorn, Gero, Kontrolle von mitgliedstaatlichen Gesetzen „im Anwendungsbereich des Unionsrechts“ am Maßstab der Unionsgrundrechte, NVwZ 2010, 803

Zimmer, Daniel, Vom Informationsmodell zu Behavioral Finance: Brauchen wir „Ampeln“ oder Produktverbote für Finanzanlagen? JZ 2014, 714

Zingel, Frank/Rieck, Daniela, Die neue BGH-Rechtsprechung zur Offenlegung von Rückvergütungen, BKR 2009, 353

Zöller, Richard, Zivilprozessordnung. Kommentar, 31. Aufl., Köln 2016

Zuck, Rüdiger, Der Rechtsanwalt im Verfassungsbeschwerdeverfahren, NJW 2013, 2248

Zuck, Rüdiger, Anwalt oder Gericht – wer sichert das rechtliche Gehör? AnwBl 2006, 773

Zuck, Rüdiger, Die Berufsfreiheit der freien Berufe, NJW 2001, 2055

Zuck, Rüdiger, Postulationsfähigkeit und Anwaltszwang, JZ 1993, 500

Zuck, Rüdiger, Berufsrecht und Berufsmoral, JZ 1989, 353

HAFTUNGS- UND VERSICHERUNGSRECHT

Rechtliche Probleme der vertraglichen und außervertraglichen Haftung sowie des Versicherungsrechts

Herausgegeben von Prof. Dr. Christoph Brömmelmeyer, Prof. Dr. Dr. h.c. mult. Erwin Deutsch, Prof. Dr. Hans-Peter Schwintowski und Prof. Dr. Jochen Taupitz

Band 1 Jochen Taupitz: Zivilrechtliche Haftung bei Kreditkartenmißbrauch. 1995.

Band 2 Sabine Scheiper: Der Versicherungsmakler. Aufgabe und Vergütungssystem im Wandel. 1996.

Band 3 Thomas Kritter: Der Ausschluß des Arztes von der Rechnungserstattung in der privaten Krankenversicherung. 2000.

Band 4 Torsten Kretschmer: Die zeitliche Abgrenzung des Versicherungsschutzes in der Allgemeinen Haftpflichtversicherung. Unter besonderer Berücksichtigung des AGB-Gesetzes und internationaler Deckungskonzepte. 2002.

Band 5 Seok-Chan Yoon: Die Gefährdungshaftung für moderne Techniken. Zugleich eine Stellungnahme zum neuen Schadensersatzrecht. 2002.

Band 6 Wolfram Irmer: Sekundärrechtsschutz und Schadensersatz im Vergaberecht. Die Notwendigkeit der Neuordnung des Primär- und Sekundärrechtsschutzes im Vergaberecht. 2004.

Band 7 Tabea Quiring: Die Dritthaftung von Sachverständigen. Nach der Schuldrechtsreform und der Neuregelung des § 839 a BGB. 2006.

Band 8 Jana Kossak: Rechtsfolgen eines Verstoßes gegen das Benachteiligungsverbot im Allgemeinen Zivilrechtsverkehr. Eine Untersuchung des § 21 AGG unter besonderer Berücksichtigung des europäischen Sanktionensystems. 2009.

Band 9 Susann Rochlitz: Arbeitszeitkonten in der (Alters-)Vorsorge. Rechtliche Perspektiven nach der Flexi II-Reform. 2011.

Band 10 Mirja Sauerland: Die Harmonisierung des kollektiven Verbraucherrechtsschutzes in der EU. Eine Analyse bezüglich der Kompetenz der Europäischen Union zur Schaffung von einheitlichen auf Leistung gerichteten Kollektivklagemechanismen. 2012.

Band 11 Jan Mittelstädt: Der Kapitalisierungsanspruch des Verletzten gemäß § 843 Abs. 3 BGB. Eine rechtsdogmatische Untersuchung zur materiellen und prozessualen Durchsetzung des Kapitalisierungsanspruches. 2014.

Band 12 Mareike Keller: Ein Konzept zur Umsetzung der Ausgleichsfunktion bei der Bemessung des Schmerzensgeldes. 2014.

Band 13 Jörg Büchner: Neue Entwicklungen und alte Probleme in der Berufsunfähigkeitsversicherung nach der VVG-Reform. Unter besonderer Berücksichtigung des aktuellen Bedingungsmarktes. 2015.

Band 14 Friedrich Anselm Wagner: Haftungsfragen bei Unfällen zwischen Radsportlern. Zugleich eine Untersuchung zu relativen Schutzpflichten und der Struktur des § 823 Abs. 1 BGB. 2016.

Band 15 Claudia Fechner: Schutzlücken im System effektiven Rechtsschutzes bei der Durchsetzung von Schadensersatzansprüchen. 2016.

Band 16 Britta Netzband: Der Courtageanspruch des Versicherungsmaklers. Grenzen der Vertriebsgestaltungsfreiheit der Versicherer unter besonderer Berücksichtigung des kartellrechtlichen Diskriminierungs- und Behinderungsverbots. 2019.

Band 17 Burkard Lensing: Die freie Anwaltswahl. Grundlagen im Verfahrensrecht und Reichweite im Rechtsschutzversicherungsrecht. 2019.

www.peterlang.com

www.ingramcontent.com/pod-product-compliance
Ingram Content Group UK Ltd.
Pitfield, Milton Keynes, MK11 3LW, UK
UKHW021820290926
8980IPUK00004B/185

9 783631 789933